中國古代文獻文化史專輯

古典文獻研究

（第十六輯）

南京大學古典文獻研究所主辦

GuDian WenXian
YanJiu

國家“985工程”三期經費資助

國家社科基金重大項目“中國古代文獻文化史”
（10&ZD130）階段性成果

鳳凰出版社

圖書在版編目（CIP）數據

古典文獻研究. 第十六輯 / 程章燦主編. -- 南京 : 鳳凰出版社, 2013.12
ISBN 978-7-5506-1933-3

Ⅰ. ①古… Ⅱ. ①程… Ⅲ. ①古文獻學－中國－叢刊 Ⅳ. ①G256.1-55

中國版本圖書館CIP數據核字(2013)第294976號

書　名	古典文獻研究(第十六輯) 中國古代文獻文化史專輯
編　者	南京大學古典文獻研究所
責任編輯	林日波
出版發行	鳳凰出版傳媒股份有限公司 鳳凰出版社(原江蘇古籍出版社) 發行部電話025-83223462
出版社地址	南京市中央路165號,郵編:210009
出版社網址	http://www.fhcbs.com
經　銷	鳳凰出版傳媒股份有限公司
照　排	南京凱建圖文製作有限公司
印　刷	江蘇鳳凰通達印刷有限公司 南京市六合區冶山鎮,郵編:211523
開　本	880×1230毫米 1/32
印　張	19.75
字　數	588千字
版　次	2013年12月第1版 2013年12月第1次印刷
標準書號	ISBN 978-7-5506-1933-3
定　價	78.00圓

(本書凡印裝錯誤可向承印廠調换,電話:025-57572508)

目　次

文獻文化史研究

文學文獻研究

文史新證

文獻考述與文獻校勘

學術叢劄

古典文獻研究(第十六輯)
2013年7月

經學文獻的衍生和通俗化

——以近古時代的傳刻爲中心

顧永新

在中國文化史上,近古(宋、元、明、清)是一個文化轉型的時期。由於城市的發展,市井文化的漫延,尤其是科舉制度的推廣,雕版印刷的廣泛使用,文學、學術、宗教、藝術等,均在不同程度上表現出民間化、世俗化、多元化的傾向。而經學作爲傳統學術的核心和根基,以及主流意識形態的代表形式,其直接的載體——經學文獻也是如此,在流傳和刊行過程中,由官方走向民間,由單一走向多元,由高雅走向通俗,不斷衍生出新的不同類型、不同級次的文獻,數量更大,受衆面更廣,普及程度更高,商業運作更多;與之相適應,内容和形式不斷地調試,以期滿足多層次、多用途的受衆需求。

經學文獻是中國經學的知識載體和表現形式,可以按照類目(如《易》、《書》等"十三經"及《四書》類、群經總義類、小學類等)、時代(上古、中古、近古)、傳本類型(簡牘、石經、寫本或抄本、刻本、活字本等)、記録形式(文字、表格、圖像等)等不同的分類標準做不同的區分。其主體是儒家經典的原典以及以之爲核心的歷代編纂、注釋、校勘、考據等整理、研究成果。"十三經"的原典在先秦、秦漢時期俱已成書,并形成了比較穩定的文本;漢、魏、晉直至隋唐人爲之作注,是對原典的注釋;南北朝義疏及唐、宋"五經正義"、"七經疏義",是對原典及其特定古注的再注釋。宋元刊行的諸經注疏合刻本,以及明清彙刻的"十三經注疏"就是這些經、注、疏(多附載《經典釋文》)的結集,我們姑且稱之爲正經注疏[1]。這是一個垂直的、自足的系統,是整個經學文獻的核心,其

① "正經正注"語出清張之洞《書目答問》,爲其書經部第一部類的類(轉下頁)

它系統的經學文獻都是由此衍生、孳乳而來的。隨着經學史上撥棄章句注疏之學、倡導義理之學的經學轉型期的結束,"五經四書"的宋元人新注不斷湧現,尤以朱熹及其學派的相關著作影響最大,南宋後期至元代既成主流,進入明代成爲獨尊的通行本。近古時代,其傳播範圍之廣、通行程度之高,是正經注疏所無法比擬的。朱學系統内部的傳承和發揚又使之形成新的垂直系統,即朱子等對於原典的注釋成爲新的經典,其弟子或後學爲之再作注釋,或稱注(傳、釋、解等),或稱疏(疏義、纂疏等),并將這個系統内外的各家説法加以彙編。當然,兩個系統之間既相對獨立,各自爲用,又有交集,相互交融,如元李廉《春秋諸傳會通》就是由正經注疏系統《左傳》注(杜預《集解》)、疏(孔穎達《正義》)和宋人"五經"系統胡安國《春秋傳》兩個源頭衍生出來的。雖有所側重,但更多地呈現出來的是二者的交集。本文立足於上述兩個相對獨立的系統,通過對各系統内部經學文獻的傳承、流變、編纂、刊行的考察,透視出近古經學文獻衍生的脉絡和規律,及其所表現出來的通俗化傾向。

這裏,我們引進級次文獻的概念,將兩個系統内部的經學文獻再作劃分,依次分爲一次、二次、三次、四次文獻,以期對各系統内部經學文獻有整體的、全方位的而又歷史的、有層次的認識,并進而探求各級次文獻之間衍生、孳乳的過程。

一　正經注疏的衍生與傳刻

正經注疏系統的一次文獻無疑就是《周易》、《尚書》、《詩經》、《周禮》、《儀禮》、《禮記》、《春秋左傳》、《春秋公羊傳》、《春秋穀梁傳》、《孝

(接上頁)目名稱。原注:"此爲誦讀定本,程試功令,説經根柢。注疏本與明監本五經,功令并重。"張氏所謂"正經正注",兼指明清通行本"十三經注疏"和朱熹等宋元人新注"五經四書",二者均爲元、明、清科舉程式所指定的。本文對"正經"的界定和使用有所不同。我們認爲,狹義的"正經注疏"專指傳統的"十三經注疏"經、注、疏,宋元以降"五經四書"及其相關著作并不從屬在内。這是因爲,在近古經學史上,朱學系統的"五經"新注和《四書章句集注》系列著作的通行程度、使用範圍及其深遠影響,已經遠遠地超出了傳統"十三經注疏"的範疇,儘管其最初的源頭依然是注疏,但確實已經形成了一個相對獨立的系統。所以,我們所使用的"正經注疏"範疇只是借用了張之洞原概念外延的一部分。

經》、《論語》、《爾雅》、《孟子》等"十三經"的原典。一次文獻本身既已包含豐富而複雜的語言文字、思想文化、歷史因革和學術傳承信息，不同時代、不同地域、不同人抄寫或印行更形成了不同版本，從而增加了其複雜性，削弱了其穩定性。這種版本異同的狀況在二、三、四次文獻中同樣也是存在的。二次文獻包括漢、魏、晉古注，間有隋唐舊注，是對一次文獻（原典）的注釋，所謂"正注"包括《周易》魏王弼、晉韓康伯注，《尚書》僞漢孔安國傳，《毛詩》漢毛亨傳、鄭玄箋，《周禮》鄭玄注，《儀禮》鄭玄注，《禮記》鄭玄注，《春秋左傳》晉杜預集解，《春秋公羊傳》漢何休解詁，《春秋穀梁傳》晉范寧集解，《論語》魏何晏集解、《孝經》唐玄宗注，《爾雅》晉郭璞注，《孟子》漢趙岐注等。當然，漢魏至隋唐的其它注解，如《周易》漢魏的孟喜、京房、荀爽、馬融、鄭玄、虞翻、王肅、干寶等注，《尚書》漢代的伏勝、馬融、鄭玄等注，漢代魯、齊、韓今文三家《詩》傳（或分内、外傳）、説、故，《左傳》漢代的賈逵、服虔等注，《論語》鄭玄注，古、今文《孝經》所謂的"孔傳"和"鄭注"等等，理論上也屬於二次文獻，只是由於政治、學術或地域、學派等方面的緣故未能成爲"正注"。經傳（如《易經》和《易傳》、《春秋經》和三傳）原本各自單行，古注更是獨立於經傳之外別行。不過，六朝以後行世者，只有經注本而無單經本[1]。也就是説，六朝以後一、二次文獻已合爲一體，正經因正注而得以傳承有緒，正注因正經而獲得正統地位。三次文獻即所謂疏，是對原典及原典注釋的再注釋，大體可分爲兩個階次：一是南北朝直至隋唐的義疏之作，今多已亡佚，傳世者有梁皇侃《論語義疏》；二是前揭正經正注的"疏"，包括唐孔穎達主持編纂的"五經正義"（《周易正義》、《尚書正義》、《毛詩正義》、《禮記正義》、《春秋左傳正義》）和賈公彦《周禮疏》、《儀禮疏》，徐彦《春秋公羊傳疏》[2]，楊士勛《春秋穀梁傳疏》，以及宋邢昺等編纂的《論語疏》、《孝經疏》、《爾雅疏》（唐人賈、徐、楊所撰四疏連同宋人新修

① 王國維《五代兩宋監本考》卷上，北京圖書館出版社《宋元版書目題跋輯刊》影印本，2003 年，第三册，頁 525。

② 清永瑢等《四庫全書總目》卷二六經部二十六《春秋》類一《春秋公羊傳注疏》提要從北宋董逌《廣川藏書志》説，以爲徐彦當在唐貞元、長慶以後（中華書局影印清浙江杭州刻本，1964 年，頁 211）。現在一般認爲徐彦是北朝人。

三疏,北宋時由國子監校定刊行,稱之爲“七經疏義”)和舊題北宋孫奭所作《孟子疏》。實際上,唐宋人所作的疏(正義)是在前人義疏的基礎上完成的(如邢昺《論語疏》“大抵翦皇氏〔《義疏》〕之枝蔓,而稍傳以義理”[①]),基本上涵蓋了其主體内容(個别的疏直接以前人舊疏爲藍本,如唐元行冲爲玄宗《孝經注》作疏,而邢昺疏所依據的正是《元疏》)。疏(正義)原本單行(單疏本),直到南宋才出現注疏合刻本,經、注、疏合刻,至此一、二、三次文獻合而爲一。當然,這并不排除同時及其後并行的單經(白文)本、經注本、單疏本等其它類型正經刻本的存在。

從時代上劃分,正經注疏的一次文獻均産生於先秦、秦漢,二次文獻主要是漢、魏、晉古注,及個别隋唐舊注,三次文獻則是南北朝直至唐宋由一、二次文獻衍生出來的。二次、三次文獻之外,唐宋以降正經的其它注釋(之所以没有把這部分注釋列入二次文獻,是因爲這些經注多係參酌漢魏古注和唐宋疏義之作,并非單純地植根於原典的原始文本)以及歷代以序跋、札記、評點、校記、解題等其它形式出現的相關研究論著,連同經學文獻的整理成果,如歷代公私目録和史志目録中的相關著録、經學文獻專科目録、各種經書選本、節本、經學叢書、各種相關著作中保存下來的校勘和訓詁資料等,則是四次文獻。就四部分類目録的經部類目而言,群經總義類(如鄭玄《駁五經異義》、陸德明《經典釋文》)著作基本上都屬於四次文獻。樂類是比較特殊的,無一次文獻[②],《漢書・藝文志》所著録的《樂記》等篇可視爲二次文獻,而後世諸書多爲四次文獻,如宋陳暘《樂書》、蔡元定《律吕新書》等。禮類除了《周禮》、《儀禮》、《禮記》三禮之屬,還有三禮總義(如宋聶崇義《三禮圖集注》)、通禮(如朱子《儀禮經傳通解》)、雜禮書(如宋陳祥道《禮書》)之屬,大體上也都是四次文獻。總之,四次文獻是由一、二、三次文獻衍生出來的整理、研究著作。

(一) 經注本

雕版印刷儒家經典始於五代,最先刊行的是一、二次文獻的結合

① 《四庫全書總目》卷三五經部三十五《四書》類一《論語正義》提要,頁291。

② 古文經學家認爲,先秦有六經,秦火以後,《樂》經亡佚,漢代以降只有五經。今文經學家主張《樂》本無經。

體——經注本。自後唐長興三年(932)馮唐、李愚請令國子監校定、刊行九經[①],至後周廣順三年(953)判國子監事田敏等進印板九經書[②],前後歷經四朝二十餘年,在中國印刷史和經學史上都是值得大書特書的事件。五代監本九經的經數實爲十二經,所謂九經三傳,與唐代開成石經相同,包括《易》、《書》、《詩》、三禮、三傳及《孝經》、《論語》、《爾雅》,附以《五經文字》、《九經字樣》。北宋開國之初繼續沿用,到了中期,由於版片多殘損、漫漶不可識,於是相繼重刊諸經經注本。儘管太宗已有動議[③],但全面的校勘工作還是從真宗朝開始的。景德二年(1005)啓動,工作比較分散,持續時間較長,所以直到天禧五年(1021)以後才結束[④]。靖康之亂,不僅北宋國子監所刻書悉數被運往燕京,連同書版也爲金人擄掠以北去,損失殆盡[⑤]。南宋國子監又據北宋監本翻刻,包括經注本和單疏本;當然,所謂南宋監本實際上都是由江南各州郡刊刻、再將版片送往國子監的[⑥]。

---

① 宋薛居正《舊五代史》卷一二六馮道本傳提及"(後唐明宗)時以諸經舛繆,與同列李愚委學官田敏等,取西京鄭覃所刊石經,雕爲印版,流布天下,後進賴之"(中華書局,1976年,第五册,頁1658)。

② 宋王溥《五代會要》卷八《經籍》載:"周廣順三年六月,尚書左丞兼判國子監事田敏進印板九經書、《五經文字》、《九經字樣》,各二部,一百三十册。"(上海古籍出版社,1978年,頁128)

③ 據元脱脱等《宋史》卷四三一《儒林一》李覺本傳,淳化初,"上以經書板本有田敏輒删去者數字,命(李)覺與孔維詳定"(中華書局,1977年,第三十七册,頁12821)。又宋周應合《景定建康志》卷三三《書籍》曰:"雍熙中,太宗皇帝以板本九經尚多訛謬,重加刊校。"(上海古籍出版社1987年影印文淵閣《四庫全書》本,以下簡稱四庫本)

④ 宋王應麟《玉海》卷四三《景德群書漆板刊正四經》,江蘇古籍出版社、上海書店影印光緒中浙江書局刊本,1987年,第二册,頁814。

⑤ 宋徐夢莘《三朝北盟會編》卷九八靖康中帙七十三《諸録雜記》引趙鴻臚子砥《燕雲録》曰:"靖康丙午冬,金人既破京城,當時下鴻臚寺取經板一千七百片。時子砥實爲寺丞,兼是宗室,使之管押,隨從北行。"(上海古籍出版社,1987年,上册,頁723)

⑥ 宋魏了翁《毛義甫居正〈六經正誤〉序》記述頗詳,其文有曰:"南渡草創,則僅取版籍於江南諸州,與京師承平監本大有徑庭,與潭、撫、閩、蜀諸本互爲異同,而監本之誤爲甚。"(《鶴山先生大全文集》卷五三,《四部叢刊》影印劉氏嘉業堂舊藏宋刊本)

五代監本九經今皆不存,日本室町時代南北朝覆宋刊本《爾雅注》三卷,卷末尾題及經注字數二行,另葉空兩行低三字題"將仕郎守國子四門博士臣李鶚書"一行。這是今天能够看到的、間接反映監本九經面貌的唯一版本實物。光緒中,楊守敬訪得此本之影抄本,將其刻入《古逸叢書》,題作"影覆宋蜀大字本",書後有其光緒九年(1883)跋[①],判定"此本爲翻蜀大字本。其不題長興二年者,蓋翻刻時去之"。1973 年,日本古典研究會影印神宫文庫藏覆宋刊本。長澤規矩也先生撰《神宫文庫藏舊刊本〈爾雅〉解題》,也認爲神宫文庫本保存了五代蜀刻本的面貌。實際上,與日本覆宋刊本的底本同版的南宋刻本在中國尚有孑遺,原爲汲古閣舊藏,清代歸畢沅經訓堂,後入清宫内廷收藏,今存"臺灣故宫博物院"。全書保存基本完好,僅卷末二葉散佚,毛氏以仿宋字體精寫抄配,無李鶚書一行。從刻工和避諱來推斷,當刻於孝宗朝。王國維《覆五代刊本〈爾雅〉跋》和張允亮《故宫善本書志》[②]都否定此本是蜀刻本,以爲南宋國子監覆刻北宋監本;昌彼得先生進一步證實其爲"南宋浙刻版歸監中印本"[③]。

(二) 從附刻《釋文》到經注附《釋文》本

作爲國家頒布的標準文本,兩宋監本書版允許吏民刷印,并頒行地方,准予翻刻,進一步促進了經書的推廣和流通,也使得經注本統一在監本系統之内,從而出現了衆多的官刻本和坊刻本。南宋官刻經注本以撫州公使庫和興國軍學刻本最稱善本。撫州公使庫淳熙中原刻、咸淳中補刻"九經三傳"[④];興國軍學南宋初刻、嘉定中修補、補刻"六

① 又見於清楊守敬《日本訪書志》卷三"影鈔蜀大字本"《爾雅注》三卷解題,《日本藏漢籍善本書志書目集成》影印本,北京圖書館出版社,2003 年,第九册,頁133—136。

② 《圖書館學季刊》第四卷第三、四期,中華圖書館協會,1930 年。

③ 昌彼得《蟫庵群書題識·跋宋監本〈爾雅〉》,臺灣商務印書館,1997 年,頁46—49。

④ 南宋孝宗淳熙中,撫州公使庫刊行"六經三傳"——《周易》、《尚書》、《毛詩》、《禮記》、《周禮》及《春秋》三傳。度宗咸淳九年(1273),黄震補刻《論語》、《孟子》和《孝經》,於是有所謂"九經三傳"(參見宋黄震《黄氏日抄》卷九二《修撫州六經跋》,元刻本,"中國基本古籍庫"收録本),并修補、印行舊刻《儀禮》(同 〔轉下頁〕

經”[1]。這兩種官刻本都源出國子監本，刊刻群經的同時并刻陸德明《經典釋文》各經音義，依經別行，配套出現。《經典釋文》包括除《老》、《莊》以外“九經三傳”凡十二經的音義，以經爲單位，經文、注文均出文注音釋義，兼及異文，集六朝音義著作之大成，爲唐宋以降研讀經書的必備工具書。它的校刊可以追溯到五代後周，也是由國子監主持的，各經單行，依次進行，開始於監本九經刊刻完成之後不久，全部校定工作直至北宋真宗大中祥符元年(1008)始告竣[2]。正是由於五代、北宋監本《經典釋文》各經單行的出版模式，因此宋代官刻群經經注本往往與《釋文》同時刊印，相輔而行(我們頗疑南宋監本亦是此例，因無直接的版本實物爲證，暫付闕疑)。

這種附刻《釋文》的形式固然可以及時查對音義，但翻檢仍嫌不便，於是南宋初坊間開始出現了經注附《釋文》本，將各經《釋文》打散，依次分別插入相應的被釋經文、注文之下，省却翻檢之勞，頗爲便利。作爲一種過渡形態，早期的經注附《釋文》本并非逐句附《釋文》，而是將經、注文分段，相應的《釋文》置於整段之後，即《九經三傳沿革例・書本》所謂“又於本音義不列於本文下，率隔數葉，始一聚見，不便尋索”。今存高宗朝鶴林于氏家塾棲雲閣刻本《春秋經傳集解》，存二十九卷(一至九、十一至三十)，正是這種體式。孝宗淳熙至光宗紹熙中，建安余仁仲萬卷堂刊刻

〔接上頁〕卷《修撫州〈儀禮〉跋》)。今存撫州公使庫刻本計有四種：淳熙刻南宋遞修本《周易》九卷、《略例》一卷(藏中國國家圖書館，以下簡稱國圖；卷七以下補配清影宋抄本)、淳熙四年刻本《禮記》二十卷、《釋文》四卷(國圖藏足本，臺灣“中央圖書館”藏殘本，東京大學東洋文化研究所僅藏《釋文》)、淳熙刻南宋遞修本《春秋經傳集解》三十卷(清宮天禄琳琅舊藏殘本，今分藏“臺灣故宫”和國圖，二者合璧，尚缺七卷)、淳熙刻重修本《春秋公羊經傳解詁》十二卷、《釋文》一卷(國圖藏)。

① 興國軍學南宋初刊行《周易》、《尚書》、《毛詩》、《周禮》、《禮記》五經。寧宗嘉定七年(1214)，軍學教授聞人模等修補舊版，并補刻《左傳》，九年畢工。日本宫内廳書陵部藏《春秋經傳集解》三十卷、《經傳識異》一卷(卷三至四、二十至二十一、二十六至二十八抄配)。静嘉堂文庫藏殘本十五卷，存卷十、十五至二十、二十三至三十；國圖藏殘本一卷，存卷二十二。日本尊經閣文庫藏興國軍學刻本《春秋左氏音義》五卷，正是刊刻《集解》之時附刻的陸氏《釋文》。

② 參見《玉海》卷四三《開寶校釋文》和卷五五《祥符賜莊列子》，第二册，頁812和頁1055。

經注附《釋文》本"九經三傳"[①],已經是標準的、逐句附《釋文》的體式。

理宗景定元年(1260)至度宗咸淳末年(1274),廖瑩中世綵堂刊刻九經[②]。清宫天禄琳琅舊藏廖刻《春秋經傳集解》殘本[③],嘉慶中毁於火。今存相臺岳氏荆溪家塾和盱郡兩種元代重刊本[④],均忠實地覆刻原本,故今日尚可略窺廖本之面貌。在余仁仲本的基礎之上,廖本對所附《釋文》又做了減省和改動,《四書》部分還間採"文公音"。可見,經注附《釋文》本是由單純的經注本附刻《釋文》衍生出來的,所附《釋文》經過不斷的增删、改易(先後有興國于氏、建安余氏、廖氏世綵堂等刊本),目的是便於閱讀,迎合當時學校教育、科舉考試及經術研修的多重需求。

今存宋刻經注本(含附《釋文》本)以《春秋經傳集解》爲最多,版本最爲複雜。而明代刊刻的經注附《釋文》本《春秋經傳集解》幾乎都是"淳熙小字本"(南宋淳熙三年閩山阮仲猷種德堂刻本)和元相臺岳氏荆溪家塾刻本這兩種宋、元本的覆刻或翻刻本。十行十八字本出自前者,八行十七字本出自後者,可見其影響之大,通行之廣。今存"淳熙小字本"清人多著録爲宋刻本,分藏中國大陸、臺灣地区和日本的多家藏書機構。我們探究相關文獻著録,比勘版式、行款、字樣及異文,可以判知傳世各本實爲兩個系統的明代覆刻本,分别源出同一祖本——淳熙種

① 余仁仲萬卷堂所刻"九經三傳"實爲十一經,即《周易》、《尚書》、《毛詩》、《禮記》、《周禮》及三傳、《論語》、《孝經》和《孟子》。今存余仁仲刻本有四種:《禮記》二十卷(國圖藏足本及殘本各一部,上海圖書館藏殘本兩部)、《春秋經傳集解》三十卷(臺灣"中央圖書館"藏殘本,存六卷)、《春秋公羊經傳解詁》十二卷(國圖和"臺灣故宫"各藏一部)、《春秋穀梁傳》十二卷("臺灣故宫"藏殘本,存六卷)。各本版式、行款大體相同,均爲細黑口,左右雙邊;每半葉十一行,經文大字十八九字,注文小字雙行二十七字。

② 廖刻九經分别是《周易》、《尚書》、《毛詩》、《禮記》、《周禮》、《春秋經傳集解》、《論語》、《孟子》和《孝經》。參見張政烺先生《讀〈相臺書塾刊正九經三傳沿革例〉》(發表在《中國與日本文化研究》第一輯,1991年;後收入《張政烺文史論集》,中華書局,2004年,頁166—188)。

③ 清于敏中等《天禄琳琅書目》卷一宋版經部著録其書,江蘇廣陵古籍刻印社,1992年影印光緒中王先謙校刻本,頁15—18。

④ "臺灣故宫"藏元盱郡覆刻本《論語》十卷、《孟子》十四卷,天禄琳琅録外書。元相臺岳氏荆溪家塾覆刻本傳世較多,有《周易》十卷(國圖藏)、《春秋經傳集解》三十卷(國圖藏足本,静嘉堂文庫藏殘本)、《論語》十卷(國圖藏)、《孟子》十四卷(國圖藏)、《孝經》一卷(國圖藏)、《周禮》十二卷("臺灣故宫"藏殘本)等。

德堂本，先後兩次刊刻，一刻於中葉以前，一刻於嘉靖中。兩本各自别行，行款相同，版式相近，有異文，二者之間并無直接的覆刻關係。前者刊刻質量較好，異文佳勝者較多，有修、補版；後者多保留種德堂牌記，後印本經過修、補版或變换、剜改牌記。而真正的"淳熙小字本"恐已不存於天壤間矣。由這一個案的考索不難看出，在經書版本衍生的過程中充滿了不確定性，明代的兩個覆刻本源同流别，每個系統内部又有先、後印、修、補版以及版片轉讓等複雜情況，較之其所從出之原刻本均有不同程度的變異。

（三）纂圖互注重言重意本

爲了滿足士人科舉備考以及各級學校教育的需求，便於閲讀、理解，繫聯、貫通關鍵詞，歸納、總結知識體系，南宋中期至宋末又從經注附《釋文》本中衍生出纂圖互注重言重意本，由建陽地區的書坊刊行，流傳廣泛，大行於世。其書名目繁多，如纂圖互注、重言重意、互注點校及監本、京本、婺本等，不過是吸引讀者眼球，内容上并無實質性的差異，往往陳陳相因，輾轉相承。經、注文多施以句讀或發字（唐宋標注四聲的方法，以圓圈或墨點分注字的不同位置以示平、上、去、入四聲），本文之前多插配相關圖畫或圖表（内容涉及天文地理、器物服飾、傳授統緒、知識體系等等）即"纂圖"，"曰重言者，本經相同之句；曰重意者，句似而意同之文；曰互注者，他經所引之語"[①]。此外，還有似句（大體相當於重言，指本書中相似之句）、重篇（僅見於《毛詩》，指篇名重複之詩）等。各書體式不一，或具其一二，或兼具多項。

張麗娟教授對纂圖互注重言重意本的版本系統進行了全面的考察，根據書題、版式、行款、體式、開本等特徵，將傳世刻本大體劃分爲六個系統：① 十一行纂圖互注本，中字本，書前有纂圖，有互注、重言、重意等内容，書題作"纂圖互注某經"，十一行二十一字，今存《周易》（臺灣"中央圖書館"藏）、《尚書》（國圖和哈爾濱市圖書館藏殘本；日本京都圖書館藏本爲南宋建安宗氏刻本，與之并不同版，但有覆刻關係）、《禮記》（陸心源舊

① 清瞿鏞《鐵琴銅劍樓藏書目録》卷二經部二宋刊本《婺本點校重言重意互注尚書》十三卷解題，中華書局《清人書目題跋叢刊》影印本，1990年，頁32。

藏,今藏静嘉堂文庫)。② 十二行纂圖互注本,亦有纂圖、互注、重言、重意等内容,書題亦作“纂圖互注某經”,十二行二十一字,今存《周禮》(國圖藏兩部,一爲鐵琴銅劍樓舊藏,一爲袁克文舊藏,二者有明顯的覆刻關係,但并不同版;静嘉堂文庫藏本亦爲陸心源舊藏,與國圖兩藏本相近,但有明顯差異)、《禮記》(國圖藏)、《春秋經傳集解》(附《春秋名號歸一圖》二卷,龍山書院本,袁克文舊藏,今藏國圖)、《毛詩》(“臺灣故宫”藏)。③ 九行巾箱本,九行十七字,書題無冠詞,止標經名,不附纂圖,僅有重言而無其它。今存《周禮》(日本足利學校遺迹圖書館藏足本十二卷;國圖藏殘本兩部,一爲鐵琴銅劍樓舊藏,一爲天禄琳琅舊藏,兩本當有覆刻關係,後者與足利本同版)、《禮記》(日本國會圖書館藏)、《春秋經傳集解》(日本國會圖書館藏)。④ 十行“監本”,書前有纂圖,本文有互注、重言、重意等内容,書題大多作“監本纂圖重言重意互注點校某經”,十行十八字(間有十九或二十字者)。《監本纂圖重言重意互注點校毛詩》(國圖藏殘本兩部,一爲黄丕烈舊藏,卷五至七補配影宋抄本;一爲陳鱣舊藏,存卷一至十一及圖譜一卷。兩本并不同版,當有覆刻關係)、《監本纂圖重言重意互注禮記》(上海圖書公司藏本,毛氏汲古閣舊藏)、《監本纂圖春秋經傳集解》(南京圖書館藏本,明安國桂坡館舊藏)、《監本纂圖重言重意互注論語》(北京大學圖書館藏南宋劉氏天香書院刻本,楊守敬、袁克文舊藏)、《監本纂圖重言重意互注點校尚書》(《四部叢刊》據劉氏嘉業堂藏本影印,原本今不知所在)。⑤ 十一行“京本”,開本爲巾箱本,十一行十九至二十字,有互注、重言、重意等内容,書前無纂圖,書題均冠以“京本”二字。《京本點校附音重言重意互注周禮》(北京大學圖書館、上海圖書館各藏殘本一部)、《京本點校附音重言重意互注禮記》(國圖、上海圖書館各藏殘本一部)、《京本點校重言重意春秋經傳集解》(湖南圖書館藏殘本;吉林大學圖書館藏零本卷二十九,書題作《京本點校附音春秋經傳集解》)。⑥ 十行“婺本”,開本爲巾箱本,十行二十字左右,有互注、重言、重意等内容。《婺本點校重言重意互注尚書》(“臺灣故宫”藏本,陳鱣、鐵琴銅劍樓舊藏)、《婺本附音重言重意春秋經傳集解》(上海圖書館藏殘本)。此外,還有個别零星傳本,如國圖藏宋刻本《毛詩詁訓傳》、《附音重言互注禮記》、上海圖書館藏宋刻本《東萊先生吕成公點句春秋經傳集解》等。上述六個系統内部各本具有相同或相近的版刻特徵,但并不一定是同一書坊同一時間所刻,或數家坊賈相約共刻群經,或一家書坊據另一家版式風格和體式特徵覆刻或翻刻。

今存纂圖互注本雖系統各異,版式、行款或有不同,但大體上都是典型的南宋建陽地區坊刻本風格,開本多爲巾箱本或中字本,行窄字密,版式多黑口、雙邊,出文多出以墨圍、白文。以其出於坊刻,故校勘多不精審,版式亦多隨意,即便是同一書也往往會出現各卷版式或書題不統一的情況。從避諱來看,刊刻年代當在南宋孝宗、光宗朝至宋末,元代并不通行。至於"監本"、"京本"、"婺本",不過是書坊有意做虛假宣傳,并不一定出自真正的國子監或汴梁、婺州等的知名刻本。

(四) 單疏本

早在校刊經注本之前,北宋國子監從太宗端拱元年(988)到真宗景德二年(1005)十幾年間,已先行校定、刊行"五經正義"和"七經疏義",於是"九經三傳"全部都有了單疏本。

今存單疏本都是南宋國子監翻刻北宋監本(或後世覆刻本、抄本),凡九種:《周易正義》十四卷(國圖藏)、《尚書正義》二十卷(宫内廳書陵部藏)、《毛詩正義》四十卷(日本武田科學振興財團杏雨書屋藏殘本,存三十三卷,缺首七卷)、《禮記正義》七十卷(日本身延山久遠寺藏殘本,存卷六十三至七十凡八卷)、《春秋公羊疏》三十卷(國圖藏殘本,存首七卷)、《爾雅疏》十卷(國圖和静嘉堂文庫各藏一部)。此外,《儀禮疏》五十卷,清道光中汪士鐘覆刻宋刊殘本四十四卷(缺卷三十二至三十七)。《春秋正義》三十六卷,日本文化中近藤守重影抄常陸國久慈郡萬秀山正宗寺影宋抄本。《周禮疏》五十卷,日本京都大學圖書館藏單疏抄本,存三十一卷(缺卷四至六、九至十一、十五至十七、四十一至五十)。《春秋穀梁疏》十二卷,北京大學圖書館和國圖各藏清抄本一部,皆缺卷一至五。長澤規矩也先生通過對傳世六種單疏刻本刻工的比對分析,確認現存的單疏本并無北宋刻本,均刻於南宋,其中有的還經過元代修補[①]。見存單疏本行款均爲十五行二十幾字至三十字左右,其源頭均

① 詳見長澤規矩也《注疏本考·現存宋刊單疏本刊行年代考》,收入《長澤規矩也著作集》第一卷《書誌學論考》,汲古書院,1985年,頁19—25。

爲北宋監本,儘管經過南宋翻刻,總體風格并無大變。

單疏寫本舊式是經、注文各標起止(個别的出以朱書),下接疏文(個别的出以墨書),字體不分大小。兩宋國子監刻本沿襲了這種體式,從現存諸本來看,各經出文方式稍有異同,但大體都是經注不録全文,只標起止,選取所疏經注首末二字(或三四字),標示"某某至某某"(或冠以"傳"、"注"等字),間有標"某某云云"者,簡短句式亦有出全句者。下空一格,列疏其下,或冠以"正義曰"、"釋曰"、"解云"等字,或無之。雖間有不盡然者,然大略如是。僅《尚書正義》少有變化,經、注文起止單列一行,疏文提行平書①。

(五) 注疏合刻本

五代始刊經注本,北宋校刻單疏本,二者一直各自别行,宋朝南渡以前并無"注疏"之名②。經注本兼有經、注文,而單疏本不具經注,將兩本對照起來看,翻檢頗爲不便,於是才産生了經注和疏萃於一書、便於閲讀的構想。紹興中③,兩浙東路茶鹽司始將《周易》、《周禮》、《尚書》注疏合刻。紹熙三年(1192),黄唐在浙東茶鹽司任上又刊刻了《禮記》、《毛詩》注疏。慶元六年(1200),紹興知府沈作賓刊行《春秋左傳正

① 以上經注本、單疏本的相關内容參見張麗娟教授《宋代經書注疏刊刻研究》第二至五章,北京大學中文系博士學位論文,北京大學出版社將出。

② 關於注疏合刻的時間,段玉裁以爲在北宋之季,加入《經典釋文》則在南宋之季(《經韻樓集》卷一《十三經注疏釋文校勘記序》,上海古籍出版社,2008年,頁1);錢大昕以爲在南宋紹興中,加入《釋文》則在南宋光宗、寧宗以後(《十駕齋養新録》卷三《注疏舊本》及卷二《正義刊本妄改》,江蘇古籍出版社,2000年,頁59和頁41);葉德輝《書林清話》主阮元説,以爲在兩宋之間(卷二《翻板有例禁始於宋人》,中華書局,1987年,頁36)。根據傳世的注疏合刻本實物,以及黄唐八行本《〈禮記正義〉跋》,現在一般認爲注疏合刻始於南宋初期,是從兩浙東路茶鹽司刊刻八行本開始的。我們認爲,并不能完全排除八行本之前存在注疏合刻本的可能性,在北宋或南宋早期,可能有諸如《直齋書録解題》所著録的《論語注疏解經》十卷本這樣的注疏合刻本的存在,這是後來八行本及十行本系統各本的祖本。參見拙作《金元平水注疏合刻本研究——兼論注疏合刻的時間問題》(中華書局《文史》2011年第三期,2011年8月)。

③ 長澤規矩也先生對足利學校遺迹圖書館所藏未經補刻的《周易注疏》初印本的刻工和缺筆進行考證,認爲舊説《周易》、《周禮》、《尚書》刊於紹興年間不能成立,當成於孝宗乾道、淳熙間。

義》。其後,《論語注疏解經》、《孟子注疏解經》亦在浙東刊刻。上述諸經的行款均爲八行十幾字,亦即《九經三傳沿革例》所謂"越中舊本注疏",通稱"八行本"。據傳世版本及相關文獻記載,可以確切證實曾經刊行的八行本只有這八種①,他經注疏是否刊刻,則未可知,只是當時并未刻全"十三經"是肯定的②。宋、元、明三朝八行本的版片一直流傳下來,元代存西湖書院,明代存南京國子監,迭經修補印行③。

大約在南宋後期,建陽地區出現了《九經三傳沿革例》所謂"建本有音釋注疏",即在經、注、疏之外加入了陸德明《經典釋文》的音義,著名的是建安劉叔剛(桂軒)一經堂刻本《附釋音毛詩注疏》、《附釋音春秋左傳注疏》及《附釋音禮記注疏》(和珅覆刻本)④,此外當有若干種,刻者或非一家,或全部出於一經堂。這就是所謂宋刊十行本注疏,後世流傳不廣。今傳世十行本多爲元大德至泰定間刊刻、明正德中修補本⑤,有《周易兼義》九卷、《音義》一卷、《略例》一卷、《附釋音尚書注疏》二十卷、

① 今傳世者有七種:《周易注疏》十三卷(足利學校遺迹圖書館和國圖各藏一部)、《尚書正義》二十卷(足利學校遺迹圖書館和國圖各藏一部)、《周禮疏》五十卷(國圖和"臺灣故宫"各藏一部足本;北京大學圖書館藏殘本,存二十七卷)、《禮記正義》七十卷(國圖藏足本一部,殘本一部,存二十八卷;足利學校遺迹圖書館藏殘本,卷三十三至四十爲室町時代補寫)、《春秋左傳正義》三十六卷(國圖藏)、《論語注疏解經》二十卷("臺灣故宫"和重慶市圖書館各藏殘本一部,均存卷十一至二十)、《孟子注疏解經》十四卷("臺灣故宫"藏足本,國圖、北京大學圖書館、南京博物館等藏殘本)。

② 屈萬里先生《書傭論學集·十三經注疏板刻述略》,《屈萬里先生全集》之十四,臺灣聯經出版事業公司,1984年,頁224。

③ 長澤規矩也《注疏本考·越刊八行本注疏考》,頁31。屈萬里先生認爲,《西湖書院書目》所著録之諸經注疏,疑有一部分爲八行本,即《南雍志·經籍考》所謂舊板諸經注疏(《十三經注疏板刻述略》,頁223)。

④ 《附釋音毛詩注疏》二十卷,足利學校遺迹圖書館藏初印本;《附釋音春秋左傳注疏》六十卷,足利學校遺迹圖書館藏南宋補刻本,又一部,分藏國圖和"臺灣故宫";另外,國圖藏《監本附音春秋穀梁注疏》二十卷,宋刻元修本,版式、行款、字體、版刻風格與前揭劉叔剛刻本非常相似,當爲同時期的建陽坊刻本(參見張麗娟《宋代經書注疏刊刻研究》第七章第一節《南宋建陽坊刻十行注疏本》)。劉氏一經堂刻本《附釋音禮記注疏》六十三卷,今無傳本,有清乾隆六十年和珅覆刻本。

⑤ 舊説正德十行本是宋刻明修補本,長澤規矩也先生辨明其誤,其《正德十行本注疏非宋本考》已證明正德本絶非宋刻(《注疏本考》,頁33—39)。

《附釋音毛詩注疏》二十卷、《附釋音周禮注疏》四十二卷、《儀禮》十七卷、《儀禮圖》十七卷、《旁通圖》一卷、《附釋音禮記注疏》六十三卷、《附釋音春秋左傳注疏》六十卷、《監本附音春秋公羊傳注疏》二十八卷、《監本附音春秋穀梁傳注疏》二十卷、《孝經注疏》九卷、《論語注疏解經》二十卷、《孟子注疏解經》十四卷、《爾雅注疏》十一卷等十三種。其版歷元、明兩朝迭經修補,或稱南監本(據今人研究,書版一直存在福建,實際上并未在南京國子監修補印行)。《儀禮》宋元時期并無注疏合刻本,所以元刻十行本只是《儀禮》白文及楊復所作各種儀式、儀節程序、陳設方位的解説及附圖;最早的注疏合刻本是由陳鳳梧嘉靖五年(1526)刻於山東,而後將書版送入南京國子監的。《爾雅注疏》雖刻於元代,九行十八至二十字,與他經行款不同;所附音釋乃宋人所作,并非陸氏《釋文》。《周易兼義》本文不附音義,書末附刻《釋文》;《孝經注疏》、《論語注疏解經》、《孟子注疏解經》索性不附《釋文》。可見,這五經《釋文》的存廢及其與經注、疏的構成方式和其它正德十行本(《儀禮》除外)不同,來源或有不同。關於十行本的文本來源,除《論語注疏解經》、《孟子注疏解經》源出八行本之外,其它幾經(確定有八行本者)并不出自八行本,而是由經注附《釋文》本(余仁仲本或與之同系統的别本)附以單疏構成[①]。

明嘉靖中[②],閩中御史李元陽、提學僉事江以達校刊了全部"十三經注疏",以元刻明正德修補十行本爲底本,是爲閩本,又稱嘉靖本、李元陽本,這是全部"十三經注疏"彙刻的第一次。除《儀禮注疏》據陳鳳梧刊本、《爾雅注疏》據元刊九行本外,餘悉據十行本,校刊尚不苟。萬曆中,北京國子監以南監本(元刻十行本)既不可用,乃據閩本重刻[③],

① 參見橋本秀美先生《〈禮記〉版本雜識》(《北京大學學報》〔哲學社會科學版〕2006年第五期)和張麗娟《宋代經書注疏刊刻研究》第七章第一節。

② 日本學者加藤虎之亮根據李元陽、江以達二人仕履,考證閩本的刊行時間當在嘉靖十三年至十五年之間(據長澤先生《注疏本考·十三經注疏版本略説》頁14轉述)。

③ 北監本是在萬曆十四年至二十一年間刊行的,曾經崇禎五年(清錢大昕著,何元錫編次《竹汀先生日記抄》卷一引崇禎六年吴士元題疏,稱崇禎五年冬奉旨重修。加藤虎之亮推測崇禎十二年也曾重修)、康熙二十五年兩次重修。詳見《注疏本考·十三經注疏版本略説》頁14—15。

是爲北監本。崇禎中，毛氏汲古閣又據北監本重刻[①]，是爲汲古閣本，又稱毛本、崇禎本。清乾隆初年，武英殿據北監本重刻，世稱殿本、乾隆本，加以句讀，并附考證，校刻精審[②]。其中，《周易注疏》將《釋文》附入經、注文之下，不再附刻於書後。《孟子注疏》將孫奭《孟子音義》散入相應的經、注文之下。《論語注疏》、《孝經注疏》、《爾雅注疏》經、注文之下相應地附入《釋文》。陳鳳梧刻本《儀禮注疏》所附《釋文》有删節，閩本、北監本、毛本因之，至殿本則全録《釋文》。嘉慶二十年(1815)，阮元巡撫江西，以家藏正德十行本十一經并黄丕烈所藏《儀禮》、《爾雅》單疏本，付諸剞劂。盧宣旬又分别摘録阮元先前所作之《十三經注疏校勘記》附載於各經各卷之末。書名題曰《重刊宋本十三經注疏》，除《儀禮》、《爾雅》之依單疏本卷帙分别作五十卷、十卷外，其餘分卷，悉同十行本。只是《周易》不附《略例》、《孟子》有《題辭》與十行本不同。其中，《爾雅注疏》所據底本爲單疏本十卷，配以明嘉靖十七年(1538)吴元恭仿宋刊經注本三卷。《儀禮注疏》名義上是據單疏本和經注本(嚴州本)重構，實際上出自嘉慶十一年(1806)顧廣圻重編、張敦仁刊刻的《儀禮注疏》五十卷[③]。其書由南昌府學刊行，嘉慶二十一年秋完成。書未成之際，阮元已移撫河南，校書之人不如先前細心，而且《校勘記》去取亦不盡善，所以阮元本人"不以此刻本爲善也"[④]，故道光六年(1826)南昌府學重校，據倪模和余成教校本逐條更正。光緒三年(1877)，又有汪文臺《十三經注疏校勘記識語》四卷，訂正阮校之疏誤處不少。儘管如此，阮

---

① 據日本學者原三七考證，毛本刊行時間當在崇禎元年至十二年之間。一般認爲其底本是北監本，實際上也參考了十行本和閩本等，并有校訂者自己的見解，後人譏議多失之武斷。嘉慶中，蘇州坊肆曾翻刻毛本，加入《(周易)略例》、《詩譜》，并附校勘記。同治中，湖南書局也有翻刻本，最爲低劣。詳見《注疏本考·十三經注疏版本略説》頁15。

② 同治中，廣東翻刻殿本，字樣、用紙粗劣，謬誤很多。

③ 參見橋本秀美先生《〈儀禮〉單疏版本説》(《文史》第五十輯，中華書局，2000年，頁41)以及廖明飛《〈儀禮〉注疏合刻源流考》(北京大學中文系碩士學位論文，2012年，頁112—115)。

④ 清張鑒《雷塘庵主弟子記》卷五，清光緒中儀徵阮氏刻本，"中國基本古籍庫"收録本。

本仍是迄今爲止"十三經注疏"通行本中最好的本子[1]。

綜上所述,正經注疏一、二、三次文獻的多重衍生都是在版本刊刻過程中通過内容重編、體式改造來實現的。經注本是六朝以後正經最通行、最基本的文本形態,五代、北宋均爲單純的經注本,進入南宋,先後衍生出附刻《釋文》的經注本、經注附《釋文》本、纂圖互注本等版本類型。單疏本於北宋刊行之後,原本與經注本各自别行,南宋初始與經注本合刻,衍生出八行注疏合刻本。南宋後期,單疏本又與經注附《釋文》本合刻,衍生出十行注疏合刻本(恐非"十三經"全部),元代據之翻刻或新刊其它經十行本,明正德中修補,并依次衍生出嘉靖李元陽本、萬曆北監本、崇禎汲古閣本等,清乾隆武英殿本出自北監本,嘉慶阮元校刻本則直接出自正德十行本。其衍生路徑大體如下圖所示(圖附文後)。

需要説明的是,第一,上述諸本之間的相互關係和衍生路徑并不具有普遍性、特定性,也就是説,并不是全部十三經都適合這一路徑。如《孟子》疏爲兩宋之際人僞作,故無單疏本之刻;《儀禮》在明嘉靖之前僅有經注本(無經注附《釋文》本)和單疏本,并無注疏合刻本;《爾雅》、《孝經》注疏合刻始於元代;第二,就八行本和十行本的關係而言,《論語》、《孟子》二經的十行本直接出自八行本,并不是由經注附《釋文》本和單疏本重構而成的,而它經則不具有這種直接的承繼關係。第三,就《論語》而言,經注本和注疏合刻本所附《釋文》并無關聯,分别源出《經典釋文》,這可以從另一個角度印證上述十行本構成的結論。第四,宋元之際正經注疏的刻本數量衆多,系統複雜,傳世的個别版本僅爲其中的片段或局部,所構擬系統必有缺環,不足以完全代表當時的實際狀況。

此外,上述衍生路徑只限於近古通行各本,源出五代、兩宋刻本,歷經元、明、清三朝。實際上,在兩宋的其它地域或金、蒙古、元代還存在着其它系統或類型的刻本,這恰恰説明正經注疏衍生過程的複雜性。近古經書刊行頻次之高、數量之多、影響之大恐以《論語》、《孟子》爲最。當然,宋元以降《論》、《孟》通行本更多地屬於《四書》一系,這裏主要討論作爲正經注疏一、二、三次文獻的版本類型。《論語》刻本大體有四種

① 此本一出,勢壓衆本,翻刻本頗多,如同治十二年江西書局、光緒十八年湖南寶慶務本書局等都曾翻刻。

類型：白文本、經注本（何晏《集解》）、單疏本（邢昺《正義》）、注疏合刻本（《集解》和《正義》合編）。其中，最爲通行的是經注本和注疏合刻本。今存經注本多爲經注附《釋文》本，除前揭兩種元代覆刻南宋廖氏世綵堂本之外，還有北京大學圖書館藏《監本纂圖重言重意互注論語》二卷。單純的經注本今存日本南朝正平十九年（元順帝二十四年，1364）道祐居士刊本《論語集解》十卷，是爲著名的正平本。注疏合刻本有"臺灣故宫"藏八行本《論語注疏解經》二十卷殘本（存卷十一至二十）和元刻明修十行本《論語注疏解經》二十卷，以及宫内廳書陵部藏南宋蜀大字本《論語注疏》十卷和清光緒三十三年（1907）貴池劉氏玉海堂影刊元貞二年（1296）平陽府刻本《論語注疏解經》十卷。傅增湘、王國維都認爲元貞本出自蜀大字本[①]，其説非是。元貞本所據宋本和蜀大字本分别是在南宋的兩個不同地域刊行的注疏合刻本，虽同出單疏本，但系統各異；刊行有先後，但彼此并不相謀，各自獨立構成。元貞本、八行本與十行本是一個系統，不過元貞本和八行本更早，更接近於祖本。元貞本所據底本應該是早於八行本的宋本，《直齋書録解題》所著録的《論語注疏解經》十卷本可能就是這樣的本子。由此看來，近古通行的《論語》注疏合刻本是基於單疏本和經注本，經過諸如元貞本所據宋本、八行本、十行本這樣的順序依次衍生出來的[②]。

《孟子》進入經書序列最晚，故其版本形態較之它經容有不同。《孟子》三次文獻頗多踳駁，真僞莫辨。舊題北宋孫奭撰《孟子正義》與真正孫奭所撰《孟子音義》的真僞及其相互關係是宋元以降《孟子》學史乃至經學史上的重要問題。這不僅僅是三次文獻本身的問題，還關涉二次文獻亦即東漢趙岐《孟子注》（含《章指》）。清人通過對宋刻本《趙注》、《音義》的傳抄、校勘、覆刻（或翻刻），圍繞着《孟子音義》、《正義》真僞問題而展開探索，輯録、復原《章指》，可見僞孫疏删除《章指》、改造之後列

---

① 分别參見傅增湘《藏園群書經眼録》卷二《論語注疏》十卷解題（中華書局，2009年，頁79）和王國維《觀堂集林》卷二一《舊刊本〈毛詩注疏〉殘葉跋》（中華書局影印商務本，2004年，第四册，頁1042—1043）。

② 參見拙作《元貞本〈論語注疏解經〉綴合及相關問題研究》（沈乃文先生主編《版本目録學研究》第二輯，國家圖書館出版社，2011年，頁198—218）。

於疏首的僞迹;傳抄、校刻《音義》,可見僞孫疏據《音義序》改造而成的《正義序》之僞,進而判定全書之僞。僞孫疏开始出現在八行本甚至更早的注疏合刻本之中,又衍生出十行本系列各本,其後幾百年間一直以《趙注》和"孫疏"的面目出現,直至乾隆中殿本又將《音義》合刻,於是有了經、注、疏和《音義》的合刻本。與清人對《孟子》二次、三次文獻進行的深入研究同步,基於宋刻本《趙注》和《音義》,注入更多、更新的學術積澱,又衍生出一系列新的版本:康熙中通志堂覆刻在先,乾隆中先後出現了孔繼涵刻本、韓岱雲刻本和所謂盧文弨校刻本,嘉慶中黄丕烈士禮居又有覆刻本,直至後來的許瀚、伍崇曜、吴棠校刻本等,無不結合着對於《音義》和僞孫疏的考辨而展開,相互促進,相得益彰,這種良性互動恰好説明了版本傳刻、校勘對於學術研究的推動作用。

二　"五經四書"的衍生和通俗化

隨着漢唐章句注疏之學逐步趨向繁瑣化和自我封閉,經學自身的發展走進了死胡同。唐大曆以後,"自名其學"的經學家不斷湧現,尤其是啖助、趙匡、陸淳等的《春秋》學派以經駁傳,斷以己意,昭示着經學史上轉型期的開始。北宋時期,不惑傳注、自出新意逐漸形成風氣,并在慶曆以後演變成疑古惑經的學術思潮。歐陽修、劉敞、蘇氏父子、王安石等往往摒棄章句注疏之學,以新意解經;又有周敦頤、張載、二程等爲心性之學,理學蔚然興起,至南宋朱熹集大成。在這樣的學術背景之下,"五經"又有了新注,成爲程朱理學思想的載體:宋胡安國《春秋傳》,朱熹《周易本義》、《詩集傳》,蔡沈《書集傳》以及元陳澔《禮記集説》。另外,朱熹又在韓愈、李翺推崇《孟子》、重視《大學》、《中庸》以及二程"表章《大學》、《中庸》二篇,與《語》、《孟》并行"[①]的基礎之上,於孝宗時撰成《四書章句集注》,將《論語》、《孟子》與《禮記》中的《大學》、《中庸》兩篇配合起來,集中進行注釋和闡發,於是有《四書》之名。其中,《大學章句》一卷,《論語集注》十卷,《孟子集注》十四卷,《中庸章句》一卷。到了元代,這些新注與正經注疏并行不悖,并逐漸占據主導地位。明永樂中

---

① 《宋史》卷四二七《道學傳序》,第三十六册,頁 12710。

編纂"五經大全",全用上述新注,與《四書大全》一道,成爲科舉考試和學校教育的標準文本,正經注疏廢而不行。

在理學發達的背景之下,朱熹《四書章句集注》吸納周、張、二程等理學家的學説,融會本人的理學思想,采用淺近精準的注釋形式,成爲宋代理學代表性的、集大成的著作。儘管經歷了一些曲折和反復,朱子及其《四書章句集注》作爲儒家道統承續者的地位在南宋末期最終得以確立,《四書》學也隨着其地位的提升和權威性的確認而逐步展開,於是出現了黄榦、真德秀、金履祥等人的相關論著,但《四書》學的真正繁榮還是從元代開始的。元朝立國之初,在趙復、姚樞、許衡、劉因等大儒的宣揚、傳播之下,"北方知有程、朱之學"[①],朱子學由南方發展到全國,基本上確立了其官學地位。尤其是元仁宗恢復科舉,正式將《四書》列爲考試内容,從此《四書》與科舉制度和教育制度結合起來,游走於學術與政治的邊緣,得到最持久、最廣泛、最深入的傳播,其影響力和受衆面遠遠大於"五經"。不過,元代科舉考試的次數和録取的人數相當有限,而且帶有明顯的民族歧視的烙印,所以學者大多"慨然發憤,致力於聖人之學"[②],并不絶對寄希望於科舉,往往專心致志於經術。於是,《四書》學領域出現了研究熱潮。據清倪燦、盧文弨《補遼金元藝文志》,元人通治《四書》的著作約有五十餘部,數量相當可觀。而且,元代《四書》學著作大多有所發明。儘管延祐中恢復科舉,用以取士,"而闡明理道之書遂漸爲弋取功名之路。然其時經義、經疑并用,故學者猶有研究古義之功"[③]。即使建樹不多,也還不失學術水準,將《四書》思想世俗化,在《四書》學史上亦有普及、推廣之功。以《四書大全》爲《四書》學之分水嶺,之前猶不失學術研究,發明經義;之後則多爲科舉講章,揣摩舉業[④]。明清時期《四書》成爲科舉考試和學校教育的主題,《四書》研究也脱離了學術軌道,而轉向科舉一途,成爲應試的帖括之學。爲經義而

① 明宋濂等《元史》卷一八九《儒學一》趙復本傳,中華書局,1976年,第十四册,頁4314。

② 《元史》卷一八九《儒學一》陳櫟本傳,第十四册,頁4321。

③ 《四庫全書總目》卷三六經部三十六《四書》類案語,頁307。

④ 《四庫全書總目》卷三六經部三十六《四書》類案語曰:"至明永樂中,《大全》出而捷徑開,八比盛而俗學熾。"(頁307)

設的講章充斥《四書》學界,其書多爲坊間射利之作,陳陳相因,自生自滅。

(一)“五經四書”級次文獻的劃分

元人虞集論當時朱學系統諸書的社會影響以及主流意識形態的形成,曰:

群經、《四書》之説,自朱子折衷論定,學者傳之。我國家尊信其學,而講誦授受,必以是爲則,而天下之學皆朱子之書。書之所行,教之所行也;教之所行,道之所行也。①

這樣,獨立於正經注疏之外、秉承程朱理學思想的“五經四書”系統已經形成。我們仍然採用劃分級次文獻的方法來剖析這個系統。“五經四書”本文無疑就是一次文獻,前揭朱熹等的新注則可以視作二次文獻。不過,其所據一次文獻文本較之傳統正經注疏系統或有變易。《周易》經、傳原本各自單行,先後經費直、鄭玄、王弼改易,形成了經傳參合本:《乾》卦卦、爻辭之下依次接《彖傳》、《象傳》和《文言傳》;《坤》卦以下《彖傳》、《象傳》分附相應的卦、爻辭之下(《坤》卦《文言傳》亦附《象傳》之後)。魏晉以後,經傳參合本成爲通行本。宋代疑古惑經思潮風行,對於變亂古制、經傳參合的《周易》文本提出質疑,試圖恢復古《易》之舊,如王洙、邵雍、吕大防、晁説之、吕祖謙等均有所謂“《古易》”考訂本。朱子《周易本義》選用的底本就是吕祖謙所編定的,卷次分别是序例、卷一上經、卷二下經、卷三《彖》上、卷四《彖》下、卷五《象》上、卷六《象》下、卷七《繫辭》上、卷八《繫辭》下、卷九《文言》、卷十《説卦》、卷十一《序卦》、卷十二《雜卦》,凡經、傳十二篇。

《毛詩·小雅》凡七什,各什篇數不盡相同,其中《鹿鳴之什》、《南有嘉魚之什》十三篇,《魚藻之什》十四篇,其餘四什分别都是十篇。朱子《詩集傳》對其篇什、次第、名稱做了調整,均分爲八什,每什十篇,除《鹿

① 元虞集《道園學古録》卷三六《考亭書院重建文公祠堂記》,《四部叢刊》影印明景泰翻元小字本。

鳴之什》外,其餘各篇什的名稱都不相同。《鹿鳴之什》前九首詩篇次一同《毛詩》,其下《毛詩》依次是《魚麗》、《南陔》、《白華》、《華黍》;而《詩集傳》以《南陔》爲《鹿鳴之什》末篇①,將《魚麗》置於《華黍》之後,作爲第二什《白華之什》的第三篇②。

《大學》本爲《小戴禮記》之一篇,宋儒將鄭玄注本稱之爲古本,其内容大體可分爲兩部分:一部分提出明明德、親民、止於至善三項基本原則和格物、致知、誠意、正心、修身、齊家、治國、平天下八種方法;另一部分是對這三項原則和八種方法的解説和論證。朱子把前一部分稱之爲經,後一部分稱作傳,傳逐條解經,但缺少對於"致知在格物"和"誠其意在致知"的注解,而且"正心在誠其意"的注解也没有遵照八條目應有的次序,而是出現在諸傳之首。於是,他推斷前者是闕文,後者是錯簡。所以其改本《大學章句》就做了"移其文、補其傳"的工作,即根據二程思想補"格物致知"傳,又把"誠意"傳後移至"正心"傳之前,成爲一經十傳。事實上,二程儘管并未明言《大學》有闕文,但也都認爲有錯簡;朱子不過是在他們的基礎上又進了一步。南宋後期以降朱子改本(新本)大行於世,當然也有人仍秉持二程的觀點,反對補傳。至王陽明則一以古本爲正,認爲既無闕文,亦無錯簡,原無經傳之分。《中庸》也和《大學》一樣有古本、新本之别。鄭玄注本三十三章,朱子《中庸章句》重編章次,章數同,内容亦無變動,段落劃分有所不同。宋元以降《四書》通行本即朱子編定之新本。

三次文獻是宋元人爲前揭朱學系統新注再作的注釋,猶如唐宋人爲漢魏古注所作的疏(正義),大致可分爲兩種類型:一是羽翼、發明或辨證、去取朱熹等新注,一是纂集宋元及前代諸家經説,彼此互證,轉相發明。試擇其要者,列表如下:

---

① 《詩集傳·南陔》題解:"此笙詩也,有聲無詞,舊在《魚麗》之後。以《儀禮》考之,其篇次當在此,今正之。"(中華書局,1958年排印本,頁109)

② 《詩集傳·白華之什》題解:"毛公以《南陔》以下三篇無辭,故升《魚麗》以足《鹿鳴》什數,而附笙詩三篇於其後,因以《南有嘉魚》爲次什之首。今悉依《儀禮》正之。"(同上)

類型	朝代作者	書名	編纂特色
第一種類型	宋董楷	《周易程朱先生傳義附録》	合程子《傳》、朱子《本義》爲一書,而采二子之遺説附録其下,意在理數兼通,又引程朱之語以羽翼程朱。
	元熊良輔	《周易本義集成》	雖主於羽翼《本義》,而與《本義》異者,亦頗多也。
	元陳師凱	《書蔡傳旁通》	於名物度數、《蔡傳》所稱引而未詳者,一一博引繁稱,析其端委;其《蔡傳》歧誤之處,則不復糾正。蓋如孔穎達諸經《正義》,主於發揮注文,不主於攻駁注文也。
	元王天與	《尚書纂傳》	是書雖以孔安國《傳》、孔穎達《疏》居先,而附以諸家之解,其大旨則以朱子爲宗,而以真德秀説爲羽翼。……其注疏或删或存,亦以二家之説爲斷。《自序》所謂"期與二先生合而已",不敢"以私意(見)去取",蓋道其實也。
	宋輔廣	《詩童子問》	主於羽翼《詩集傳》,以述平日聞於朱子之説,故曰"童子問"。
	宋朱鑒	《詩傳遺説》	蓋因重槧朱子《集傳》,而取文集、語録所載論《詩》之語,足與《集傳》相發明者,彙而編之,故曰"遺説"。
	元劉瑾	《詩傳通釋》	其學問淵源出於朱子,故是書大旨在於發明《集傳》,與輔廣《詩童子問》相同。
	元梁益	《詩傳旁通》	仿孔、賈諸《疏》證明注文之例,凡《集傳》所引故實,一一引據出處,辨析源委。
	元朱公遷	《詩經疏義》	爲發明朱子《集傳》而作,如注有疏,故曰"疏義"。其後同里王逢,及逢之門人何英,又采衆説以補之。逢所補題曰輯録,英所補題曰增釋,雖遞相附益,其宗旨一也。其説墨守朱子,不逾尺寸,而亦間有所辨證。
	元李廉	《春秋諸傳會通》	此書以諸家之説薈萃成編。……然是編雖以胡氏爲主,而駁正殊多,又參考諸家,并能掇其長義。一事之疑,一辭之異,皆貫串全經,以折衷之。

續表

類型	朝代作者	書名	編纂特色
	宋真德秀	《四書集編》	博采朱子之説，以相發明；間附己見，以折衷訛異。
第二種類型	元胡一桂	《周易本義附録纂注》	是編以朱子《本義》爲宗，取文集、語録之及於《易》者附之，謂之"附録"；取諸儒《易》説之合於《本義》者纂之，謂之"纂疏"。其去取别裁，惟以朱子爲斷。
	元董真卿	《周易會通》	斯編實本一桂之《纂疏》，而廣及諸家。初名曰"周易經傳集程朱解附録纂注"……其後定名"會通"者，則以《程傳》用王弼本，《本義》用吕祖謙本，次第既不同；而或主義理，或主象占，本旨復殊；先儒諸説，亦復見智見仁，各明一義，齗齗爲門户之争。真卿以爲諸家之《易》途雖殊，而歸則同，故兼搜博采，不主一説，務持象數、義理二家之平。
	元董鼎	《尚書輯録纂注》	是編雖以蔡沈《集傳》爲宗，而《集傳》之後，續以朱子語録，及他書所載朱子語，謂之"輯録"。又采諸説之相發明者，附列於末，謂之"纂注"。《自序》稱《集傳》既爲朱子所訂定，則與自著無異；又稱"薈萃以成朱子之一經"，則仍以朱子爲主也。
	元陳櫟	《書集傳纂疏》	是編以疏通《蔡傳》之意，故命曰"疏"；以纂輯諸家之説，故命曰"纂"。又以《蔡傳》本出朱子指授，故第一卷特標朱子訂正之目，每條之下，必以朱子之説冠於諸家之前，間附己意，則題曰"愚謂"以别之。
	元胡一桂	《詩集傳附録纂疏》	是編體例與其所著《易本義附録纂疏》悉同，采朱子文集、語録之及於《詩》者附於《集傳》，謂之"附録"；又采諸儒之説輔翼《集傳》者，次於附録，謂之"纂疏"；有與《集傳》異者，間一取之，注云"姑備參考"；至自下己意，則加"愚案"、"愚謂"以别之。蓋雖宗《集傳》，亦自具識解。①

① 清瞿鏞《鐵琴銅劍樓藏書目録》卷三經部三元刊本《詩集傳附録纂疏》二十卷解題，頁49。

續表

類型	朝代作者	書名	編纂特色
	汪克寬	《春秋胡傳附録纂疏》	是書前有克寬自序,稱"詳注諸國紀年謚號,可究事實之悉;備列經文同異,可求聖筆之真。益以諸家之説,而裨胡氏之闕疑;附以《辨疑》、《權衡》,而知三傳之得失"。然其大旨,終以《胡傳》爲宗。
	宋趙順孫	《四書纂疏》	是書備引朱子之説以翼《章句集注》,所旁引者,惟黄榦、輔廣、陳淳、陳孔碩、蔡淵、蔡沈、葉味道、胡泳、陳埴、潘柄、黄士毅、真德秀、蔡模一十三家,亦皆爲朱子之學者,不旁涉也。
	元胡炳文	《四書通》	是編以趙順孫《四書纂疏》、吴真子《四書集成》皆闡朱子之緒論,而尚有與朱子相戾者,因重爲刊削,附以己説,以成此書。凡朱子以前之説,嫌於補朱子之遺,皆斥不録。故所取於《纂疏》、《集成》者,僅十四家,二書之外,又增入四十五家,則皆恪守考亭之學者也。大抵合於經義與否非其所論,惟以合於注意與否,定其是非。雖堅持門户,未免偏主一家。①

隨着朱學系統各經新注一統天下的格局的逐步形成,宋元人對其進行再注釋的著作不斷湧現。上述諸書僅爲其中代表性的、影響較大者。儘管我們大致劃分爲兩種類型,第一種以輔翼朱子等新注爲主,方法大多也是彙輯舊説,證成己意;第二種通過纂集舊説(主要是宋元人經説)來注解、疏證,或稱纂疏本,但均不出朱子學的範疇。不管哪一種類型,都把新注奉爲圭臬,以之爲核心,或徑稱疏,以孔(穎達)、賈(公彦)爲標榜,如疏解注,遵循疏不破注的原則。如趙順孫《四書纂疏》,鄧文原《四書通序》病其書之冗濫,胡炳文亦頗摘其失。但在四庫館臣看來,"經師所述,體例各殊。注者詞尚簡明,疏者

① 除《詩集傳附録纂疏》外,有關上述諸書編纂特色的内容,均摘録自《四庫全書總目》經部相關類目下各書提要。

義存曲證。順孫書以'疏'爲名,而自序云'陪穎達、公彥後',則固疏體矣,繁而不殺,於理亦宜。文原殆未考孔、賈以來之舊式,故少見而多怪歟"①。又如陳師凱《書蔡傳旁通》一以《蔡傳》爲是,旁徵博引,拾遺補闕則可,糾謬正訛則不可,"蓋如孔穎達諸經《正義》,主於發揮注文,不主於攻駁注文也"②。

當然,儘管近古"五經四書"系統新注漸成主流,成爲壓倒多數的新經典,但仍然有學者打通兩個系統,兼顧正經注疏,藉以審視朱學系統新注的學術價值。如元俞皋《春秋集傳釋義大成》"經文之下,備列三傳,其胡安國《傳》,亦與同列。……然皋雖以四傳并列,而於《胡傳》之過偏過激者,實多所匡正"③。另外,《禮記》中的《大學》、《中庸》及《論語》、《孟子》雖然兼跨兩個系統,但區分還是明確的,主要是由注疏引申、孳乳而來的劃歸正經注疏系統,而自《四書》衍生、生發出來的則屬於"五經四書"系統。

明永樂中頒行的《四書大全》和《五經大全》實際上株守甚至攘取三次文獻各書④,從中衍生而來。《四書大全》即全以倪士毅《四書輯釋》爲藍本,"稍加點竄"⑤,編訂而成。《周易傳義大全》取諸天台董楷《周易傳義附録》、鄱陽董真卿《周易會通》和雙湖胡一桂《周易本義附録纂疏》、雲峰胡炳文《周易本義通釋》⑥。《書經大全》大旨本陳櫟《尚書集傳纂疏》和陳師凱《書蔡傳旁通》⑦。又依顧、朱二氏所言,《詩傳大全》實出自元劉瑾《詩傳通釋》;《春秋大全》取材於汪克寬《春秋胡氏傳附録

---

① 《四庫全書總目》卷三五經部三十五《四書》類一是書提要,頁298。

② 《四庫全書總目》卷一二經部十二《書》類二是書提要,頁97。

③ 《四庫全書總目》卷二八經部二十八《春秋》類三是書提要,頁225。

④ 參見清顧炎武《日知録》卷一八《四書五經大全》(上海古籍出版社影印道光十四年黄氏西溪草廬刻黄汝成《集釋》本,1985年,頁1385—1388)、朱彝尊《經義考》卷四九《周易傳義大全》二十四卷、又《義例》一卷按語(林慶彰先生等編著《點校補正》本,臺灣"中央研究院"中國文哲研究所籌備處,1997年,第二册,頁341—343)。

⑤ 《四庫全書總目》卷三六經部三十六《四書》類二是書提要,頁301。

⑥ 《四庫全書總目》卷五經部五《易》類五是書提要,頁28。

⑦ 《四庫全書總目》卷一二經部十二《書》類二是書提要,頁99。

纂疏》。比較特殊的是《禮記大全》,“就陳氏(澔)《集説》而增益之”[①]。這是因爲元代及明初科舉程式《禮記》均主注疏,永樂以後才廢注疏不用,只用《集説》。《大全》攘竊成書,爲後人所詬病;但取材對象多爲相關著述中學術價值較高者,或義理明備,或採擇精審,亦不可完全否定。

總之,從朱學系統新注中衍生出來的三次文獻(出以傳、釋、説、疏義、纂注、纂疏等名目),明初又成爲《四書大全》、《五經大全》的取材對象,或沿用其例,或攘取成文。而《大全》一出,成爲官方指定的標準文本,懸爲令甲,直接影響到有明一代的經學,不僅漢唐注疏廢止不用,即便是其所從出的宋元疏義亦多湮没無聞。

(二)科舉的指示作用與經義、經疑之作

“五經四書”系統的經學文獻既以程朱理學爲絶對的指導思想,又以科舉考試的推廣和雕版印刷的發達爲雙驅動,在近古社會逐漸壓倒傳統的正經注疏,最終成爲主流的標準文本,呈現出多重衍生和通俗化的態勢。

科舉的演進,科舉文體的程式化,實質上從内容到形式對士人思想的桎梏都是越來越嚴,從而對經學文獻衍生的路徑也産生了影響。宋初科舉因襲唐制,神宗熙寧四年(1071),王安石變法,以經義論策取代了唐代以來以詩賦取士的制度,其時的經義文體還是較爲自由的散文。士人各占治《易》、《詩》、《書》、《周禮》、《禮記》一經,《論語》、《孟子》爲兼經,初試本經經義,次兼經經義,此後經義遂成定制。南宋以後,經義文體“則其篇甚長,有定格律,首有破題,破題之下有接題,有小講,有繳結,以上謂之冒子。然後入官題,官題之下有原題,有大講,有餘意,有原經,有結尾。篇篇按此次序,其文多拘於捉對,大抵冗長、繁複可厭,宜今日又變更之”。元代的經義有所變通,雖然“不拘格律,然亦當分冒題、原題、講題、結題四段”[②]。作爲元代科舉考試的另一項主要内容,經疑(“設爲疑事問之,以觀其學識也”[③])原本在《四書》内出題,元末稍

① 《經義考》卷一四四《禮記大全》三十卷轉引陸元輔語,第四册,頁866—867。

② 以上引自元倪士毅《作義要訣·自序》,北京大學圖書館藏元刻本。

③ 《日知録》卷一六《經義論策》,頁1254。

變程式，改爲本經疑，於是在五經中也出經疑題目。經義、經疑都要求以朱學系統新注爲主，這與明代八股文已經非常接近。所以，一般認爲八股文在文體上最直接的淵源就是宋代的經義①。

元代實行科舉始於太宗九年(1237)，因耶律楚材等之請，"以論及經義、詞賦分爲三科，作三日程，專治一科，能兼者聽，但以不失文義爲中選。其中選者，復其賦役，令與各處長官同署公事"②。但此後科舉中斷了七十多年未曾施行。直至仁宗皇慶二年(1313)十一月，才正式頒布科舉程式，次年(延祐元年)正式開科取士。按照這一程式，分榜而試，其中漢人、南人：

> 第一場明經、經疑二問，《大學》、《論語》、《孟子》、《中庸》内出題，并用朱氏《章句集注》，復以己意結之，限三百字以上。經義一道，各治一經。《詩》以朱氏爲主，《尚書》以蔡氏爲主，《周易》以程氏、朱氏爲主，已上三經，兼用古注疏。《春秋》許用《三傳》及胡氏《傳》，《禮記》用古注疏。限五百字以上，不拘格律。③

明初實行科舉，亦以"五經四書"試士。至洪武十七年(1384)頒布科舉定式：

> 《四書》主朱子《集注》；《易》主《程傳》、朱子《本義》；《書》主《蔡氏傳》及古注疏；《詩》主朱子《集傳》；《春秋》主《左氏》、《公羊》、《穀梁》三傳及胡安國、張洽《傳》；《禮記》主古注疏。永樂間，頒《四書》、《五經大全》，廢注疏不用。其後，《春秋》亦不用張洽《傳》，《禮記》止用陳澔《集說》。④

---

① 如清劉熙載《藝概》卷六《經義概》云："經義試士，自宋神宗始行之……今之《四書》文，學者或并稱經義。"(上海古籍出版社，1978 年，頁 172)關於這一問題，可參看朱瑞熙先生《宋元的時文——八股文的雛形》(《歷史研究》1990 年第三期)。

② 《元史》卷八一《選舉志一》，第七册，頁 2017。

③ 《元史》卷八一《選舉志一》，第七册，頁 2019。

④ 清張廷玉等《明史》卷七〇《選舉志二》，中華書局，1974 年，第六册，頁 1694。

明初科舉程式大體沿襲元代，雖以朱學系統新注爲主，但兼用注疏；而永樂以後廢注疏不用，止用《大全》。職此之故，元人雖宗尚朱子學，但尚有漢唐注疏之學的根柢，“當時經義，猶不盡廢舊説，故應試者得兼用之，此元代經學所以終勝明代也”①；明人則唯《大全》是務，正經注疏束之高閣，“於是明代士子爲制義以應科目者，無不誦習《大全》，而諸家之説盡廢”②。即便是純粹的經學著作，在當時科舉風尚的熏染之下，客觀上也多爲士子應考所用，或者説編纂之初亦不無適應科舉的預設。如汪克寬《春秋胡氏傳附録纂疏》應該説學術目的是很純正的，但仍不免“蓋兼爲科舉而設”③。

科舉的指示作用無疑深刻地影響著經學文獻刊行的選題和頻次。南宋後期以降，《易》學領域并奉程、朱之學。咸淳二年(1266)，朱子再傳弟子董楷據當時通行的六卷本《程氏易傳》和十二卷本《周易本義》，編纂而成《周易傳義附録》十四卷，這是傳、義合編之始。元明科舉程式規定《易》主程、朱《傳義》(這和董楷合編本的出現應該不無關聯)，因此坊間也相應地出現了多種合編本和單行本。先有元人删繁就簡而成的《周易傳義》十卷本，其後又出現了由十卷本《傳義》删去《本義》、保留《程傳》重構而成的十卷本《伊川程先生周易經傳》。入明以後，作爲官學定本的《周易傳義大全》二十四卷的編修，更加强化了傳、義合編文本的權威性，於是衍生出二十四卷的《傳義》本以及四卷本《程傳》和四卷本《本義》。由《程傳》和《本義》各自别行到合編，再由合編本分别衍生出新的單行本，這反映了近古“五經四書”一系經學文獻傳刻的一般規律。

隨着科舉的日益平民化和科舉文體的不斷程式化，服務於科舉考試的輔導資料應運而生，以其簡便有效、切於實用而流行開來，所謂帖括之學、兔園册子大行其道。正是因爲體式和内容的程式化和封閉性桎梏了士人的自由發揮和主觀思考，使得這些類似於射策、猜謎的參考書瞄準科舉程式，對士人應考産生了立竿見影、行之有效的輔助作用，

① 《四庫全書總目》卷一二經部十二《書》類二附録《書義矜式》提要，頁106。
② 文淵閣《四庫全書·四書大全》書前乾隆四十一年(1776)提要。
③ 《四庫全書總目》卷二八經部二十八《春秋》類三是書提要，頁229。

無疑是一條通往仕途的終南捷徑,所以一時大受追捧,泛濫開來。旺盛的剛性需求和利好的市場前景,對於編撰者和書坊來説都是有利可圖的,於是形成了編撰、刊行、銷售等各個環節聯動的完整利益鏈,又使得受衆進一步增多,影響進一步放大。這一類書在宋代既已出現,當時已有較大規模的梓刻①;伴隨着元代重開科舉,又成爲坊刻本的重鎮,發行數量之大,流行區域之廣,使用之普遍遠遠超出宋代。根據相關書目著録及傳世版本,這類文獻大體可分爲兩個方面:一是科舉程文選編,將科舉考試中選的文章結集;一是經義作法指南,又可細分爲經義和經疑兩小類。倪士毅《作義要訣》是現存最早的專論科舉文體寫作的著作,總結了宋元有關經義寫作方法和技巧的論述,講解當時科舉經義的體例和程式,影響很大。

當然,元明時期經義之作儘管在民間十分通行,各種版本、各種類别層出不窮,但還是有有識之士提出異議,甚至批評。如明李時勉曰:"此等書吾平生所不喜,以其專爲進取計,能怠學者求道之心故也。"②不過,在仿效和鑽研帖括之學依然是登第的捷徑甚至是必由之路的大環境之下,個别清醒人物的聲音畢竟是極其微弱的,根本無法撼動科舉文體乃至科舉程式,也無法影響周邊士人的價值取向或閲讀方式。

(三)"五經四書"通俗化的變體

"五經四書"系統多重衍生并漸趨通俗化的另一個驅動力來自書坊。宋元書坊的營銷模式是圖書編纂、刻印、銷售三位一體,書坊主的成分構成是文人、商人集於一體,這對學術是有積極的推動作用的;而學術進步尤其是儒學的發達又極大地促成了坊刻的繁榮,這種良性互動關係的建立和維繫對於學術和出版都是有利的。當然,書坊主給予儒學足够關注的同時,最爲留意的往往是其中有關科舉考試的經學文獻,更加看好其切於實用和宜於射利。於是不斷地推陳出新,本着通俗化、實用性的原則,緊緊地圍繞科舉考試,衍生出"五經四書"的各種

① 宋岳珂《愧郯録》卷九"場屋編類之書"條論及"建陽書肆方日輯月刊"的"編類條目、撮載綱要之書"汗牛充棟,四方傳習(《四部叢刊續編》影印鐵琴銅劍樓藏宋刻本)。

② 明葉盛《水東日記》卷六,清康熙刻本,"中國基本古籍庫"收録本。

變體。

爲了適應一般讀書人閱讀以及學校教育、士子科舉的需求,諸經的音釋類著作(即對經文、注文施以注音和釋義)在元明時期頗爲流行,書坊不斷地翻新花樣。猶如《經典釋文》爲群經經文、注文注音釋義一樣,朱學系統新注成爲新的經典之後,也相應地産生了現實的需求,音釋本漸次衍生出來。其中流傳最廣、影響最大的是《書集傳》、《詩集傳》音釋本。隨着《蔡傳》地位的不斷提升,受衆日趨擴大,出現了衆多刊本,元末至正中鄒季友所撰《書集傳音釋》應運而生,音釋本可考者有至正五年(1345)虞氏明復齋、十一年德星書堂、雙桂書堂、十四年日新書堂和元明間宗文書堂等刊本。《詩集傳》音釋本也出現在元末,按所附音釋内容多寡可分爲簡式和繁式兩種類型:簡式指僅有反切或直音的注音,包括宫内廳書陵部藏十卷本及其所從出之足利學校遺迹圖書館藏宗文精舍至正十二年刻十卷本,以及蘇州博物館藏明洪武三年正齋精舍刻十卷本、北京大學圖書館藏明正統十二年司禮監刻二十卷本;繁式指除了注音之外尚有名物、典制的注釋,只有雙桂書堂和餘慶書堂刻羅復纂輯二十卷本《詩集傳名物鈔音釋》(雙桂書堂刻本今藏國圖,餘慶書堂刻本僅見於傅增湘《藏園群書經眼録》著録)。無論簡式還是繁式,音釋的主體内容都出自元許謙《詩集傳名物鈔》,但二者之間并無承繼或因襲關係,應是各自獨立完成的音釋本。《書集傳》、《詩集傳》音釋本當時極爲通行,雙桂書堂、日新堂、宗文堂等書坊同時刊刻二書,配套而行。

宋元之際,出於鄉塾童蒙學習儒家經典尤其是士子科舉考試的需要,通俗淺近的旁注(或作傍訓)類、句解類經學文獻大量湧現,或依經直解,旁注窄行;或隨文分句,句各有釋,這些都是"五經四書"通俗化的産物。旁注本在元代已出現,元明兩代較爲通行,經文大字書於正行,訓釋字句意義者細書於旁簡,有署名羅祖禹、李恕、朱升等的"五經"、《四書》旁注之作。各家取材大體一致,互有因襲,編纂旨意盡相不同,内容略有差異,表現出更多的複雜性和隨意性。

所謂句解本多爲"直音傍訓句解"三種注釋體式的集合體,經過變異、整合而成,兼釋音義,串講文意,其主旨在於取便初學,以應鄉塾課蒙之用。句解本大量出現在宋元之際,主要是由福建(可能還有江西)的書坊刊行,元、明兩代盛行,入清後作者和刊本似乎都不多見。據相關書目著録及現存版本可知,《周易》、《尚書》、《毛詩》、《周禮》、《禮記》、《左傳》、《論語》、《孟子》等經均有句解本,編著較多、影響較大的作者有朱祖義、李公凱和朱申。由於發行量大,流通廣泛,同一著作往往有同一作者、不同書坊刊行,或不同作者、同一書坊刊行的不同版本。句解本或取材於通行的朱學系統新注,如李公凱《論語句解》取材於朱子《集注》;或另有所本,取材於宋元直至明代通行的其它經書注本,如李公凱《尚書句解》;或依據傳統的漢唐注疏改竄而成,如朱申《周禮句解》。總之,來源複雜,取材廣泛,并不盡出於朱學系統。就其内容而言,簡要明瞭,通俗淺近,如四庫館臣所云,"雖循文詁義,無大發明,而較之竄亂古經、横生新義者,猶不失謹嚴之義"①,"故學者猶有研究古義之功"②。當然,這類文獻的選題和取材還是和科舉這一指揮棒的示意作用直接相關聯的,如李公凱《(纂集柯山)尚書句解》取材於南宋夏僎《柯山書解》,夏氏書直至明初還與《蔡傳》并行,用以取士。

早在前揭直音傍訓句解本出現之先,南宋林堯叟編撰《春秋左傳句解》,於淺近明瞭的句解之外,又有所謂"括例始末"("括例"指總結義例,"始末"謂十二公前備載列國紀年及二十國大事),將《春秋經傳》通俗化、系統化,契合民間更廣大的讀者群體的知識背景和閱讀習慣,故宋元以降傳刻不輟,且衍生出附入林氏《句解》的胡安國《春秋傳》本和與杜預《春秋經傳集解》合編的杜林合注本等版本類型。其書絶非一般的通行於鄉塾的兔園册子,亦非簡單地出於書坊射利的科舉用書,既約定俗成,又喜聞樂見,既非欽定御撰,也非官方定本,但它作爲《春秋經傳》標準而又穩定的讀本,在民間有着廣闊巨大的受衆面和無比旺盛的生命力,其影響之深、勢力之大遠遠超出列爲科舉程式的單行杜注和《胡傳》。從這個意義上講,林氏《句解》雖爲精英學術史所闕失,究其實確爲《春秋》學史上不可或缺的一筆。科舉導向影響甚至左右着經學,而經學思潮影響着學術風尚,學術風尚又影響着圖書出版;反過來,成爲定式的坊刻經書讀本影響着讀者的閱讀模式和閱讀取向,進而影響到其學術素養和知識結構,這又在一定程度上契合了科舉的風向標的功能。這些彼此互動的

① 《四庫全書總目》卷一九經部禮類一《周禮句解》提要,頁153。
② 《四庫全書總目》卷三六經部三十六《四書》類按語,頁307。

關係綢密集地交織在一起,深刻地影響着《春秋》學史的走向。

近古時代,《四書》在民間的影響力和受衆面遠遠大於"五經"。元代最爲通行的兩部《四書》學著作——程復心《四書章圖纂釋》和倪士毅《四書輯釋》在明代合編,并不斷衍生出新的版本,藉此可以探尋《四書》類經學文獻走向民間、漸趨通俗化的進程。二書先後於後至元三年(1337)和至正二年(1342)分别由建安德新堂和日新堂刊行。明初,坊間又先後出現了王元善《四書輯釋通考》以及二書合編本(附載王元善《通考》)。兩部名著合編,固然有書坊出於牟利的考慮,但確實也爲讀者閲讀提供了便利。宣德、正統間,王逢、劉剡又加以改竄、重編,變換體式,改易名目,成《四書通義》四十五卷,正統五年(1440)由進德書堂刊行。各種合編本漸次通行,單行本反而流傳不廣。《四書輯釋》和《四書章圖纂釋》在元明兩代分合、孳乳的過程實際上就是近古經學文獻衍生路徑的縮影,折射出經學、科舉和書坊三者之間多重的互動關係。

宋元以降,坊刻經書(其中主要是"五經四書")往往於卷首或卷末附刻與該書内容相關的參考資料,或梳理知識系統,或交待背景資料,或考索人物傳記,或辨明名物制度。如《周易》附刻程頤《上下篇義》和朱熹《易圖説》、《周易五贊》、《筮儀》、《易説綱領》;《尚書》附刻朱子《説書綱領》;《詩經》附刻《詩傳綱領》、《詩序辨説》;《春秋》附刻《春秋名號歸一圖》、《春秋(二十國)年表》、《春秋圖説》(含《諸國地理圖》、《傳授次序圖》、《一百二十四國爵姓》、《周王族諸氏》、《諸公族諸氏》、《諸侯興廢》、《春秋總例》、《春秋始終》等);《四書》附刻《讀大學法》、《讀中庸法》、《讀論語孟子法》等。各書附刻情況不一,《春秋名號歸一圖》、《春秋(二十國)年表》、《春秋圖説》已見載於南宋經注本《春秋經傳集解》,入元後除經注本之外更附刻胡安國《春秋胡氏傳》以行。《周易》所附刻之内容除《(易説)綱領》外均已見於南宋董楷所編《周易傳義附録》元刻本(宋刻本今已不存,是否附載上述内容不可考),《易説綱領》見於明初《周易傳義大全》。《尚書》和《四書》所附刻之内容始見於元代刊刻的"五經四書"系統各本,甚至更晚。各本附刻内容大多輾轉相承,因仍舊式,間有書坊重新校訂的情況。通過對各書附刻内容有無、多寡或沿用、校訂的考察,可以略窺其傳刻源流和版本系統。

三 其它系統或載體的經學文獻

由於經學的全面發展和雕版印刷的廣泛應用，近古經學文獻空前繁榮，趨向通俗化的同時，還呈現出多元化、多樣化的傾向。除了正經注疏和"五經四書"兩大主幹系統之外，仍然有其它系統（或者稱之爲系列，究其淵源雖不出上述兩個系統，但在某個特定歷史時期或特定範圍之内具有比較深遠而且持久的影響）的存在。例如，王安石熙寧變法，改革科舉制度，王氏新學系列著作行於場屋幾十年，雖中間不無反彈、摇擺，但還是直接影響到北宋後期直至南宋的學校教育和科舉取士制度，至少在某些歷史階段，它在學術上和政治上的影響力絶對可以與兩大主幹系統分庭抗禮，鼎足而三。北宋龔原、耿南仲分别著有《周易新講義》，先後作爲三舍法實施期間的太學講義，與王安石《易義》是一脉相承的，《郡齋讀書志》卷一上著録王、龔、耿三人《易》注，曰："介甫'三經義'皆頒學宫，獨《易解》自謂少作未善，不專以取士，故紹聖後復有龔原、耿南仲注《易》，三書偕行於場屋。"

排除政治因素，單就學術史而言，與主流學術思潮迥異的其它學術範式是客觀存在的。在南宋《詩經》學史上，吕祖謙《吕氏家塾讀詩記》的影響僅次於《詩集傳》，"兼總衆説，巨細不遺，挈領提綱，首尾該貫"①。是書大體上持論公允、通達，擇善而從，并不礙於成説或偏見，所謂"《詩》學之詳正，未有逾於此書者也"②。吕氏堅守毛、鄭，信從《小序》，按照我們預設的理論框架，可以納入正經注疏系統四次文獻；但其書既不浸淫於宋學風尚，又與朱子《詩》學不同，所以毋寧視作另外的系列。其後，嚴粲《詩緝》"以吕祖謙《讀詩記》爲主，而雜采諸説以發明之。舊説有未安者，則斷以己意"。四庫館臣以爲"宋代説《詩》之家，與吕祖謙書并稱善本，其餘莫得而鼎立，良不誣矣"③。戴溪《續吕氏家塾讀詩記》"以《吕氏家塾讀詩記》取《毛傳》爲宗，折衷衆説，於名物訓詁最爲詳

① 國圖藏南宋淳熙江西漕臺刻本《吕氏家塾讀詩記》卷首朱熹序。
② 宋陳振孫《直齋書録解題》卷二是書解題，上海古籍出版社，1987 年，頁 39。
③ 《四庫全書總目》卷一五經部十五《詩》類一是書提要，頁 125。

悉,而篇内微旨、詞外寄托,或有未貫。乃作此書以補之,故以'續記'爲名"①。吕氏《讀詩記》宋代傳刻不輟,版本衆多,明代中葉以後再度流行,可見其《詩》學卓然自成一家。

近古已從寫本時代進入刻本時代,書籍的主流形制無疑就是刻本,而抄本作爲書籍流傳的重要方式依然不絶如縷。除了這兩種紙質載體之外,以儒家經典爲題材而鐫刻的石經是另一種重要的載體,也是經學文獻衍生的另一個面向;它源出寫本,又爲刻本所從出,在經學文獻衍生的路徑中起着重要的作用。之所以鐫刻入石,就是取其奉爲圭臬、傳之久遠之義,因此也就順理成章地成爲官方定本,無論是象徵意義上的還是現實社會對於標準文本的需求。比如唐代開成石經鐫刻的直接起因就是貞觀中顔師古校訂"五經定本"以後長期缺乏統一的標準文本,這也是寫本時代手抄筆録、無意脱衍或有意增删的特點所决定的;直接的目的就是使學者取正,有本可依。開成石經除"九經三傳"之外,還附刻代宗大曆中張參所編《五經文字》三卷和文宗大和中唐玄度所編《九經字樣》一卷兩種正字書,考正經傳文字形體,辨析音義。實際上,在進入刊石階段之前,已先後經歷了大曆中書於太學講堂屋壁和大和中易以木版兩個階段,至開成中乃易以石刻。寫本時代經書載體的多重變换,顯現出文本統一的趨勢;同時,也直接影響到刻本時代的文本樣貌,五代監本九經的經文就是以開成石經爲直接依據的。源出石經而付之剞劂,《五經文字》和《九經字樣》先後有二書分刊之五代及北、南宋監本,以及北宋重和中重新編刊的二書合編本《新定五經字樣》。這一過程頗具象徵意義,反映了經學文獻衍生的複雜性和規律性,文獻載體的世俗化和統一化傾向。

近古最重要的兩部石經是五代後蜀廣政石經和北宋嘉祐石經。蜀石經廣政元年(938)由其相毋昭裔捐俸始刊,終廣政二十八年間共刻《孝經》、《論語》、《爾雅》、《毛詩》、《尚書》、《儀禮》、《禮記》、《周禮》、《春秋左氏傳》(截至十七卷,卷十八至三十書石在後蜀,而鐫成則已入宋)

① 《四庫全書總目》卷一五經部十五《詩》類一是書提要,頁124。

十經。北宋皇祐中田況補刻《公羊傳》、《穀梁傳》[①]，宣和中席貢補刻《孟子》[②]。關於蜀石經的底本，并無異議，古來皆以爲開成石經（指經文部分而言，傳注部分當有其它源頭）。如上所述，五代監本九經的經文也出自開成石經。晁公武開始注意到蜀石經與監本九經之間的文本異同，紹興中曾校勘"長興板本"（監本九經）和"大和石本"（開成石經），發現了監本九經的不少訛誤。乾道中，晁氏守成都，令學官具體施行這項工作。六年（1170），"取經文不同者三百二科，著《石經考異》，亦刻於石"[③]，附立於蜀石經後。《石經考異》已佚，但它所揭示的由於不同載體經學文獻的衍生路徑不同而造成的文本異同現象值得我們注意。

儘管嘉祐石經傳世拓本經數有九，周密亦有"九經"之説[④]，但真正是北宋刊刻的僅有八經，《孟子》是元初補刻的。傳統觀點認爲嘉祐石經始刊於至和元年（1054），恐非是，大約在慶曆元年（1041）既已肇啓。關於嘉祐石經散佚及其流向問題，歷來衆説紛紜，所謂金人運往燕京的説法不足爲據。金國子監也曾刊立石經，不過僅成《禮記》、《春秋》二經，金、元兩代都曾修復過。元代汴梁路儒學建在北宋國子監故址，元世祖時曾修復過那裏的嘉祐石經，散亡殆始自元末之亂；明永樂中圮壞於水，所以開封府學易址，石經殘石也隨之遷徙，景泰中多已磨滅破碎；天順中，再次圮沕於水，但直到正德中還有殘石[⑤]。清代多已不存，僅有零星殘石被發現。

四　海外佚存經學文獻的回傳

中日兩國古代經學文獻的流播由來已久，近古尤爲頻數，這也是經

---

① 宋呂陶《净德集》卷一四《府學經史閣落成記》，四庫本。

② 宋曾宏父《石刻鋪叙》卷上《益郡石經》著録《石經孟子》十二卷，"宣和五年九月，帥席貢暨運判彭慥，方八石，逾年乃成，計四册"（北京圖書館出版社《歷代石經研究資料輯刊》第三册影印清抄本，2005 年，頁 320）。

③ 明曹學佺《蜀中廣記》卷九一《〈石經考異〉序》，四庫本。

④ 宋周密《癸辛雜識·别集上·汴梁雜事》稱"九經石板，堆積如山"（中華書局，1988 年，頁 217）。

⑤ 河南按察使陳鳳梧立石記其本末，其石清代亦已亡佚。全祖望嘗録其文，參見《鮚埼亭集》卷三八《明開封府學石經碑贊跋》（朱鑄禹《全祖望集彙校集注》本，上海古籍出版社，2000 年，上册，頁 747）。

學文獻衍生的一個真實側面和特殊形態,反映了文獻流傳的雙向軌迹和學術思想的交互影響。《七經孟子考文補遺》是日本江户時代古學派學者山井鼎考文、物觀補遺而成的經書校勘著作,在日中學術界都産生了相當大的影響。其書作爲僅有的兩部由外國人纂集的中國經學著作之一而被收入《四庫全書》(另一部是古學派學者太宰純校刊并注音的《古文孝經孔氏傳》),更得到了乾嘉學者翟灝、盧文弨、王鳴盛、洪頤煊、阮元等的肯定,成爲清代以降經書校勘不可或缺的著作。盧文弨校訂《周易注疏》、王鳴盛編撰《尚書後案》、周春纂集《十三經音略》、阮元校勘"十三經注疏"、劉寶楠和劉恭冕父子撰著《論語正義》、孫詒讓重校"十三經注疏"等都以此書爲重要參校本。《考文補遺》的學術價值主要在於它保存了大量唐宋以來(甚至包括唐前)的經書異文資料,爲經書校勘提供了更多、也更爲可靠的版本依據;大而言之,它也是日本儒學發展史和中日學術交流史研究的直接而珍貴的資料。

同樣是從日本回傳但并非日人所作亦收入《四庫全書》者,乃南朝梁皇侃所撰《論語義疏》,其書南宋後期亡佚,但在日本傳承不絕。江户時代寬延三年(1750),古學派學者根本遜志在其師荻生徂徠的鼓勵之下,校訂并刊行足利學校所藏古抄本《皇疏》十卷[①],後經多次翻刻。乾隆三十六年(1771),武林汪鵬航海至日本,購回根本氏刊本。翌年,浙江省布政使王亶望將此本進呈《四庫全書》館,事先曾據以翻刻[②]。後來鮑廷博又利用王氏翻刻本的版片印入《知不足齋叢書》,最爲通行。

事實上,作爲中日經學文獻流傳的重鎮,《孝經》學文獻是最具代表性和典型性的,雙向流播的歷史源遠流長,其中占主流的當然是東傳日本。根據《日本書紀》的記載,七世紀初葉聖德太子《十七條憲法》中即有《孝經》的内容,可見其書傳入日本由來已久。自日本回傳,肇始於北

① 據島田翰《古文舊書考》卷二《論語義疏》十卷解題,足利學校抄本係日本大永、天文間(十六世紀三十年代)所抄,"鈔手既非精,異同亦極悪,宜乎(根本)遜志所刻師心臆改,多失其本真矣"。島田氏又發現了日本曆應、寶德、永正抄本,抄寫時間均在足利本之前(北京圖書館出版社影印日本明治三十七年〔1904〕東京民友社聚珍排印本〔更名《漢籍善本考》〕,2003年,頁147)。

② 乾隆五十二年(1787),武英殿又據文淵閣四庫本校刻印行。

宋，歐陽修《日本刀歌》即有"徐福行時書未焚，逸書百篇今尚存"的詩句，典出太平興國九年(984)日本僧奝然進獻《孝經鄭注》的史實①。在清代達到了高峰，對當時學界産生了深刻的影響。

所謂《古文孝經》孔安國傳，未必是西漢孔安國所作，漢魏以後長期流傳，梁末亡佚。隋開皇十四年(594)以後，經劉炫之手又出現了所謂《孔傳》本，對於其真僞問題當時即有争議。劉炫整理本隋唐時期傳入日本，而五代以後在中國既已不存。前揭收入《四庫全書》的太宰純校刻本《古文孝經孔氏傳》正是參校日本歷代流傳的多種寫本，旁及它書所引，更加音注而成。太宰本雖非漢魏時期《孔傳》原本，但直接淵源於隋唐舊本，亦非僞作。

所謂《今文孝經》鄭注，未必是鄭玄所作，大約亡於北宋之前。北宋時又有奝然進獻本自日本回傳，不過南宋再次亡佚。清嘉慶中，又有岡田挺之輯自《群書治要》的《孝經鄭注》回傳中國。六年(1801)，鮑廷博重刊岡田本，收入《知不足齋叢書》。儘管存在著質疑的聲音，但在當時還是引起了不少的關注。反過來，岡田本的西傳及其在清朝學界的反響也促進了日本學界相關研究的深入展開，其後又出現了一些校訂、補遺之作，并翻刻《知不足齋叢書》本。

唐開元中，《孝經》古、今文和孔、鄭注争立，十年(722)，唐玄宗自注《孝經》，"頒於天下及國子學"②；同時"詔(元)行冲爲《疏》，立於學官"③。天寶二年(743)，"上重注，亦頒於天下"④；四載，刊石於太學。五載，再次頒行《疏》⑤。是謂"開元始注"和"天寶重注"。後世通行本均爲"重注"本。北宋咸平中，邢昺等以元行冲《疏》爲藍本，再爲"重注"

① 《玉海》卷一五四《朝貢·元豐日本貢方物》，第四册，頁2836。

② 宋王溥《唐會要》卷三六《修撰》，中華書局，1955年，頁658。詔見宋王欽若等編纂、周勛初先生等校訂《册府元龜》卷四〇《帝王部·文學》，鳳凰出版社，2006年，第一册，頁431。

③ 宋歐陽修、宋祁等《新唐書》卷二〇〇《儒學下·元行冲傳》，中華書局，1975年，第十八册，頁5691。後晉劉昫《舊唐書》卷一〇二《元行冲傳》亦曰"又特令行冲撰御所注《孝經》疏義，列於學官"(中華書局，1975年，第十册，頁3178)。

④ 《唐會要》卷三六《修撰》，頁658。

⑤ 《唐會要》卷七七《論經義》，頁1411。

作新《疏》。此後,《御注》、《邢疏》成爲正經注疏系統《孝經注疏》的標準文本而行於世,"始注"、《元疏》及天寶重修《疏》漸次失傳。清光緒十年(1884),《古逸叢書》據源弘賢寬政十二年(1800)摹刻本(其底本是三條西實隆享禄四年〔1531〕抄本)覆刻《開元始注》,書題《覆卷子本唐開元御注孝經》,於是國人始見"始注"本。今存最早的"重注"刻本《御注孝經》一卷,藏宫内廳書陵部,乃狩谷棭齋舊藏北宋天聖、明道間刻本。"重注"在保持"始注"總體注釋風格的前提之下,在文字、訓詁和修辭上都做了修訂。通過比較研究,可以洞悉二者撰作背景、動因及文本、義疏等方面的異同。

總之,《孝經》學文獻東傳日本,衍生出新的寫本或刻本、活字本,再回傳中國,通過覆刻或翻刻等方式又衍生出新的版本。這個過程着實不同於近古一般經學文獻衍生的路徑,具有特殊性和不確定性。

結　論

近古既是歷史學、語言學上的分期,同時也是社會學、哲學上的分期,因爲在這些領域,宋、元、明、清各代都表現出相對一致的特徵和明顯的承續關係。文學適應市井社會的現實需求,實現了從宋詞到元曲再到明清小説脱雅入俗的切換;宗教迎合市民社群的精神需求而表現出民間化、世俗化的傾向;思想領域,以倫理道德爲核心的思辨哲學——宋明理學成爲主流意識形態;學術領域,宋學取代了漢學,占據主導地位,束書不觀、游談無根的學風在明代漫延。在這種學術文化背景之下,基於日益發達的雕版印刷在社會生活、學術文化領域的普遍應用,受益於不斷深入的跨地區乃至跨國界的學術文化交流和商業貿易往來,與文學、宗教、思想、文化等領域日益顯著的世俗化傾向同步,經學文獻由傳統的單一形式不斷地衍生出更多、更新的類型,或立意簡明,深入淺出;或圖文并茂,取便初學;或取法程式,經義指南,愈發呈現出通俗化的特色。這固然是自覺地適應世俗化社會的普遍要求,更直接的動因還是服務於科舉考試和學校教育。因爲近古社會二者已經完全結合在一起,教育制度與官僚制度對接,學校淪爲科舉的附庸。帖括之學、兔園册子同樣適用於二者,成爲士人博取功名的利器。

在這個過程中,書坊無疑起到了推波助瀾的作用。經學文獻的最新衍生品類大都是由書坊率先完成的,不斷地推陳出新,以求適應更廣大的受衆。當然,直接的目的還是擴大市場占有率,以實現利益的最大化。由於近古書坊獨特的運營模式,使得它游走於學術和商業之間:一方面,書坊主廣泛地接觸學者,徵詢選題,在他們周圍形成了一個比較穩定的學術團隊,這在客觀上有利於學術進步;另一方面,書坊主最終的着眼點當然是射利,所以他的出版計劃還是以是否暢銷爲取捨標準,在此前提之下的合理預期才是求得利潤和學術的最大平衡。

需要説明的是,這種通俗化的傾向并未完全吞噬或取代傳統的經學研究,經學自有其演進的内在規律性和連續性。即使是學風空疏的明代,依然也有嚴謹求實的經學著作;以至於清代考據學興起,實事求是,無徵不信,以漢學、宋學爲號召。這些都是傳統經學史所關注的,不在本文的論列範圍之内。

總之,近古經學文獻伴隨着時代的變遷、文化的走向,不斷地衍生、變異并漸次通俗化,表面上看起來似乎只是文本的嬗變、體式的翻新,實際上其中蘊涵着豐富的思想史、文化史和物質生活史層面的動因,關涉科舉與經學、學術與出版(尤其是坊刻)等多層次的複雜問題。我們希望運用傳統文獻學的方法,以版本研究爲核心,兼及文本内容的研究,探究近古經學文獻傳刻過程中的衍生路徑及其通俗化的傾向,旨在揭示以文獻學治經學的學術方法論。我們進而認爲,版本傳刻、校勘在很大程度上推動着學術進步,而相關研究對於學術研究也有着巨大的拉動作用,絶不僅僅是單純的文本形態的研究(所謂"書皮之學"),由此可以進一步延伸到學術史的研究,并在個案研究的基礎之上把握其帶有的普遍性的規律,這對於中國經學史和古文獻學史的研究都是有積極意義的。

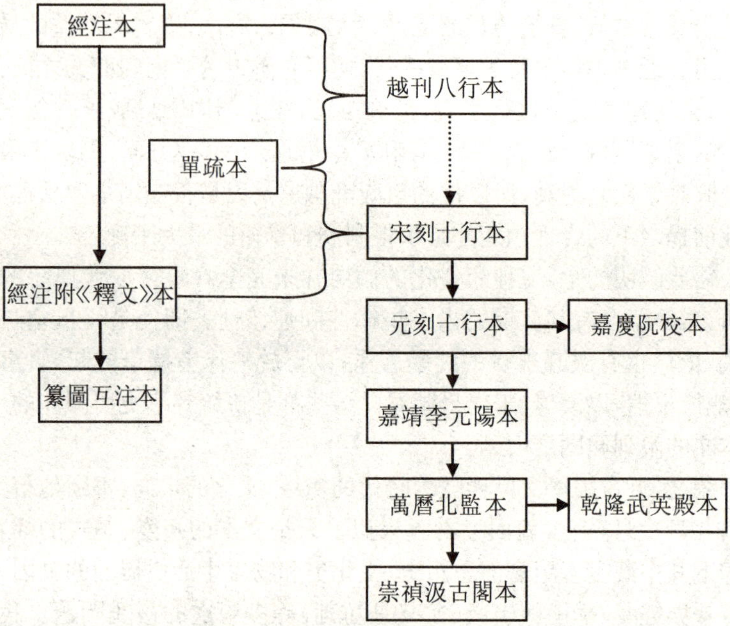

正經注疏衍生路徑示意圖

(作者單位:北京大學中國古文獻研究中心)

古典文獻研究(第十六輯)
2013年7月

明代通俗日用類書與庶民社會生活關係的再探討*

趙　益

一　問題的提出

自南宋開始歷經元到明,特别是明代中後期出現了一批以坊刻爲主,帶有極强商業性目的,旨在服務於"天下四民"的類編型書籍。最早有日本學者仁井田陞等稱之爲"日用百科全書",此後日本學者酒井忠夫對此展開深入研究,將其中一部分定性爲"日用類書"①,并編入《中國日用類書集成》。此一概念現已被絶大多數學者所接受。"日用"之名,本産生於當時出版者的標榜,如其題名"居家必用"、"萬用正宗"、"萬寶全書"、"四民便觀"等等,以服務於出版目的。《四庫全書總目》稱《居家必用事類全集》等所載爲"居家日用事宜",當即由此而來。因此酒井忠夫"日用類書"概念的提出,從某種意義上講大致是可以成立的。

但"日用類書"的概念及其界域在近年的中國學術界出現了某種"泛濫"的傾向。酒井忠夫原將明代商業性類編書籍分爲總括型、舉業型、啓札翰墨型、故事型、幼學型和居家日用型、山人隱士編纂型、商業

* 基金項目:國家社科基金項目"十六至十八世紀中國民間社會的宗教生活與通俗文學"(11BZW063)

① 酒井忠夫早在1958年即發表有《明代の日用類書と庶民教育》一文。2011年去世後,又有遺著《中國日用類書史の研究》出版。以上據吴惠芳《〈中國日用類書集成〉及其史料價值》(《近代中國史研究通訊》,第30期)及《酒井忠夫〈中國日用類書史の研究〉書評》(《"中央研究院"近代史研究所集刊》,第74期,2011年12月)。

日用型數類[①],嚴格意義上的"日用類書"衹是其中之一,因此所編《中國日用類書集成》收書較爲嚴格,僅以明代萬曆期間具有代表性的《新鍥全補天下四民利用便觀五車拔錦》、《新刻天下四民便覽三台萬用正宗》、《新刻全補士民備覽便用文林彙錦萬書淵海》、《新刻搜羅五車合并萬寶全書》、《鼎鋟崇文閣彙纂士民萬用正宗不求人》、《新板全補天下便用文林妙錦萬寶全書》六種(每種精選一種版本)入選,基本符合其定義。而最近中國出版的《明代通俗日用類書集刊》收書則達 44 種[②],在"力求完備"的出意下,將《事文類聚翰墨全書》、《對類》、《國色天香》、《事類捷録》、《故事黄眉白眉》、《燕居筆記》等盡數囊括。儘管理解容有差異,但就"日用"這一概念而言,後者的做法顯然有些過當。

明代出現的這些商業性類編書籍的情況較爲複雜。如酒井忠夫所總結的,除了其標榜的綜合服務於居家日用者外,尚有專門應對於科舉、書牘文案、文學閲讀、娱樂以及旅行、經商、訴訟的出版物。雖然總體上都有所謂"日用"的特色,而且相互之間多有交叉重疊,但畢竟存在重要的不同。如《事文類聚翰墨全書》,儘管内容龐雜,但主要仍是文翰寫作的範文、活套彙編;而《國色天香》、《萬錦情林》、《燕居筆記》等,"諸體小説之外,間以書翰、詩話、瑣記、笑林,用意在雅俗共賞"[③],則屬於以通俗内容爲主,是供一般文士閑覽的"雜纂"。就後者而言,鄭振鐸指出:"他們不是《居家必備》一類的家庭實用百科全書,也不是《諸書法海》(即後來的傳家寶的祖先)、《事文類聚》、《翰墨大全》一類的平民實用的'萬事須知'、'日用百科全書'。他們是超出於應用的目的之外的。他們乃是純文學的産物,一點也不具備實際上應用的需要的。他們的編纂,完全是爲了要適應一般民衆的文學上與心靈上的需求與慰安,决不帶有任何實際應用的目的。"[④]這個結論十分精到。顯然,"日用"的定義并不是可以隨意安置的。

---

① 酒井忠夫《中國日用類書史の研究》,東京:國書刊行會,2011 年。

② 中國社會科學院歷史研究所文化室編《明代通俗日用類書集刊》,西南師範大學出版社、東方出版社,2011 年。

③ 孫楷第《日本東京所見小説書目》,載《中國通俗小説(外二種)》,中華書局,2012 年,頁 306。

④ 鄭振鐸《西諦書話》,生活·讀書·新知三聯書店,1983 年,頁 146—147。

更重要的是,我們知道,當代社會文化史研究的興盛,正建立在對民間流行的印刷書籍的重視之上,一大批社會文化史學家以此爲對象或材料,探討他們感興趣的主題。在這些研究者看來,這些流行的書籍詳實地反映了庶民社會的生活實際。然而,此一前提却不無疑問。當代著名的文化史家羅伯特·達恩頓(Robert Darnton)以法國文化史研究者所重視的十八世紀"黄曆書"爲例部分否定了這一邏輯。達恩頓認爲:"(黄曆書)體現的價值骨子裏跟法國王后的化妝舞會是一脉相承的。黄曆書所代表的是上流社會文化向民間的普及,而不是真正的大衆文化。它們是别人針對大衆而寫的,却不是大衆自己寫的。它們甚至不是原創,而是從既定的精英文學作品中扒下來的,有時候就是印刷坊的工作從現在作品中順手牽羊。"[①]這一結論既來自於具體的考察,更來自在於他對一種先驗觀點的證誤,即出版商和書販子根據市場需要印刷、存貨、銷售的書籍,并不一定就是植根於當地大衆文化的東西:

> 跟知識精英們不一樣,村民們的文學消費是被動的,他們買什麼書没個準兒,興之所至,逮着什麼就是什麼,圖的是大夥兒聚在一起時能有本書念。再不然就是爲了自個兒看着玩。……對那些斗大的字識不了一籮筐的村民們來説,書籍有一種奇妙的力量,他們對文字充滿神奇之感和敬畏之心。這種心理過程跟上流社會那種"奇文共欣賞,疑義相與析"式的閲讀是大相徑庭的。[②]

這個典型例證在中國古代社會存在直接的對應。在中國,"黄曆"自古就流行於民間,較早是"擇日"型的"日書",後來則是各種"小曆"、"黄曆"之類的曆注(某種意義上的小型百科全書)。從"日書"開始,就體現出程式化、類型化、承襲化的特色[③],内容既往往承自於精英知識,

---

① 羅伯特·達恩頓(Robert Darnton)《拉莫萊特之吻:有關文化史的思考》,蕭知緯譯,華東師範大學出版社,頁215。

② 羅伯特·達恩頓(Robert Darnton)《拉莫萊特之吻:有關文化史的思考》,頁216。

③ 參閲李零《中國方術考》,東方出版社,2000年,頁216。

同時又千篇一律甚至數代不變。其本身或許是民間社會的需求性產物,但是其内容并不是社會生活的鏡像反映。

顯而易見,達恩頓的觀點可能有失於周全之處,但他提出的問題十分重要。就"日用類書"而言,隨着當代研究對這些書籍認識的逐漸深入,可以發現,即使就學者們共同承認的較完備的典型——如《三台萬用正宗》[①]——而言,其"通俗"、"日用"的内涵確實存在着較大的不明確性。我們固然不能否定它們所具有的通俗性和日用性,但這種"通俗"和"日用"達到什麽樣的程度,與庶民生活的相關度究竟如何,具體内容的時效性怎樣,最關鍵的是:是否像研究者所歸納的那樣,這些所謂的"日用類書"或"日用百科全書"是當時民間庶民社會生活的完全的鏡像反映,是否能够反映社會生活,反映到何種程度,這種反映程度體現了什麽樣的意義等等,必須予以深入的探討,因爲這是以"日用類書"爲對象或材料探討社會生活、研究其社會文化意義的邏輯前提。事實上,明代日用類書的研究從一開始就與這一定性息息相關,從而以其爲當時諸如法律事務、商業活動、教育狀況以及其它社會生活的材料淵藪和重要反映。顯然,倘若我們不能證明這一前提,所有的結論便無法成立。

近來已有學者意識到,認定日用類書内容記載爲晚明生活全盤映照的觀點是有待商榷的,日用類書"涵蓋當時日常生活所有的元素"并非不證自明的事實[②]。但此一卓識尚非當下學術界的主流。就迄今爲止的研究來看,一方面,"日用類書"本身的歷史性描述和意義闡述已經相當詳盡,而相關前提并未能得到認真的討論,仍存在着相當程度的先驗色彩和循環論證。另一方面,由於社會生活的複雜多樣性,各種材料反映相關社會活動的程度、方式也是有相當差異的;從中探討某一類社會生活的認識原則,并不一定適合於研究其它方面。而社會史文化史

---

① 《新刻天下四民便覽三台萬用正宗》四十三卷,題余象斗纂,萬曆二十七年書林雙峰堂刊本,東京大學東洋文化研究所藏本。

② 王正華《生活、知識與文化商品——晚明福建版"日用類書"與其書畫門》,載胡曉真、王鴻泰《日常生活的論述與實踐》,允晨文化實業股份有限公司,2011年,頁286。

研究者,仍未對作爲基本史料之一的各種"通俗書籍"的内涵屬性予以足夠的分析。

二 對明代通俗日用類書接受狀況和内容"日用性"的分析

關於明代通俗日用類書的編刊及特性,以往的研究已經確立了幾個基本事實:第一是其編輯出版的商業化本質,即出版者多爲商業性書坊,目的以追逐利潤爲主,編輯靈活,内容龐雜,印製粗糙但形式多樣,并輔以多種營銷手段。第二是此類書籍主要集中在福建建阳书坊,現存十種左右形成了某種意義上的出版物"叢體"①,彼此之間有密切的影響、取材、模仿或翻刻、改换關係。編者多爲不知名的下層文人或書坊主本人,所題艾南英、陳繼儒、張溥等皆爲僞託②。第三是以日用類書爲主的"民間日常實用之書",與科舉應試書、醫藥書、通俗文學書形成明代坊刻圖書的四個主要類型③。這些事實可以證明,作爲典型的商業化出版物之一,日用類書的出版不僅具備追逐利潤的主觀目的,而且確實在一定程度上形成了某種意義上的暢銷和流行。

不過,日用類書應乎需要而生并得到了某種接受,和"日用類書與庶民社會生活關係緊密"的結論并無直接的因果關係。因爲"需要"和"接受"必須明確是何種需要以及何種群體的接受,如果不是整體民間社會的普遍需要和廣泛接受,則相關事實必然存在着特定的内涵。更重要的是,日用類書與庶民社會生活的關係是由其具體内容决定的,而這種具體内容不能根據書坊主的主觀意志而簡單定性。總而言之,明代通俗日用類書相關歷史事實的真實内涵,仍然需要進一步的分析。

首先看出版層面上的接受情况。通俗日用類書的出版者特别是建陽書坊,無不刻意標榜其服務於"天下四民"的出版宗旨,這當然是由其

① 吴惠芳稱之爲"萬寶全書"群體,詳見《萬寶全書:明清時期的民間生活實録》,臺北:花木蘭文化出版社,2005 年。

② 王正華《生活、知識與文化商品——晚明福建版"日用類書"與其書畫門》,載胡曉真、王鴻泰《日常生活的論述與實踐》,頁 294。

③ 詳見張秀民《中國印刷史》(浙江古籍出版社,2006 年)對金陵書坊和謝水順、李珽《福建古代刻書》(福建人民出版社,1997 年)對建陽書坊的具體分析。

商業化出版的本質所決定的,因爲商業化的根本目的是獲取商業利潤,商品銷售的對象必然需要盡可能地達到最大化。有研究者認爲,書名是否存在對"天下四民"、"士民通用"的强調,是區别其是否屬於通俗日用類書的標準之一①。但問題在於,主觀目的是一回事,實際效果又是另一回事,日用類書等出版物是否能像書坊主所期望的那樣實現對象的最大化并獲得利潤,是由市場决定而不是由其主觀意志决定的。

真實情況是,"日用類書"顯然不可能達成服務於"天下四民"的效果,因爲它畢竟是一種書寫文本,閲讀和接受首先需要具備"識字"能力這樣一個先决條件。關於明代以降的所謂"近世"或"晚期中華帝國"的識字率問題,海外書籍史研究者已經進行了一些探討,有一些研究甚至力圖證明通俗書籍的出版與識字率的提高存在互動關係。但總體而言,此類研究很難得到確切的答案。實際上,識字率與教育有關,而不是由印刷發達直接促進,明代社會、經濟的發展并没有在根本上促成全民教育的革命性改變。

在此方面,"書信"——這種隨着社會發展而越來越重要的人際交往活動——的状况非常能够説明問題。緣於識字率的低下、方言歧異、古代書面語的艱難等諸多因素,直到二十世紀中期,中國相當一批城鎮鄉村的普通民衆,仍然需要代筆寫信。由此可以想見古代的情形。目前可見最早的民間書信範本是敦煌卷子中的"書儀",明代坊刻圖書中則有很多專門的書信指導和書翰型類書,較爲專門的日用類書中也有大量的相關内容。很顯然,這些書信範本或寫作指導并不是提供給通信者,而是針對於代筆者,因爲即使是簡明的範本和"活套",也不能使粗通文墨者馬上就能熟練掌握書信表達,更遑論目不識丁的一般庶民。

古代社會的代筆者大多都是類似於算卦相命、游方郎中的專門職業者,以爲人代筆謀生。當然,地方鄉紳、塾師、訟師、僧道乃至一些下第文人也經常爲人寫信,但他們并不以此爲專門職業,同時本身文化水平較高,并不賴於機械的活套②。相反,類似於像《三台萬用正宗》"文

① 吴惠芳《萬寶全書:明清時期的民間生活實録》,頁16。

② 文人書信則有另外的標準,并形成一種文體——尺牘,具有獨特的文體内涵。因此也産生了一些寫作指導,如清代較爲流行的《秋水軒尺牘》等。

翰門”等,和術師所依賴的工具書一樣,成爲專業代筆者必不可少的“秘笈”。

在識字率没有根本提昇的情况下,整體通俗書籍的直接受衆是非常有限的。科舉用書自不必論,它的讀者衹能是參加考試的舉子;醫藥書大多專業性較强,其受衆範圍更爲狹小。通俗文學作品也同樣如此,即使不是文人化的案頭作品,其書寫的本質也使接受者首先必須斷文識字①。白話作品也無法達至普通民衆的層面,因爲它們仍然是文字書寫,其受衆至少必須是粗通文墨的人,而“粗通文墨”大多數情況下又是針對傳統書面語而言的。所以,白話文本并不比文言書籍更加普及②。

從純粹的商品銷售角度看,日用類書想要達到普遍暢銷的程度也是不可能的。日用類書的篇帙均都不小,據吴惠芳統計,明代萬曆、崇禎年間各種“萬寶全書”的版本,以三十卷及其以上者爲多,最多者爲《萬書萃寶》及《三台萬用正宗》,均高達四十三卷;最少者是《萬錦全書》,衹有十卷。“整體看來,此種綜合性民間日用類書的卷數有由多而少的趨勢,其發展可分三階段,即明代後期以三十多卷,乃至四十多卷版本爲主,至清代前期以三十卷版本爲主,而清代後期則以二十卷版本爲主。”③很難想像,如此卷帙的大書會被廣泛購置。關於日用類書的價格,因爲記載闕失,我們没有足够的材料展開論述。目前僅有三部書可知當時標價,從萬曆四十二年序刊本和崇禎九年刊本《萬寶全書》的銀一兩到崇禎元年刊《萬寶全書》的銀一錢,相差十倍。酒井忠夫對其真實性表示懷疑④。吴惠芳則認爲此屬定價而非實際售價,因爲當時

① 參閱 David Johnson, Chinese Popular Literature and Its Contexts, Chinese Literature: Essays, Articles, Reviews (CLEAR), Vol. 3, No. 2 (Jul., 1981)

② 參閱 Cynthia J. Brokaw, On the History of the Books in China, in Cynthia J. Brokaw and Kai—wing Chow ed., Printing and Book Culture in Late Imperial China, pp. 11—14.

③ 吴惠芳《萬寶全書:明清時期的民間生活實録》,頁 41—42。

④ 酒井忠夫《明代の日用類書と庶民教育》。此據吴惠芳《萬寶全書:明清時期的民間生活實録》轉引,頁 45。

坊刻圖書大多不明碼標價而是隨行就市；同時，因爲日用類書“時效性”不强，即使是將近當時一個工人一年或半年薪資的銀一兩售價，也是有可能的①。當然還有另一種可能，比如像《居家必用事類》等是分集刊刻累積而成，而建陽坊刻日用類書中又存在拼裝湊合之事②，所以“銀一兩”可能是全套書籍，而“銀一錢”則是其中一集或一部分的價格。無論哪一種情形，價格決定了日用類書的去向也衹能是一個特定的層面，其範圍當比通俗文學的接受面要小，甚至較科舉用書、啓蒙讀物甚至醫藥書也有不及。

各種分析的結論都指向一個事實，即商業化書籍的對象并不是社會大衆，而是一個特定的階層，即一種較爲寬泛的“鄉紳”群體。如果説“日用類書”確實“暢銷”，也衹是在這個群體中實現的。“鄉紳”階層構成較爲複雜，如退休官員、大量的最低一級考試的落第士子、宦游歸來的幕僚等皆可涵括在内，他們既與在任官員和具有功名的士人仍有一定的區别，同時彼此之間參與社會一般活動的程度也有不同。但他們仍然屬於“士”的範疇，是排除在以大多數農工負販和富户殷商爲主體的庶民階層之外的③。

再看内容情况。内容是最爲重要的因素，它不僅决定了實質上的接受情况，同時也是其“日用性”的實質表現所在，當然也就直接决定了其與庶民社會生活的關係狀况。總體上，明代日用類書的内容呈現出以下特色：

第一是類目的概念化和模式化。根據吴惠芳對明清時期“萬寶全書”一類通俗類書的類目的統計④，可以明顯看出，其類目基本相同，包

① 吴惠芳《萬寶全書：明清時期的民間生活實録》，頁45。

② 陳正宏考察認爲，明代建陽所刊諸日用類書中，版式不一且各卷版心所題書名不同者，可能是出於書坊主的拼裝。詳見《萬寶全書雜考——兼與吴惠芳女士商榷》，載北京大學中國古文獻研究中心、淡江大學中國文學系、復旦大學中國古代文學研究中心編《海峽兩岸古典文獻學學術研討會論文集》，上海古籍出版社，2002年，頁259—263。

③ 王爾敏《明清社會文化生態》，廣西師範大學出版社，2009年，頁59。

④ 統計包括不同出版者、不同題名及不同刊刻時間的二十部日用類書，見吴惠芳《萬寶全書：明清時期的民間生活實録》第二章第二節。

括天文、地輿(地理)、人紀、時令、諸夷(外夷)、官品(官爵、爵禄、品級)、律法(律例、法律)、狀式(詞狀、狀法)、文翰(書啓、柬札)、四禮(婚娶、冠婚)、喪祭、師儒、童蒙、勸諭、音樂(琴學、歌曲)、書法(字法、字體、字學)、畫譜、詩對(對聯、詩聯)、酒令(侑觴)、笑談、謎令、雜覽、八譜(五譜、四譜)、棋譜、玄教、風月、選擇(通書)、堪輿(塋宅、陽宅)、卜筮(占課、解夢、星命、相法)、算法、醫林(醫學)、胎産、祈嗣、養生、修身、金丹等,衹是在名稱、編排及類目數量上稍有出入。從《事林廣記》的早期刊本一直到清代的相關"萬寶全書"刊本,類目設計基本不變。不僅是較爲純粹的"日用型類書"陳陳相因,即使是故事類、文辭類的類書,也基本相同。

類目的相同一方面固然是書坊見利而動、一鬨而上而不免模仿乃至勦襲的結果;但另一方面,它也反映出傳統類書的巨大影響,即沿襲精英知識分類"天—地—人—時—文—日用"的基本格局,甚至直接採自傳統類書,在其基礎上進行模式化操作,提昇实用知識的類目層次,增加數量,而并不是另起爐灶,就現實狀况和"日用"所需重新設計框架系統。在此情況下,一是必然造成一些類目及内容根本與百姓日用無關,比如天文曆法、官制、地理沿革等,大抵依據傳統類書的模式進行簡易化的編録,儘管删除了大量的含有高深内容的資料,仍然并不是一般民衆所需要的知識。再如書翰型類書,照理應以交際應酬之活套爲主,但《新编事文类聚翰墨全书》竟然還刊载诏诰、表箋(庚集)及官府公文包括官员往来书疏(庚集卷十七以下),這就絶非出於日常书信的需要,而顯然是承襲旧文的結果。二是一些提昇類目的具體内容也往往照搬舊有的精英知識,充斥了大量的歷史性、經典性内容而不是當代新知①。在此方面比較容易發生誤解的是某些技術性教學内容如數學計算等,論者往往將其題目與社會生活相聯繫。而實際上,如同歷史上出現的數學教科書一樣,其例題往往是相沿已久的典型題目,而并不是當時的客觀反映。

第二是士人化和正統化。儘管日用類書無不標榜"天下四民",并

① 參閲後文論述。

且提昇相關民間社會生活類目的層面,但其絶大部分内容,仍然也屬於當時社會的"正統"範疇,根本上仍然是爲士人服務的,與其實際銷售的對象完全一致。必須再次指出的是,因爲明代以來社會的發展,這裏的"士人"主要是介乎高級知識精英與普通民衆之間的下層文人或"鄉紳"階級。

具體來説,天文、曆法已可不論,雖然較傳統類書而言相對簡淺,但像"天文祥異"、"晦朔弦望"、"璿璣玉衡"等仍然是具備相當文化水平的人纔能理解的知識。而"通書"、"日曆"此類最爲民衆所需的内容,可能是另有專書的緣故,大多數日用類書"天文門"并不刊載。地理方面,行政沿革其實也屬於較高層次的知識;交通圖、一統圖之類,有可能針對商賈,但主要還是服務於游宦之士。官品、律法、狀式的受益者是訟師一流,書翰則幫助代筆者,而"萬寶全書"所刊娱樂類内容,毫無疑問都不是普通百姓的娱樂實際,"傳統士紳生活,吟詠酬唱,雅歌投壺,賭棋挑琴,撞詩射謎,均不免曠逸悠閑,文雅太甚,水準過高。一般粗鄙民衆,焉能達此境界,自必望而却步,又豈肯與士紳一起厮混。"[①]至於"風月"一類,在當時則尤屬外出商賈及宦遊士人之生活内容。盡管如"徽州朝奉"之輩亦屬庶民範圍,但畢竟均變身爲城市居民,而與廣大鄉村民衆無涉。王正華通過對日用類書"書畫門"的研究也證明,其服務對象"仍是有識字能力消費文化商品的人口"[②],他們雖非上流人士并有自己獨特的社會活動空間,但畢竟不是一般庶民。

吴惠芳也承認,明代萬曆年間的生活日用類圖書,主要内容仍是以文人雅士等上層社會參閲的人事、儀禮、聖賢、宫室、文藝、辭章、官制、刑法、榮達、仕進、姓氏源流,以及各式飲食等部分爲原型。但她同時認爲,編纂者通過删除或縮減,"以更符合一般民衆的生活需求"[③]。這一觀點顯然存在矛盾:如果内容性質仍然是上層社會的,無論怎樣删并,其結果是否能符合一般民衆的生活需求,顯然是要打上一個問號的。

---

① 王爾敏《明清社會文化生態》,頁60。

② 王正華《生活、知識與文化商品——晚明福建版"日用類書"與其書畫門》,載胡曉真、王鴻泰《日常生活的論述與實踐》,頁336。

③ 吴惠芳《萬寶全書:明清時期的民間生活實録》,頁19。

第三是固定化。這主要是指多種明代日用類書及其翻刻、補編,大多爲承繼彙纂而來,陳陳相因,絶少新創。此一類出版物除了直接翻刻(含盜版)外,就是模仿、因襲、改换、增補甚至還有拼湊,即使是視其爲同一種内容的不同出版成果,大致也是可以成立的。

最早出現的較爲典型的"日用類書"《事林廣記》自南宋出版以來至於元、明,曾被屢刊屢增(《新編事文類聚翰墨全書》也有續刻的情況,但它嚴格來説不算是典型的日用類書)。但這衹能説明书坊不斷翻刻、增補甚至不惜盜版、改换意在射利,并不能證實它就一定會增加新的或具有時效性的内容。胡道静曰:"民間類書編得較好、切於日用的,一定會流傳廣泛、翻刻頻繁。而翻刻之時,爲了適合當前需要,一定會增加一些新鮮的、合乎要求的東西進去,删掉一些失去時效、不切實際的東西。現存元明各種刻本的《事林廣記》,内容都有出入,無一完全相同,正證明了這一規律。"[①]此以"内容都有出入"來證明此類書籍均符合日用圖書"適應當前需要"的規律而必有更新,并不能成立,關鍵還要看"出入"的事實如何。

以《事林廣記》爲例,元至順本前集即明確標有"增附"、"新增"之目[②],姑且以這些標目下的全部内容均爲陳元靚之後的更新,其占全書的比重也是很有限的。如果放到全部《事林廣記》版本中,這個比例還會下降。胡道静所舉的兩個典型的更新之例,元至順本前集卷三、卷四郡邑類"……行省所轄"等標識和卷十二"'收九穀種'至'分抬法'"[③],在元泰定本中尚無出現[④],可證早期翻刻時更新内容更少。同時,這種更新在内容上也是有限的,主要是適應改朝换代而不得不增加或更换的一些内容,如行政建制和其它一些典章制度等。在形式手段上,主要

① 胡道静《元至順刊本事林廣記解題》,載《中國古代典籍十講》,復旦大學出版社,2004年,頁163。

② 此據中華書局影印元至順間建安椿莊書院刻本《新編纂圖增類群書類要事林廣記》,前集十三卷、後集十三卷、續集八卷、别集八卷。

③ 胡道静《元至順刊本事林廣記解題》,《中國古代典籍十講》,頁153—164。

④ 此據日本元禄十二年(1699)京都今井七郎兵衛、中野五郎左衛門刊本,此本底本爲泰定二年(1325)刊本。詳見金程宇編《和刻本中國古逸書叢刊》(鳳凰出版社,2013年)第33册《新編群書類要事林廣記》敘録。

是通過加頁和在板片上剜補。另外,時效性較强的地理知識方面也存在因襲不變的情況,如《事林廣記》前集卷三地輿類“歷代國都圖”底圖按宋代行政區劃製作,入元以後的翻刻本絲毫不加改編[①];《新編事文類聚翰墨全書》後乙集刻入完整的《聖朝混一方輿勝覽》三卷,顯然是元時所撰,編入時衹在卷下末端將“聖朝”改爲“大明”,其它均沿舊貌。

《事林廣記》屢刊屢增,就目前材料來看大約有兩種方式:一是以原本爲“前集”,續編者爲“後集”、“續集”、“别集”等;二是合原本、續編,統以天干或數字編號。《事林廣記》元至順本系統屬於前者,泰定本系統屬於後者。但無論哪一種方式,目録既不齊備,與内容也不對應,“初集”所擬總目往往不包括後續所編刊各集;體系、結構既無内在邏輯,亦前後不一;版式、字體、行款均有差異,顯示出典型的商業性特色。

明代中期以後的日用類書,篇幅巨大,内容繁多,基本上都不是一時之作。部分直接採用元時舊版,如明隆慶間建陽熊氏刻本《居家必用事類》[②];部分則依據前有材料編纂彙輯而成。姑且不論直接翻刻、盜版或拼裝的情況,這個出版物“叢體”内部也存在密切的關係。

類目設置之概念化、模式化已見前述。具體内容上,像“天文”、“地理”一類的高深知識,諸家刊本除詳略有異外,也基本相似。這已經可以説明這一出版物“叢體”的因襲化特色。其它一些類目,也同樣可以證明這一點。以《新刻全補士民備覽便用文林彙錦萬書淵海》和《新板全補天下便用文林妙錦萬寶全書》爲例,二書一爲“清白堂楊欽齋”刊

① 泰定本“華夷一統圖”亦大抵如此(參閱王珂《〈事林廣記〉源流考》,載《古典文獻研究》第十五輯,鳳凰出版社,2012年),不過是在至順本中改名爲“大元混一圖”而已。

② 《四庫全書總目》雜家類存目七:“《居家必用事類全集》十卷,内府藏本。不著撰人名氏。載歷代名賢格訓及居家日用事宜,以十干分集,體例頗爲簡潔。辛集中有大德五年吴郡徐元瑞《吏學指南序》,‘聖朝’字俱跳行;又《永樂大典》屢引用之,其爲元人書無疑。黄虞稷《千頃堂書目》云‘或謂熊宗立撰’,恐未必然也。”案:《千頃堂書目》謂熊氏編,乃編刊之意,非云其撰著也。《總目》誤解。觀明隆慶本,“聖朝”仍跳行,此顯爲坊賈模版印行、不加修整之故。參閱顧歆藝《〈居家必備〉、〈居家必用〉及古文獻的另一種價值》,載北京大學中國古文獻研究中心、淡江大學中國文學系、復旦大學中國古代文學研究中心編《海峽兩岸古典文獻學學術研討會論文集》,上海古籍出版社,2002年,頁238—257。

本，一爲"雙松堂劉安正"刊本①，出版前後相差兩年②，在書名、結構、類目、内容、編排等各個方面存在明顯的雷同，但孰爲原創或均爲模仿，殊難考證。儘管如此，但二者在一些具體内容上却有意顯出不同，較爲明顯的例子是"農桑"、"棋譜"二門。"農桑"門，《新板全補天下便用文林妙錦萬寶全書》較《新刻全補士民備覽便用文林彙錦萬書淵海》，"農桑本務"下加一段總論文字；其下，上層"耕獲類"、"蛩桑類"、"樹藝類"相同，多出一"耕織賦"，具體小類則多出近一倍；下層，題"農桑女紅之圖"，含"浸種之圖"等共三十三幅圖像并其文字，增加了十八幅。以上相同的小類及圖文，内容亦均相同，文字各有刪節，圖像則後出轉精。總體上，"農桑"方面後出者體現出較大規模的增補，或者説較前出者更爲全面、完整③。"棋譜"門，《萬寶淵海》上層總題"象棋局式"，下層總題"圍棋局式"，但前面均包括理論方面的内容，上層含殘局十二式（從"一計害三賢"之"一"至"十面埋伏"之"十"，加"行者讓路"、"雙蝶戀梅"）并着法，下層則全爲圍棋棋論《棋經十三篇》和《圍棋三十二法指明》，而且僅有文字。《萬寶全書》上層象棋部分亦有論有局，但變化不大，僅殘局新增三式。下層圍棋部分則有大的不同，除《棋經十三篇》和《圍棋三十二法指明》相沿外，增加了十六幅局譜。很明顯，十九路圍棋棋譜的雕刊遠較象棋譜費事，而且成本高出不少，因此必然是有意爲之。大體上，"棋譜"這一類則以立異爲主。可見，雖然具體内容上彼此不盡相同，但性質則基本類似，不過是取材詳略有别或故意立異標新而已。同一書坊先後所刊者如余氏《鼎鐫崇文閣彙纂士民萬用正宗不求人全編》（萬曆己酉年序、萬曆丁未牌記）、《新刻群書摘要士民便用一事不求人》、《新刻天下四民便覽三台萬用正宗》，亦大體不脱這一路數。

所以，無論是《事林廣記》的續編、增刊和增補，還是建陽日用類書

① 中國社會科學院歷史研究所文化室編《明代通俗日用類書集刊》，第十册。

② 二書的先後乃據其牌記而定（所據《萬書淵海》有"萬曆庚戌歲孟春月"，《萬寶全書》有"大明萬曆歲次壬子孟冬"），但實際上，這種牌記所言的時間先後并不就意味着編輯甚至是刊刻的早晚。

③ 所有日用類書包括專門的《便民圖纂》所載農務、女紅之圖，大抵皆從宋樓璹《耕織圖》一脈相承而來。參鄭振鐸《西諦書話》，頁661。

“叢體”的模仿、因襲、改换、增删,在性質上皆屬“内容增加”或“同義反複”,并非是知識更新。换句話説,日用類書的内容性質總體上相對固定,時效性相當不足。雖然部分類别經過多次改版或有一定的更新,但既不能保持合理的頻率,同時也不能達到與時俱進的程度。其原因非常簡單:出版商或書販們不可能投入力量重新規劃并編纂出内容一新的同類書籍,他們既没有這樣的水平,也不可能存在動力,因爲這樣做無法産生效益,甚至可能虧本。爲了最大限度地追求利潤,他們衹能簡單地進行拼凑、改换式的翻刻甚至盗印。因此,翻刻衹能證明這些標榜“日用”的圖書出版本身存在一定的商業利益,但并不意味着知識的更新。

三　明代通俗日用类书與民間社会生活關係内涵的再探討

接受對象爲“鄉紳”階層而非普通大衆、實際内容的模式化、士人化、固定化特性,已經在很大程度上可以證明明代通俗日用類書的内容并不與庶民社會及其具體生活一一相應。但我們必須注意到兩個問題:(一) 任何歷史書寫,無論是相對主觀還是相對客觀,固然不等同於現實世界,但往往曲折地、深刻地反映了這個現實世界所藴含的意義。(二)“鄉紳”固然與庶民有别且不能代表處於絶對多數的廣大民衆,但却是古代社會特别是近世以來社會的主導階層,引領着社會生活尤其是社會典型行爲。有些内容比如農業技術知識、算術知識、醫療衛生知識以及民間信仰活動等,即使是服務於一些專業人士如鄉紳、商賈、醫者或術師,其所反映的生活内容也與庶民社會存在一定的交集。鄉紳生活與庶民生活是存在互動的,庶民文化的某些内容,被精英或鄉紳文化所提煉歸納。

這實際上給我們提示了考察明代通俗日用類書與社會生活關係的認識前提。在此前提下,我們就可以透過表面探其實質,發現明代通俗日用類書——商業化書坊編輯出版的服務於鄉紳階層的商業化出版物——與庶民社會生活關係的真正内涵。

首先,明代日用類書反映庶民社會生活是間接的,而不是直接的。所謂間接的反映,最重要的就是它體現在其出版物本身及其圍繞在其身邊的一系列觀念行爲之上,而不是表現在内容之上。實際上,所謂"日用"知識的書本自古就有:農業技術自古以來就屬於精英出版的範疇,歷代皆有"農書"刊布;而醫書和術數類圖書則早已成爲一個專門類型,衹不過和通俗娛樂作品一樣,被中古以後日益强大的精英出版排除在外而已。因此明代出現"日用型"類書,無論其具體内容如何,這一新興出版物出現的本身纔是最重要的。明代建陽書坊主圍繞着其出版物産生了一系列觀念和行爲,包括追逐利潤的意識以及相應的關於編輯、營銷、競争、印刷、製作、運輸等的種種活動,和出版物本身一道所構成的建陽地區商業印刷的圖景,成爲明代中期以後書業商業化的典型,就已經説明了問題:民間商業出版越來越深入地參與到通俗書本的印刷中,以其獨特的力量推動着鄉紳文化對庶民文化的提煉以及二者的互動。①

上一節已經論述,明代日用類書類目設置的模式化較爲顯著,基本格局受傳統類書影響較大,相關内容又多取自於前有材料,但編纂者畢竟將大多數庶民文化類目予以提昇,不僅使之與精英知識的類目并列,而且數量比重大大增加,這本身就反映了編刊者和需求者"知識結構"的變化和取向的不同。余象斗所編刻《三台萬用正宗》是其中典型,其類目體系已與《事林廣記》有相當大的不同,不僅大量提昇并增加相關民俗類目,而且最早明確增列"商旅"、"民用"(主要是民用文書)等門類,最重要的是反映出其主觀意識的變化,也體現出一定的明代中期社會的特色。

舉例而言,《三台萬用正宗》"民用門"包括民用文書的"契約"内容,這在《事林廣記》中尚無出現。儘管《三台萬用正宗》的契約仍然是寫作範本或活套,但正如書信範本始終都是坊刻的重要出版物一樣,契約範

① 這已被晚近明清書籍史研究者詳盡論述。詳見 Lucille Chia, Printing for Profit: The Commercial Publishers of Jianyang, Fujian (11th—17th Centuries), Harvard University Asia Center, 2002. 井上進《中國出版文化史——書物世界と知の風景》,名古屋大學出版會,2002 年;《書林の眺望——伝統中國の書物世界》,平凡社,2006 年;大木康《明末江南の出版文化》,研文出版,2004 年。

本在日用類書中的出現,則説明了社會的需求,間接反映出明代社會的狀況[①]。日用類書的編刊者正是敏鋭地發現了這種需求,從而製作相關教本,期以提供代筆者并實現自身的商業目的。

能夠拿來對照并説明這種間接性的是徽州契約文書。徽州契約文書是明代徽州實際生活的成果而并非概念化的歸納,因此與日用類書并非一物。徽州文獻中也有指導性甚至是相近的日用書籍,但大多數因爲直接出自民間實例而體現出鮮活的現實内容[②],所以在反映特定社會生活方面也遠較《三台萬用正宗》等直接而具體。但這一事實又恰好印證了《三台萬用正宗》中出現契約内容并非是無源之水,它也是變化的社會生活的一種反映,不過是間接的反映而已。

《三台萬用正宗》"民用門"還有不少"分關"活套,其中"代人分關"中有一篇爲關於分家的遺囑:

> 嘗謂二家之親,父子兄弟而已矣。父子者,天性之恩也;兄弟者,同氣連枝之愛也。以古人同衾同被之義及炙艾分痛之情觀之,則友于之愛,雖百世之遠,亦不可得而分也。但今人多不知其義,有一世之長成,必有一世之分異,是以今之不如古,從可知矣。雖然,樹大則枝分,流長則派别,物無一致之理,氣有鬮鬮之殊,兹勢然也,吾何獨不然乎!吾昔承先君遺命,勤儉治家,充拓基業,僅能立門户、娶室,生幾子長曰某次曰某,俱各娶婦,咸亦以藝自樹,雖曰衣食頗有餘饒,竊恐人口繁庶,則用度亦不能相忍。吾亦年邁幾壽矣,安能善保始終而不求分異耶。今則拆之,俾其自便。於是將房屋基址、田園山地、家貲器皿,以新舊、闊狹、貴賤、肥瘠、輕重、大小相配,具各器搭幾股均分,拋鬮拈定。自分之後,各以父命爲尊,共守天倫爲重,毋得兄弟鬩墻、角弓起怨,惟以箕裘是紹,幹蠱是期,則"子克家"、"考無咎",是言吾也。如以德色犁鋤,誶言箕箒,

① 有一種觀點認爲:直到明代,書面契約的使用纔在中國大部分地區推廣開來,而其原因則是明代貿易和手工業的蓬勃發展。見科大衛(David Faure)《近代中國商業的發展》,周琳等譯,浙江大學出版社,2010 年,頁 15—16。

② 參閲王振忠《千山夕陽——王振忠論明清社會與文化》,廣西師範大學出版社,2009 年。

以致乙普明之争,則願伏家長,呈官公論,以不遵父命、有喪天倫執律,治以不孝之罪。惟此遺囑。(卷十七"民用門"下層)

和商業性契約及其它純粹的鬮書有别的是,帶有倫理教喻性的文字占據了主要地位,具體的析産内容則顯得十分次要(或另具文本)。這固然是由於此類文書的主旨本在於表明分家在倫理上的正當性,祇有如此行文,方纔能夠使文書獲得强大的力量。另一方面也是因爲整個社會普遍認爲,在此類重大問題上,代筆者本身就負有倫理教喻的職責,必須於相關文書中交代清楚。而實際生活中,一般人家的分家遺囑未必需要如此詳盡地闡發倫理大義,所以此一内容不免带有理想化的成分。明代很多類型的通俗書籍都是如此,比如各種"訟師秘本",其内容并非都是現實世界本身,因爲作爲一種出版物,往往是經過極端理想化和概念化的産物①。但無論如何,這種理想化仍然是基於生活的實際而提出的,從某種程度上反映了社會生活的變化。

其次,明代通俗日用類書反映社會生活不僅是間接的,也是片面的。因爲它的編刊主體和受衆對象都具有特定性,决定了追求銷路的商業出版目的和相對士人化、正統化的服務立場,所以其具體内容必然是經過某種選擇和簡便化處理的事項,所反映的也必然是經過提煉歸納的模式化、概念化的觀念和行爲。

從日用類書對一般社會"宗教生活"的反映中,可以明顯地看出這一點。

一般社會的"宗教生活",是指真正在社會中實現宗教功能的、并且是真正屬於一般社會生活的宗教活動。"宗教生活"是中國古代社會宗教實際的研究領域中可以取代"一般宗教"、"公共宗教"或"民間信仰"、"民間宗教"、"庶民宗教"等舊有提法的一個科學的概念。它的提出基於三點:第一,宗教有信仰、儀式兩個層面,儀式的層面就是"活動中的宗教",圍繞着這種"活動的宗教"所建構的形式,就是"宗教生活"。宗

① 夫馬進《訟師秘本〈珥筆肯綮〉所見的訟師實像》,載邱澎生、陳熙遠編《明清法律運作中的權力與文化》,"中央研究院"、聯經出版事業股份有限公司,2009年,頁9—33。

教生活是一個具有豐富内涵的觀念和儀式體系,是社會生活中舉足輕重的部分。考察任何社會的一般性宗教狀況,都必須以這種"宗教生活"爲對象。第二,中古以後的體系化、制度化、義理化的宗教如佛、道教等,既與中國傳統思想合流,迄於近世,又基本停止了教團組織的進化發展和義理建構,其宗教功能的發揮絶大多數是通過前述"活動的宗教"實現的。第三,中古以後的中國古代社會特别是庶民社會中,"制度化、義理化的宗教"逐漸與"叢散性宗教"合二爲一,而融合的"叢散性宗教"(包括各種新興的創生宗教因素和不爲社會一般倫理所接納的"秘密宗教")是"活動的宗教"的主流。

自《事林廣記》以來,日用類書有關佛、道教的部分,分量既少,且大多都是一些陳舊的和概念化的内容,基本不是宗教生活的實況反映。而"術數"則一直成爲日用類書"宗教生活"方面的主要内容。在《三台萬用正宗》中,尤其達到了一個相當的比例,相關類目占總量近四分之一①。"術數"在先秦兩漢屬於精英知識,雖然漢以後其地位逐漸下降并最終被儒家傳統視爲"小道",但因爲它既與一般社會倫理道德合流,又保持某些技術性因素,故而仍爲精英思想所承認,并成爲一般社會宗教生活之一部分,非常活躍。前已述及,"術數"類圖書自古以來就是一種較爲興盛的文獻門類,也是印刷術發明以來主要的印本類型和書業商業化的圖書産品之一,所以彙纂型的"日用類書"刊載大量的術數内容,是很正常的現象。

然而,興盛的"術數"觀念和行爲却并不是庶民社會宗教生活的全部内容。如果認爲中國古代庶民社會的宗教生活衹有算命、卜卦、相墓、擇吉等,那就大錯特錯了。實際上,"叢散性宗教"活動如各種宗教節慶、世俗慶典(廟會等)及地方祠祀纔是庶民社會宗教生活的主流,其中有很多甚至超越地域限制而成爲某種普遍的信仰和儀式。而這一切,在日用類書的相關門類如"僧道門"等中很少有所反映。至於各種薩滿行爲等"迷

① 《三台萬用正宗》共43門,其中涉及一般社會宗教生活内容者有"子弟門"、"真修門"、"金丹門"、"星命門"、"相法門"、"卜筮門"、"數課門"、"夢珍門"、"098宅門"、"地理門"、"剋擇門"、"僧道門"、"玄教門"、"袪病門"共14類。此外,尚有"民用門"的"神咒"、"閑中記"中相關勸世文字。純粹的"術數"至少有10類。

信"、民間"新興宗教"(創生宗教)、秘密宗教等"淫祀",則更不可能被日用類書所採擇,因爲這將會明顯違背正統原則而有可能遭到查禁,同時也不可能爲其接受主體——鄉紳階層——所接納。由此可見,明代通俗日用類書所反映的宗教生活,是極其片面甚至是有所歪曲的。

四　餘論

以上衹是較爲粗淺的討論,結論亦或有可商之處,尚有待於進一步的深入研究。但個人認爲,這個問題的提出仍是極具價值的,它至少可以給我們提供兩點啓示:首先是如何正確鑒定社會史研究中的史料的性質及其局限,需要引起足夠的重視并發明行之有效的理論、方法,否則其研究的合理性就存在問題[①]。其次,與前一點相關,新文化史視野中的"書籍史"或"文獻文化史"研究,其根本宗旨是通過文獻書籍的出版、流通和接受探討其中的社會文化内涵,而此一探討不能代之以文獻書籍本身内容的分析揭示,因爲文獻書籍的社會文化内涵和它的内容意義并不完全等同。

(作者單位:南京大學古典文獻研究所)

① 王正華謂:"以該種類書的内容爲史料,不探討其文本性質,而企圖對應出晚明庶民日用生活的實況,在學界已行之有年,成果亦顯而易見。此種看法與用法雖非有誤,而且貢獻頗著,然而在經過多年的研究累積下,已難有所突破。"(王正華《生活、知識與文化商品——晚明福建版"日用類書"與其書畫門》,載胡曉真、王鴻泰《日常生活的論述與實踐》,頁 286)批評中有所保留。在此,本文觀點與之不同:如果罔顧其文本性質而徑以其内容爲史料進行研究,其結論能否成立都是存在疑問的,也就談不上"貢獻"和"突破"了。

古典文獻研究(第十六輯)
2013年7月

書籍與蠻夷:《嬴蟲録》的歷史①

[美]何予明 撰　時文甲 譯　程章燦 校

清王朝的雍正皇帝(1723—1736年在位)在《大義覺迷録》中曾經提出,漢語中的"夷"字相當於古代的"里籍",因此,那些敏感的滿族人不應該覺得這個字有什麽侮辱的意味。但是,某些清初作家還是會自我審查,避而不用此字,這種行爲表明他們確實感到此字的内涵有問題②。無論雍正皇帝試圖消除對"夷"字的不安情緒的努力獲得了什麽樣的成功,18世紀對此字内涵的争論,都引導我們思考在雍正提出此説之前的數個世紀中此字使用的特殊歷史以及相關知識的流傳情況。這個歷史究竟是會使清代作家傾向於自我審查呢,還是會使他們選擇支持雍正的觀點,認爲"夷"字應無冒犯之意?追尋這些問題的答案,將使我們更好地理解對近代早期的蠻夷世界以及對那個世界居民的相關描寫、看法以及想象,這些描寫、看法以及想象又構成了一個複雜而生

---

① 譯自《家國與世界:十六、十七世紀木刻書中的大明王朝》(*Home and the World: Editing the "Glorious Ming" in Woodblock-Printed Books of the Sixteenth and Seventeenth Centuries*,哈佛大學亞洲中心出版,2013年),本文爲原書第四章。

② 關於這個文本與18世紀以及其後有關"夷"字争論之關係的討論,參見劉禾:*The Clash of Empires*(譯者按:此書中譯本名爲《帝國的話語政治》,楊立華等譯,北京:生活·讀書·新知三聯書店,2009年。下引皆出自中譯本)第三章,特别是頁115—121(注意到劉禾將《大義覺迷録》書名譯爲"*Awakening to Supreme Justice*"。〔譯者按:何予明將此書名譯爲"*Record of Grand Lessons to Wake the Errant*"〕)。另外也參見劉書第二章(頁38—97),此章討論了中英有關"夷"字使用的衝突,1858年簽署的中英《天津條約》第51款特别禁止使用"夷"字:"嗣後各式公文,無論京外,内叙大英國居民,自不得提書夷字。"

動的世界。

明代有一部名叫《羸蟲録》的書籍,其文本是記載明朝鼎盛時期外國知識的一種原始文獻,此書是尋找這個問題答案的一個絶佳起點。在那個歷史時刻,全球貿易和政治網絡的空前擴張,正在改寫對於世界的傳統認知,這部書爲我們觀察明代思想提供了一個獨特的窗口。同樣重要的是,這個文本及其傳播史也爲我們揭示了外面那個更大的蠻夷世界是如何被中國人調整、融合、傳播和閱讀的。

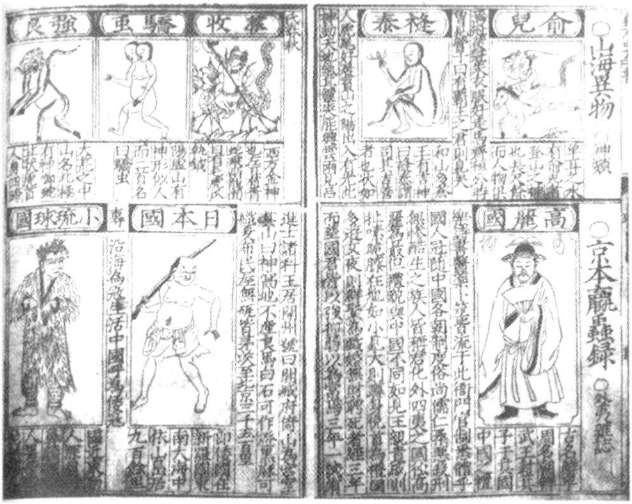

圖 4.1 《羸蟲録》作爲類書中的一個部分,被置於日用類書《妙錦萬寶全書》頁面的下欄,上欄是與之對應的《山海經》(書中稱爲《山海異物》)中的文本。安正堂劉雙松 1612 年出版。《中國日用類書集成》第 12 卷,頁 210—211。

《羸蟲録》(圖 4.1)是一部版刻文本,彙集了對上百種"羸蟲"(字面意義爲"裸體生物",又稱之爲"夷")的圖文并茂的描繪[①]。此書條目按"國"排列,涵蓋整個亞洲與印度洋地區、中東(如大食勿斯離,即今伊拉

① 條目的具體數量,各本各不同。《妙錦萬寶全書》本有 139 條;此版本後收入《中國日用類書集成》,東京:汲古書院,1999—2004 年。

克北部的摩蘇爾)、非洲(如默咖臘,今摩洛哥)和歐洲(如思咖里野,今西西里)①。這個文本主要關注的是中國疆域之外的外夷,但亦包括中國疆域之内的少數民族,以及一些早期中國文本如《山海經》中記載的傳説中的國家。在明代,《羸蟲録》經常與《山海經》相提并論,它也與《山海經》一樣,不僅着重以文字描繪異域種族,而且經常配以相應的異域插圖②。

《羸蟲録》是明代典型的街傳巷聞式知識生産方式的經典例子,因此它在18世紀前後漸漸被忽視而直到近期才引起學者的注意,就不奇怪了③。但如本章所述,在明代,這個文本在很長的一段時期内被各種出版者一而再再而三地翻印。其中很多版本充斥了訛誤與異文,這在整體上反應出其校對工作態度相當隨意,以致我們很難在這些版本中找到一個或者一組可視爲標準的善本。儘管如此,本章仍要説明,《羸蟲録》是一個(或一組)廣泛流行的文本,明代出版者和讀者對此書的翻印、交易及其消費抱有極大的興趣。

随着明代海上活動日益頻繁,各大洲之間的民族直接接觸也日益增多,因此産生了一大批有關外國的作品④。《羸蟲録》在這一類作品

① 《羸蟲録》對國家地區的認定,根據的是《異域志》,有陸峻嶺校注本。

② 明代書市也青睞配圖版的《山海經》。參看本書緒論注釋12。

③ 這個文本由學苑出版社在2001年原版掃描複製出版。記録此書文本或版本的著作,參見周心慧《中國古版畫通史》,北京:學苑出版社,2000年,頁179;周心慧《中國版畫史叢稿》,北京:學苑出版社,2002年,頁241;白謙慎《傅山的世界》,北京:生活·讀書·新知三聯書店,2006年,頁22—23;勞拉·霍斯泰特勒(Laura Hostertler)《清代殖民事業》(*Qing Colonial Enterprise*),芝加哥大學出版社,2005年,頁92—96。近來對《羸蟲録》一個特别版本即晚明日用類書中外國人部分的研究,參見許暉林《朝貢的想像:晚明日用類書"諸夷門"的異域論述》,載於《中國文哲研究通訊》,2010年6月第2期,頁169—192;三浦國雄《"萬寶全書"諸夷門小論:明人の外國觀》,載於大東文化大學期刊《漢學會誌》第44期,2005年3月,頁227—248。後者也有討論了作爲類書一部分的《羸蟲録》與獨立文本《羸蟲録》之間的聯繫。

④ 明代有關外國的重要書籍,參見《中外交通史籍叢刊》,北京:中華書局,2005年。研究明代與外國人互動的著作,參見普塔克(Roderich Ptak)《中國、葡萄牙和南洋》(*China, the Portuguese, and the Nanyang*),英國阿什蓋特出版,2004年;普塔克《中國和亞洲諸海》(*China and the Asian Seas*),英國阿什蓋特出版,1998年。

中脱穎而出,主要表現在以下幾個方面。首先,它有插圖,因而與明代繁榮的版畫插圖技藝密切相關。其次,它脱穎而出還表現在其有意包羅萬象,涵蓋了陸地與海洋世界中的許多國家與組織。最重要的是,正如下文的討論所表明的,此書傳播廣泛,爲大量的各類讀者所喜愛,因此,它也爲我們揭示了明代的閲讀世界,這個閲讀世界包括有關正統學術和國家政策的精英話語,但也决不局限於此。本章通過對《贏蟲録》之文字和圖像的細讀,以及對其傳播、推銷與使用歷史的考察,追蹤它的歷史,包括各種版本、責任者和預期受衆,追蹤它在時空中如何傳播與解讀。通過這樣的追查,我希望不僅能明白這個文本在説什麽,而且能弄清楚它爲何這麽説,以及那時的讀者如何理解它。

首先,對"贏蟲"這個術語要作一些解釋。傳統動物分類圖式把生物分爲五類:鱗蟲、羽蟲、毛蟲、介蟲和贏蟲(贏亦寫成"倮"或者"裸")。《孔子家語》中出現過這種類型的分類[①]:

> 羽蟲三百有六十,而鳳爲之長;毛蟲三百有六十,而麟爲之長;甲蟲三百有六十,而龜爲之長;鱗蟲三百有六十,而龍爲之長;倮蟲三百有六十,而人爲之長。[②]

在這個五級系統中,人類屬於"倮蟲"之長。儘管這個系統及其變體在明代以前的作品中就出現過[③],但是看起來只有明代書籍市場使"贏蟲"的概念引起了讀者的廣泛關注。爲了取得幽默效果,明代作家毫無顧忌地給人類貼上"蟲"的標籤,比如臭蟲、蠕蟲、昆蟲、爬蟲,不一而足,含有口語化的戲謔意味,某種程度上就像"小東西"這個詞一樣。特别選用"贏蟲録"爲書名不僅給廣大中國公衆讀者傳達了"贏蟲"的概

① 這種動物學上的劃分也出現在《大戴禮記》、《論衡》、《關尹子》、《管子》和《黄帝内經》等早期文本中。

② 參見陳士珂《孔子家語疏證》,上海書店,1987 年,頁 168。

③ 贏蟲的準確含義常有争論。很多早期和中古的中國學者用"贏蟲"一詞來指"蠻夷",但也有人反對。例如,宋代林希逸解釋説"贏"指"淺毛",指的是虎豹等有關的物種。見林希逸《考工記解》卷下,頁 27,《影印文淵閣四庫全書》第 95 册,臺北:臺灣商務印書館,1983—1986 年。

念,而且爲明代大衆對外國和異域的想象奠定了基調。前文所説的"夷"字,是精英文化和外交事務中就種族和外來文化問題展開争論的焦點,而"臝蟲"這個術語在明代書籍世界中的再現正是與不那麽高雅的表述方式相伴隨的,其標志是對異域文化的幽默的非正式的粗俗的表述。因而儘管"臝蟲"這一術語在傳統文獻中早已出現,我們仍可以認爲它是屬於明代的一個新詞,它被賦予了後出的、革新的概念,以幫助人們對有關外國人種的新穎而有趣的信息,産生合理的期待。

16 世紀,中國人越來越着迷於對可知的各種生物、特别是那些異域物種與生物,包括"臝蟲"這個特殊種類在内,進行彙集并分類。《西游記》這部關於唐三藏和他的四個弟子(其中最著名的是那只猴子孫悟空)西天取經的 16 世紀的神怪小説,爲我們認識這種着迷提供了另一扇窗口[①]。這部小説和《臝蟲録》是那個時代有關異域及外來文化想象的兩部突出著述;兩部書都將相關信息彙集於其無所不包的全景描繪中,給讀者展現了一個籠罩一切的系統架構——在《西游記》中,是採用了章回體小説的叙述方法;在《臝蟲録》中,則猶如一個畫廊。在《西游記》的叙事中,這部小説使用傳統的五蟲分類,尤其富有啓示。這個分類系統在《西游記》的叙述中多次出現,每次都含有主角孫悟空與這個五級分類系統的衝突[②]。

在小説第三回,美猴王爲求永生,亂翻幽冥界的檔案。他認爲自己已修仙得道,超越生死界限,因此,當他被兩個勾死人带到幽冥界時,他感到又震驚,又氣惱。他在那里大鬧一番,并要求查看生死簿子:

> 那判官……捧出五六簿文書并十類簿子,逐一查看。裸蟲、毛蟲、羽蟲、昆蟲、鱗介之屬,俱無他名。又看到猴屬之類,原來這猴似人相,不入人名;似裸蟲,不居國界;似走獸,不伏麒麟管;似飛禽,不受鳳凰轄,另有個簿子。悟空親自檢閲,直到那魂字一千三

---

① 小説現存最早的版本印於 1592 年。關於這部小説的形成過程,參見杜德橋(Glen Dudbrige)《西游記》,劍橋大學出版社,1970 年。

② 《西游記》中的五級分類系統與《孔子家語》略有不同。

百五十號上,方注着孫悟空名字,乃天産石猴,該壽三百四十二歲,善終。悟空道:"我也不記壽數幾何,且只消了名字便罷!取筆過來!"那判官慌忙捧筆,飽掭濃墨。悟空拿過簿子,把猴屬之類,但有名者,一概勾之。①

這個生死簿子,就是根據生物等級而排列的一份詳盡的清單,在這裏還意味着宇宙秩序的最高權威。"裸蟲"又根據地緣政治中的"國"進一步細分,就像《嬴蟲録》中展現的那樣。在比較這兩部明代作品間的人種想象時,同樣的要點是孫悟空的無政府主義,他拒絶交還生死簿,并堅持要抹去上面的名字。在後面我會提到,《嬴蟲録》的接受史中也提供了這樣的例子,即檔案的權威與頑皮的顛覆之間的游戲。

這個生物的五級分類系統也出現在《西游記》第五十八回,孫悟空的身份遭到與真行者難分彼此的假行者的争搶。孫悟空再次來到陰司查看所有生物的生死簿——但是,這次他再看"毛蟲"文簿已是無用,因爲我們記得,在第三回中他已勾去了所有猴子的名號。此時,一隻名唤"諦聽"的神獸出現了。雖然諦聽通常伏在地藏菩薩經案下,但他若伏在地下,一霎時便能"將四大部洲山川社稷,洞天福地之間,嬴蟲、鱗蟲、毛蟲、羽蟲、昆蟲,天仙、地仙、神仙、人仙、鬼仙可以照鑒善惡,察聽賢愚"②。諦聽被描繪成一個出衆的地理學家兼人種學家,只是他的判斷并非以文本爲依據。最終這個降服假孫悟空的任務還是留給了萬能的如來佛祖。如來先是微笑地對包括四大菩薩、八大金剛、五百阿羅、三千揭諦、比丘尼和比丘僧、優婆塞和優婆夷等在内的大衆講了如下一番有關宇宙間物種的大道理,然後毫不費力地控制住了那個妖精:

汝等法力廣大,只能普閲周天之事,不能遍識周天之物,亦不能廣會周天之種類也……周天之内有五仙:乃天、地、神、人、鬼。

① 《西游記》第三回,北京:人民文學出版社,2005年,頁35。
② 《西游記》第五十八回,頁707。

有五蟲:乃蠃、鱗、毛、羽、昆。①

最後,如來道破假猴王是六耳獼猴,并用鉢盂蓋住了他。但是孫悟空忍不住,掄起鐵棒,劈頭一下打死了他。因此,故事叙述者告訴我們,"至今絶此一種(六耳獼猴)"。

《西游記》中的這些片段,不僅指出明代人着迷於搜集并類編那些神奇的異域故事,而且還包含對身份、知識、權力等問題進行一些充滿反諷的思考,在某些細節上,這種思考甚至是諷刺性的。基於系統類似性和類别而做出的秩序井然的分類,與抗拒分類的反常現象和反常生物之間,存在着不可通約性,小説以幽默的氛圍,表達了對這種不可通約性的欣賞。《西游記》的這些片段之所以值得注意,部分是因爲它們證明,古老的五級分類系統以及其中最有趣的也最有問題的"蠃蟲"範疇在明代復興了。本章通過對《蠃蟲録》自身的調查,將更深入地揭示那個系統和那個範疇是如何構成了明代人想象圖景的一部分,而讀者正是在這種圖景中,構建了生物、種族、地理以及政治等方面的身份認同。在某種程度上,"蠃蟲"這一術語和《蠃蟲録》這一著作占據了戲謔性想象的空間。在日益複雜的全球現實背景下,如何理解文化或者地理上的他者,并解决由此而來的矛盾和憂慮,這個空間同樣可以作爲一個場所。

從《異域圖志》到《蠃蟲録》

後來成爲《蠃蟲録》的那個文本,曾以"異域圖志"的别名流傳。18世紀的《四庫全書總目》的編纂者并未提到《蠃蟲録》,但在史部地理類中却確實提到了《異域圖志》,此書的提要見於《史部地理類·存目》。《存目》中的書目雖然確認存在,但不值得收入《四庫全書》。他們在此書目之下所寫的簡短而有些蔑視的評論,反映了清代對《蠃蟲録》的排斥,態度强硬,觀點簡潔:

不著撰人名氏。後有明廣信府知府金銑序,謂宋亦有應天府,

---

① 《西游記》第五十八回,頁709。

疑是宋書。然書中載明初封元梁王子於耽羅,則爲明人所做無疑。其書摭拾諸史及諸小説而成,頗多疏舛,如占城役屬於安南,乃云安南爲占城役屬,殊不足據,其他叙述,亦太寥寥。①

這些評論引自本書的提要,它開列了幾條理由,使《異域圖志》的價值大打折扣,這些理由自然也適用於後來以"臝蟲録"命名的那部書。編者首先抱怨此書來歷不明,亦即缺乏對其源流的説明,故意不署撰者。在18世紀晚期的這位編者看來,此書流傳史中充滿僞説,正是爲了讓此書顯得更爲古老。其次,此書充斥了從其他各種參考書目中抄來的段落,不僅反映出編輯的馬虎隨意,而且從不同類型材料取捨的差别來看,它也故意要模糊正史與小説的虛構文本之間的界限。最後,這個文本還被發現事實不準確,前後不連貫。有了這樣的批評,18世紀以及後來的讀者理所當然會忽略或者輕視《臝蟲録》②。但是,對我們而言,這些批評是爲了建構另一組問題的框架。鑒於《臝蟲録》在晚明時期非常流行而且影響巨大,那麽,它的讀者們如何擺脱上述那些被認定是標準而正確的批評的影響,從而基於不同的目的、從不同的角度來看待這個作品?

《臝蟲録》誕生的過程并不明晰③。根據已有的書目資料,在1392年到1430間,明代學識淵博的藩王朱權(1378—1448)很可能派人編纂了《異域圖志》。朱權本人是否刻印此書還不知道,但在1489年,在江西(朱權及其子孫的府邸在此)的廣信府知府金銑讓人出版了此書的木

① 永瑢等撰《四庫全書總目》,北京:中華書局,1965年,頁678。

② 《臝蟲録》(或《異域圖志》)後來從我們關於明代書籍史的集體記憶中消失,主要原因可能是它未被選入《四庫全書》。另有一些原因,如清代宫廷自己編撰的對於外國的圖文著述《皇清職貢圖》取代了《臝蟲録》兩個多世紀以來在書籍市場上的獨特地位。最後一個原因是,《臝蟲録》本身在兩個多世紀的傳播過程中逐漸與它的原書名脱離,融入到備受矚目的日用類書有關外國人的部分中去了,如《三才圖會》和後來的《圖書集成》。

③ 例如,一個未解决的問題是插圖本《臝蟲録》與元代周致中編撰的《異域志》的關係。這兩本書的文本頗有重疊。

刻本[①]。通過對《異域圖志》和《羸蟲録》的文本比較,可以確認二者源於同一部書。"異域圖志"這個早期的書名顯得比較節制,比較有古典的韻味,而後出的《羸蟲録》就開始突出材料中可能有的幽默與轟動效應。後出的這個書名在16世紀早期基本上就已經取代了原書名"異域圖志",而成爲主導性的書名,明代讀者所熟知的就是這個書名。

《羸蟲録》在整個明代有三種不同的版本類型。第一種版本類型出現於15世紀,以"異域圖志"的書名流通,今劍橋大學圖書館藏有這種版本類型的一個刻本。第二種版本類型以後來更爲通行的書名"羸蟲録"刻印,這種版本類型爲人所熟知,在16、17世紀十分暢銷。萬曆年間的書商莊汝敬在萬曆二十一年(1593)重印本的序中提到:"此書(《羸蟲録》)流傳已久,版本衆多。"胡文焕(活躍於萬曆年間)所編大型叢書《格致叢書》中收録1593年刊本,今藏於北京首都圖書館[②]。另有一個1550年的刊本,現藏日本成簣堂文庫[③]。第三種版本類型指的是在通俗類書中被大量翻印的《羸蟲録》,通俗類書在晚明時期如雨後春笋,大量出現[④]。總之,《羸蟲録》在傳播過程中并没有一個"定"本,而是以一組同源的版本在流通,這些版本之間相互仿效,雖然不同的編輯者也有各自不同的校改。

《羸蟲録》從以前的各種著作中擷取材料,範圍廣泛,包括《嶺外代

① 莫爾(A. C. Moule)《〈異域圖志〉簡介》,載於《通報》1930年第27期,頁179—188。

② 關於胡文焕《格致叢書》所收書的數量的説法,從46種到346種不等;346種的説法比較通行。這説明胡文焕在刻印叢書過程中增加了書目。參見王寶平《胡文焕叢書考辨》,載於《中華文史論叢》2001年第65期,頁120—145;杜磊、朱崇志《胡文焕和〈群音類選〉》,載於《古籍整理研究學刊》2004年5月第3期,頁78—82;艾爾曼(Benjamin A. Elman)《以他們自己的方式:科學在中國,1550—1900》(*On Their Own Terms: Science in China*, 1550—1900),哈佛大學出版社,2005年,頁34—60;艾爾曼《收集和分類:明代彙編與類書》(*Collecting and Classfying: Ming Dynasty Compendia and Encyclopedias*),載於*Extrême—Orient, Extrême—Occident*,2007年第1期,頁131—157。

③ 見《成簣堂善本書目》,日本:民友社,1932年,頁334。

④ 關於晚明日用類書,參看本書第二章。

答》[1]、《山海經》、《事林廣記》[2]、《酉陽雜俎》[3]、《博物志》[4]、《元朝秘史》等,還有諸種王朝正史。此外,它要爲所有已知的外國人繪製插圖的想法,如果不是富有想象力的話,也是頗有雄心的[5]。這種編輯形式使我們聯想到檔案收集員的工作,他將大多數讀者難得一見的資料彙聚一處,從而構建了一個由異域人類和類人動物組成的光怪陸離的畫廊。

總而言之,16 世紀是《臝蟲録》逐漸流行的時期。兩個重大轉變即發生在這一時期:第一個是,無論它是怎樣産生的,這個文本在那個時代已經完全商業化了,大量出版商選中此書,刻印出來,以適應背景不同的廣大讀者的市場需要。在這個過程中,它的受衆面進一步擴大,它既有新穎獵奇的特徵,又是充滿了新奇事物的文本寶藏。第二個重大轉變發生在 16 世紀晚期,《臝蟲録》被整體搬用,其文本常成爲日用類書中"四夷"或"諸夷"類目之下的一個章節[6]。《臝蟲録》被用於日用類書,是基於以下兩個顯著的特質:它分類排列,類目齊全;它還給插圖以大量篇幅。换句話説,《臝蟲録》之所以能夠被再次包裝,再次銷售,是緣於它的便攜式"博物館"的特性。這種魅力不僅源於它的某些文本資料非常稀見,也源於它對域外珍奇的圖片呈現獨具魅力。當然,到了 16 世紀晚期,這個文本的聲名日積月累,歷久愈彰,這增加了它對日用類書出版商及其讀者的吸引力。《臝蟲録》正是通過日用類書而在明代知識體系中奠定了自己的地位。

"高麗國"、"日本國"與"匈奴"

《臝蟲録》的内容及其具體條目的構成,都爲我們瞭解其文本如

---

① 周去非(1163 年進士)撰。

② 宋陳元靚編,此書現存元本與明本。此書在第二章亦有討論。

③ 9 世紀雜俎故事集,唐段成式撰。

④ 3 世紀怪異奇談集,由衆所周知的博學家張華編。

⑤ 有些圖片規仿古老的視覺文獻。例如"貫胸國"曾在早期石刻中出現。參見馬昌儀《全像山海經圖比較》,北京:學苑出版社,2003 年,頁 1036—1038。《臝蟲録》可能是最早用圖描繪外國人種的刻本,并包括明代所知全部外國人。

⑥ 注意這裏的術語"夷"與"臝蟲"的關係。它們差不多是同義詞,但是可能具有不同的内涵或不同的基調。

何編輯提供了綫索。這個文本是一個混合體,這一點表現在許多方面。例如,傳統的類目標題是用來給條目分類和貼上標籤的,但是《臝蟲録》的條目却臨時做了很大的調整,以便能夠包容後出的那些口語化的資料。這種文本異質性不僅存在於《臝蟲録》之中,而且廣泛存在於明代通俗刻本中,對於明代讀書界來説,這種特性不是一種失敗,而恰恰是其迷人之處。這裏我將考察《臝蟲録》中反映這種異質性的三個條目,第一方面考察各"國"條目之下的地理和種族信息,第二方面則考察文本中所體現出來的各種不同書寫方式和語言體式的相互雜糅。

第一個例子,我們來考察"高麗國"之下的這個條目(圖 4.2):

高麗國

商名鮮卑,周名朝鮮,武王封箕子於其國。中國之禮樂詩書醫藥卜筮皆流於此。衙門官制悉體中國,衣冠隨中國各朝制度。俗尚儒,人(仁)柔惡殺,刑無殘酷[1]。王之族人皆稱君。化外四夷之國,獨高麗爲最[2]。但禮貌與中國有差。如見王親貴戚,則扯嗦跪膝在地[3];如小見大,則蹲身俛首爲禮,如中國人見賊寇不敢仰視之類。此夷狄之風俗,習以爲常焉。地不產良馬。白石可作燈具;黑麻可織夏布。其國君皆是以强抑弱,而王國治東西二千里,南北千五百里。王居開州,號曰開

圖 4.2 《異域圖志》"高麗國"條文字旁所附插圖。劍橋大學圖書館提供。

① 查胡文煥 1593 年本,此處以"人"指代其同音字"仁"。

② "四夷"指来自四方的蛮夷。

③ 此處"扯嗦"之義并不明。但是晚明日用類書《萬書淵海》改爲"扯起下衣"。我的譯解就是根據《萬書淵海》,見《中國日用類書集成》第 12 卷,頁 187。

城府。依山爲宫,名其山曰神窩[①]。民居多茅茨,少陶瓦。以樂浪爲東京,百濟金州爲西京[②]。西京最盛,有郡百十八,縣鎮三百九十,洲島三千,郡邑小者,或止百家,西北接契丹。以鴨緑江爲固。江廣三百步,海水至高麗機清,入登州,經千里,沙即濁。東南望明州數日,水皆絶碧,至洋中則黑海,人謂此無底之谷也。[③]

這個條目追溯了高麗歷史的發源,指出高麗是由一個中國人創立,并闡述其基本體制和社會俗尚,都是以中國儒家禮儀文化和醫藥卜筮技術爲基礎。它也介紹了朝鮮的土産、建築和基本的地理情況。從語體風格、歷史編年的姿態以及它所涵蓋的主題内容等幾個方面來考察,這條關於高麗的記録採用了正史的筆法。事實上這條記録大量襲用《宋史》中的官方記載。高麗是許多外國進入中國的門户,因此,許多版本的《羸蟲録》都從高麗開始。其原因本條目中亦特别注明:"化外四夷之國,獨高麗爲最。"而且讀者還被告知,高麗也有不同於中國的禮俗,高麗風俗的本土化與其制度的中國化於此達到了平衡。

對於15世紀及其後的讀者來説,這個條目已經過時了,因爲那時朝鮮王朝(1392—1910)取代了高麗王朝(918—1392),而且首都也從開城遷至漢城。儘管許多版本的《羸蟲録》的編者均未更新此條目以符合現實,但是他們却展示了對另一種"更新"的狂熱態度,即追溯古老的文獻記録進行增補。除了《宋史》,他們也愛用《北史》中的文獻[④],偶爾他們還會用《後漢書》尋找可增補的材料[⑤]。他們的編輯氣力都集中在這

① 《宋史》中載此山爲"神嵩",而非"神窩"。見脱脱等撰《宋史》卷四百八十七,北京:中華書局,1977年,頁14053。

② 原書此處有缺。《宋史》有類似文字,稍有不同。見脱脱等撰《宋史》卷四百八十七,頁14053。

③ 《異域圖志》,第一條,1489年刻本。

④ 例如,《五車萬寶全書》和《三台萬用正宗》添加了《北史》中的記載而略有改動:"取死者生時服玩車馬置墓側,會葬者争取而去。"參見李延壽《北史》卷九十四,北京:中華書局,1974年,頁3116。

⑤ 例如,《五車萬寶全書》添加了《後漢書》的記載:"喜飲酒歌舞……無淫盜……以柔謹爲風。"參見范曄《後漢書》卷八十五《東夷傳》,北京:中華書局,1965年,頁2822—2823。

種文本考古工作上,於是這個條目就成了堆積和考究古典學問的地方。毫無疑問,不同編輯進行不同增補加工,其動機因人因事而異,但是,當某本《妙錦萬寶全書》中增添了有關"游女"的文句:"國多游女,夜則群居爲戲"[①],任何一個讀者都會印象深刻,并且覺得有趣。對想象力豐富的讀者(或者按照明代文化觀察者的説法:"好事者")來説[②],這個有點讓人捉摸不透的語句,會改變整個條目的基調,原來是正史記載的風格,就會轉變成傳奇故事,這種傳奇故事中往往有神秘而迷人的女子(故事發展到最後,才知道她不是人類,或者只有一部分是人類),她們還可能成爲性對象,雖然無法預測,這更强化了《贏蟲録》的異域風情。

第二個例子是條目"日本國":

> 日本國
>
> 即倭國。在新羅國東南大海中。依山島居九百餘里,專一沿海盜寇爲生。[中]國呼爲倭寇。[③]

這個條目雖短,但很複雜,因爲它涉及到東亞地緣中的三個主要國家,今天稱爲中國、朝鮮、日本。新羅(公元前 57—公元 935[④])是朝鮮三國時代的三個强國之一,不過到了明朝它早已成爲古代史了。提到這個中古王國,是要引出一個時代更早的對比框架。無論如何,《贏蟲録》用"新羅"這個過去的名稱,作爲描繪明代東亞地圖的一個空間標志。這裏古老的名稱使人憶起古代新羅王國在那個被稱爲"朝鮮歷史上最偉大的海洋時代",在中古地區關係史上所扮演的極其重要的角色[⑤]。新羅不僅在中古時代的東亞國與國事務中舉足輕重,而且成爲中華文化傳播到日本的通道(這并非要否認日本與中國之間也有直接

① 李延壽《北史》卷九十四,頁 3116。

② 關於"好事者",參見第二章注釋 90。

③ 《異域圖志》,第三條。後來的版本改"國"爲"中國"。

④ 高麗於公元前 57 年建國的説法來源自神話。參見賽斯(Michael J. Seth)《朝鮮簡史》(*A Concise History of Korea*),Rowman & Littlefield 出版社,2006 年,頁 37。

⑤ 同上,頁 65。

和活躍的互動的事實),但是新羅的商人和航運主宰了這三個地區間的貿易,這種情況一直持續到 9 世紀[①]。

這種叙述框架的文本源頭是什麼呢? 調查歷史文獻可以發現,以朝鮮半島的某個地點爲參照來描述日本(早期中國文獻中稱之爲“倭”)的做法,在早期中國史籍中是司空見慣的[②]。這種情況在 10 世紀的《舊唐書》中有了决定性的變化,雖然它還是給“倭”單獨設立條目,但是它也引入了“日本”這一名稱,稱其是倭之别種。也是在《舊唐書》中,我們發現了《嬴蟲録》直接引用的語句:“倭國者……在新羅東南大海中。依山島而居。”[③]《嬴蟲録》日本條直接摘引《舊唐書》的推測得以證實,首先是因爲《新唐書》中没有同樣的語句,進而是因爲《宋史》再未採用這種通過朝鮮半島確定日本方位的叙述方式[④]。

以上的考察表明,《嬴蟲録》的編者選擇以中古的叙述框架來見證那個歷史時期,其時,日本還被視爲外圍的外圍,偏僻而可有可無。薛仁貴(614—683)是唐代的一位將軍,他率軍征伐朝鮮半島。由於他的故事在明代廣爲流傳,“新羅”這個名字也爲當時的中國人熟知。這個事實表明,《嬴蟲録》使用這種叙述框架是可以理解的,同時也爲其保留這個叙述框架增加了一個理由。在引用過《舊唐書》後,這個條目突然把讀者拉回到明代常見的邊界之患:沿海的倭寇入侵。這個條目勾勒了東亞三國的三角關係,“日本”、“新羅”、“中國”,是帶有多元時空、多元文化内涵的術語。“新羅”勾起了對過往世界秩序的記憶,“中國”則意味着一個超越時間也超越區域變化的存在,“倭國”(侏儒之國)則將

① 見孔華潤(Warren I. Cohen)《作爲中心的東亞》(*East Asia at the Center*),哥倫比亞大學出版社,2000 年,頁 98。

② 例如,3 世紀的《三國志》謂“倭人在带方東南大海之中”。這條叙述框架成爲後來正史叙述的模板,只是“带方”之地所指隨着不同時代朝鮮半島行政區劃的改變而有所變化。例如,《宋書》載“倭國在高麗東南大海中”。參見陳壽《三國志》,北京:中華書局,1959 年,頁 854。带方是公元 3 世紀中國在朝鮮半島上建立的一個郡。參見沈約《宋書》卷九十七,北京:中華書局,1974 年,頁 2394。

③ 劉昫《舊唐書》卷一百九十九,北京:中華書局,1975 年,頁 5339。

④ 有關中日關係的富有啓示性的研究,有助於闡釋中國對日本的文獻記載,包括本章涉及的一些文獻材料,參見福格爾(Joshua A. Fogel)《論漢字文化圈》(*Articulating the Sinosphere*),哈佛大學出版社,2009 年,頁 7—50。

日本置於一種似乎永久不變而又有先天局限的境地。與這些内涵豐富的術語相對應的,是明代日益嚴峻的邊境問題,即東南沿海的倭寇侵略問題——更不用説16世紀最後十年的那次全面征服東南沿海的可怕之事了。

"日本國"這一條目表明,條目的編寫或以先前的文獻爲基礎,或直接摘録,同時也要尊重當代讀者的需要。一旦古今兩種材料并置一處,這些條目一般來説非常穩定,可以在大約兩個世紀的傳播過程中保持不變。但是偶爾也會做些修改,只是這種修改時常反映出這個文本接受和傳播的動態過程。"日本國"條又是一個恰當的案例。如上文討論的,歷史文獻的拼貼,既見證了中古世界秩序,也見證了對當代邊患問題的報告,這反映了一種文本張力——一方面認爲日本處於外圍,同時它又是一個嚴重的軍事威脅,以致"盜寇"被寫成是日本的唯一目的。在中國的强勢與苦難之間、在文明中心的自我陶醉與領土威脅的切膚之痛之間産生的這種文本張力,在條目所附的插圖的變遷過程中被進一步放大。15世紀的《異域圖志》及其後來的模仿者將日本人畫得和藹可親,身穿合適的長袍,舉止得體(圖4.3),而其他版本中所繪的日本人則半裸上身,只穿了一件兜襠布内褲,肩上扛一把出鞘的長劍,殺氣騰騰,肆無忌憚,隨時準備攻擊他人(圖4.4)。這個條目,特别是附上强盜插圖之後,就給各種形式的傳統記載加上了當代人的注釋[①]。不過最近的研究顯示,這些海盜實際上來自太平洋沿岸的各個地區,絶不限於日本,甚至主要不是集中在日本。這裏我們所見的是一個明代圖像宣傳的例子,它宣揚邊境危機只來自國外,海盜只是外患。這種宣傳基調亦被使用在1590年後日本、朝鮮、中國及其他國家都捲入的那場大戰中,那場大戰中,日本帝國實際統治者、軍事統帥豐臣秀吉試圖通過朝鮮侵略明帝國,最終失敗——那場衝突被稱爲"16世紀世界上

---

① 這張插圖可以認爲是在更大領域内對明朝當時正在進行的抗倭戰爭的視覺描繪。現存有关的明代抗倭戰爭的圖片,參見柯律格(Craig Clunas)《大明帝國》(*Empire of Great Brightness*),夏威夷大學出版社,2007年,頁174—175。

最大的衝突”[1]。

圖 4.3 《異域圖志》“日本國”條。劍橋大學圖書館提供。

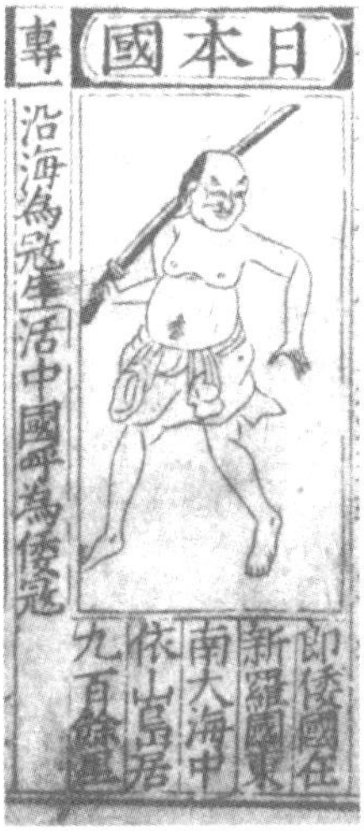

圖 4.4 《妙錦萬寶全書》“日本國”條。《中國日用類書集成》第 12 卷,頁 211。

日本這個條目總體上反映了《臝蟲録》的編纂方法。每個條目的標題都會先對該國作一概括描述,并爲配圖作好準備,這些概述着力援引以前的文獻,也會留心新近的變化。日本這個條目也表明,後來的編者會隨着他們對那一時期各種外國人的態度和感情的不同,而對有關描述作必要的改動。

第三個例子是條目“匈奴”(圖 4.5)[2],它很好地闡明了《臝蟲録》中傳統元素與新元素的融合是如何在風格和語言層面反映出來的。

匈奴

其種有五色。一種黄毛者,乃山鬼與牸牛所生。一種短項矮

① 斯沃普(Kenneth M. Swope)《龍頭蛇尾》(A Dragon's Head and a Serpent's Tail),俄克拉荷馬大學出版社,2009 年,頁 3。

② “匈奴”在《史記》等中國早期文獻中就出現了,指的是在漢帝國北邊由游牧部落和民族組成的一個强大聯盟。

胖者,乃玃猳與野豬所生。一種黑髮白身者,乃漢李陵兵遺種也。一種名突厥,其先乃射摩,舌利海神女與金角白鹿交感而生[①]。射摩因手斬阿吙首領,金以人祭纛[②]。俗尚射殺,事妖神[③],無祠廟,刻氈爲形,盛於毛袋[④],行動之處以脂蘇塗之。或繫竿上,四時祀之。一種乃塔巴赤罕之祖。《元朝秘史》云[⑤]:蒼白狼與慘白鹿所生。二十五世生帖木真,是稱大蒙古部長,僭號皇帝。世居沙漠東北六千里。後居山陰,號韃靼。地産羊馬,無城池房舍,隨水草所居。俗尚射獵,食羊馬野鹿。衣皮革。帖木真四世孫忽必烈僭居中國稱帝。[⑥]

圖 4.5　《異域圖志》"匈奴"條文字旁所附插圖。劍橋大學圖書館提供。

這個條目極爲粗糙簡略地記録了北方地區的人種,時間跨度巨大,從蒙昧的神話時代直至蒙元王朝(1279—1368)。它以"種"劃分,"種"

① 這個故事在《酉陽雜俎》和《太平廣記》(編於 10 世紀)中都有記載。在《異域圖志》中缺了"女"字,據《酉陽雜俎》補。這個故事本身有點含混;據《酉陽雜俎》,海神女每日暮以白鹿迎射摩入海,經數十年而後緣絶。見段成式《酉陽雜俎》,北京:中華書局,1981 年,頁 44—45。

② 金,通"今"。

③ 妖神,是"祆神"之誤。

④ 此處及下句的準確含義難以理解,根據姜伯勤的論述,它指的是在駝鞍褡褳上用毛氈刻神像的做法。姜也舉了唐三彩的駝鞍中刻的神像爲證據。參見姜伯勤《中國祆教藝術史研究》,北京:生活·讀書·新知三聯書店,2004 年,頁 227—231。

⑤ 《元朝秘史》是一部成書於 13 世紀、以畏吾文寫成的著作,作者不詳。

⑥ 《異域圖志》,第十條。

有"種類"、"種族"、"血統"等含義。"血統"的意義在這個條目中體現最多,因爲這個條目中列舉的五色人種中,只有一種源自漢朝的中國人祖先,其他都是動物雜交繁育而生[①]。這個條目并不是將采自正史的引文編織在一起,無論是從語言還是從材料來源來看,它都帶有明顯的"野史"的印記("野史"這個名稱指的不僅是一種文獻形式,也指一種講故事的方式)。它的語言很特别,文白夾雜。關於蒙古人來歷的某些史料,此條目明確注明源於《元朝秘史》。條目并没有提到其他部分的史料來源,實際上源自一部唐代的志異奇書《酉陽雜俎》[②]。

此條目援引《元朝秘史》一事很重要,原因有幾個方面。《秘史》這個文本一開始是以畏吾體蒙古文書寫的,完成於 13 世紀中葉的某一時間,此後被元朝皇宗保管[③],小心謹慎,以防其流傳出去。後來它落到明代朝廷的手中,朝廷中的元史專家對這個文獻有極大的興趣,它也成爲四夷館培養國家翻譯人員的主要教材。洪武年間(1368—1398)編纂語言學著作《華夷譯語》時也參考了它。在明初尋找、研究以及搜集元代文獻的背景下,《秘史》被宫廷學者用一種特别的漢語白話文翻譯了過來,這種被人稱爲"硬譯"的方法據説是爲了保存原文的某些語言特徵[④]。明代初年,皇室刊刻了這個譯本,後來,這個譯本被收入了《永樂大典》。至此,《秘史》在明代宫廷中已廣爲人知,但是没有證據表明它已在公衆中流通。《贏蟲

---

① 這種類型的起源神話,即將種族起源追溯到古代的人獸交配而生,在中國或其他傳統中很常見。和《贏蟲録》這段文字有關係的,除了下文要討論到的《酉陽雜俎》,還可參見成書於 4 世紀的《搜神記》,它提到南蠻和西南夷的社會和風俗,就涉及古代一個人狗雜交的例子。干寶《搜神記》,北京:中華書局,1979 年,頁 168—169。

② 《酉陽雜俎》的相關文字也被收入 10 世紀的類書《太平廣記》。

③ 關於《元朝秘史》(又稱《蒙古秘史》)翻譯、刻印、傳播的過程,參見洪業(William Hung)《〈蒙古秘史〉的傳播》(*The Transmission of The Book Known as The Secret History of the Mongols*),載於《哈佛亞洲學報》第 14 期,1951 年 3—4 期,頁 433—492;也可參見白·特木尔巴根的三篇文章:《〈元朝秘史〉寫作過程考略》(載於《内蒙古師大學報》〔哲學社会科學版〕,2001 年第 3 期,頁 31—36)、《明代史乘著录〈元朝秘史〉考略》(載於《内蒙古師大學報》〔哲學社会科學版〕,1990 年第 3 期,頁 56—63)、《清代藏书家著录〈元朝秘史〉考略》(載於《内蒙古師大學報》〔哲學社会科學版〕,1992 年第 3 期,頁 83—90)。

④ 通拉嘎、吴利群:《蒙元硬譯體對〈蒙古秘史〉翻譯的影響》,載於《内蒙古師大學報》(哲學社会科學版),2006 年第 4 期,頁 32—34。

録》引用了這個文本,就是告訴讀者他們正在看的是秘不外傳的蒙古傳說。這個文本的内容也會對元明改朝换代産生影響衝擊,因爲這些關於蒙古統治階層起源的神話故事可以被解讀成他們承認自己野蠻未開化,承認其祖先是野獸,這些神話故事就是證據。《贏蟲録》中稱蒙古皇帝"僭號"稱帝。談到元朝統治的合法性時,它當然不會重複《秘史》的説法,而必須對原文作一些調整,這就使明代叙述者得以利用這一神秘的外來文獻的魅力,再次强調"漢人"統治中國的純正性和正統性。

那麽,明代叙述者摻入了什麽樣的聲音呢? 條目的其他部分提供了更多綫索。如上所述,此條的另一個文獻來源是《酉陽雜俎》。條目中的第四個人種,即突厥,就是完全抄録《酉陽雜俎》的。而描述第三個人種,即中國人後裔的那支,雖然只是略微改動了《酉陽雜俎》的文字,却意味深長:

其髭髯俱黑者,漢將李陵及其兵衆之胤也。[①] (《酉陽雜俎》)

一種黑髮白身者,乃漢李陵兵遺種也。(《贏蟲録》)

最明顯的改變就是"其"字變成了"一種",以符合整體上"五色(人種)"的叙述句式。前兩個人種的描繪與《酉陽雜俎》有更大的偏差,但是文本間的關聯性還是有迹可循的:

(帝女子澤,性妒,有從婢散逐四山……)北通玃猳[②],所育爲傖。[③] (《酉陽雜俎》)

一種短項矮胖者,乃玃猳與野豬所生。(《贏蟲録》)

關於這個人種的基本來源,這兩個文本説法一致。此外,"玃猳"一詞再次出現,也標志着《酉陽雜俎》和《贏蟲録》之間的聯繫,因爲在《贏蟲録》之前,這種罕見動物的名字似乎只出現於《酉陽雜俎》之中。現在來考察一下條目中的第一個人種:

---

① 段成式《酉陽雜俎》,頁 45。

② 玃,在傳統字書中釋爲母猴(如《説文解字》),或釋爲一種大猿(如《龍龕手鏡》)。猳,亦寫作"豭",在傳統字書中釋爲豬(如《廣韻》),或釋爲公豬(如《説文解字》)。張華的《博物志》記載了一種獼猴叫猳玃,擄掠婦女爲妻。見《博物志校證》,北京:中華書局,1980 年,頁 36。

③ 段成式《酉陽雜俎》,頁 44。

堅昆部落非狼種。其先所生之窟在曲漫山北。自謂上代有神與牸牛交於此窟。其人髮黄目緑赤髭髯。[①]（《酉陽雜俎》）

一種黄毛者,乃山鬼與牸牛所生。(《羸蟲録》)

神鬼與牸牛交配及其後代的髮色這兩個細節,是《酉陽雜俎》與《羸蟲録》二書所共有的。這表明《羸蟲録》中對前兩個人種的描述是將《酉陽雜俎》的内容進行了創造性的改寫。即使《酉陽雜俎》不是直接的文本源頭,這些相似的文本依然提供了一個有用的對照系統,從其語調和語體上將其與《羸蟲録》進行比較,就會發現在傳統文本與明代重述之間發生了哪些變化。下面是一些比較:

《酉陽雜俎》	《羸蟲録》
胤	遺種
髮黄	黄毛
髭髯俱黑	黑髮白身
(山)神	山鬼
	短項
	矮胖

《羸蟲録》該條目始終將文言轉換成白話語體。"胤"和"髮黄"都是文言詞語,分别表示"後代"和"黄頭髮",《羸蟲録》將其分别代之以口語意味的"遺種"和"黄毛"。"髭髯俱黑"顯得比較正式,又用文言文寫出來,也更有技術性,同時表明古典學者對於分類表述是如何一絲不苟。而"黑髮"與"白身"一樣,則屬於簡單直接的描述,這兩個詞旨在展示主語的血統真相。與這種降低語體層級的修辭效果相對應,《羸蟲録》此條還將故事粗俗化,本來是山神與牸牛交配,却變成了山鬼與牸牛交

① 段成式《酉陽雜俎》,頁45。

配[①]。此外,《贏蟲録》此條還引入了一種口語化極其明顯的語體,如“短項”(一般是用來形容豬的)和“矮胖”,在《贏蟲録》編纂的時代,這兩個詞從來没有在任何正史中出現過。正是通過這些語言學的暗示,這個條目將自己與正經、規範的官方經典文獻拉開了距離,從而以通俗的語言樹立了另外一種權威,表達了另外一種新奇。

此外,這個把匈奴分成五種的理論,雖然没有反面的證據,却似乎是《贏蟲録》的編者自己通過摘引一系列文獻編造出來的。這個匈奴五種的理論嘩衆取寵,簡單而魯莽,讓人聯想到白話小説中故事叙述者的腔調:他經常把小説人物丢在一邊,偏離主題,去給聽衆説一些鮮爲人知的事實、詞源、歷史佚事,特别是聽來有趣或者有用的信息,其通常採取就是編號羅列的并稱方式(按:例如“四大美女”、“文房四寶”)。《贏蟲録》的這些特點讓我們認識到這個文本有趣的雜糅特性,就像它把經典引文與白話語句交織在一起。在這個條目中有三種白話話語環環相扣:首先,白話是故事叙述者採用的語言,接着是口語與文言兩種語體相對抗,最後是翻譯的技術,包括前文提到的《秘史》翻譯的例子,用非標準或口語化的語體,以此表示原本用外語寫成的文本的他者性。

有幾種日用類書對《贏蟲録》作了校訂,它們省去了日積月累的改寫過程,乾脆靠心血來潮,完全憑空杜撰了一個新的民族名稱,來作爲條目的新標題——匈奴韃靼國。北亞與中亞的民族分類一直是歷史學家頭疼的難題,他們經常必須要分析那些有關部落、民族、部落聯盟的諸多交叉重疊、相互矛盾的術語,這些術語由於諸家説法的衝突與誤導,而治絲益棼[②]。明代人所造的這個名字“匈奴韃靼”,將中國歷史文獻中時代懸隔、政治起源也迥然不同的兩個民族名稱胡亂捏合到一起,似乎渾然不管歷史的準確性問題。但是,如果只考慮到它是整個表達計劃的一部分,是要通過文本來表達《贏蟲録》讀者的内心關懷和叙述框架,那麽,這種命名也反映了一定的邏輯。“韃靼”一詞給人一種與當

① “山鬼”這個術語最早出現在戰國時的詩集《楚辭》的《九歌》篇中,指一位女神。但到了《贏蟲録》編纂的時代,神和鬼的等級區别已經非常清楚了。

② 現代學者對這些詞語的考索非常之多,不勝枚舉。舉一個較早的有影響的例子,王國維(1877—1927)《韃靼考》,見《王國維集》卷四,北京:中國社會科學院出版社,2008年,頁237—262。

代相關的感覺,這個詞在元朝統治時期被禁止使用,因爲他們認爲其有貶義,而明代時又啓用,相當突出。“匈奴”與中國歷史上那個傳奇的古老時代聯繫在一起,那是一個文化與領土對外擴張的時代,特指西漢(公元前206—公元前23)。所有這些都提示我們,《臝蟲録》中使用的“國”的概念是很隨意草率的,它更多指的是文化和種族上自成特色的單位,并不在乎它在過去或現在曾否是某種可以確認的政治或地理實體。生造“匈奴韃靼”這個名稱,爲北方邊界創造了一個歷史連續性,使北方邊境成了一個至少在文本上易於掌握的概念。總之,明朝人的這一類種族虛構,憑藉的是與從前時代相同的一種想象力,前人憑藉這種想象力,創造了《山海經》中的“貫胸國”。

《臝蟲録》不僅輕鬆自如地改寫情節,虛構細節,而且虛構歷史視野,在學術性的歷史書寫中摻入了大膽的語詞和叙事想象,從而將史和小説這兩種文字模式融合在一起。前引《四庫全書》編者的評論非常輕視《異域圖志》,就是針對此書這種雜糅材料的特性,認爲這種做法雖然溝通了史和小説這兩種文本類型,但也模糊了二者之間的界限,是一個缺點,但可能正是這些不同文本之間的交織,以及其圖文之間的互動,使《臝蟲録》顯得與衆不同,這也是《臝蟲録》深受明代讀者喜愛的主要原因。

但是此書特有的白話風格和豐富的虛構,却成爲後來讀者閱讀此書而感到不安的一個原因。前文提到過,《臝蟲録》曾被著名的《三才圖會》收編作爲一章,最早刻印於1609年。當這些1609年的印版數年後(極可能是在清朝)重印時,新的出版者决定修改其中一些版片。其中一個改動就是把匈奴條目的文本全部抹掉,只留下了空白頁與插圖;不過,空白頁仍留下了刮削的痕迹(圖4.6)[①]。在新的滿族政權統治下,學者通常都輕視明代學術與書籍文化的空疏,加上這些嘲笑“北狄”的描寫會引起空疏學術的聯想,自然使其變得加倍不可容忍。《三才圖會》中所用《臝蟲録》“匈奴”條目版片的刮削,正反映了清代作者的焦慮與自我審查,正是這種焦慮與自我審查促使他們在寫作中將“夷”字剔除不用。

① 這一頁在伯克萊加州大學東亞圖書館藏《三才圖會》中可以見到。

圖 4.6 《三才圖會》重印本頁面,顯示了“匈奴”條頁面刮削的痕迹。伯克萊加州大學東亞圖書館提供照片。

《臝蟲録》的早期接受

《臝蟲録》在明代是怎樣被閱讀的,又是怎樣傳播的?通過發掘詮釋同時代關於此文本的記録,我們可以按照時序先後,列出體現此書在各個閱讀群體中的影響的案例;并通過與其他各個閱讀群體以及與其他同時代作品的比較,更好地理解它的地位。王端溪(名崇慶,1484—1565)與那時的學術界主要領袖之一吕柟(1479—1542)之間,在嘉靖年間有過一段對話,這段對話被記録下來,是《臝蟲録》在16世紀閱讀文化占有突出地位的最早證明:

> 問:“《倮蟲録》不如《山海經》,《山海經》不如《博物志》,《博物志》不如《爾雅》,《爾雅》不如《詩》。故曰‘小子何莫學夫詩’。”曰:“《詩》非止優於《爾雅》、《博物》、《山海》、《倮蟲》也。《爾雅》等書止明物,《詩》則即物以明人耳。”①

① 吕柟《端溪問答》,見《涇野子内篇》,北京:中華書局,1992年,頁34。

這段對話發生在1524年至1527年之間,那時吕柟正在山西創辦解梁書院,正在推廣他的書院課程和治學理念。問者王端溪是那時代另一個影響很大的學者官員,他的著作主要是關於《易經》和地方歷史的研究。二人均在1508年舉進士,吕柟還擢進士第一。對話發生的時候,他們已經成爲官方和學術圈著名的公衆人物了。吕柟的影響力尤其大,有一大批追隨者;他對學術界的影響力,據説可以與當時偶像級人物王陽明相提并論①。這個對話見於《端溪問答》,此書由吕柟的弟子用傳統的語録體整理而成,效仿的是朱熹著名的《朱子語類》。這些書最終都是效仿孔子的《論語》,這種文本體式將具有巨大文化權威的人物的言談逐字記録下來。雖然王端溪和吕柟在上引對談中都輕視《贏蟲録》,但是他們却在同時代的同類文本中選擇了此書作爲一個基準綫,反映出它在那個時代非常流行,是一個大家熟悉的切入點。

王端溪在提問中依次列出了一連串相關的文本,後出的文本都比前出者下一等,最終歸結成孔子對於學問的那條著名建議,這是關於傳統名物之學的經常被引證的一句話——《詩》是人們瞭解世界的最佳文本。《贏蟲録》在這裏成了從正統學問開始逐階下降序列中的最後一級的代表。儘管對話中講到了這些文獻的價值是相對的,但是,王端溪後來仍然做了一個較好的《山海經》版本,并爲之加上評析。另外,有趣的是,《山海經》和《贏蟲録》二書後來在明代出版界如同難兄難弟一般。它們經常被交叉引用,甚至出現在同一頁中,比如圖4.1所示,上欄來自《山海經》,而下欄來自《贏蟲録》。儘管吕柟和王端溪的對話給了《贏蟲録》一個相對較低的地位,但是,這段對話却證明,這個文本在嘉靖時代的學術界中已經廣爲流通;它不僅反映了在這一時期此書越來越流行的趨勢,也反映了它所處的目録學背景,正是在這一背景中,它最經常被人提到、被人重述,這背景即是它與《山海經》的聯繫。

《贏蟲録》與明代外交

吕柟的評論表明,《贏蟲録》要取得作爲嚴肅學術研究對象的地位,

① 黄宗羲《明儒學案》,見《明代傳記叢刊》第1册,臺北:明文書局,1991年,頁11。

是大可懷疑的。碰巧的是,這個文本記述事實不太可靠,與此同時,它又廣泛通行,這給嘉靖時代的政治家和外交官带來了難題。學者、軍事戰略家兼製圖師鄭開陽(1503—1570)在其《琉球圖説》中記録了這樣一件複雜的事:

> 嘉靖十一年,尚真卒,子尚清請嗣,遣科臣陳侃、杏仁高澄弔祭,封清嗣王,賜王及妃冠服錦綺。使臣至其國,尚清拜曰:"天朝詔敕,藏金匱者八葉於兹矣。請留爲鎮國之寶。"比還,遣其王親寧吉[①]、長史蔡瀚奉表入謝,并言:"《一統志》[②]中,載琉球有落漈[③],王居壁下聚髑髏,非實事。杜氏《通典》[④]、《集事淵海》[⑤]、《贏蟲録》、《星槎勝覽》[⑥]所述,亦皆傳聞之妄。乞下史館。"從之。蓋海外荒服,欽承王化,漸革故習,君臣父子間彬彬有禮,文物之盛,迥殊他邦矣。[⑦]

此時鄭開陽挑選的是明朝與琉球關係史中的一個重要時刻。在這個時刻,琉球官員向明朝提出抗議,因爲幾乎所有明代的主要文獻,涉及琉球時都是歪曲、虚構的描述,把他們的王國寫得既危險又原始,這

---

① "寧吉",嚴從簡(嘉靖至萬曆間人)《殊域周咨録》中寫作"寧古"。孰正孰誤需要更深入的研究。參見嚴從簡《殊域周咨録》,見《國家圖書館藏琉球資料彙編》,北京:北京圖書館出版社,2000年,頁138。

② 這是《大明一統志》的别稱。本書第二章有討論。

③ 落漈,意爲能捲走過往船隻的漩渦。1895年,霍普金斯(L. C. Hopkins)指出,"落漈"是書面語,當代稱爲"溝",就是西方人所謂"洋流"(kurosiwo)的一種。見他的《L. C. 霍普金斯先生給 G. 施萊格先生的信》(*Letter of Mr. L. C. Hopkins to Mr. G. Schlegel*),載於《通報》1895年第6期,頁529—530。

④ 唐杜佑(735—812)編。

⑤ 《集事淵海》是明代書籍。現存版本早到弘治(1488—1506)或者正德(1506—1522)時代。見陳先行、郭立暄《柏克萊加州大學東亞圖書館中文古籍善本書志》,上海:上海古籍出版社,2005年。

⑥ 《星槎勝覽》是明代書籍。作者費信(1388—1436?),曾參與了15世紀著名的鄭和(1371—1433)遠征印度洋的航行。

⑦ 鄭開陽《琉球圖説》,見《鄭開陽雜著》,臺北:成文出版有限公司,1970年,頁556—557。

些文獻包括《嬴蟲録》在内。明朝使臣也有這種感覺——上文提到,陳侃作爲嘉靖時代派往琉球的特使中的一員,也曾上奏,談到琉球文獻的不可靠性。在準備出使琉球時,陳侃深受打擊,因爲當時完全没有實用而可靠的文獻資料可資參考。爲了改變這種狀况,他歸國後撰寫了《使琉球録》(序作於 1534 年)。本書中有一部分題爲"群書質疑",他評估了以下各書中有關琉球記載的價值:

《大明一統志》《嬴蟲録》《星槎勝覽》《事類淵海》 杜氏《通典》《使職要務》《大明會典》

要注意其中很多書在前述陳侃的琉球上奏中亦曾提到[①]。但是,鄭開陽對這些記録持不同的態度。陳侃出於國家治理的實用目的,試圖糾正它們的錯誤,而鄭開陽認爲,文字記載與當前現實的差異,正好反映了琉球中國化日益成功的過程。在鄭開陽看來,早期的記録是很重要的,不是因爲它們包含了不可靠、異想天開的神話,而是因爲它們反映了琉球文明早期的原始狀態。也就是説,儘管這些記録不再準確,但琉球要求更正這些記録,反映的不是這些記録本身有錯誤,而是琉球在中國影響下變得越來越文明的過程,這個過程是值得稱道的。

陳侃之後,明朝高官們出使琉球,回來後撰寫各自的《使琉球録》(以下簡稱《使録》),也變得司空見慣。在這些後來的《使録》中,陳侃"群書質疑"仍完整保留,也添加了一些新的評説[②]。"群書質疑"實際上成了官方檔案工作的一項例行公事,也是一本可靠的《使録》的標志。最終,它也影響了清代學者官員徐葆光(? —1723),徐氏在其倍受稱贊

① 鄭開陽書中也記録了琉球的奏表,如果没有這個證據,那就可能是明代作者杜撰或誤解了琉球對明廷的請求。實際上,根據《大亞細亞》(Asia Major)一位佚名書評作者的説法,一些琉球使者實際上是中國人。

② 郭汝霖(1553 年進士)和李際春(約 1536—1583)在 1561 年被派往琉球給新國王加冕,結果編撰了《重編使琉球録》。陳侃"群書質疑"的部分不但被保留,郭、李二人還添加了一些評論。"群書質疑"後來又出現在夏子陽(1589 年進士)和王士禎的書中,夏子陽也添加了自己的評論。

的《中山傳信録》中(撰於 1718—1720),也是這樣批評明代有關琉球的記録的①。

個體讀者與怪異故事

儘管這些使臣一直在質疑,《赢蟲録》却繼續不斷地流通,從未改動過有關琉球的記録。對個體讀者來説,漫長的書籍史中有一批志怪志異的書籍,這個文本就是其最爲新近的作品,它的吸引力很多正是來自其對遠方異國風物的記録。郎瑛(1487—1566)在他的《七修類稿》中作了如下思考,讓我們得以一瞥明代書籍文化心理:它對《赢蟲録》這種文本是歡迎而且求之不得的:

> 元詩人陳孚,出使安南,有紀事之詩曰:"鼻飲如瓴甋,頭飛似轆轤。"蓋言土人能鼻飲者,有頭能夜飛於海食魚,曉復歸身者。予見《赢蟲集》中所載:"老撾國人,鼻飲水漿,頭飛食魚。"近汪海雲亦能鼻飲。頭飛則怪也。昨見《星槎勝覽》亦言:"占城國人,有頭飛者,乃婦人也。夜飛食人糞尖。知而固封其項。或移其身則死矣。"作書者自云目擊其事。予又考占城正接安南之南,而老撾正接安南西北。信陳詩之不誣也。②

這篇短小的隨筆見載於郎書的"奇謔類"。郎的觀念與吕柟之類衛道的古典學者不同,也與關心向官吏提供可靠情報的朝廷官員不同。對郎瑛來説,《赢蟲録》是諸多可以挖掘出新奇有趣信息的新書中的一部。這種書爲他提供了一個書目範圍,使他可以追溯諸書間的交叉引述,由此形成他自己的"奇謔"想法。郎瑛首要的身份是一個藏書家,他在這裏所做的,就是引用當代書籍爲前朝詩歌作評注。他關於這些異域怪談的評論,從開頭到結束都與閲讀有關:開頭元詩爲他提供了一個

---

① 參見賴正維、黄珊《徐葆光與〈中山傳信録〉考述》。徐葆光在自序中反覆强調:"正史之外,如杜氏《通典》、《集事淵海》、《星槎勝覽》、《赢蟲録》等書所載山川風俗物産,皆多舛漏。"

② 郎瑛《七修類稿》,北京:中華書局,1961 年,頁 713。我的標點和此書整理者略有不同。

引子,使他回憶起他先前在《臝蟲録》中所看到的景象,接着説到"最近"的《星槎勝覽》。這篇隨筆叙述作者通過日積月累的閲讀而有所發現、遇見和看見的過程,他將幾種文本聯繫起來,就能解釋一些深奥的異域奇聞,在這一方面取得突破。根據他的叙述,他的結論"信陳詩之不誣也"表達了一種書目文獻學的自豪感。這篇隨筆突出了一個讀者的自我形象,他徜徉在志怪故事與實際的地理政治報告之間,要探索二者間的界限。對書目廣徵博引,使他得以展示自己的博學才智,也使他個人的文字世界與其官場寫作及國家事務討論區隔開來。如果郎瑛的推論——對所調查的"物"密切關注,分析"物"中所藴含的程式,最後得到一個解釋——看起來遵循了哲學家朱熹的"格物"理論,那麽值得一提的就是,對郎瑛來説,這個過程完全是在書籍的網絡中完成的。

這種推廣了書目文獻學知識的接受模式,在後來的徐應秋(1616年進士)編纂於萬曆年間的《玉芝堂談薈》中也能見到。徐氏搜集各種書籍中的記載,描述了一個非常古怪的人種"飛頭蠻"①:

飛頭蠻

桓譚《新論》:"荆州有鼻飲之蠻,南城有飛頭之夷。"《搜神記》:"晉朱桓一婢,其頭夜飛。或從天窗出入,以耳爲翼,將曉復還……"《北户録》:嶺南溪洞中,往往有飛頭者……②《星槎勝覽》:"占城國婦人有飛頭者,人知而封固其項,及移其身,則死。"《臝蟲録》:"老撾國鼻飲水漿,頭飛食魚。"《瀛洲勝覽》:占城有尸頭蠻,但眼無瞳……③《拾遺記》④:漢武時因墀國言南方有解形之民,能使頭飛南海……⑤

---

① 狹義上説,"蠻"指南蠻,"四夷"指西戎、北狄、南蠻和東夷。廣義上説,"蠻"和"夷"泛指所有蠻夷。

② 《北户録》,唐段公路撰,記述嶺南(意爲五嶺以南,包括現在的廣東、廣西、湖南、江西)的當地風俗地理。此處引用實際來自《酉陽雜俎》,而非《北户録》。

③ 馬歡《瀛洲勝覽》描述其隨鄭和下西洋所歷諸國。馬歡是鄭和的翻譯。

④ 《拾遺記》,東晉(317—420)王嘉編纂的軼事與志怪小説集。

⑤ 徐應秋《玉芝堂談薈》,《筆記小説大觀續編》第3編,臺北:新興書局,1962年,頁2756—2757。

對徐應秋來説,《贏蟲録》可用來挖掘那些異域的古怪動物、奇特之人的傳奇記載。要搜羅那個顯然已廣爲人知的物種"飛頭蠻"的種族信息,這本書也是文獻來源之一。促使徐氏將一大堆書中的有關故事綜合起來的是一種尋求獨特稀見之書的讀書文化,就像他在《玉芝堂談薈》自序的開頭所説:"玉芝主人無他嗜好,喜讀未見之書,雅慕博綜,樂稱稀有之事。"[1]

在自己承認有這種對書籍和新奇之物的愛好之後,徐應秋提出了他對那些駭人聽聞、難以置信的怪異故事的態度。在徐看來,問題并不出在記録本身,而是出在讀者身上。他引述"少見多怪"這句老生常談來解釋這些讀者的反應[2]。對徐來説,問題不是這些怪異奇談的記録是否真實可信,而是讀者是否有資格讀它。解决問題的關鍵在於培養合格的閱讀主體,即徐所説的"弘覽之通人"。如他的"飛頭蠻"的記録所顯示的那樣,最近出版的與外國有關的書,只要與傳統怪異故事放在一起,就能顯出其用處。對徐來説,一個合格的讀者,必須有足夠的書籍知識,精於圖書目録,還要對各種特殊體式的文本有適當廣博的涉獵。

《贏蟲録》的流行與影響

《贏蟲録》也啓發了其他新的作品,首要的就是《東夷圖説》,成書於1586年,廣東布政司參政蔡汝賢(1568年進士)修[3]。蔡書中包含二十幅插圖——部分從《贏蟲録》複製,比如其中一幅"爪哇";其他則是新增的,比如其中一幅"佛朗機",即葡萄牙(圖4.7)[4]。

---

① 同上,頁2639。

② 此語源自葛洪(283—343)《抱朴子》。葛洪在論及人們懷疑煉金術的信念與實踐時説:"夫所見少,則所怪多,世之常也。"

③ 蔡隸屬的部門叫廣東左布政司史。這個文本也稱爲《東南夷圖説》。它包括了圖像和圖説兩個部分。《東夷圖説》看起來是《東南夷圖説》的簡稱,前者讀起來更有節奏感,後者則更爲精確。關於蔡汝賢,參見湯開建《中國現存最早的歐洲人形象資料——〈東夷圖像〉》,《故宫博物院院刊》2001年第1期,頁22—28。

④ 一些人認爲這幅插圖是中國最早的關於葡萄牙人的版刻畫像,參見湯開建《中國現存最早的歐洲人形象資料——〈東夷圖像〉》,《故宫博物院院刊》2001年第1期,頁24。關於近代早期的中葡交流,參見普塔克《中國、葡萄牙和南洋》。

圖 4.7 1586 年版《東夷圖説》插圖。左邊插圖爲"佛朗機",右邊爲"爪哇"。《四庫全書存目叢書》史部第 255 册,頁 415。

廣東是那時世界貿易最活躍的地區之一,蔡汝賢因職位之便,有機會接待海外的進貢使者與商人。他的圖據實而作,依據是和這些人的直接接觸。蔡書講究據"實";他的叙述强調現實情況與實時觀察。在這點上他類似嘉靖時的使臣陳侃,同樣關注實用與準確。蔡不同於陳之處在於,除了關注實用和準確之外,陳還能上升到國家治理的層面,蔡則認識到《羸蟲録》這一類流行於世的奇談之書的價值。以下是他爲自己的《圖説》所寫的序言:

或曰:"……東南夷該此乎?"曰:"未也。雜見於杜氏《通典》、《集事淵海》、《星槎勝覽》、《羸蟲録》、《吾學編》諸書,蕃乎夥矣。存而弗論可也。"①

杜氏《通典》、《集事淵海》、《星槎勝覽》、《羸蟲録》這些書,如前所

① 蔡汝賢《東夷圖説》,《四庫全書存目叢書》史部第 255 册,濟南:齊魯書社,1995—1997 年,頁 410。

述,在“群書質疑”中都已經被提到過了[①],這裏指出了它們的合法性:“存而弗論可也。”一方面認可(如果不是欣賞)這些流行之書,一方面又努力製作真實可信的插圖,蔡汝賢對保持二者間的平衡似乎毫無困擾。我們很想知道,他是不是具有某種個人品質,而這種品質就是剛剛出現的那批處理外國問題(後來稱爲“洋務”)的人才群體身上所有的那種修養,亦即“開明”的品質?他的序言接着説道:

> [或曰:]“……所圖狀貌皆尚審乎?”曰:“千里殊風,百里異俗,中國且然,矧夷乎?彼此互見,論而弗膠可也。”[②]

這裏他闡述了一個世界性的認識,即“我們”和“他們”之間的相互指涉:外國的狀貌風俗可以參考國内的類似物來理解,反之亦然。

《贏蟲録》在晚明依然極爲流行,此時這個文本已經多次重版,而且可供收入日用類書的某一部類。在這個時期,大量出版商急於印製他們自己的日用類書,儘管實際上是大同小異,但却因此造成《贏蟲録》僅在類書中就有十幾種重印本[③]。這個文本似乎在 16 世紀晚期非常廣泛地通行。1607 年的佛教著述《法界安立圖》引用了《贏蟲録》,補充人間王國的資料信息,如佛教四大洲之一南贍部洲:“俗書《贏蟲録》載諸國人形各異,或是海中諸小洲也。”[④]明代和清初的私人藏書家也都在其書目中記録這個書名,可見那時許多最著名的藏書家并没有忽視《贏蟲録》。這些私家書目包括成書於嘉靖年間的《晁氏寶文堂書目》,成書於萬曆年間的《澹生堂書目》,成書於清初的

---

① 蔡增加了另一部書:《吾學編》。陳侃質疑群書時,可能還不知有此書。《吾學編》是鄭曉(1499—1566,1523 年進士)所撰關於明初歷史的書。現存最早的版本印於 1567 年。

② 蔡汝賢《東夷圖説》,頁 410。

③ 吴蕙芳列舉了三十五種現存的晚明日用類書。見她的《萬寶全書:明清時期的民間生活實録》,臺北:學生書局,2001 年。

④ 仁潮《法界安立圖》,見《續藏經》卷一百五十,臺北:新文豐出版有限公司,1993 年,頁 913。

《千頃堂書目》①。

以上回顧了《贏蟲録》在明代的社會影響的不同片段,這表明,《贏蟲録》被世人熟知,廣泛傳閲——包括文人、宗教從業者②、一般讀者、官員和外國人③。它是明代中國最重要的(如果不是唯一的)带圖解的文獻,提供了明人所知的有關外國人的詳盡信息。它是一本用處甚廣的資料書和參考書——這類書目最有效地塑造了這個時代讀者的集體意識。在下面的部分,我將回來思考這個文本在明代日用類書中傳播的若干特徵,例如,打包使用《贏蟲録》即提供了一個獨特的窗口,以考察《贏蟲録》與明代廣闊的社會秩序究竟有什麽樣的關係。

打包《贏蟲録》:類書本中的序言和插圖

《贏蟲録》的很多翻印是以類目的形式收入晚明日用類書中的,它能提供豐富的材料,方便我們考察出版商是如何改造文本,使其魅力十足、銷路暢通,同時也可以考察他們所預期的讀者和閲讀方式是什麽樣的。這裏我將重點放在這些翻印中最常見的兩種補充材料,即序言與類目開頭的插圖。

正如圖 4.1 所示,"四夷"類將《贏蟲録》打包録入,并將其與一連串大部分源自《山海經》的"山海異物"放在一起,分爲上下兩欄。這種上下兩欄的格式是這種類書的總體特點,但是這種特別的并置方式,恰當

① 有一部書名爲《瀛蟲録》,陳清撰,著録於明代《萬卷樓書目》中。我没再見到有文獻提到這個文本或者這個文本的作者陳清,所以我不清楚"瀛蟲録"是否只是"贏蟲録"之誤。錢謙益《絳雲樓書目》著録了一本書名叫《四夷圖》。《四夷圖》是否和《贏蟲録》有關,需要更深入的研究。見《稿抄本明清藏書目三種》,北京:北京圖書館出版社,2003 年,頁 379。

② 這裏我想到的是萬曆年間的佛教著述《法界安立圖》的作者和讀者,此書後來被收入《續藏經》,上文已有討論。

③ 儘管明人記述的琉球人提出抗議之事不能完全證明《贏蟲録》曾在琉球被閲讀(有關的文獻問題,見上面頁 90 注釋⑦),但我們仍有足夠證據證明此書曾在日本流傳,下文將有討論。

地表達了明代讀者早已建立起來的《蠃蟲録》與《山海經》的牢固聯繫[①]。這些類書中,有一段序言解釋術語"蠃蟲"的起源,也闡述了下欄的外國人與上欄的傳説動物之間的關係:

蠃蟲録序

鱗蟲三百六十而龍爲之長,羽蟲三百六十而鳳爲之長,毛蟲三百六十而麟爲之長,介蟲三百六十而龜爲之長,蠃蟲三百六十而人爲之長。蠃蟲者,四方化外之夷是也。何則以人爲蠃蟲之長?書曰:生居中國,故得天地之正氣者爲人;生居化外,不得天地之正氣者爲禽爲獸,故曰"蠃蟲"。孔子曰:"治夷狄如治禽獸。"其説有自矣。原其無倫理綱常,尚戰斗輕生樂死,虎狼之性也;貪貨利好淫僻,麀鹿之行也,故與人之性情實遼矣。[②]

這段序言有兩個值得注意的正式屬性。首先,它用常見的起承轉合的結構,這是中華帝國晚期科舉考生和研究散文的一般學者心中根深蒂固的一條基本的寫作規範。其次,它的特點是引文比例很高。

特别的是,這段序言開頭("起")即援引《孔子家語》之類的書,雖然没有特别注明,進而逐漸過渡到"承",討論核心概念"蠃蟲"。雖然一些較早的學者相信蠃蟲是一種如虎豹一般短毛的動物[③],但是,我們這位佚名的作者對查考這些較早的文獻不感興趣,他只是要確認蠃蟲即是"夷"人。作者接着擺出一個問題("轉"),這實質上是個反問句:"何則以人爲蠃蟲之長?"接着以另一段引述回答,這次引述的是作者不詳的"書":"生居中國,故得天地之正氣者爲人;生居化外,不得天地之正氣

---

① 如上文所討論的,王端溪和吕柟認爲這兩個文本是同一類的。另一個證明此二者聯繫的例證,是胡文焕 1593 年版《山海經》中的莊汝敬序:"故山海一圖中,多句深索遠,出耳目睹記之外,未敢深信。及取《蠃蟲》一書并觀,然後知窮陬僻壤之外,千態萬狀,難以形貌拘之。夫《蠃蟲集》内多職貢國,載在《廣輿圖》等書者,可考,則其書非無據審矣"。見《山海經圖》頁 5—6,《中國古代版畫叢刊二編》第一輯,上海古籍出版社,1994 年。

② 《妙錦萬寶全書》,頁 209,見《中國日用類書集成》。這個序在其他日用類書中也有,有時略作改變。

③ 這一點參見上面頁 68 注釋③。

者爲禽爲獸。"於是,在作者看來,"夷"就是"臝蟲",其先天條件決定其在某些方面不及一個健全的人。最後,作者以第三個引述作結("合"),這次引述的不是别人,正是孔子,他説:"治夷狄如治禽獸。"隨後作者順着這個思路對夷的獸性進行了速描:"原其無倫理綱常,尚戰鬥輕生樂死,虎狼之性也;貪貨利好淫僻,麀鹿之行也,故與人之性情實遼矣。"在這個序言中,"夷"被加注爲、同時也被"證明"是一種獸性的或低於人類的物種①。這樣就很容易想象,這樣的文本是如何促使清代作者禁用夷字的,因爲這個政權正處於這樣的文本所描述的這個物種的統治之下。

與其他《臝蟲録》的序言和評論相比,這段序言并没有從哲學上或歷史上對華夷關係進行探討。相反,它做了引述。它引用的都是最熟悉最權威的老話,首先列舉了非常熟悉的生物的五種分類系統,見於《孔子家語》之類的中古文本之中,然後引述了一部佚名書籍中的話,最後以最高權威孔子的話作結——儘管這條特别的引述并没有在今傳孔子語録文本中發現,但是,這個思想在早期經典著述中出現過,如《漢書》和《國語》。這裏提到"孔子"是想把他作爲一個權威智慧的標籤,而不是作爲某個特定文本的作者。

這種熟悉的行文結構以及立足於經典常談的做法,使得這段序言成爲一段非常好讀的文章,它確證了一套習以爲常的推論。的確,這段序言在描述外國人時,特别是它依舊强烈依賴將夷人與動物類比方面,只是把一些最常見、最老套的東西混搭在一起。跨越世界歷史的時空來看,動物主題毫無疑問在這篇序言中被放大了,將外國人與傳説動物并置更增强了這個主題。但是這并不是説,明代的某些讀者看不出來

① 隱藏在這種種族優越感構想之下的(或者與之相伴隨的),桴鼓相應的是科舉考試和四書文化對於真正人性的思考,他們認爲人性不是與生俱有的,而是需要不斷努力奮鬥,真正實現道德完善,如《孟子·離婁下》:"人之所以異於禽獸者幾希,庶民去之,君子存之。"在這個層面上,有可能把這篇序理解爲暗含對某些人的批評,這些人雖然受天之祐而生於中土,却怠於修身養性,因此與未開化的"臝蟲"幾無區别。但是在這一方面,重要的不是去揣測作者的意圖,也許更有益處的是專門注意這種桴鼓相應現象,它使這篇序對讀者來説更加熟悉,因爲這些讀者的視野正是在更爲廣闊的科舉文化中形成的。

這段序言是一個非常聰明的文本,旨在引人發笑而已,儘管損害了對外國人的討論。重點是,《贏蟲録》的傳播無疑擴展了讀者對世界的認識,提高了對外國的意識,但是它也使某些對他者的偏見永恒化、固定化了。但是,要指出的是,文本自身并没有完成意義的詮釋,意義的詮釋需要讀者來實現,如上文所説,讀者會從不同的途徑閱讀《贏蟲録》。偏見與啓發可以出於同一個文本,而市場傳播的知識,可以從不同的角度、有時甚至是相反的角度來閱讀與使用。

撇開序言不講,類書的出版商更費力製作類目開頭的插圖,這樣可以推廣他們的産品,滿足并且引導讀者的視覺經驗。本書第三章曾經展示了兩張這樣的插圖,下面我從另兩部日用類書中選取另一組插圖來討論,其視覺規則和前一章所討論的完全不同。兩幅插圖刻畫的主題都是職貢。職貢很早以前就已成爲宫廷繪畫的主題類型(此類圖畫中有一幅據説是南朝梁元帝〔552—555〕所繪)。國家有關部門(如唐宋時的主客司)也製作過外國人的肖像作爲帝國民族志方面的文獻。宫廷以外的畫師也製作這種主題的繪畫,例如 16 世紀的畫家仇英。此類畫中最受讚譽的作品之一,就是仇英畫的。

《妙錦萬寶全書》類目開頭的插圖(圖 4.8),可能出自劉次泉之手,讓我們聯想到仇英的《職貢圖》。畫面上的朝貢人員是一個群體而非個人。還有其他明顯的從常見而固定的視覺場景中借用而來的例子,比如鳥,就是通常能在職貢圖中看到的。這幅圖的整體基調就是最爲理想的那種熱鬧狀態,有别於宫廷人像繪畫中的嚴肅莊重。此圖呈現給讀者的是一群開心、吵鬧、喜慶的人,穿着異域服飾,走在去中國朝貢的路上。

對細節的看重以及對人像畫的明顯模仿,在《五車萬寶全書》中類目開頭的插圖中顯得不那麽突出(圖 4.9)①。可以説它製作得相當馬虎,但是它確實採取了經濟合算的方式,通過小的細節以突出重要的特徵②。這些特徵包括臺階的陡峭、宫殿上方圍繞着祥雲,通過這些視覺

① 這裏"五車"意指很多卷書或者淵博的知識。參見本書第二章注釋 57。

② 這裏可以引用葛飾北齋 1816 年的《三體畫譜》爲例,他討論了三種畫法:"草書畫突出輪廓和形式,行書畫突出重要的特徵,真書畫突出細節和模型。"見凱斯(*Roger S. Keyes*)《繪本》,西雅圖:華盛頓大學出版社,2006 年,頁 32—33。

暗示,傳達出明帝國是“天國”或者“上國”的感覺。

圖 4.8 《妙錦萬寶全書》門類開頭的插圖。《中國日用類書集成》第 12 卷,頁 209。

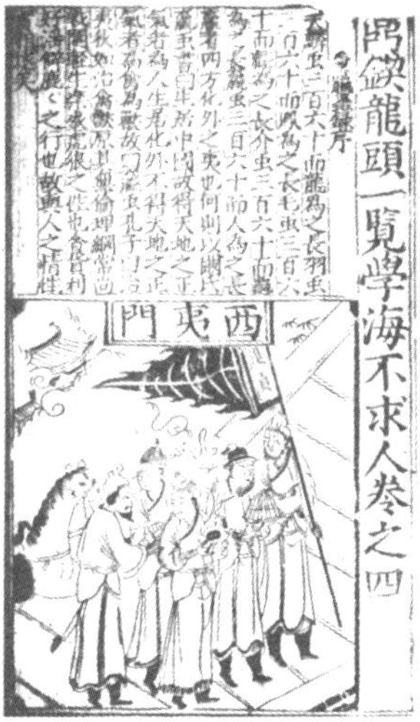

圖 4.9 萬曆建陽刊本《五車萬寶全書》“西夷門”標題頁。《中國日用類書集成》第 8 卷,頁 125。此門標題中“西”字很可能是“四”字之誤,意指四個主要方向。

《贏蟲録》從 15 世紀到明末傳播和評價的歷史表明,儘管偶爾有人懷疑它的事實可靠性,在相當多各式各樣的讀者心目中,它仍然是他們想象明帝國之外那個廣闊世界的地區和民族的基本出發點。本文選擇朝貢隊伍作爲外國人繪畫形象的代表,來介紹這些日用類書插圖中的《贏蟲録》,爲瞭解這個文本是如何被讀者接受并利用提供了進一步的綫索。正如前一章討論過的在宮廷上接見外國高官的插圖一樣,這些圖片讓我們想起這種帝國的壯觀景象所發揮的作用,它是一個鏡頭,通過這個鏡頭,讀者能夠瞭解他們與外國他者的關係,即使這些真正的宫廷儀式和外交活動與他們的日常經驗相去甚遠。奇景異想的異國空間在這裏構成了一個領域,這個領域對於清晰地表達個體對明朝身份的馴服的認同感,是卓有成效的。

《贏蟲録》與全球交易

也許,關於《贏蟲録》的名聲和權威——它獲得這種地位,歸功於它在書籍市場上的流行,而不是國家或者學術正統的認可——的最爲顯著的標志,體現於它在新的清王朝時期是如何被參考與應用的。聞名遐邇的御定《康熙字典》(成書於 1716 年)引用《臝蟲録》爲"蛇"字釋義:"蛇魯,國名。'至江南,馬行七月。'見《臝蟲録》。"[①]另一個表明其影響仍在持續、但公共影響不那麽大的例子是《古今圖書集成》,此書在誠親王胤祉(1677—1732)與康熙皇帝(1662—1723 年在位)的支持下編纂而成,其中有關外國人的圖片部分從根本上説是基於《臝蟲録》的[②]。直到乾隆時(1736—1796)官方才開始貶低它,四庫館臣輕視它,稱其"殊不足據"。從此時開始,《臝蟲録》的地位逐步下滑,而長期不太爲人所知。

但是它并没有完全消失。首先,它的明刻本仍在藏書家中流傳,因而可以找得出、讀得到。更重要的一點,清代刻印的日用類書保留了"四夷"的部分,前文討論過的《臝蟲録》的明人序言在這裏也原封不動地保留着。我們應該記得,正是這篇明人序言有這樣的觀點:"孔子曰:'治夷狄如治禽獸。'"但是,我所能接觸到的證據表明,"臝蟲録"這個標題慢慢消隱,因爲至少在一些清代日用類書中,這一部分换了一個更普通的名字"外夷土産人民圖"[③]。也就是説,明代的《臝蟲録》仍然傳播於清代通俗類書中,但是已和原本的標題没有關係了。另一個要注意的重要因素是,儘管雍正皇帝重新定義了"夷"字,認爲它只是"里籍"的同義詞,因此對清朝皇室没有任何譏謗,然而在一些流行書籍中,"夷"字仍被注入輕視的内涵,這種情況似乎逃脱了官方的注意,也免除了作者自願的自我審查。流行話語與精英及朝廷話語并不一致,二者相互競争——或許,朝廷和朝廷的學者有更多的理由要感到緊張吧。

在中國之外,《臝蟲録》的經歷相當豐富多彩:在日本江户時代(1600—1868)早期,它被重新編訂,採用"奈良繪本"這種當時非常流行

① 見《康熙字典·補遺》申集蟲字部。

② 《圖書集成》列《三才圖會》爲資料來源。但是,本章已經證明,《三才圖會》和明代其他日用類書都用已經面世的《臝蟲録》來填充它們書中有關外國人的部分。

③ "外夷土産人民圖"早在晚明類書《萬卷搜奇全書》(建陽:存仁堂,1628)中就已經出現了,不過這個類書也提到了"臝蟲録"的書名。

的圖文并茂的形式,標題换成了"異國物語",插圖精心繪制,色彩生動而雅緻。并不令人驚訝的是,在這個手工製成的集子中,"大日本國"這個條目所附的插圖(圖 4.10),描繪了身穿華貴服飾的人物在一間雅緻内室中的場景。這和原來的中國插圖(圖 4.3 和 4.4)[①]産生了巨大反差。不過,在這個日語譯本中,中國視角仍然若隱若現,比如日本仍被劃在"異國"範疇中。《異國物語》的流傳,説明東亞對"世界"有的共同看法是由共同文本和圖像形塑而成的[②],它同時也揭示了一個複雜的過程,在這一過程中,相對於中國和世界的"大日本"這個觀念正在慢慢被江户日本所理解;而對中國書籍及其稱述框架的改編,變成了一個至關重要而又引人争議的問題[③]。

圖 4.10　江户時代《異國物語》(又叫《唐物語》)中"大日本國"條所附新插圖。《異國物語》,頁 10。

《臝蟲録》在世界其他地方也有傳播。今藏日本的 1550 年的一個本子,是當年從朝鮮獲得的,證明它曾在朝鮮傳播過[④]。包含《臝蟲録》的類書也被帶到朝鮮、日本和歐洲[⑤],從而使《臝蟲録》進入了全球書籍和思想流通的軌道。例如,《臝蟲録》的片段文字曾被韓致奫(1765—

① 《異國物語》,東京:古典文庫,1995 年,頁 10。

② 除了手工製作的奈良繪本,《異國物語》的木刻本也在日本江户早期製作出來,今藏於日本國立國會圖書館。此外,包含《臝蟲録》的《三才圖會》,也在日本改編并刻印。

③ 關於這個課題,參見瑪西婭·米本(Marcia Yonemoto)《圖繪早期近代日本》(*Mapping Early Modern Japan*),伯克萊:加州大學出版社,2003 年。

④ 見《成簣堂善本書目》,頁 334。

⑤ 見伯希和(Paul Pelliot)、高田時雄《梵蒂岡圖書館所藏漢籍目録》,頁 16、96、118,北京:中華書局,2006 年。全寅初《韓國所藏中國漢籍總目》,首尔:韓國學古房,2005 年,頁 681—683。

1814)的《海東繹史》引用。在這部書中,韓致奫引述《贏蟲録》中的"高麗"目:"(箕子率中國五千人入朝鮮),其詩書禮樂醫藥卜筮皆從而往,教以詩書,使知中國禮樂之制,衛門官制衣服悉隨中國。"①

結 論

《贏蟲録》及其相關産品被證明是非常機智的,適應性很强。它輕易地保存并流傳開來,或者以全本的形式,或者以部分的形式,或者略作改變。它對明代以及周邊新興的對於外國人觀念的討論有巨大的貢獻,這不僅是因爲它的主題,還因爲它處理的方式,如選擇資料來源,找到讀者,認識到作爲一部書或者書的一部分的它的社會影響。它在近代早期所達到的公衆閱讀圈的廣度、它涉及的外交關係的諸多領域、它所涉及的閱讀活動以及書籍文化,與此文本在後代文化記憶中的遺忘現象形成了鮮明對比。有關夷人的主題材料彙聚一處,對這些書進行創造和使用形成了一個社會進程,正是在這些方面,《贏蟲録》爲觀察近代早期的中國歷史提供了一扇獨特的窗口。

(譯校者單位:南京大學文學院、南京大學古典文獻研究所)

① 韓致奫《海東繹史》卷二,第三頁。(譯者譯文據北京大學圖書館藏日本明治十六年〔1883〕朝鮮京城朝鮮光文會刻本。)韓致奫認爲他的資料來自《三才圖會》,本文研究顯示,他所依據的《三才圖會》可以看作是《贏蟲録》後來的一個版本。

古典文獻研究(第十六輯)
2013年7月

書估與清帝國的書籍流轉*

徐雁平

引　言

關於清代書估與書籍的買賣與傳播,在小説中就有不少記載。如《儒林外史》第十八回"約詩會名士攜匡二,訪朋友書店會潘三"寫杭州文瀚樓主人請匡超人幫忙編選批注考卷,"好發與山東、河南客人带去賣"①,《老殘游記》第七回"借箸代籌一縣策,納楹閑訪百城書"寫老殘到東昌府書店訪書,小書店的掌櫃自我廣告云:"所有這十縣用的書,皆是向小號來販。小號店在這裏,後邊還有棧房,還有作坊。許多書都是本店裏自雕板,不用到外路去販買的。""濟南省城,那是大地方,不用説,若要説黄河以北,就要算我們小號是第一家大書店了。别的城池裏都没有專門的書店,大半在雜貨鋪裏带賣書。所有方圓二三百里,學堂裏用的《三》、《百》、《千》、《千》都是在小號裏販得去的,一年要銷上萬本呢。"②雖爲小説家的叙寫,然并非完全虚造,有較多的歷史真實作爲基礎。兩個片段的記載,都指出書籍流播的範圍,杭州文瀚樓的書,發到山東、河南;東昌府小書店的書,遍及本府十縣,方圓二三百里③。再探

---

* 本文爲國家社科基金重大項目"中國古代文獻文化史"(10&ZD130)、教育部人文社會科學研究項目(13YJA751055)、江蘇省社科基金項目(12ZWB008)研究成果之一。

① 吴敬梓《儒林外史》,人民文學出版社,2002年,頁193。

② 劉鶚《老殘游記》,上海古籍出版社,1991年,頁41—42。

③ 關於聊城在清代圖書出版與傳播方面的史實,吴雲濤著《聊城刻書出版業簡史》多有記録,此書難見,又因本文結構限制,不便立專節討論,故在此 (轉下頁)

究杭州與東昌府(治所聊城)的位置,都在運河沿綫。兩家書店的生意,當得近水樓臺之便。從杭州到聊城再到北京,以運河爲主脈,再連接衆多的河渠與湖泊,似可大致設想出清帝國東部或中部的書籍流轉路綫。

從小説叙寫轉向更近實録的材料,還可見更爲細緻、廣大的書籍流轉圖。道光十年(1830)十一月,汪喜孫致函王念孫,勸其用精良細墨刊印著述傳世,其中有語云:

> 宣城紙,江南價賤,可附糧船北來,雲南紙,亦可購之,附貢車到京,江南亦有之。若刷印之,一付陳石甫,交吴門書市與日本書坊,易《群經治要》諸書;一付琉璃廠書坊,聽其易高麗書史;一上之阮督部,藏之匡廬、西湖、焦山。三書藏,督部所置也;一貽衍聖公府;一藏徽州(托胡竹邨)、蘇州(托陳石甫)紫陽書院,江甯鐘山書院(托温太史葆淳);一藏天一閣;一藏家廟。仿《歐陽文忠集》之例,版留數百年,其餘寄廣東洋船,江浙書肆,定以善價,易書數十百種,此千萬世之長策也。①

汪氏此劄内涵豐富,除可見以立言不朽或刻書壽世觀念外,更可藉此考察道光朝書籍的交易市場以及書籍可能的歸宿。琉璃廠可與高麗交易圖書,吴門書市可與日本書坊往來,而"廣東洋船"已有書籍貿易。汪氏期望王念孫能在京刊印著述,一部分藏之名山,一部分與日本、高麗交换海外難得之書,還有一部分"定以善價",以家刻書在江浙書肆交

(接上頁)略録其中重要片段。聊城的書肆既刻書,又售書。重要的書肆有書業德、有益堂、善成堂、寶興堂、敬文堂、文英堂、聚錦堂、聚和堂、聚盛堂、三合堂等十餘家,所售書,除本省外,又流向北京、東北三省、包頭、山西等地。在"各家出版物概述"一節中介紹"府書"與"南書"。所謂"府書"乃東昌府雕版印書;所謂"南書",是"從江、浙、川、閩等省購來現成的書頁子,到聊城後,再加工成部,蓋上自己圖記,叫做南書"。這段文字,一可見書籍流轉中的半成品交易處;二可見書頁子的來源地較廣,且主要靠水路運輸。吴雲濤著《聊城刻書出版業簡史》,"聊城文化史料集刊之三",中共聊城縣委員會辦公室檔案組編印,1977 年,頁 14。此書爲油印本,由聊城大學丁延峰教授提供。

① 《汪喜孫著作集》(上),臺北"中研院"中國文哲研究所,2003 年,頁 185。

換其他書。汪喜孫此劄似無意中勾勒出當時略具國際性的兩大書籍交流區域，即以琉璃廠爲中心的京城，以蘇州爲中心包括揚州、杭州在内的江浙地區。艾爾曼在《從理學到樸學》中有專門一節論及“江南及北京的圖書市場”，在分析清代中、朝、日三國間學術界的圖書及學術的交流的基礎上，指出“這種交流在某種意義表明，在西方勢力東侵之前，東亞國際性的樸學共同體已經出現”①。樸學共同體的形成，圖書交流是一重要推助因素。或許是限於篇幅，艾爾曼没有進一步考察南北兩個重要圖書市場之間的聯繫；而在汪氏信劄中，宣城紙張“可附糧船北來”一語，則暗示了南北兩大區域之間書籍交流的路徑主要是靠水路，由運河及長江、江浙水路網構成了清帝國最重要的書籍流動網絡②。

一　南北書籍交流背景中的慈仁寺與琉璃廠

關於琉璃廠的史實與歷史的梳理，以王冶秋的《琉璃廠史話》和孫殿起的《琉璃廠小志》最佳，前書清通簡明，後書則史料豐富。琉璃廠的諸多問題，二書皆有涉及，此處以王、孫二書爲基礎，選取特定問題與視角，結合其他史料，對作爲書籍交流中心的琉璃廠再作研究。

王冶秋指出：“明代的北京書鋪及流動書攤，即在大明門左右，以及考場前面，燈市，城隍廟的一些地方。到了清代初年，類似這種‘市’，改在現在宣武門下斜街的慈仁寺。”③戴璐《藤蔭雜記》云，慈仁寺至乾隆間，“荒凉已極”；王冶秋認爲大約至康熙後期，琉璃廠的書業逐漸發展起來，“賣書的大約也由書攤逐步發展成爲書肆，而至乾隆時極盛”④。慈仁寺和琉璃廠之間彼伏此起的關係還可以進一步明晰，它們的關係，并不是慈仁寺衰落接續琉璃廠的興起，而是有一段共存發展時期，琉璃廠書市的興起還可從康熙後期推至康熙朝更早的時候。孔尚任題陳洪綬《痛飲讀騷》圖云：“庚午還都，步上琉璃窑，稍應登高故事，解杖頭錢，

① 艾爾曼著，趙剛譯《從理學到樸學》，江蘇人民出版社，1995年，頁111。

② 關於清代内河水運的研究，可見松浦章著《清代内河水運史研究》，江蘇人民出版社，2010年。該著第2篇“清代大運河的水運”、第3篇“清代長江水系的航運”對於理解清代書籍的流動，頗有助益。

③ 王冶秋《琉璃廠史話》，生活·讀書·新知三聯書店，1963年，頁9—10。

④ 王冶秋《琉璃廠史話》，頁16。

買得老蓮此畫。"[①]則康熙二十九年(庚午,1690)琉璃廠已有書市。琉璃廠興起的原因,主要是因爲年初集市改集於此有關,同時漢官大多住在宣武門外,有些文官就住在琉璃廠一帶;各地會館自明以後開始興建,大都集中在宣武門外到前門一帶,會館接待各地來往的官員和進京趕考的舉子,這樣一批文士,對書籍字畫有一定的需求,直接促進琉璃廠書業的發展。

從慈仁寺到琉璃廠,京城書業的中心轉移的同時,其實還伴隨另一變化,亦即乾隆朝書業的規模遠勝於康熙、雍正朝,這一變化可從文獻中推測,康熙、雍正朝關於文人在京城買書的記載遠不如乾隆朝多。熊賜履(1635—1709),順治十五年(1658)進士,康熙初疏斥鰲拜專權,主張整頓朝政,爲康熙所賞識,後以事罷職,寄居江寧,康熙二十七年(1688)夏起授禮部尚書。這一時段,熊氏用力購書,孔繼涵撰《熊文端公年譜》云:

> 自通籍後,居京師,坊間無書。既有,且價昂,不易得,十餘年間買書僅二萬餘卷。及去職留寓金陵,藏書甲天下,多人未見者,遂肆力購求,或就人家假歸手録之。七年之中,積有八萬餘卷。合前共十萬卷有奇。[②]

十餘年間買二萬餘卷和七年積八萬餘卷的差異,應是順治末年至康熙二十年間京城書坊和金陵書坊的差距,京城書坊此時還未形成氣候,遠不及江南書坊書源豐富。

乾隆三十四年(1769)五月,李文藻以謁選入京,前後住京師五月餘。"惟日借書抄之,暇則步入琉璃廠觀書。雖所買不多,而書肆之不到者寡矣。"[③]故出都後作追憶性的《琉璃廠書肆記》,現將其所見書肆

① 故宫博物院、上海博物院《南陳北崔》,上海書畫出版社,2008年,頁84—85。此條材料據潘建國《孔尚任藝術鑒藏與文學創作之關係考論》(《文學遺産》,2011年第6期)提示。

② 孔繼涵《熊文端公年譜》,《北京圖書館藏珍本年譜叢刊》本,頁524—525。

③ 李文藻《琉璃廠書肆記》,見《李南澗文集》卷上,《續修四庫全書》本,頁76。

列陳如下：

1. 聲遥堂
2. 嵩秀堂唐氏
3. 名盛堂李氏
4. 带草堂鄭氏
5. 同陞閣李氏
6. 宗聖堂曾氏
7. 聖經堂李氏
8. 聚秀堂曾氏
9. 二酉堂(李氏云“或曰二酉堂,自前明即有之,謂之老二酉”)
10. 文錦堂
11. 文繪堂
12. 寶田堂
13. 京兆堂
14. 榮錦堂
15. 經腴堂(9—15 皆李氏)
16. 宏文堂鄭氏
17. 英華堂徐氏
18. 文茂堂傅氏
19. 聚星堂曾氏
20. 瑞雲堂周氏
21. 積秀堂
22. 文萃堂金氏
23. 文華堂徐氏
24. 先月樓李氏
25. 寶名堂周氏
26. 瑞錦堂周氏
27. 鑒古堂韋氏(其中有董姓同賣法帖)
28. 焕文堂周氏

29. 五柳居陶氏

30. 延慶堂劉氏

31. 博古堂李氏[①]

乾隆三十八年(1773)"四庫館"開,琉璃廠自此進入興盛時代。翁方綱在其詩自注中記録當時盛況:

> 乾隆癸巳開四庫館,即於翰林院署藏書,分三處:凡内府秘書發出到院爲一處,院中舊藏《永樂大典》内有摘抄成書彙編成卷之書爲一處,各省采進民間藏書爲一處。分員校勘,每日清晨諸臣入院,設大厨供茶飯,午後歸寓,各以所校閲某書應考某典,詳列書目,到琉璃廠書肆訪查之。是時,江浙書賈,奔輳輦下,郵書海内,遍徵善本。書坊以五柳居、文粹堂爲最。[②]

自乾隆三十四年(1769)李文藻目睹,至乾隆三十八年及其後,琉璃廠書坊已有變化。朝鮮使者李德懋於乾隆四十三年多次逛琉璃廠,其中有一天光顧十多家書肆,抄録書名 136 種。這些有名稱的書肆是:嵩秀堂、文粹堂、聖經堂、名盛堂、文盛堂、經腴堂、聚星堂、带草堂、郁文堂、

① 此處梳理排列,採用王冶秋的成果。其中嵩秀堂中的"秀"字刻本缺,王冶秋據王獻唐考證補正。《琉璃廠史話》,頁 20—21。王冶秋梳理排列,筆者已據原文核對。李文藻所記博古堂似延續到道光二十五年(1845),此年山東濰縣陳介祺於廠肆博古齋(堂)購得徐天池潑墨寫生卷。見孫殿起《琉璃廠小志》,頁 449。

② 陳康祺《郎潛紀聞初筆》卷三,中華書局,1984 年,頁 50。據翁方綱《蘇齋纂校四庫全書紀略》所存致程晉芳手劄初稿,可見琉璃廠對於《四庫全書》纂修所起的作用:"……然即以吾輩五人者所蓄前史諸志并前賢讀書諸記,未必能一家有之。假如兄處有可查之書十許種,而次日集弟齋,弟所蓄只一二種,則兄必將所有之十許種者皆攜來乎?抑何由知彼三君者之所攜不有復乎?且又焉知吾五人者此時所蓄之件合之,即皆足乎?假若明日到館商之,而一日又過,則萬一後日集兄處,而人皆恃兄處之各種皆全,竟不攜來,未可知也;攜而復又未可知也;復而仍不足又未可知也。細思此事,如庀室材,竹頭木屑,皆須預計。莫若於明日即寫一知單,列五人者之名,而各疏所必攜之書目等,毋使復出,其有不足而實想不出者,則亦已矣;其不足而五人稍能憶及者,即乘明日午後於廠肆索之。"《蘇齋纂校四庫全書紀略》,南京圖書館藏稿本。此劄識讀,利用陳鴻森先生成果。

文茂堂、英華堂、文焕齋①，將這些書肆與李文藻所記比較，除文盛堂、郁文堂、文焕齋未見於李氏文外，其他都在營業②。朝鮮朴趾源(1737—1805)作爲賀乾隆七十壽誕的使者，於乾隆四十五年記録下琉璃廠書肆情况："書册鋪最大者曰文粹堂、五柳居、先月樓、鳴盛堂，天下舉人，海内知名之士，多寓是中。"③李文藻所記文粹(萃)堂、五柳居、先月樓依舊存在，而鳴盛堂則是李氏所未記録的，此店或許爲新立者。至乾隆五十五年(1790)，高麗柳得恭在《燕台再游録》中所記聚瀛堂亦爲李文藻所未記。

> 崔琦，琉璃廠之聚瀛堂主人；陶生，五柳居主人也。崔是錢塘人，陶生亦過南人也。……聚瀛堂特瀟灑，書籍又廣，庭起簟棚，隨景開闔，置椅三四張，床桌筆硯，楚楚略備，月季花數盆爛開。初夏天氣甚熱，余日雇車至聚瀛堂散悶。卸笠據椅而坐，隨意抽書看之，甚樂也。時或往五柳居與陶生話。……余問曰：君何故離鄉在此販書乎？答：父母命也。余曰：命甚事？答：爲功名，如今五六年矣。但此時非功名之時，欲卷□，而書本若是浩大，一時亦難區處，所以躊躇也。④

至此，似可對琉璃廠書坊主人的來源地作初步梳理：

> 崔琦，琉璃廠之聚瀛堂主人；陶生，五柳居主人也。崔是錢塘人，陶生亦過南人也。

① 李德懋《入燕記》，《燕行録》第57册，頁278—282。

② 朴現圭對李德懋所記書肆與李文藻所記書肆對照時出現小誤，他在論文中稱，嵩秀堂、文盛堂、郁文堂、文焕齋是李文藻文没有提及的。朴現圭《朝鮮使臣與北京琉璃廠》，見《文獻》，2003年第1期，頁273。而此錯誤，又被楊雨蕾沿襲。楊文爲《朝鮮燕行録所記的北京琉璃廠》，見《中國典籍與文化》，2004年第4期，頁60。朴、楊二文在梳理朝鮮使臣與琉璃廠文獻方面的成果，筆者多有吸收，并在此基礎上核對原始出處。在核對過程中，使用南京大學域外漢籍研究所藏書，相關信息皆經張伯偉教授用筆標出，省翻檢之勞。特此説明，不敢掠先行者之功。

③ 朴趾源《熱河日記》，上海書店出版社，1997年，頁334。

④ 柳得恭《燕台再游録》，《燕行録》第60册，頁235—237。

文粹堂金氏,肆賈謝姓,蘇州人。[1]

書肆中之曉事者,惟五柳之陶,文粹之謝及韋也。韋,湖州人;陶、謝皆蘇州人。其餘不著何許人者,皆江西金溪人也。[2]

又次則於舊家中落者,賤售其所藏,富室嗜書者,要求其善價,眼別真贋,心知古今,閩本蜀本,一不得欺;宋槧元槧,見而即識,是謂掠販家,如吴門之錢景開、陶五柳、湖州之施漢英諸書估是也。[3]

其實錢景開、陶五柳皆湖州人。而寄寓吴門者,韋、施亦湖州人,謝爲蘇州人,崔爲錢塘人,則李文藻所見或其他有名聲的六名書估皆是江浙人,這也是翁方綱所云"江浙書賈,奔輳輦下"的注解[4]。六人中四人是湖州人,即湖估,也有特别的意義(詳見下文)。這批書估來自江浙,意味江浙豐富的圖籍經其操辦運作,隨之匯入京城。

(五柳居)與文粹堂每年購書於蘇州,載船而來。五柳多璜川吴氏藏書,嘉定錢先生云,即吴企晉舍人家物也。

又西爲延慶堂劉氏……其肆賈即老韋,前開鑒古堂者也,近來不能購書於江南矣。[5]

五柳居從江南搜集書籍北運至京城的情形,還記録在李德懋的燕行録中:

陶氏所藏,尤爲大家,揭額曰"五柳居"。自言書船從江南來,泊於通州張家灣,再明日,當輸來凡四千卷云。因借其書目而來,不惟一生所求者盡在於此,凡天下奇異之籍甚多,始知江浙爲書籍

① 李文藻《琉璃廠書肆記》,頁76。

② 李文藻《琉璃廠書肆記》,頁77。

③ 洪亮吉《北江詩話》卷三,人民文學出版社,1983年,頁46。

④ 朝鮮使者金景善在《琉璃廠記》中也約略道出廠肆書估的來源:"其坐賈者,間有南州秀才應第求官者,故游於市者,往往有知名之士。"金景善《燕轅直指》,《燕行録》第71册,頁253。

⑤ 李文藻《琉璃廠書肆記》,頁77。

淵藪。來此後，先得浙江書目，近日所刊者，見之已是褱。陶氏書船之目，亦有浙江書目所未有者，故謄其目。[①]

李德懋稍後的日記中，有他與朝鮮同行者到五柳居"閱南船奇書"的記録[②]。由李德懋記録，可見江浙書籍北上的路徑、運載工具、書籍數量。包括五柳居陶氏、文粹堂謝氏、鑒古堂韋氏等在内的江浙六名書估，只是將江南書籍至京城的代表性書估，其他没有留下姓名的可能還有一批。他們能在李文藻以及其他人的文章中留下姓名，是因爲經其手販賣過難得之書；而李文藻説"其餘不著何許人者，皆江西金溪人也"，可能是因爲他没有在金溪人的書店中買到稱心之書，"正陽門東打磨廠，亦有書肆數家，盡金溪人賣新書者也"[③]。或可推知琉璃廠内金溪人的書店也是賣新書，故在崇尚宋元舊刻或名校名鈔的乾嘉時代，他們難以引起文人學者的注意。

金溪出書估的重要原因，可能是因爲金溪是刻書中心，又與福建著名的刻書之地建陽鄰近，建陽所刻之書經金溪水路至洞庭湖，然後擴散天下。江西人在琉璃廠業書者中居多數，又有一説："廠甸書業，乾嘉以來，多系江西人經營；相傳最初有某姓者，來京會試未中，在此設肆，自撰八股文試帖詩，鐫版刷印出售，恃以生活。後來者以同鄉關係，頗有仿此而行者，遂成一集團；直至清末科舉廢後，此種集團始無形取銷。代江西幫而繼起者，多河北南宫冀州等處人，彼此引薦子侄，由鄉間入城謀生。偶有他縣人插足其間，不若南宫冀州人之多；若外省人，則更寥寥無幾矣。"[④]由此可推知乾嘉時有兩大書籍來源地：一是江浙，一是閩贛；但從文獻記録情况來看，江浙才是文獻淵藪。

稍擴大範圍考察，這兩大書籍來源地還向其他區域運送書籍：

---

① 李德懋《入燕記》，《青莊館全書》卷六十七，見《燕行録》第57册，頁293—294。

② 李德懋《入燕記》，《青莊館全書》卷六十七，頁298。

③ 李文藻《琉璃廠書肆記》，頁77。

④ 孫殿起《琉璃廠小志》，頁16。

(皖省)吴下書賈所不至,所行皆江西坊本,學者每以得佳槧爲難。①

聞山西一省,皆無刻板大書坊,其坊間所賣經史書籍,内則販自京師,外則販自江、浙、江西、湖廣等處。②

以安徽、山西爲考察對象,則兩大書籍來源地的傳播路綫大略可見,在北方,京城無疑已經成爲書籍交易網絡的重要中心。

在李文藻的"書肆記"所記書肆,至道、咸之際,存者寥寥。葉名澧《上巳日獨游廠肆》詩有句云:"輦下盛書賈,益都記厥因。"自注云:"益都李南澗先生文藻集中有《琉璃廠書肆記》,載乾隆年間書肆凡數十家,今無一存者。"③繆荃孫約於1912年作《琉璃廠書肆後記》,記同治丁卯年入京後四十餘年所見書肆情况,經一百四十多年的變化,李氏所記書肆絶大多數已不存於世,繆氏所記下的書肆有:

1. 文光樓石氏
2. 文寶堂曹氏
3. 寶文齋,徐蒼崖
4. 善成堂饒氏(江西人)
5. 大文堂劉氏(江西人)
6. 二酉堂
7. 聚星堂
8. 寶華堂張氏
9. 修文堂張氏
10. 翰文齋,韓心源
11. 正文齋譚氏
12. 寶名齋,李衷山

① 查揆《論安徽吏治四》,見《篔谷詩文鈔》卷九,《續修四庫全書》本,頁616。

② 魯九皋《稟覆撫憲夏縣無删減經文板片由》,見《翠岩雜稿》卷二,《四庫未收書輯刊》本,頁95。

③ 葉名澧《敦夙好齋詩全集》續編卷一,《續修四庫全書》本,頁95。

13. 勤有堂,楊維舟
14. 書業堂崔氏
15. 肄雅堂,丁子固
16. 萃文堂常氏
17. 文琳堂馬氏
18. 益文堂魏氏
19. 酉山堂李氏
20. 會經堂劉氏
21. 文貴堂魏氏
22. 寶森堂,李雨亭
23. 李氏
24. 文華堂
25. 寶珍齋吴氏
26. 寶經堂魏氏
27. 同雅堂喬氏
28. 同好堂閻氏
29. 寶森堂(以下在火神廟)
30. 同立堂
31. 三槐堂
32. 善成堂[①]

對照繆荃孫與李文藻所記,一百四十年前的書肆至少能在鋪名上延續下來的有二酉堂、聚星堂、文華堂。其中文華堂似乎是連續營業的老字號書坊,道光二十四年(1844),何紹基從文華堂購得蘇州藝海堂寄到的沈小宛注《漢書》[②]。道光二十九年(1849)吴慶坻曾於此店購得沈廷芳藏本《玉荆公詩注》[③]。孫殿起《販書傳薪記》所記各肆販書人名單中,同陞閣販書人朝代不詳者有 1 人,五柳居有道光朝 1 人,老二酉堂有同

① 王冶秋《琉璃廠史話》,頁 31。所列書肆,已據繆文核對。
② 《何紹基年譜長編》,頁 82。
③ 孫殿起《琉璃廠小志》,頁 380。

治朝 1 人、光緒朝 1 人。這三家書肆在李文藻的文章中皆出現過。山東諸城王錫棨(1833—1870)咸豐間在京購買碑帖,有《都中收買裝潢法帖清册》,其中記録光顧過的 24 家帖鋪①,然僅有文貴堂見於繆氏"後記"。統計孫殿起撰《琉璃廠書肆三記》中所記書肆創辦時間,道光朝 1 家,咸豐朝 8 家,同治朝 9 家,光緒朝 88 家,宣統朝 7 家,民國時期 88 家,創辦時間不詳者 8 家;隆福寺及其他地方書肆創辦時間統計結果是,道光朝 3 家,咸豐朝 1 家,光緒朝 8 家,宣統朝 2 家,民國時期 61 家,時間不詳者 3 家。總之,無論是以李、繆所記對照,還是據孫殿起所記比較,李文藻所記乾隆時代的書肆能維持至同光朝者,寥寥無幾;而從孫殿起所記録的情况來看,更多的是伴隨市場起落的旋生旋滅。

江浙兩省藏書家衆多,吴晗《江浙藏書史略》已大致呈現這一區域的藏書傳統以及所擁有的豐富圖書資源。朱彝尊《池北書庫記》云:"古之擁萬卷者,自詡比南面百城;今則操一囊金,入江浙之市,萬卷可立致。"②江南藏書是京城最重要的書源,以袁芳瑛卧雪廬藏書爲例,袁氏爲道光二十五年(1845)進士,後官松江知府,時江南舊家藏書,因亂多流散,袁氏鋭意收購,庋藏之多,"爲二百年所未有"③。其書得之於蘭陵孫氏祠堂者十之三,得之於杭州故家者十之二。袁氏殁後,藏書由江南運回湖南老家湘潭,但不能自保,李盛鐸得袁氏藏書最多,後又運至漢口售賣,光緒十四年(1888)、十五年剩餘藏書盡運京散售,爲藏書家郭人漳、曾紀綱、葉德輝、王禮培、繆荃孫、易寅村諸人分得④。從江南到湘潭,再到北京,袁氏卧雪廬藏書的聚散與流動,正是清代衆多私家藏書命運的一個縮影。

---

① 王紹曾、沙嘉孫《山東藏書史略》,頁 262。24 家帖鋪是:尊漢閣、德古齋、古香堂、友石齋、富華閣、盛古堂、文林閣、潤鑒齋、古華斗室、廣文齋、德寶齋、松竹齋、隸古齋、尊古齋、擬秀閣、述古閣、松茂齋、文貴堂、寶墨齋、筠青閣、鴻古堂、恒豐堂。

② 朱彝尊《池北書庫記》,《曝書亭集》卷六十六,見王利民等校點《曝書亭全集》,吉林文史出版社,2009 年,頁 650。

③ 李盛鐸著,張玉範整理《木犀軒藏書題記及書録》,北京大學出版社,1985 年,頁 432。

④ 范鳳書《中國私家藏書史》(修訂本),大象出版社,2009 年,頁 389。

書市在藏家書籍的聚散之間，已經成爲中轉站。李保恂《海王村所見書畫》收録光緒十五年紅螺山人《洛神圖》題識："余自夏六月到都，日游廠肆，所見皆下駟，至十月有論古齋蕭姓，自粵東得吴荷屋、葉雲谷、馮展雲暨海山仙館各家收藏名迹數百件，始得縱觀；於是梁蕉林、高江村兩家著録，所謂稀世之迹，并得寓目。"[1]京城既匯聚南北各地圖籍，進京趕考或在京任官者，或多或少有購書之舉。如安徽望江倪模，嘉慶四年(1799)進士，據王引之撰《倪教授行狀》，"(倪氏)居京師，日游書肆，不惜以重價購舊本，至於質衣以償。嘗應禮部試不第，載古書五千餘卷以歸"[2]。浙江里安項傳霖，爲道光二年(1822)舉人，十上春官不第，每至京會試歸，則多購古書，與其兄項霽辨證校閲。温州之有藏書自項氏兄弟始，里安孫氏繼之[3]。廣西臨桂龍啓瑞，爲道光二十年(1840)狀元，二十七年任湖北學政，在京師日與邵懿辰相從，覓購古今碑刻及書籍，"求之於肆，或乞其副於師友之家，蓋迄今四年，而得書四千餘卷"[4]。安徽望江、浙江里安、廣西臨桂只是京城書肆書籍擴散傳播的見於記録的部分區域，在這一"載書以歸"的過程中，文人學者接續書估的交易，開始了書籍的新旅行。

書市與學術研究文學風氣密切相關，書估能捕捉到文化方面的細微變化，并推波助瀾。文化與商業互相促進，形成一種良好的氛圍。書估是這一大環境中頗爲活躍的角色：

> 朝游金閶門，暮走長安市。航頭科斗經，壺中石渠史。漢家下令求遺書，聲價頓增洛陽紙。魏王之冢孔公壁，吉光片羽皆珍惜。[5]

---

① 孫殿起《琉璃廠小志》，頁468。

② 王引之《倪教授行狀》，見《王文簡公文集》卷四，《續修四庫全書》本，頁404。

③ 鄭偉章《文獻家通考》，頁806。

④ 龍啓瑞《經德堂藏書録序》，見《經德堂文集》卷二，《續修四庫全書》本，頁577。

⑤ 姚光晉《書估行》，見《兩浙輶軒續録》卷三十一，《續修四庫全書》本，頁189。

白髮龎眉老書客,販鬻古書謀粟帛。相逢向余長太息,爲言售書今異昔。昔人取精不取多,口誦心維共琢磨。五經四子得要領,已能下筆如懸河。昔人好常不好異,理學文章及經濟。三才萬象見端倪,不肯搜奇鬥靡麗。當時學術何雄哉,經義昌明至道該。程朱集注無新説,賈馬篇中有異才。三十年來風氣變,厭故喜新無定見。《説文》傳寫作字妖,注疏搜羅入文戰。庫書空貯文淵閣,經訓誰師武英殿。瑣屑叢殘考據多,災梨禍棗流傳遍。坐使天人性道微,關閩濂洛群書賤。拄腹撐腸糟粕積,從兹經義無高格。飽飣難誇至寶丹,軋茁應遭紅勒帛。千年漢學暢宗風,康成骨朽勢偏崇。庭畔已無書帯草,卷中還有應聲蟲。膩顔著帢隨車步,稽古同天辨不窮。飾智驚愚因作僞,離經非聖將無忌。我爲書估負書游,不販新書求射利。勸君莫把異書求,述聖遵王學最優。六藝折衷原不昧,群言淆亂轉堪愁。君不見,秦灰一炬淫詞絶,孔孟微言萬古留。①

以上二詩題名皆爲《書賈行》,作者分别是浙江姚光晉、江蘇徐碊,皆出生於乾隆四十年(1775)以後。姚詩近似實寫,再現書賈的忙碌身影;徐詩則借書賈之口吻,發滿腹牢騷,感歎“三十年來風氣變”。這一變化兩詩皆涉及,而詩作者來自江浙,正可見這一地區乾隆年間讀書、著書風氣之變化。宗室昭槤(乾隆四十一年〔1776〕生,道光九年〔1829〕卒)與姚、葉是同時代人,他記録了當時的“書賈語”:

自于、和當權後,朝士習爲奔競,棄置正道。黠者詬詈正人,以文己過,迂者株守考訂,訾議宋儒,遂將濂洛關閩之書,束之高閣,無讀之者。余嘗購求薛文清《讀書記》及胡居仁《居業録》諸書於書坊中,賈者云:“近二十餘年坊中久不貯此種書,恐其無人市易,徒傷貲本耳!”傷哉是言,主文衡者可不省歟?②

① 徐碊《書賈行》,見王相輯《友聲集》之《肩鳳閣存稿》卷上,《續修四庫全書》本,頁66。

② 昭槤《嘯亭雜録》卷十,中華書局,1980年,頁317—318。

薛瑄、胡居仁是明代理學大家，薛氏的《讀書記》與胡氏的《居業録》是闡揚程朱性理之學的名作。二書在書坊的消歇，正是學術思想轉變的迹象。昭槤上文中的“于”當指于敏中，任《四庫全書》館正總裁，故昭槤文意亦指乾隆二十年(1755)至三十年所産生的學術風氣變化對書坊買賣的影響。作爲清代考據學的重要發源地，江南的書業與京城風氣桴鼓相應。

> 蕭山毛西河、德清胡朏明所著書，初時鮮過問者，自阮文達來督浙學，爲作序推重之，坊間遂多流傳。時蘇州書賈語人，許氏《説文》販脱，皆向浙江去矣。文達聞之，謂幕中友人曰：此好消息也。①

阮元自乾隆五十九年至嘉慶三年(1798)任浙江學政，以上所述，大約發生在此期間。乾隆五十五年至乾隆五十六年朝鮮朴齊家與紀昀的談話，還可將書坊風氣變化往前追溯。朴齊家問：“大約語類、類編等卷，此如《讀書記》載在《簡明書目》，可以即地見過否?”紀昀答曰：“此通行之書，而邇來風氣趨《爾雅》、《説文》一派，此等書遂爲坊間所無。四處托人購之，略有着落矣。”②許慎、鄭玄之學的興隆，是乾嘉學術崇尚漢代學術的重要標志，阮元是復興“漢學”的有力推動者，《説文解字》由蘇州書坊流向浙江，正是他在京城復興漢學計畫在江南延續的序曲。

這一風氣延續到光緒朝，以至有“重開四庫館之請”，廠肆仍在此風氣籠罩之中：

> 光緒初元，京師士大夫以文史書畫金石古器相尚競，揚搉翁大興、阮儀徵之餘緒。當時以潘文勤公、翁常熟爲一代龍門，而以盛、王二君爲之厨顧。四方豪俊，上計春明，無不首詣之，即京師人士談藝，下逮賈豎平準，亦無不以諸君爲歸宿。廠肆所售金石、書畫、

① 陳康祺《郎潛紀聞二筆》卷十六，中華書局，1984 年，頁 633。

② 朴齊家《縞紵集》卷二，見《楚亭全書》下册，韓國亞細亞文化社，1990 年，頁 59—60。此條材料由張伯偉教授提供。

古銅、瓷玉、古錢、古陶器,下至零星磚甓,無不騰價蜚聲,而士大夫學業亦不出考據賞鑒二家外。未幾,盛司成有太學重刊石鼓文之舉;未幾,王司成有重開四庫館之請,蓋駸駸乎承平盛事矣。孰知庚子之變,一敗莫挽,王君以身殉之,而諸家收藏散失幾盡,一時學術亦遂大變。是豈諸君所及料哉?①

引導書坊經營方向的還有其他因素,譬如光緒初年問世的張之洞撰《書目答問》,此書在分類選書、版本方面頗能爲初學指示治學門徑,一些讀書人即按此目都書坊購書,如張佩綸《復朱子涵内弟》書云:"游廠肆,如有東坡七集,代購一部,板須好,價隨意酌之,便宜中告知安侄同留意。安侄處有三蘇全集,但板不佳耳。其書可查看香濤《答問》便知。"②《書目答問》於讀書人而言是治學指南、購書指南,對於書坊而言,自然也就成爲選書、搜書指南。雲間顛公《紀京城書肆之沿革》記録同光京師書坊售書動向:

清自咸豐庚申以後,人家舊書,多散出市上,人無買者,故直極賤,宋槧亦多。同治初元以後乃漸貴,然收者終少。至光緒初,承平已久,士夫以風雅相尚,書乃大貴。於時南皮張文襄方任四川學政,有《書目答問》之作,學者按圖索驥,賈人飾櫝賣珠,於是紙貴洛陽,蜚聲日下,士夫蹤迹半在海王村矣。其時宋槧本計葉酬直,每頁三五錢;殿板以册計,每册一二兩,康乾舊板,每册五六錢,然如孫、錢、黄、顧所刊諸叢書,價亦不下殿板也。此外新刻諸書,則視板紙之精粗、道途之遠近以索直:大抵真字板較宋字贏十之三,連泗紙較竹紙亦贏十之三,道途之遠較近者又贏十之三。故有同一新板,而價值相差倍蓰者。③

① 震鈞《天咫偶聞》卷三,《續修四庫全書》本,頁620—621。
② 張佩綸《澗于集》卷四,《續修四庫全書》本,頁515。
③ 孫殿起《琉璃廠小志》,頁37—38。

二　兩個風雅意象：慈仁寺中的王士禛與典衣買書

論清代京城書肆，多先述城南慈仁寺，然後述及琉璃廠等處。慈仁寺在宣武門下斜街，康熙七年(1668)顧炎武與李因篤寓住於此，但慈仁寺書市的聞名，從文獻記載來梳理，恐與王士禛有密切關係。王士禛在清代文人當中是一典範性人物，甚至包括他在慈仁寺購書的日常行爲也不斷被潤飾、重寫，演變成爲一個充滿文學意味的詩意行爲。此舉對後人閱肆覓書并以詩紀事有示範意義[1]。王士禛云："每月朔望及下浣五日，百貨集慈仁寺，書攤止五六，往間有秘本，二十年來絶無之。"王氏逛慈仁寺購書事，見於《池北偶談》、《居易録》、《带經堂詩話》、《香祖筆記》、《古夫於亭雜録》中，現據《王漁洋事迹徵略》將相關事迹略作梳理：

順治十五年(1658)，進士及第，未得與館選，滯留京師。移居慈仁寺，與汪琬、程可則、鄒祗謨往還，以詩相唱和。是年買得明代鄉賢邊華泉集。(見《阮亭詩選》卷六《邊公集濟南亂後板毁予家藏本亦失尋訪數年來都門始購得之喜賦》)。八月歸里。

順治十六年四月，抵京師後，寓斜街。五月，與朱克生逛慈仁寺市。

康熙二十年(1681)六月，在慈仁寺見趙松雪手書杜詩一部。

康熙二十七年二月二十五日，過慈仁寺，買得舊刻《山海經》、《交泰録》二書。春，於慈仁寺得十卷本《弘正詩鈔》。

康熙二十九年三月十五日，在慈仁寺買得《毛詩鄭箋》屠本畯摹注刊本二十卷。

康熙三十一年六月，偶過慈仁寺，得金陵舊刻唐《孫樵文集》。七月十五日，於慈仁寺市得鵜鳴館舊刻宋姚寬《西溪叢語》。

康熙三十九年十二月，於慈仁寺購得《中州名賢文表》。

康熙四十二年，進京。夏間於慈仁寺書攤購得《陳子昂文集》十卷。十一月，於慈仁寺購得《三補驗方》。[2]

王士禛購書故事成爲一種風雅，有兩件事在建構中作用顯著。這

---

① 王士禛《香祖筆記》卷三，景印《文淵閣四庫全書》本，頁416。

② 蔣寅《王漁洋事迹徵略》，人民文學出版社，2001年，頁32—516。引用時，文字有變動，内容略有增補。

兩事的記録或留存,皆與王士禛本人有關。

其一,見於《古夫于亭雜録》:

> 昔在京師,士人有數謁余,而不獲一見者,以告昆山徐尚書健庵(乾學),徐笑謂之曰:"此易耳,但值每月三五於慈仁寺書攤候之,必相見矣。"如其言果然。廟市賃僧廊地粥故書,小肆皆曰攤也。又書賈欲昂其直,必曰:"此書經新城王先生鑒賞者。"粥銅玉窑器則曰:"此經商丘宋先生鑒賞者。"謂今冢宰牧仲(犖)也。士大夫言之,輒爲絶倒。[①]

在王士禛自我叙述之外,其風雅還得益於旁人有力的推揚。孔尚任《燕台雜興三十首》其一云:"彈鋏歸來抱膝吟,侯門今比海門深。御車掃徑皆多事,只向慈仁寺裏尋。"孔氏自注:"王阮亭司農,龍門高峻,寒士不易登造,每過慈仁寺廊下購書,乃得一望顔色。"[②]孔尚任與王士禛後有交往,數次應邀至王宅參加雅集,大約在康熙三十三年(1694),王士禛過訪孔宅,"司農喝道來,不嫌屋低小。……搴帷抽架書,展讀意縹緲。畫軸爲横陳,鑒别出物表"[③]。與王士禛自記的故事一樣,孔尚任在詩中推揚的仍是王士禛在書畫上精到的鑒别功夫。王士禛在離開京城後,他在慈仁寺的種種活動,還在同時人及後來人的詩作中留下餘響,陳廷敬的詩作中有《雨中懷貽上慈仁寺》、《晚登慈仁寺閣懷阮亭司寇》[④];錢載爲翁方綱購得東坡注題詩中有"天地間元惜殘本,慈仁寺復購良因"句,自注云:"王文簡公每購書於慈仁寺。"[⑤]斌良《冬日游慈仁

---

① 王士禛《古夫于亭雜録》卷三,景印《文淵閣四庫全書》本,頁631。

② 孔尚任《長留集》,見徐振貴主編《孔尚任全集輯校注評》,齊魯書社,2004年,頁1797。

③ 孔尚任《長留集》,見徐振貴主編《孔尚任全集輯校注評》,頁1370。

④ 陳廷敬《午亭文編》卷九、卷十七,景印《文淵閣四庫全書》本,頁126,頁242。

⑤ 錢載《翁編修方綱購得吴興施元之吴郡顧景蕃注東坡先生詩宋槧本即宋中丞得之常熟毛氏者屬題二首》,《蘀石齋詩集》卷三十四,《續修四庫全書本》,頁280—281。

寺》詩注中提及王士禛於康熙年間常游慈仁寺[①]。

其二，是《載書圖詩》的集體塑造。康熙四十年四月，王士禛請假回鄉遷葬，皇帝准其五月回鄉，“前旬日治裝，命柴車兼兩載書，以時先發。於是都人士大夫咸知公之有意乞身，而自此將求遂其懸車之志也”[②]。王士禛弟子及後學屬禹之鼎繪《載書圖》紀其行，圖成各人有詩紀其事。“題圖詩八十六首，皆其門人所作”，“贈行二十四首，皆朝臣之作，而附侍講尤侗寄懷詩一首”[③]。王士禛宗侄王源所說的“……書十餘乘，古今字畫册卷二三乘。公籃輿服單褡，蕭然憮然”[④]，是題圖詩、送行詩的表達重點：

> 但攜書滿載，寧問橐無金？（孫致彌）
> 行李何所有，落落十乘書。（陳奕禧）
> 壓軫三萬軸，過此不顧余。清風誰當傳，圖繪禹鴻臚。（湯右曾）
> 誰似趨朝三十載，歸裝只載五車書。（吴麐）
> 檢點隨身只佩魚，俸錢都在十車書。（曾曰瑛）[⑤]

隨身行李與十車書的比較，以及十車書乃三十載的累積，在對照中凸顯王士禛清簡雅致的形象，以及愛書人的本色。《載書圖》後爲翁方綱、葉名澧收藏，該圖仍有餘韻，如翁方綱有《題王文簡載書圖八首》[⑥]，其中“記從三五招邀夕，每到慈仁寺裏來”將《載書圖》的故事追溯到王士禛在《古夫于亭雜録》中所記載的那一著名片段。葉名澧曾訪此《載書圖》，在一首名爲《過琉璃廠書肆》的詩中提及該圖，并因此延續前人題圖詩詩意：“曾訪漁洋繪載書，十年前事渺愁予。補亡未許酬三篋，積富

---

① 斌良《抱冲齋詩集》卷二十八，《續修四庫全書》本，頁 381。

② 張起麟《大司寇新城王公載書圖序》，見王士禛編《載書圖詩》，《四庫全書存目叢書》本，頁 452。

③ 王士禛編《載書圖詩》，頁 452。

④ 王源《送大司寇公請假東歸序》，見《載書圖詩》，頁 452。

⑤ 王士禛編《載書圖詩》，頁 452—457。

⑥ 翁方綱《復初齋詩集》卷二十七，《續修四庫全書》本，頁 604。

今難説五車。”①

王士禛在琉璃廠火神廟南夾道有宅園,院中有藤蘿,相傳爲王氏手植,花開之際,招客吟詩,有《古藤詩思圖卷》紀其事,後人逛廠肆,亦多有尋訪漁洋故居及手植古藤之事,吴玉綸乾隆三十五年(1770)遷於王氏故居,作《燕巢記》,并“製小照,題曰古藤詩思,示不忘也。藤爲漁洋山人手植”②。王拯在“廠肆本吾居”詩句注釋中,亦稱自己於咸豐元年(1851)寓居漁洋故屋③。從慈仁寺到琉璃廠,王士禛以其風雅活動,將兩處聯繫在一起,而對於後來進京閲肆覓書者而言,王士禛在慈仁寺琉璃廠買書孰多孰少等問題已經不很重要,在想像中最重要的是在京城的書肆中,曾經有王士禛的身影。王士禛已經成爲文人在書肆購書的典型風雅形象。

據潘榮陛乾隆二十三年(1758)所寫《帝京歲時紀勝》,琉璃廠至乾隆年間已成爲略有可觀的景點。“琉璃廠在正陽門外之西,廠制:東三門,西一門,街長里許,中有石橋。橋西北爲公廨,東北樓門上爲瞻雲閣,即窑廠之正門也。廠内官署、作房、神祠之外,地基宏敞,樹林茂密,濃陰萬態,煙水一泓。度石梁而西,有土阜高數十仞,可以登臨眺遠。”④然琉璃廠吸引人的地方不在於其林泉,而在於其書市。而書市能形成規模并且聲名遠揚,在於其滿足了多種需要。

> 琉璃廠之爲骨董、書籍、字畫、南紙各肆所萃,蓋始於乾隆間。書肆中有賣《縉紳》及《同年録》者,則凡仕宦者無不趨之;紙店中有賣小楷筆、銅墨水匣、墨汁者,則應試者無不趨之;朝士大夫退食餘閑,欲怡情翰墨,則亦巾車野服,於此恣一日之游。至於積學之士,欲讀異書而力不能購,則坐肆中亦得恣眼福焉。故肆主多工應對、

① 葉名澧《敦夙好齋詩全集》續編卷五,《續修四庫全書》本,頁498。

② 吴玉綸《香亭文稿》卷五,《續修四庫全書》本,頁513。

③ 王拯《東坡移居八章意仿陶公遺山學之竊亦效顰并次原韻》,見《龍壁山房詩草》卷五,《續修四庫全書》本,頁38。

④ 潘榮陛《帝京歲時記勝》,《續修四庫全書》本,頁596—597。此處據王冶秋《琉璃廠史話》提示。

通書史，以便與名人往還。[①]

汪啓淑《水曹清暇録》云："（琉璃廠）街長里許，百貨畢集，玩器書肆尤多。元旦至十六日，游者極盛，奇景異觀，車馬輻輳。"[②]則琉璃廠已成爲滿足讀書人文化需求的文化性街市，又在特定的時節成爲繁鬧的市井，其貨品的流動、接納光顧者的多樣，使之成爲一個包容性强、具有活力的街市。王冶秋指出琉璃廠有一百多年的正常發展時期，"清代的'樸學家'、考據家，以及其他文人學士，幾乎無一不同琉璃廠、隆福寺等書肆發生聯繫，關係中國學術很大"[③]。此論公允，尤其是在公共圖書館没有建立、或公共圖書館剛建立而功能不健全的時期，琉璃廠差不多成爲全國讀書人嚮往的書店街或公共圖書館。朴思浩在道光八年(1828)至九年間所見到的書肆盛況是："其蓄書之法，設堂數三十間，每間四壁設閣架，層層井井，排列積峙。每套付籤曰某册，故充棟益宇，不可計量。而前閣置一大桌，桌上置十餘卷册匣，乃册名目録也。人坐椅上，欲買某册，則一舉手抽給抽插，甚便易也。閲其目録，則其大帙有……而其外經史、諸子、百家、醫藥、卜筮、種樹之流……其數亦不億，多有不知其名目者。"[④]所述書肆之形制與營業狀況，近似現代圖書館與書店的混合體。

孫殿起《琉璃廠小志》輯録了衆多逛京城書肆的詩作，其中潘際雲、許韻蘭二詩最有韻致：

琉璃廠

細雨無塵駕小車，廠橋東畔晚行徐。
奚童私向輿夫語，莫典春衣又買書。[⑤]

① 瞿兑之《施廬所聞録·養和室隨筆》，遼寧教育出版社，1997年，頁35。
② 汪啓淑《水曹清暇録》卷六，《續修四庫全書》本，頁205。
③ 王冶秋《琉璃廠史話》，頁41。
④ 朴思浩《燕行雜著》，見《燕行録》第85册，頁496—497。
⑤ 潘際雲《清芬堂集》卷十二，轉引自《琉璃廠小志》，頁338—339。

外子琉璃廠買書歸

廠橋游趁上春初,囊有餘錢盡買書。

歸壓輕舟應勝石,時將還黔。伴郎披讀快何如?①

潘際雲,江蘇溧陽人,乾隆二十八年(1763)生;許韻蘭,浙江海昌人,貴州銅江徐槃妻。據胡文楷《歷代婦女著作考》推測,許氏應是乾嘉時人。并觀二詩,皆爲外省人在琉璃廠極盛期買書時的寫照,其中"典春衣買書"、"餘錢盡買書"是最盡意亦最醒目的詩句,在後來書肆買書詩中時時出現。又有相關詩作,分别出自勞之辨、龔鼎孳、陸奎勳、商盤、鮑鈐、周大樞、方元鵾、吴鼐、梅曾亮、方濬頤、陳文瑞、李彦彬、林士傳、沈丙瑩、丁立誠、徐嘉等之手。陳文瑞《光廠詞》其五有句云"百錢時購異書歸"②,徐嘉《紀游雜詩》其二有句云"巾箱時檢異書歸"③,"閲肆"幾乎是在京城生活的文人學者日常生活重要組成部分,"時檢異書歸"自然是日常生活最爲快意的片段。謝章鋌在京城搜集詞籍,云:"予官京師雖日淺,有暇必周行廠肆,輒於爛攤堆上極力尋檢,積久,遂得若干種。"④何紹基自道光二十三年(1843)至咸豐二年(1852)幾乎每年都至逛廠肆購書籍字畫,其中正月去廠肆次數最多,如道光二十四年正月初八日,"至廠買得船山詩幅歸";初十日,"至火神廟,買得董字二件";十四日,"至廠肆,攜字畫幾件歸,有新羅山畫《舉杯邀月圖》,佳"⑤。咸豐二年七、八、九月頻繁出入廠肆;

七月十三日,上國史館,出城至廠肆博古齋,攜歸孫退谷所藏《孟法師碑》。

八月五日,至廠肆同文堂,攜《書法贊》歸。

---

① 許韻蘭《聽春樓稿》卷三,轉引自《琉璃廠小志》,頁333。

② 《琉璃廠小志》,頁85。

③ 《琉璃廠小志》,頁87。

④ 謝章鋌《賭棋山莊詞話續編》卷三,見陳慶元主編《謝章鋌集》,吉林文史出版社,2009年,頁633。

⑤ 錢松《何紹基年譜長編及書法研究》,南京藝術學院博士學位論文,2008年,頁80。

八月十五日，過廠肆，攜《唐會要》歸。

八月廿五日……文琳書坊攜《兩京會要》、《唐會要》歸。

八月廿七日……文英堂攜回《石渠寶笈》單本、《方輿勝覽》鈔本。

八月廿八日，至廠肆，攜得《東都事略》。

九月初八日，至廠肆，攜《金石苑》及青主楷書《藥師經册歸》。①

在廠肆購書的讀書人，有時形成一個可觀的群體，他們有近似的愛好，彼此之間有書籍交流。趙紹祖《古墨齋筆記》記載了倪模所在群體的讀書活動：

(倪模)年三十一入都，每見宋元善本，不惜重價購之。教習官學時，與同鄉汪德鉞、方體、王灼、王宗誠往來，力覓古籍，曾假朱文正師、翁覃溪師及紀曉嵐、彭雲楣、吴銘茶諸家藏書。又與同年江德量、石韞玉、孫星衍、洪亮吉、馮敏昌諸人交，得秘本，必假讎校。琉璃廠載籍甫到，輒購之。教習期滿，載歸，總計已贏六萬餘卷矣。②

倪模與其往來同鄉是一個群體，朱珪、翁方綱等是一群體，同年又是一群體。倪模與這三個群體的關聯皆以書爲媒介，而這些歸屬於諸群體的圖書大多來自琉璃廠，琉璃廠以其源源不斷的圖書參與建構了多種讀書人群體。

除在京城任職的文人學者逛廠肆外，進京赴會試者，往往是一出闈即入肆。道光二十七年(1847)貴州莫友芝，“公車報罷，與曾文正公國藩邂逅於琉璃廠書肆。始未相知也，偶舉論漢學門户，文正大驚，叩姓名，曰：‘黔中固有此宿學耶！’即過語國子監學正劉椒雲傳瑩，爲置酒虎坊橋，造榻訂交而去”③。譚獻的日記中記録他參加考試後入廠肆買書

① 錢松《何紹基年譜長編及書法研究》，頁136—137。

② 趙紹祖《古墨齋筆記》，轉引自鄭偉章《文獻家通考》，頁469。

③ 張劍《莫友芝年譜長編》，頁96。

之事,同治七年(1868)二月廿八日:"黎明,詣保和殿覆試。午正,交卷出。"廿九日,"在廠肆購得隋大業五年《寧越郡欽江縣正議大夫碑》,當是未著録者。又魏晉泰二年《路僧妙造像記》一"①。琉璃廠書肆不但可以買賣圖書,一些文人學者甚至還可從書肆借閲圖書。元人林之奇《尚書全解多方》原闕第三十四卷,乾隆四十二年(1777)歸安丁傑從琉璃廠五柳居書肆借得《永樂大典》本抄補;乾隆四十三年寶應劉台拱借丁傑抄補本抄録②。《庚子銷夏記》有何焯批本,乾隆四十五年吴省蘭從書肆借得,過録何焯批語。吴氏過録本後亦流入廠肆,程文榮云:"……求之數年弗獲。去秋在都門見琉璃廠有吴稷堂學士過本,亟購歸之。頃攜南來,適金山錢内兄鼎卿方輯《藝海珠塵續集》,因即録以寄。"③琉璃廠似乎成爲一些難覓書的匯聚處,而借鈔事例的存在,又説明它并不全然是商業氣息。

三　黄丕烈的吴門書坊及其延展

葉德輝以黄丕烈藏書題跋爲依據,論"吴門書坊之盛衰",指出"黄氏時收時賣,見於《士禮居藏書題跋記》者,必一一注明其源流。當時久居蘇城,又值承平無事,書肆之盛,比於京師"④。葉氏從黄跋中梳理出吴門書坊,因其所見題跋有限,故輯録有遺漏,現重理如下:

1. 五柳居,陶蘊輝。詳請見下文。

2. 萃古齋。詳請見下文。

3. 學餘書肆,或學餘堂、學餘書林。《前漢紀》、《文温州集》、《温國文正司馬公文集》、《孟子注疏解經》、《菰中隨筆》諸書題跋中提及。

4. 經義齋,胡立群。《蔡中郎文集》、《史載之方》、《長安志》、

① 譚獻《復堂日記》,頁 235—236。

② 《拜經樓藏書題跋記》卷一,上海古籍出版社,2007 年,頁 4。

③ 繆荃孫《藝風藏書記續記》卷五,頁 305。

④ 葉德輝著,李慶西標校《書林清話》卷九,復旦大學出版社,2008 年,頁 221。

《春秋繁露》、《安雅堂集》、《西京雜記》、《歸潛志》、《葬書釋注》、《洛陽伽藍記》、《竹齋詩集》、《歌詩編》諸書題跋中提及。

5. 西山堂,或西山堂書坊、西山書肆。① 《前漢紀》、《晦庵先生五言詩鈔》、《石屏詩集》、《碧雲集》、《孟浩然詩集》、《孫真人千金方》諸書題跋中提及。

6. 師德堂。《尹河南集》、《九賢秘典》、《紹興十八年同年小録》、《國朝名臣事略》諸書題跋中提及。

7. 芸芬堂。《剡源戴先生文集》、《姚牧庵集》、《剡源逸稿》、《書經補遺》諸書題跋中提及。

8. 文瑞堂書肆,或文瑞書肆。② 《國語》、《吴都文粹》、《中州集》諸書題跋中提及。

9. 山淵堂,吴有堂。《緯略》、《劉隨州集》題跋中提及。

10. 留耕堂書坊。《衍極》、《録異記》題跋中提及。

11. 崇善堂書肆。《元統元年進士題名録》、《鹽鐵論》題跋中提及。

12. 紫陽閣書坊,朱秀成、朱繡成。《嘉祐集》、《長安志》題跋中提及。

13. 嚴二酉齋,嚴二酉家。《緯略》、《伊川擊壤集》題跋中提及。

14. 城南衛前書坊。《救民急務録》題跋中提及。

15. 墨古堂,周氏。《説苑》題跋中提及。

16. 竹香書肆。《讀書敏求記》題跋中提及。

17. 松江書鋪。《毛詩傳箋》題跋中提及。

18. 敏求堂。《蘆浦筆記楊公筆録》題跋中提及。

19. 學山堂。《漢書》題跋中提及。

---

① 黄丕烈乾隆五十六年(1791)題跋中提及西山書肆,疑與西山堂不是同一書坊,然無證據,故先列在此處。《黄丕烈書目題跋》,中華書局,1993 年,頁 358。

② 宋賓王《曹文貞集》鈔本題識云:"丁未春,閲桃花塢文瑞樓所得秀野草堂顧氏藏《曹漢泉集》五卷。"此丁未爲雍正五年(1727)。如宋賓王光顧的文瑞樓與黄丕烈所記爲一家,則文瑞樓是一老店。

20. 墨林居。《蘆浦筆記》題跋中提及。

21. 南倉橋書坊。《孫可之文集》題跋中提及。

22. 環經閣。《西溪叢語》題跋中提及。

23. 文秀堂書坊。《抱朴子内篇》題跋中提及。

24. 带經堂。《釣磯立志》題跋中提及。

25. 中有堂書坊。《水經注》題跋中提及。

26. 敬業堂,閔聯奎。《六朝聲律集》題跋中提及。

27. 道經堂。《語溪詩文集》題跋中提及。

28. 汗筠齋書籍鋪。《江月松風集》題跋中提及。

29. 玉照堂。《新刊河間劉守真傷寒直格》題跋中提及。

30. 三益堂書坊。《槎軒集》題跋中提及。

31. 修綆山房。《碧雲集》題跋中提及。

32. 揚州藝古堂。《鼓枻稿》題跋中提及。(以下爲蘇州之外書坊)

33. 琴川遵古堂。《東皋子集》題跋中提及。

34. 武林遇賞樓書肆。《陽春白雪》題跋中提及。

35. 武林寶書堂。《鶴林玉露》題跋中提及。

36. 武林集古齋。《宣和遺事》、《南峰樂府》題跋中提及。

37. 嘉禾本立堂書坊。《古逸民先生集》題跋中提及。

黄氏題跋中還記録了一大批書友,現將其中有完整姓名者録列如下:

1. 施錦章。《新定續志》題跋中提及。

2. 陶士秀。《新定續志》題跋中提及。

3. 邵鍾琳,或邵鍾麐。《孫真人千金方》、《文苑英華纂要》、《吴都文粹》題跋中提及。

4. 邵寶墉。《普濟方》題跋中提及。

5. 鄭輔義。《冲虚至德真經》、《柳待制文集》、《蘇平仲文集》題跋中提及。

6. 吴東白。《陶靖節先生詩注》題跋中提及。

7. 吴立方。《王子安集》題跋中提及。

8. 胡葦洲。《山窗餘稿》、《王右丞詩集》題跋中提及。
9. 鄭益偕。《歌詩編》題跋中提及。
10. 沈鴻紹。《西湖林和靖先生詩集》題跋中提及。
11. 胡益謙。《北山小集》題跋中提及。
12. 吕邦惟。《汪水雲詩》、《三謝詩》題跋中提及。
13. 王徵麟。《知非堂稿》題跋中提及。
14. 沈斐雲。《吴都文粹》題跋中提及。
15. 吴步雲。《中州集》題跋中提及。
16. 邵品立。《浯溪詩文集》題跋中提及。
17. 劉希聲。《新刊麗則遺音古賦程式》題跋中提及。
18. 曹錦榮。《鐵崖賦稿》題跋中提及。

上列有姓名的書估中,有多人是以書船販書,如邵寶墉、鄭輔義、吴步雲;有一部分有自己的書坊,只是書坊名稱不能考明,如"胡葦洲書肆"、"骨董鋪劉希聲"①。就書估記録或圖書交易而言,在黄丕烈之前没有如此豐富的記録,這些在蘇州城區或周邊地區相對固定的書坊和處於流動狀態的書船、書估,構成了黄丕烈書籍交流網絡的一個層面,同時也是乾、嘉、道時期蘇州書坊的縮影。他們交往的對象不是黄丕烈一人,與黄氏同時在蘇州、杭州有一個較大的藏書家群體,還有一大批不專門致力於收藏的本地文人學者,或路經此地的過客,都或多或少與這一書籍交流網絡發生關聯。

黄丕烈對待書估有一種十分難得的友好,故而他的題跋幾乎用"破例"的方式留下了對書估的描述性文字,如上文所列與他有多年交往的經義齋胡立群,黄丕烈在題跋中多有稱賞之語:"(乾隆六十年)道經胥門,憩經義齋書坊,坊中小主人胡立群頗習目録之學,持明刻本《蔡中郎集》示余。"②又云:"坊友胡立群,年幼多識,爲余言薛氏有毛斧季手鈔《洛陽伽藍記》一本。"③又於《水經注》題跋中評中有堂主人,"主人鄭

① 《黄丕烈書目題跋》,頁 215、382。
② 《黄丕烈書目題跋》,頁 143。
③ 《黄丕烈書目題跋》,頁 52。

姓,余數十年友也。既樸實,無時下叫囂習氣,遇有古書,必攜以相質,爲余言之,不相誑也"[①]。黄丕烈似有意在題跋中留下一些在當時已是十分難得的書林掌故,這其中就有無錫浦起龍(字二田)的後人。"聞有無錫浦姓書賈,即浦二田之後,持殘宋本《孟東野集》,索值每葉元銀二兩,故余戲以葉論價,此書猶賤之至者也。此書亦即出浦姓手,書有錫山浦氏珍藏印,又有浦氏草賫菽賞鑒印,當亦二田家藏者。二田故多宋本書,後人不知,盡皆散失。余向年曾得楊倞注《荀子》、錢佃本《二程遺書》,俱由浦姓賤售於某坊,某坊以之歸余者。此書浦姓賤售於某家,某家又售於書船,獲此厚直,幸余次第得之,俾宋刻勿致失墜。"[②]黄丕烈從書估處得到書林掌故或關於版本目録之學方面的點點滴滴(見下文),同時,他亦將自己所知告訴相交書估。

> 余每得一書,遇書友來必告以余近所得某書,其書之何本何刻,亦必曲爲解釋,以冀其見聞之廣。蓋業書者未必知書,且遇罕見之本,亦往往不識,故示以所得之書,知其中之委曲也。[③]

在書籍的交易之外,在黄丕烈與書估之間還有如此一種關於書籍知識的交流經,在此交流中,雙方得益,從而促進一流藏書家和"掠販家"的出現。

因時值承平,這些書坊一般能營業多年,且多有業書世家(如下文論及的錢聽默、陶正祥兩家),如上文提及的中有堂主人鄭氏與黄丕烈有數十年交往;又如西山堂書坊,按最爲可靠的交流往記録,從嘉慶四年(1799)至道光三年(1823),與黄丕烈的交往也有二十五年。西山堂在黄丕烈道光五年卒後,在其他文獻中還有記録,錢天樹道光十八年提到"吴門西山堂書坊邵枕泉來言,有不全一部(徐秉義《識經識餘》)"[④]。則西山堂至少有四十年的營業歷史。又據黄丕烈跋:"嘉慶四年三月二

① 《黄丕烈書目題跋》,頁294。
② 《黄丕烈書目題跋》,頁77。
③ 《黄丕烈書目題跋》,頁242—243。
④ 錢泰吉《曝書雜記》卷下,遼寧教育出版社,1998年,頁58。

十九日……遇書友邵鍾琳,謂余曰吾兄西山堂中有元板《千金方》。"① 則錢天樹所述邵枕泉很可能就是邵鍾琳之兄。販書業的家族特徵於此可約略推測。

書坊與書估數十年的經營,所經手的書籍累積的數量定有可觀之處,其中的書籍流動亦紛繁。黄丕烈得一書,多述其來源,故據其題跋可見在書籍市場上,前前後後大約有何種書籍從藏書樓中散出。以下僅標出黄丕烈購買或經眼書籍的來源:

> 鎮江蔣春農家(18),宋商丘家(20),乍浦韓氏(47),朱文游滋蘭堂(68),無錫浦氏(77),汪秀峰家(84),曹楝亭(96),程念鞠(122),開萬樓(133,151,260),吴稷堂(135),陳貞白(159),江陰楊文定(182),金陵嚴長明(184),蔣氏賜書樓(186,196,217),嘉興曹氏倦圃(201),太倉宋蔚如(213),揚州蔣西圃(217),昆山孔氏(223),光福徐氏(222),邢佺山(232),金星軺(241、259),海寧許氏(243),江藩(247),王蓮涇(249),吴氏繡谷亭、瓶花齋(250、366),濂溪坊顧氏(258),錢功甫(294),海昌許士傑(295),濮院沈姓(312),西莊王氏(327,372),柱國王氏(331),揚州馬氏小玲瓏山館(378)②

在上列之外,其他僅標明書出自何地而未明何家藏書者,浙江有 11 次,北京 3 次,江蘇本省内揚州 10 次,無錫太倉各 2 次,南京、常熟、嘉定各 1 次,還有出自湖廣漢口鎮 1 次。上列 34 家藏書,以及其他從各地匯聚蘇州的書籍,表明既使在乾嘉這樣的安定盛世,私家藏書也在不斷的流散,特别是當私家藏書的主人辭世而後繼者又無足夠的能力與學識保護與傳承時,書籍的流散幾乎成爲定局。黄丕烈題跋中所記録的三十餘家私家藏書以及他在題跋中説到的"太倉故家"(100)、"松江故家"(178)、"海虞故家"(213)、"桐鄉故家"(242)、"錫山故家"(259)等泛指的諸故家藏書的散失,或即是和平年代典籍聚散的真實狀態,舊的藏書

① 《黄丕烈書目題跋》,頁 75。
② 括號中數字,是該藏書家在《黄丕烈書目題跋》中出現的頁碼。

樓逐漸解體,新的藏書樓不斷形成,解體與構成之間,書估的運載之功不可忽略。在以黄丕烈爲中心的書籍交流網絡中,所匯聚的書籍主要來自周邊地區,也就是在太湖流域或運河等水路到達的附近地區。

黄丕烈是藏書家,收録各方精善之本,同時又販賣書籍,道光四年(1824)設立滂喜園書坊,“爲長孫美鎏習業”,所謂“習業”,即學販書,“所收在於易爲脱手,非儲藏可比”①。黄氏藏書、賣書必須自己要有書源,而書源的獲得,一是收購,二是自己刻書,然後售賣,三是以自己所刻書或部分藏書與書估交换所需書。黄丕烈自嘉慶四年(1799)至道光四年所刻書共25種,有《國語》、《戰國策》、《博物志》、《汲古閣珍藏本書目》等,收録在《士禮居黄氏叢書》中,這些書所依據底本均爲善本,校勘極爲精審,刻印亦講究,以刻書字體而論,其中影刻10種,寫刻本12種②。這些品質上乘之書自然受到書估重視,故與黄氏“易書”之事時有之。

《契丹國志》舊鈔本:“以家刻書易得。”③

《洛陽伽藍記》毛斧季校本:“以家刻《國語》易得。”④

《游志續編》鈔本:“今春始以家刻《國策》十部相易。”⑤

《珩璜新論》舊鈔本:“於坊間見插架有寄賣之書,偶檢三四種,與易家刻。”⑥

《對客燕談》舊鈔本:“余以家刻書易之。”⑦

《席上輔談》鈔本:“憐余無錢買書之病,許余以重出書相易,卒留案頭。”“越日書估來,議直估五餅金,以家刻書易之。”⑧

《孟浩然詩集》宋本:“卒以京板《佩文韻府》相易,帖銀十四兩,

① 《黄丕烈書目題跋》,頁17。

② 姚伯岳《黄丕烈評傳》,南京大學出版社,1998年,頁215—218。

③ 《黄丕烈書目題跋》,頁29。

④ 《黄丕烈書目題跋》,頁52。

⑤ 《黄丕烈書目題跋》,頁58。

⑥ 《黄丕烈書目題跋》,頁110。

⑦ 《黄丕烈書目題跋》,頁131。

⑧ 《黄丕烈書目題跋》,頁141—142。

方得成此交易。"①

《李文饒文集》鈔本:"以家刻易之。"

《知非堂稿》鈔本:"余獨以家刻易之,此亦不得已之苦心也。并附載同易之書於後,以見予書䴵之故智。……洪武刻《元史節要》,張美和編二册,十三洋;錢東澗鈔陶九成《草莽私乘》一册,十三洋;朱竹垞鈔《美合集》一册,六洋四角。此何太虚《知非堂稿》一册,二洋,計换家刻書二十四洋有零。"②

《鼓枻稿》舊鈔本:"揚州藝古堂主人以舊鈔元人集數種與余易書。"③

《陶杜詩選》查藥師鈔本:"余因以家刻書易得幾種,此鈔録《陶靖節詩選》、《杜文貞律詩選》其一也。"④

11 例易書中,有 9 例是黄氏以家刻書易,一例是以藏書的重出書交换,一例情況不明。書估用鈔本换黄丕烈的家刻書,可證明黄氏家刻書的品質,而《知非堂稿》鈔本的交换,包涵了較多的書價信息。總之,以書易書,是一種不多見的書籍流通方式。

四　環太湖地區的湖估與書船

關於書估的論説,當推洪亮吉《北江詩話》中的表述最引人注目。洪氏大意云藏書家有數等,錢大昕、戴震爲考訂家;盧文弨、翁方綱爲校讎家;鄞縣范氏天一閣、錢塘吴氏瓶花齋、昆山徐氏傳是樓爲收藏家;吴門黄丕烈、鄔鎮鮑廷博爲賞鑒家;吴門書估錢景開、陶五柳,湖州書估施漢英,爲掠販家⑤。掠販家在洪亮吉的排列中位置最後,這應是傳統社會中的普遍排列,書估很少被重視,文獻中有姓有名的書估寥寥無幾,這一群體的絶大部分隱藏在"書估"、"客"之類的稱呼之下。洪亮吉所述,在分别"藏書家有數等"之外,更列出三名頗有聲名的書估,不過所

---

① 《黄丕烈書目題跋》,頁 149。
② 《黄丕烈書目題跋》,頁 205。
③ 《黄丕烈書目題跋》,頁 219。
④ 《黄丕烈書目題跋》,頁 243。
⑤ 洪亮吉《北江詩話》卷三,頁 46。

謂"吴門書估錢景開、陶五柳",實際上是湖州的錢、陶二人寓居吴門而已,故三名書估都是"湖估",這也是一件很特别的事情。

書估既染銅臭,也有書香,在清帝國的版圖中,尤其是在京城以及東南地區,他們憑藉靈敏的嗅覺,主要以舟船配置作爲文化資源的書籍與字畫,并且使這種文化資源在整體上保持一種流動狀態。晚清翁心存《新樂府四章》有一詩寫書估的生存境況,録如下:

書賈行　購求異書也。

生不能立致秘書賜萬卷,亦當坐擁異書列百城。不然遠從雞林賈,不然學作童子鳴。

書香可療饑,書味可救渴。攤書書床塞書屋,書估一生書裏活。不願借書换酒券,不願獻書拜高官,願向鄉嬛福地住,盡發寶笈瑶編看。壁中簡,帳中本,壺盧中《漢書》,寶之莫蠹損。春江三月書船開,《離騷》一篇酒一杯,旁人錯把孝廉認,書台高等黄金台。書估樂復樂,書田歲播獲。邢家小兒强解事,楊家老子空投閣。笑殺偷書祖孝徵,只須一部《華林略》。于嗟乎,絳雲樓瓦飛雲煙,汲古閣址成閑田。不如歲誦二十二萬言,孝先經笥書便便,撐腸拄腹卷五千。濃香薰,微露盥,國家方開崇文館。①

翁心存詩中描寫的書估生活,有灑脱的氣息,其中"盡發寶笈瑶編看"、"春江三月書船開"則是真實寫照;"國家方開崇文館"一句,則表示朝廷重文政策對書籍流動與交易的深遠影響。與書估的周旋往來,是清代文人學者生活中頗有意義的一部分,書籍的供求特點和流向於此可見,同時亦可見文人的生活情趣。趙翼《贈販書施漢英》一詩以諧謔的筆調道出他與施漢英之間的關係。

我昔初歸有餘俸,欲消永日借吟誦。汝從何處聞信來,滿載古書壓船重。我時有錢欲得書,汝時有書欲得錢。一見那愁兩乖角,

① 翁心存《知止齋詩集》卷二,《續修四庫全書》本,頁1819。

乘我所急高價懸。雖然宦槖爲汝罄,插架亦滿一萬編。孜今老懶罷書課,囊中錢亦無幾個。愧汝猶認收藏家,捆載來時但空坐。①

趙翼詩中的施漢英,嗅覺敏感,掌握各人閱讀或搜求動向,網羅之力也非同一般,故有"滿載古書壓船重"之句;而趙、施的關係,又不能簡單以買賣雙方視之,其中多少有些許近似友朋的親密意味。書估與文人之間的這種關係,從清人日記或少數詩文的記録來看,也較具典型性。

(一) 湖賈

作爲一個業書者群體而言,在琉璃廠書賈之外,最有影響、見諸文獻記録最多的無疑是湖賈。湖賈的形象,清人有詩句描繪:"苕溪白舫短而闊,湖賈一生書裏活。船頭腹尾皆裝書,僅容一身如蠹魚。"②此中已道出湖賈的活動範圍、忙碌勤苦的品性,及書船的形制與容量。湖賈出自浙江湖州,因爲湖州的地理位置及山水等原因,湖賈還有另外幾種常見名稱,因爲湖州是三吴中的西吴,故有西吴書賈之稱;又因境内苕溪,則又被稱爲苕賈;因古有吴興郡,苕溪下有吴興縣,又有吴興書賈之名。湖賈人數衆多,且在書林中有得大名者,如錢聽默、陶正祥、陶蘊輝等,皆爲湖賈之翹楚。張鑒《眠琴山館藏書目序》云:"吾湖固多賈客,織里一鄉,居者皆以傭書爲業。上至都門,下逮海舶,苟得一善本,蛛絲馬迹,緣沿而購取之。"③此語道出湖賈的集中地、活動範圍和搜求善本能力,然猶可以繆荃孫所記充實。繆氏所記,一段出自前人文獻,一段爲自己見聞。

書船出織里及鄭港、談港諸村落。吾湖藏書之富,起於宋南渡後。《直齋書録解題》所蓄書至五萬二千餘卷,弁陽周氏書種、志雅二堂藏書,亦稱極富。明中葉,如花林茅氏,晟舍凌氏、閔氏,匯沮潘氏,雉城臧氏,皆廣儲篇帙。舊家子弟好事,往往以秘册鏤刻流傳。於是織里諸村民以此網利,購書於船,南至錢唐,東抵松江,北

---

① 趙翼《甌北集》卷二十八,《續修四庫全書本》,頁582。

② 孫原湘《書賈行(購求異書也)》,見《天真閣集》卷二十一,《續修四庫全書》本,頁119。

③ 張鑒《冬青館甲集》卷四,《續修四庫全書》本,頁51。

達京口。走士大夫之門,出書目袖中,低昂其價。所至每以禮接之,號爲書客。二十年來,間有奇僻之書,收藏之家往往資其搜訪。今則舊本日稀,書目所列,但有傳奇演義、制舉時文而已。(見鄭蕊畦《湖録》。)余幼時在申港,時有書客負一大包闖入書塾。包内湖筆、徽墨、紙本、四書、經書,村塾所需要無不備。議價後,問家有舊書、殘破書否,見村童臨帖稍舊者,均欲以新者相易。蓋志在收書也。十歲時,在澄懷堂讀書,書室有閣,閣上盡破碎之書。一日書估盡搜括之,顧數夫擔而去,但見有鈔本,有刻者,有絹面者,有小如掌者,有大盈尺者,不知何名也。易得者《道光字典》、《角山樓類腋》、《雅雨韓集》、《三國演義》、《左傳》等書,皆新裝訂者。一村有十餘塾,無處不到。亂後則無。村中亦有一二學塾,藏書亦盡毁於庚申之亂矣。①

"書船出織里",這在汪尚仁的《吴興竹枝詞》中被視察爲一地之風尚,"制筆聞名出善璉,咿啞織里賣書船。莫嫌人物非風雅,也近斯文一脈傳"②。湖賈在此地興起,并向東、南、北三面拓展,以及"上至都門,下逮海舶",皆因湖州所處優越的地理位置以及所蘊藏的豐富圖書資源。湖州地理位置的優越,得益於太湖和苕溪,《湖州府志》云:

湖(太湖)長五百里,周三萬六千頃,而烏程、長興獨有二萬頃,則屬湖州者尤多。……(太湖)東通長洲、松江,南通烏程、霅溪,西通義興、荆溪,北通晉陵、滆湖,東連嘉興韭溪。

苕溪有二源:一曰東苕,出天目山之陽,東流經杭州府、臨安、餘杭、錢塘縣,又東北經湖州府德清縣,爲餘不溪,北至湖州府城中,謂之霅溪。一曰西苕,出天目山之陰,東北流經孝豐縣,又北經安吉州,又東經長興縣,至湖州府城中兩溪合流,由小梅、大錢兩湖

① 繆荃孫《雲自在龕隨筆》卷四,山西古籍出版社,1996年,頁213—214。
② 阮元《兩浙輶軒録補遺》卷七,《續修四庫全書》本,頁673。

口入於太湖。[1]

環太湖地區應是湖州書賈活動的中心地區，他們可通過交織的水路經太湖在更大的範圍交易圖籍。關於太湖水路的便利，松浦章於《清代内河水運史研究》中有不少論述，他摘録了清代里程書《天下路程　示我周行》（有乾隆三十九年〔1774〕序）中較有代表性的水路路程，以蘇州府爲出發點的有：自蘇州府，經雙塔至松江府水路程；自蘇州府，經太倉州至南翔鎮水路程；自蘇州府，經東霸至蕪湖縣水路程；自蘇州府，經常熟縣至太倉州水路程。又有自揚州府，經泰州至通州水路程[2]。這些路程，應爲湖賈屢屢經行的書籍之路。

湖賈世代業書傳統，前引張鑒《眠琴山館藏書目序》稱織里一鄉業書事業綿延四百載，在此種環境中，很可能出現販書世家，如下文要討論的錢聽默與陶正祥兩家即是，此外，文獻記載湖賈中的邵姓，可能出自同一家族，或同一村落，現按邵姓書賈活動的時間順序列舉數條記録如下：

崇禎己卯清明後一日，湖賈邵姓者持來。[3]（《貞白先生陶隱居文集》題跋）

康熙己丑，吴興鬻書人邵良臣持舊鈔殘書五册來售。[4]（《後山集》何焯題跋）

（嘉慶戊辰）書船友姓邵名寶墉，云其書得諸江陰。[5]（《普濟方》黄丕烈跋）

咸豐五年七月，余得湖客邵姓朱筆校勘《周易集解》。[6]（《李氏易傳》韓應陛題跋）

---

① 楊榮緒等纂，周學濬等修《湖州府志》卷二十一“輿地略”，《中國地方志集成》本，頁394—395。

② 松浦章《清代内河水運史研究》，頁108。

③ 王重民《中國善本書提要》，上海古籍出版社，1983年，頁494。

④ 吴壽暘《拜經樓藏書題跋記》，上海古籍出版社，2007年，頁162。

⑤ 《黄丕烈書目題跋》，頁77。此外，《咸淳重修毗陵縣志》、《豫章黄先生外集》二書題跋所及“書船友邵姓”，很可能是邵寶墉。

⑥ 王文進《文禄堂訪書記》，上海古籍出版社，2007年，頁10。

世代相傳的販書技藝和經驗,才有可能造就出十分在行的業書者。

從前引繆荃孫所述,可知湖賈的搜求書籍已至細緻深入的境地,即便江浙諸藏書家所藏之書散佚轉落者,"蘇湖間書賈書船,皆能知其底裏"①。程晉芳在《桂宧藏書序》中指出湖賈的一種極端的得書方法:"揚州馬氏,余之族姻也。以數萬金購得傳是樓、曝書亭藏書。……然竊聞有湖州書賈設小肆於其宅旁,以利啗司書者,潛□異書去。主人年篤老,防察疏,可歎也。"②因爲湖賈受利益驅動,不停息地搬運販賣,藏家書籍聚散的速度隨之加快,在一些描述性的文字,常有一種轉瞬盛衰的意味。

(毛晉)性喜卷軸,榜於門曰:有以宋槧本至者,門内主人計葉酬錢,每葉出二百;有以舊鈔本至者,每葉出四十;有以時下善本至者,别家出一千,主人出一千二百。於是湖州書舶雲集於七星橋毛氏之門矣。③

(關於常熟陳揆稽瑞樓)嘉湖書賈往往捆載而來,閲之如入龍宫寶藏,璀璨陸離,目眩五色。君與金吾各擇其尤者,互相誇示,而要以書賈至其家爲快。五六年中,兩家所得,蓋不下三四萬卷。④

(關於烏程劉桐眠琴山館)武林、金閶諸賈與織里貿書家争先求售,溪上檥舟恒滿。⑤

(關於海鹽馬玉堂笏齋)身亡未周,盡爲苕估取去,散失殆盡。⑥

書籍聚散速度的加快,傳播範圍的加深與拓展,爲新一代藏書家的形成

---

① 素爾訥等撰《欽定學政全書》卷三,《續修四庫全書》本,頁 562。

② 程晉芳《勉行堂文集》卷二,《續修四庫全書》本,頁 306。

③ 滎陽悔道人《汲古閣主人小傳》,見毛晉撰《汲古閣書跋》,上海古籍出版社,2005 年,頁 3。此條材料爲研究生侯印國提示。

④ 張金吾《陳子准别傳》,見《愛日精廬文稿》卷六,《清代詩文集彙編》本,頁 216。

⑤ 施國祁《汲古閣寫本滏水集説》,見葉昌熾《藏書紀事詩附補正》,上海古籍出版社,1999 年,頁 607。

⑥ 鄭偉章《文獻家通考》,中華書局,1996 年,頁 793。

創造了條件；同時，因爲作爲學術資源的文獻每隔一段時間，就進入流通領域，爲正在成長過程的文人學者提供了新資源。汪輝祖稱自己“館苕霅間，與書賈習者七八年，聚書數十百種”①。武進蔣斅淳“生平喜購書，有田十頃，半以租所入與湖州書賈易書。今映玉堂中所藏數千卷是也”②。黄丕烈能成爲十分出色的藏書家，湖估有助推之功。在錢聽默、陶蘊輝之外，黄丕烈至少在二十二篇題跋中記録了他與湖估圍繞書籍的諸多交往③。若將黄丕烈藏書題跋與明代李日華日記中所記録的書賈對照，似可推斷以販書爲業的湖賈作爲一個群體，在清代更爲活躍。現將李日華日記中記録與書估交往的次數，逐年統計④，就可靠的

① 汪輝祖《病榻夢痕録》，《北京圖書館藏珍本年譜叢刊》本，頁284。

② 洪亮吉《外家紀聞》，光緒三年(1877)重刊本。

③ 可見《黄丕烈書目題跋》中《咸淳重修毗陵縣志》、《草莽私乘》、《新定續志》、《得月樓書目》、《何博士備論》、《刑統賦解》、《齊民要術》、《普濟方》、《書苑菁華》、《西溪叢語》、《陸延枝説聽》、《江淮異人録》、《碧雲集》、《類編增廣黄先生大全文集》、《豫章黄先生外集》、《侍郎葛公歸愚集》、《湖山類稿》、《知非堂稿》、《張光弼詩集》、《韓山人詩集》、《美合集》、《優古堂詩話》諸書題跋。

④ 統計結果是：

萬曆三十七年(1609)：共記載書賈32次，其中夏賈10次，徐賈2次，徽人3次，湖人1次，蘇人1次，其他15次；

萬曆三十八年：共記載29次，其中夏賈6次，徽人1次，其他22次；

萬曆三十九年：共記載15次，其中夏賈4次，杭人1次，其他10次；

萬曆四十年：共記載14次，其中夏賈2次，徽人3次，杭人2次，蘇人1次，錫人1次，湖人1次，其他4次；

萬曆四十一年：共記載24次，其中夏賈11次，徽人4次，湖人1次，蘇人2次，其他7次；

萬曆四十二年：共記載32次，其中夏賈5次，徽人20次，蘇人1次，其他6次；

萬曆四十三年：共記載28次，其中夏賈1次，徽人17次，湖人1次，太倉人2次，其他7次；

萬曆四十四年：共記載31次，其中夏賈2次，徽人12次，無錫人1次，松陵人2次，其他14次。

此統計據《味水軒日記校注》，李日華所記多爲書畫，書籍較少。“夏賈”爲一夏姓商人，另有“茅賈”、“鐘賈”等，與“徽賈”、“歙賈”、“蘇賈”等群體性商幫有別。其中“夏賈”、“徐賈”，原書中即如此稱呼，不能考出其籍貫；徽人來自徽州府，杭人指杭州人，湖人指湖州人，“其他”主要指日記中標明“客”者及其他不明籍貫者。此處文獻處理安排，採納研究生張莉、吴欽根的建議。

書估來源地而言,徽人、杭人、蘇人要比湖人出現的次數多,或許這是湖人作爲販書群體,還没有較爲突出的優勢。而至清代,湖估則頻頻在各類文獻中出現,不但在藏書家的藏書題跋中見其身影,而且出現在不少知名文人的詩作中。這種比較中的差異,或許是地域文化資源制約,抑或是一地經商風氣轉變所導致。

湖賈執著的奔波與搜求,促使很多處於秘藏狀態或被遺忘角落裏的圖籍進入流動的市場中,對於讀書人或藏書家而言,"偶然發現"的幾率也隨之增加。

(朱彝尊《續題溪州銅柱記後》)……求之三十年不得。歲在己丑七月,忽獲之西吴書估舟中,文字完好,出於意表。[①]

(吴騫《字鑒》題跋)此亡友錢廣伯處士遺書也。……予偶見苕賈攜示數種,皆手澤宛然,亟以善值購而藏之。[②]

(王鳴盛《通鑑史氏釋文》題跋)此書非無足取,乃元明以來數百年收藏家號極博者,皆未見此書,子偶從吴興書估見一秘鈔本,爲之喜,遽用重貲購得之。[③]

書賈造僞書,在交易中作弊,文獻中時有記録,就吴騫而言,他既記録了湖賈的欺詐性交易,也表彰了他們的義氣與信用,其所得《海寧縣志》是乾隆四十七年(1782)湖賈吴良輔所贈。

蔡古亭明府《海寧縣志》,在談孺木先生輯《海昌外志》時云其板尚在藏庫中,迄今百數十年,即印本且不多見。予訪購有年,昨聞梅里李氏有是書,屬苕上吴良輔物色之,今夏始得,卷帙完整,洵足珍也。方良輔之得也,中途有人欲邀之,良甫曰:"息壤在彼。"卒以遺予,竟不持一錢而去,是亦估而有士行者歟![④]

---

① 朱彝尊《曝書亭集》卷四十六,《四部叢刊初編》本。
② 吴壽暘《拜經樓藏書題跋記》,頁31。
③ 王鳴盛《十七史商榷》卷一百,《續修四庫全書》本,頁181。
④ 吴壽暘《拜經樓藏書題跋記》,頁87。

湖賈義舉,還可於江藩《國朝漢學師承記》見之。江藩記載吴縣余蕭客年十五即通五經,然家貧無書。“有苕溪書棚徐姓識先生。一日詣書棚,借《左傳注疏》,匝月讀畢,歸其書。徐姓訝其速,曰‘子讀之熟矣乎?’曰:‘然’。徐手翻一帙,使先生背誦,終卷無誤。徐大駭曰:‘子奇人也!’贈以《十三經注疏》、《十七史》、《説文解字》、《玉篇》、《廣韻》。於是閉户肆經史,博覽群書。性癖古籍,聞有異書,必徒步往借,雖仆仆五六十里,不以爲勞也。”① 在販書之外,湖賈亦有資助圖書出版之舉。《南疆繹史勘本》三十卷、《摭遺》十卷爲道光九年(1829)泥活字本,“道光九年秋借吴山廟開局,暨陽程文炳排版”。該書引用書目“後記”云:“苕溪坊友吴壽昌助我貨泉,初事於梓者,東鄉九品官周劍堂。既而我子辛生來自蕪湖,命之校字。楮本不足,則罄我行裝,投諸質庫;又不足,則乞貸市儈,耐盡誹嘲。……是書初印凡八十部,已糜用平泉三十萬有奇。”②

因爲乾隆三十八年(1773)上諭提及錢聽默等,湖州書賈遂聲名遠揚。德清俞樾有詩述乾隆此舉的影響:“山塘書賈推金(疑爲錢)氏,古籍源流能僂指。吾湖書客各乘舟,一棹煙波販圖史。不知何路達宸聽,都在朝廷清問中。星火文書下疆吏,江湖物色到書傭。窮陬僻壤開風氣,何况之江名勝地。”③ 不但窮陬僻壤開販書風氣,湖估因爲頻頻與文人學者交往,業書逐漸成爲一種詩材,乘舟販書似乎也成爲一種詩意的生活方式。陳鱣(仲魚)有《贈苕上書估》,其一、其三云:

萬卷圖書一葉舟,相逢小市且邀留。幾回展卷空搔首,廢我引囊典敝裘。

① 江藩《國朝漢學師承記》卷二,見漆永祥《漢學師承記箋釋》,上海古籍出版社,2006 年,頁 222。江藩《國朝漢學師承記》卷七還記載了汪中在書賈處借書故事:“君生七歲而孤,家夙貧……及長鬻書於市,與書賈處,得借閲經史百家。於是博覽典籍,諳究儒墨,經耳無遺,觸目成誦,遂爲通人焉。”見《漢學師承記箋釋》,頁 711。

② 鄭偉章《書林叢考》(增補本),岳麓書社,2008 年,頁 141。

③ 俞樾《書丁竹舟〈武林藏書録〉後》,見《春在堂詩編》辛丑編,《續修四庫全書》本,頁 575。

海内貧儒陳仲魚,春風旅館轉愁余。賣文近日無生意,但欲從君去買書。①

(二)門前新至賣書船

據傅申的研究,傳統對"書畫船"的觀念,源自"米家書畫船",主要是指宋代米芾以其書畫收藏隨舟旅行,不時取出鑒賞的故事;針對晚明董其昌的研究,傅申以爲書畫船是"指乘者攜有書畫作品以供旅途中鑒賞,或乘者可以在其上作書畫甚至兼有書畫交易性的船隻"②。書畫船在晚明具有書畫交易的性質,在傅申所録董其昌文獻中還不太明顯,而在李日華的日記中確有記載,分别見於萬曆三十八年(1610)、萬曆四十年、萬曆四十二年、萬曆四十三年和萬曆四十四年,録其中五則如下:

(萬曆四十七年七月十五日)無錫孫姓者一舫,泊余門首。余與馬吃漫登其舫,客喜,出觀諸種。

(萬曆四十年十二月二十二日)吴江馬玄洲、常熟葉少源移書畫舫就余,出觀倪雲林小幅山水,楮系元時雲粉箋,畫筆粗辣,似學董源。

(萬曆四十二年十二月七日)近日蘇人書畫舫,滿載悉僞惡物。然晴窗無事,不論真贋,一一卷舒指摘,盡可消日忘年。

(萬曆四十三年五月二十六日)歙友吴心暘諱思齊者持卷軸來。

(萬曆四十三年五月二十七日)余與兒子泛小舟,抵獅子匯吴心暘舫中,心暘又出觀卷軸。③

李日華所記的書畫舫(或舫)所載書畫或古董數量小有可觀,且能沿水路尋覓收藏之家,而且能泊舟買家門口。因爲書畫舫有一定空間,較之

① 陳鱣《河莊詩鈔》,《續修四庫全書》本,頁303。

② 傅申《董其昌書畫船:水上行旅與鑒賞、創作關係研究》,見臺灣大學《美術史研究集刊》第15期(2003年),頁205—206。

③ 李日華著,屠友祥校注《味水軒日記校注》,上海遠東出版社,2011年,頁265、318、467、508、509。

行囊所攜爲多，且能展觀，供買家欣賞、挑選。從萬曆四十三年(1615)兩則日記可見，如無五月二十七日記參照，僅憑五月二十六日日記，則不知歙縣書賈吴心暘是乘書畫舫來，由此可推知李日華日記中大量的書畫交易很可能有一部分以依靠書畫舫的運載而完成的；而這兩則日記，也顯示了書畫欣賞交易的兩種方式，一是書賈持書畫到買主家中，一是買主登書畫舫選購。

書畫舫雖是交易依賴的工具，但其形制似乎比書船講究，可能多爲文化水準較高者擁有。關於"書船出烏程織里"，前引《湖録》中的一段文字已經述及。織里在太湖邊緣，書船由太湖進入其他水路網絡，由東苕溪、西苕溪可入湖州府大部分地區，書船在湖州出現，自有其得天獨厚的交通優勢，故書船貿易，推助形成一個以江浙爲中心地區的書籍交流網絡。

最初的"書客"，爲"織里諸村民"，但後來有知書的業書者漸漸增多。同時書船在文人學者的詩文中留下的印迹，有增多的趨勢，查檢所得，如順治九年(1652)吕留良買舊本《朱子語類》，"爲書船所欺"，所得乃不全之本[①]；宋犖康熙三十五年(1696)在姑蘇書船上購得元刻本《宋史續通鑑長編》[②]；黄丕烈在其藏書題跋中有18則提及書船或書船友。以"書船友"名義多次出現的是鄭輔義、邵寶墉、曹錦榮、吴步雲等。

> (乾隆六十年)八月十日，書船友鄭輔義攜是本來，系太倉謝星纏鈔本。[③]（《柳待制文集》題跋）
>
> (嘉慶二十年)六月六日，前月來過之書船友曹錦榮復來，蓋爲有别種交易介余關白也。云從吴江附夜船而來，包中攜有文瑞樓墨格鈔本楊鐵崖文集一册。[④]（《鐵崖賦稿》題跋）

兩則題跋，尤其是後一則中曹錦榮"附夜船"攜書而行的記録，約略顯現

---

① 吕留良《書舊本朱子語類》，見《吕晚村文集》卷六，《續修四庫全書》本，頁179。

② 宋犖《跋宋本續通鑑長編》，見《西陂類稿》卷二十八，《清代詩文集彙編》本，頁317。

③ 《黄丕烈書目題跋》，頁208。

④ 《黄丕烈書目題跋》，頁218。

江浙縱横交錯的水路上書估忙碌的身影,同時書船友及書船也形成了一種富有詩意的文化景觀,此一景觀在明代只出現少數幾次,如在董説的詩集中出現過幾次,而至清代則頻頻出現,"門前新到賣書船"漸成爲江南水鄉的一個新起意象。

> 朱莊涇畔見人煙,近水雕胡蝦菜鮮。隔岸便通汲古閣,夜來聞到賣書船。[①](陳瑚《湖村晚興》十首其八)
>
> 草堂地僻近湖干,南北垞連夕照寒。……賣書船到添新帙,問字人來整舊冠。如此敝廬歸亦得,殘年真合伴漁竿。[②](邵長蘅《冬日寓齋雜興戲學放翁體十首末章專呈漫堂先生》其六)
>
> 消磨長日仗丹鉛,常苦巾箱少逸篇。解事童奴傳好語,門前新到賣書船。[③](趙翼《消夏絶句》十首其四)
>
> 竹床冰簟恣安眠,一雨凉生九夏天。侵曉奚童報奇事,門前新到賣書船。[④](孫原湘《消夏雜詩》二首其一)
>
> 阿儂家近狀元台,小閣疏窗面面開。昨夜河頭新水長,書船多是霅溪來。(無垢書台在真如寺,五世祖復貞公讀書於此,有句云:"處士山中花更好,狀元臺上月空明。"邑中無書肆,惟有苕賈書船。)[⑤](陳鱣《新阪土風》百首之八十六)

賣書船成爲詩料、成爲新穎的意象背後,自有其豐富的文化内蘊。正因爲書船的販運,使得偏僻的草堂、難以消磨的長夏不再難以接受與忍受,反而有難得的愜意。"江南書客賣書船"[⑥],書船使得江南的時間與空間有一種自足,不必在鞍馬塵埃中尋求。

---

① 陳瑚《確庵文稿》卷二詩歌,《四庫禁毀書叢刊》本,頁 221。

② 邵長蘅《邵子湘全集·青門剩稿》卷二,《四庫全書存目叢書》本,頁 156。

③ 趙翼《甌北集》卷二十一,《續修四庫全書》本,頁 516。

④ 孫原湘《天真閣集》卷八,《續修四庫全書》本,頁 605。

⑤ 陳鱣《新阪土風》,不分卷,光緒壬辰羊復禮刻本。此條材料爲研究生侯印國提供。

⑥ 張塤《題王文簡公載書圖五首》,見《竹葉庵文集》卷二十一,《續修四庫全書》本,頁 249。

(三)南北書籍交流的媒介之一:五柳居陶氏

清代書賈卒後有一碑傳而一生行事得以留傳後世的,似乎只有陶正祥(1723—1797),而陶正祥的傳記出自一流學人孫星衍之手,自然是榮幸之事,從中也可見乾嘉時代業書者與學人之間的密切關係。孫星衍爲陶正祥寫的"墓碣銘"中有以下重要叙説:

> ……陶君名正祥,字庭學,號瑞庵。祖父某,自浙之烏程縣移家吴門。……少聰慧,就傅讀書……家貧無以爲養,遂以儥書爲業,與吴中文名士交接,聞見日廣。久之,於書能知何書爲宋元佳本,有誰氏刊本,版貯何所,誰氏本善且備,誰氏本删除本文若注,或舛誤不可從。都中巨公宿學欲購異書者皆詣君,車轍滿户外。會開《四庫全書》館,安徽提學朱君筠言於當道,屬以搜訪秘書,能稱事焉。子珠琳由内廷三館供事叙用,得兩浙錢清場鹽課大使,貤贈君如其官。君在官署逾年,教子廉儉,旋屬引退,曰:"汝多疾而素餐,不如歸儥書也。"君既家吴門,僑寓都下。賢士大夫往來輻輳,廣求故家書籍秘本,歷數十年。……與人貿書者,不沾沾計利。所得書若值百金者,自以十金得之,止售十余金。自得之若十金者,售亦取餘。……以是售書甚獲利。朝之公卿、四方好學之士無不知有五柳居主人者。……故君子珠琳獨能承父業,與當代士夫産我,不復出奉檄矣。君年高,坐市肆,傲倪俗人。來售書者問欲得何書,言不當則令他人應接,曰:"是欲爲科舉業,若新入詞館,欲得學堂書耳。"……予官都門,退食游書肆,與君日相見。君見予藏《孫子魏武注》,以爲世無此本,刊入《漢魏叢書》中。……今君子以予僑居金陵,寄《至元金陵志》爲潤筆,屬作君墓碣。予念世之稱事者少,雖書賈無復如君之知書也,爲文且銘曰……[①]

孫星衍爲陶正祥撰寫的"墓碣銘"中有以下重要信息:

---

① 孫星衍《清故封修職郎兩浙鹽課大使陶君正祥墓碣銘》,見《孫淵如先生全集·五松園文稿》卷一,《續修四庫全書》本,頁495。

其一,陶正祥原籍浙江烏程,屬湖州府。陶氏與另一有名書賈錢景開(聽默)皆爲湖賈。黄丕烈在《韓山人詩集》題跋中指出:"吾吴中之鬻書者,皆由湖州而業於蘇州,後遂占籍爲蘇人,其間最著者兩家,曰錢,曰陶。"[①]錢、陶兩家應是湖賈中的代表,關於他們的記載也較爲豐富。

其二,四庫開館對清代書業有極大的推進,書賈更爲活躍。翁方綱《翁氏家事略記》云:"自癸巳(乾三十八年)春入院修書,時於翰林院署開《四庫全書》館,以内府所藏書發出到院,及各省所進民間藏書……合三處書籍,分員校勘。……對案詳舉所知,各開應考證之書目,是午攜至琉璃廠各書肆訪查之。是時江浙書賈,亦皆踴躍,遍徵善本資考訂者,悉聚於五柳居、文粹堂諸坊舍,每日檢有應用者,輒載滿車以歸。"[②]陶氏五柳居在蘇州郡廟前有總店,在胥門開設分店,以此語推之,則陶氏五柳居至少在乾隆三十八年(1773)開設琉璃廠店。在黄丕烈的藏書題跋中,到嘉慶二十五年(1820)還有五柳居書坊的記録;又顧廣圻《道藏目録》題跋云:"道光丁亥(七年)閏月,同吴有堂游城隍廟,至陶五柳家見架上有鈔本。"[③]故確切可靠的五柳居業書史有五十五年的歷史。倘在孫星衍撰寫的傳記推測陶正祥二十歲從業,則五柳居或許有七十餘年的歷史。幾十年的經營,"賢士大夫往來輻湊",可見五柳居的影響。

其三,陶氏父子對業書的認可態度。墓碣銘述及陶正祥在官署逾年,以"汝多疾而素餐,不如歸儥書也"之語屬子引退,應可視爲當時士人對業書者態度的一種普遍表現。如黄丕烈是乾隆五十三年(1788)舉人,在藏書之外,亦售書。道光五年(1825)他在玄妙觀前開設滂喜書鋪,目的是爲長孫黄美鎏習業;而黄丕烈在《近事會元》題跋中又記録了一去官業書事,"蕭山李柯溪僑居吴市,頗收古書,余友吴枚庵與之往還。……柯溪去官業賈,人本粗豪。余雖於枚庵座中一識其面,未敢與訂交矣"[④]。

---

① 《黄丕烈書目題跋》,頁222。

② 葉昌熾《藏書紀事詩附補正》,上海古籍出版社,1999年,頁741—742。

③ 顧廣圻《思適齋題跋》,見《顧廣圻書跋》,中華書局1993年,頁646。

④ 《黄丕烈書目題跋》,頁102。

其四,五柳居陶正祥將所售書分爲科舉書與入詞館後的"學堂書",自是其具有指向性經營意識的表現,此語可與五柳居在胥門設分店并觀,黄丕烈稱此"店中皆時書,以供馬頭生意者"①。五柳居在琉璃廠開店經營,以及其在蘇州的圖書經營,主要是面向學人和文人,但也以"時書"建立與一般讀者的聯繫。

陶正祥嘉慶二年(1797)卒,享年六十六,其聲名雖大,然留在文獻中的記載,除孫星衍碑傳及翁方綱的雜記外,似乎遠不能與其子陶珠琳相比。陶珠琳,字蘊輝,生卒年未詳。就販書而言,陶蘊輝實能傳其父業,黄丕烈對陶氏稱賞有加:

> 錢景開、陶廷學皆能識古書,余皆及與之交。景開之後雖業書而毫無所知;廷學之後,則不專於業書,而書中之門徑視廷學有過之無不及焉。此吾所以比諸道人也。歲甲子春,余友陶君蘊輝以父憂服闋,將就官赴都銓選,而廷學舊業有肆在琉璃廠,仍至彼做買賣,遇書時郵寄我。我之嗜好,有佞宋癖,蘊輝頗知之。然吾不奇其遇宋刻而寄我,奇其非宋刻而亦寄我也。即如此《韓山人詩集》四册,無識者視之直平平無奇耳,惟蘊輝以爲去年所寄陶情集及此韓集兩人皆是鄉人,尤可寶重,不遠三千里而寄我,是其學識不可以書估視之矣。否則公望姓名,雖我家鄉讀書人亦問諸頁不知者,何論書估耶?至於此書之善,尤余所獨知,向藏鈔本出於錢景開手,已爲甚秘,今復得此舊刻,且多續集與詞,真明初人集之至善者也。②

黄丕烈開始藏書的時間,據研究者考證,最早可上溯到乾隆五十三年(1788)③。從黄丕烈的藏書題跋中可考出黄氏與陶蘊輝的交往,自乾隆五十六年至嘉慶二十五年(1820),此外還有上文引述的道光七年(1827)顧廣圻在五柳居購書事,以及浙江海鹽張氏涉園藏書。"當嘉慶

---

① 黄丕烈《避暑録話》題跋,見《黄丕烈書目題跋》,頁112。
② 黄丕士《韓山人詩集》題跋,見《黄丕烈書目題跋》,頁222。
③ 姚伯岳《黄丕烈評傳》,頁14。

時爲蘇州書估陶氏五柳居捆載而去,”[1]但比較而言,皆不如黄丕烈題跋所記録的陶氏五柳居完整。因爲有黄跋,故而可以約略重構陶氏五柳居三十年的歷史,可見“黄丕烈藏書題跋中所見陶氏五柳居事迹輯録”(附録);而在這段歷史中,活動的主角是陶蘊輝,甚至在乾隆五十六年至嘉慶二年間,也見不到陶正祥的身影。

附録中所輯録的史實,雖多圍繞購書一事,但諸事展開的方式又各有不同,展開方式的多樣,正是五柳居主人在書業界活躍程度的表現。陶蘊輝與黄丕烈的關係,在所列文獻中,或直接買賣,或提供書籍信息,或促成交易,或共同商榷。在《王右丞集》題跋中,陶、黄之間的緊密聯繫表現得最爲充分。

> 此宋刻《王右丞文集》十卷二册,頃余友陶蘊輝從都中寄來而得之者也。先是,蘊輝在蘇時,余與商榷古書,謂《讀書敏求記》中物,須爲我購之。今兹八月中旬有人自北來者,寄我三種書,此本而外,尚有元刻《許丁卯集》及宋刻小字本《説文》。來劄云:《右丞文集》即所謂山中一半雨本,《許丁卯集》即所謂校宋板,多詩幾大半。可見留心搜訪,竟熟讀也。是翁書以爲左券,而不負余托。昔以物主居奇,必與《説文》并售,索值白金百二而餘。又以《説文》已置一部,不復重出,作書復之,許以二十六金得此兩書。往返再三,竟能如願。不特幸余得書之福,亦重感余友購書之力也。[2]

陶蘊輝知書,亦知黄丕烈所求。故黄氏云:“余友陶君雅善識古,并稔知余之所好在古刻,昔余所收者,大半出其手。”[3]黄丕烈對業書者有一種很難得一見的友好感情,如他多以“書友”稱呼這些人物,即使是面對書賈的某些謀利,也有一種特別的寬容與理解。他與陶氏的關係,在書籍買賣之外,還融注了一種温暖的情誼。如陶蘊輝嘉慶十三年(1808)以

---

① 張元濟《清綺齋書目跋》,見《涉園序跋集録》,上海古典文學出版社,1957年,頁149。

② 《黄丕烈書目題跋》,頁148。

③ 黄丕烈《參寥子詩集》題跋,見《黄丕烈書目題跋》,頁182。

殘宋本《五百家注音辨唐柳先生文集》贈黄丕烈，黄在書上撰有一段題識：

> 有客冲寒急遠征，一身端爲得名輕。陔南成養虚真樂，薊北馳聲戀俗情。漫説持家妻共子，空勞相事弟兼兄。束裝早辦歸裝計，莫負良朋勸勉情。嘉慶戊辰十一月五日五柳主人以京師書肆須急料理，冒寒北行，余意謂家有老母，侍奉事大，早作歸計爲安。瀕行諄諄勸勉，去後適檢是書，因追賦一律以贈。①

上引文中陶蘊輝爲黄丕烈在京城覓《王右丞集》、《許丁卯集》，不但表現陶氏用心細密，還呈現了書籍流動中的一個重要現象。前文提及四庫開館，錢氏萃古齋、陶氏五柳居運載江浙圖書北上，而從陶、黄的交往中，還可見京城書流向江南的軌迹。在六十餘則史實中，有八則是陶蘊輝從京城攜帶或寄送珍本秘笈給黄丕烈，還有一則是向黄氏提供在京城所見鈔本《歷代紀年》的信息。在北上南回的旅途中，陶蘊輝已經成爲南北書籍交流的媒介人物。

(四)南北書籍交流的媒介之二:白堤錢氏

> 不須刮目用金鎞，根脚題簽望不迷。
> 此調書林今絶響，空煩重訪白公堤。②

錢時霽，字景凱，一作景開，號聽默，乾隆間最著名的書賈之一。葉昌熾寫錢聽默這首詩的依據，當是從顧廣圻《清河書畫舫》題跋中來。顧跋云:"乾隆年間滋蘭堂主人朱文游三丈、白堤老賈錢聽默皆甚重熟派，能視裝訂簽題根脚上字，便曉屬某家某人之物矣。"③此語指出乾隆年間藏書風氣以及一種發端於常熟的藏書流派，錢聽默似是常熟派的代表人物之一，他在版本目録之學方面如此精通，自是其多年業書經驗的累

① 《黄丕烈書目題跋》，頁151。
② 葉昌熾《藏書紀事詩附補正》，頁742。
③ 葉昌熾《藏書紀事詩附補正》，頁742。

積,亦有家學的傳承。李斗《揚州畫舫録》中有一段文字示錢氏家學源流:

> 錢蒼佩,湖州烏程人,精别宋槧元板,寄業書賈,叢書樓中人也。子時霽,字景開,一字聽默,世其業,工詩。詔開四庫館,採訪江南遺書,皆賴其選擇。①

錢聽默得享大名,據上文,應在四庫開館之前。乾隆三十八年(1773)高宗諭示可由蘇湖間書賈物色書籍,兩江總督高晉閏三月二十日奏摺云:"并查山塘書賈錢姓名金開,又城内書賈陶廷學,均系世業收買舊書。臣薩載傳唤到署,率同兩司面詢。據稱鋪内現有之書,俱屬通行書籍,其向曾板行而流傳已少及無板行之鈔本,從前間有收得,隨時賣去。"②乾隆三十八年既有此聲響,可推錢聽默在此前已露出頭角,而其父錢蒼佩在乾隆初年應是書賈中的知名人物。據蔣重光宋本《續資治通鑑長編》跋:"甲寅(雍正四年)又於虎丘萃古齋購得廿册,爲玉峰徐司寇藏本。"③則萃古齋至少在雍正四年(1726)已經營業,其主人很可能就是錢蒼佩。與陶正祥相比,錢聽默的名聲更爲顯著,然惜無傳記文字,無從詳考其生平行事,卒年亦只能據黄丕烈題跋中的記録作推斷:

> 白堤錢聽默,今之陳思也,年七十,猶講求古籍不輟,往年游金陵,爲余購宋本《顔氏家訓》以歸。頃往禾中得明刻黑口本書數百種,内有鈔本《括異志》一册,識是曹倦圃藏書,聽翁告余曰:此册頗舊,故以示君。烏程劉疏雨思得之,未許也。然欲傳録一本以廣流傳,緩日仍當歸君。余取對正德元年江表黄氏鈔本,間有異同,未可定誰優劣,當并儲之。奈聽翁欲取歸傳録,任其攜去,議價而未及予銀。豈知不及一月,聽翁竟作古人,余一聞信,即從伊族侄探聽此書,懼其家之拋擲也。九月十有四日,余赴洞庭,鈕匪石招觀

① 李斗《揚州畫舫録》卷四,中華書局,1960年,頁94。
② 鄭偉章《文獻家通考》,頁584。
③ 潘祖蔭《滂喜齋藏書記》卷一,上海古籍出版社,2007年,頁22。

劇《旗亭路》,出金閶,過萃古齋,適聽翁子在,問其書,依然無恙,急攜以歸,仍許給前索二兩銀以踐宿諾云爾。①

嘉慶癸亥九月七日,友人招飲旗亭,至晚始歸。大兒玉堂以書友所攜書二種首册呈覽,曰:此山塘萃古齋之夥送來者。余問之,一爲《吴志》,一爲《史記》,皆宋槧本。……猶憶白堤錢聽默開萃古齋,此老素稱識古,所見書多異本,故數年前常一再訪之。今老且死矣,書肆又不在山塘,余足迹亦弗之及。乃其子因此舊業,未可廢。此地又無他書肆,於春間始設此小攤,主人既未識書,夥伴亦屬盲目,而異書之得,仍由萃古齋來,余故特著之,以紀其事。②

錢聽默卒年,當在嘉慶八年(癸亥,1803)之前,黄丕烈在題跋中最後一次提及錢聽默的活動在嘉慶六年③,故錢氏之卒年應在嘉慶六年至八年之間。就目前所能見到的已刊刻的黄丕烈題跋(如《黄丕烈書目題跋》),關於著名書估錢聽默的卒年只能如此考定,近得新材料,即黄丕烈壬戌(嘉慶七年)十月十日撰寫的《虎丘山志》題跋,錢氏之卒年可以完全確定:

今秋以老病終,其子乞余又祭之。余與聽默交最善,故不敢以不文辭。念聽默交游最廣,近如蘭陵孫伯淵,其一也。因借名於孫公,其中有云"歸然靈光,摧頹何速。衰颯白堤,蕭疏黄菊",不勝室邇人遐之感。今日爲其弔奠之期,愴然於懷,復檢篋中所藏是書,聊志數語,以存梗概。④

黄丕烈在嘉慶九年撰寫的《韓山人詩集》題跋中談及錢聽默、陶正祥之後皆承家業,其中有一句"景開之後,雖業書而毫無所知。"⑤其意殆即

① 黄丕烈《括異志》題跋,見《黄丕烈書目題跋》,頁370。
② 黄丕烈《吴志》題跋,見《黄丕烈書目題跋》,頁25—26。
③ 《黄丕烈書目題跋》,頁170。
④ 黄丕烈《虎丘山志》題跋,南京圖書館沈燮元先生2012年8月2日提供。
⑤ 《黄丕烈書目題跋》,頁222。

自錢聽默之外,他與錢氏後人少有交往,但仍有在萃古齋的購書記載。萃古齋的生意儘管聲光不再,但文獻中仍有錢聽默孫子業書的記録,胡爾榮《破鐵網》云:

> 吴門書估錢姓者來,云是聽默老人之孫。攜示舊刻《白虎通德記》一匣,宋板《文苑英華辨證》八册、元刻《方輿勝覽》殘本(内缺者三册),皆妙品也。聞近皆歸浙中。①

《破鐵網》成爲年代不可考,書末第一跋爲管庭芬道光元年(1821)作,暫以此作爲一個界限,則可知包括錢蒼佩在内烏程錢氏四代於乾嘉年間皆以販書爲業。以下是文獻中所見錢氏萃古齋販書之類的活動一個輯録,約略可見錢氏販書所牽涉的人與書交織而成的世界。

> 乾隆五十五年(1790)
>
> "從萃古齋主人錢君景開借得手校《説文》善本,與余所儲汲古閣相對,其間頗有異同。"②(黄丕烈《説文》題跋)
>
> 乾隆五十六年
>
> 黄丕烈請錢景開、陶藴輝至家鑒定《續世説》。③
>
> 鈕樹玉"會書賈錢聽默,云傳是樓書,書大半歸於明珠,而其家人安樂村所藏者亦多善本。又云金朝所刊之書皆不避宋諱,見過《范文正公集》及《龍龕手鑒》"④。
>
> 乾隆五十八年
>
> 嚴元照於萃古齋購得宋刊殘本《分門纂類唐歌詩》,賦詩一首紀事,其中有"虎丘山邊放棹遲,殷勤搜訪古歌詩。古香入手何掩藹,牙籤錦贉精裝池"之句。
>
> 嘉慶三年(1798)

① 胡爾榮《破鐵網》卷上,遼寧教育出版社,1998年,頁3。
② 《黄丕烈書目題跋》,頁21。
③ 《黄丕烈書目題跋》,頁310。
④ 鈕非石《鈕非石日記》,遼寧教育出版社,1997年,頁4。

黄丕烈購得《孫尚書内簡尺牘》後，持示錢聽默，得知此書原價。①

嘉慶五年

黄丕烈購得《新定續志》，持示錢聽默等鑒定版本。②

錢聽默自金陵歸，攜宋刻《顏氏家訓》示黄丕烈。③

嘉慶六年

錢聽默爲席氏掃葉山房書賈李氏所得《甲乙集》定價。④

嘉慶八年

山塘萃古齋夥計送黄丕烈宋版《吴志》和《史記》。⑤

嘉慶十年

吴騫《聖宋皇祐新樂圖紀》題跋云："予購之吴門錢聽默書林，雖近手抄，亦尚不惡。"⑥

就書籍的流通交易或書林掌故而言，黄丕烈在《陳衆仲文集》、《夷堅志》、《劉子新論》、《竇晉英光集》、《括異志》、《玉峰志》、《陶淵明文集》、《韓山人詩集》、《周職方詩文集》諸書題跋中提到錢聽默或萃古齋，只是具體活動時間不能斷定。這些記載中，有多條顯示錢聽默對古書或相關人事的獨到見解，正是因爲這些看家本領，與其交往的文人學者也常獲益。黄丕烈稱："白堤錢聽默，書友中巨擘也，其遺聞逸事，有關於書籍者所得最多。"⑦此外，如顧廣圻，亦"喜從兩人（朱文游、錢聽默）問各家遺事頗悉"⑧。吴騫云："余至吴門，恒與書林錢景開相周旋。景開往來維揚，游於玲瓏山館馬氏，多識古今書籍，余嘗擬之宋之陳

① 《黄丕烈書目題跋》，頁188。

② 《黄丕烈書目題跋》，頁47。

③ 《黄丕烈書目題跋》，頁99。

④ 《黄丕烈書目題跋》，頁107。

⑤ 《黄丕烈書目題跋》，頁25。

⑥ 吴騫《拜經樓藏書題跋記》，頁87。

⑦ 黄丕烈《渭南文集》題跋，見《黄丕烈書目題跋》，頁188。

⑧ 顧廣圻《清河書畫舫》題跋，見《思適齋書跋》卷三，上海古籍出版社，2007年，頁64。

起。"[1]類似錢聽默、陶正祥、陶蘊輝等業書者的出現,應當作爲一種文化群體來考察。這一群體出現在江南地區,是因爲此地有極爲豐富的處於流動狀態的古書和字畫資源,更是因爲此地有一批有眼光的藏書家,有衆多需要古書畫的文人學者。專業化或高水準的需求造就了非同一般的業書者。

錢聽默聲名要高於陶氏父子,或許與錢氏的某些文人特性有關。錢氏卒,黄丕烈挽以詩,有句云:"《天禄琳琅》傳姓氏,虎丘風月孰平章?"前句是指乾隆四十年(1775)編清宫所藏善本書目《天禄琳琅書目》所收善本中有錢氏所鈐印"白堤錢聽默經眼",繆荃孫稱"其掾經眼印者書必佳"[2]。錢聽默亦有校書、刻書之舉,確實可稱爲"書賈中識古之人也"[3]。黄丕烈詩次句,指錢氏好狹邪游,此事錢泳述之較詳:"有吴興書客錢景開者,嘗在虎丘半塘開書鋪,能詩,尤好狹邪。花街柳巷,莫不經其品題甲乙,多有贈句,三十年來編爲一集,名《夢雲小稿》。嘗曰:'苟有餘資,必爲付刻,可以紀吴中風俗之盛衰也。'袁簡齋先生每至虎丘,輒邀景開爲密友,命之曰'小姐班頭'。"[4]見於記録的袁枚與錢聽默游虎丘有兩次,一次是乾隆二十五年(1760),另一次是乾隆五十三年,這次還有錢氏詩作《虎丘送簡齋先生還武林》[5]。袁、錢交往,在顯示文人的風流品性外,亦可見錢聽默在乾隆二十五年時已有名氣,故到乾隆三十八年傳到皇帝耳中。

> 且江浙諸大省,著名藏書之家,指不勝屈,即或其家散佚,仍不過轉落人手。聞之蘇湖間書賈書船,皆能知其底裏,更無難於物色。[6](乾隆三十八年三月二十八日《諭内閣傳令各督撫予限半年迅速購訪遺書》)
>
> 又聞蘇州有一種賈客,惟事收賣舊書,如山塘開鋪之金姓者,乃專門世業,於古書存佚原委,頗能諳悉。又湖州向多賈客書船,

---

①②③　葉昌熾《藏書紀事詩附補正》,頁743。

④　錢泳《履園叢話》卷二一,中華書局,1979年,頁559—560。

⑤　鄭幸《袁枚年譜新編》,上海古籍出版社,2011年,頁303、540。

⑥　中國第一歷史檔案館編《纂修四庫全書檔案》,上海古籍出版社,1997年,頁68。這四條材料爲研究生侯印國提示。

平時在各處州縣兑賣書籍,與藏書家往來最熟。其於某氏舊有某書,曾購某本,問之無不深知。如能向此等人善爲諮詢,詳加物色,因而四處借抄,仍將原書迅速發還,諒無不踴躍從事。[①](乾隆三十八年三月二十九日《寄諭兩江總督高晉等於江浙迅速購訪遺書》)

臣高晉又遴常州府學訓導孫鳳鳴,給與銀兩,令其前往蘇州山塘書店兼向湖州書賈船隻内,細心探訪,重價購買。[②](乾隆三十八年閏三月十五日《兩江總督高晉等奏查無〈永樂大典〉佚本及訪得馬裕袁枚家書籍摺》)

其湖州書船,則專委湖州知府樊濬生留心物色,俾令四散搜覓,總期辦理迅速,又無遺漏,仰副皇上念典旁求至意。[③](乾隆三十八年閏三月二十六日《浙江巡撫三寶查訪范氏天一閣等藏書情形摺》)

以上所引四條材料,前兩條爲乾隆的諭示,後兩條爲江浙高官的奏摺。皇帝指示蘇湖間賈客書船是"迅速購訪遺書"的良法;地方長官遵命遣派下屬向湖州書船内搜訪。據王欣夫考證,乾隆三十八年三月二十九日中"金"疑"錢"之訛傳。諭示中"有一種賈客"用語較爲特别,其意應是指這些業書者的非同尋常、非同往昔。乾隆三十八年,大約是清代考據之學新時代的開始,而此前錢、陶這些人已經營了多年,"專門世業"意味江南地區已經有相當成熟的交易市場。錢、陶北上,諳悉"古書存佚原委"的書業風氣亦隨之入京城,并因爲四庫修書事業得到强化和擴散,造就了一種與江南地區相呼應的京師書籍流動中心。如同陶正祥五柳居是南方書籍流入京城的中轉站一樣,錢聽默似乎也是這樣的媒介人物。黄丕烈在《虎丘山志》題跋中指出:"《四庫》搜訪遺書時,(錢氏)曾爲巨公某延入書局,故《天禄琳琅》中亦載其姓字,亦可爲榮

① 《纂修四庫全書檔案》,頁70。
② 《纂修四庫全書檔案》,頁81。
③ 《纂修四庫全書檔案》,頁90。

矣。"[①]此"書局"不能考其性質,難斷是官辦,還是私營,但錢氏進入京城,可推知或者任書籍鑒别之職,或從江南搜購書籍。總之,在當時藏書家或讀書人中,當是一件顯眼之事。乾隆能知"此等人"的才能,自然是有知情者的奏聞;而這一書業界的行情,融入君主的强力指示,并經地方官的落實,湖賈因此特殊機緣,聲譽大增,這無疑也促進了湖賈日後的興盛。具有"專門世業"的湖賈的整體性崛起,不斷推進了江南地區書籍的流轉,還直接影響到琉璃廠作爲北方書籍流轉中心的形成。

五 餘論

在西方書籍史研究領域,比較重視書商的研究。羅伯特·達恩頓(Robert Darnton)指出:"書商在供求之間所起的中介角色,以及他們起到的文化催化劑作用,還需要進一步的研究。"[②]文化和學術的發展,往往有文化與學術之外的因素在發生作用。艾爾曼在研究清代江南學術共同體時,特别强調了文獻的數量與交流的重要性:"一個學術共同體要形成公認的話語就要求相關學科具有用途廣泛的文獻積累。知識系統必須積累有關文獻,才能加快新的學術著作發表、出版的速度。除……書院制度和各種形式的贊助外,考據學者還需要一個由藏書家、出版家、書商組成的交流網絡,以促進學術研究的發展。"[③]學界在研究清代學術史時,注意到師承、講學、交游、論學、藏書等多方面因素的影響,但或許限於材料的零碎,或視野的局限,未能注意到不登大雅之堂的書估的功勞。對書估的研究,可將學術風氣的形成與嬗變過程物質化,即從"物流"中探查其起落變化。書估的文化貢獻,尤其是對於活躍在環太湖地區的湖賈而言,他們促使東南地區的書籍的充分流動;同時將南方的圖書資源轉運北方,促使文化資源的均衡配置,從而在京城形成一個書籍交流中心,爲政治中心與文化中心的形成注入豐富的内涵。

販書不是一項簡單的手藝,它要求從業者具備一定的書籍知識、把

① 此題跋由南京圖書館沈燮元先生提供。

② 羅伯特·達恩頓著,肖知緯譯《拉莫萊特之吻:有關文化史的思考》,華東師範大學出版社,2011年,頁105—106。

③ 艾爾曼《從理學到樸學》,頁99。

握文化教育的動向,還要耳目靈通,捕捉藏書家的興衰信息。故而在書籍的配置過程中,書估的搬運,有利於學術文化保持一定的變動,或者造就一種新生的可能。清代學術文化有集成性質,著作繁富,學者衆多,都與書籍處於流轉的狀態有關。書籍的販賣又不是簡單的商業交易,每部書在易主、流播的過程之中皆有故事,有盛衰起落的感喟,還融合知書者、愛書者的情味,這是清人藏書題跋中近乎尋常的情感流露。在關於書籍轉瞬易手以及奇遇的諸多故事中,書估無意之中也參與創造了一種關於書籍聚散的文化。

附録　黄丕烈藏書題跋中所見陶氏五柳居事迹輯録

乾隆五十六年

"五柳居主人陶藴輝思以《唐六典》易余所藏臨陸敕先校本《國語》"(頁 30)

"余初未識是書(《續世説》)也,適邀余友錢丈景開、陶君藴輝至家,二人皆能識古書者,因爲余言是書可爲秘本,余由是珍之。"(頁 310)

附録:鈕非石(五月十八日日記):陶藴輝見招,具舟虎邱。同坐周香嚴云有不全宋本李善注《文選》,惠半農校正《大學》。[①]

乾隆五十七年

"有五柳居書友攜是書(《天下郡國利病書》)來。"(頁 45)

乾隆六十年

"今兹仲冬晦日,偶至郡廟前五柳書居,案頭有鈔本《巨鹿東觀集》。"(頁 177)

"冬仲五柳書屋主人陶藴輝購書於滋蘭堂,是書(《揚子法言》)尚在,重復歸余。"(頁 69)

"(沈姓)一日攜示五柳居主人陶藴輝,思付裝池,陶君遂慫恿售去,卒歸於余。"(《游宦紀聞》題跋,頁 114)

嘉慶元年

"余友陶藴輝爲余言向在京師見一鈔本(《歷代紀年》),是完好者。"

---

① 鈕非石《鈕非石日記》,頁 7。

"頃從五柳書屋得一殘宋本,只十一卷。"(《唐百家詩選》題跋,頁393)

嘉慶二年

"今春陶五柳主人又以一本見示。"(《圭齋文集》題跋,頁208)

"今夏六月陶五柳主人覯一舊本於舍前,艷稱之……屬五柳主人代購,越日,以書來,展卷視之,古色黝然。"(《西湖林和靖先生詩集》,頁175)

嘉慶三年

"初秋,陶五柳主人復以舊鈔本歸余。"(《歸愚集》題跋,頁187)

"五柳主人所遺。"(《弘秀集》題跋,頁227)

嘉慶四年

"陶蘊輝識得是趙靈均手迹。"(《唐御覽詩》題跋,頁226)

嘉慶五年

"九月,得之五柳居。"(《趙清獻公集》題跋,頁318)

嘉慶六年

"五柳居陶蘊輝思得善本《淮南》付梓,余家居無事,思爲校勘,遂借袁本重校於此。"(《淮南子》題跋,頁96)

嘉慶七年

"五柳主人以書棚本《朱慶餘詩集》易余番錢十圓而去,謂是蘭陵繆氏物。又謂有《唐女郎魚玄機詩》。"(《唐女郎魚玄機詩》題跋,頁171)

嘉慶八年

"余友陶君蘊輝雅善識古……昔余所收者,大半出其手。兹復以宋刻《參寥子詩集》相示,索值白鏹三十金,余亦無如之。"(頁182)

"今夏自都門歸,五柳主人攜此本示余。"(《閑閑老人滏水文集》題跋,頁320)

嘉慶九年

"去冬陶五柳攜以示余,云是吴枚庵家所散出去……今春始以家刻《國策》十部相易,蓋價亦約略可抵也。"(《游志續編》題跋,頁58)

"頃五柳主人從都中寄余宋板《洪氏集驗方》。"(《傷寒要旨》題跋,頁80)

"余友陶蘊輝鬻書於都門,得大宋甲申秋楊忱序本,板寬而口黑,亦

小字者,因以寄余。"(《管子》題跋,頁 70)

"余友陶藴輝致意,欲余繕一副本,以元刻《虞道園遺稿》相易。"(《道園遺稿》題跋,頁 206)

"即如此《韓山人詩集》四册,無識者視之直平平無奇耳,惟藴輝以爲去年所寄《陶情集》及此韓集,兩人皆是鄉人,尤可寶重,不遠三千里而寄我。"(《韓山人詩集》題跋,頁 222)

嘉慶十一年

"五柳主人攜示。"(《魏鶴山集》題跋,頁 319)

"適五柳主人應他人之求,遂留此而輟彼。"(《潛夫論》題跋,頁 69)

"杭州書友介其族人陶藴輝售宋刻李注《文選》於余,以此《續幽怪録》二册爲副。"(《續幽怪録》題跋,頁 136)

嘉慶十二年

"五柳主人以殘刻本見遺。"(《蜀鑒》題跋,頁 28)

"五柳主人以特識得之。……後售於五柳,得青蚨一千四百,因入余手,易朱提卅金。"(《説苑》題跋,頁 66)

"五柳主人自都中寄一本示余,楮墨古雅,甚爲可愛。"(《寒山拾得詩》題跋,頁 147)

嘉慶十三年

"余向聞柳文以吴門鄭氏本爲最善……今兹五柳主人以此二册贈余。"(《五百家注音辨唐柳先生文集》題跋,頁 150)

"過五柳書店……(又從主人得)宋槧本王荆公《唐百家詩選》第五卷第八卷,又第十三卷至第十六卷。"(《唐百家詩選》題跋,頁 331)

嘉慶十四年

"余得諸五柳居書肆,昆山孔氏所藏書也。"(《青城山人集》題跋,頁 223)

"去年(五柳)主人進京師,首以此書爲屬,今始带回,已爲余出百二十金購之。"(《輿地廣記》題跋,頁 144)

"五柳陶君從都中寄示惠定宇先生家藏鈔本。"(《圭齋文集》題跋,頁 208)

嘉慶十五年

"會吾友五柳主人歸自京,其同業必取决於彼,詢之,果以六番餅易

之,遂從彼取回。”(《東萊先生詩律武庫》題跋,頁 234)

“今歲夏初,五柳主人從都中歸,攜有全部宋刻本。”(《纂圖重言重意互注毛詩》題跋,頁 15)

嘉慶十六年

“往五柳居晤語之,主人以新收全部秘笈對,即從之借《武林舊事》歸。”(《武林舊事》題跋,頁 57)

嘉慶十八年

“中秋後八日偶過五柳居,知新從無錫人買得元刻劉須溪評點《王右丞詩》,即借歸,與宋刻對。”(《王右丞集》題跋,頁 148)

“五柳主人以柳大中手鈔貞居先生詩詞本見示。”(《句曲外史》題跋,頁 213)

“五柳書居以鈔本宋詞四種示余,余以其皆重本,故未留,越日思之……遂復問之,索直三番,余因攜歸,出此《日湖漁唱》一種以校。”(《日湖漁唱》題跋,頁 250)

“晤五柳主人,談及新收是書,遂假歸,已大除夕矣。”(《新刊古今歲時雜詠》題跋,頁 381)

“五柳主人以宋詞三册示余,余獨留此册……附收《簫臺詞》,用毛鈔本校,頗有勝於此本者。”(《簫臺公餘詞》題跋,頁 332)

嘉慶十九年

“去冬五柳主人族弟歸(自京師),忽代購獲。”(《新編翰林珠玉》題跋,頁 206)

“五柳陶君來道喜,留之飯,座間談及新收一舊鈔本《硯箋》。”(《硯箋》題跋,頁 92)

嘉慶二十年

“五柳主人新收洞庭山人家書一單,中有惠松崖先生藏一舊抄本,向爲毛子晉家藏者。”(《唐摭言》題跋,頁 120—121)

“余友陶蕴輝識是東澗老人書。”(《汪水雲詩》題跋,頁 196)

“校《周禮》,曾借五柳居所收小字宋本校‘天官’上下卷於毛刻注疏本上。”(《周禮鄭氏注》題跋,頁 353)

嘉慶二十一年

“三月二日因祭掃祖墓,自胥門歸,道經五柳居書坊分店,小憩焉。

店中皆時書,以供碼頭生意者。惟櫃外一二插架稍有舊本,遂從架上獲此書"。(《避暑録話》題跋,頁 112)

嘉慶二十三年

"因得活字本,遂動鈔補之興,托五柳主人往借藝芸書舍本新對一過。"(《文苑英華纂要》題跋,頁 229)

嘉慶二十四年

"五柳主人郎君雅宜,邀余觀香嚴遺書,檢得此册。"(《杜東原集》題跋,頁 329)

嘉慶二十五年

"七月二十五日,五柳主人招飲白堤,晤邵松岩。"(《須溪先生評點簡齋詩集》題跋,頁 376)

附録:年代不明者

《王建詩集》題跋:"嘉慶癸未六月四日,收於郡廟前五柳居所收《王建詩集》。"[①](頁 158)

《諸葛忠武侯傳》:"玆從武林購歸,與明刻本《練川志》并得,索白金八兩而去,余友陶藴輝實玉成之。"(頁 34)

《中興館閣録》題跋:"此鈔本得諸五柳居,實嘉善人家物也。"(頁 59)

《絳雲樓書目》題跋:"五柳主人以此本見遺,手寫極工雅,知是何仲老鈔本。"(頁 62)

《劉子》題跋:"《劉子》有宋刊本,系小字,向爲五柳居物,後以贈陽湖孫伯淵。"(頁 98)

《玉峰志》題跋:"及余得此,余友五柳陶君復於玉峰骨董鋪中獲一舊鈔本。"(頁 51)

《會稽三賦》題跋:"後於五柳居書肆見一本,印已糊塗,紙多裱托,因未購之。"(頁 56)

《東維子文集》題跋:"五柳居收得揚州蔣西圃家數種,亦有此集。"(頁 217)

---

① 嘉慶年間無癸未年,此一題跋有錯誤。

《文心雕龍》題跋:"此册爲其(朱文游)甥家藏書也。文翁故後,書籍散亡,此册爲其甥所售於五柳書居者。……余重之,故允其請,而書來。其實校語無足重,舊刻差可貴爾。"(頁 244)

《庶齋老學筆談》題跋:"相傳此書在賣骨董高姓鋪中,陶五柳主人與我友孫蔚堂豪奪而歸。"(頁 367)

(作者單位:南京大學文學院)

古典文獻研究(第十六輯)
2013年7月

馬融《廣成頌》、《上林頌》考辨

楊化坤

《廣成頌》、《上林頌》是東漢經學大師馬融(79—166)的兩篇重要頌作,由於文獻的疏漏及理解的差異,前者的作年問題一直未有定論;後者因亡佚較早,故而人們甚至否定它的存在,又有以日藏弘仁本《文館詞林》所載闕題殘篇爲《上林頌》者,以致疑點重重,未有定論。本文擬在已有成果之上,對二文存在的問題予以辨明。

一 《廣成頌》作年考

《後漢書·馬融傳》記載:"元初二年,(融)上《廣成頌》以諷諫。"① 明確説明《廣成頌》作於115年。陳邦福《馬季長年譜》亦持此説,不疑②。陸侃如在《中古文學系年》中首次提出異議,他先列出馬融本傳及所載《廣成頌》的以下文字:

> 鄧太后臨朝,騭兄弟輔政。而俗儒世士,以爲文德可興,武功宜廢,遂寢蒐狩之禮,息戰陳之法,故猾賊縱横,乘此先備。融乃感激,以爲文武之道,聖賢不墜,五才之用,無或可廢。元初二年,上《廣成頌》以諷諫。③
>
> 伏見元年以來,遭值厄運,陛下戒懼災異,躬自菲薄,荒棄禁

① (南朝宋)范曄撰,(唐)李賢注《後漢書》,中華書局1965年,頁1954。

② 《年譜》"元初二年"條:"本傳云:是年上《廣成頌》。辭載本傳。"鄧實、黄節主編《國粹學報》第十五册,廣陵書社2006年影印本,頁9513。

③ 《後漢書》,頁1954。

苑，廢弛樂懸，勤憂潛思，十有餘年，以過禮數。重以皇太后體唐堯親九族篤睦之德。[①]

今年五月以來，雨露時澍，祥應將至。方涉冬節，農事閑隙……於今十二年，爲日久矣。[②]

又參照同書《鄧騭傳》、《安帝紀》：

騭子侍中鳳，嘗與尚書郎張龕書，屬郎中馬融宜在臺閣。又中郎將任尚嘗遺鳳馬，後尚坐斷盜軍糧，檻車徵詣廷尉，鳳懼事泄，先自首於騭。騭畏太后，遂髡妻及鳳以謝，天下稱之。[③]（《鄧騭傳》）

（元初五年）三月，京師及郡國五旱，詔稟遭旱貧人……十二月丁巳，中郎將任尚有罪，棄市。[④]（《安帝紀》）

據上述材料，陸氏認爲此頌當作於元初五年(118)，并作推算："自安帝即位至本年恰爲十二年，故融傳元初二年當爲五年之誤。三月旱後，五月雨季便算祥瑞。頌當作於十月，下距任尚之誅兩月有餘。"[⑤]但是此處陸氏并未對所引材料之間的關係作出解釋，他的這種推論似乎也只是一種可能，缺乏確鑿證據，故而唐蘭對此提出質疑。

唐先生辯駁説："第一，鄧氏的政策是在寧息百姓，元初五年的詔書正在提倡節約，馬融正在希望進用，將順其志還顧不及，怎麽能想到校獵廣成上去。第二，任尚是在這一年的十二月棄市的，檻車徵詣廷尉應在其前，鄧鳳請托的事也一定早有發覺了，在這樣的環境下他也不會去作《廣成頌》。還有一件奇怪的事情，是日本古鈔本《文館詞林》裹的《廣成頌》……可是在這個殘卷裹所説王師敗績的地方有三處：梁并、徐揚、蠻荆，决不是元初時所説的。"上述質疑，陸氏雖對之一一回應，但仍未

① 《後漢書》，頁1954。
② 《後漢書》，頁1955—1969。
③ 《後漢書》，頁616。
④ 《後漢書》，頁228—229。
⑤ 陸侃如《中古文學系年》，人民文學出版社1985年，頁144—145。

提出他認爲《廣成頌》作於元初五年的的依據①。

反對陸氏觀點的還有劉躍進，他没有正面指出元初五年作頌的錯誤，而是試圖尋找元初二年的可能性。其云："鄧太后輔政在和帝死後的元興元年(105)，至本年正好十二年，與賦中提到'方今大漢收功於道德之林，致獲於仁義之淵，忽蒐狩之禮，闕槃虞之佃。闇昧不睹日月之光，聾昏不聞雷霆之震，於今十二年，爲日久矣'正相吻合。而永初四年(110)，馬融拜爲校書郎中，詣東觀典校秘書，因此，不應懷疑此賦作於本年的記載。"②

依照劉氏觀點，115 年作頌仍存疑問。首先，元興元年至元初二年前後共十一年，并非"正好十二年"。其次，劉氏在作此推斷前已從四個方面指出 115 年存在的問題：(一) 馬融永初三年(109)還京師，時年三十一，翌年入東觀，至 115 年才七年，而非十年；(二) 頌中的"元年"，李賢注爲安帝永初元年(107)，至 115 年只有九年，與"十有餘年"不符；(三) 本傳又在"禁錮之"下有李賢注："《融集》云：時左將奏融遭兄子喪，自劾而歸，離署當免官。制曰：'融點校秘書，不推忠盡節，而羞薄詔除，希望欲試州郡，免官勿罪。'禁錮六年矣。"與此有異，也不是十年；(四) 頌序中稱"今年五月以來，雨露時澍，祥應將至"，而據《後漢書·安帝紀》載，元初二年"五月，京師旱，河南及郡國十九蝗"，二者明顯矛盾③。

劉先生提出的上述疑問，第一和第三中的"十年"即馬融本傳所云"頌奏，忤鄧氏，滯於東觀，十年不得調"，與馬融還京師至元初二年共七年、後因遭彈劾而禁錮六年爲不同時間段，之間没有必然聯繫，以此證明 115 年作頌有誤，不具説服力④。可第二和第四確是言之鑿鑿。他

① 唐蘭《馬融作廣成頌的年代》文載於 1947 年 7 月 11 日天津《大公報》文史周刊第 33 期，原文未見，轉引自《中古文學系年》，此段文字與陸氏的回應，俱見《中古文學系年》，頁 145—146。

② 劉躍進《秦漢文學編年史》，商務印書館 2006 年，頁 467。

③ 《秦漢文學編年史》，頁 466。

④ 陳邦福對"十年"的理解爲："融自元初二年上頌，至延光三年(124)出爲河間廄長，正和十年之數。"《國粹學報》第十五册，廣陵書社 2006 年，頁 9514。這種解釋顯然有誤。馬融在復出前有遭禁的經歷，通過本傳所載"太后崩，安帝親政，召還郎署，復在講部"來看，自遭禁初至此期間馬融并未在東觀。遭禁在出任廄長前，按照陳氏的解釋，也應在十年内。而前文已明確説明是"滯於東觀，十年不得調"，表明十年中馬融一直供職東觀。故傳中"十年"不當爲 115—124 年。

雖堅持115年作頌之説,而對自己提出的這些疑問,却未能合理解釋。

筆者認爲,要想解决此頌的作年問題,在没有其他文獻佐證的情况下,對《廣成頌》文本的分析,無疑是最爲重要的途徑。陸、劉二先生提到的頌文中有兩句話很值得玩味,一句是序中文字:"伏見元年以來,遭值厄運,陛下戒懼災異,躬自菲薄,荒棄禁苑,廢弛樂懸,勤憂潛思,十有餘年,以過禮數。"另一句位於文末:"方今大漢收功於道德之林,致獲於仁義之淵,忽蒐狩之禮,闕槃虞之佃。暗昧不睹日月之光,聾昏不聞雷霆之震,於今十二年,爲日久矣。"二者表達的是同樣的意思,都在對廢棄校獵之禮表示不滿。"陛下戒懼災異,躬自菲薄,荒棄禁苑,廢弛樂懸,勤憂潛思"即"忽蒐狩之禮,闕槃虞之佃。暗昧不睹日月之光,聾昏不聞雷霆之震"之意,説明安帝因國家連年災害而廢棄校獵。"爲日久矣"也即在指責安帝"以過禮數"。從文章的思想主旨可以看出,馬融對廢棄校獵的行爲極爲反對,所以在序中説明上頌意圖後,又於篇末寄予諷諫,凸顯主旨。

不僅如此,二者還均涉及一個重要問題,即最初廢棄校獵到作頌的時間。前者是從"元年"至今"十有餘年",後者從"忽蒐狩之禮"迄今已"十二年"。孤立地看,二者都未提供準確的起止時間,但既然是叙述同一事件,且又是同一人所作同一篇作品,那麽所述時間理應一致。這樣看,"十有餘年"也就是"十二年",即從元年開始至作頌之時,已有十二年了。

如此一來,只要知道"元年"的確切時間,《廣成頌》的作年問題便可迎刃而解。關於"元年",李賢注:"即安帝即位年也。厄運謂地震、大水、雨雹之類。"[①]安帝即位年號爲永初(107)。我們可以從兩方面驗證李賢注是否正確。首先,馬融獻頌時間是安帝在位、鄧太后臨朝期間,永初之後,安帝年號還有元初(114)、永寧(120)、建光(121)、延光(122)四個,鄧太后崩於121年。頌稱"元年以來……十有餘年",若"元年"爲前面和帝、殤帝的年號,則此處勢必不得簡稱。如果是後四個,則作頌已在鄧太后崩後,顯然矛盾。這樣,"元年"只可能爲永初元年。其次,

① 《後漢書》,頁1956。

據《後漢書·孝安帝紀》載，永初元年"郡國十八地震，四十一雨水，或山水暴至，二十八大風，雨雹"①，也與頌稱"遭值厄運"相符。通過以上對照，我們可以斷定"元年"確如李賢所注，爲永初元年（107）。這樣考慮的話，《廣成頌》的作年應是永初元年之後的第十二年即元初五年（118），恰與陸侃如的觀點一致。至於五年爲何誤爲二年，筆者以爲，可能由於簡册存放日久，"五"壞爲"二"字，非爲范曄誤記。

就此來看，上述推論是可以成立的，但仍有抵牾尚未解決。《後漢書·馬融傳》又記載了馬融獻頌之後的經歷：

> 頌奏，忤鄧氏，滯於東觀，十年不得調。因兄子喪自劾歸。太后聞之怒，謂融羞薄詔除，欲仕州郡，遂令禁錮之。太后崩，安帝親政，召還郎署，復在講部。出爲河間王廄長史。②

李賢注："禁錮六年矣。"即馬融118年獻頌後，滯於東觀，又遭禁錮六年，太后崩後方被安帝解禁。這與前文的推斷顯然衝突，因爲馬融獻頌的時間距太后崩只有三年，爲何會被禁錮六年？筆者認爲，此處李賢注當誤。

本段李賢共有兩處注釋，一是"因兄子喪自劾歸"後注："《融集》云：'時兄侃子在融舍物故，融因是自劾而歸。'"③另一處於"禁錮之"後注："《融集》云：'時左將奏融遭兄子喪，自劾而歸，離署當免官。制曰："融典校秘書，不推忠盡節，而羞薄詔除，希望欲仕州郡，免官勿罪。"'"④從注文兩次提及《融集》可以判斷，李賢當參考了《馬融集》，而馬融曾撰有《自叙》一文收於其文集中，故李賢注當以此爲基礎⑤。但禁錮六年應是李賢自己的推斷。倘若馬融已明言遭禁具體時間，李賢當會依《融集》注出原文。另外，聯繫馬融"滯於東觀，十年不得調"的記載，也可見

① 《後漢書》，頁209。
② 《後漢書》，頁1970—1971。
③④ 《後漢書》，頁1970。
⑤ 關於《自叙》一文，詳見易聞曉《馬融文章考》，《古籍整理研究學刊》2011年第6期。

其遭禁六年之誤。據《後漢書》行文順序可知,十年不得調離東觀與遭禁六年爲先後關係,非爲包含關係。即先是十年未調,後因自劾而歸遭禁錮。融本傳云:"(永初)四年,拜爲校書郎中,詣東觀典校秘書。"[①]永初四年即 110 年,下距 121 年共十二年,倘若如李賢所言,則應爲十六年,顯然有誤。不得調即不得升遷或調離他職,但仍在東觀典校秘書。而禁錮則免去其一切職務,二者性質不同。故從這個方面看,十年不得調與禁錮也是先後的順序。可能《後漢書》此處的"五"字在李賢之前就已壞爲"二"字,所以他在注釋時,未加仔細思索,從 115 年年底開始算至 121 年太后崩[②],便得出遭禁六年的結論。

通過上述分析可以看到,對於這段時間馬融的經歷,合理的解釋應是:118 年獻頌,翌年自劾而歸,隨即遭鄧太后禁錮,至 121 年安帝親政,方被召還郎署。

二　《上林頌》考

《上林頌》不見於《後漢書·馬融傳》,後世文獻雖多有提及,但由於亡佚較早,不少學者未見其文,以致對其是否存在一直持懷疑態度,這集中體現在對《文心雕龍·頌贊》篇的研究中。《文心》云:"馬融之《廣成》、《上林》,雅而似賦,何弄文而失質乎!"[③]黄叔琳校:"《上林》疑作《東巡》。"馮舒亦同。黄侃曰:"《廣成頌》見《後漢書》本傳。《上林》無可考,黄注謂《上林》疑作《東巡》。案《全後漢文》十八有《東巡頌》佚文,其體頗與《廣成》相類。"[④]懷疑"上林"爲"東巡"之誤。范文瀾亦稱:"疑作《東巡》。"[⑤]劉師培認爲:"《廣成》之下,疑脱二字,或當作'體擬上林'。觀下文'敷寫似賦,而不入華奢之區',則此或謂《廣成頌》模擬《上林》,非體之正也。"推測《上林頌》可能根本就不存在。此外,還有一種觀點,

① 《後漢書》,頁 1954。

② 《廣成頌序》曰:"方涉冬節,農事閑隙,宜幸廣成。"(《後漢書》,頁 1955)可知馬融獻頌時間當爲當年年底,下距 121 年恰好六年時間。

③ (梁)劉勰撰,(清)黄叔琳注,(清)李詳補注,楊明照校注拾遺《增訂文心雕龍校注》,中華書局 2000 年,頁 108。

④ 黄侃《文心雕龍劄記》,上海古籍出版社,2000 年,頁 73。

⑤ (梁)劉勰撰,范文瀾注《文心雕龍注》,人民文學出版社 1958 年,頁 157。

懷疑《廣成頌》與《上林頌》爲同一篇文章,如何焯分析説:“《上林》舊校疑作《東巡》,據《融傳》,無《上林》也。然摯虞《文章流别論》亦謂:‘《廣成》、《上林》,純爲今賦之體,而謂之頌。’則似果有《上林頌》者。《藝文類聚》一百引《典論》曰:‘議郎馬融,以永興中,帝獵廣成,融從。是時,北州遭水潦、蝗蟲,融撰《上林頌》以諷。’今檢《廣成頌序》,有‘雖尚頗有蝗蟲’之言,又似《上林》即《廣成》。舊文闕佚,疑不能明。”認爲《文章流别論》和《藝文類聚》不足以證明《上林頌》的存在,《上林》即爲《廣成》,亦未可知。

除《文心》外,上述學者共提及《流别論》及《藝文類聚》兩種記載《上林頌》的文獻,但均不見原文,故有所懷疑,也在情理之中。清末重新傳回中土的《玉燭寶典》與上有别,其直接徵引《上林頌》原文:“鶉鷃如煙。”[①]雖僅四字,已足以證明此頌曾經確實存在。楊明照據以駁前人觀點:“是季長此頌,隋世尚存,故杜氏得徵引之也。何能因其頌文久佚,而遂疑作‘東巡’耶!”[②]另外,首次也是唯一一部録有《上林頌》全文的《文館詞林》[③],將其編於卷三八四,原文早佚,今雖僅存目録,但也能證明《上林頌》的存在。上述學者對《文心》原文有誤的懷疑,均可利用這兩則材料予以否定。又《玉燭寶典》所引《上林頌》四字不見《廣成頌》,日藏弘仁本《文館詞林》中,《廣成》、《上林》二頌標題於目録中并見,亦可證明何焯懷疑二頌爲同一文章之誤。

曹丕《典論》,記載《上林頌》雖較爲簡略,但對該文的寫作時間、寫作目的及創作背景都有交代,足資考證。下面我們就以此爲基礎,參核《後漢書》所載,加以詳考。

《典論》記:“議郎馬融以永興中帝獵廣城,融從。”按永興(153—154)爲桓帝年號。融本傳載:“三遷,桓帝時爲南郡太守。先是融有事忤大將軍梁冀旨,冀諷有司奏融在郡貪濁,免官,髡徙朔方。自刺不殊,

---

① (隋)杜臺卿《玉燭寶典》卷三注,《續修四庫全書》本,上海古籍出版社,2002年,頁38。

② 《增訂文心雕龍校注》,中華書局,2000年,頁116。

③ (唐)許敬宗撰,羅國威整理《日藏弘仁本文館詞林校證》,中華書局,2001年。

得赦還,復拜議郎,重在東觀著述,以病去官。”[①]馬融於桓帝在位期間再一次任職議郎,與《典論》記載一致。

《典論》只籠統説《上林頌》作於永興中,具體爲哪一年,則無法確指。《後漢書・孝桓帝紀》載:“(永興)二年冬十一月甲辰,(桓帝)校獵上林苑。”[②]若《典論》所云“廣城”爲“上林”之誤,則當作於154年。但《典論》又稱“是時,北州遭水潦、蝗蟲”,考《後漢書・孝桓帝紀》:

> (永興元年)秋七月,郡國三十二蝗。河水溢。百姓飢窮,流宂道路,至有數十萬户,冀州尤甚。詔在所賑給乏絶,安慰居業。……(二年)六月,彭城泗水增長逆流。詔司隸校尉、部刺史曰:“蝗災爲害,水變仍至,五穀不登,人無宿儲。其令所傷郡國種蕪菁以助人食。”京師蝗。東海朐山崩。九月丁卯朔,日有食之。詔曰:“朝政失中,雲漢作旱,川靈涌水,蝗蟲孳蔓,殘我百穀,太陽虧光,飢饉荐臻。其不被害郡縣,當爲飢餒者儲。天下一家,趣不糜爛,則爲國寶。其禁郡、國不得賣酒,祠祀裁足。”[③]

永興元年、二年水潦、蝗蟲災害均極爲嚴重,但區域不同。元年主要是冀州地區,與《典論》所指“北州”一致。二年則彭城泗水泛濫,以及京師洛陽蝗蟲災害。比較二者與《典論》的契合度,似乎《上林頌》又應作於153年。

通過以上考證,我們可作如下總結:《上林頌》的創作時間爲永興(153—154)年間,馬融時爲議郎。冀州等北部地區正遭受水災、蟲害,這種情況下,桓帝仍於廣成(或上林)校獵取樂。對此,馬融上頌加以諷諫。

據現有材料看,《上林頌》除《玉燭寶典》所引一句外,其他均已亡佚。然刊於《古籍整理研究學刊》2004年第1期的姜維公《文館詞林闕題殘篇考證》一文認爲,日藏弘仁本《文館詞林》中一篇闕題殘文,即爲

① 《後漢書》,頁1972。
② 《後漢書》,頁300。
③ 《後漢書》,頁298—300。

馬融《上林頌》[1]。關於該文,《文館詞林》的整理者羅國威先生稱之“卷次不明殘簡”,并云:“此乃一篇題及作者皆不明之殘篇,首尾皆佚,惟文中有‘然後光武乘天機……復太祖之弘基,至於永平’,‘建初鬱鬱,增修前緒,班固司籍,賈逵述古,崔駰頌征,傅毅巡狩’等語。永平、建初皆後漢年號,則此文當系後漢文,可補入《全後漢文》中。”對於文章的作者和篇題,羅氏持存疑態度。姜文的觀點與之不同,他首先從史籍的記載情況、對殘篇文體和思想的考察、馬融生活時代與殘篇顯示年代之比較等方面,得出殘篇即馬融《上林頌》。其次,以此爲基礎,推斷殘篇的寫作年代及創作動機,認爲該頌作於漢安帝延光二年(123),是一篇撫時感事之作。仔細推敲其論證過程,并聯系《典論》對《上林頌》的記載,我們可以看出,其結論并不客觀。故而許雲和先生撰《日藏弘仁本〈文館詞林〉卷次不明之闕題殘篇考辨》一文[2],對姜文以殘篇提到了“廣成苑”即認爲該文爲《廣成頌》的姊妹篇《上林頌》、認爲殘篇的寫作時間晚於《廣成頌》,以及姜文認爲殘篇的文體與《上林頌》相和等三方面加以辯駁,認爲殘篇并非《上林頌》,十分具有説服力,然仍有可補充者。今在許文的基礎上,筆者進一步提出自己的看法。

首先,姜文認爲:“日本弘仁本《文館詞林》存文分詩、頌、七、碑銘、詔、敕、令、教、表九種,簡文應該是這些文體中的一種,殘篇是記述田獵的賦體文字,而這樣的賦體,在上面九種文體中只有‘頌’才能與它對應,而日弘仁本《文館詞林》的頌恰巧有三篇有目無文的頌。”在排除孔寧子《平洛頌》、馬融《廣成頌》的可能後,他説:“這個殘篇很可能就是《上林頌》。”這種推理表面看來順理成章,但却忽視了最爲重要的前提,即日藏弘仁本《文館詞林》本身就是殘缺不全的。《文館詞林》乃初唐許敬宗撰,原書一千卷[3],後代逐漸缺失,至宋初便已在中土亡佚[4]。日藏弘仁本《文館詞林》於清末傳入中國,是書從目録看,僅存二十七卷,且

---

① 《日藏弘仁本文館詞林校證》,頁 486。

② 許雲和《日藏弘仁本〈文館詞林〉卷次不明之闕題殘篇考辨》,《古籍整理研究學刊》2007 年第 5 期。

③ 《舊唐書·經籍志》:“《文館詞林》一千卷,許敬宗撰。”《新唐書·藝文志》所載亦同。

④ 見《日藏弘仁本文館詞林校證·前言》。

大都篇目有所亡佚,今存文章僅占全書的極少一部分。故原書的文體數目要遠遠多於現存的九種,既然如此,便無法確定殘篇爲現存九種之一。

其次,姜文又説,馬融《廣成頌》雖名爲頌,實爲賦體,《長笛賦》按馬融的原意當爲《長笛頌》,只因收入《文選》中,故改爲賦。并以此推斷,"馬融所作之'頌',即蕭統等人所謂之'賦'",以此認爲殘篇與馬融《上林頌》在文體上是吻合的。筆者認爲,殘篇在文體上的確顯現出與賦體相同的特徵,但在東漢時期,賦與頌之間的關係并不容易區分,誠如姜文所云,馬融《長笛賦》原爲《長笛頌》。從文體考察,殘篇的確可能與《上林頌》相同,但這并無法確定二者爲同一篇文章。對於名爲頌體實則爲賦的作品,《文館詞林》在進行文體分類時,採取的辦法是遵循其原始名稱,原名作《上林頌》,即便是賦體,也同樣編入頌類。而對於這篇闕題之作,我們無法斷定其是頌是賦,《文館詞林》原書規模宏大,編選之初,勢必會選入大量賦作,殘篇即爲其中之一,這是極有可能的。

第三,姜文分析説,殘篇中心思想具有重武傾向,這與馬融《廣成頌》的思想一致。而且認爲,"殘篇重武思想比《廣成頌》還要强烈,個人理解,大概馬融因爲《廣成頌》奏效不大,所以刻意推出《上林頌》來加深人們對他思想的理解"。并推斷《上林頌》寫作時間爲延光二年(123)。此處對《廣成頌》及殘篇思想的分析基本是正確的,但若以爲《上林頌》也是重武思想,則顯然没有考慮到《上林頌》撰寫的歷史背景。

殘篇以主客問答的形式,描繪了當時蒐狩的場景,并對東漢一朝的歷史及現狀進行誇讚,最後説:"方今聖朝遠度,深惟圖難爲大,必於細微,存不忘亡,安不忘危,不教人戰,孔子所譏。"①確如姜文所説,顯示了濃重的重武思想。又《廣成頌》稱:"蓋安不忘危,治不忘亂,道在乎兹,斯固帝王之所以曜神武而折衝者也。"②二者均化用《周易》"君子安而不忘危,存而不忘亡,治而不忘禮"之語,思想簡直如出一轍。但這不僅無法説明殘篇即爲《上林頌》,反而嚴重違背《上林頌》的寫作目的。據上文所述,馬融因上《廣成頌》惹惱鄧太后,十年不得升遷,之後必會

① 《日藏弘仁本文館詞林校證》,頁486。
② 《後漢書》,頁1967。

引以爲戒,誠如本傳所載:"初,馬融懲於鄧氏,不敢復違忤勢家。"[①]説明至少短時間内馬融不會再次進諫。123年距其解禁不過兩年時間,他如何會在剛遭挫折後不久又重蹈覆轍呢?事實上,《上林頌》的作年爲永興中,桓帝在災害連連的情況下,依然校獵享樂,對此馬融上頌以諷,顯然是要勸其勵精圖治,應對災害,并非什麽重武思想。

最後姜文還補充説,馬融的生活時代與殘篇所體現的年代相合。但這不過是一種可能,并不能説明殘篇的作者即是馬融。在確定殘篇爲《上林頌》後,姜文開始分析其寫作年代和創作動機。既然最初的結論已誤,那麽之後的推論便也不攻自破了,這裏不再一一辨駁。

通過以上論述可以看出,姜文論證闕題殘篇爲《上林頌》的幾個角度,有的僅爲一種可能,有的則完全與事實背離。通過將闕題殘篇的思想與《上林頌》對照可知,二者不相吻合,故而殘篇决非《上林頌》,具體爲何人所做之文,尚待進一步研究。

(作者單位:南京大學文學院)

① 《後漢書》,頁1972。

古典文獻研究(第十六輯)
2013年7月

夏侯湛賦篇考述

何易展

夏侯湛,字孝若,沛國譙縣(今安徽亳州)人。西晉文學家。曹魏名將夏侯淵之曾孫;其父夏侯莊,淮南太守。武帝泰始年間舉賢良,對策中第。後選補太子舍人,轉尚書郎,出爲野王令。又曾爲中書侍郎、南陽相,不久遷爲太子僕。晉惠帝時爲散騎常侍,元康初病逝,年四十九。《晉書》卷五十五有傳。據《隋書·經籍志》記載,夏侯湛有《新論》十卷,《集》十卷,今佚。

今據《歷代賦彙》所録,夏侯湛賦25篇,其中2篇重出,實際所録當爲23篇。張溥(1602—1641)輯《漢魏六朝百三家集》卷四十四之《夏侯常侍集》收其賦23篇,嚴可均(1762—1843)輯《全晉文》輯其賦25篇,其中篇目和篇數略有出入。《夏侯常侍集》無《歎秋賦》、《木槿賦》、《寒雪賦》,《全晉文》亦無《木槿賦》。《夏侯常侍集》與《歷代賦彙》所録《春可樂賦》、《秋可哀賦》、《秋夕哀賦》篇,《全晉文》分别題作《春可樂》、《秋可哀》、《秋夕哀》。

從嚴氏輯《全晉文》夏侯湛賦篇末所注參考文獻來看,其主要依據《太平御覽》、《藝文類聚》、《初學記》諸書。張溥輯《漢魏六朝百三名家集》亦當以此類書爲參考,或另有嚴氏所未見者,如彭懋謙《重刊漢魏六朝百三家集序》云:"其採之類書,得之金石。零章斷句,備録於篇。尤見好古誠摯。"又稱:"第榛楛勿剪,疏舛遂多,覽者不無微議。"①該書在光緒五年(1879)重刊時,彭懋謙即云:"他如原本脱漏僞奪者,又爲之考諸正史,證諸唐宋類書,改正亦復不少。"可見《夏侯常侍集》的刊輯亦可

① (明)張溥輯《漢魏六朝百三家集》,光緒己卯夏信述堂重刻本,卷首彭序。

能參照了《藝文類聚》、《初學記》、《太平御覽》等書。細檢之,我們發現在《歷代賦彙》及《全晉文》中所録夏侯湛賦篇皆有重出誤題、竄誤或漏收等現象。今借諸書互證,對夏侯氏賦篇略作探討,以求釐正。

文獻書目	夏侯湛賦篇目	篇數
《夏侯常侍集》	《雷賦》、《春可樂賦》、《秋夕哀賦》、《秋可哀賦》、《大暑賦》、《禊賦》、《梁田賦》、《夜聽笳賦》、《鞞舞賦》、《雀釵賦》、《釭燈賦》、《繳彈賦》、《觀飛鳥賦》、《玄鳥賦》、《獵兔賦》、《滑桐賦》、《芙蓉賦》、《石榴賦》、《宜男花賦》、《朝華賦》、《浮萍賦》、《薺賦》、《瓜賦》	23
《全晉文》	《寒雪賦》、《雷賦》、《電賦》、《禊賦》、《大暑賦》、《歎秋賦》、《梁田賦》、《鞞舞賦》、《夜聽笳賦》、《繳彈賦》、《獵兔賦》、《雀釵賦》、《釭燈賦》、《合歡被賦》、《宜男花賦》、《芙蓉賦》、《浮萍賦》、《薺賦》、《石榴賦》、《安石榴賦》、《滑桐賦》、《朝華賦》、《瓜賦》、《觀飛鳥賦》、《玄鳥賦》(另《春可樂》、《秋可哀》、《秋夕哀》)	25
《歷代賦彙》	《雷賦》、《春可樂賦》、《大暑賦》、《秋可哀賦》、《獵兔賦》①、《鞞舞賦》、《夜聽笳賦》、《雀釵賦》、《薺賦》、《浮萍賦》、《朝華賦》、《芙蓉賦》、《宜男花賦》、《石榴賦》、《玄鳥賦》、《觀飛鳥賦》、《獵兔賦》(重收)《秋夕哀賦》、《梁田賦》、《釭燈賦》、《繳彈賦》、《滑桐賦》、《瓜賦》、《木槿賦》、《禊賦》	25/23
《北堂書鈔》	夏侯湛《寒雪賦》:"野田游獸,榛蕪棲鳥,蛇枯糺於幽穴兮,龍潛身於天表";夏侯孝若《合歡被賦》:"舉華鏡以自覽,被玄鬢而垂白";夏侯孝若《繳彈賦》	3
《太平御覽》	夏侯湛《春可樂》、《獵兔賦》、《芙蓉賦》;夏侯孝若《梁田賦》(2)《芙蓉賦》(2)《石榴賦》、《春可樂》、《秋可哀》、《大暑賦》、《繳彈賦》、《電賦》("攢雲間而飛火,絳煙起於雲中")	9
《藝文類聚》	《春可樂》、《禊賦》、《夜聽笳賦》、《獵兔賦》、《雀釵賦》、《釭燈賦》、《宜男花賦》、《芙蓉賦》、《石榴賦》、《滑桐賦》、《朝華賦》、《觀飛鳥賦》、《玄鳥賦》、《秋可哀》、《秋夕哀》	13+2
《初學記》	《大暑賦》(2)《秋可哀賦》、《禊賦》、《鞞舞賦》、《笙賦》、《浮萍賦》、《石榴賦》、《春可樂》	8

① (清)陳元龍編《歷代賦彙》,鳳凰出版社2004年版,其卷五十八、卷一百三十六皆收有《獵兔賦》,當重出。故實際篇目當與《夏侯常侍集》同,但具體篇目略異。

一

(一)《木槿賦》與《獵兔賦》

《歷代賦彙》補遺卷十六録夏侯湛《木槿賦》,此篇在《北堂書鈔》、《藝文類聚》、《太平御覽》、《初學記》、《全晉文》、《夏侯常侍集》等書中皆未收載。細檢其文,此賦與《歷代賦彙》卷一百二十一録《朝華賦》全同,當爲重出誤收。《藝文類聚》、《夏侯常侍集》、《全晉文》、《歷代賦彙》皆録作《朝華賦》。《藝文類聚》卷八十九"木部下"木槿條下作《朝華賦》。《毛詩》云:"有女同車,顔如舜華。"傳曰"親迎同車也;舜,木槿也。"①《藝文類聚》引《説文》曰:"舜,木槿也,朝花暮落。"②此條下《藝文類聚》并引《爾雅》曰:"椵,木槿。櫬,木槿。"其下注:"别二名也,似李樹,花朝生夕落,可食也。"③晉潘尼《朝菌賦序》曰:"朝菌者,蓋朝華而暮落,世謂之木槿,或謂之日及,詩人以爲舜華,宣尼以爲朝菌。其物向晨而結,逮明而布,見陽而盛,終日而殞,不以其異乎?何名之多也。"④由此可知,朝華實謂木槿。明胡之驥注《江文通集注》卷二《麗色賦》注便引作夏侯湛《木槿賦》,而賦題除《藝文類聚》、《夏侯常侍集》、《全晉文》題作《朝華賦》外,在清桂馥撰《説文解字義證》卷一、《御定佩文齋廣群芳譜》卷三十九、《駢字類編》、《佩文韻府》等中亦引作夏侯湛《朝華賦》。

史載傅玄、夏侯湛并有《朝華賦》,又《藝文類聚》卷八十一録傅玄《紫華賦》,其序稱曰:"紫華,一名長樂華,舊生於蜀,其東界特饒,中國奇而種之。余嘉其華純耐久,可歷冬而服,故與友生各爲之賦。"可見此賦當與朋友同題共賦。今傳傅玄《朝華賦》僅載序:"朝華,麗木也。"⑤别無文字,疑此篇或即《紫華賦》。又據《晉書》載,夏侯湛與潘岳友善,且湛族爲盛門,與傅玄等亦爲晉武帝時人,諸人間極可能互有交游,疑

① (漢)毛亨傳,(漢)鄭玄箋,(唐)孔穎達疏《毛詩正義》卷四,北京大學出版社2000年版,頁349。

②③ (唐)歐陽詢等撰《藝文類聚》,上海古籍出版社1982年版,卷八十九,頁1544。

④⑤ (唐)歐陽詢等撰《藝文類聚》卷八十九,上海古籍出版社1982年版,頁1545。

傅玄《紫華賦》可能便是與夏侯湛《朝華賦》、其子傅咸《舜華賦》同時題作。傅玄略長於夏侯湛，傅玄《紫華賦》序稱"與友生各爲之賦"，所謂"友生"亦與夏侯湛等身份和時歲相稱。二人又皆造宗廟歌，張華、夏侯湛所造承前式歌篇用韻，而傅玄則改韻，二人顯然互有交流。《南齊書》載：

散騎常侍王肅作"宗廟詩頌"十二篇，不入於樂。晉泰始中，傅玄造《廟夕牲昭夏歌》一篇，《迎送神肆夏歌詩》一篇，《登歌七廟》七篇。玄云："《登歌》，歌盛德之功烈，故廟異其文。至於饗神，猶《周頌》之《有瞽》及《雍》，但説祭饗神明，禮樂之盛，七廟饗神皆用之。"夏侯湛又造"宗廟歌"十三篇。……案傅玄云："登歌，廟異其文，饗神七室同辭。"此議爲允。又尋漢世歌篇，多少無定，皆稱事立文，竝多八句，然後轉韻。時有兩三韻而轉，其例甚寡。張華、夏侯湛亦同前式。傅玄改韻頗數，更傷簡節之美。①

二人文從往來，極可能同題作賦，故此賦題作《朝華賦》是，内容當是寫木槿。《歷代賦彙》既録夏侯氏《木槿賦》，又録《朝華賦》，當誤。《賦彙》或因此賦收入《藝文類聚》"木槿"條下，故輯者誤題作《木槿賦》，《歷代賦彙》編録時未細審賦文内容，從而兩篇皆收，以致重謬。

除了《木槿賦》與《朝華賦》兩收而誤的情況外，《歷代賦彙》甚至還將夏侯湛題名和賦文完全相同的賦作重收，如在《歷代賦彙》卷五十八"蒐狩"部和卷一百三十六"鳥獸"部皆收夏侯湛《獵兔賦》。此篇在《藝文類聚》卷六十六、《太平御覽》卷三百五十三及《夏侯常侍集》、《全晉文》皆被引録，爲夏侯湛作品無疑。

（二）《電賦》

《藝文類聚》卷二載晉顧愷之有《雷電賦》，《初學記》卷一、《古儷府》卷一、《御定淵鑑類函》卷八、《歷代賦彙》卷七等亦題作《雷電賦》，《太平御覽》卷十三將顧愷之此賦題作《電賦》。《太平御覽》卷十三引顧愷之

① （梁）蕭子顯撰《南齊書》卷十一，中華書局 1972 年版，頁 178—179。

《電賦》"天怒行令,雲赤光發",而《藝文類聚》卷二引顧愷之《雷電賦》作"天怒將凌,赤電先發"。二句雖略異,然如"行"與"將","雲"與"電","光"與"先"皆形近,而"凌"與"令"則音近。從上下句式來看,二句皆應爲主謂結構,而非并列,疑"雲赤"或爲"赤電"之乙倒形誤。因此推之,《太平御覽》所引顧愷之《電賦》應題作《雷電賦》爲是。在《太平御覽》卷十三同引夏侯湛《電賦》,并歸入"天部十三·電"字條下。《太平御覽》所引夏侯湛《電賦》"攢雲間而飛火,絳煙起於雲中"兩句,《全晉文》卷六十八亦據《太平御覽》卷十三輯作《電賦》,《初學記》卷一又引録有夏侯湛《雷賦》。《太平御覽》所引夏侯孝若《電賦》兩句,雖不見於今存夏侯湛《雷賦》,然無論是從篇題字形衍誤推測,還是從賦文句意及韻部判斷,實應爲同一篇,當題作《雷賦》或《雷電賦》。《太平御覽》所引之句疑當在"激駁響於地中"句後。疑《太平御覽》引誤,"電"與"雷"形近,故《太平御覽》可能誤脱"雷"字或誤衍"雷"作"電"。從《雷賦》同題賦作來看,其描寫雷,必或有描寫電的情形,雷電同生,如李顒《雷賦》即是。另《初學記》、《太平御覽》皆以題材爲類,爲適應每類所引,有意或無意將《雷電賦》略作《電賦》或《雷賦》極有可能,如《北堂書鈔》卷一百五十二"雷動天"句下引顧愷之《雷賦》,并按孔氏等案語稱《類聚》二及《初學記》一亦引作愷之《雷賦》①,然今本《藝文類聚》二及《初學記》卷一皆作顧愷之《雷電賦》。而且在《書鈔》同卷"電篇二十四"下又引作顧愷之《電賦》,并注《類聚》卷二、《初學記》卷二引作《雷電賦》②。由此可見顧氏《雷電賦》在各文獻中所引爲適應聚材徵事的目的,或略作《雷賦》、《電賦》或《雷電賦》。嚴可均輯《全晉文》列夏侯湛《雷賦》與《電賦》各爲一篇,則顯然未加細審,題應依《初學記》、《夏侯常侍集》等作《雷賦》(或作《雷電賦》),而不當另列《電賦》一篇。

以上分别爲《歷代賦彙》及《全晉文》所收夏侯湛賦重出篇目。

---

① (唐)虞世南《北堂書鈔》卷一百五十二"雷篇二十三",清光緒十四年(1888)南海孔氏三十有三萬卷堂影宋刊本。《四庫全書》本《北堂書鈔》此條下引作《雷電賦》。

② (唐)虞世南《北堂書鈔》卷一百五十二"電篇二十四",清光緒十四年(1888)南海孔氏三十有三萬卷堂影宋刊本。《四庫全書》本《北堂書鈔》此條下引作《雷電賦》。

二

以下爲《夏侯常侍集》及《歷代賦彙》等漏收夏侯湛賦篇目。

(一)《寒雪賦》

在《北堂書鈔》、《文選》注及《全晉文》中收有夏侯湛《寒雪賦》殘句，《藝文類聚》、《初學記》、《太平御覽》無摘引，而《夏侯常侍集》、《歷代賦彙》皆未收此賦。

《北堂書鈔》卷一百五十八"穴篇十三"中引夏侯湛《寒雪賦》:"野田游獸，榛蕪棲鳥，蛇枯糺於幽穴兮，龍潛身於天表。"《文選・雪賦》注又分别引夏侯氏《寒雪賦》"严气枯杀，玄泽闭凝"、"集洪霰之淅沥，焕摧磊以纙索"、"既增覆而累镇，又加裘而兼衣"三條[①]。嚴可均輯《全晉文》卷六十八據《文選》注及《北堂書鈔》亦引録上述殘句 4 條。明楊慎撰《丹鉛餘録・總録》卷一及明顧起元撰《説略》卷一亦據《文選》注引"集洪霰之淅沥，焕摧磊以纙索"句。由此推之，夏侯湛確有《寒雪賦》，《夏侯常侍集》、《歷代賦彙》皆闕載，今整理文獻或當據補。

(二)《合歡被賦》

嚴可均輯《全晉文》卷六十八據《北堂書鈔》卷一百三十六"鏡"目六十五引夏侯湛《合歡被賦》殘句"舉華鏡以自覽，被玄鬢而垂白"一條，然《藝文類聚》、《初學記》、《太平御覽》、《夏侯常侍集》、《歷代賦彙》皆未收此條。作爲賦總集性質的《歷代賦彙》及個人文集性質的《夏侯常侍集》亦當據補或存目。

(三)《笙賦》

《初學記》卷十六録有夏侯湛《笙賦》，《北堂書鈔》、《太平御覽》未引，《夏侯常侍集》、《歷代賦彙》、《全晉文》亦不見録，此賦唯見於《藝文類聚》卷四十四，但却記作"晉夏侯淳《笙賦》"，於夏侯淳名下注"《初學記》作'湛'"[②]。此賦到底是否爲夏侯湛所作呢？此或可一辨。

---

① (唐)李善注《文選》卷十三，中華書局 1977 年版，頁 194、195。

② (唐)歐陽詢等撰《藝文類聚》卷四十四，上海古籍出版社 1982 年版，頁 973。

《藝文類聚》成書於唐高祖武德年間,後有南宋刻本和明刻本,而《初學記》成書於唐玄宗時期,現有據明嘉靖十年(1531)安氏據殘宋本補刻整理本。可見《初學記》卷十六引夏侯湛《笙賦》當已見於明前或宋前之刊本。明彭大翼萬曆年間撰《山堂肆考》卷一百六十三引兩條便皆題作夏侯湛《笙賦》。而今本《藝文類聚》則主要爲明刊本補輯,其中實多有舛錯訛謬。試想如果在今本所據的明刊本或宋本《初學記》以前已見有《藝文類聚》此條所記"夏侯淳《笙賦》",且本身《藝文類聚》早於《初學記》,那麽極有可能在《初學記》編撰或整理中當同樣注明"《藝文類聚》作夏侯淳",然而《初學記》并未有此條注明。可見《初學記》至少在明刊本或宋刊本以前(事實上《初學記》此卷當據殘宋本整理,參《初學記》重印説明)未見《藝文類聚》作"夏侯淳《笙賦》",而引作夏侯淳《笙賦》者皆可能是據明刊本《藝文類聚》的清代著述,如嚴可均輯《全晉文》,或清代官修《歷代賦彙》、《韻府拾遺》、《佩文韻府》(此四書引作夏侯淳)、《駢字類編》、《淵鑒類函》(此二書引作夏侯惇)。雖明張溥輯《夏侯常侍集》未録該賦,然彭大翼(1552—1643)早於張溥(1602—1641),張氏不可能因有新材料或證據而將其黜落,極有可能因其所見《初學記》和《藝文類聚》二書之載,難以裁斷,故不録。明嘉靖年間即有多家《藝文類聚》刊本。"淳"或寫作"湻","湛"、"淳"、"湻"形近,而"淳"與"惇"亦義通形近,故疑《藝文類聚》極有可能是在明刊本時誤將"湛"作"淳"(湻)而誤。此與明刊本《藝文類聚》誤將賈誼《旱雲賦》引作東方朔《旱頌》的情況極爲相似[①],實可進一步證明此條當爲明刊本《藝文類聚》致訛。此外,史傳潘岳有《笙賦》,而潘岳與夏侯湛極相友善,過從甚密,《晉書》稱夏侯湛"幼有盛才,文章宏富,善構新詞,而美容觀,與潘岳友善,每行止同輿接茵,京都謂之'連璧'"[②]。故此賦極可能爲夏侯湛與潘岳同時和作。

---

① 參拙文《〈旱雲賦〉異文及其流變考述》,《第九届辭賦學國際學術研討會論文集》(上),頁253—270。

② (唐)房玄齡《晉書》卷五十五,中華書局1974年版,頁1491。

三

除了重出或漏收外，還有一類爲《全晉文》等誤衍之夏侯湛賦篇。

（一）《石榴賦》與《安石榴賦》

《夏侯常侍集》及《歷代賦彙》皆收有夏侯湛《石榴賦》，《初學記》卷二十八、《太平御覽》卷九百七十亦摘引夏侯氏《石榴賦》。嚴可均輯《全晉文》卷六十八則不僅録夏侯湛《石榴賦》，亦同録夏侯湛《安石榴賦》。嚴氏在《石榴賦》文末注明據《藝文類聚》八十六、《初學記》二十八和《太平御覽》九百七十引録，而在《安石榴賦》文末亦注明據《太平御覽》九百七十引録。《藝文類聚》卷八十六署作"夏侯湛若《石榴賦》"，此"若"當爲"孝若"之略，孝若爲夏侯湛字。《太平御覽》卷九百七十亦題作"夏侯孝若《石榴賦》"，且所引數句與《藝文類聚》本所引亦大致相同，僅個别用字略異，然皆爲形近字，如《太平御覽》作"璀爾散珠"，而《藝文類聚》作"漼爾散珠"。此引數句亦見於《初學記》卷二十八引夏侯湛《石榴賦》。故夏侯湛當有《石榴賦》無誤。

考《藝文類聚》及《太平御覽》諸書，嚴可均輯《全晉文》卷六十八録夏侯湛《安石榴賦》當誤。嚴可均輯《全晉文》録夏侯湛《安石榴賦》，稱據《太平御覽》卷九百七十，然考《太平御覽》無夏侯氏此賦。《藝文類聚》、《初學記》、《夏侯常侍集》、《歷代賦彙》皆未收夏侯湛《安石榴賦》。《太平御覽》於"夏侯孝若《石榴賦》"、"潘岳《閑居賦》"後次"又《安石榴賦》"、次"潘岳《安石榴賦》"，即此條無名氏之《安石榴賦》列在"潘岳《閑居賦》"後，而潘岳《閑居賦》條前引乃"夏侯孝若《石榴賦》"。按《太平御覽》書體義例，此所謂無名氏"又《安石榴賦》"似當爲潘岳《安石榴賦》，而非夏侯湛《安石榴賦》，故嚴可均輯《全晉文》所録夏侯湛《安石榴賦》作者當誤。考今本《潘黄門集》，未收有潘岳《安石榴賦》，而有《河陽庭前安石榴賦》一篇。此篇是否是潘岳此作呢？且同按《太平御覽》書體義例，緊引三條爲同一人之作，後連引兩條又爲同一篇賦作，爲何不歸入一條之下呢？如此引例情況在《太平御覽》較罕見。

《人平御覽》卷儿百七十所引第二條潘岳《安石榴賦》在《藝文類聚》卷八十六則歸爲潘尼《安石榴賦》，文字互有詳略之異，而《太平御覽》所引第一條無名氏"又《安石榴賦》"在《藝文類聚》卷八十六則歸爲"晉潘岳《河陽庭前安石榴賦》",文字亦互有詳略之别。《初學記》二十八亦引此賦,文字亦有詳略之别,題作"西晉潘岳《河陽庭前安石榴賦》"。由此可見,《太平御覽》卷九百七十"潘岳《閑居賦》"條下所録無名氏"又《安石榴賦》"亦當爲潘岳作品,或題作《河陽庭前安石榴賦》,而緊次之"潘岳《安石榴賦》",據賦文則當爲潘尼《安石榴賦》。此方合於《太平御覽》書體義例。故《全晉文》卷六十八所録夏侯湛《安石榴賦》實當爲潘岳之作,不當輯補於夏侯湛賦中,當據此改正。

另《全晉文》卷六十八所收夏侯湛《安石榴賦》與《太平御覽》卷九百七十所録《安石榴賦》文字雖基本相同,然仍個别用字相異,由此實可窺文獻傳鈔之衍訛。《全晉文》所録夏侯湛《安石榴賦》:

> 實有嘉木,名安石榴。株條列暢,索榦内樛。丹輝綴於朱房,緗的點於紅鬚。煌煌煒煒,熠耀入藥。似長離之棲鄧林,若珊瑚之映流水。光明燐爛,含丹耀紫;味滋芳袖,色麗瓊藥。①

中華書局影印本《太平御覽》載:

> 實有嘉木,名安石榴。採條外暢,縈幹内樛。丹輝綴於朱房,緗的點於紅鬚。煌煌煒煒,熠燿入蘂。似長離之棲鄧林,若珊瑚之暎流水。光明燐爛,含丹耀紫;味滋芳袖,色麗瓊蘂。②

其中"株"與"採"、"列"與"外"、"索"與"縈"、"耀"與"燿"皆形近,而"暢"與"暢"、"蘂"與"藥"、"暎"與"映"通。

(二)《歎秋賦》與《秋可哀賦》

嚴可均輯《全晉文》卷六十八據《文選》江淹《雜體詩》注引夏侯湛

① (清)嚴可均輯《全晉文》卷六十八,中華書局 1958 年版,頁 1852。
② (宋)李昉等撰《太平御覽》卷九百七十,中華書局 1960 縮印上海涵芬樓影印四部叢刊本,頁 4301。

《歎秋賦》"陰籠景而下翳"①一句,《北堂書鈔》、《藝文類聚》、《初學記》、《太平御覽》及《夏侯常侍集》、《歷代賦彙》等皆不見收。除《文選》注引此句外,無它書引録夏侯湛《歎秋賦》,實爲孤證。疑此引《歎秋賦》句當爲《秋可哀賦》中句子。一是因爲《秋可哀賦》爲三二三五押韻形式,"陰籠景而下翳"句與《秋可哀賦》中"月延路以增夜,日遷行以收暉。屏絺綌於篋笥,納綸縞以授衣"兩句同韻,且"月延路以增夜,日遷行以收暉"雖似寫日短夜長,然日"遷行"與"收暉"又有寫日影西沉的情形,且其後又有描寫"月翳翳以隱雲,時籠籠以投光",與"陰籠景而下翳"相吻合。估計在寫到秋漸轉凉之後,然後轉入寫脱下熱天的粗葛布衣服,開始納絲綫織冬衣,其邏輯亦相吻合。二是"秋可哀"與"歎秋"意義極近,或者爲徵引時取意同而并未細究。唐人注疏徵引有"取意略文"之法,如《六臣注文選》卷四十三《與嵇茂齊書一首》記"李叟入秦"事,引善注稱列子一段便與《後漢書》所引意同而文異,李善亦云"蓋取意而略文"②,李善注《文選》采引文獻或兼用此法,甚至清人王琦注《李太白詩集注》再引此段文字云:"李善注:'老子之歎不爲入秦,梁鴻長謡不由適越。'且複以'至郊'爲'及關','升邙'爲'登嶽'。斯蓋取意而略文也。太白引用,取義又異於此,可窺古人用事之法。"③其引不全同於《文選》李善原注,完全取意合而非同其辭,這種"取意略文"的"古人用事之法"不僅爲唐時李善、李白等所用,亦爲清人王琦等所用。又如清代汪師韓《文選理學權輿》卷四引《文選》李善注亦不同於《文選》原注,改稱"范曄"爲"范蔚宗",改"梁鴻長謡不由適越"爲"梁鴻長謡不爲適越"④,亦意同而辭異。故疑《歎秋賦》即爲《秋可哀賦》,乃爲古人"取意略文"之義。三是考核此賦,先後載録於《藝文類聚》卷三、《初學記》卷三、《太平御覽》卷

① (唐)李善注《文選》卷三十一"鮑參軍(戎行)昭",中華書局 1977 年版,頁 454。

② (唐)李善、吕延濟等注《六臣注文選》卷四十三,中華書局 1987 年版,頁 809。

③ (清)王琦注《李太白全集》卷十六《送當塗趙少府赴長蘆》,中華書局 1977 年版,頁 764。

④ (清)汪師韓《文選理學權輿》卷四,《續修四庫全書》第 1581 册,清《讀畫齋叢書》本。

五十六、《御定淵鑑類函》卷十五、《全晉文》卷六十八,皆作《秋可哀》,而《漢魏六朝百三家集》卷四十四之《夏侯常侍集》、《歷代賦彙》卷十二却題作《秋可哀賦》。唐時徵引賦篇時,對題名是否以"賦"命篇應并不十分考究。且亦有賦頌或辭賦同稱者,一些擬騷之作題名并不署"辭"或"賦"。如柳宗元類騷的《乞巧文》、盧照鄰的《五悲》、《釋疾文》等,這種命題的形式和對辭賦的觀念,很可能影響文獻徵引時對賦篇名的稱謂。

至於唐李善《文選》注引《歎秋賦》一句,雖别無它書引録,然適如上述唐人徵引文獻"取意略文"之法,及其唐宋人的辭賦觀念,或書"文",或書"賦",或書"辭",或僅存題意而不標文體者。故在文獻保存中不僅僅因文體性質而造成賦題不一,還有因取意近似而造成賦題不一者,如賈誼《弔屈原文》,或稱《弔屈原賦》,或稱《弔湘賦》,或直接稱《弔湘》[①]。因之疑《歎秋賦》極可能爲《秋可哀賦》的另一名稱。

此外唐宋以後各本所引夏侯湛《秋可哀賦》,文字基本上不出《藝文類聚》卷三所録。然而唐宋文獻引徵此賦或文字略異,或題名不同。《北堂書鈔》未引録夏侯湛《秋可哀賦》與《秋夕哀賦》,而《初學記》及《太平御覽》僅引録夏侯湛《秋可哀賦》,較早引及夏侯湛《秋夕哀賦》者爲《藝文類聚》,唐徐堅等撰《初學記》卷三既引《秋可哀》,又同引《秋可哀賦》。然考其文字,後一條所引賦句實與《藝文類聚》所載夏侯湛《秋夕哀賦》句相同。宋李昉等撰《太平御覽》卷五十六引《秋可哀賦》二句:"秋可哀兮,哀南畝之菜荒;既採蕭於大陸兮,又刈蘭乎崇岡"[②],亦未見於諸本所引《秋可哀賦》,二句用韻與《歷代賦彙》本《秋可哀賦》篇最後數句韻部相同。顯然今見各本所録《秋可哀賦》皆非全篇,如《初學記》

① 宋人蔡夢弼箋《杜工部草堂詩箋》卷二十一引賈誼《弔屈原賦》(《古逸叢書》覆宋麻沙本),宋人黄鶴注《補注杜詩》卷三既引賈誼《弔屈原賦》,又卷十五引作《弔屈原文》,而南宋陳振孫《直齋書録解題》著録《賈子》十一卷下記:"《漢志》五十八篇,今書首載《過秦論》,末爲《弔湘賦》,餘皆録《漢書》語,且略節誼本傳於第十一卷中。"(《直齋書録解題》卷九,上海古籍出版社 1987 年版,頁 270。)宋人林駉撰《源流至論》(影印《文淵閣四庫全書》本)前集卷二"雜體"云:"詩變爲《離騷》,之後則作《弔湘》,作《畔牢愁》。""弔湘"下注"賈誼作《弔湘賦》"。

② (宋)李昉等撰《太平御覽》卷五十六,中華書局 1960 縮印本,頁 271。

卷三引夏侯湛《春可樂》二句中"援若流之緑芰"①,亦未見於今存《春可樂賦》,顯然此篇今存亦非全篇。從諸書引録來看,《夏侯常侍集》、《全晉文》及《歷代賦彙》皆據《藝文類聚》而引夏侯湛《秋夕哀賦》。由此可以推測,要麽《藝文類聚》(極可能爲明刊本)誤題《秋可哀》爲《秋夕哀》,要麽則《初學記》(亦可能爲明刊本)誤記《秋夕哀賦》爲《秋可哀賦》。

然從《藝文類聚》引徵方式看:其一爲"夏侯湛《秋可哀》曰:'秋可哀兮,哀秋日之蕭條……'",次爲"又《秋夕哀》曰:'秋夕兮遥長,哀心兮永傷……'"②如果此處所引并非准確的賦題名稱,而是一篇之中與題材相近的段落徵引。那麽《藝文類聚》卷三所載"夏侯湛《秋可哀》曰"條下緊次"又《秋夕哀》曰",則當爲同題同篇兩引,即疑《類聚》再引《秋可哀賦》中描寫"秋夕"内容者。然較少見如此同題并引的情況。從《藝文類聚》引征書體義例來看,前後所引《秋可哀》與《秋夕哀》當爲不同篇題。

此外,從兩篇賦作内容來看,《秋可哀》與《秋夕哀》二篇内容及抒情極爲相近,若合爲一篇,似有前後重複處。再者,從兩篇句式及用韻看,特别是"兮"字句式用法,似當各爲其篇。雖將"九歌體"與"離騷體"合用,始於宋玉《九辯》,如"愴怳懭悢兮,去故而就新"、"去鄉離家兮徠遠客,超逍遥兮今焉薄!"③(《九辯》)但雜用"□□□○□□□兮"、"□□□兮□□□"句式的情況在確知的夏侯湛賦作中較難碰見,而且兩賦用韻都使用到了"房"、"光"、"傷"、"長"等韻,雖然賦作中韻字不完全避免重複,但如在同一篇中較多地使用同一韻字,且内容相近,似非佳構。故將《秋可哀》與《秋夕哀》視爲兩篇較妥。

《秋可哀》與《秋夕哀》的文體性質,雖明人田藝蘅《留青日札》卷十八及清人沈自南《藝林彙考·棟宇篇》卷八皆引作"晉夏侯湛《秋夕哀詩》",但從其所引兩句"尋修廡之飛檐,覽明月之流光"④來看,似當屬賦體無疑。明清人引録多據《藝文類聚》、《初學記》、《太平御覽》三書,其文體之疑,主要源於原引未標明賦體。按《藝文類聚》卷三所引兩條

① (唐)徐堅等著《初學記》卷三,中華書局1962年版,頁45。

② (唐)歐陽詢等撰《藝文類聚》卷三,上海古籍出版社1982年版,頁53。

③ (宋)朱熹《楚辭集注》卷第六,上海古籍出版社2001年版,頁116—117。

④ (明)田藝蘅《留青日札》卷十八,明萬曆重刻本;(清)沈自南《藝林彙考》卷八,影印《文淵閣四庫全書》本。

看,其前皆明題某某賦,夏侯湛兩條未題作賦,其後又緊引晉湛方生《秋夜詩》,但在今本《藝文類聚》録《秋夜詩》之“詩”字下注“馮校本作‘清’”[①],即此所引晉湛方生《秋夜詩》實爲《秋夜清》辭,而且視其所引内容并非一般意義的詩體,而實是賦體。從之後緊引的宋謝琨《秋夜長》、宋蘇彦《秋夜長》及宋何瑾《悲秋夜》等看,實際皆屬騷體或賦體。而且《藝文類聚》卷三雖題作《秋可哀》,但明顯歸在“賦”類下面。《初學記》卷三既引作《秋可哀賦》,又引作《秋可哀》,或爲前已明體,後承前省,故不標“賦”體。由此可以蠡測,夏侯湛原作或可能并未標作“賦”,而爲“秋可哀”或“歎秋”,但《秋可哀》、《秋夕哀》、《春可樂》三篇皆作賦體無疑。如夏侯湛《春可樂賦》,《全晉文》卷六十八據《藝文類聚》和《太平御覽》題作《春可樂》,而明清人所輯《夏侯常侍集》、《古賦識小録》及《歷代賦彙》皆作《春可樂賦》。《太平御覽》卷五十六“地部”二十一亦引“夏侯湛《春可樂》”,然按其編排次第,其在經、史、子、文後,亦將夏侯湛《春可樂》、《秋可哀》二篇置於傅咸《扇賦》與夏侯湛《梁田賦》之間[②]。《藝文類聚》卷三在“歲時上”之“春”目賦類下收“晉夏侯湛《春可樂》”[③],顯然二書皆將其收在賦類下,故題作《春可樂賦》是。《秋可哀》、《秋夕哀》皆作賦體爲是,而《歎秋賦》實爲《秋可哀賦》,《秋夕哀》(或《秋夕哀賦》)另爲一篇。

(三)《瓜賦》與《梁田賦》

《太平御覽》引夏侯湛《梁田賦》三條,分别爲卷五十六録夏侯氏《梁田賦》一條:“嬉於夷寧之廣陸,步於大野之長京。察田疇之疆畔兮,觀游雉之逸形。”[④]卷九百六十七録《梁田賦》一條:“沉珠李,濫甘桃。”[⑤]及《太平御覽》卷九七八菜茹部三“瓜”條録:“夏侯孝若《梁田賦》曰:‘入果林,造瓜田。摘虎掌,拾黄班。落蔕離母,漬以寒泉。’”[⑥]第三條賦文

① (唐)歐陽詢等撰《藝文類聚》卷三,中華書局1962年版,頁53。
② (宋)李昉等撰《太平御覽》卷五十六,中華書局1960年縮印本,頁271。
③ (唐)歐陽詢等撰《藝文類聚》卷三,中華書局1962年版,頁45。
④ (宋)李昉等撰《太平御覽》卷五十六,中華書局1960縮印本,頁271。
⑤ 《太平御覽》卷九百六十七,頁4291。
⑥ 《太平御覽》卷九百七十八,頁4336。

《歷代賦彙》及《全晉文》皆題作夏侯湛(字孝若)《瓜賦》。《全晉文》賦末雖稱據《太平御覽》卷九百七十八引,但除其題名另作《瓜賦》外,亦有個别異文。如"漬以寒泉"作"清於寒泉",即便稱據《御覽》卷五十六録夏侯湛《梁田賦》,個别文字亦與《太平御覽》所録異。《全晉文》録夏侯湛《梁田賦》:"嬉於夷寧之廣陸,步於大野之長京。察田疇之疆畔,號觀游雉之逸。"較《太平御覽》第一條所録,明顯脱"兮"、"形"兩字,衍"號"字。此篇究竟題作《梁田賦》,還是《瓜賦》呢?

《全晉文》卷六十八於《梁田賦》後另依《御覽》卷九百六十七引夏侯孝若《梁田賦》補記"沈朱李,濫甘桃"句。此句式實極近於"入果林,造瓜田。摘虎掌,拾黄斑。落蔕離母,漬以清泉"句式。今見夏侯湛《梁田賦》顯然爲殘篇,從《全晉文》、《歷代賦彙》所録《梁田賦》和《瓜賦》兩篇篇題及内容來看,二篇皆涉農田之事,應屬同一篇題之内容。《全晉文》、《歷代賦彙》所引二賦殘句,《太平御覽》均題作夏侯湛《梁田賦》,未見《瓜賦》之名,且未見於《藝文類聚》、《初學記》等。以"瓜賦"名篇較早見於明人整理《漢魏六朝百三名家集》中的《夏侯常侍集》,清人嚴可均輯《全晉文》注雖稱據《太平御覽》卷九百七十八,然《太平御覽》并未題作《瓜賦》,不知據何改題,疑或許以爲《太平御覽》此部所引皆涉"瓜"之詩賦文而誤題作《瓜賦》。如《太平御覽》所引夏侯孝若《梁田賦》句前便引嵇含《甘瓜賦》、張載《瓜賦》、傅玄《瓜賦》及陸機《瓜賦》句,其後接引左思《蜀都賦》、王廙《洛都賦》等賦句①。明人張溥亦可能出於此故,或因仍明人改書之習。

此外,就諸書所引"嬉於夷寧之廣陸,步於大野之長京。察田疇之疆畔,觀游雉之逸形"②内容來看,當爲先寫在田疇漫步,準備步入瓜田的情形,之後便應是入瓜田之後所見情形,正是賦文中所描寫之内容與情景:"入果林,造瓜田。摘虎掌,拾黄斑。落蔕離母,漬以清泉。"這是極合情景發展和思維邏輯的。《太平御覽》卷五十六、卷九百六十七及卷九百七十八皆題作夏侯湛《梁田賦》,而明張溥輯《夏侯常侍集》及清

① 《太平御覽》卷九百七十八,頁4336。

② (清)陳元龍編《歷代賦彙》逸句卷一,《摛藻堂四庫全書薈要》(第430册),世界書局影印,頁74。

嚴可均輯《全晉文》卷六十八却分作《梁田賦》與《瓜賦》二篇,《歷代賦彙》亦未細審而錯題作兩篇。夏侯湛《梁田賦》與《瓜賦》實屬同一篇賦,今當據《太平御覽》改。

由此可以大致推定夏侯湛存賦當爲25篇,分別爲《寒雪賦》、《雷賦》(或作《雷電賦》)、《笙賦》、《禊賦》、《大暑賦》、《秋可哀賦》(或作《歎秋賦》)、《梁田賦》、《鞞舞賦》、《夜聽笳賦》、《繳彈賦》、《獵兔賦》、《雀釵賦》、《釭燈賦》、《合歡被賦》、《宜男花賦》、《芙蓉賦》、《浮萍賦》、《薺賦》、《石榴賦》、《滑桐賦》、《朝華賦》、《觀飛鳥賦》、《玄鳥賦》、《春可樂賦》、《秋夕哀賦》。祈望在重新點校《歷代賦彙》及《全晉文》諸書時,或可據此參正。

(作者單位:四川文理學院文化與傳媒學院)

古典文獻研究(第十六輯)
2013年7月

《文選》録揚雄六文而其五當來自《漢書》考*

——兼論《揚雄傳・贊》以上本“雄之《自序》”非“未加裁割”

力 之

考察《文選》所録作品的來源,不僅對我們研究其成書情況有着重要的價值,而且對瞭解中古時期編撰别集與總集的情形同樣有着不可忽略的意義。正因爲如此,我們曾爲《〈文選〉所録部分詩文直接來源於史書説》①一文以究之,然限於篇幅,猶有未盡。故今復爲此小文,更具體地考察《文選》所收揚雄全部作品的來源情況,以便對這一問題作進一步的研討。昭明太子序《文選》云:

> 余監撫餘閑,居多暇日,歷觀文囿,泛覽辭林,未嘗不心游目想,移晷忘倦。自姬、漢以來,眇焉悠邈,時更七代,數逾千祀。詞人才子,則名溢於縹囊;飛文染翰,則卷盈乎緗帙。自非略其蕪穢,集其清英,蓋欲兼功,太半難矣。若夫姬公之籍,孔父之書,與日月俱懸,鬼神争奥,孝敬之准式,人倫之師友;豈可重以芟夷,加以剪截?老、莊之作,管、孟之流,蓋以立意爲宗,不以能文爲本。今之所撰,又以略諸。若賢人之美辭,忠臣之抗直,謀夫之話,辨士之端,冰釋泉湧,金相玉振。所謂坐狙丘,議稷下,仲連之却秦軍,食

---

* 本文爲國家社科基金西部項目“《文選》成書考説”(10XZW010)階段性成果。

① 見吴曉峰主編《〈文選〉學與楚文化》,武漢:武漢出版社2008年版,頁405—430。

其之下齊國,留侯之發八難,曲逆之吐六奇,蓋乃事美一時,語流千載,概見墳籍,旁出子史。若斯之流,又亦繁博。雖傳之簡牘,而事異篇章,今之所集,亦所不取。至於記事之史,繫年之書,所以褒貶是非,紀別異同,方之篇翰,亦已不同。若其讚論之綜緝辭采,序述之錯比文華,事出於沈思,義歸乎翰藻,故與夫篇什,雜而集之。遠自周室,迄於聖代,都爲三十卷,名曰《文選》云耳。[①]

顯而易見,《文選》正如章太炎先生《文學總略》所説的是以集部爲封域的[②],然其所録詩文却非均自集部來。以揚雄作品爲例,《文選》共收其六文,分别爲卷七《甘泉賦》、卷八《羽獵賦》、卷九《長楊賦》、卷四十五《解嘲》、卷四十七《趙充國頌》與卷四十八《劇秦美新》。爲了研討的方便,兹據是否摘史辭爲序而將其一分爲二。下面,先考察其摘史辭爲序者。

一　關於《文選》所收揚雄作品之摘史辭爲序者的來源問題

《文選》所收揚雄六篇作品中之《甘泉賦》、《羽獵賦》、《長楊賦》與《解嘲》四者有序,而均摘史辭爲之。探討此類作品的來源,可從以下三個方面入手。

(一) 考察其序文來源以究該作品所自

關於《文選》所收揚雄這四篇作品之序文來源,高步瀛疏《甘泉賦序》後之"其辭曰"云:"以上皆《漢書·楊雄傳》之文,蓋雄《自序》如此,故編《漢太中大夫楊雄集》者即取爲賦序,而昭明因之也。"[③]高氏所以如此説,蓋因一時疏忽而未能就整體來考察其部分所致。以此比觀《文

① 蕭統《文選》卷首,北京:中華書局1977年影印李注胡刻本。後引《文選》而不標版本者,均此本。

② 見章太炎撰,龐俊、郭誠永疏證《國故論衡疏證》,北京:中華書局2008年版,頁272。

③ 高步瀛《文選李注義疏》第四册,北京:中華書局1985年版,頁1494。又,陳朝輝先生《揚雄〈自序〉考論》(《四川師範大學學報》2006年第2期)認爲這些"序"爲後來"追述",顯然亦有所未照。

選》卷十三《鵩鳥賦》與卷六十《弔屈原文》、卷十九《諷諫》、卷二十八荆軻《歌》與漢高帝《歌》、卷四十三《移書讓太常博士》等同樣摘史辭以爲序者,便一清二楚[①]。另外,《太平御覽》卷八百十一引古本《揚雄集》之"單于上書願朝……賜雄黄金十斤",亦《漢書》語(詳後),而此與"雄《自序》"無任何瓜葛。可見,高氏之"編《漢太中大夫楊雄集》者即取爲賦序,而昭明因之"説是難以成立的。爲更好地研討問題,今引這四篇序文如下:

1. "孝成帝時,客有薦雄文似相如者,上方郊祀("祀",《漢書》作"祠")甘泉泰畤、汾陰后土,以求繼嗣,召雄待詔承明之庭。正月,從上甘泉還,奏《甘泉賦》以風",此即《甘泉賦》之"序"。

2. "孝成帝時羽獵,雄從。以爲昔在二帝三王,宫館臺榭,沼池苑囿,林麓藪澤,財足以奉郊廟,御賓客,充庖厨而已,不奪百姓膏腴穀土桑柘之地。女有餘布,男有餘粟,國家殷富,上下交足。故甘露零其庭,醴泉流其唐,鳳凰巢其樹,黄龍游其沼,麒麟臻其囿,神爵棲其林。昔者禹任益虞,而上下和,草木茂;成湯好田,而天下用足;文王囿百里,民以爲尚小;齊宣王囿四十里,民以爲大:裕民之與奪民也。武帝廣開上林,東南至宜春鼎湖,御宿昆吾,旁南山,西至長楊、五柞,北繞黄山,濱渭而東,周袤數百里。穿昆明池,象滇河,營建章鳳闕,神明馺娑。漸臺泰液,象海水周流方丈、瀛洲、蓬萊。游觀侈靡,窮妙極麗。雖頗割其三垂,以贍齊民,然至羽獵,甲車戎馬,器械儲偫,禁禦所營,尚泰奢麗誇詡,非堯舜成湯文王三驅之意也。又恐後世復脩前好,不折中以泉臺,故聊因《校獵賦》以風之"[②],此即《羽獵賦》之"序"。

3. "明年,上將大誇胡人以多禽獸。秋,命右扶風發民[③]入南山,西

---

① 參力之《關於〈文選〉"摘史辭以爲序"之是非問題》,見《古典文獻研究》第十三輯,鳳凰出版社 2010 年版。

② 此段文字,先説二帝三王之得;次説武帝之未得,而恐後之帝皇學之。《藝文類聚》卷六十六《田獵》節引此作:"武帝廣開上林,東南至宜春鼎湖,御宿昆吾,傍南山,西至長楊、五柞,北繞黄山,濱渭而東,周袤數百里。聊因《校獵賦》以風。"據此,或誤以爲《羽獵賦》諷"武帝"。

③ 《文選考異》卷二云:"'命右扶風發民',袁本、茶陵本云:'善無"發民"二字。'案:今本《漢書》有,蓋尤依之添也。"(《文選》下册,頁 871 下欄)之案:"發民"二字是否爲尤氏依《漢書》添,雖難確證,然無論如何,均不影響《長楊賦序》乃摘《漢書》語而來之説。

自褒斜,東至弘農,南驅漢中,張羅罔罝罘,捕熊羆豪豬,虎豹狖玃,狐兔麋鹿,載以檻車,輸長楊射熊館。以網爲周阹,縱禽獸其中,令胡人手搏之,自取其獲,上親臨觀焉。是時,農民不得收斂。雄從至射熊館,還,上《長楊賦》,聊因筆墨之成文章,故藉翰林以爲主人,子墨爲客卿以風",此即《長楊賦》之"序"。

4. "哀帝時,丁、傅、董賢用事,諸附離之者,起家至二千石。時雄方草創《太玄》,有以自守,泊如也。人有嘲雄以玄之尚白,雄解之,號曰《解嘲》",此即《解嘲》之"序"。

將今傳《漢書·扬雄傳》的相關文字與以上各序比照,其结果可以説是完全一致的[①]。四序均本史家爲所載作品説明其作者何以撰此之目的等等,而這最初肯定均摘自《漢書》揚雄本傳所載相應作品前的一段文字以爲之。何以知其然? 據序文本身知之。如《甘泉賦序》與《羽獵賦》分别有"孝成帝時……奏《甘泉賦》以風"與"孝成帝時……聊因《校獵賦》以風之",即子雲撰這兩賦"以風"者均尚在世之"上"(劉驁),而此説"孝成帝時";《長楊賦序》"明年……還,上《長楊賦》……以風","明年"云云,只能是後於"明年"[②]才可知之;"哀帝時……人有嘲雄以玄之尚白,雄解之,號曰《解嘲》",即劉欣("今上")尚在世,何來"哀帝時"。不言而喻,這四篇"序",均絶非子雲分别爲"所序"作品撰之序[③],

---

① 以上各"序",僅《甘泉賦序》之"祀",《漢書》(中華書局 1962 年版,下同)作"祠";《羽獵賦序》之"孝成帝時"、"東南至宜春"、"旁南山西,至長楊"、"賦以風",《漢書》分别作"其十二月"、"南至宜春"、"旁南山西,而至長楊"、"賦以風之";《解嘲序》之"起家至二千石",《漢書》作"或起家至二千石"。然此完全可以忽略。以《羽獵賦序》開頭之"孝成帝時"而《漢書》原作"其十二月"爲例,"其十二月"承上文"其三月"言,"其三月"又承上文"孝成帝時……正月"言,而《文選》節此脱離了上文的背景,故只得如此的以彼替此(這在古人那裏,乃爲常事)。否則,讀者弄不清楚"其十二月"爲何時。

② 李善曰:"明年,謂作《羽獵賦》之明年,即校獵之年也。班欲叙作賦之明年。"(《文選》第 135 頁下欄)即《長楊賦序》乃班固之"欲叙"者。據此可知,崇賢認爲子雲這些賦全來源於《漢書》。不過,其似未注意到"班"之所本。

③ 王琳先生《魏晉"賦序"簡論》云:"某個作者在自己的賦作前面附撰序文,就今所見文獻資料看,似乎以揚雄爲最早。《漢書·揚雄傳》收録的《甘泉》、《河東》、《長楊》和《羽獵》四賦序,所據爲揚雄的《自序》。"(《山東師大學報》〔社會科學版〕1999 年第 3 期)是説顯非圓照。"所據爲揚雄的《自序》",而此實非"自序"。

當皆原原本本摘自《漢書》卷八十七《揚雄傳》。

當然我們知道,《揚雄傳·贊》曰:"雄之《自序》云爾。"即《揚雄傳》之"贊曰"以上爲班固採自子雲《自序》。清段玉裁《書漢書楊雄傳後》云:

> 《漢書·楊雄傳》贊曰"雄之《自序》云爾",自是總上一篇之辭。師古恐人疑爲結《法言·序目》之辭,故注之曰:"《法言》目之前皆是雄本《自序》之文也。"傳首序世系,師古注曰:"雄之自序譜諜,蓋爲疏謬。"是師古以傳皆録雄《自序》,甚明顯。鄭仲師注《周禮·遂人職》曰:"楊子雲有田一廛。"仲師卒於建初八年,於時《漢書》初成,仲師未必見,實用《自序》語。《漢書》記雄之年壽卒葬,皆於贊中補載而不繫諸傳,與他傳體例不同,則傳文爲録雄《自序》,不增改一字無疑。①

王念孫《讀書雜志》之《漢書第十三·楊雄傳》引段氏此説後,案云:"若膺之論致確。"②又,錢鍾書先生云:

> 《漢書·司馬遷傳》:"遷之《自叙》云爾",顔師古注:"自此以前,皆其《自叙》之辭也,自此以後,乃班氏作傳語耳";《揚雄傳·贊》曰:"雄之《自叙》云爾",師古注謂此傳即取雄《自叙》爲之,觀《贊》備述雄之行事,以補《傳》所缺載,則"班氏作傳語",别見《贊》中,師古非臆測也。兩傳均特書"《自叙》云爾",因全録馬、揚原文,未加裁割挪移。③

若膺、默存兩説均可謂得其大者,然"未加裁割",尤其是"不增改一字無疑"云云,則未盡然。"雄之《自序》"已佚,無以直接究之,然可以借助

---

① 段玉裁撰,鍾敬華校點《經韻樓集》卷五,上海:上海古籍出版社2008年版。

② 《續修四庫全書》本(第1153册),頁39。其所引"段氏若膺曰",有删節。

③ 錢鍾書《管錐編》第一册,北京:中華書局1979年版,頁357—358。

《漢書・司馬遷傳》與《史記・太史公自序》(即"遷之《自叙》")比觀來考察。《史記・太史公自序》云:

> 退而深惟曰:"夫《詩》、《書》隱約者,欲遂其志之思也。昔西伯拘羑里,演《周易》;孔子厄陳蔡,作《春秋》;屈原放逐,著《離騷》;左丘失明,厥有《國語》;孫子臏脚,而論兵法;不韋遷蜀,世傳《吕覽》;韓非囚秦,《説難》、《孤憤》;《詩》三百篇,大抵賢聖發憤之所爲作也。此人皆意有所鬱結,不得通其道也,故述往事,思來者。"於是卒述陶唐以來,至於麟止,自黄帝始。

而《漢書・司馬遷傳》删去"'昔西伯拘羑里……思來者'於是"凡94字(劃下綫者爲《漢書》所删。下同)①。不僅如此,《史記・太史公自序》之"維昔黄帝,法天則地,四聖遵序,各成法度;唐堯遜位,虞舜不台;厥美帝功,萬世載之。作《五帝本紀》第一。維禹之功,九州攸同,光唐虞際,德流苗裔;夏桀淫驕,乃放鳴條。作《夏本紀》第二。……布衣匹夫之人,不害於政,不妨百姓,取與以時而息財富,智者有采焉。作《貨殖列傳》第六十九",而《漢書・司馬遷傳》删成:"《五帝本紀》第一,《夏本紀》第二……《貨殖列傳》第六十九。"即删去了有關意義的概括性文字。另外,《史記・太史公自序》之"順之者昌,逆之者不死則亡"、"不爲物先,不爲物後"、"孔子卒後至於今"、"余聞董生曰:'……貶天子,退諸侯,討大夫。'"、"故《易》曰'失之豪釐,差以千里'"、"必陷簒弑之誅,死罪之名。其實皆以爲善,爲之不知其義"、"是余之罪也夫! 是余之罪也夫!"《漢書・司馬遷傳》則分别改爲"曰'順之者昌,逆之者亡'"、"不爲物先後"、"孔子至於今"、"余聞之董生:'……貶諸侯,討大夫。'"、"《易》曰'差以豪釐,謬以千里'"、"必陷簒弑誅死之罪。其實皆以善爲之,而不知其義"、"是余之罪夫!"以此例彼,我們如何能斷"《傳》文爲録雄《自序》,不增改一字無疑"呢? 考若膺、石臞諸氏之所以"勇斷",乃因其或僅憑印象而非對兩者細加比勘所致。當然,亦或與他們不斤斤於個别

① "昔西伯拘……思來者"之删,或與班氏所補而引太史公《報任少卿書》重複有關。

使然。

回到《漢書·揚雄傳》上來，就這些“序”的性質言，其本是地地道道的史氏語。即使其是昭明太子直接摘之於揚雄《自序》，亦然。就後者言，即這是子雲站在史家之立場上所爲，而非以賦家的身份爲昔日所作之賦補序。换言之，即使如此，高氏之“昭明因之”云云仍未免“千慮一失”。

總之，就“序文”的來源這一角度考察，這四篇作品最有可能的便是來自《漢書》卷八十七《揚雄傳》。爲了更好地説明問題，下面，再將這四篇作品分别與《漢書》所載者比觀。

（二）比觀《漢書》之《甘泉賦》等的文本情况以究其所出

《文選》所録之作，其文字若比《漢書》的多，就不大可能録自《漢書》；而比觀《漢書》，《文選》所録者若無動過任何“手術”，後者則很有可能是來自前者。因之，很有必要將《文選》所録之《甘泉賦》等四文分别與《漢書》所載者作一比較。

《漢書》卷八十七《揚雄傳》	李善注胡克家刻本《文選》
《甘泉賦》： 梢夔、總總撙撙、膠葛、雲訊、幓纚、旖柅、陵高、疆度、芨苦、回回、魂固眇眇、軮軋、壁馬、乘景、臺掘、撽北極、突、倏、還、蔑蠓、陰西海、昆侖、瓏玲、榱、掍成、寃延、妙遠、肅乎、桂椒欝、窮隆、掍根、蘭惠、穹窮、惟、仿佛、索耦、噏清雲、玉鈦、風傱傱、御蕤、淵潒、虙妃、玉女無所眺、清盧、虙妃、招繇、焜上、燭倉、燿、北爌、肸嚮、回車、棠棃、亡厓、倈、俳佪、遅迡、煇光、亡極。 説明：“乃”，《文選》幾乎均“迺”；“虖”《文選》作“乎”。下同	卷七《甘泉賦》： 捎夔、總總以撙撙、膠轕、雲迅、襂纚、旖旎、凌高、彌度、芨葀、徊徊、魂眇眇、坱圠、璧馬、垂景、臺崛、橔北極、窔、儵、逮、蠛蠓、而、而、蔭西海、崑崙、玲瓏、欀、棍成、宛延、眇遠、亡國肅虖、桂椒而欝、穹隆、棍批、蘭蕙、穹窮、帷、彷彿、索偶、吸清雲、玉軑、風淴淴、銜蕤、淵潒、玉女亡所眺、宓妃、清矑、宓妃、皐摇、昆上、爥滄、耀、北熿、肸蠁、廻車、棠黎、無厓、徠、徘徊、迟迡、光煇、無極。 説明：“爥”，《漢書》作“燭”。下同。

續表

《漢書》卷八十七《揚雄傳》	李善注胡克家刻本《文選》
《校獵賦》(《文選》作《羽獵賦》): 戲農、亦并、烏得、陋、陒薜、爲朋、終始、闟闔、地杳、碣以、畢、昆侖、阪、窮冥、迾、陽鼂、允溶、秋秋、惠圃、校騎、膠輵、拕蒼豨、玄蝯、歫連卷、澗門、疾棃、修蛇、絹嗚陽、壄盡、沈沈容容、紭中、票禽、攫、魂亡魄失、群娭、砰磕、武義、楊朱、承民、弗迨、雉菟、芻蕘。	卷八《羽獵賦》: 羲農、以并、焉得、狹、阨僻、之爲朋、奉終始、閶闔、地沓、揭以、罼、崑崙、岅、窮夐、列、陽晁、沇溶、啾啾、蕙圃、狡騎、膠轕、抴蒼豨、玄猨、距連卷、澗閒、蒺藜、脩蛇、羂嗚陽、沇沇溶溶、紘中、剽禽、獲、魂亡魄、群娛、砰礚、武誼、陽朱、丞民、弗怠、雉兔、蒭蕘。
《長楊賦》: 拕豪豬、農民、遊、謂、内者也、舉凡、其士、票昆侖、所麾、不暇疏、不敝、睚眦、遐萌、票衛、砰轒、獵虖王延、橐它、燒熢、分梨、究、樹頷、回戈、抗手、故意者、五莋、取國家、仿佛、太宗、愷弟、稉稻、梨栗。 説明:“民”,《文選》作“人”,乃避“唐太宗”諱。	卷九《長楊賦》: 拖豪豬、農人、游、客何謂、内也、舉其凡、其土、漂昆侖、所過麾、不暇梳、不弊、睚眥、遐眠、驃衛、碎轒、躐乎王庭、橐駝、燒熐、分勢、啘、樹頷、迴戈、抗首、意者、五柞、爲國家、彷彿、太尊、凱弟、秔稻、棃栗。
《解謿》: 謿、生則、圭、拕紫、今子、壹從壹衡、顧而、扶疏、説十、纖者入無倫、毋周罔、國亡、亢、陶塗、製以、質鈇、咎繇、入青雲、之雀、勃解、之鳥、殷虛、粵伯、雖噤吟、亡事、亡所、擁帚彗、宛舌、行者、投迹、挐者、宗危、神之廷、惟莫、謿、臾跗、扁鵲、拉髂、界涇陽、頷頤、涕涶、炕其氣,附其背、《甫刑》、悖矣、繆矣、嚮若、贍知、夫藺先生。 説明:“揚子”,《文選》作“楊子”。下同	卷四十五《解嘲》: 嘲、生必、珪、拖紫、今吾子、一從一横、顧默而、扶疏、説數十、細者入無間、無周網、國無、頏、椒塗、制以、鑕鈇、皋陶、升青雲、之崖、渤澥、之島、殷墟、越霸、以噤吟、無事、無所、擁篲、卷舌、步者、投迹、拏者、高危、神之庭、惟漠、嘲、俞跗、扁鵲也、摺髂、介涇陽、顩①頤、涕唾、而亢其氣、搚其背、《吕刑》、悖矣、乖矣、響若、膽智、若夫藺生。

① 《胡氏考異》卷八考“顩頤折頞”之“顩”云:“‘顩’《漢書》作‘頷’。師古曰:‘頷,曲頤也,音欽。’善引韋昭曰:‘曲上曰顩,欽甚切。’疑正文及注二‘顩’字皆當作‘頷’。‘頷’、‘頜’同字,故顔音‘欽’,韋音‘欺甚’也。袁、茶陵二本正文下音‘綺險’,乃五臣作‘顩’之證,各本以之亂善。其實依韋讀當從‘金’,不作‘顩’。又諸字書多‘頷’、‘頜’、‘顩’并收,蓋《漢書》别有作‘顩’之本,故五臣用以改善耳。”(《文選》下册,頁955上欄)

通過上面的比較可知，就這四篇作品言，《文選》之於《漢書》均未動過任何“手術”，即没有“删”、“增”、“移”等動作。而兩者間這種個别文字之此有彼無或此無彼有及某些字雖寫法有異（多爲同音）而其義無别，以及因形近致異的如“疆”、“乘”、“御”、“雀”、“鳥”之与“彌”、“垂”、“銜”、“崖”、“島”等，均完全可以忽略[①]。以此與《文選》“六臣注本”（《四部叢刊》影宋本）整理者之“五臣作×（五臣本作）”、“五臣無×”和“善作×（善本作×）”、“善無×”比，兩者異之程度大致是相同的。如《四部叢刊》影宋本《六臣注文選》卷七《甘泉賦》：

《六臣注文選》	合者所言“善本”与“五臣”（五臣本）
擁、迅、傑、傂、照、屯、漫、萬、池、連、矯、魂魄、璘、崛、突（四庫本）、繭、蟺、思、惠、霞、參、衹、輝光。 另外：臻（善曰轃與臻同或作轃）	雍、訊、柴、虒、昭、敦、曼、雉、延、施、撟、魂魄<u>固</u>、瞵、掘、㚁、爾、蝞、恩、恩、瑕、嵾、衹、光輝。（以上“善本”）
虖穇、爛、亡、逴逴、仡仡、居、泰壹、廼、敦、崑崙、方皇、玲瓏、嵲隗、紅采、高眇遠亡國、碭、薄、帷弸、彷彿、回、感動、噏、從從、皋摇泰壹、厓、梨、滂沛、厓、徠。	虖嵾、燭、無、往往、仡、宫、太一、乃、屯、崐崘、彷徨、瓏玲、嶊巍、虹綵、高眇而遠、盪、欂、帷首弸、髣髴、廻、廼、感動、吸、漎漎、招摇太一、涯、黎、霶霈、涯、來。（以上“五臣”）

顯而易見，就《甘泉賦》言，“五臣本”與“善本”間之異和“善本”與《漢書》本間之異，二者幾無二致。此其一。其二，史家録文，或略有改動。如《漢書》卷六十二《司馬遷傳》云：“遷之《自叙》云爾。”顔師古曰：“自此以前，皆其《自叙》之辭也。自此以後，乃班氏作傳語耳。”即“以竢後聖君子。第七十”以上爲孟堅録《史記·太史公自序》以爲之。然如上所述，孟堅録《太史公自序》實有所删。又如《漢書》卷四十八《賈誼傳》之“誼數上疏陳政事，多所欲匡建，其大略曰：‘臣竊惟事勢……故曰可爲長太息者此也。’”當然，這是一個較爲極端的例子，不過却很能説明問題。再如李注胡刻本《文選》卷二十《皇太子宴玄圃宣猷堂有令賦詩》之“宴”，卷目作“讌”；卷二十二《游西池》、《從游京口北固應詔》等之“游”而卷目作“遊”，《古意詶到長史溉登琅邪城詩》之“詶”而卷目作

---

① 參力之《〈文選〉所録部分詩文直接來源於史書説》，見吴曉峰主編《〈文選〉學與楚文化》。

"酬";卷二十七《王明君詞》之"詞",而卷目作"辭";卷三十一《効曹子建樂府白馬篇》之"効",而目録作"傚";目録卷三十八"桓子元",而卷目與篇目均作"桓元子";卷五十《後漢書二十八將傳論》與《述韓英彭盧吴傳贊第四》而目録與卷目均分別作《後漢二十八將論》與《述韓彭英盧吴傳贊第四》;卷五十三《辯亡論》與卷五十四《辯命論》之"辯",目録均作"辨";等等。另外,《文選》卷三十一"雜擬下"江文通《雜體詩》三十首李注多引《楚辭》,而《楚辭》與《楚詞》雜見,等等。换言之,從"異"的層面言,無法斷《文選》所録不自《漢書》。準此,便知宋人王觀國認爲"班固作史,蕭統編《文選》,各以其所得(揚)雄賦而集録之,故其賦用字有不同",顯非圓照。其《學林》卷七《甘泉賦》云:

《前漢·揚雄傳·甘泉賦》曰:"翠玉樹之青葱兮,璧馬犀之瞵瑞。"顔師古注曰:"馬犀者,馬腦及犀角也,以此二種飾之璧。"《文選·甘泉賦》曰:"璧馬犀之璘瑞。"五臣注曰:"武帝植玉木於此宫,以碧爲葉,青葱色,又作碧馬犀牛等物爲飾。"觀國案:《(漢)書》(之案:"漢"字據四庫本補)作"璧馬犀",《文選》作"璧馬犀",蓋"璧""璧"二字,其義迥不同,故注釋者亦隨其字之義而訓之,在《漢書》則訓爲"殿壁",在《文選》則訓爲"璧玉",因以不同也。《前漢·藝文志》有揚雄賦十二篇,雄有文名,當時傳雄之賦者帙不一,故其用字不能無訛。至班固作史,蕭統編《文選》,各以其所得雄賦而集録之,故其賦用字有不同。……案《甘泉賦》字不同者亦多,《漢書》曰"不可乎疆度",《文選》"不可乎彌度";《漢書》曰"魂固眇眇",《文選》曰"魂眇眇";《漢書》曰"鬼魅不能自還",《文選》曰"鬼魅不能自逮";……此一賦也,而《漢書》、《文選》用字不同如此,然他皆可以假意而讀,唯壁、璧不可假意通用,而注釋者又各異,固不可不辨也。[1]

此可謂"未達一間"者也。確實,各以其所得"而集録之"者間,其用字往往"有不同"。問題是,如上所述,"五臣本"與"善本"間之異和"善本"與

① 王觀國《學林》,北京:中華書局1988年版,頁223—224。

《漢書》間之異，二者幾無異致。且"璧"、"壁"二字義雖迥異，然音同（"璧"、"壁"，《説文解字》分别作"從玉辟聲"、"從土辟聲"。）而形似，故時或混淆。如韓愈《游青龍寺贈崔群補闕》"光華閃壁見神鬼"、温庭筠《觱篥歌》"交枝簇蒂連壁"等之"壁"，均"一作'璧'"①；而朱子《空同賦》的"壁带""一作'璧帯'"②，駱賓王《螢火賦》"異壁"之"壁""一作璧"③；等等。即由《文選》與《漢書》此異，是得不出"至班固作史，蕭統編《文選》，各以其所得雄賦而集録之"這樣的結論的。況且，《文選》晚於《漢書》四百餘年而非與之同時。另外，"選學"名家屈守元先生云："《文選》所選之班、范、沈諸家序論，往往字句與現存《漢書》、《後漢書》、《宋書》不同，蓋其非取之史傳，而録自諸家别集。"④據上述理由，恐亦未達一間。下面，我們再從另一角度作進一步的考察。

（三）辨《甘泉賦》等四文出於相關文集之前提條件以究其所本

自然，上述兩個方面的考察，只是證明了《文選》所録《甘泉賦》等四篇作品有來自《漢書》之可能，而未爲必然，這四者亦可能來自於《揚雄集》或前於《文選》的相關總集。不過，由於《隋書》卷三十五《經籍志四》（后引此，簡作《隋志》）著録的《揚雄集》與前於《文選》的相關總集均已失傳，故今已無法持《文選》與之作直接的比較了。因之，這裏只得"退而求其次"——從其他側面來進行研討。下面，我們就來考察這方面的相關問題。

關於揚雄的作品，《隋志》著録："漢太中大夫《揚雄集》五卷。"⑤據今傳文獻，《揚雄集》之見於著録者，蓋以此爲最早。然北宋《三朝志》（案："三朝"即宋之太祖、太宗、真宗朝）已"俱不著録"是書⑥，即其宋初

① 《五百家注昌黎文集》卷四，《四庫全書》第1074册，頁82下欄；《温飛卿詩集箋注》卷一，上海：上海古籍出版社1980年版，頁16。

② 《晦菴集》卷一《考異》，《四庫全書》第1143册，頁31上欄。

③ 《文苑英華》卷一四一，《四庫全書》第1334册，頁275上欄。

④ 屈守元《文選導讀》，成都：巴蜀書社1993年版，頁163。

⑤ 魏徵、令狐德棻《隋書》，北京：中華書局1973年版。

⑥ 陳振孫《直齋書録解題》卷一六"别集類上"，上海：上海古籍出版社1987年版。

已佚。至於其編者是誰?編於何時?因文獻不足,均已難以考知。張震澤先生云:“王逸之書録《楚辭》,有劉向,獨不録揚雄,究其原因,最大的可能是那時已有《揚雄集》通行了。”①此未得其實。“《楚辭》一書,從某種意義上説,可謂‘屈原集’。它收録了屈原的全部作品,而所選録的非屈原作品,均代屈原設言。”②即“王逸之書”所以不録子雲的作品,乃因其没有“代屈原設言”者,而與《揚雄集》是否已“通行”毫無關係。因之,《揚雄集》“通行”於叔師爲《楚辭章句》前之理由不可能成立。其實,若例以此説,由於“王逸之書”即“劉向之書”③,而子雲(前53—18)略晚於子政(前77—6),故劉向編成《楚辭》一書時,《揚雄集》别説“通行了”,連成書恐亦不可能。再則,“有劉向”即收劉向《九歎》,然此乃劉向自爲。

從邏輯的層面上説,《甘泉賦》等四篇作品可能來自揚雄之集的前提條件是:(1)其編撰不僅必須在《文選》成書之前,而且這四篇作品均有“序”;(2)其各篇正文文字與《漢書》雄傳所載者比,無或多或少一句半句之異;(3)其“序”與《漢書》雄傳相關文字比,均如《文選》所載的那様“完整”。而就《揚雄集》説,如果其編撰得早,由於當時子云文章多在,如《漢書·藝文志》著録“揚雄賦十二篇”,故編者自然不會録《漢書》所載然後再以此補之,即這些作品便不可能有摘自《漢書》而來之“序”。同様的,其於揚雄《自序》亦然。此其一。其二,如果其編撰得晚,(1)《甘泉賦》等四篇作品雖有可能轉録自《漢書》或揚雄《自序》,然未必這四篇均如此;(2)即使這四篇均如此,仍無法保證其如《文選》那様摘史辭以爲序;(3)即使其如《文選》那様摘史辭以爲序,由於其晚而影響遠不如《漢書》大,故昭明太子同様未必從其轉録而不直接録之《漢書》,且《文

---

① 張震澤《揚雄集校注》卷首《前言》,上海:上海古籍出版社1993年版。

② 參力之《從〈楚辭〉成書之體例看其各非屈原作品之旨》,見《四川大學學報》2000年第2期。

③ 王逸《楚辭章句敘》曰:“(屈原)復作《九歌》以下凡二十五篇。楚人高其行義,瑋其文采,以相教傳。……逮至劉向,典校經書,分爲十六卷。”(洪興祖《楚辭補注》,中華書局1983年版,頁48)。又,今傳《楚辭補注》之《楚辭目録》下有云:“漢護左都水使者光禄大夫臣劉向集;後漢校書郎臣王逸章句。”或曰:《楚辭》非劉向集。此非也,“王逸《楚辭章句》題‘劉向集’,本無可疑”(參力之《楚辭與中古文獻考説》,成都:巴蜀書社2005年版,頁31)。

選》之"史論"與"史述贊"均有選自《漢書》者。概言之,由於這四篇作品之序原爲《漢書》語(本揚雄《自序》),故後人編撰别集或相關的總集時,是否摘之以爲相應作品之"序"或如何摘,在當時更多的恐因人而異。

基於此,儘管我們今天已無法弄清楚《揚雄集》的具體編成於何時,然綜合上述方方面面考察,便可推知《文選》所録《甘泉賦》等四篇作品來自《揚雄集》之概率小之又小。另外,此《揚雄集》若撰於《文選》後,《文選》便自然無録其文之可能。不僅如此,即使《揚雄集》成書略早於《文選》,由於其相關作品極有可能來自當時甚負盛名之《漢書》,這從《太平御覽》所引《揚雄集》之"單于上書願朝……賜雄黄金十斤"可一斑見豹(詳後),故太子選子雲見於《漢書》之作品,恐無遽據此而棄《漢書》之理。

不言而喻,這四篇作品亦有可能是來自其前的某一總集。據《隋志》著録,梁時相關的總集有摯虞《文章流别集》60 卷,李充《翰林論》《翰林》54 卷,《集苑》60 卷,劉義慶《集林》200 卷,孔逭《文苑》100 卷;謝靈運《賦集》92 卷,宋新渝惠侯《賦集》50 卷,宋明帝撰《賦集》40 卷,等等。這些總集,可分爲多體的與單體的兩類。而《甘泉賦》等四篇作品可能來自前者的前提條件,其與可能來自《揚雄集》的并無所異。即:(1) 不僅同時收此四文,而且必須同時"完整"地摘《漢書》雄傳相關文字作爲其序文;(2) 如上所述,其各作品本身之文字與《漢書》雄傳所載者比,既無多一句半句,亦没有少一言半語。然同樣的,就上述各方面的情况考察,《甘泉賦》等四篇作品來自即使如《集苑》、《集林》、《文苑》那樣的多體的總集,其概率亦甚小。摯虞《文章流别集》與李充《翰林》更是如此(詳後)。

當然,我們知道,《文選》所録作品有多篇可確知曾見載其前之相關總集。如據李善注張平子《南都賦》引摯虞之"南陽郡,治宛,在京之南,故曰'南都'"、注班叔皮《北征賦》與曹大家《東征賦》分别引《流别論》之"更始時,班彪避難凉州,發長安,至安定,作《北征賦》也"與"發洛至陳留,述所經歷也"、注張平子《思玄賦》題下"舊注"之"未詳注者姓名。摯虞《流别》題云'衡注'"①等,可知這些作品曾爲西晉摯虞《文章流别集》所收;據注應璩"《百一詩》一首"引李充《翰林論》之"應休璉五言詩百數

① 分别見《文選》頁 68 下欄、頁 142 下欄、頁 144 下欄與頁 213 下欄。

十篇,以風規治道,蓋有詩人之旨焉”[①]與《文選》收有諸葛孔明《出師表》、曹子建《求自試表》與《求通親親表》、羊叔子《讓開府表》,而《翰林論》有“表宜以遠大爲本,不以華藻爲先,若曹子建之表,可謂成文矣;諸葛亮之《表劉主》、裴公之《辭侍中》、羊公之《讓開府》,可謂德音矣”[②]等等,知這些作品曾爲東晉李充《翰林》所收;據注李蕭遠《運命論》之“《集林》曰:‘李康,字蕭遠,中山人也。性介立,不能和俗,著《游山九吟》。魏明帝異其文,遂起家爲尋陽長,政有美績。病卒’”[③],可知《運命論》曾爲劉義慶《集林》所收;等等。不過,這證明不了《文選》所録的這些作品分别來自這三部其前之總集,自然更無法由此證明《文選》所録的揚雄作品選自這些書。以《文章流别集》爲例,《隋志》“總集”類小序云:“總集者,以建安之後,辭賦轉繁,衆家之集,日以滋廣,晉代摯虞苦覽者之勞倦,於是採擿孔翠,芟剪繁蕪,自詩賦下,各爲條貫,合而編之,謂爲《流别》。”《晉書》卷五十一《摯虞傳》云:“撰古文章,類聚區分爲三十卷,名曰《流别集》,各爲之論,辭理愜當,爲世所重。”據此兩説,可知《文章流别集》主要是選自别集,而着重於别“體”之源流,并“各爲之論”。因之,其當無必要再摘史辭以爲序。换言之,《文選》這類作品不可能來自是書及孔寧《續文章流别》一類的總集。再如《翰林》,是書雖已失傳,然從其“論”之吉光片羽如“盟檄發於師旅,相如《喻蜀老》(即《難蜀父老》),可謂德音矣”[④],“木氏《海賦》,壯則壯矣,然首尾負揭,狀若文章,亦將由未成而然也”[⑤]等説中,知其對相關作品有評論。然這樣一來,即使李充從《漢書》中録入了揚雄《甘泉賦》等作品,恐亦没有必要如後來的《文選》那樣“完整”地摘史辭以爲序。而據此,便可推知《文選》中《甘泉賦》等四篇作品亦不可能來自是書及類此者。

較之多體總集,由於《甘泉賦》等四篇作品中有一非賦者(現當代學

---

① 見《文選》頁 305 下欄。

② 李昉《太平御覽》卷五九四《章表》,北京:中華書局 1960 年版。

③ 見《文選》頁 730 上欄。

④ 李昉《太平御覽》卷五九七《檄》。

⑤ 《文選》卷一二《海賦》末句下,李善注引“李尤《翰林論》曰”。案:“尤”顯爲“充”之誤。

者以《解嘲》爲賦,那是另一回事),故《文選》更不大可能據單一的賦總集録之①。

考《太平御覽》引《揚雄集》云:"單于上書願朝,哀帝以問公卿,公卿〔以〕虛費府帑,可且勿許。單于使辭去未發,雄上書諫,天子召還匈奴使者,更報單于書而許之。賜雄黄金十斤。"②此實《漢書》語,是書卷九十四下《匈奴傳》下云:

> ……單于上書願朝五年。時哀帝被疾,或言匈奴從上游來厭人,自黄龍、竟寧時,單于朝中國輒有大故。上由是難之,以問公卿,亦以爲虛費府帑,可且勿許。單于使辭去,未發,黄門郎揚雄上書諫曰:"臣聞……以遏邊萌之禍。"書奏,天子寤焉,召還匈奴使者,更報單于書而許之。賜雄帛五十匹,黄金十斤。③

即其所自出。這裏,我們應當注意的是:"《揚雄集》云"的"天子"以下,本在揚雄"書"後。這與《文選》所録揚雄上面四篇作品均只摘雄文前的史辭不同。又,《太平御覽》卷四五七《諫諍七》引《漢書》楊雄《甘泉賦》曰:"甘泉本因秦離宫,既奢泰,而武帝復增通天、高光、迎風。觀且其爲已久矣。非成帝所造,欲諫則非時,欲嘿則不能已,故遂推而隆之,乃上比於帝室紫宫,若曰此非人力之所爲,儻鬼神可也。"然此非《甘泉賦》文,而是《漢書》的敘述語。其所以如此,蓋有二焉:其一,此段文字緊接於《甘泉賦》末,故易致誤;其二,此非誤——古人引文,"序"與所序者往往不别,故此有可能是合賦文前後的相關文字爲序,如前引"《揚雄集》云"之以"書奏,天子寤焉……"合於"單于上書願朝"云云。

---

① 至於有的學者説《文選》的賦類作品來自梁武帝《歷代賦》10卷,則似有所未照。據《梁書》卷四十九《文學列傳(上)·周興嗣》之"(天監)十七年……左衛率周捨奉敕注高祖所製《歷代賦》,啓興嗣助焉"説,可知梁武帝頗重視是書。而《文選》一旦將《歷代賦》收進來,後者的價值就會有漸漸消失的可能。换言之,《歷代賦》的價值就有可能不斷地轉入到《文選》中來。明此,我們能設想昭明太子敢如此做麽?如果説,得到"父皇"的同意,其能不在序中説明(感謝"父皇")?因之,我們認爲《文選·賦》不可能來自梁武帝《歷代賦》。

② 李昉《太平御覽》卷八一一《金下》。

③ 班固《漢書》,北京:中華書局1962年版,頁3812—3817。

合上述三方面的考察所得觀之,這四篇序原原本本來自《漢書》卷八十七《揚雄傳》,故其所"序"之作品當來自《漢書》,而非《揚雄集》或其他的詩文總集與單體總集。下面,再來考察無摘史辭爲序者所自。

二 關於《文選》所收揚雄作品之無摘史辭爲序者的來源問題

據今存文獻,《趙充國頌》最早見於《漢書》。其卷六十九《趙充國傳》云:

> 初,充國以功德與霍光等列,畫未央宫。成帝時,西羌嘗有警,上思將帥之臣,追美充國,乃召黄門郎楊雄即充國圖畫而頌之,曰:"明靈惟宣,戎有先零。先零昌狂,侵漢西疆。漢命虎臣,惟後將軍,整我六師,是討是震。既臨其域,諭以威德,有守矜功,謂之弗克。請奮其旅,於罕之羌,天子命我,從之鮮陽。營平守節,婁奏封章,料敵制勝,威謀靡亢。遂克西戎,還師於京,鬼方賓服,罔有不庭。昔周之宣,有方有虎,詩人歌功,乃列於《雅》。在漢中興,充國作武,赳赳桓桓,亦紹厥後。"①

關於是頌,摯虞《文章流别論》云:

> 昔班固爲《安豐戴侯頌》,史岑爲《出師頌》、《和熹鄧后頌》,與《魯頌》體意相類,而文辭之異,古今之變也。揚雄《趙充國頌》,頌而似《雅》;傅毅《顯宗頌》,文與《周頌》相似,而雜以《風》、《雅》之意。若馬融《廣成》、《上林》之屬,純爲今賦之體,而謂之頌,失之遠矣。②

劉勰《文心雕龍·頌贊》則云:

① 《漢書》,頁 2994—2995。

② 《太平御覽》卷五八八《頌》。又,《安豐戴侯頌》、《和熹鄧后頌》,今佚;《出師頌》,見《文選》卷四七;《顯宗頌》、《上林頌》,僅存佚句;《廣成頌》,見《後漢書·馬融傳》。

> 若夫子雲之表充國，孟堅之序戴侯，武仲之美顯宗，史岑之述熹后，或擬《清廟》，或範《駉》、《那》，雖淺深不同，詳略各異，其褒德顯容，典章一也。①

兩者評説的角度雖異，然這説明了此頌很受西晉以還的批評家重視。昭明太子之選此頌，在很大程度上體現了晉南朝人的共識（當然，在摯虞那裏，從"體"的角度考量，此未盡純）。而就其來源言，其顯然當選自《漢書·趙充國傳》。首先，將《文選》卷四十七所録本頌與《漢書》所載比，僅《漢書》之"昌狂"而《文選》作"倡狂"。不過，這完全可以視爲無别。當然，《揚雄集》中的本文也可能録自《漢書》，而《文選》再録自《揚雄集》。然如上所述，如果是集編得很早，即《甘泉賦》、《羽獵賦》、《長楊賦》、《解嘲》及《趙充國頌》等非來自《漢書》而《文選》選之，兩者不可能如上所述的那麼一致，尤其是前四者之"序"。反之，如果其編得很晚，即此五篇作品很可能來自《漢書》，而由於《漢書》之名甚著而往往爲讀書人所熟讀，且從某種意義上説，《漢書》可謂前漢文章之淵藪或"精選集"。即就情理層面言，其亦當來自《漢書》而非其他。總之，合上文所述而觀之，此非常可能來自《漢書》。

至於《文選》中之《劇秦美新》，不僅同樣没有記載其所自，而且就今存文獻考察，其被載之最早者便是《文選》。不過，《文選》卷四十八該題下，李注云："李充《翰林論》曰：'揚子論秦之劇，稱新之美，此乃計其勝負，比其優劣之義。'"王立群先生云："據李善此注，李充《翰林》當選録了揚雄的《劇秦美新》一文。"②這當是没有問題的，問題是《文選》所收究竟是據此書還是别的什麼書，如其他總集或史傳類書，今恐無法考矣。

結　語

綜上所述，可得以下兩點結論：其一，《文選》所收揚雄的《甘泉賦》、

---

① 詹鍈《文心雕龍義證》，上海：上海古籍出版社 1989 年版，頁 324。又，《玉海》卷六十於"表充國"下注云："見《漢書》。"

② 王立群《〈文選〉成書研究》，北京：商務印書館 2005 年版，頁 304。

《羽獵賦》、《長楊賦》、《解嘲》、《趙充國頌》與《劇秦美新》六篇作品，其前五篇當直接來自《漢書》而非《揚雄集》或其前的相關總集及其他之書，後一篇亦非出於《揚雄集》而蓋來自其前之總集或相關的史傳類書；其二，《漢書・揚雄傳・贊》以上本"雄之《自序》"者非"未加裁割"，而《甘泉賦》、《羽獵賦》、《長楊賦》、《解嘲》的"序文"雖實際上來自揚雄的《自序》，然其本非相應作品之序或追序，而是子雲站在史家的角度撰以説明這些作品的寫作緣由，等等。而據前者，可知日本資深學者岡村繁先生之"《文選》大部分是從沈約的《集鈔》十卷、丘遲的《集鈔》四十卷、以及昭明太子與劉孝綽自編的《詩苑英華》二十卷等先行選集中第二次採編而成的選集"，"劉孝綽衹要從這些先行選集中將合乎己意的作品依次采録，恐怕就可以迅速完成《文選》全書九成以上的工作。剩下不足一成的部分是'近世'以後創作的若干四言詩，以及同屬'近世'文學的辭賦與駢文"[①]云云，顯然是不能成立的；《文選》既非岡村先生所説的那樣之"第二次採編而成"，亦非劉孝綽所編[②]。後者，則不僅有助於我們考察《文選》所録揚雄作品之有"序"者的來源如何，而且對探索其他史書如章學誠《答甄秀才論修志第一書》所説之"仍揚雄《自序》而爲《揚雄列傳》之例"[③]者的情形，亦不無啓示之功。

總之，在我們看來，考察《文選》所收揚雄的六篇作品的來源問題，不僅對研究《文選》一書的作品來源如何有着重要的價值，而且對探討古代相關總集、別集的編撰情況(所收作品之來源等)亦有其特殊的意義。

(作者單位：廣西師範大學文學院)

---

① 岡村繁《文選之研究》，上海：上海古籍出版社 2002 年版，頁 88、90。

② 參力之《與岡村繁先生論〈文選〉之編者及其編纂目的》，《廣西師範大學學報》2011 年第 1 期。

③ 葉瑛《文史通義校注》下册，北京：中華書局 1985 年版，頁 820。

古典文獻研究(第十六輯)
2013年7月

中日《不空表制集》文獻學研究述評

金程宇

《代宗朝贈司空大辨正廣智三藏和上表制集》(以下簡稱《表制集》)是唐代密宗高僧不空的表制、肅代二帝批答及其門人所作碑文的彙集,中土久佚[①],僅日本存有古抄本及和慶安刊本(拙編《和刻本中國古逸書叢刊》未收),均極罕見,故利用者甚少。該書的通行本爲《續藏經》、《大正藏》排印本,成爲研究唐代密教及社會歷史文化的重要文獻。與日本學界相比,中國學界對《表制集》的文獻學研究尚顯薄弱,但也具有一定特色。如果自楊守敬《日本訪書志》算起,中國《表制集》的研究迄今已逾百年,本文旨在對此加以梳理和回顧,同時也對日本的相關研究略加介紹,以便學者對這部珍貴文獻做出更深入的研究。

一　和刻本《表制集》在中國之存藏

和刻本《表制集》頗稀見,今知日本高野山三寶院、大谷大學圖書館、兵庫縣豊岡市温泉寺(五册)有藏,關西大學圖書館内藤文庫存寫本一部[②],乃據慶安本抄寫者。此外,美國國會圖書館、中國南京金陵刻

---

① 此集在日本流傳不歇,多種目録著録。如空海《請來目録》(806年進呈)著録"大唐大興善寺大弁正大廣智三藏表答碑六卷"。9世紀後半,安然《諸阿闍梨真言密教部類總録》卷下著録"不空三藏表答碑三卷。海"。永超寬治八年(1094)《東域傳燈目録》"小乘論疏記等"著録"不空表制二卷","大弁正三藏表制集二卷"。鳳潭(1654—1738)《扶桑藏外現存目録》著録"表制鈔七卷(原注:肆刊)"。

② 明治四十二年(1909)内藤湖南倩人據慶安三年刊木鈔録,3册,有"湖南祕笈"印,書號:L21＊＊4＊422。湖南跋云:"此書明治己酉游德島,觀蜂須賀侯藏書於中學校書庫時,借獲而歸屬倉部信治抄完也。"因當時《續藏經》本尚未問世,《不空表制集》屬罕見書,故内藤氏有鈔書之舉。

經處、大連市圖書館、臺灣"故宫博物院"及筆者各藏一部。

茲據筆者所藏本,對該書形態加以描述:

封面題簽:不空表制集(册數)

内題:代宗朝贈司空大辨正廣智三藏和上表制集

尾題:大辨正大廣智三藏和尚表制集

版心:表制集卷(卷數、葉數)

黑口:上下大黑口

魚尾:上下花魚尾

跋文:德治二年(丁未)四月十二日於神護寺成身/院以南岳房濟暹僧都所持之本書寫了/猷然七十四(卷二末)

德治二年(丁未)五月三日於神護寺成身院/以濟暹僧都所持之本書寫了　猷然七十四/一交了/點本云以勸修寺大經藏御本點校了云云(卷六末)

刊記:慶安三稔仲冬吉旦/中野小左衛門開板

書體大小:長 27.2 釐米,寬 17.4 釐米

匡高:長 21.31 釐米,寬 15.2 釐米

版式:每半葉八行,正文行 17 字

鈐印:洛西鳴滝/常樂院藏(長方朱陽文)[①]

據跋文可知,此刊本底本爲猷然寫本,係猷然德治二年(1307)在神護寺成身院據仁和寺濟暹藏本所抄寫者[②];猷然又曾以勸修寺大經藏本對校[③],其本文中旁注"一本"者即是,故該本來源甚早。猷然是京都真言宗僧人,日本學者武内孝善氏曾據高山寺所藏《五字文殊法》跋文"建長六年(甲寅)六月廿五日於慈雲院僧都御坊傳受之/猷然(生年/二十一歲)"(跋文載《高山寺經藏典籍文書目録》第一册,頁 278),又據《傳法

① 常樂院爲真言宗御室派,位於京都市北區西賀茂円峰町 2—7。

② 神護寺爲高野山真言宗寺院,在京都市右京區梅ヶ畑高雄町 5。勸修寺爲真言宗山階派大本山,在京都市山科區仁王堂町 27—6。

③ 勸修寺爲真言宗山階派大本山,在京都市山科區仁王堂町 27—6。

灌頂師資相承血脈》指出其譜系爲:興然—榮然—定真—仁真—禪助—猷然[①]。刊記中的中野小左衛門,是江户時期京都書賈,曾刊行各種佛書及外典[②]。此刊本刊於慶安三年(1650),帶有有詳密的假名、返點,雖不知是否爲猷然本所有,但對訓讀很有參考價值。

日本現存各種古抄本八部(詳本文第四節),但多非足本,慶安刊本完整無缺,且附有訓讀,係江户時期民間流通之最主要傳本。據阿部隆一《江户時代書林出版書籍目録集成》,可知慶安本在寛文時期的《和漢書籍目録》、《增補書籍目録》、延寶三年的《古今書籍題林》、元禄五年的《廣益書籍目録》、元禄九年的《增益書籍目録大全》(有寶永六年增修本及正德五年修本)、天和元年的《書籍目録大全》等有所著録,可知該刊本大體18世紀前期仍有所刷印流通。儘管如此,和刻本存世者已十分稀少,日本僅在真言宗寺院及相關大學存有數部,甚至少於古抄本的存世數量,可見其罕覯難求。

國内公藏共三部。一爲楊守敬攜歸者,《日本訪書志》卷十四著録:

> 《表制集》六卷
>
> 唐沙門不空撰。不空西域人。唐代宗時贈司空。所翻經律甚多,亦兼通外典。此《表制集》皆其當肅、代兩朝所上表啓及答制也。末附徐浩所撰《不空碑》文一首。此集南北《藏》皆不載,蓋已佚矣。首題"司空大辨正廣智三藏和上表制集卷第一",次行題"上都長安西明寺沙門釋圓照集"。圓照之序在第一卷内,目録附於卷後,古式也。

楊守敬(1839—1915)於光緒六年(1880)至光緒十年(1884)在清朝駐日公使館工作,期間搜訪古書,不遺餘力,據楊氏《鄰蘇園藏書目録》,其"貞字號"第五格著録"不空表制集"[③],當即其時所獲。此本今藏臺灣

---

① 《石山寺藏〈不空三藏表制集〉の研究》,《高野山大學密教文化研究所紀要》第5號。

② 如有慶安二年,曾刊行過《妙法蓮華經出離生死血脉》一卷、《重刊書叙指南》二十卷等。

③ 《鄰蘇園藏書目録》,上海辭書出版社2009年11月版,頁48上欄。

“故宫博物院”。可見,楊守敬是使《不空表制集》回傳中土的第一人。其所作《日本訪書志》,指出“南北《藏》皆不載,蓋已佚矣”,“圓照之序在第一卷内,目録附於卷後,古式也”,成爲首部指出該書中土失傳[①]、保存“古式”的目録學著作[②]。由於目前相關文章均未言及,故在此鄭重揭出。

南京金陵刻經處藏一部。筆者在武延康先生的幫助下見到原書,凡六册,刊記同,然封面及題簽與寒齋所藏不同,刷印亦較淡,屬後印本。此本係楊仁山舊藏。楊仁山請求書目的“乙字單”曾著録:“不空表制集　圓照”[③],據《南條文雄送等已寄贈清國書籍目録》(約作於1891年—1893年12月間),知由南條文雄寄贈。

此外,尚有一部藏大連市圖書館。《中國館藏和刻本漢籍書目》(王寶平主編,杭州大學出版社1995年版,頁468)别集類(二)唐五代著録,然云“日本德治二年(1307)刻本”,當是將原書跋文當作刊記,顯誤。此本豈爲無刊記本歟?或即因此而不著録慶安刊記。由於無刊記本有初印之可能,故值得注意。此書雖未見,然可對其來歷略作推測。大連

---

① 楊氏通過與日本佛教學者的接觸,掌握了藏外逸書的情况。《日本訪書志》卷十五“高麗刊本《大藏經》六千四百六十七卷”條中,指出“《大藏經》未收古經”。其云:“余在日本所得古鈔佛經,不下六七百卷,其中有唐人書寫者,有日本人傳録者,工拙不一,而時有出於高麗藏、宋藏、元明藏之外。有島田蕃根者,篤好佛書,爲言此皆其國入唐求法僧所賫回者。會其國集股印《大藏經》,并借余所得本校補,因以知宋、元、明大藏不收之目。”雖然在“不收之目”中,楊氏未列舉《不空表制集》,但他顯然是知道此書中土不傳的。值得注意的是,楊氏所列書目幾乎全爲密教經典,在密教文獻的回傳方面,其功厥偉,筆者對此將另文探討。

② 《經籍訪古志》著録古抄本《翰林學士集》,曾提到紙背所書《不空表制集》殘卷(卷五),由於《經籍訪古志》成書於1856年,清末曾刊刻,係較早向中土傳達日藏《不空表制集》信息的目録學著作。光緒十四年(1888)至十六年(1890)間,陳榘曾摹寫《翰林學士集》,并於光緒十九年(1893)刊行,而紙背《不空表制集》未能摹寫和出版,堪爲憾事。此外,日本學者中,内藤湖南也曾指出《不空表制集》爲中土佚書,其《百代草序》(大正十四年六月作)云:“《不空表制集》,以余所知,石山寺有二卷,尾張真福寺有一卷,浪華上野氏、江户根津氏亦各有一卷。今本一卷,殆與真福寺同種。方外典册中,唐佚集儼存。”

③ 陳繼東《清末日本傳來佛教典籍考》,《原學》第五輯,中國廣播電視出版社1996年版,頁331。

市圖書館前身爲滿鉄大連圖書館,其主要藏書中,有羅振玉及日本大谷光瑞(1876—1948)舊藏。查檢羅氏藏書目録,僅見著録“不空表制集六卷(日本排印本)”①,當爲《續藏經》本,故此書當非羅氏舊藏。至於大谷氏,其爲日本真言宗西本願寺第22任主持,1914年移居旅順,藏書也隨之移入中國,考慮到《不空表制集》密教文獻的性質,則其爲大谷光瑞舊藏可能性頗大。因未能目驗,姑待他日。

二 中國學界對《表制集》之介紹與研究

《表制集》最早進入中國辭書,今知是民國時期丁福保(1874—1952)所編《佛學大辭典》。該書列有“表制集”詞條:

> 《表制集》(書名)六卷。唐不空三藏爲三朝之國師,謝表答制凡一百四十四首,西明寺圓照編集,名爲《不空表制集》。②

丁氏書1919年成書,1922年出版,其時國内商務印書館影印本《續藏經》尚未出版,和刻本又罕覯難求,當皆非所據。故其所撰詞條,轉引自日本學者所編辭書的可能性較大③。

1922年商務印書館影印本《續藏經》、1934年《大正藏》的出版,爲《不空表制集》的普及起到了推動作用。中國學者主要利用的就是此二書,開始出現一些相關論述,但也不多見。玆就所知,略作舉例。

一是周叔迦上世紀30、40年代應東方文化會之邀,爲《續修四庫全書》所作提要④,載其《釋家藝文提要》第397條。該書著録《贈司空謚

---

① 王國維編《大雲書庫藏書目》,《雪堂類稿》戊長物簿録(二),頁959。

② 上海書店1991年影印本,上册,頁1244上欄。

③ 其《佛學大辭典》自序云:“更參以日本織田氏、望月氏之《佛教大辭典》,若原氏之《佛教辭典》,藤井氏之《佛教辭林》等,以補舊稿之所不及。”

④ 今中國科學院圖書館所編《續修四庫全書總目提要稿本》第六册,齊魯書社1996年版,頁660、661。東洋文庫藏《續修四庫全書總目提要》交稿記録,第十四册爲周叔迦,收提要190餘種,收稿日期爲民國23年11月至26年5月。中科院藏本提要多出者,當在此後所撰。參吴格《日本東洋文庫藏〈續修四庫全書總目提要〉編纂資料》(《域外漢籍研究集刊》第三輯,中華書局2007年版,頁377)。

大辯正大廣智不空三藏表制集》六卷(原注:《續藏經》本):

唐釋圓照集。照所著《貞元續開元釋教録》、《貞元釋教録》均已著録。此集乃纂不空三藏師資相承所有書表狀牒敕詔制令,以及文詞碑讚歌頌,都一百二十八首,答制五十二首,序中言一百四十四首者誤也。始自至德二年,於時不空三藏年五十三,迄於大曆十三年,即不空三藏殁後四年。不空三藏名智藏,爲金剛智弟子,稟受真言,於師殁後,還詣天竺,梵本瑜伽,皆備披閱。旋歸帝京,宣化於河西關内之間。至德二年,收復京洛,承旨建壇,爲灌頂師。歷承玄宗、肅宗、代宗三朝寵遇。所譯經論一百一十部,一百四十三卷,具載《貞元釋教録》中。其有師資傳授,未曾進上者,散在民間,傳諸東瀛,今得六十三部,八十一卷。具如《至元録》及日本《續藏經》及《大正大藏經》所收。此集中前三卷爲不空諸書表狀牒、敕詔制等,後三卷爲三藏殁後諸弟子表狀制詔、文詞碑讚歌頌等。所有表制,具如當時程式。由此可以考密宗授受之源,佛教昌明之迹,徵祠部之威儀,覈僧伽之法度,哀李朝之掌故,補唐文之遺逸,有裨於典章文學者,殊非淺鮮。今本如序中所稱凡六卷,而《貞元續開元釋教録》云七卷,疑後更續集一卷,而今不傳耳。圓照所輯更有《西明寺制令集》、《睿宗、玄宗、肅宗、代宗、德宗諸制旨集》、《簽定四分律疏》、《制旨集》、《信行集》、《乘如集》、《一行集》、《利言集》、《良秀集》、《傳法三學大德碑記集》,凡三十八卷,今皆不存云。①

周氏爲佛學大家,著述等身,後人尤對其《釋家藝文提要》推崇備至②。其所撰《不空表制集》提要,雖僅五百餘字,却多爲切中肯綮之

① 中國科學院圖書館所編《續修四庫全書總目提要稿本》第六册,齊魯書社1996年版,頁660、661。

② 《釋家藝文提要》"蘇題後記"稱該書"莫不詳其内容,較其得失,評其優劣,言中肯綮。而於其學術之地位及影響,尤多致意。他如考證作者之名,訂正成書年代,書中章品之佚脱,譯文之倒句原型,皆深思熟慮,有得之言。提要之作,足以上補《四庫全書》中釋家類之未備,而所涉之面極廣,所言之事極多,以見先生之深入藏海,融會貫通,學殖造詣之深且厚也"。

言。如云"由此可以考密宗授受之源,佛教昌明之迹,徵祠部之威儀,覈僧伽之法度,袁李朝之掌故,補唐文之遺逸,有裨於典章文學者,殊非淺鮮",對《表制集》的學術價值有極準確的概括。可惜由於出版甚晚,極少爲學界稱引。

佛教學者劉白村亦曾撰有提要,《續修四庫全書總目提要稿本》第26册(頁427)載《代宗朝贈司空大辨正廣智三藏和上表制集》六卷(原注:《大正藏》本)提要云:

> 廣釋圓測集。圓測事迹已見《悟空入竺記》提要。是篇乃集不空三藏師弟與帝室往來之文件也。不空本西域人,昔事大弘教金剛三藏,稟受真言,二十四年,摳衣請益。大師没後,還詣五天,梵本瑜伽,備皆披閲。周游遍覽,旋赴帝京。或化河西,或歸闕内。屬天寶末歲,胡馬入關。至德二年,尅復京洛。師親承聖旨,精建壇場,爲灌頂師。前後譯經一百十部,都一百四十三卷,以大歷久年滅度於京師大興善寺。代宗爲之廢朝三日,贈司空,追謚大辨正廣智三藏和上。師蒙三朝寵遇,表謝答制,師弟相承,大凡一百四十四首。分爲六卷。《兩部大法相承師資付法記》謂師以此法付屬含光阿闍梨等弟子五人。一含光,二慧朗,三曇貞,四覺超,五惠果,除含光爲新羅人,與朝廷無直接往來外,其餘四人,皆有表啓收入。誠研究唐代密教傳播之情形者,最重要之參考書也。

提要亦肯定此書於密教研究之價值,然與周氏提要相比,顯然簡略得多。題"圓測集",顯爲"圓照"之誤。因民國時期《表制集》的相關研究不多見,故存此備參。

建國後出版的各種佛學辭書對《表制集》多有涉及,其中上世紀90年代臺灣地區《中華佛教百科全書》之介紹較有特色①。該辭書對《表制集》的史料價值有所關注,舉出如下幾例:

① 藍吉富主編,臺南縣永康市:中華佛教百科文獻基金會,1994年版。

(1)《進造文殊閣狀》:收在卷五。從此《狀》所載,可以得知文殊閣之建築總費用、雇工費用、建材費用等。

(2)《貶興善寺主圓敬歸河南慧(思)遠寺制》:收在卷三。圓敬乃因不空推舉而充任興善寺主。從此《制》中可以窺知僧傳所無的寺院綱紀及僧侣風紀。

(3)《三朝所繙經論請入目録流行表》:收在卷三。此經録乃不空親撰,故史料價值甚高。據此可知不空所譯經卷爲七十七部一〇一卷。今《大正藏》所收署爲不空譯之儀軌,其大部分不載於此《録》。

(4)《三藏和上臨終陳情表》、《三藏和上遺書》:前者收於卷四,後者收於卷三。依此二文,可以得知不空如何預先處理分配其身後之財物。

(5)《大廣智三藏行碑》(飛錫撰)、《不空三藏和尚影讚及序》(嚴郢撰)、《贈司空大辯正廣智三藏和上碑》(嚴郢撰):前二文收於卷四,後一收於卷六。從此三文中,可以得知金剛界之相承。

陳士强《大藏經總目提要》(《文史藏》二,上海古籍出版社 2008 年版,頁 64—76)所收關於《表制集》提要,頗爲詳細。提要比較了《表制集》與《玄奘上表記》,從内容、年款、他人碑銘方面指出二者差異。與趙遷的《行狀》相比,提要認爲《表制集》收載了一大批不空奏表及相關歷史文書,資料的豐富性超過趙書。對於《佛頂尊勝陀羅尼經》的流行原因,提要指出《表制集》卷五所收代宗《敕天下僧尼誦尊勝真言制》,肯定了唐皇帝的影響。

以上是中國佛學辭典、提要之相關介紹。下面舉一些中國傳統文史學家利用《表制集》的事例。

民國後期,周一良(1913—2001)的《中國密宗》(Tantrism in China),發表在《哈佛燕京學報》第 8 卷(1945 年)第 3、4 號上(有錢文忠《唐代密宗》譯本,上海遠東出版社 1996 年版,2012 年新版),是對《宋高僧傳》中不空傳記的注釋,涉及《不空表制集》,這裏也略加介紹。

周氏著作廣征博引,對不空的相關史料都有很好的揭示。就《不空表制集》而言，周氏主要利用的是《大正藏》本，其中如飛錫的《碑銘》、圓照的《序》、嚴郢的《碑銘》等資料都有所參考利用[①]。

周氏著作的附録，利用《表制集》指出不空與宦官及朝廷高官的關係，也很重要。如附録十六、十七，是對功德使李元琮的研究，指出："李元琮可能是第一個擔任此職的人，由於他還是一名軍官，功德使應該也是軍官就成了通例。""唐代絶大多數宦官崇信佛教……密宗僧人爲了普及其教派，自然努力與宦官友好相處。"附録十九列舉了不空的弟子，特别指出"有許多高官是不空的弟子"，其中以元載和王縉爲最著名。這些看法顯然都是很有啓發性的。

周勛初的《高適年譜》(上海古籍出版社 1980 年版，後收入《周勛初文集》第 4 册)雖對《表制集》只是偶有涉及，但却是利用該書考察高適密教信仰的重要成果，也值得介紹。

周先生自《大正藏》檢得趙遷《大唐故大德贈司空大辯正廣智不空三藏行狀》："(天寶)十二載，敕令赴河、隴節度，御史大夫哥舒寒所請。十三載，到武威，住開元寺。節度以下，至於一命，皆授灌頂。"(《不空三藏表制集》卷四録飛錫《大廣智三藏行碑》記載全同)。指出高適在天寶十三年時"皈依密宗。哥舒翰率河西節度幕下大小官員，請不空和尚行灌頂儀式。高適亦在其中"。可謂很細心的發現。周先生在廣德二年(764)條下，指出此年高適"佞佛愈甚"，并聯係劉長卿《秋夜有懷高三十五適兼呈空上人》"晚節逢君趣道深，結茅栽樹近東林。吾師幾度曾摩頂，高士何年遂發心？北渚三更聞過雁，西城萬里動寒砧。不見支公與玄度，相思擁膝坐長吟"，指出"空和尚即不空和尚，天寶十三載於河西爲高適灌頂，彼時即有交往，此時又在京師相聚，過往當更爲密切"。爲

① 贊寧的《宋高僧傳》是一部宋初重要的佛教文獻，對該書史源的清理，可以瞭解宋初相關文獻的傳存情況。周氏著作對不空傳的注解，實際上也有這方面價值，頗可重視。如"空表請入山，李輔國宣敕令於終南山智炬寺修功德"，周氏注指出李傳見《舊唐書》卷一八四本傳，此事"亦見 T52.829c7"。李傳未載此事，故此處所提詔敕事，當出自《表制集》。"弟子慧郎，次紹灌頂之位。餘知法者數人"，周氏云"慧郎見於不空遺囑(T52.841b2)"。《表制集》一般認爲唐末已經失傳，但根據周氏注解，似乎該書在宋初民間仍有流傳之可能。

研究高適、不空提供了新的視角,值得重視[1]。

三　中國學界對《表制集》所做之輯佚、整理工作

《表制集》保存了許多散佚詩文,其輯佚價值也受到重視。

首先是唐詩的輯録。王大均《全唐佚詩三首輯箋》[2]指出:"筆者最近因參加校點《全唐文》,翻閲日本《大正大藏經》,發現唐圓照編輯的《代宗朝贈司空大辨正廣智三藏和上表制集》(以下簡稱《不空表制集》)六卷,其中的文章絶大多數爲《全唐文》及其《拾遺》、《續拾》所未收者,而且還附收詩三首,亦不見於《全唐詩》及其《外編》,是至今未曾介紹過的唐代佚詩。"這三首詩分别是趙遷《故功德使凉國公李將軍挽歌詞二首》和僅存其名(釗)者所作《登刀梯歌》。前者挽李元琮,係表現密宗信仰者親疏關係的重要作品。後者"是我國最早歌咏氣功表演的詩之一",也極重要。

這三首詩業師陳尚君先生《全唐詩補編》(中華書局1992年版)也曾收入。趙遷《故功德使凉國公李將軍挽歌詞二首》載《全唐詩續拾》卷十六,□釗《登刀梯歌》載《全唐詩續拾》卷十五。《登刀梯歌》異文較多,王大均與陳尚君師各有校録,其中王校本稍優。

《密宗祖庭大興善寺》(界明、陳景富編著,三秦出版社2002年版)是對《表制集》的整理著作。該書據《大正藏》標點,因採用定本式,故不出校記。雖便於閲讀,但學術性較遜。其中《表制集》所收《不空三藏和尚遺書》、飛錫《碑》、嚴郢《碑銘》均單獨列目整理,在《表制集》中則予省略,似乎也無必要。

其次是對《表制集》所收唐代佚文的網羅。陳尚君師《全唐文補編》是此方面的集大成之作。這裏就《全唐文補編》據《表制集》補録唐文的特點略加説明。

《表制集》中僅三篇文章爲《全唐文》所收録。它們是:《追贈不空三

---

① 最新的研究,參岩崎日出男《不空三藏の密教宣布における修功德の役割とその意義——哥舒翰の不空三藏招聘から長安における密教宣布の展開とその特質》(《密教學研究》第四十四號,2012年3月)。

② 《徐州師範學院學報》(哲學社会科學版),1990年第3期。

藏詔》、《大唐興善寺大廣智不空三藏和尚碑銘并序》(出自《唐文粹》卷六二)、《唐大興善寺故大弘教大弁正三藏和尚影堂碣銘并序》(《權載之文集》卷二九)。《全唐文補編》在此基礎上進行了徹底的輯集,輯録佚文170餘篇,成爲目前利用該書輯録唐文最備的著作。

據《全唐文補編》附録四"引用書目",輯録所用的底本爲《大正藏》本。該本是以《續藏經》爲底本,以高山寺本、黑板勝美所藏唐寫本及慶安本参校,屬較好的底本。

輯録《表制集》中的唐文,不空方面較容易。《全唐文補編》卷四四、四五收兩卷不空佚文,其中據《表制集》輯出52篇(兩卷分别爲31篇和21篇),另據他書輯録4篇。

輯録時對復見他書的則注明,如《大唐貞元續開元釋教録》、《貞元新定釋教目録》、《秘密漫荼羅教付法傳》,則予以注明。一些僅見於《表制集》的不空文章(凡35篇),因此得以凸現。

皇帝制敕、批答也是輯録的重點,但也是難點。幸有日本學者所編《唐代詔敕目録》可資利用。其中肅宗文據收5篇(其中4篇僅見《表制集》),代宗據輯62篇(其中46篇僅見《表制集》)。

需要指出的是,《全唐文補編》採用古籍整理的定本式,斟酌異文,擇善而從,故形成了新的校訂文本。當然,限於《大正藏》本提供的異文,略有缺憾。

四　日本學界對《不空表制集》之文獻學研究

《表制集》流傳東瀛千年之久,日本存留文獻極爲豐富,相關研究也頗深入細密,對中國學界頗有參考價值。下面對此略作介紹。

日本學者對《表制集》古抄本的影印和介紹做過不少工作。今知現存《表制集》古抄本有如下幾部:

1. 石山寺舊藏平安初期寫本(東京國立博物館藏卷一,兵庫縣上野氏藏卷二、四,石山寺藏卷三,根津美術館藏卷五,五島美術館藏卷六)。

2. 東寺觀智院金剛藏平安中期寫本(六卷全,三册,底本出自天長四年即827年寫本)。

3. 高山寺所藏院政時代寫本(六卷全,六册)。

4. 高山寺藏鎌倉中期寫本(闕第一卷)。

5. 真福寺寶生院藏平安前期寫本(卷三、卷五)。

6. 御茶之水圖書館藏平安前期寫本(卷六,一册,載《古律書殘篇》紙背,原東大寺東南院、佐佐木信綱、德富蘇峰舊藏)。

7. 青蓮院舊藏寬治初年寫本(存卷一至卷四)。

8. 醍醐寺藏慶長七年(1602)寫本(六卷全,六册,底本爲治承三年即 1179 年寫本)。

9. 高野山藏鎌倉時代寫本。

10. 比叡山藏寫本。[①]

其中的高山寺本,《大正藏》已經取校。御茶之水圖書館本,昭和九年(1934)東京古典保存會據佐佐木氏藏本影印。青蓮院本,汲古書院《不空三藏表制集　他二種》(久保神昇編,1993 年版)影印。石山寺本,武内孝善氏《石山寺藏〈不空三藏表制集〉の研究》(《高野山大學密教文化研究所紀要》第 5 號)、《五島美術館藏〈不空三藏表制集〉の研究》(《高野山大學密教文化研究所紀要》第 8 號),分别將石山寺本卷三、卷六加以影印和校訂,稱爲迄今最詳細的校本。武内氏論文對部分傳本及相關研究也有所介紹,很有參考價值。東寺本、醍醐寺本等數種仍未影印。

中村裕一《不空三藏表制集解題》(汲古書院影印本附)對大興善寺與不空的生平、《表制集》的成書時間、日本的傳存狀況、唐史研究方面《表制集》的史料價值均有介紹,是關於本書文獻學研究的重要論文。在史料價值方面,他指出在唐代史料方面,没有一部書能像本書一樣收録了豐富的文書資料,特别是《表制集》按時間順序排列,有如不空年譜,可以借此考察不空生平以及佛教與唐朝關係,是唐代佛教史研究的重要史料。他同時指出,該書收録了大量代宗朝敕牒,由於唐敕牒需由宰相署名,故對《唐書》宰相表代宗朝有重要補充價值。本書收録了豐富的公文書,與官僚制度、唐朝法制研究息息相關,但相關文書樣式均不見記載,而本書所提供的敕授告身、敕旨、敕牒等具體王言資料,堪稱寶庫。由於《表制集》基本按照唐朝原式抄寫,故具有極高的文書學

① 第 9、10 收藏信息,據日本學者園田學院女子大學岩崎日出男教授見告,專此致謝。

價值。

日本學者從此對《表制集》作出了重要研究，其中以中村裕一的相關著述最爲深入。其所著《唐代制敕研究》(汲古書院 1991 年版)、《唐代官文書研究》(中文出版社 1991 年版)、《唐代公文書研究》(汲古書院 1996 年版)、《隋唐王言の研究》(汲古書院 2003 年版)，大量利用了《表制集》，充分揭示了該書的文獻價值。

不空與日本佛教史，特別是空海、最澄及的傳承關係，也是日本學者研究的重點。從文獻學角度來看，以下成果較爲重要：長部和雄《唐代密教史雜考》(神户商科大學研究叢書，1970 年版，1990 年溪水社再版)、木内央《傳教大師と不空表制集》(《印佛研究》15—1，1966 年)、向井隆健《不空三藏傳記資料一考察》(《大正大學大學院研究論集》二，1978 年)、《不空教學研究のための資料考——〈表制集〉中譯經目録の經典に関して》(《豐山學報》25，1980 年)等。此外還有不少相關論文，兹從略。

五　關於《表制集》文獻研究的思考

以上我們對中日兩國《表制集》的文獻研究作了一個總體描述，會發現兩國學者所做研究皆有側重，可謂各有所長。

楊守敬是中國學者中對該書進行搜集與研究的第一人。周叔迦所撰提要，周密精當，對該書價值有最簡明準確的揭示。周一良學識淵通，驅遣英法德日梵文，表現了國際漢學家的研究實力。周勛初先生熟悉唐人行迹，準確判定出高適在哥舒翰幕府接受灌頂的事實，爲佛教與唐代文學交涉提供了一個具體例證。

中國學者在於對《表制集》的整理方面，成績突出，其中《全唐文補編》堪爲代表。經過陳尚君先生的輯録，《表制集》的補遺價值得到充分發掘。較之籠統的 141 篇的説法有明顯的推進，文本的校訂方面也較通行的《續藏經》、《大正藏》更爲準確。不過，應當看到的是，日本古抄本的研究成果大多未能被吸收，校訂工作尚有可爲。如卷三《謝敕置天下寺文殊院表》"一乘典誥"之"誥"，《大正藏》、《續藏》均誤作"語"。《貶興善寺主圓敬歸河南思遠寺制》"本配河南府陸渾縣思遠寺"，石山寺本、青蓮院本均作小注，而《大正藏》、《續藏》均作大字，連入正文。卷六

《登刀梯歌》問題較多,"千峰迴拔接天霓"之"迴",《大正藏》、《續藏》作"迴",諸本正文皆同,王大均校云"迴,原作回,據文意改",然東寺本有早期朱筆校記,正作"迴",可作爲校改依據。"鏖鑪霜明鳥道齊"之"齊",《大正藏》、《續藏》皆作"齋"。"出没縱横白刃兮光翡翠,黯黯精光和能利",整理本出入較大,陳尚君師作"出没縱横(蹈)白刃(原注:一本多"中"字)兮,(蹈白刃兮)光翡翠,黯黯精光和能利",多補出"蹈白刃兮"四字。王大均校本作"出没縱横白刃中。踏白刃兮光翡翠,黯黯精光和能利","白刃中"與上句"空"押韻,較優。此外,輯録文本,按作者編排,原書面貌遂失,亦不可避免。特别是一些公文結銜,輯録本不取,利用時仍需檢核原書。由此可見,《表制集》欲獲得更準確的整理本,學界尚需付出更多的努力。

相較而言,日本學者在古抄本的調查、校勘、傳播及文書學方面成績斐然,理當引起中國學者的重視。無論是資料還是研究方法,都值得借鑒。我們相信,兩國學者倘能取長補短,拓展視野,《表制集》的研究將會進入一個新的階段。

(作者單位:南京大學文學院)

古典文獻研究(第十六輯)
2013年7月

宋代唱和詩詞總集叙録*

鞏本棟

在中國文學史上,唱和與唱和詩詞是一種十分普遍的現象。它源遠流長,歷久不衰,值得研究。詩詞唱和作爲文學創作和交往的重要方式之一,對文學創作的提高、文學集團的形成和文學流派的發展,都曾起過積極的影響和重要的作用。唱和詩詞作爲中國古代文學的重要組成部分,曾取得過很高的成就,對當時和後來的文學發展,産生過廣泛和深遠的影響,因而在中國文學史上理應占一定的地位①。

唐宋兩代,唱和詩詞的創作極爲繁榮,不但其反映社會生活的深度和廣度大爲增加,湧現了大量的優秀作品,而且形式多樣,手法巧妙,成爲唱和詩詞發展的高峰。研究唐宋唱和詩詞,從文獻上看,可分唱和詩詞總集和散見於别集中的唱和之作兩大類别,二者均十分重要。關於唐五代的唱和詩詞總集,筆者另有專文討論,此文主要對宋代唱和詩詞總集的文獻狀況進行探討。

關於宋代唱和詩詞總集,學者已有所關注。比如,饒宗頤先生的《詞集考》②、祝尚書先生《宋代總集叙録》③等,都涉及到宋代的唱和詩詞集,然這些著作既非專論,便往往角度不一,側重不同,因而對唱和詩詞集性質的認識和鑒别、對宋代唱和詩詞總集的編者和編纂過程、宗旨、體例,以及這些詩詞集的特點、評價、流傳、版本與存佚狀況等問題,

* 本文爲國家社科基金重大課題"中國古代文獻文化史"(10&ZD130)子課題階段性成果。

① 請參拙撰《關於唱和詩詞研究的幾個問題》,《江海學刊》2006年第3期。

② 饒宗頤《詞集考》,中華書局,1992年。

③ 祝尚書《宋代總集叙録》,中華書局,2004年。

或含混不清,或不能一一顧及。故此文擬在前人研究的基礎上,作進一步考察。前人詳者略之,略者詳之。凡可確定爲唱和之作,且今存或部分保存的宋人唱和詩詞總集,皆在考察範圍之内,已完全佚失或雖爲同題共作但并非唱和之作者,概不闌入。

一 《二李唱和集》一卷,李昉編

李昉、李至唱和詩集,李昉編。李昉(925—996),字明遠,謚文正,深州饒陽(今屬河北)人。性"温和,無城府,寬厚多恕"①。五代後漢時進士,後周世宗時爲翰林學士,入宋後得宋太祖、太宗器重,兩度拜相,主持編纂《太平御覽》、《太平廣記》、《文苑英華》等書。《宋史》卷二六五有傳。李至,字言幾,真定(河北正定)人,性剛嚴簡重,好學能文,辭藻敏贍。太宗太平興國初年(976)進士,八年,拜参知政事,雍熙中以病目改官禮部侍郎,轉吏部侍郎,兼秘書監。真宗朝,復拜参知政事。《宋史》卷二六六有傳。太宗端拱元年(988),李昉自参知政事改官尚書右僕射,李至則爲吏部侍郎兼秘書監,二人官閑自適,時相唱和贈答,詩筒傳遞,所積漸多。至太宗淳化二年(991),李昉復相,唱酬告一段落。淳化四年,李昉收拾詩稿,得 123 首②,遂編纂成集,并爲序,名之曰《二李唱和集》。宋仁宗乾興元年(1022),應天知府兼留守周起刊刻③,遂行世。吴處厚《青箱雜記》卷一言及此書,并曰:"昉詩務淺切,效白樂天體。晚年與参政李公至爲唱和友,而李公詩格亦相類,今世傳《二李唱和集》是也。"④《宋史》卷二百九《藝文志》著録是書,作"《二李唱和詩》一卷",并注:"李昉、李至作。"此後便不見於著録,殆已亡佚。然在日本却保留着宋刻本的江户時期(1603—1807)的覆刻本。近人貴陽陳榘先

① (宋)李燾《續資治通鑑長編》卷三十九太宗至道二年二月壬申,中華書局,2004 年,第 2 册,頁 828。

② 羅振玉謂 156 首,今本實 161 首(李昉詩 75 首,李至詩 86,其中 2 首爲殘句),疑爲周起刊印時所增。

③ 據《宸翰樓叢書》本,書後有"鄉貢進士毛蔚"、"秘書監知應天府兼留守司周起印行"字樣(金程宇編《和刻本中國古逸書叢刊》,鳳凰出版社,2012 年,第 60 册,頁 398)。起字萬卿,鄒平人,真宗時官至樞密副使。《宋史》卷二八八有傳。

④ (宋)吴處厚《青箱雜記》,中華書局,1985 年,頁 3。

得之東京書肆,惜首尾已缺。後羅振玉復得之京都,則首尾俱在。二本合觀,僅缺第13頁,由羅氏刊入《宸翰樓叢書》。今人金程宇教授又收之入《和刻本中國古逸書叢刊》,并將羅氏當年所據以刊行之底本(今藏日本關西大學圖書館)的首尾若干頁,影印附入,進而指出羅氏有誤抄、改動處[①]。二人詩原學白居易,故集中唱和,不但多寫閑適之趣和園林之景,平易淺近,從容悠游[②],且每每冠以冗長的題目,或用連章組詩的形式,以詩代書,叙事抒懷[③]。反映出宋初白體和唱和之風的興盛。

二 《西昆酬唱集》二卷,楊億編

楊億、劉筠、錢惟演等唱和詩集,楊億編。楊億(974—1020),字大年,浦城人,七歲能屬文,十一歲以神童詔試詩賦,授秘書省正字,賜進士及第,直集賢院,遷著作佐郎。真宗時官翰林學士,兼史館修撰。億性剛介寡合,尚名節,又重交游,獎掖後進。文格雄健,才思敏捷,著述頗豐。《宋史》卷三〇五有傳。劉筠(971—1031),字子儀,大名人,舉進士,三入禁林,又三典貢部,官至龍圖閣直學士、同修國史、判尚書都省。其性不苟合,遇事明達,而其治尚簡嚴。善文辭對偶,尤工爲詩。初爲楊億所識拔,後遂與齊名,時號楊劉。《宋史》卷三〇五有傳。錢惟演(977—1034),字希聖,吴越王俶之子,隨俶歸朝。真宗時官至樞密副使,仁宗朝曾官樞密使。博學有文辭,喜獎掖後進,與楊、劉齊名。《宋史》卷三一七有傳。是集乃楊億、錢惟演、劉筠等人於真宗景德、大中祥符間編纂《册府元龜》之暇詩歌唱和的結集,以楊、錢、劉三人爲主,前後

---

① 參金程宇編《和刻本中國古逸書叢刊》第60册,《二李唱和集》卷首題解。

② 如李昉《小園獨坐偶賦所懷寄秘閣侍郎》:"煙光澹澹思悠悠,朝退還家懶出游。静坐最憐紅日永,新晴更助小園幽。砌苔點點青錢小,窗竹森森緑玉稠。賓友不來春又晚,眼看辜負一年休。"李至《奉和小園獨坐偶賦所懷》:"歌舞林亭不外求,朝回多著道衣游。薔薇點綴勾欄好,薜荔攀緣怪石幽。泥浸落花紅片濕,鳥啼深樹緑蔭稠。春風去便還經歲,莫負芳菲醉即休。"

③ 如李至《至性靈迂僻,學術空虚,幸逢好古之君,獲在藏書之府。惟無功而禄重,招髦彦之譏;而多病所縈,實喜優閑之任。居常事簡,得以狂吟,因成惡詩十章。以"蓬閣多餘暇"冠其篇,而爲之目,亦樂天"何處難忘酒"之類也。塵黷英鑒,幸賜一覽,下情不任兢灼之至》。

參與唱和者,除三人之外,尚有丁謂、張詠等十五人[①],由楊億編纂成書,收録諸人唱和詩 247 首[②],皆五七言律,分爲二卷。其詩如楊億序所云,既是"歷覽遺編,研味前作"所得,既是師法李商隱、唐彦謙,"挹其芳潤,發於希慕,更迭唱和,互相切劘"所得,自然是多寫館閣生活,多詠史詠物之作,講究用典貼切,屬對工巧,音節和諧,辭藻富麗,風格雍容典雅。當然,由於楊億性格剛介,與丁謂等人不合,至爲讒言所誣,希望外任,故亦有抒寫心志之作,如《受詔修書述懷感事三十韻》、《偶懷》、《置夜》等皆是。至於《宣曲》、《漢武》等詩,是否有諷諭之意,實不能斷言。西昆酬唱在當時影響甚大,如田錫所説,"三公以新詩更相屬和,極一時之麗。億乃編而敘之,題曰《西昆酬唱集》。當時佻薄者謂之'西昆體'。其它賦頌章奏雖頗傷於雕摘,然五代以來蕪鄙之氣,由兹盡矣"[③]。而其講求用典貼切、聲韻鏗鏘、辭藻富麗、風格典贍的"西昆工夫",則對有宋一代的詩歌發展産生了重要的影響。

《西昆酬唱集》編成後即有刊本,田況《儒林公議》、歐陽修《六一詩話》等皆曾論及此書。《通志》卷七十《藝文略》"詩總集"、《郡齋讀書志》卷二十、《直齋書録解題》卷十五亦著録。明代有嘉靖丁酉(十六年,1537)玩珠堂刊本,有張綖序(收入《四部叢刊初編》)。清康熙四十七年(1708)朱俊昇刊本(出毛氏汲古閣鈔本,而毛氏本出明萬曆本。《四庫全書》收入此本。後之各本多出此刻,如清咸豐間伍崇曜收入《粤雅堂叢書》之趙執信刊本等)。清代又有周楨、王圖煒注本(上海古籍出版社影印黄永年藏本,1985 年)、馮班鈔本(有殘缺,今收入《宋集珍本叢刊》第 91

---

① 明玩珠堂本及清刻各本均作 17 人,黄永年先生指出應爲 18 人(參其《釋〈西昆酬唱集〉作者人數及篇章數》,見《西昆酬唱集·附録》,清周楨、王圖煒注,上海古籍出版社,1985 年)。祝尚書先生則據劉克莊《後村詩話續集》卷四"王沂公只有一篇,在卷末"云云,指出劉克莊所見本,確爲 18 人,即在今本 17 人之外,尚有王曾一人(參其《宋人總集敘録》卷一,中華書局,2004 年,頁 24—25)。

② 今所見本爲 250 首。王仲犖先生曾指出,集中卷上錢惟演《赤日》一首,當從明玩珠堂本作《夜意》(《西昆酬唱集注》卷上,中華書局,1980 年,頁 100)。祝尚書先生進一步指出,此詩有唱無和,與卷下楊億《因人話建溪舊居》一首同樣,當爲後來流傳過程中竄入(參其《宋人總集敘録》卷一,頁 27—28)。

③ (宋)田況《儒林公議》,影印文淵閣《四庫全書》本,臺灣商務印書館,1986 年,第 1036 册,頁 277。

册)。近人注本以王仲犖注本爲詳贍(中華書局,1980 年)。鄭再時箋注本(齊魯書社影印,1986 年),則於時事、詩意發明較多,足資參考。

三 《翰林酬和集》一卷,編者未詳

王溥與李昉、湯悦、徐鉉等唱和詩集。《崇文總目》卷十一總集類著録,注“闕”。《通志》卷七十《藝文略》“詩總集”同,注:“宋朝王溥與李昉、湯悦、徐鉉等。”原書佚。今人編《全宋詩》卷十一收王溥詩三首,《寄鄧洵美》一首或爲集中詩。李昉詩《全宋詩》卷十二、十三,編爲兩卷,其中《禁林春直》、《贈鄧洵美》等數首,似爲集中詩。而《禁林春直》詩中“一院有花春晝永,八方無事詔書稀”,最能見出宋初承平氣象,故方回稱“此詩,合是宋朝善言太平第一人”[①]。徐鉉詩見於《騎省集》者七卷,卷五所收《史館庭梅見其毫末歷載三十今已半枯同僚諸公唯相公與鉉在耳睹物興感率成短篇謹書上伏惟垂覽》,及湯悦、徐鍇和作,疑爲集中詩。

四 《應制賞花集》十卷,編者未詳

徐鉉等唱和詩集,編者未詳。《崇文總目》卷十一總集類著録(闕),《通志》卷七十《藝文略》“詩總集”著録,《宋史》卷二百九《藝文志》八總集類同。徐鉉《騎省集》卷二十一有《應制賞花》七言律一首。疑爲集中詩。

五 《瑞花詩賦》一卷,編者未詳

北宋館閣臣僚唱和詩集,編者未詳。《崇文總目》卷十一總集類著録(闕),《通志》卷七十《藝文略》“詩總集”同,并注“宋朝館閣應制作”。《玉海》卷一九七“祥瑞 · 植物”類曰:“天聖六年六年十一月癸卯,益州獻異花,似桃,四出。上異之,目爲太平瑞聖花。《崇文目》有《瑞花詩賦》一卷。”[②]引晏殊上表斷句:“協風靈雨,散爲膏壤之滋;共蔕并柯,布在密青之囿。”

① (宋)方回編撰,李慶甲彙評校點《瀛奎律髓》卷五,上海古籍出版社,1986 年,頁 210。

② (宋)王應麟《玉海》,影印文淵閣《四庫全書》本,第 948 册,頁 212。

六　《明良集》五百卷,李虚己編

宋真宗與群臣唱和詩集,李虚己編。《崇文總目》卷十一總集類著録(闕),《通志》卷七十《藝文略》"詩總集"同,并注"真宗御制及群臣進和歌"。李燾《續資治通鑑長編》卷九十二天禧二年八月壬申載(《玉海》作九月):"龍圖閣待制李虚己上奉詔編群臣所和御製詩爲《明良集》五百卷,詔賜銀帛。"原書佚。今《全宋詩》卷一百四輯宋真宗詩 22 首,内《賜丁謂》、《又賜丁謂》、《賜知貢舉晁迥》、《賜知貢舉錢惟演》、《賜王欽若除太子太保判杭州十韻》、《送張無夢歸天台山》、《賜陳堯叟謝病歸濟源》等,皆應爲集中詩。楊億《武夷新集》卷一奉和應制諸詩,多爲集中詩。丁謂詩今《全宋詩》録存兩卷(卷一百一、一百二),其中《次韻和進真宗七言四韻》、《五言十韻》、《送張無夢歸天台山》等,應爲集中詩。寇準詩今《全宋詩》編爲三卷(卷八十九—九十一),内《和御制降聖節内中道場睹瑞鶴神雀歌》、《奉和御製奉祀述懷歌》、《天安殿致齋》、《天安殿酌獻天書》、《和御製祀后土》等奉和御製詩多首,當在集中。《全宋詩》卷七十二查道、馬知節《送張無夢歸天台》,卷七十四黄震、曾會同題作等,亦當屬集中詩。

七　《睢陽五老會詩》,編者未詳

杜衍、王涣、畢世長、馮平、朱貫唱和詩。杜衍(978—1057),字世昌,越州(今紹興)人。大中祥符元年(1008)進士,仁宗朝官至同中書門下平章事,慶曆七年(1047),以太子少師致仕,封祁國公。《宋史》卷三一〇有傳。杜衍致仕後,退居睢陽(今商丘),與前後致仕居睢的王涣、畢世長等,"優游鄉梓,暇日宴集,爲五老會。賦詩酬唱,怡然相得。宋人形於繪事,以紀其盛"①。錢明逸爲序。其圖今存於美國紐約大都會藝術博物館、華盛頓弗利爾美術館、耶魯大學博物館等處。一時題其圖者甚多,如歐陽修、富弼、蘇頌等。五老詩今亦存,見祝穆《古今事文類聚前集》卷四十五"樂生部"。王闢之《澠水燕談録》卷四亦記其事。

---

① 錢明逸《睢陽五老圖詩并序》,見(宋)祝穆《古今事文類聚前集》卷四十五,影印文淵閣《四庫全書》,第 925 册,頁 744。

八 《禮部唱和詩集》
(《嘉祐禮闈唱和集》)三卷,歐陽修編

歐陽修、王珪、韓絳、范鎮、梅摯、梅堯臣唱和詩集,歐陽修編。《歐陽文忠公集》卷四十三有《禮部唱和詩序》:"嘉祐二年春,予幸得從五人者於尚書禮部考天下所貢士,凡六千五百人。蓋絶不通人者五十日。乃於其閑時相與作爲古律長短歌詩雜言,庶幾所謂群居燕處言談之文,亦所以宣其底滯而忘其倦怠也。故其爲言易而近,擇而不精。然綢繆反復,若斷若續,而時發於奇怪,雜以詼嘲笑謔,及其至也,往往亦造於精微。(略)於是次而録之,得一百七十三篇,以傳於六家。"①《歸田録》卷下又詳記此事,曰:"嘉祐二年,余與端明韓子華、翰長王禹玉、侍讀范景仁、龍圖梅公儀同知禮部貢舉,辟梅聖俞爲小試官。凡鎖院五十日,六人者相與唱和,爲古律歌詩一百七十餘篇,集爲三卷。禹玉,余爲校理時武成王廟所解進士也,至此新科翰林,與余同院,又同知貢舉。故禹玉贈余云:'十五年前出門下,最榮今日預東堂。'余答云:'昔時叨入武成宫,曾看揮毫氣吐虹。夢寐閑思十年事,笑談今此一罇同。喜君新賜黄金带,顧我宜爲白髮翁'也。天聖中,余舉進士,國學、南省皆忝第一人薦名。其後景仁相繼亦然,故景仁贈余云'澹墨題名第一人,孤生何幸繼前塵'也。聖俞自天聖中與余爲詩友,余嘗贈以蟠桃詩,有'韓孟'之戲。故至此梅贈余云:'猶喜共量天下士,亦勝東野亦勝韓。'而子華筆力豪贍,公儀文思温雅,而敏捷皆勍敵也。前此爲南省試官者,多窘束條制,不少放懷。余六人者歡然相得,群居終日,長篇險韻,衆制交作。筆吏疲於寫録,僮史奔走往來。間以滑稽嘲謔,形於風刺。更相酬酢,往往哄堂絶倒。自謂一時盛事,前此未之有也。"②蔡絛《西清詩話》卷中、葉夢得《石林詩話》卷下等,亦記其事。從歐陽修序看,此書當日雖曾結集,似并未刊行。然《通志》卷七十《藝文略》詩總集類、《宋史》卷二百九《藝文志》總集類皆有著録。原書久佚。檢歐陽修諸人集,所存

① (宋)歐陽修撰,洪本健校箋《歐陽修詩文集校箋·居士集》卷四十三《禮部唱和詩序》,上海古籍出版社,2009年,頁1107。

② (宋)歐陽修撰,李偉國校點《歸田録》卷二,中華書局,1981年,頁31—32。

詩仍有數十首。如歐陽修《居士集》中《答聖俞〈莫登樓〉》、《答聖俞〈莫飲酒〉》、《思白兔雜言戲答公儀憶鶴之作》、《戲答聖俞》、《和梅龍圖公儀謝鷴》、《和聖俞感李花》、《折刑部海棠戲贈聖俞二首》、《刑部看竹效孟郊體》、《禮部貢院閲進士就試》、《和梅聖俞元夕登東樓》、《再和》、《又和》、《憶和呈公儀》、《答王禹玉見贈》、《答王内翰范舍人》、《戲答聖俞持燭之句》、《小桃(和公儀正月桃)》、《戲書》、《(和聖俞)春雪》、《和梅公儀嘗茶》、《和較藝書事》、《和公儀贈白鷴》、《再和》、《和聖俞春雨》、《出省有日書事》、《和較藝將畢》、《喜定號和禹玉内翰》、《和出省》等,《居士外集》中《琴高魚》、《試院聞奚琴作》、《和公儀試進士終場有作》。《梅堯臣集編年校注》卷二十七中《莫登樓》、《莫飲酒》、《依韻和永叔勸飲酒莫吟詩雜言》、《和永叔内翰思白兔答憶鶴雜言》、《和永叔内翰戲答》、《謝鷴和公儀》、《送白鷴與永叔依韻和公儀》、《琴高魚和公儀》、《感李花》、《刑部廳海棠見贈依韻答永叔二首》、《刑部廳看竹效孟郊體和永叔》、《上元從主人登尚書省東樓》、《自和》、《又和》、《謝永叔答述舊之作和禹玉》、《戲答持燭之句依韻和永叔》、《和公儀龍圖小桃花》、《二月五日雪》、《嘗茶和公儀》、《較藝贈永叔和禹玉》、《送白鷴與永叔依韻和公儀》、《春雨呈主文》、《出省有日書事和永叔》、《和較藝將畢和禹玉》、《定號依韻和禹玉》。王珪《華陽集》卷一中《和聖俞〈莫登樓〉》、《和永叔思白兔戲答公儀憶鶴雜言》,卷三《呈永叔書事》、《較藝書事》、《較藝將畢呈諸公》、《較藝書事再呈永叔并同院諸公》,卷四《依韻和永叔戲書》、《和公儀送白鷴與永叔》、《和永叔出省有日書事》,卷十七《小桃》、《和公儀小桃絶句》。梅摯詩今《全宋詩》卷一七八所收 32 首,范鎮詩《全宋詩》卷三四五、三四六編爲兩卷,韓絳詩《全宋詩》收録 13 首,已無禮部唱和之作。

九 《山游唱和詩集》一卷,釋契嵩編

楊蟠、釋惟晤、契嵩等唱和詩集,釋契嵩編。不見於著録。據釋契嵩《鐔津集》卷十二《山游唱和詩集叙》、《山游唱和詩集後叙》,宋仁宗嘉祐三年(1058)歲末,契嵩偶作山中值雪詩,寄贈楊蟠、釋惟晤。

楊蟠“愛其孤興獨往，謂瀟灑有古人風。遂浩然率冲晦袖詩尋之”[①]，同游杭州靈隱、天竺山。優游紆餘，吟嘯發興，題寫山水，得詩 37 首[②]。别後復又唱和酬贈，得詩 28 首[③]。其間參與唱和者尚有釋晉元（1 首）、强至（3 首）。總計 69 首。次年春，遂由契嵩編爲一集并序之。契嵩原集後散佚，至南宋紹興間，釋懷悟將其輯入《鐔津集》卷二十一[④]，今保存完整。

十　《潁川集》，不著卷數，蘇京編

蘇京、鄒浩、崔鶠等唱和詩集，蘇京編。蘇京，蘇頌之子，字世美，泉州南安人，徙居潤州丹陽。以父蔭假承務郎，官至沂州通判。事略見陸心源《宋史翼》卷四本傳。鄒浩，字志完，常州人。元豐五年（1082）進士，任揚州、潁昌府教授，哲宗親擢之爲右正言，以諫立劉后貶新州（今廣東新興）。徽宗立，復爲右正言，遷中書舍人，兵、吏二部侍郎，以寶文閣待制知江寧等。元符間以直言敢諫，朝野推仰。鄒浩受學於程門，然較駁雜。《宋史》卷三四五有傳。此集爲蘇京、鄒浩等人元祐初同在潁州時唱和結集。鄒浩有序，曰：“非公家事挽人，則深衣藜杖，還相賓主。間或浮清潩，款招提，談經議史，揖古人於千百歲之上，有物感之，情與言會，落於毫楮。先後倡酬，以是彌年，裕如也。世美秩滿，且行矣，用劉、白故事，裒所謂倡酬者與衆自爲之者，與非同盟而嘗與同盟倡酬者，共得若干篇，名之曰《潁川集》。”[⑤]與唱和者有崔鶠、裴仲孺、胥述之、陳恬、鮮于綽、鮮于群、王實、樂文仲、胡適道、崔遐紹等。原書已佚，然今《道鄉集》卷二至卷八多屬《潁川集》中唱和詩。

---

① 《鐔津集》卷十二《山游唱和詩集後叙》。

② 此據契嵩《山游唱和詩集後叙》和今《鐔津集》卷二十一實際存詩數，其中有兩兩相唱和者，故唱和詩數量爲 37 首，《山游唱和詩集叙》謂 36 首者，誤。

③ 契嵩《山游唱和詩集叙》謂 27 首，今本實際存詩 28 首。

④ 《鐔津集》宋、元刊本皆二十卷，明永樂本、弘治本等重刊編爲二十二卷，而内容無異（參祝尚書《宋人總集叙録》卷四，頁 181—187），清人編《四庫全書》所據即弘治本，此據之。

⑤ （宋）鄒浩《道鄉集》卷二十七《潁川詩集叙》，影印文淵閣《四庫全書》，第 1121 册，頁 406。

十一　《同文館唱和詩》,編者未詳

張耒、鄧忠臣等唱和詩集。同文館原爲接待高麗使臣之所,平時則用於吏部考試文武選人的試院。元祐二年(1087),張耒、鄧忠臣、晁補之等入院爲考官,判卷之暇,詩歌唱和,因成此集。前後參與唱和者,除張、鄧、晁之外,尚有十人,即李麟、蔡肇、曹輔、余幹、商倚、柳子文、耿南仲、温益、孔武仲,和名"向"不知姓氏一人。未知何人所編。當日曾附入張耒集中。崇寧二年(1103)四月,宋徽宗"詔毁刊行《唐鑒》并三蘇、秦、黄等文集",張耒文集亦在禁毁之列①。至南宋,多有搜輯張耒詩文者,如汪藻、王鈇等,張表臣在此基礎上,編爲《張右史集》七十卷,刊刻行世,收詩文二千七百餘篇,内即有《同文館唱和詩》六卷②。井度亦曾校編《譙郡先生集》一百卷,然所收作品反不若張表臣本多,此本後爲周紫芝所得,今已不存③。《郡齋讀書志》卷二十所著録,即此本。現已不能確定此本是否收入其同文館唱和之詩。《直齋書録解題》卷十七則著録七十卷本,曰:"《宛丘集》七十卷、年譜一卷,起居舍人樵國張耒文潛撰。宛丘,陳州其所居也。蜀本七十五卷。"明清諸鈔本、刻本多據此集。今人李逸安、孫通海、傅信在民國十八年(1929)田毓璠重刻廣雅書局(此本合《四庫全書》五十卷本《柯山集》和清陸心源《柯山集補》十二卷)本的基礎上,重新校編爲六十五卷,將《同文館唱和詩》收入卷六十二至六十五,計四卷④。清人編《四庫全書》,收入《同文館唱和詩》十卷本,以鄧忠臣詩爲首。據余嘉錫先生所考,"必是雍、乾間好事之徒從

---

① (元)脱脱等《宋史》卷十九《徽宗紀》一,中華書局,1985年,頁367。另據《宋史全文》卷十四載,崇寧二年"四月乙亥,毁《東坡文集》、《唐鑒》、《馮子才文集》、秦學士、豫章、三蘇文集、《東齋記事》、《豫章書簡》、《湘山録》、《眉山集别集》、《坡詞》、《劉貢父詩話》、晁、張、黄先生文集、秦學士文"(影印文淵閣《四庫全書》,330册,頁530)。

② 參見(宋)張表臣《張右史文集序》,載(清)蔣光煦《東湖叢記》卷一,《續修四庫全書》本,該書編委會編,上海古籍出版社,2002年,1162册,頁669—670。

③ 參見(宋)周紫芝《太倉稊米集》卷六十七《書譙郡先生文集後》,影印文淵閣《四庫全書》1141册,頁483。

④ (宋)張耒撰,李逸安、孫通海、傅信校點《張耒集》,中華書局,1990年。

《張右史集》内抄出，而分一卷爲兩卷，貌爲舊本以紿藏書家耳"[1]。甚是。然此一好事者所編，以鄧忠臣爲首，亦有其道理。因爲此集張耒爲首唱者雖多，然以鄧忠臣爲首唱者亦多。如卷六十四《詩呈同院諸公》、《秋日同文館》、《未試即事雜書率用"秋日同文館"爲首句》、《詩呈同院後至諸公》、卷六十五《初入試院》、《重九考罷試卷書呈同院諸公》等，首唱皆爲鄧忠臣。可見，同文館唱和，鄧忠臣無疑爲主要發起人之一。不過，在具體的卷次編排中，却有生硬割裂之嫌，且題目亦有簡省，至有歧義[2]。張耒等人的同文館唱和，多寫其試院生活，或談詩論文，或暢叙友情，或題寫景物，或詠節候而興感，以五七言律爲多，語言平易，風格俊邁，成爲元祐詩壇的一個組成部分。

十二　《汝陰唱和集》一卷，趙令畤編

蘇軾、趙令畤、陳師道唱和詩集，趙令畤編。《直齋書録解題》卷十五等著録。晁説之爲之序，李廌作後序。元祐六年(1096)八月，蘇軾以龍圖閣學士知潁州，次年正月改知揚州，在潁半載，與簽判趙令畤、州學陳師道，頗多唱酬，後由趙令畤編集，并先後請晁説之、李廌作序。晁序今已不存，李序見於《濟南集》卷六。是書北宋曾有刊本，後佚。今蘇軾集中《小飲西湖懷二歐》、《次韻陳履常龍潭》、《次韻陳履常雪中》、《泛潁》、《次韻趙景貺督兩歐作詩及破陳履常酒戒》、《勸履常飲》等，陳師道《後山詩》中《次韻蘇公西湖徒魚三首》、《次韻蘇公觀月聽琴》、《次韻蘇公涉潁》、《再次韻蘇公示兩歐陽》、《次韻蘇公勸酒與詩》、《次韻蘇公督兩歐陽詩》、《次韻蘇公題歐陽叔弼息齋》、《次韻蘇公竹閑亭絶句》等，趙令畤《聊復集》今已不存，其《侯鯖録》中所存《次韻陳履常汝陰久雪賑饑》等，當爲原集中詩。

---

① 余嘉錫《四庫提要辨證》卷二十四，中華書局，1980年，頁1561。

② 比如，鄧忠臣《夜聽無咎、文潛對榻誦詩，回應達旦，欽服雄俊，輒用九日詩韻奉貽》、張耒《依韻奉酬慎思兄夜聽誦詩見詠之作》二詩在卷四，而同是和鄧忠臣之作的晁補之的《與文潛誦詩達旦，慎思有作，次韻(《四庫全書》本缺此二字)呈二公》，却編在第五卷。由此亦可證余嘉錫先生所論爲是。

十三　《和陶集》四卷,蘇軾編

蘇軾追和陶淵明詩及蘇轍和東坡詩的結集。初爲四卷,蘇軾生前編定,蘇轍在《亡兄子瞻端明墓誌銘》中已記之。曰:"公詩本似李杜,晚喜陶淵明,追和之者幾遍,凡四卷。"[①]蘇轍又有作《子瞻和陶淵明詩集引》。是書北宋末年即有刊本[②]。南宋紹興年間,傅共取陶詩與蘇軾、蘇轍兄弟和陶詩爲之注,即傅注《和陶集》十卷,陳振孫《直齋書録解題》卷十五"總集類"曾加以著録,謂:"蘇氏兄弟追和。傅共注。"[③]劉尚榮先生據宋黄岩孫編、元黄真仲重訂的《仙溪志》,考傅共乃傅權之子,有《東坡和陶詩解》,并曾爲傅幹《注坡詞》作序[④]。其《東坡和陶詩解》與陳振孫所著録《和陶集》當爲一書。惜其書已佚[⑤]。南宋施元之、顧禧注蘇詩,則編爲二卷,不包括陶淵明原詩。今宋刊《東坡先生和陶淵明詩》四卷猶存臺灣"國家圖書館"。二蘇和陶詩的數量,據清人王文誥《蘇文忠公詩編注集成》,蘇軾和陶詩計存 137 首。另,蘇轍和詩存 34 首。

十四　《許昌唱和集》,編者未詳

葉夢得、蘇過、晁説之、程俱等唱和詩詞集。葉夢得(1077—1148),字少藴,蘇州人。哲宗紹聖進士,官至知潁昌府。高宗時,官尚書右丞、江東安撫使,兼建康府行宫留守,改福州。晚退居吴興,自號石林居士。博學擅詩文。《宋史》卷四四五有傳。是集乃其政和七年(1117)知潁昌

---

① (宋)蘇轍《欒城後集》卷二十二,上海古籍出版社,1987 年,頁 1422。

② 參劉尚榮先生《宋刊東坡和陶詩考》,載其《蘇軾著作版本論叢》,巴蜀書社,1988 年,頁 24—39。

③ (宋)陳振孫撰,徐小蠻、顧美華點校《直齋書録解題》卷十五,上海古籍出版社,1987 年,頁 446。

④ 劉尚榮《宋刊東坡和陶詩考》,載《蘇軾著作版本論叢》,頁 25。

⑤ 金程宇教授據韓國高麗大學所藏南宋蔡正孫《補注東坡和陶詩話》,考知尚存傅注 37 則。參其《高麗大學所藏〈精刊補注東坡和陶詩話〉及其價值》一文,載《稀見唐宋文獻叢考》,中華書局,2008 年,頁 185。

時[①],與府中及屬縣官或居潁、過潁文士唱和之作。原集不見於著録,據韓元吉《書許昌唱和集後》,似南宋時曾刊刻。其曰:"紹興甲子歲,某見葉公於福唐,首問詩集在亡,抵掌慨歎。且曰:'昔與許昌諸公唱酬甚多,許人類以成編,他日當授子。'其後見公石林,得之以歸,又三十餘年矣。今年某叨守建安,蘇峴叔子爲市舶使者,會於郡齋,相與道鄉閭人物之偉。因出此集披玩,始議刻之。蓋叔子父祖諸詩亦多在也。箕潁隔絶,故家淪落殆盡。典型未遠,其交好之美,文采風流之盛,猶可概見於此云。淳熙二年九月具位韓某謹書。"[②]前後參與唱和者,據陸友仁《硯北雜志》卷上所載,有韓縉、韓宗質、韓宗武、王實、曾誠、蘇迨、蘇過、岑穰、許亢宗、晁將之、晁説之等。另程俱、趙令畤、晁冲之等也曾參與唱和。今原集已不可見,然今存唱和詩詞仍有數十首。如葉夢得《石林詞》中有[浣溪沙]《許公堂席上次韻王幼安》、《用前韻再答幼安》、[浣溪沙]《次韻王幼安曾存之園亭席上》、[臨江仙]《席上次韻韓文若》、[臨江仙]《十一月二十四日同王幼安洪思誠過曾存之園亭》、《次韻答幼安思誠存之席上梅花》、[減字木蘭花]《雪中賞牡丹》、《王幼安見和前韻復用韻答之》、[臨江仙]《次韻洪思誠席上》、《席上次韻韓文若》、《晁以道見和答韓文若之句復答之》、[鷓鴣天]《十二月二十二日與許干譽賞梅》等。收於蘇過《斜川集》卷五的《葉守奉詔祠神霄二首》、《陪郡守游西湖泛舟曲水分韻得會字》、《次韻葉守端陽日湖上宴集》、《次韻葉守端午西湖曲水五首》、《次韻少藴移竹於賈文元二首》、《次韻少藴二首》、《送葉少藴歸縉雲》、《次韻韓君表讀淵明詩饋曾存之酒唱酬之什》、《次韓文若展江五詠》、《和王仲弓雪中懷友之什》、《次韻王仲弓贈史得之》等[③]。《景迂生集》卷七《病卧聞韓公表雨中出謁》、《即事謝公表》、《德麟留詩相别輒次韻賀送》、《德麟夜相過用韻作》、《次韻和德麟過希道作》,程俱《北山集》卷七《晁無斁將之録示近詩有和其兄以道説之詩次韻以致區

① 參王兆鵬《葉夢得年譜》,載其《兩宋詞人年譜》,臺灣文津出版社,1994年,頁173。

② (宋)韓元吉《南澗甲乙稿》卷十六,影印文淵閣《四庫全書》本,1165册,頁254。

③ (宋)蘇過《斜川集校注》卷五,舒大剛等校注,巴蜀書社,1996年,頁336—401。

區兼簡以道》、《復次韻酬葉翰林見寄》、《次韻寄謝公表韓公朝請》、《和葉翰林送李從事》、《次韻和潁昌葉翰林七首同許學士元宗泛舟溴水目病廢讀書生第三兒同許干譽步月飲杏花下》、《酬潁昌葉内翰見招》、《次韻寄謝存之曾公學士》等,皆當爲集中詩詞①。

十五 《坡門酬唱集》二十三卷,邵浩編

蘇軾、蘇轍與其門下弟子唱和詩選,南宋邵浩編。《宋史》卷一百九《藝文志》八著録。今存紹熙元年(1190)刻本,藏臺灣"國家圖書館"。又有《四庫全書》本等。前有邵浩《坡門酬唱集引》,由引可知,此書乃是爲學習詩歌唱和而編。南宋孝宗朝,蘇學興盛,蘇門唱和亦爲人所稱羨追摹。如引中所云:"無事展卷,則兩公六君子之怡怡偲偲,宛然氣象在目,神交意往,直若與之承歡接辭於元祐盛際,豈特爲賡和助耶?"正道出了是書編纂的意義。清四庫館臣又論之曰:"其書專録蘇軾、蘇轍兄弟及黄庭堅、秦觀、晁補之、張耒、陳師道、李廌等平日酬唱和答之作。前十六卷皆軾詩而轍及諸人和之者。次轍詩四卷,黄庭堅等詩三卷,亦録軾及諸人和作。李廌闕焉。其不在八人之數而别有繼和者,亦皆附入,爲注以别之。其詩大抵本集所已有。又如《山谷外集》所載《次韻子瞻書黄庭經經尾》、《付蹇道士詩》、次韻晁補之、廖正一贈答詩,補之又有《和子瞻種松》、《贈杜輿秀才》三首,今坡集載坡詩止二首,而此集均未編入,亦不能無所掛漏。然次韻之詩,惟東坡變化不窮,稱爲獨絶,而諸家才力頗亦足以相抗。浩更匯而合之,使讀者參比互證,得以稍窺用意之所在,於詩學亦不爲無補焉。"②更進一步指出了其唱和詩的獨特文學價值。

十六 《南嶽唱酬集》一卷,張栻編

朱熹、張栻、林用中唱和詩集。是書不見於著録。宋孝宗乾道三年

---

① (宋)程俱《北山集》,影印文淵閣《四庫全書》,1130 册,頁 65—75。末一首見《兩宋名賢小集》卷二百二。

② (清)永瑢等《四庫全書總目》卷一八七《〈坡門酬唱集〉提要》,中華書局,1965 年,頁 1695。

(1167)冬,朱熹、張栻、林用中三人同游南嶽衡山,前後七日,登山臨水,唱酬不絶,得詩149首,結爲此集。張栻有《南嶽唱酬序》,謂:"蓋自甲戌至庚辰凡七日,經行上下數百里,景物之美,不可殫叙。間亦發於吟詠,更迭倡酬。倒囊得百四十有九篇。雖一時之作,不能盡工,然亦可以見耳目所歷,與夫興寄所托,異日或有考焉。乃裒而録之。"①朱熹亦有《南嶽游山後記》,自謂與張栻"遠别之期,近在朝夕,非言則無以寫難喻之懷"②,遂你唱我和,不可抑止。此後東歸,朱熹與林用中、范念德一路唱酬,又得詩二百餘首,編成《東歸亂稿》。然是集當時并未單刻,至明始有刊本。今存弘治年間刊本,又有《四庫全書》本。束景南先生曾撰《朱熹南嶽唱酬詩考》,指出今所見《南嶽唱酬集》所收作品與朱熹、張栻集中詩相參差,附録中存朱熹與林用中書札32篇,又附林氏遺事,因推斷此集必是林氏後裔所重編,并將朱、張文集中所收南嶽唱酬詩與此集對勘,剔除竄亂之作15首,亡佚1首,得朱熹唱酬詩53首,張栻50首,林用中46首,計149首,與張栻序中所説正相吻合,對此集所收作品作了復原③。集中詩歌大抵紀行、寫景、感興,七絶最多,次五律,亦有排律、聯句。雖一時感興,不暇雕琢,却景象闊大,俊邁奔放,平易灑脱,猶能見出宋儒笑談嘘吸、心與天通的氣象。

十七 《三英集》三卷,編者未詳

周邦彦《清真詞》與方千里、楊澤民《和清真詞》合集,編者未詳。不見於著録。然據明毛晉《(方千里)和清真詞跋》:"美成當徽廟時,提舉大晟樂府,每製一調,名流輒依律賡唱,獨東楚方千里、樂安楊澤民有《和清真全詞》各一卷,或合爲《三英集》行世。"④知爲後人所編,毛氏似應見過此集。今周邦彦《清真詞》及方千里、楊澤民和作并存,後二者有汲古閣本、《宋十五家詞》本等。另,陳允平和《清真詞》,名《西麓繼周

---

① (宋)朱熹、張栻等《南嶽酬唱集》卷首,影印文淵閣《四庫全書》,1348册,頁610。

② (宋)朱熹《朱文公文集》卷七十七,《四部叢刊初編》縮印本,上海商務印書館,233册,頁1420。

③ 束景南《朱熹佚文輯考》,江蘇古籍出版社,1991年,頁703—719。

④ (宋)方千里《和清真詞》卷尾,影印文淵閣《四庫全書》,1487册,頁448。

集》,今亦存,有清鈔汲古閣《典雅詞》本等。

以上所論列的宋代唱和詩詞總集,計 17 種,雖然不能説已將宋代的唱和詩詞總集包羅盡净,然最主要的當皆已在内,充分反映出有宋一代詩詞唱和的繁榮。與唐代相比,今存宋人唱和詩詞總集,在數量上略遜一籌(唐代計 30 種),然唐宋兩代唱和之風皆甚爲興盛,則是没有問題的。今存宋人總集約八十餘種(包括殘存的),唱和詩詞總集幾占四分之一,爲宋代文學研究提供了豐富的文獻資料。唐代以君臣唱和、郡邑府主與幕僚賓主之間的唱和爲多,而宋代則是士大夫群體之間的唱和較多,反映出詩詞唱和由君王提倡向士人普遍創作發展、由特定條件下的唱和向常態化發展的趨勢。有宋一代,詩詞唱和已成爲士人文學藝術交往的重要方式之一,也有力地推動了文學創作的進步。

(作者單位:南京大學文學院)

古典文獻研究(第十六輯)
2013年7月

域外漢籍中所見南宋江湖詩人新資料及其價值*

卞東波

一 引言

南宋江湖詩人①是宋代文學史上一個人員衆多、聲勢浩大同時影響面也頗廣的鬆散詩人群體。這一群體是否能稱得上現代意義的詩派,雖然值得進一步討論②,但不可否認的是由於南宋書商兼詩人陳起刊行的《江湖集》,從而使這一鬆散的群體都聚攏在江湖詩人的旗號之下。江湖詩人游走於江湖之間,靠干謁與賣文爲生,類似於今天的自由撰稿人,但地位更爲低下。《江湖集》的刊刻正式爲這一群詩人正名,我們今天還能讀到這一群詩人的作品正依賴於流傳至今的《江湖小集》、《江湖後集》、《南宋群賢小集》等書,但這些書完全不能等同於南宋陳起所編的《江湖集》及其衍生品《江湖前集》、《江湖後集》、《江湖續集》等等。在《永樂大典》中,還保留着《中興江湖集》、《江湖前賢小集》、《江湖前賢小集拾遺》等總集的殘文。

《江湖集》最早由陳起刊刻於寶慶元年(1225),江西詩人韓淲(1159—1224)有詩贊云:"雕殘沈謝陶居首,披剥韋陳杜不卑。誰把中

---

* 本文係國家社科基金青年項目"域外漢籍與宋代文學研究"(08CZW018)成果之一。

① 本文所論的江湖詩人,依據的是張宏生先生所考的成員,參見張宏生先生《江湖詩派研究》附録一《江湖詩派成員考》,北京:中華書局,1995年。

② 參見史偉、宋文濤《"江湖"非"詩派"考論》,《社會科學家》2008年第8期。

興後收拾？自應江左久參差。”[①]同年“江湖詩禍”[②]發生,《江湖集》遭到劈板,事件的直接受害者劉克莊曾云:“《江湖集》出焉,會有詔毁集。”[③]“江湖詩禍”風頭過去之後,陳起又回到臨安,重操舊業。“江湖集”之所以如此之混亂,與“江湖詩禍”前後陳起的刊刻活動有很大的關係,同時也極大地影響了江湖詩人詩作的保存。换句話説,在今天所見的《江湖小集》、《江湖後集》、《南宋群賢小集》之外再發現新的江湖詩人佚詩亦屬正常,有學者就在《永樂大典》中陸續發現爲數不少的江湖詩人的佚詩[④]。近來,筆者又在日本、朝鮮漢籍中發現數量甚多的江湖詩人佚詩及相關研究資料,這無疑説明了江湖詩人作品的散佚程度遠超我們的想象。筆者接觸的域外漢籍中,還包括有不少江湖詩人作品的注釋,這批資料是東亞學術史上最早對江湖詩的注解,具有較高的學術價值。下文筆者就對域外漢籍中新見的江湖詩人資料及其價值略作探討。

二　《唐宋千家聯珠詩格》中的江湖詩人佚詩及朝鮮學者的注釋

《唐宋千家聯珠詩格》(有蔡正孫 1300 年之序)二十卷是宋元之際于濟與蔡正孫合編的一部大型唐宋詩歌總集,此書編成後很早就在中國本土失傳,但幸運的是它很早就東傳日本、朝鮮。此書的元刻本已佚,目前僅有和刻本及朝鮮本傳世。朝鮮學者徐居正(1420—1488)等人還對每首詩進行了注釋,編成《聯珠詩格增注》一書。關於此書的文

① 韓淲《澗泉集》卷十四《〈江湖集〉錢塘刊近人詩》,景印文淵閣《四庫全書》本。

② 關於“江湖詩禍”,參見張宏生先生《江湖詩派研究》附録三《江湖詩禍考》。

③ 劉克莊《臞庵敖先生墓誌銘》,《後村先生大全集》卷一百四十八。又方回《瀛奎律髓》卷二十載:“宗之(陳起)刊《江湖集》以售,《南嶽稿》與焉……言者并潛夫《梅》詩論列,劈《江湖集》板。”李慶甲集評校點《瀛奎律髓彙評》,上海:上海古籍出版社,2005 年,頁 843—844。

④ 參見費君清《〈永樂大典〉江湖詩輯補》,載《温州師範學院學報》1989 年第 4 期。

獻與文學價值,筆者曾做過深入的研究[①],此處不贅。筆者發現《聯珠詩格》選詩以江湖詩人爲最多,計有方岳(48 首)、劉克莊(30 首)、戴復古(16 首)、何應龍(16 首)、周端臣(10 首)、劉過(7 首)、吴惟信(7 首)、姜夔(6 首)、許棐(6 首)、蕭立之(5 首)、高翥(4 首)、張良臣(3 首)、張至龍(3 首)、劉翰(3 首)、林洪(3 首)、施樞(3 首)、孫惟信(3 首)、沈説(3 首)、嚴粲(3 首)、趙師秀(2 首)、于革(2 首)、朱繼芳(2 首)、趙汝回(2 首)、盧祖皐(2 首)、宋自遜(2 首)、徐璣(1 首)、鞏豐(1 首)、葉茵(1 首)、姚鏞(1 首)、來梓(1 首)、王同祖(1 首)、黄文雷(1 首)、武衍(1 首)、高似孫(1 首)、周弼(1 首)、俞桂(1 首)、陳鑒之(1 首)、葛天民(1 首)、趙希𠎝(1 首)、趙崇嶓(1 首)、趙善杠(1 首)、蘇泂(1 首)、陳必復(1 首)等 43 位 209 首詩(包括部分重出的詩)。據筆者統計,《聯珠詩格》共入選 1000 多首詩,430 位宋代詩人[②],而入選的江湖詩人與江湖詩比例相當大,即《聯珠詩格》中有五分之一的詩是江湖詩。這一方面與蔡正孫生活的時代與江湖詩人相近,江湖詩風尚未退潮有關;另一方面蔡正孫終生未舉也未仕,其生活狀態與江湖詩人相似。德祐二年(1276)蒙元滅亡南宋之前,蔡正孫一直生活在臨安,所以他可能接觸到各種版本的《江湖集》,并將其選入《聯珠詩格》中。《聯珠詩格》中有數十首不見於《江湖小集》、《江湖後集》以及《全宋詩》的江湖詩人的佚詩。更有價值的是,每首詩都有蔡正孫本人的評點,這是文學史上最早對江湖詩所作的評點之一,而且數量非常龐大,約有數百條。兹將這批江湖詩人的佚詩及蔡正孫評點輯出(按其在《全宋詩》中出現的順序爲序),以作進一步分析。

劉翰一首

月夜舟中

晚泊扁舟野水隈,夜深凉月正徘徊。輕風不管篷間夢,穩送江聲傍

① 參見卞東波《唐宋千家聯珠詩格校證》代前言,南京:鳳凰出版社,2007 年;卞東波《南宋詩選與宋代詩學考論》第八章《〈唐宋千家聯珠詩格〉與宋代詩學》,北京:中華書局,2009 年。

② 參見《南宋詩選與宋代詩學考論》第八章《〈唐宋千家聯珠詩格〉與宋代詩學》第四節《入選詩人與選詩特色》。

枕來。舟中聞水聲,直是風聲送來。(卷八)

按:劉翰,字武子,長沙(今屬湖南)人,著有《小山集》。《全宋詩》卷二四一二録其詩,上詩未收。

鞏豐一首

將　曙

玉蟲膏冷暗銀釭,糀句艷。蝴蝶飛飛引夢長。睡覺不知窗已白,半疑殘月半疑霜①。描出曉天景色佳。(卷十九)

按:鞏豐(1148—1217),字仲至,號栗齋,南渡後居婺州武義(今屬浙江)。著有《東平集》。《全宋詩》卷二六五七録其詩,上詩未收。

于革一首

寄陳時應

俗情險涉千層浪,時事危登百尺竿。二句對超,寫世道之艱險。賴有西窗書一架,暖風晴日閉門看。有幽趣,此心之定不爲世所摇。(卷十一)

按:于革,字去非,號竹國,豐城(今屬江西)人。《全宋詩》卷二六七五録其詩四首,上詩未收。

姜夔一首

水　亭

啼殺流鶯春正寒,一亭長占緑楊灣。句語不俗。客來日日抛香餌,慣得游魚傍玉闌。寫池上觀魚之趣,亦魚我相忘。(卷十六)

按:姜夔(1155? —1221?),字堯章,鄱陽(今江西鄱陽)人。著有《白石道人詩集》。《全宋詩》卷二七二四録其詩一卷,上詩未收。

周端臣四首

晚春湖上

波面晴風破晚煙,輕寒猶是牡丹天。下字婉。正無情緒裁春句,一

① 此詩末句見於《梅花字字香》後集,作者署"南豐",當爲鞏豐之誤。

點楊花落酒邊。真送春詩料也。(卷四)

題獵圖

黄葉坡頭駐隼旟,三軍校獵楚山墟。寫校獵事親切。彎弓莫射南來雁,恐有中原父老書。此聯本杜牧《獵騎》詩語,見《憑君字格》,可互看。(卷五)

彭澤柳

千載柴桑事寂寥,陶淵明,柴桑里人,爲彭澤縣令,宅邊有五柳樹,因號五柳先生。閉門春盡緑煙消。風前樹老枝條短,學得先生懶折腰。淵明爲彭澤令,郡督郵至,應束带見之,歎曰:"我不能爲五斗米折腰。"即解印去。(卷十七)

渭城柳

雨洗風梳緑萬絲,渭城春晚恨依依。王摩詰《陽關三疊》詩云:"渭城朝雨裛輕塵,客舍青青柳色新。勸君更盡一杯酒,西出陽關無故人。"送別者必歌此曲。送行莫带楊花折,學著楊花定不歸。末用楊花語,尖新。(卷十七)

按:周端臣,字彦良,號葵窗,建業(今江蘇南京)人。著有《葵窗稿》,已佚。《江湖後集》卷三收其詩一卷。《全宋詩》卷二七八四録其詩,以上四詩未收。

趙希侕一首

湖　邊

西子湖邊冷欲秋,坡詩好把西湖比西子。暮煙遮斷小紅樓。古詞:西湖十里小紅樓。芭蕉自作抽書様,不爲行人寄短愁。芭蕉之葉似紙,而不能寫行人之心事,有恨意。(卷十一)

按:趙希侕(1166—1237),字寅父,號野雲,無錫(今屬江蘇)人。太祖九世孫。《全宋詩》卷二八〇五録其詩四首,上詩未收。

戴復古三首

嘲送蟹無酒

坐到秋山興味濃,送來霜蟹滿筠籠。無端却被盧郎笑,左手持螯右手空。晉畢卓云:"左手持蟹螯,右手執酒杯。"用事婉而有味。(卷四)

上邑宰

老農鼓腹山田熟，夜犬不驚霜月明。岑熙爲魏郡守，人歌曰："吠狗不驚，足下生氂。"聞説晝簾無一事，邑人長聽讀書聲。顧愷之爲山陰宰，晝日垂簾，務簡而事理，有暇讀書，則縣亭之簡可知矣。(卷十)

送青柑

百果之中無此香，青青不待滿林霜。反用韋應物"洞庭須待滿林霜"句。明年歸侍傳柑宴，唐貴戚上元侍傳柑宴。認取仙鄉御愛黄。(卷十四)

按：戴復古(1168—?)，字式之，號石屏，黄岩(今屬浙江)人。著有《石屏詩集》。《全宋詩》卷二八一三—二八二〇録其詩八卷，以上三詩未收。

趙師秀一首

交青嶺

路向秋峰頂上分，曉雲峰下白紛紛。漸行漸入雲生處，滿目西風不見雲。此得山行之趣，真有所見者。下三句皆就"雲"字貫串，是一格。(卷十三)

按：趙師秀(1170—1219)，字紫芝，又字靈秀，亦稱靈芝，號天樂，永嘉(今浙江温州)人。太祖八世孫，"永嘉四靈"之一，著有《清苑齋集》。《全宋詩》卷二八四一—二八四二録其詩兩卷，上詩未收。

趙汝回二首

漁　父

東風西日楚江深，一片苔磯萬柳陰。寫漁父之得其樂處，句清麗。別有風流難畫處，緑萍身世白鷗心。此又漁父之妙趣。(卷十)

見　梅

舊歲南枝花又新，鬢邊纔雪更無春。人不如梅，但此詩似有怨尤之意。天公也似無公道，只爲閑花不爲人。嘆人生之不再少年也。(卷十九)

按：趙汝回(1189—?)[①]，字幾道，號東閣，永嘉人。太宗八世孫。

① 《全宋詩》小傳未載其生年，據筆者所考爲1189年，參見卞東波《南宋詩人趙汝回的生年與佚詩》，載《文學遺産》2005年第4期。

著有《東閣吟稿》。《全宋詩》卷三〇一二録其詩一卷，以上二詩未收。

劉克莊三首

梅

喚做孤來又不孤，道他癯後幾曾癯。巧於爲梅寫真。直須揀個詩人比，慶曆郎官字聖俞。梅堯臣字聖俞，宋慶曆人。用得巧，非詩人不足以方梅。（卷一）

蜂　媒[1]

蜜口傳香好信通，爲花評品嫁東風。“傳”、“信”與“嫁”字皆形容“媒”字，有工。香鬚粘得花英去，疑是纏頭利市紅。“纏頭”、“利市”，字亦巧。（卷九）

燕

一年一度客天涯，“客”字好。春社來來秋社歸。自是畫堂棲止穩，不知何事憶烏衣。謂燕子不必秋去，有戀主意。（卷九）

按：劉克莊（1187—1269），初名灼，字潛夫，號後村，莆田（今屬福建）人。江湖詩派領袖，有《後村先生大全集》一百九十六卷。《全宋詩》卷三〇三三—三〇八一録其詩四十九卷，以上三詩未收。

許棐一首

退　筆

中書君已不中書，椎鈍無心四字善狀物費指呼。別有管城堪任使，儘教罵作筆頭奴。此以椎鈍自守之意。（卷二）

按：許棐，字忱夫，海鹽（今屬浙江）人。著有《梅屋詩稿》。《全宋詩》卷三〇八九—三〇九〇録其詩二卷，上詩未收。

吴惟信二首

秋　日

離離殘日水煙昏，策策西風捲白雲。狀秋景冷淡意趣。萬里秋光天

---

① 此詩又於見曹學佺編《石倉歷代詩選》卷一百九十一。

不管,蓼花桐葉自平分。"自"字好,寫秋色如畫。(卷八)

畫　鳩

可怜一拙誤平生,鵓鴣謂之拙鳩。天闊林高失去程。含下語,便見是畫底。自卷舌來棲立穩,"卷舌"字好,方説得畫切。不知浮世幾陰晴。句意有感。(卷十二)

按:吴惟信,字仲孚,號菊潭,湖州(今屬浙江)人,寓居嘉定(今屬上海市)。著有《菊潭詩集》。《全宋詩》卷三一〇六—三一〇七録其詩二卷,以上二詩未收。

姚鏞一首

春　日

老爲春晴動賞心,枯藜緩步柳邊吟。"柳邊"便爲末句"緑陰"張本。平生性癖耽閑淡,不愛繁華愛緑陰。見得是柳邊吟思。(卷六)

按:姚鏞(1191—?),字希聲,一字敬庵,號雪蓬,剡溪(今浙江嵊州)人。《江湖小集》卷五十一載其《雪蓬稿》一卷。《全宋詩》卷三一〇八録其詩一卷,上詩未收。

嚴粲一首

石井亭

一樹疏桐蔽夕陽,也教客子久彷徨。寫一時客中所見。隔溪可惜誰亭館,閑却竹衾無限凉。所謂雖有此不樂也。(卷七)

按:嚴粲,字坦叔,一字明卿,學者稱華谷先生,邵武(今屬福建)人。嚴羽族弟。《南宋群賢小集》存其《華谷集》一卷。《全宋詩》卷三一二九録其詩,上詩未收。

趙崇嶓一首

栽仁杏

白髮移根總道遲,何年及見子垂垂。晚年培植,豈俗子所能識。老夫但欲添培植,不問開花結子時。此意高出人一頭。(卷十八)

按:趙崇嶓(1198—1255),字漢宗,號白雲,居南豐(今屬江西)。太宗九世孫。著有《白雲小稿》,已佚。《江湖後集》收有詩五十四首,《全宋詩》卷三一七一録其詩一卷,上詩未收。

方岳一首

小　園

東風摇翠兩松寒,上有金沙錦作團。即事之語。儘放花枝過墻去,不妨分與路人看。此有不獨善之意。(卷十)

按:方岳(1199—1262),字巨山,號秋崖,祁門(今屬安徽)人。著有《秋崖集》。《全宋詩》卷三一九〇—三二二五録其詩三十六卷,上詩未收。

張至龍二首

再會尹祈叔

二十年前過葛川,相逢一笑老堪怜。懷舊所以感今。而今憶著當時事,二十年前是少年。有感慨意。(卷三)

中秋雨

雨聲敲作桂花寒,句老。書伴孤燈照老顔。可見無月。月色正供金闕宴,分光應不到人間。有諷意。隱然是"不照綺羅筵,遍照逃亡屋"語意,翻一轉。(卷十四)

按:張至龍,字季靈,號雪林,建安(今福建建甌)人。著有《雪林删餘》。《全宋詩》卷三二一八録其詩一卷,以上二詩未收。

宋自遜二首

晚　對

晚對晴霞瀉濁醪,茫茫天地幾英豪。有感慨。江聲流恨無今古,唯有青山不語高。此又忘言之妙,更有深意。(卷十)

春　晚

寶鴨香銷春夢殘,起來無力倚欄干。有意趣。庭前不合新添樹,"不合"二字下得有力。雨過緑陰生暮寒。春晚緑暗景致。(卷十七)

按:宋自遜,字謙父,號壺山,金華(今屬浙江)人,居南昌。《全宋詩》卷三二五五録其詩二十七首,以上二詩未見。

朱繼芳一首

寄吴雲卧

浦溆初寒未有霜,櫓聲摇月下蒼茫。句瀏亮。書中不盡相思事,更看西風雁幾行。西風過雁,起秋愁思。(卷十四)

按:朱繼芳,字季實,號静佳,建安(今福建建甌)人。著有《静佳龍尋稿》、《静佳乙稿》。《全宋詩》卷三二七八—三二八〇録其詩三卷,上詩未收。

蕭立之五首

京歸道中

吟入青山答了規,"答"字老。煙城夢裏只心知。此句有味。刺桐花下春風店,半壁斜陽十載詩。言十年前曾題詩邸壁,今見之有感舊意。(卷六)

花上金鈴

摇曳金鈴日幾回,不教紅紫委蒼苔。此是開元宫中遺事。誰知烏鵲驚飛去,别有銜花野鹿來。暗説安禄山之禍。(卷十)

小　窗

小窗雲影破琉璃,六曲屏風白紵詞。模寫句意皆好。池館雪晴梅落盡,詩情移上緑楊枝。春意又入吟思矣。(卷十五)

次　韻

花時不作海棠晴,花底教人意未平。寫不遇時之意。老我十年枯淡過,一池明月屬蛙聲。語意自在。(卷十八)

上　巳

花城院院重三酒,陣粉圍香醉玉壺。富貴相。歲月堂堂風景在,長安今有麗人無。因時感物,真所謂欣慨交集也。(卷二十)

按:蕭立之(1203—?),原名立等,字斯立,號冰崖,寧都(今屬江西)人。著有《冰崖詩集》。《全宋詩》卷三二八五—三二八七録其詩三卷,以上五詩未收。

黄文雷一首

悼復庵主

重憶相攜酌絳霞,青山松影日初斜。懷舊之感見於言外。今年有酒

不堪醉，黄土墻邊數菊花。有無限感觸傷悼意。（卷九）

按：黄文雷，字希聲，號看雲，南城（今屬江西）人。著有《看雲小集》。《全宋詩》卷三四四八録其詩，上詩未收。

陳必復一首

訪孤山

斷橋斜日岸烏紗，"岸"字老，是虚字，言高帽也。來訪西湖處士家。和靖林逋。鶴骨已仙吟夢冷，半山風月自梅花。和靖有鶴，客至而和靖他出，則飛報其歸。"鶴仙"之語不泛用也。（卷七）

按：陳必復，字無咎，號藥房，長樂（今屬福建）人。著有《山居存稿》。《全宋詩》卷三四四九録其詩一卷，上詩未收。

何應龍二首

江邊即事①

一江春水碧於藍，船趁潮來不上帆。隨水順船，不待張帆。渡口酒家賒不得，問人何處典春衫。客中典衣沽酒，未得遂吾志也。（卷十一）

春　詞

春色撩人睡不成，笑牽郎手下階行。情見乎半。夜深檐外花陰轉，一半欄干無月明。如畫出當時之景。（卷十七）

按：何應龍，字子翔，號橘潭，錢塘（今浙江杭州）人。《南宋群賢小集》卷二百八十九存其《橘潭詩稿》一卷。《全宋詩》卷三五一八録其詩，以上二詩未收。

以上共輯得江湖詩人 23 人 39 首佚詩，其中存詩最多的是蕭立之的五首，江湖詩人領袖劉克莊也有三首，此外江湖詩人中的著名詩人，如姜夔、方岳、戴復古、永嘉四靈等皆有數量不一的佚詩。《聯珠詩格》

---

① 按吴聿《觀林詩話》載："半山嘗於江上人家壁間見一絶云：'一江春水碧揉藍，船趁歸潮未上帆。渡口酒家賒不得，問人何處典春衫。'深味其首句，爲躊躇久之而去。已而作小詞，有'平漲小橋千幛抱，揉藍一水縈花草'之句，蓋追用其語。"

中有蔡正孫本人數千則詩歌評點,幾可與同時劉辰翁的詩歌批點相媲美[①],但這部分詩學批評資料尚未得到學界的重視,下文以《聯珠詩格》中蔡正孫對江湖詩的評點爲例,説明其特色與價值。

稍早於蔡正孫的方回在《瀛奎律髓》(编於元至元二十年,1283)中也選了一些江湖詩人的詩,但基本集中在劉克莊、永嘉四靈等詩人身上,很多江湖詩人并没有進入他的視野,而且方回對江湖詩基本持一種貶低的態度。《瀛奎律髓》卷十三戴復古《歲暮呈真翰林》下方回評云:

> 石屏此詩,前六句儘佳,尾句不稱,乃止於訴窮乞憐而已。求尺書,干錢物,謁客聲氣。江湖間人皆學此等衰意思,所以令人厭之。[②]

也就是説,江湖詩人在方回的眼中基本就是一群"江湖謁客"的形象。筆者認爲,方回對江湖詩人及江湖詩的判斷似有偏頗之虞,可能部分江湖詩人有所謂"謁客聲氣",并不代表所有江湖詩人都如此;但方回因此産生了對江湖詩人的刻板印象,所以一直持這種眼光來看江湖詩人,而對江湖詩的藝術色彩關注較少。

反觀蔡正孫對200多首江湖詩的評點,我們發現他基本上没有對江湖詩人的批評之語,對其詩歌的評論雖然很簡短,但基本皆從藝術角度出發。筆者略將這些評點分爲以下幾個方面,以舉其犖犖大端:

第一類是對詩歌或詩句的總體評論。如卷六評方岳《冬至》云:"超出尋常意調,奇甚。"卷十六評劉過《丹桂壽益公》末句"一顆冰輪照九穹"云:"一句氣象大。"卷十二評高翥《宫詞》首二句云:"尖新。"這些屬於印象式的批評,指出了這些詩的藝術特色。又卷八評施樞《閨怨》"簾底臨鸞惜歲華,鬢雲慵掠寶釵斜"云:"有聲之畫,便有怨思。"卷十一評戴復古《天台道中》末二句"隔岸一聲牛背笛,和風吹落渡頭雲"云:"真

---

① 關於宋元時代的詩歌評點,參見高津孝《宋元評點考》,原載鹿兒島大學《人文學科論集》第31號,1990年;中譯本見高津孝《科舉與詩藝——宋代文學與士人社會》,上海:上海古籍出版社,2005年。

② 《瀛奎律髓彙評》,頁486。

有聲之畫也。"卷十八評方岳《偶題》首二句"飛絮游絲芳草路,淡煙疏雨落花天"云:"二句寫詩趣,真有聲之畫。"這些批評非常具有理致,所謂"有聲之畫",則指出這些詩歌通過語言營造出一種畫面感,具有繪畫的效果,而并不等於説詩歌就是繪畫,因爲詩歌更是"有聲"的,它能傳達出比繪畫更多的内容。

第二類是對詩歌藝術技巧的討論。如卷六評施樞《小樓》"夕陽銜雁欲西流"云:"本説雁銜夕陽,此倒下'雁'字,乃詩體。"所謂"詩體",則指出了詩歌語言有别於日常語言,可以用倒裝等句法。卷七評姜夔《早春》"環玦隨波冷未銷"云:"不言冰而言冰之象,亦是詩體。""看見鵝黄柳上條"云:"'上'字放'柳'字之下,此詩中下字體。"第一則評語討論的是宋代詩學中的"禁體物體",即詩歌僅描繪事物的表象("象"),而通過暗示來體認事物的本體("體")①。卷十二評何應龍《杜鵑》云:"杜鵑勸人語,此詩翻一轉,勸杜鵑歸,意高。"卷十四評張至龍《中秋雨》末二句"月色正供金闕宴,分光應不到人間"云:"有諷意。隱然是'不照綺羅筵,遍照逃亡屋'語意,翻一轉。"卷十四評戴復古《送青柑》"青青不待滿林霜"云:"反用韋應物'洞庭須待滿林霜'句。"所謂"翻一轉"、"反用"則指的是宋代詩學中的"翻案法",即對前人的詩句、典故進行翻案,以達到出其不意的效果。其他,再如卷四評戴復古《嘲送蟹無酒》云"用事婉而有味",則指出詩歌用典的技巧。

第三類是對詩歌句法的討論。如卷三評方岳《梅邊》首兩句"一枝密密一枝疏,一樹亭亭一樹枯"云:"此等句法,自是不俗。"指的是詩中連用四個"一"字。卷四評朱繼芳《送李秋堂》第二句"買酒吴山一夜詩"云"句老而新"。詩酒風流本是尋常意象,但"一夜詩"則比較新穎。卷十四評朱繼芳《寄吴雲卧》"櫓聲摇月下蒼茫"云:"句瀏亮。""蒼茫"并非實體,乃虚體,却能成爲動詞"下"的賓語,確實獨出心裁。

第四類是對詩歌字法的討論。卷四評張良臣《西湖晚歸》首句"帖帖平湖印晚天"云:"'印'字老。"卷五評周端臣《斷腸曲》"雙雙玉筯界香

---

① 參見程千帆先生、張宏生先生《火與雪:從體物到禁體物——論白戰體及杜韓對它的先導作用》,原載《中國社會科學》1987年第4期,後收入所著《被開拓的詩世界》一書,上海:上海古籍出版社,1990年版,頁75—97。

腮"云:"'玉筯',淚行也。'界'字好。"卷十評戴復古《晚春》"池塘渴雨蛙聲少"云:"'渴'字老。"卷十七評宋自遜《春晚》第三句"庭前不合新添樹"云:"'不合'二字,下得有力。"這些字出現的位置基本上都是詩歌中所謂"句眼"的位置,而且這些字在使用時都出現了不同程度的活用,以别於一般詩句中的用字,所以顯得别致。

蔡正孫對江湖詩的評點具有較高的文學批評價值。首先這批評點資料數量比較大,大約有數百則,這是宋元時代保存至今最多的有關江湖詩的評論資料。與蔡正孫同時的另一位詩歌評點大家劉辰翁,他評點的詩歌主要集中在唐宋大詩人上,方回《瀛奎律髓》的詩評則對江湖詩人幾乎持批評的態度,而蔡正孫的評點則能從藝術角度出發,對江湖詩人的詩歌予以公平的審視。這在江湖詩研究史上應予以高度重視。

《聯珠詩格》編成後,流傳到朝鮮,朝鮮時代著名學者、著有《東人詩話》的徐居正(1420—1488)等人對《聯珠詩格》進行了全面的注釋,勒成《聯珠詩格增注》(下簡稱《增注》)一書。方回與蔡正孫對江湖詩的研究還限於文學評論,而《增注》則專注於詩歌詞彙典故以及與詩意的闡釋,這是東亞學術史上最早出現的對江湖詩的注釋。縱觀《增注》對這二百多首詩歌的注釋,其特點是既釋事又釋意,其釋事一依李善《文選》注的模式,引用大量文獻以考出其事;其對詩意的解釋則清通簡要,有時還能挖掘出深層次的内涵。下文以劉克莊的兩首詩爲例,略加説明:

秋風　　劉克莊

黄葉蕭蕭忽滿階,獨騎瘦馬豫章臺。有唐詩風度。增蕭蕭,風吹聲。陶淵明詩:"白楊亦蕭蕭。"階,本集作"街"。王荆公詩:"獨騎瘦馬衝殘雨。"豫章臺在南昌府城北,龍沙南。**莫將宋玉心中事,**楚宋玉作《九辯》悲秋。[增]宋玉,郢人也,爲楚大夫。**吹向潘郎鬢上來。**晉潘岳年三十二而鬢白。[增]潘岳,字安仁,晉惠帝朝爲黄門侍郎。○悲秋,人之常情,今當摇落之時。騎瘦馬獨行,則其悲也亦深矣。宋玉,古之悲秋者也,故托語秋風而曰莫吹鬢上也。潘郎,後村自比也。(卷二)

蔡正孫的評點基本上不專注於文字的訓詁及語彙出處的注釋,而《增注》不但對詩句進行了校勘,而且對語詞進行了訓釋,對出現的人名、地名也予以解釋。此外還能引用前人相似的詩句以見其句法淵源。串講詩意的部分也清楚簡明,最後注者還特别指出“潘郎,後村自比也”,基本抓住了詩人的心曲。可以説,《增注》的注釋方法在學術上基本上達到了我們今天古籍整理的要求。

漢儒　　劉克莊

執戟浮沉亦未迂,揚雄位不過侍郎,執戟殿庭。**無端著頌美新都。**雄作《劇秦美新》一篇以諛王莽。增 雄好學博覽,恬於勢利,仕漢三世不徙官。然王莽爲安漢公時,雄作《法言》已稱其美,比於伊尹、周公,及莽篡漢竊帝號,雄遂臣之。以耆老久,次轉爲大夫。又仿相如《封禪文》,獻《劇秦美新》篇以媚莽,竟死莽朝。其出處大致本末如此。**白頭所得能多少,枉被人書莽大夫。**雄在王莽時爲大夫,後朱文公作《通鑑綱目》書云:“莽大夫揚雄死。”增 枉,抑枉也。〇此詩言:雄之執戟,浮沉於漢世,未爲迂也,何必著頌取媚於新莽哉?其畢竟所得幾何,枉被莽大夫之名而已。云“枉被”者,譏雄之以儒而失節,不當被而被也。(卷十七)

劉克莊、蔡正孫都是福建人,從詩及評可見,他們的價值判斷受到朱子《通鑑綱目》很大的影響。徐居正等人的《增注》既補充了蔡評未涉及到的揚雄“出處”“本末”,最後一段對詩意的闡釋則點出了揚雄遭批判的原因,即“以儒而失節”。雖然這是詩歌解釋,但包含一定的道德判斷在其中,這是劉克莊、蔡正孫、徐居正都持有的觀點,這可能是東亞詩歌闡釋學的一個特點。

雖然,徐居正等人是朝鮮學者,但他們對《聯珠詩格》中宋代詩歌的理解并不亞於中國人,如卷十九解釋方岳《采芹亭》“亭與樵嵐一樣新,詩書不受世間塵。光風霽月來無盡,不在溪山只在人”一詩云:“此言采芹之亭與樵嵐之山同其新矣。其在此亭講習詩書,豈受俗塵乎?於是光風霽月,無盡之來,不在於溪山而在於人也。先儒論《中庸》‘不怨天,不尤人’,曰:‘此處見君子胸中多少洒落明瑩,真如光風霽月,無一點私累。’詩中‘光風霽月’,蓋本諸此。”關於此詩,蔡正孫的評點點到爲止,僅云“見道趣,與尋常嘲風詠月不同”,并没有進一步的解釋。但增注者抓住詩中“光風霽月”一語,展開了對此詩文字背後意蘊的解釋。“光風霽月”是黄庭堅用來形容宋代理學開創者周敦頤的,後來宋代的理學家一直用此詞來形容一種“無一點私累”的超塵境界。增注者引導讀者從理學語境出發加以解讀,因而能讀出更深層的意藴。《聯珠詩格》在江湖詩人中選方岳詩最多,方氏詩詞今有秦效成《秋崖詩詞校注》一書[①],但所注非常簡略。對照《增注》中四十首方岳詩注,《校注》的學術水平似還不能達到六百年前朝鮮學者的高度。

總而言之,《聯珠詩格增注》是東亞學術史上最早對江湖詩進行注釋的著作,雖然注者是朝鮮人,但其對詩句的解釋、對詩意的闡發,從中體現出的學術水平不下於中國學者。《增注》中有 200 多首江湖詩的注釋,可能也是目前最多的江湖詩注釋。如果中國學者打算從事江湖詩的注釋與研究,這批資料必須參考。

三 《新選分類集諸家詩卷》中所存的江湖詩人佚詩

《新選分類集諸家詩卷》(下簡稱《新選》)是日本室町時代(1338—1573)五山禪僧江西龍派(1375—1446)所編的一部大型的中國詩歌總集。江西龍派,號木蛇、續翠,又號晚泊老人等,爲日本臨濟宗黄龍派僧,曾爲京都建仁寺、南禪寺住持。他又師從被稱爲日本“五山文學雙璧”之一的絶海中津(1336—1405)學習漢詩,他有極高的漢學素養,史稱其“資性俊逸,梵漢博記,以文辭鳴於社中”[②],詩文集有《木蛇詩稿》、《續翠詩稿》、《江西和尚駢儷》、《江西和尚疏稿》等;同時著有《江湖風月集》的注釋《江湖抄》,蘇軾詩的注釋《天馬玉津沫》以及杜甫詩的注釋《杜詩續翠抄》[③]。《新選》共分爲天文、節序、地理、寺觀(附居室)、懷古(附題詠)、人品、簡寄(附酬答)、尋訪(附會合)、送别、行旅(附從軍)、游覽、閨情、哀傷、器用(附寶貝)、食服、草木、鳥獸、畫圖、雜賦 19 類,共收詩 1200 多首,所收詩全部爲七言絶句,時代跨度從唐到明初,以所收宋

① 秦效成《秋崖詩詞校注》,合肥:黄山書社,1998 年。

② 師蠻《本朝高僧傳》卷四十一《京兆南禪寺沙門龍派傳》,高楠順次郎、望月信亨編《大日本佛教全書》第 102 册,有精堂出版部,1932 年,頁 568。

③ 江西龍派生平參見上村觀光編《五山詩僧傳》,東京:民友社,1912 年,頁 201—203,又參見玉村竹二《五山禪僧傳記集成》,東京:講談社,1983 年,頁 220—221。

代詩人詩最多,其中就有數十首江湖詩人的佚詩,現輯考如下(括號中語爲此詩在《新選》中部類,按詩人在《全宋詩》出現之順序排列,上文《聯珠詩格》部分已考者不出小傳):

葛天民二首

春日作

厭將春鬢濕塵沙,閉户看山自一家。睡起不知寒食近,滄陰樓閣带楊花。(節序)

蔣山騎驢圖

蹇驢蹀躞嫋吟鞭,老子精神在據鞍。此是熙寧名宰相,莫將風雪灞橋看。(畫圖)

按:葛天民,字無懷,越州山陰(今浙江紹興)人,徙台州黄岩(今屬浙江)。曾爲僧,法名義銛,字朴翁,其後還俗,居杭州西湖。《江湖小集》卷六十七録其《葛天民小集》一卷。《全宋詩》卷二七二五録其詩,以上二詩未收。

危稹一首

接花果

范叔受刑變張禄,公輸投斧習宣尼。人言妙手移天巧,不見流通一氣時。(草木)

按:危稹,原名科,字逢吉,號巽齋,又號驪塘,撫州臨川(今屬江西)人。《江湖小集》卷六十録其《巽齋小集》一卷。《全宋詩》卷二七三三其詩一卷,上詩未收。

周端臣一首

春日即事

閑翻蠹簡對韶華,世味俱慵掛齒牙。猶自被春驅使在,冷凍風裏種蘭花。(雜賦)

按:《全宋詩》卷二七八四録其詩,上詩未收。

趙師秀三首

杜　鵑

南人一聽一悲凉,憐爾西歸蜀路長。聞説雲安啼更苦,不知何處的爲鄉。(鳥獸)

杜　鵑

三月江南花正開,啼教花片委蒼苔。若嫌此地非君土,今度歸時莫更來。(鳥獸)

貧　家

陰陰緑樹暗貧家,野草時開一兩花。漸向此心無静躁,不妨清夜有鳴蛙。(雜賦)

按:《全宋詩》卷二八四一—二八四二録其詩兩卷,以上三詩未收。

高翥一首

春　愁

破帽蒙頭亂鬢垂,春愁多在緑楊枝。早知病骨吟邊瘦,不買唐人半首詩。(雜賦)

按:高翥(1170—1241),字九萬,號菊磵,餘姚(今屬浙江)人。有《菊磵集》二十卷,已佚。《江湖小集》卷七十四録其《菊磵小集》一卷,《中興群公吟稿》中收其詩二卷。《全宋詩》卷二八五九—二八六〇録其詩二卷,上詩未收。

曾由基一首

醉杜甫像

翠輦蒙塵赤子寒,洗愁每恨酒杯乾。憂心如醉非真醉,莫做嵇劉一樣看。(懷古)

按:曾由基,字朝伯,號蘭墅,三山(今福建福州)人。著有《蘭墅集》、《蘭墅續稿》,已佚,詩見《江湖後集》。殘詩見引於《永樂大典》。《全宋詩》卷三〇二九録其詩一卷,此詩未收。

劉克遜二首

中　秋

夜夜池邊待月生,却愁此夜易天明。憑誰引取秋江水,添入銅壺報

曉更。(節序)

四老廟

遠引高飛不可逢,諸豪盡愧茹芝翁。晚爲太子卑辭出,却墮留侯計術中。(懷古)

按:劉克遜(1189—1246),字無競,莆田(今屬福建)人,江湖詩派領袖劉克莊弟。劉克莊云其"詩卷皆手自删,摩事琱鐫,亦無帨鞶,唐人高處極力追攀"①。其集已佚。《全宋詩》卷三一〇一録詩七首,以上二首未收。

劉子澄一首

謁諸葛草廬

泉聲猶帶嘯時寒,曾有人龍此地蟠。未必鼎分天下後,乾坤得似草廬寛。(懷古附題詠)

按:劉子澄,字清叔,號玉淵(《别號録》卷一),太和(今江西泰和)人。寧宗嘉定十三年(1220)進士。《江湖後集》卷二輯有其詩一卷。《全宋詩》卷三一〇四録其詩,上詩未收。

姚鏞一首

春行寄興

微雲淡日暖於綿,畫扇輕衫燕子天。客裏春吟涵楚韻,一汀蘅杜半蒼煙。(游覽)

按:《全宋詩》卷三一〇八録其詩一卷,上詩未收。

嚴粲一首

春晚作

平生得志在煙霞,失脚黄塵負歲華。過了海棠渾不省,夢中猶自詠梅花。(節序)

按:《全宋詩》卷三一二九録其詩,上詩未收。

① 《後村先生大全集》卷三十五《祭工部弟文》,《四部叢刊初編》本。

趙崇嶓五首

天山月

寂寞寒光照鐵衣,關西老將夜眠遲。絶憐青冢愁雲裏,猶自嬋娟學畫眉。(天文)

明妃曲

丹青未必誤君王,傾國無人漢道昌。後二十年儲禍水,冢頭青草死猶香。(懷古)

華清宫風流陣

玉殿晴輝揚彩旌,承平天子亦知兵。嬌兒慣識風流陣,傳到漁陽藝始精。(懷古)

天山月

纖纖凉月出天山,白首將軍破虜還。半夜秋風吹夢斷,邊心猶繞玉門關。(行旅)

征婦詞

欲寄寒衣萬里雲,又傳歸信到江濆。深閨半夜嬋娟夢,起换香燈拜鬼神。(閨情)

按:《全宋詩》卷三一七一録其詩一卷,以上五詩未收。

宋伯仁七首

明妃曲

淚滴宫衫别漢墀,鏡中偷畫漢宫眉。君王雖恨丹青手,也恨丹青未畫時。(懷古)

佳人怨

一朵薔薇颭鬢窩,春衫初試薄蕉羅。呼童掃聚桃花片,比似啼痕未必多。(閨情)

春　禽

亂花枝上訴東風,一半身沾杏雨紅。春事等閑渾説破,何如留在不言中。(鳥獸)

網　魚

船頭撒網小兒撑,網得魚來便煮羹。是則别無他富貴,也勝徒手問功名。(鳥獸)

鷗

霜毛渾不染纖埃，相伴蘋花幾度開。塵世累傳人有約，沙頭只見鷺鶿來。（鳥獸）

蝶　使

輕輕舞態怯春寒，飛入花叢立未安。桃李自于春富貴，年年只作夢中看。（鳥獸）

己亥自題記顔

如何不理釣魚蓑，却學英雄夜枕戈。時事滿膺無處説，一年年似病維摩。（雜賦）

按：宋伯仁（1199—？），字器之，號雪岩，湖州（今屬浙江）人。著有《雪岩吟草》（甲卷爲《忘機集》，乙卷爲《西塍稿》），《江湖小集》卷七十二録其《雪巖吟草·西塍集》一卷。明潘是仁稱其詩"天然流邁，不事錘鑿"（《宋元詩集存·雪岩詩集序》）。《全宋詩》卷三一八二—三一八五録其詩四卷，以上七詩皆未收。

王諶一首

雪裏海棠

蜀妃夜謁紫虛皇，玉鳳參差趣曉裝。宴罷瑶池方熟睡，胭脂臉上白雲香。（草木）

按：王諶，字子信，自號畫溪吟客，陽羡（今江蘇宜興）人。與釋紹嵩等多有唱和。有《潛泉蛙吹集》，已佚。《江湖後集》卷十三録其詩六十餘首。《全宋詩》卷三二五三録其詩一卷，上詩未收。

張榘一首

楊妃菊

玉環一點舊香魂，流落東籬草樹根。猶作霓裳嬌媚態，零紅墜粉濕秋痕。（草木）

按：張榘，字方叔，號芸窗，南徐（今江蘇鎮江）人。有《芸窗詞》一卷，《江湖後集》卷八存詩五十五首。《全宋詩》卷三二九一録其詩。此詩後半聯，《全芳備祖》前集卷十二引作張舜民詩（見《全宋詩》第十四册卷八三六，前半聯未引，全部可據本書補全）。

何應龍一首

宦　情

昔日爲人删白髮,如今白髮倩人删。宦情已似西湖水,半繞梅花半繞山。(雜賦)

按:《全宋詩》卷三五一八録其詩,上詩未收。

以上共考得江湖詩人 15 人,佚詩 29 首;另外《新選》所選劉克莊《燕》、吴惟信《畫鳩》、姚鏞《春行寄興》其一、蕭立之《花上金鈴》四位詩人的四首佚詩已見於上文所考《聯珠詩格》中。比較引人注目的是,《新選》收録了江湖詩人宋伯仁七首佚詩,趙崇嶓五首佚詩。以上所收詩人基本皆有文集,或見收於《江湖小集》、《後集》之中,惟江湖詩人領袖劉克莊之弟劉克遜并無專集傳世,《全宋詩》僅録七首詩歌,《新選》中又録得其佚詩二首,彌足珍貴。《新選》所選絶句極少用典,純事白描,有一唱三歎之妙。高翥《春愁》詩云:"早知病骨吟邊瘦,不買唐人半首詩。"此詩典型地寫出了江湖詩人學習晚唐詩人苦吟時的姿態。又如嚴粲《春晚作》詩末句云"夢中猶自詠梅花",將宋人對梅花之摯愛淋漓盡致地表現了出來。以上佚詩還有資於江湖詩人的生平研究,如宋伯仁《己亥自題記顔》一首描寫其歸隱田園之態。"己亥",即嘉熙三年(1239),此年宋伯仁四十一歲。同治《湖州府志》卷七十四《宋伯仁傳》云:"嘉熙丁酉(1237),寓京遭熱,僑居西馬塍。"此後宋伯仁的行迹不詳,從上詩"却學英雄夜枕戈",可能宋氏還有一段從軍的經歷,此爲史所未載。

四　《錦繡段詳注》與《續錦繡段抄》對江湖詩人詩歌的闡釋

除上文討論到的《新選分類集諸家詩卷》外,室町時代另一部大型的中國詩歌總集《續新編分類諸家詩集》(下簡稱《新編》)[①]也選入了不

① 關於《新選》與《新編》的文獻價值,參見卞東波《稀見日本漢籍〈新選分類集諸家詩卷〉、〈續新編分類諸家詩集〉中宋人佚詩及其價值》,載北京大學國際漢學家研修基地編《國際漢學研究通訊》第五期,北京:北京大學出版社,2012 年。

少江湖詩人的作品,不過并没有出現佚詩。《新編》爲慕哲龍攀(?—1424)、瑞岩龍惺(1384—1460)所編。慕哲龍攀爲臨濟宗黄龍派僧侣,與江西龍派同師建仁寺名僧一麟一庵(1329—1407),後亦爲建仁寺之主持[①]。瑞岩龍惺,别號蟬庵(蟬闇)、稻庵,臨濟宗黄龍派僧。亦從一麟一庵問學,後從法兄江西龍派、慕喆龍攀學習詩文,後爲建仁寺、南禪寺主持。著有《蟬闇稿》[②]。《新編》是《新選》的續作,其分類與《新選》略有差異,分爲天文、節序、地理、草木、禽獸、宫省、居室、懷古(附題詠)、儒學、仙道、釋教、武用(附從軍)、雜職、人事、簡寄(附贈答)、訪尋(附會合)、送别、行旅、游覽、閨情、哀傷、圖畫、器用、食服、雜賦 25 類,共收詩 1280 餘首。

無論《新選》還是《新編》都是選詩一千首以上的規模較大的總集,所以二書在日本從未刊刻過,僅有抄本傳世。室町時代禪僧天隱龍澤(1422—1500)、月舟壽桂(1460—1533)有鑒於此,又依此二書爲底本,各從中選取了三百多首詩,分别編成兩部小型詩歌總集:《錦繡段》與《續錦繡段》。正如天隱龍澤《錦繡段》跋所云:"近有《新編》、《新選》二集而出自中唐至元季,每篇千餘首,童蒙者往往倦背誦。"兩書編成後,基本取代了《新選》與《新編》,特别是《錦繡段》在日本非常流行,成爲學習漢詩的範本,而《續錦繡段》似乎不太流行。《錦繡段》在日本有無數抄本和刻本行世,而《續錦繡段》據筆者所見僅有寬永十四年(1637)、承應四年(1655)刊本。《錦繡段》在日本也有很多注本,如月舟壽桂的《錦繡段抄》、宇都宫由的(遯庵,1634—1709)所著的《錦繡段首書》和《錦繡段詳注》、苗村丈伯(1674—1748)所著的《錦繡段熟字訓解》,其中《錦繡段首書》、《錦繡段詳解》爲漢文注解,也是本文主要的討論對象。《續錦繡段》僅有傳爲月舟壽桂本人(一説爲釋壽戬)所作的漢文注釋《續錦繡段抄》。

據筆者統計《錦繡段首書》、《錦繡段詳注》共注解了宋自遜《夜雪》、《五月菊》,劉克遜《中秋》,蕭澥《讀秦記》,劉克莊《揚雄》、《妓》、《鶯梭》、

---

① 慕哲龍攀生平參見上村觀光編《五山詩僧傳》,頁 207,又參見玉村竹二《五山禪僧傳記集成》,頁 592。

② 瑞岩龍惺生平參見上村觀光編《五山詩僧傳》,頁 217—219,又參見玉村竹二《五山禪僧傳記集成》,頁 339—341。

《雁陣》,戴復古《子陵釣臺》、《山行》,沈悦《子陵釣臺》,趙崇嶓《華清宫風流陣》,姚鏞《春行寄興》,嚴仁《寄衣曲》,蕭立之《花上金鈴》,宋伯仁《漁舟》,來梓《訪戴圖》,危稹《楊妃齒痛圖》,趙紫芝《吟窗》,方岳《冬至》等15位江湖詩人19首詩。《續錦繡段抄》共注解林洪《西湖》、周端臣《葉靖逸東庵》,劉克莊《晚春》、《種梅》,方岳《秋日》,周弼《夜深》,戴復古《雪裏觀梅》,武衍《宫詞》,趙崇嶓《征婦詞》9位江湖詩人11首詩(另外,《續錦繡段》所選高翥《訪諸葛鍊師不遇》、何應龍《舟中》兩詩没有注釋)。

宇都宫遯庵是江户時代著名的漢學家,名的,字由的,號遯庵,又别稱頑拙、三近子,通稱三近,周防國(今山口縣)人。受業於儒學家松永尺五(1592—1657,藤原惺窩弟子),出仕於岩國藩。後來因爲著述《日本古今人物志》而遭到禁錮,後被赦至京都講學,晚年歸藩出任文學職。遯庵著述宏富,以注釋中國典籍爲主,文學方面的主要有《杜律集解首書》六卷、《杜律集解詳説》十八卷、《杜律集解增益首書》十二卷、《文選音注》二十二卷、《千家詩首書》二卷、《千家詩俚鈔》五卷、《三體詩絶句詳解》、《古文真寶前集首書增注》八卷、《古文真寶後集首書增注》七卷、《文家小筌》二卷、《作文楷梯》三卷、《遯庵詩集》六卷。關於《錦繡段》,他也著有三書:《錦繡段首書》三卷、《錦繡段首書抄》十卷、《錦繡段詳注》三卷[①]。由於《錦繡段》選詩與《聯珠詩格》多有重疊之處,故遯庵在注釋時,大量利用了徐居正等人的《聯珠詩格增注》。《首書》與《詳注》皆爲遯庵所作,兩者重複度相當高,《詳注》成書可能較《首書》(有寬文四年〔1664〕刻本)遲,故内容上稍稍詳細一點,故此處以《詳注》爲例來蠡測其注。由於宋元時代很多詩人生平難考,遯庵的注解中有很多不詳之處,筆者已經著文研究過[②],不再贅述。本文主要揭示遯庵注釋江湖詩人詩歌的特色與價值,且以趙崇嶓《華清宫風流陣》注爲例:

① 參見關儀一郎、關義直共編《近世漢學者傳記著作大事典》,東京:井田書店,1943年,頁73。

② 參見卞東波《天隱龍澤〈錦繡段〉文獻問題之考訂》,《域外漢籍研究集刊》第六輯,北京:中華書局,2010年。

華清宫風流陣《天寶遺事》下云:"明皇與貴妃每至酒酣,使妃子統宫妓百餘人,帝統小中貴人百餘人,挑兩陣於掖庭中,目爲風流陣。以霞被錦株張之,爲旗幟攻擊。相鬥敗者,罰之巨觥,以戲笑。時議以爲不祥之兆。後果有禄山兵,天意人事不偶然也。" **趙漢宗**

玉殿晴暉颶彩旌,承平承平,太平之義也。"承平天子"指明皇,所謂太平天子也。**天子亦知兵。嬌兒**指禄山也,禄山請爲楊貴妃兒,是曰禄兒。一云,"嬌兒"指楊貴妃。杜子美《茅屋爲秋風所破歌》云:"嬌兒惡卧踏裏裂。"注云:貴妃如嬌兒安寢,嘗以禄山爲養子,出入宫掖不禁,穢醜稔聞,而明皇不悟。禄山出范陽,約貴妃爲内應,豈非"踏裏裂"乎。**慣識風流陣,傳到漁陽**漁陽,即薊州也,詳見於《大明一統志》一順天府。**藝始精。**

從上可見,遯庵的注釋特色,一方面引用原始資料説明詩歌的背景,另一方面還對詩意做出揣測。通檢《詳注》可以發現,遯庵頗爲博學,對中國的原典也比較熟悉,能引用較多的資料來注釋詩歌。如注宋伯仁的《夜雪》引用了《排韻增廣事類氏族大全》、《詩人玉屑》、《方輿勝覽》、《晉書》、《文選》諸書。他對唐宋文學也比較熟悉,故常引用唐宋詩來與所注詩相印證。如注戴復古《山行》"行李蕭然還不俗"中"蕭然"云:"蕭然,寂寥貌。"又引王禹偁詩句"興味蕭然似野僧"加以參證。就上引趙崇嶓詩而言,遯齋對詩中語彙的解釋也基本正確,對詩意的把握總體上也是正確的。不過,他對杜甫詩的引申有點牽强附會。

月舟壽桂(1460—1533),日本臨濟宗幻住派僧,近江人。别號幻雲、中孚道人。曾任京都建仁寺第二百四十六世住職。其爲人博學工詩文,曾隨天隱龍澤學習漢詩文。著有《月舟和尚語録》、《幻雲文集》、《幻雲疏稿》、《史記抄》八卷、《黄氏口義》二十四卷等外,還編有《續錦繡段》一書①。從月舟的經歷可見,他曾爲天隱龍澤門生,故編《續錦繡段》有一定的延續性,他也用假名注釋過《錦繡段》,也可能爲自己所編的《續錦繡段》作注。筆者所見《續錦繡段抄》乃京都建仁寺兩足院所藏寫本,不分卷,也并非對《續錦繡段》所有詩的注釋,注釋也詳略不一,全

① 月舟壽桂生平參見上村觀光編《五山詩僧傳》,頁354—357,又參見玉村竹二《五山禪僧傳記集成》,頁160—161。

書基本爲漢文,間有極少數假名。《續錦繡段抄》與室町時代的很多漢文抄物一樣,引用了很多典籍對詩中的事典、語典進行注釋,注釋風格也比較平實,偶爾也以"私曰"的形式發表自己的意見,下文以其所注周弼《夜深》爲例説明其特色:

夜深　周弼

虚堂人静不聞更,獨坐書灰對夜燈。白樂天詩:"對雪畫寒灰,殘燈明復滅。"坡詩:"寄君東閣閑烝栗,知我空堂坐畫灰。"**門外不知春雪霽,半峰殘月一溪平。**《皇明名公詩人膏□》汶陽周伯弼序載此詩,二句作"獨理殘書照夜燈"云云。"半峰"作"千峰"。任蕃《巾子山》詩云:"絶頂新秋畫夜凉,鶴飛松露滴衣裳。前峰月照半江水,僧在翠微開竹房。"

從以上注釋可見月舟對唐宋詩比較熟悉。前兩句詩的注釋指出了周弼詩用語、句法的出處,而且可以看出周詩後出轉精,用一句詩就概括了白詩兩句的意境。不過,據筆者考察,月舟在選詩的過程中,可能根據自己的審美觀念或"期待視野"改動的詩歌原文。"書灰",周弼原詩作"書床",可能月舟覺得意境不夠,就改動了原詩。這種情況在選本中經常發生,月舟的行爲也可理解。除了注釋之外,月舟還運用了校勘,并且援引了可能已經失傳的《皇明名公詩人膏□》一書。最後,他又引用唐人任蕃的詩與周弼的詩相比較,前者寫的是秋夜的意境,而後者寫的是冬夜的情境,同是夜景,在冷寂之中,畫面感却不相同。任詩末句描寫了僧人開門的動作,使畫面有一點動感;而周詩末句使用了"綴錦"的修辭格,全爲名詞詞組之疊加,讓讀者自己想象意象組合後的意境,從而更有蘊藉之感。

以上分别以江户時代的宇都宫由的《錦繡段詳注》以及室町時代的月舟壽桂《續錦繡段抄》爲中心探討了日本中世和近世對江湖詩人研究。從他們的注釋來看,基本上繼承的是李善《文選》注的方式,旁徵博引對詩中的語彙事典加以解釋,對於理解江湖詩人及其作品都有很大的幫助作用,頗具有參考價值。

五　朝鮮古活字本《選詩演義》中江湖詩人對《文選》詩的評論資料

南宋詩人曾原一(活動於1256年左右)所編的《選詩演義》是宋代惟一一部《文選》注釋書,目前僅有一部孤本藏於名古屋市蓬左文庫,此書爲德川家康贈其三子的"駿河御讓"本。日本學者藤本幸夫《日本現存朝鮮本研究·集部》著録了該書,并詳細説明了該書的書志情況①。關於此書的研究不多,最近日本立命館大學芳村弘道教授撰寫了系列論文對此書的編者、内容及版本都做了精深的研究②。芳村先生也揭示了曾原一與黄文雷、利登等江湖詩人交往的事迹③。非常寶貴的是,《選詩演義》載録了這兩位江湖詩人關於《文選》詩的評論,包括黄文雷四則、利登九則,集中在對《古詩十九首》、阮籍《詠懷詩》、謝靈運詩的闡釋上,兹將這些資料輯録如下:

《古詩十九首》"今日良辰會"。**黄文雷曰**:此詩誠有招隱之意,然而舍要津、守窮賤,豈人情哉。殆必有説矣。新聲逸響,亦真言一時之樂,如《楚辭》招屈等意。

《古詩十九首》"冉冉孤生竹"。**黄文雷曰**:蕙蘭不采,隨秋草而萎,此非有難見之理,顧君方以高節自命,偃蹇不前,雖思君之切,復何爲哉。夫婦之會,各有所宜。以男下女,禮之常也。君臣之交,各有所宜。以君倡臣,理之正也。否則屈於苟合,君子奚取焉。

《古詩十九首》"生年不滿百"。**黄文雷曰**:傷世道之益降,知人

---

① 藤本幸夫《日本現存朝鮮本研究·集部》明確著録此書爲"孤本",京都:京都大學學術出版會,2006年,頁63。

② 參見芳村弘道《孤本朝鮮活字版〈選詩演義〉と撰者曾原一について》,載立命館大學中國藝文研究會《學林》第46—47號,2008年(中文版《關於孤本朝鮮活字版〈選詩演義〉及其作者曾原一》,金程宇譯,《古典文獻研究》第12輯,鳳凰出版社,2009年);《南宋選學書〈選詩演義〉考》,載《日本中國學會報》第62號,2010年(中文版《南宋選學書〈選詩演義〉考》,金程宇譯,《域外漢籍研究集刊》第七輯,中華書局,2011年);《〈選詩演義〉考異——〈選詩演義〉所用〈文選〉的版本問題》,第九届《文選》學國際學術研討會會議論文,南京大學,2011年8月。

③ 參見上揭《關於孤本朝鮮活字版〈選詩演義〉及其作者曾原一》一文。

生之不足。於是又思振奮六合之外,以與造物者游,如世所謂神仙者,而卒不可得。獨奈之何哉?屈平《離騷》之後,繼以《遠游》諸篇,大率類此。去之百世,我知其心。

曹植《送應氏》。**黄文雷曰**:"中饋"如《左傳》"閻没、女寬"語解。

謝靈運《初發石首城》。**黄文雷曰**:陶謝二公皆晉大臣子孫,故於興廢之際,不無慨然之懷。靖節蕭然遠引,微見其意於紀年之間,遂獲全其身名。康樂佯狂,蓋亦自知其不免,而有不能不然者。觀其詩,常若有彷徨之憂,迫乎其後,夭伐之慮,蓋自歎之。至於跨山越海,求避於世,卒之不能自脱於禍,抑可悲已。有客三詩於二王之後,來助祭也,曰在彼無惡,在此無斁,蓋易代之間,讒疑易構。彼其成周之盛際也,故能容二代之遺緒,而意愛形焉。否則惡斁生,而刑禍作矣。况乎世臣之家,挾才負氣,如康樂者哉。必也以道自樂,情累俱遣,如靖節可也。

《古詩十九首》"冉冉孤生竹"。**利登曰**:高節不必便作節操看,君自以爲陽剛,不當屈下陰柔,以此爲節,執之自信,則妾復何爲哉。陸機《豪士賦》:人主執其利柄,天下服其大節。

曹植《美女篇》。**利登曰**:妖美而閑雅,則非冶容之比;采桑而食蠶,則非無用之學。服飾之盛,以言資稟既高,又攬衆善以自成,如屈原攬蘭茝之義。行者休者,忘餐息駕,則見者皆知其賢。居於城南而臨大路,則非隱僻之地。高門重關,則非卑陋之居。容華耀日,則非難見之美,而乃無媒妁以薦之君。夫佳人者,豈不願其有家哉。抱負重則所就不輕,賢者之難求,佳人其謹所擇矣。彼衆人之嗷嗷,安知彼之所觀哉。疑其特立獨行,高蹈遠遁,然以如此才美而處房室,豈匏瓜終不食者。中夜長歎,行道憂世之心,爲如何,但非其人不枉道以合耳。

阮籍《詠懷》十七首其二。**利登曰**:二妃可愛不可親,雖以佩與交甫,旋失其佩,非有一日之愛,而人自不能忘其情。至若下蔡以容好自結於人,一有不諧,則其雨興怨,於金石之交,亦傷正道邪道之交。大抵然也。晉文欲爲奸詭,一時不特人附之,所以自附於人者亦至。然交際之間,動成疏怨,不以正進。其道固然,交甫雖不得見,而千載懷交,兩情相映,豈若見賣於倡女之爲醜哉?

阮籍《詠懷》十七首其七。**利登曰**:年少之時,亦嘗以輕薄之質,而好弦歌之音,游帝都而交趙、李,求試其技。趙、李,帝所幸,則爲魏用,非爲他蹊權臣用,是所求用亦正也。至於樂未極,而日已西,則知魏已替,而歸潔三河。不忍以己身而用非所用也。人生才美,所貴用得其正,如失路則雖有才美,何以償失路之非哉。此所以甘心於退潔也。

阮籍《詠懷》十七首其八。**利登曰**:餘光照衣,則魏雖季末,亦未全失德,尚可依乘。爲魏臣子,正宜審所歸附,傾晉扶魏,而振其將亡。今乃不然,寧與燕雀賀彼大廈之成,而不與黄鵠同其正大之游。一木不能支大廈之傾,黄鵠之游中路,安歸君子。所以未咎司馬,而咎依乘之小人也。

阮籍《詠懷》十七首其十一。**利登曰**:繁華必有憔悴,堂上自生荆杞。時一盛一衰,自古所有然。我則不自污以從賊臣,故欲去而之西山。衆臣依附,己獨歸潔,則不無性命之憂,故有一身不自保之語。然不爲性命而易素節,君子又反思人之立身,當擇其所重。失節有甚於死,故復自歎曰:凝霜被草,歲暮則云奈之何哉。委之時運,則進退自然,容裕不失其正。籍屢爲依乘所中,瀕死者數矣,卒以壽終。守正者,亦何傷哉?

阮籍《詠懷》十七首其十三。**利登曰**:籍於此時已負才名,又已仕進。今一旦歸隱,則人疑。疑則不與己之嫌一成,而性命危矣。故膏火自煎,多財爲患,患在於有名也。寵禄本不足賴,而今已受之。布衣本可終身,而今已非布衣,患在於已仕也。士罹世艱,進退維谷,亦可憐哉。

謝靈運《述祖德》二首。**利登曰**:"達人"指謝安、謝玄,言循之高屬及天雲,雖有濟世之志,而實有超世之心。"段生"四人,皆有心濟物,而無心富貴,以此證安、玄也。委講綴道,論者言其本心,論道歸隱。安則高卧東山,玄則從王羲之隱於會稽山,後改其隱服出。康世難,世難既康,惟尊主隆民而已,富貴所不有也。靈運借其祖之所行,以證己之無心富貴。時宋帝有疑,故借此自明。又不欲直其説,但微寓此意而已。**又曰**:方晉懷、愍時,據天下之全可以反正,猶不能之。今偏居江介,况復迫狹,屢有圮壞,而欲遏其奔放横流。他人皆振慴,惟君子獨能之,蓋拯溺斯民,非道情不能然。徒有其志,苟無神略,則暴亦未易龕也。惟安於道情之中,有此神略,故能成此功,使秦趙燕魏之人,皆恨文軌會同之遲,不幸安謝去世運而死,而宏遠之圖因此而遂止。大抵安之功雖足以濟時,而安之心本遺富貴外物,惟樂山水之興,見夫丘壑之美而已。靈運亦借其祖以自明也。

黄文雷、利登皆爲江西盱江(今江西撫州)人,又同爲曾原一友人。據劉壎《隱居通議》卷九"黄希聲古體"條載:"希聲名文雷,自號看雲……同時鄉里以詩名者,碧澗利履道登、白雲趙漢宗崇嶓俱爲社友……贛之寧都有蒼山曾子實原一、撫之臨川有東林趙成叔崇嶧,亦同時詩盟者也。"可見,曾原一與黄文雷、利登爲詩社之詩友。芳村弘道先生推測:"可以認爲,曾原一摘録了社友的解釋,并將之大量採録於《選詩演義》中。"[①]從利登《骳稿》中寫到他與曾、黄二人之間的互動來看,以上見解不無道理。

從《選詩演義》保存的曾原一與黄、利二氏對《選》詩的闡釋來看,以詩意闡釋爲主,而不重文字典故之訓釋,而對詩意之串講也務求通俗易懂。筆者認爲,《選詩演義》這種解詩特色受到真德秀(1178—1235)《大學衍義》開創的"衍義體"很大的影響,而"衍義體"之文本闡釋就重在通俗[②]。

解説的通俗,并不意味着解説得不深入。從利登對曹植《美女篇》及謝靈運《述祖德》二首的解釋來看,其結合當時之時事,對詩人心態之揣摩是非常細緻入微的,且能將詩人心中的苦楚娓娓道盡。

此外,他們對《選》詩的闡釋有時讓人感到像一則宋人寫的詩話,對詩歌内外解釋得很清楚。如黄文雷對謝靈運《初發石首城》的解釋,將

---

① 《關於孤本朝鮮活字版〈選詩演義〉及其作者曾原一》,《古典文獻研究》第十二輯,頁240。

② 關於"衍義體",參見朱人求、王玲莉《衍義體在東亞世界的影響及其淵源》載《社會科學戰綫》2011年第3期。

身陷政治漩渦中的謝靈運與晉宋易代之際的陶淵明比較，指出他們在波雲詭譎的政治變亂中的不同出處選擇，也比較了兩者的性格，以及不同的人生結局。表面上謝詩是一首寫景詩，但黄氏非常敏鋭地觀察到："觀其詩，常若有彷徨之憂，迫乎其後，夭伐之慮，蓋自歎之。"可謂深入到詩人内心。

最後，與曾原一的解詩方式相同，黄、利二人對詩歌闡釋也注重詩歌背後的"諷寓"(allegory)，如解阮籍《詠懷詩》十七首其八："灼灼西頹日，餘光照我衣。回風吹四壁，寒鳥相因依。周周尚銜羽，蛩蛩亦念饑。如何當路子，磬折忘所歸。豈爲誇譽名，憔悴使心悲。寧與燕雀翔，不隨黄鵠飛。黄鵠游四海，中路將安歸。"字面上這首詩寫的是，黄昏之時，"燕雀"與"黄鵠"的不同選擇；其背後意思却隱喻着親司馬氏者與親曹氏者的不同政治態度。利登解釋比較準確地抓住了阮籍詩中的"諷寓"之意。

《選詩演義》中保留下來的黄文雷與利登關於《選》詩的評論資料，雖非是兩人的文學作品，但這是目前留傳至今非常罕見的江湖詩人的文學批評文獻。其批評方法受到晚宋詩學批評很大的影響，亦體現出當時詩學世俗化的潮流。這些資料對於研究江湖詩學亦不可或缺。

六　其他日本漢籍中所存的江湖詩人資料

除了上文揭櫫的江湖詩人資料之外，其他的日本漢籍中仍有零散的江湖詩人資料的存在。近年來，日本所藏的宋代詩僧總集《中興禪林風月集》(下簡稱《風月集》)漸成爲學術研究的熱點[①]，不但因爲此書保存了數十首爲《全宋詩》未收的宋僧佚詩，而且此書本身就是江湖詩人

① 參見張如安、傅璇琮《日藏稀見漢籍〈中興禪林風月集〉及其文獻價值》，載《文獻》2004 年第 4 期。卞東波《〈中興禪林風月集〉考論》，載《域外漢籍研究集刊》第三輯，北京：中華書局，2007 年；後收入所著《南宋詩選與宋代詩學考論》，北京：中華書局，2009 年。黄啓江《南宋詩僧與文士之互動——從〈中興禪林風月集〉談起》，載《九州學林》總第二十一期，上海：復旦大學出版社，2008 年，後所收入所著《江湖詩與一味禪：南宋文學僧與禪文化的蜕變》，臺北：臺灣商務印書館，2010 年。朱剛《〈中興禪林風月集〉續考》，載《國際漢學研究通訊》第四期，北京：北京大學出版社，2011 年。

參與編纂而成的。此書題作“若洲孔汝霖編集,芸莊蕭澥校正”,孔汝霖生平不詳,但蕭澥是江湖詩人,陳起《江湖後集》卷十五收録其詩 30 首,傳云:“澥字汎之,自號金精山民,有《竹外蛩吟稿》。按,金精山在贛州寧都縣,《道書》三十五福地也,澥蓋贛之隱者。”[①]又元吴澄(1249—1333)云:“蕭氏居贛寧都之小田,至於君五世矣。君之世父諱澥,能詩,有集曰‘芸莊’,五試禮部,特奏授户曹。君之父諱立之,詩宗江西派,絶句有唐人風致,其集曰‘冰厓’。”[②]江湖詩人胡仲弓有《柬蕭芸莊》一詩。可見,蕭澥乃江湖詩人蕭立之之兄,字汎之,號芸莊。

《風月集》中收録了三位江湖詩人的五首詩:義銛《嘗北梨》,永熙《聽琴》、《聚景園》,紹嵩《題方廣僧舍》、《秋暮江上》,其中《秋暮江上》,《全宋詩》没有收入。其他四首,《全宋詩》雖然收入,但《風月集》保留的異文也可資校勘,如永熙《聽琴》第三句,《全宋詩》所收文本作“莫把朱絲寫離恨”,“朱”《風月集》作“悲”。紹嵩《題方廣僧舍》,《全宋詩》題作《發長沙》。《風月集》已經在中國失傳,但在日本不但有刻本及寫本傳世,而且還有室町時代的禪僧所做的注釋,質量比較高的是名古屋蓬左文庫所藏的寫注本,目前已經影印收入大塚光信先生所编《新抄物資料集成》[③]第一卷,兹將《風月集》所收江湖詩人及注釋録之如下:

嘗北梨舌探味,謂之嘗。北梨者,北地之梨也。太宗立都於開封,北虜破之,其後高宗於建炎中南渡,在杭州建都,是名行在。此處嘗故鄉梨。《詩格》注云:“杭都貨梨者,號嘗梨,言北種也。”此詩銛避北京之亂,至江南時,遠被寄北梨,有感而作焉。或説見賣梨者作也。　**義銛**字朴翁,號朴庵,會稽之名士。葛無懷,字天民,後作僧也。

每到年頭感物華,新嘗梨到野人家。甘酸尚带中原味,腸斷春風不見花。“年頭”,猶言初年;“物華”,萬物之年華也。言老來常向初年感想,其物華而易傷情也,况也梨生於北,忽得嘗其風味之清新,而不見其花乎?

① 據黄啓江先生考訂,蕭澥是嘉定丙子科(1216)進士,至少仕宦過一段時間,所以不能視爲“贛之隱者”。參見《南宋詩僧與文士之互動——從〈中興禪林風月集〉談起》一文。

② 《吴文正集》卷七十六《故縣尹蕭君墓誌銘》,景印文淵閣《四庫全書》本。

③ 大阪:清文堂出版株式会社,2000 年。

南北之限,有感傷意也。又云:一嘗之便稱珍果,甘酸尚带中原味,况也人而無中原之情乎?中原,開封府也。

按:此詩又見林洪《山家清供》卷下、《聯珠詩格》卷十三。“每到年頭”,《山家清供》、《聯珠詩格》皆作“老向年時”。“嘗”,《山家清供》、《聯珠詩格》皆作“棠”。詩注引用到《聯珠詩格》蔡正孫自注,可見日本注者參考過《聯珠詩格》。由於此注是日本禪僧所注,不可避免有一些錯誤,如云“太宗立都於開封”,“太宗”當爲“太祖”之誤。又云此詩乃“銛避北京之亂,至江南時,遠被寄北梨,用感而作焉”,實際上義銛生活在南宋中期,根本不可能經歷兩宋之際的靖康之亂。這些可能是由於日僧不了解中國歷史造成的。

聽琴《晉書》云:自堯相傳善琴者,有八十餘人,曲亦有八十餘樣。雖參差,大體其法相似。 **永頤**蜀成都人也,字山老,號雲泉,無準派僧也。

蘼蕪香散楚江頭,湘竹叢邊淚不收。莫把悲絲寫離恨,夜深簾外鬼神愁。蘼蕪者,王孫草也,送别草也。《離騷經》曰:蘼蕪者,蘭蘋香草類也。又《離騷》云:“歸恨結蘼蕪。”言别君之語也,故近屈原之語也。不犯其名,謂其理者,如見深潭底,語意甚深妙矣。言屈原被謫而行吟澤畔,而投水死,故以其德香比香草也。又蘼蕪,曲名也。或説曰:此采蘼蘩時奏琴也。《湘川記》云:舜巡狩蒼梧之野而崩,娥皇、女英不從,淚染竹而爲斑竹也。乃投湘水死,號之云湘夫人也。悲絲,琴弦也。離恨者,别之曲也。言莫把怨絲彈離恨曲,定屈原、湘夫人靈魂簾外愁之。

按:此注比較有價值的是,指出了釋永熙所屬的禪宗之派。所謂“無準派”,即無準師範(1177—1249)之派。無準師範爲破庵祖先(1136—1211)禪師法嗣,臨濟下第十六世。永頤,李國玲所編《宋僧録》上册頁一二一有傳,未言其爲無準派僧,此處可補。另外注釋中指出“蘼蕪”有隱含的離别之意,注者指出這種方法“不犯其名,謂其理者……語意甚深妙矣”,有含蘊之妙。注者還指出除了草名之外,還有曲名之意,這也是别出心裁的。

聚景園在江都,隋煬帝種柳數株,游宴之地也。吴頭楚尾,如畫出也。

裳露不濕焉,足泥不污焉處也。江南風景中,尤奇絶也。千三百里也,接匡廬、浙江於左右,揖吴頭、楚尾於眼前者也。三百餘里鋪金也。

路繞長堤萬柳斜,年年青草待香車。君王不宴芳春酒,空鎖名園日暮花。"待香車",昔尤年年待王者行幸之車也,言王者今不宴游,徒如待香車也。空鎖者,言有其園,無其人,千紅萬紫,空映落日,而寂寞而已也。

按:此詩又見《雲泉詩集》,題作《過聚景園》。此注的解釋比較明白,基本將詩意闡釋比較清楚。又注語"三百餘里鋪金也"一句不見於蓬左文庫抄注本,而見於敦賀屋久兵衛寬永十七年(1640)刻本中。

題方廣僧舍方廣者,在天台山,寺名也。教僧所居也。舊於此地講《方廣般若經》,故以爲名。大方廣者,則大乘華嚴經也。　**紹嵩**字亞愚,青原人也,癡絶派僧也。

山勢如城繞梵宫,薄嵐濃翠鎖寒空。憑欄不見當時事,一片斜陽細雨中。梵宫者,梵指印土,今日梵宫者,佛舍之總名也。四方有山,故云繞也。鎖寒空者,謂嵐光與翠色滿空中也。不見昔年事者誦講《方廣般若經》,人今不見,只於細雨中見暮日影而已。古人詩云:江村片雨外,野寺夕陽邊。

按:《宋僧録》下册卷六五三有釋紹嵩之傳,并未指出釋紹嵩乃癡絶派僧,此處可以補史之闕。癡絶,即癡絶道冲(1169—1250),爲第三十五代徑山住持。《續補高僧傳》稱其"短褐布衣終其身,不爲勢利所動。故其進,不由介紹;其退,心常泰然。真法門之梁棟,後學之標準也"①。注文對"鎖寒空"一語解釋最妙,也很準確。最後所引古人詩,乃岑參《晚發五渡》,見《全唐詩》卷二百。

秋暮江上此詩即目直説而矣,而谓实景以比修行者欤?

水環洲渚更連天,杳杳漁舟破暝煙。最愛蘆花經雨後,曉霜插月作嬋娟。《毛詩注》曰:水中可居曰洲,言水與砂之際也。環者,謂水繞渚

① 《補續高僧傳》,《卍新纂續藏經》册 77 卷一五二四,頁 449。

圓如環也。杳杳,遠貌。舟見杳靄煙浪之中曰破也。嬋娟,謂蘆花與霜色也,映曉月也。比己修行則破溟煙,謂破却無明煩惱也。經雨,謂知識遍參之義。三四之句者,參得一色邊之禪,謂乎洞家法門有蘆花雪月,那時一色。又云:白馬入蘆花。又云:雪掩蘆花如斯之類,則尤多。今作者到本分田地,而心地明白之謂乎?

按:此詩頗富禪意,而注者亦是釋家,所謂以釋證釋,深得詩人禪境之妙。特别是對"嬋娟"解釋很妙,嬋娟本用來形容月色明媚,但在"曉霜插月"的語境中,則有蘆花與霜色掩映月色之意。注者又指出"此詩即目直説",即不事雕琢,純事白描,此正是晚唐詩的特點。

《中興禪林風月集》注中保存的江湖詩人研究資料,不但對於釐清這些詩人所屬的禪宗流派有所幫助,而且日本僧人對這些詩歌的注釋也有助於我們理解詩意,同時也留下了宋代江湖詩在域外流傳的寶貴資料。

室町時代五山禪僧惟高妙高(1480—1567)整理的室町中期京都相國寺禪師瑞溪周鳳(1392—1473)的日記《卧雲日件録拔尤》記載了瑞溪周鳳在應仁元年(1467)六月十九日日記所抄之詩:"相過舊賓客,不換野衣裳。《中興江湖集》。磨老出茶遲,同上。春衣再入綿。同上。"[①]據筆者考證,前兩句詩乃江湖詩人鄭克己之詩《過李老隱居》中末聯,見《南宋群賢小集》卷一百七十《文杏山房雜稿》。第三句,乃江湖詩人杜耒《小山即事》句,見《前賢小集拾遺》卷三。第四句,無考。羅大經《鶴林玉露》乙編卷四"詩禍"條云:"唯寶(慶)、紹(定)間(1225—1233),《中興江湖集》出。"[②]可見,《中興江湖集》乃陳起在"江湖詩禍"後重新刊刻的。明《文淵閣書目》卷十著録三部:"宋《中興江湖集》一部,十册(殘缺)。宋《中興江湖集》一部,十五册(闕)。宋《中興江湖集》一部,五十

① 東京大學史料編纂所編纂《大日本古記録·卧雲日件録拔尤》,東京:岩波書店,1961年版,頁179。

② 《鶴林玉露》,王瑞來點校,北京:中華書局,1983年,頁188。

二册(闕)。”[①]可見在明初時,《中興江湖集》仍存於世,故《永樂大典》中多次征引到《中興江湖集》。從《卧雲日件録拔尤》引録可見,《中興江湖集》收録了鄭克己、杜耒兩人之詩,也可見《中興江湖集》確實流傳到了日本。

以上是日本漢籍中所保存的江湖詩人詩歌方面的資料,同樣日本漢籍中也有江湖詩人古文方面的佚作。由上海辭書出版社、安徽教育出版社聯合推出的《全宋詩》360 册,將有宋一代的文章幾乎收羅殆盡,但亦有不少遺佚,如日本元禄八年(1695)翻刻的宋僧釋元肇(1189—?)的《淮海挐音》,此書有江湖詩人趙汝回、周弼的兩篇序,《全宋文》未收,兹録下:

趙汝回序:唐無本師詩最工,宜傳,使不遇昌黎,傳不傳,要未可知也。予之同庚友曰淮海師,其未游永嘉時,人固知有淮肇。及見水心,詩聲遂大震。夫山林枯槁之士,吟弄風月,本非求名。一遇名公稱賞,雖逃名,名隨之矣。或曰島詩苦,肇詩俊,詩異名同,何故?予曰:作詩者非俊何以知苦之工,惟知道不知道,故人品不能不異,而詞章之夷險,趣味之精粗,有出於文字筆墨之外者。島不解,空逃墨而簪履矣。今淮海師據方廣道場,座下聽法者日數十百人。八窗玲瓏,見道透澈。横説豎説,無非至道。長吟短吟,無非是警語。不食煙火人,尚復琢肝雕腎耶?予知此則無本、淮海之詩,其高下淺深昭昭然矣。淳祐八年冬孟東閣趙汝回序。

周弼序:九僧當唐律未變之時,與逍遥、仲先輩并駕而馳。及選而成集者,又楊次公也,故能爲皇宋三百年僧詩之冠。葉龍泉首欲挽回唐詩之脈,淮海適游江心。遂承奬借,既與四靈接迹繼踵,而詩成巨編,爲趙東閣愛賞者,居其太半。較之九僧,彼此一時,曾

① 《讀畫齋叢書》本《文淵閣書目》,馮惠民、李萬健等選編《明代書目題跋叢刊》上册,北京:書目文獻出版社,1993 年,頁 106。

何多遜？故其爲詩，發興高遠，皆自天資流出，不拘束於對偶聲病。當其得意，掀衣頓足，指畫誦説，自成一家風韻。况自崇以詩名首於九僧，淮僧之中，今有肇焉，尤非他人之所能及也。十年與弼三會於吴門，屢云待子數語。然後板行，乃自揆衰蕪，故少遲焉公滄洲、東閣既序於前，因述所見於後。淳祐壬子良月旦日汶陽周弼書。

《淮海挐音》已經在中國本土失傳，目前僅有和刻本存世。元禄版末有牌記云："《淮海挐音》上下二册，世罕傳之。予嘗聞藏宋刻舊本於名山書庫，而欲廣行於世，數請而得之矣。刻字楷正，足爲清玩，直貼壽梓。好雅君子，幸賞鑒焉。元禄乙亥二月初葉吉，神京書林茨城方道謹識。"可見元禄本乃是翻宋本而成，但宋本已經亡佚，故元禄本之價值不亞於宋本。元禄本《淮海挐音》中還保存著釋元肇與江湖詩人交往的資料，《淮海挐音》卷上《寄趙東閣》云："與君生己酉。"趙東閣即趙汝回，又趙汝回序云："予之同庚友曰淮海師。"可知釋淮海與趙汝回皆生於宋孝宗淳熙十六年己酉(1189)，則可補《全宋詩》小傳以及《中國文學家大辭典·宋代卷》"趙汝回"條生年未考之闕。又《淮海挐音》卷上有《周伯弜詩送僧至吴》、《周伯弜明府》，卷下有《送周伯弜帳管》三詩，可見周弼與釋元肇多有交游。《周伯弜明府》云："昨過楊州日，知君病已侵。殊非折腰具，竟作斷弦吟。遠信逢秋笛，驚哀徹樹禽。有才無命者，從古至於今。"可能作於周弼去世之後，則周弼卒於釋元肇之前。

南宋詩僧釋行海的文集《雪岑和尚續集》之刻本在中國亦已亡佚，僅中國科學院圖書館藏抄本一部，亦已不完整；但日本仍存五山版與寬文五年(1665)版兩種完整之版本。《雪岑和尚續集》卷下有《湖上怀周汶阳》一詩，可見周弼與釋行海有交游。周弼是著名的唐詩選本《三體詩》的編纂者，其生平與交游情況不太清楚，通過兩部和刻本南宋詩僧的文集，可以略知其交游情況。

周弼所編的《三體詩》在日本極其流行，有無數注本傳世，但其編纂時間一直不詳，但据日本室町時代的古注本《三體詩素隱抄》記載，該書成書於淳祐十年(1250)。又明曆三年(1657)刊《首書增注唐賢三體詩法》卷一首頁"三體詩"條注亦謂:"宋朝第十四代理宗皇帝淳祐十年庚戌秋八月,周伯弜選集《三體集》。"從日本文獻中可以明確得到《三體詩》成書於1250年的信息,這對周弼的生平及《三體詩》的成書研究都極有幫助。

另外值得一提的是,2005年由上海辭書出版社出版的《海外新發現〈永樂大典〉十七卷》,其中收録《永樂大典》卷一九八六六引《江湖續集》之《適安藏拙餘稿續卷·秋雪折竹有感》一詩。按武衍,字朝宗,江湖詩人,著有《適安藏拙餘稿》、《適安藏拙乙稿》。《適安藏拙餘稿續卷》未見著録,是否爲《適安藏拙乙稿》之别稱,亦未可知。《大典》所録之詩,儘管已見於《江湖後集》卷二十二,但《全宋詩》失收。又《大典》卷一九八六六引《中興江湖集》中詩一首:"風聲同一嘯,月影分兩痕。見此雙清節,夷齊今返魂。"這裏所引的《中興江湖集》已經失傳,可能亦爲陳起所編。上詩作者不詳,《全宋詩》亦未收,可資補遺。

七　結語

1225年發生的"江湖詩禍"直接改變了《江湖集》的流傳史,《江湖集》遭禍劈版,陳起回到臨安後又重新刊刻《江湖集》,而且可能還不止一種,從《永樂大典》中引録的來看,就有《江湖前詩》、《江湖前集》、《中興江湖集》、《江湖詩集》、《江湖後集》、《江湖續集》、《江湖前賢小集》、《江湖前賢小集拾遺》等總集。目前我們見到的《江湖小集》與《江湖後集》洵非當初陳起所編原本,從《聯珠詩格》、《中興禪林風月集》、《新編分類集諸家詩卷》等域外漢籍中發現的大量江湖詩人佚詩可知,元明時人所見到的江湖詩人文集比我們今天見到的《江湖小集》、《江湖後集》收詩更多。筆者從以上三書中共輯得33位江湖詩人69首佚詩,數量較爲可觀。從《卧雲日件録拔尤》可見,《中興江湖集》曾經流傳到日本,從而引發另一種可能性,即其他各種"江湖集"也可能流傳到日本,甚至可能是比較完整的《江湖集》。

宋元之際福建學者蔡正孫對《聯珠詩格》中所載江湖詩人詩作的評點是文學批評史上比較早地對江湖詩人的評點之作,其中透露出强烈的文學世俗化的訊息[①]。蔡正孫對江湖詩的藝術性評點，與同時代的方回對江湖詩的劣評恰形成對照。朝鮮學者徐居正等人所著的《聯珠詩格增注》是東亞學術史上對江湖詩歌最早的注釋及研究，具有很高的學術價值。另外，日本室町時代五山禪僧對《中興禪林風月集》中的江湖詩歌、江户時代漢學家宇都宫由的《錦繡段詳注》、《首書》對江湖詩的注釋、月舟壽桂《續錦繡段抄》對江湖詩的注釋亦頗具學術價值。中國學者對江湖詩人的研究要到20世紀才開始，而朝鮮和日本的學者早在幾百年前就開始了對江湖詩人的研究，這與兩國學者没有受到傳統中國文學史的叙述影響有很大的關係。另外，我們在其他一些域外漢籍中還可以發現中國本土失收的江湖詩人資料，都彌足珍貴，皆顯示出了南宋江湖詩早已東傳日本、朝鮮的事實。所以，今天我們研究江湖詩人及江湖詩不可忽視域外漢籍中所存的這些新資料。

（作者單位：南京大學文學院）

① 宇文所安(Stephen Owen)教授指出："到了南宋，出現了一個大衆群體，他們希望從權威那裏尋找創作指導和欣賞趣味。杭州的印刷業通過把詩話轉變成詩學教育的方式，滿足了城市小資産者參與精英文化的願望。於是，出現了精心編撰的詩話選集(《詩人玉屑》)、附有著名詩話的詩話選集(《詩林廣記》和《竹莊詩話》)以及指導寫作的選集(如《三體詩》和《瀛奎律髓》)。"(*Readings in Chinese Literary Thought*，中文版，王柏華、陶慶梅譯《中國文論：英譯與評論》，上海：上海社會科學出版社，2003年，頁396)。亦可參見内山精也先生《古今體詩における"近世"の萌芽》，載日本《江湖派研究》第一輯，2009年(中譯本，朱剛譯《宋代刻書业的發展與宋詩的近世化現象》，載臺灣東華大學中國語文學系編《東華漢學》第十一期，2010年，頁123—168)。

古典文獻研究(第十六輯)
2013年7月

沈義父《樂府指迷》的版本問題與"詞忌用代字"説

于 溯

南宋末人沈義父的《樂府指迷》是歷代詞話中時代較早的一種,它雖然篇帙短小,但内中所論,不乏詞學上的重要問題,饒宗頤《詞集考》甚至認爲《指迷》與張炎《詞源》分别啓發了清詞的常州、浙西二派,"三百年來詞學轉變,大體乃輾轉於《樂府指迷》與《詞源》二説間耳"①。但沈氏此書,元明以來的流布情况一直晦昧不明。更由於《寶顔堂秘笈》將張炎《詞源》下卷抽出,與陸輔之《詞旨》合成一帙并題以《樂府指迷》之名流布,遂造成《樂府指迷》在此後公私書目中的著録都極爲混亂。祁承煠《澹生堂藏書目》、黄虞稷《千頃堂書目》、倪燦《宋史藝文志補》、《四庫全書總目》②、錢大昕《元史藝文志》等,都著録有題名張炎的《樂府指迷》;而與此同時,張、陸的混合本、《詞源》的下卷本、《詞源》的全二

① 饒宗頤《詞集考》,中華書局,1992年,頁395。

② 四庫館臣因只知有《樂府指迷》而不知有《詞源》,卷一九九《尊前集》提要云:"考宋張炎《樂府指迷》曰:'粤自隋唐以來,聲詩間爲長短句,至唐人則有《尊前》、《花間集》。'似乎此書與《花間集》皆爲五代舊本。然《樂府指迷》一云沈伯時作,又云顧阿瑛作,其爲真出張炎與否,蓋未可定。"可謂集混亂之大成。又卷二百存目類《樂府指迷》一卷提要云:"舊本題宋張炎撰。……《續秘笈》所刻以此書爲上卷,而以陸輔之所續爲下卷。陸書末有原跋曰:'此本還在沈伯時《樂府指迷》之後,古雅精妙,較是輸他一着'云云。考宋沈義父字伯時,有《樂府指迷》一卷,今載陳耀文《花草粹編》中。跋但稱沈書而無一字及此書,則此書晚出,跋者未見。……曹溶《學海類編》收此書,較此本多一北軒居士跋,其跋誤以胡震亨《唐音癸籤》與胡應麟《詩藪》合爲一書,已極疏舛,又收金粟頭陀《製曲十六觀》一卷,後有睡庵居士跋。金粟頭陀,元顧阿瑛;睡庵居士,明湯賓尹也。而其文全(轉下頁)

卷本也都以《樂府指迷》之名不斷加入各種叢書印行。這一場混亂給張、沈二書的流傳都造成不利，葉德輝認爲就是《秘笈》本訛謬的流毒造成張炎本書淹没不傳，所以修《四庫》時外間居然無人采進①。而《增訂四庫簡目標注》邵章《續録》爲沈義父《樂府指迷》注出的11個本子中，竟有7種并非沈氏之書②。

見於《中國善本書目録》的今存沈義父《樂府指迷》最早版本，是附於明陳耀文《花草粹編》卷首的萬曆刻本。這個本子在兩岸幾家圖書館都有收藏，其中藏於南京圖書館的一部，是八千卷樓主人丁丙舊藏，丁氏《善本書室藏志》云：

> (《花草粹編》)前有萬曆癸未冬月自序，附刻沈氏《樂府指迷》。有張氏月霄印，蓋愛日精廬遺籍也。惟印本極稀，金韻仙孝廉繩武嘗假瞿穎山藏本，以其署姓氏，或書名，或書字，或採自某書即標所採書之名，體例未之盡善，因查核改署。其名無可考及疑信參半者仍依原本，書字其見於何書者皆小字注後，而署失名於前。以聚珍版刷百部，贈余一帙。未幾，韻仙化去，余書亦付劫。亂既定，覓韻仙印本，竟不可得。轉得月霄藏本，印槧甚精，洵佳刻也。③

(接上頁)鈔此書，惟每條之末增'製曲者當作此觀'一句，語語雷同，竟不一檢，尤可怪矣。"按此一卷本《樂府指迷》即是《詞源》下卷，館臣云"舊本題宋張炎撰"，是對作者仍存疑。陸輔之是玉田門人，其《詞旨》全依傍《詞源》而來，提要所謂陸書末之原跋，實是元人跋語，"此本"即指《詞旨》，謂陸書輸沈書一着也。彭兆蓀《徵刻宋人詞學四書啓》："考玉田元本，上下分編，世傳《樂府指迷》即其下卷。自明陳仲醇《續刊秘笈》妄析全書之半，删改總序一篇，襲用沈伯時《指迷》之稱，移甲就乙，由是詞源之名訛爲子目，疑誤後學，重誣古人，顛孰甚焉。"《小謨觴館文集》卷四，嘉慶刻本。

① 《郎園讀書志》卷一六，上海古籍出版社，2010年，頁743。按《詞源》上卷專論詞樂，絶學難繼，其不傳當亦與此有關。後阮元撫浙，乃得元人舊本《詞源》二卷影寫進御，其《四庫未收書提要》云："自明陳仲醇改竄炎書，刊入《續秘笈》中，而又襲用沈伯時《樂府指迷》之名，遂失其真。微此幾無以辨其非。蓋前明著録之家，自陶九成《説郛》廣録僞書，自後多踵其弊也。"《揅經室外集》本。

② 《增訂四庫簡明目録標注》，上海古籍出版社，1979年，頁960。

③ 丁丙《善本書室藏志》卷四〇，《清人書目題跋叢刊》本，中華書局，頁925。

内中提到的金繩武校刻批注本,今亦藏南京圖書館,筆者曾往求一觀,不想按著録號提出的竟是一部《陸宣公奏議》,蓋當初編號有誤,而館員亦不願更爲查找。此亦海内孤本,其面貌如何,惟俟有緣者識之。1934年唐圭璋先生編成《詞話叢編》六十種,内收沈義父《樂府指迷》即以金本爲底本,唐跋云:

> 宋沈義父《樂府指迷》凡二十八則,附刻《花草粹編》卷首。《四庫全書》本、《四印齋所刻詞》本、《百尺樓叢書》本皆從此出。然誤字互見,無一完善之本。明萬曆刊本《花草粹編》"聞"誤作"聋","採摘"誤作"深摘","直捷"誤作"直拔","不必更説書字","更"誤作"便","臉薄難藏淚","臉"誤作"賒","含有餘不盡之意","含"誤作"合"。《四印齋》本并沿其誤,未能是正。《百尺樓叢書》用翁大年校本,翁本亦據庫本,於此類誤處皆已改正。然"礙"作"硋","遊字"作"遊人",猶未盡當也。玆以金繩武活字本《花草粹編》爲主,而以他本匯校。諸家序跋,并附於後,以備省覽。圭璋記。[1]

1937年蔡楨先生以丁、金二本爲底本作《樂府指迷箋釋》,并爲原書各條加入小標題。《箋釋》1948年由中華書局出版,1963年人民文學出版社又將其與夏承燾先生《詞源注》合一部印行,蔡本遂成爲又一通用版本。蔡楨《樂府指迷版本考略》云:

> 沈氏《樂府指迷》,向無單行本,附刻於陳晦伯《花草粹編》卷首。是書刊於明萬曆癸未,流傳絶少。《四庫》著録,據陸錫熊家藏本,即明刊《花草粹編》本也。《花草粹編》,清代有金氏評花仙館聚珍本,乃咸豐年間金韻仙假瞿穎山藏本翻印。瞿藏本疑亦明刊萬曆本。金氏翻印本,僅刷百部,金田亂後,散佚殆盡。丁氏八千卷樓初得金本,旋失之。嗣得張月霄藏明刊本,即明萬曆初刊本。旋又復得金本。今二本均藏盋山書庫。其明刊本,已用袖珍本景印

① 《詞話叢編》,中華書局,2005年,頁277。按書名號、引號爲筆者所加。

流傳。此外翁氏《晚翠樓叢書》、陳氏《百尺樓叢書》、王氏《四印齋所刻詞》，均有《樂府指迷》校本。其源同出《花草粹編》。余作箋釋，于沈氏原書，即依據盋山二本。其中字句，間有訛奪費解者，則參以翁、陳、王諸氏校本，略有修正。惟明刊《花草粹編》附刻，根據何本則未詳。陸輔之《詞旨》評是書云：“沈伯時《樂府指迷》，多有好處。中間一兩段，亦非詞家之語。”又元人跋《詞旨》云：“此本還在沈伯時《樂府指迷》之後，古雅精妙，較是輸他一著也。若新巧清麗，是册亦未可少也。”則沈氏原書，元、明間必別有傳本，其源流已無從追溯矣。①

唐、蔡二跋均以萬曆《花草粹編》本《樂府指迷》爲此後諸本之祖本，但誠如蔡跋所説，這個萬曆刻本也是來歷不明。而且，所謂萬曆刻本，其斷代依據僅是此本前有陳耀文萬曆癸未序文，而《四庫全書總目》云：

《花草粹編》一十二卷，禮部尚書曹秀先家藏本。明陳耀文編。……此本與《天中記》版式相同，蓋猶耀文舊刻。而卷首乃有延祐四年陳良弼序，刊刻拙惡，僅具字形，而其文則仍耀文之語，蓋坊賈得其舊版，別刊一序弁其首，以僞爲元版耳。

其中提到的序文改竄情況，并不見於萬曆本《花草粹編》。更重要的是，陳耀文所編《天中記》有隆慶初刊五十卷本、萬曆刊六十卷足本兩種傳世，其版式都是半葉 11 行，行 21 字，而萬曆本《花草粹編》的版式是半葉 10 行，行 20 字，二書字體更完全不類。并且，四庫采進沈義父《樂府指迷》，不用曹秀先本而另取陸錫熊家藏本，曹本《花草粹編》提要又不言及《樂府指迷》，而陳耀文自己爲《花草粹編》作的序文，居然也隻字不提《樂府補題》。這些似乎都説明曹秀先所藏的陳耀文原刻《花草粹編》，并無《樂府指迷》附内，《樂府指迷》的加入，當是後來的事，或竟是坊間行徑，亦未可知。因此，這個所謂的萬曆本，并不能定爲萬曆癸

① 蔡嵩雲《樂府指迷箋釋》，人民文學出版社，1981 年，頁 89—90。

未刊行,而它與陸錫熊藏本的關係,亦未可遽然確定。但唐、蔡二《跋》提到的其他後出本子,不出於萬曆本即出於庫本,則是很明確的。

基於以上的版本認識,筆者認爲對《樂府指迷》中的一處異文應特别加以注意:

> 鍊句下語,最是緊要。如説桃,不可直説破桃,須用"紅雨"、"劉郎"等字。如詠柳,不可直説破柳,須用"章台"、"灞岸"等事。又用事,如曰"銀鈎空滿",便是書字了,不必便説書字。"玉筯雙垂",便是淚了,不必更説淚。如"綠雲繚繞",隱然髻髮;"困便湘竹",分明是簟。正不必分曉,如教初學小兒,説破這是甚物事,方見妙處。往往淺學俗流,多不曉此妙用,指爲不分曉,乃欲直拔説破。却是賺人與耍曲矣。如説情,不可太露。(萬曆刻本)

這一段文字,《文淵閣四庫全書》本"便説書字"作"更説書字","直拔"作"直直",文意都較長。翁本據庫本(文瀾閣本)爲校,"便説書字"亦作"更説書字","直拔"作"直捷",已見唐《跋》。"又用事",《指海》本、《百尺樓》本作"又詠書",較原本爲長。而《指海》本"如説桃"作"如詠桃","章台灞岸等事"作"章台灞岸等字",特求上下措辭一致,恐是理校而改。"綠雲繚繞"諸本無校,四字亦不見於宋人詞集,沈氏論詞推崇清真,此條所標舉者皆出《片玉詞》,故"綠雲繚繞"疑是"綠雲繚亂"之誤,出美成《滿江紅·春閨》。

特别有意思的是,《指海》本的校改,使文中所舉的三個例子被規範爲"詠桃—詠柳—詠書",而蔡楨《箋釋》則用的是"説桃—説柳—用事",似乎正好是兩個思路。"詠"與"説",是一字之差,而變成"説柳"與"詠柳",意思差别就很大了。蔡楨將"詠"改成"説",除了像《指海》一樣求上下統一外,恐怕更多的是受了王國維的影響。又蔡氏在這一條文字前加的小標題是"語句須用代字",沈氏原文從未出現"代字"這一概念,"代字"也出自王國維的議論,而王國維的看法又直接受到了四庫提要的影響:

> (《樂府指迷》)又謂説桃須用"紅雨"、"劉郎"等字,説柳須用

“章台”、“灞岸”等字，説書須用“銀鈎”等字，説淚須用“玉箸”等字，説髮須用“緑雲”等字，説簟須用“湘竹”等字，不可直説破。其意欲避鄙俗，而不知轉成塗飾，亦非確論。(《四庫全書總目》卷一九九沈義父《樂府指迷》提要)

王國維《人間詞話》云：

詞忌用替代字。美成《解語花》之“桂華流瓦”，境界極妙，惜以“桂華”二字代月耳。夢窗以下，則用代字更多。其所以然者，非意不足，則語不妙也。蓋意足則不暇代，語妙則不必代。此少游之“小樓連苑”、“繡轂雕鞍”所以爲東坡所譏也。

沈伯時《樂府指迷》云：“説桃不可直説桃，須用‘紅雨’、‘劉郎’等字。説柳不可直説破柳，須用‘章台’、‘灞岸’等字。”若惟恐人不用代字者。果以是爲工，則古今類書俱在，又安用詞爲耶？宜其爲《提要》所譏也。①

王氏這一段議論説的極爲暢快，但暢快語往往有邏輯漏洞。按秦少游句，殆與“桂華”、“紅雨”等例不同。曰“小樓”、曰“連苑”、曰“繡轂”、曰“雕鞍”者，即如楚騷之桂棹蘭槳，齊梁之金杯玉盞，特爲修飾耳，而樓苑轂鞍字面已出，并没有用“代字”，準以《樂府指迷》，仍是“説破”。王氏於詞最憎“隔”，隔靴搔癢處首當其衝，不著痛癢處更一并株及矣。兹姑不論，“説柳不可直説破柳”當是轉述四庫提要的話，而四庫館臣不過是按照自己的理解在概括《樂府指迷》的文字，因爲《指迷》各本都只有“詠柳”而没有“説柳”。今藏北京大學圖書館的萬曆本《花草粹編》就是王國維的舊藏，且王氏《詞録》也著録有萬曆本和金繩武批點本《花草粹編》②，他的行文中直接引用沈書却出現錯字，只能説是受提要影響太大了。而這個錯誤又被《箋釋》運用到校勘中，再加上新製的小標題，儼

① 王國維《人間詞話》，人民文學出版社，1999年，頁206—207。

② 王國維《詞録》，學苑出版社，頁161。按《詞話叢編》本《樂府指迷》以金本爲底本，“詠柳”一詞無異文。

然就成了證成王氏論點的材料。但是,沈義父的原意,真是如王國維所説麽?

我傾向於認爲,沈義父的議論主要是針對詠物(詞中的詠物片段或詠物詞)而言。想表達"詠柳"的意思,未嘗不可以説成"説柳",但反過來,如果不是專門去"詠柳",是不會將"説"字誤寫成"詠"的。南宋慢詞中經常出現大量名物,但若非重點描寫,只是提及,則很難説是在"詠"物。而且,《指海》本將"用事"改爲"詠書",即無别本依據,二詞音近,這個理校還是可以成立的,而對於"説桃",未必一定要改動其字,例以詠柳、詠書,它的意思也是明確的。

沈義父的這一條文字,不妨與《指迷》中的另兩則相互參觀理解。首先是:

> 如詠物,須時時提調。覺不分曉,須用一兩件事印證方可,如清真詠梨花《水龍吟》,第三第四句,須用"樊川"、"靈關"事,又"深閉門"及"一枝带雨"事。覺後段太寬,又用"玉容"事,方表得梨花。若全篇只説花之白,則是凡白花皆可用,如何見得是梨花?

詠物而過泛,就會"覺不分曉",解决之道是"用一兩件事印證",而不是像"淺學俗流"那樣"指爲不分曉,乃欲直捷説破。却是賺人與耍曲矣"。耍曲似爲周旋意[1],是説自己洩露題面,白讓讀者跟着繞了半天。雖然沈義父爲"不可説破"找的幾個例子,原作不是詠物題,但其所論并非作品整體,而只是摘出一些可供人詠物的材料而已。其中隨舉事典的例子,比如"劉郎",但這種典故詞在行文中若無上下文提點而直接用作替换"桃"的"代字",幾乎是不可能的;另外一些例子是前人用過的好的比喻,如紅雨、緑雲、銀鉤、玉箸等等,比喻的指向性有時没有事典那麽强烈,所以談詠物覺不分曉的這一條,又特别强調用"樊川"、"靈關"一類事典來彰明主旨。吴梅認爲沈義父提倡的不説破法則,來自吴文英,并舉吴詞如《瑞鶴仙》以"藕心抽瑩繭"指絲,"緩躡素雲"指鞋;《一寸金》

---

① (明)吕邦耀《續宋宰輔編年録》載德祐元年詔書:"諸丞相遣使通周,以全與國生靈之命,尚賴爾耍曲贊助,述成和議。"耍曲即周旋意。

以"黠髯掀舞"指箏等例爲證[①]，但實際上，沈義父雖然傳夢窗詞學[②]，《樂府指迷》仍以清真爲主[③]，且對於夢窗詞的用事，沈義父更有"夢窗深得清真之妙，其失在用事下語太晦處，人不可曉"的評論。吴文英對"代字"的熱衷明顯高過美成，沈義父舉周句而不舉吴句，也可以看出他的意思并不是鼓吹代字。《樂府指迷》最後一則云：

> 詠物詞，最忌説出題字。如清真梨花及柳，何曾説出一個梨、柳字？梅川不免犯此戒，如月上海棠詠月出，兩個月字，便覺淺露。他如周草窗諸人，多有此病，宜戒之。

這可以説是在給出了詠物不犯題面的全套方法後，正式申明這一法則。詠物詞到南宋大爲興盛，作品多，關注也多，在張炎的《詞源》裏，詠物詞同樣是一個討論重點。如果説《樂府指迷》提出的"不可説破"僅是在提倡代字，那真是卑之無甚高論，因爲早在顔之推的《顔氏家訓》中就有過對代字的犀利批判[④]。而如果説這則議論是針對詞中詠物而下，則文中"詠柳"之"詠"字文義得安，且與《樂府指迷》前後論及詠物條目意思貫串，互爲補充。草此陋見，尚祈就正方家。

（作者單位：南京大學文學院）

---

① 吴梅《樂府指迷箋釋序》，《樂府指迷箋釋》頁92。

② 參《樂府指迷》"余自幼好吟詩……癸卯，識夢窗，暇日相與唱酬，率多填詞，因講論作詞之法"云云。

③ 《樂府指迷》："凡作詞，當以清真爲主。……學者看詞，當以《周詞集解》爲冠。"

④ 《顔氏家訓·勉學》："江南閭里間，士大夫或不學問，羞爲鄙樸，道聽塗説，强事飾辭：呼征質爲周鄭，謂霍亂爲博陸，上荊州必稱陝西，下揚都言去海郡，言食則糊口，道錢則孔方，問移則楚丘，論婚則宴爾，及王則無不仲宣，語劉則無不公幹。凡有一二百件，傳相祖述，尋問莫知原由，施安時復失所。"王利器《顔氏家訓集解》，頁214。

古典文獻研究(第十六輯)
2013年7月

沈周詩集編刻考

湯志波

沈周(1427—1509),字啓南,號石田,明代吴門畫派領袖,亦是成化、弘治間吴中文壇盟主之一。沈周現存詩集多種,均系獨立編排,或編年,或按題分類,或按體分類,或編年下按體分類,體例不一,收詩亦多有重複,給沈周詩集整理與研究造成了很大困難。本文對其亡佚及現存詩集詳細考察,探討編刻過程,可以看出:現存稿本《石田稿》當是成化二十年(1484)刻本所用底本,弘治刻本《石田稿》編刻參考了稿本《石田稿》中成化九年至成化十五年之作,俞憲編刻《盛明百家詩》之《沈石田集》底本爲《石田詩選》而非《石田稿》,《石田先生集》是由成化二十年刻本、弘治刻本《石田稿》、《石田詩選》三書編排而成,錢謙益等編刻《石田先生詩鈔》間採上述版本但以《石田詩選》爲主,并有意做了增删。探討沈周詩集編刻過程對認識詩集流傳及沈周詩集整理均有重要價值。

祝允明曾編輯過沈周早年詩作,其《刻沈石田詩序》云:"(沈周)昔命雲鴻持詩八編,倩爲簡次,皆公壯歲之作,純唐格也。後更自不足,卒老於宋,悉索舊編毁去。後學者皆不知此,余猶爲惜之不已。"[①]因沈周詩學觀念轉變,早歲所作多已不存,未知祝允明編輯本是否刊刻。約天順間沈周表兄金懷用曾刊刻沈周詩集,沈周有《謝懷用和刊鄙作》一詩:"漁歌聊遣釣游時,珍重新編采作詩。半世不才深自惜,故人何事誤相

---

① (明)祝允明《刻沈石田詩序》,《懷星堂集》卷二十四,景印文淵閣《四庫全書》第1260册,台灣商務印書館,1986年,頁705。

知。應無池草春生趣，亦少江楓冷落辭。慚見虚名懶開卷，寂寥燈下雨如絲。"[①]此集今已不存。成化十年(1474)左右，沈周亦有詩集編成，并多次請人作序。如成化二十年童軒爲沈周詩集作序稱："予曩道吴，啓南知予爲吏隱之人，嘗不鄙過予逆旅中，握手論詩，殆若有平生者，且出其《石田稿》一帙，屬予爲序。予囊而之四方者，且今十年矣……。"[②]可知童軒成化十年就已看過沈周詩集。李東陽正德元年(1506)所作《書沈石田詩稿後》亦稱："初，文定以寫本一帙視余，欲有所敍述。嘗觀《擬古》諸歌曲，愛其醇雅有則。忽忽三十餘年，聞石田年益高，詩日益富，至若干卷，總之爲若干首。"[③]正德元年往上逆推三十年，是成化十二年，李東陽言"三十餘年"，亦是成化十年左右。童軒未言及所見詩集是刻本抑或寫本，而李東陽所見則是"寫本"。由此可知，沈周"悉索舊編毁去"後，在成化十年左右終有自己滿意詩集編成，多次請名宦賞閲并求序。目前所見稿本《石田稿》從成化九年開始系年，但成化九年與成化十年之詩仍多混雜，或許稿本《石田稿》中成化十一年前之詩即當年童軒、李東陽所覽之詩集。

現存沈周最早著作《石田稿》，稿本，不分卷，收詩1300餘首。其題上多有朱墨兩色圈點及"抄過"、"此題宜在前"等題識，應爲刊刻所用底本。詩歌正文中亦多有增删倒乙符號，其中有二十九首標有删除符號，這些删除之詩在其後刻本中未出現[④]，可知删除後不再流傳。删除之原因除對作品不滿意外，或因編排錯誤，如《辛丑歲題蠶》一詩上有題識"此詩當在前"；或因重複，如《爲繼南題畫》四頁後又有《題畫與繼南》，内容完全一致，沈周在前首詩題下注明"重出"；或因修改，如《題自畫麥舟圖》："擊節高歌行路難，利心碌碌義心閒。三喪不舉尋常事，一個麥

---

① (明)沈周《石田稿》之《謝懷用和刊鄙作》，《續修四庫全書》第1333册，上海古籍出版社，2002年，頁291。此詩約作於天順間，參見陳正宏《沈周年譜》，復旦大學出版社，1993年，頁53；吴敢《沈周書畫編年考辨》，浙江大學博士學位論文，1999年，頁3。

② (明)童軒《石田詩稿序》，《石田稿》卷首，明弘治刻本。

③ (明)李東陽《書沈石田詩稿後》，《石田先生詩鈔》卷首，明崇禎刻本。

④ 僅《游城南瑞光寺》、《春思二首》在《石田先生詩鈔》中再次出現，但《石田先生詩鈔》編選未見過稿本《石田稿》，應是據沈周書畫過録，詳見其後論述。

舟天地間。”其後又有《麥舟圖》一詩:“范相義心吾得畫,深長於水重於山。三喪不舉尋常事,一个麥舟千載間。”《題自畫麥舟圖》删除,下題“見後”,當是原作、改作全部抄入《石田稿》,在刊刻編排時沈周發現重複而删除。

《石田稿》中的修改,絶大部分原稿内容仔細辨認後尚能識别。標題修改主要有以下幾種情况。一、壓縮使行文更簡潔文雅,這類占絶大部分,約有一百餘處。如“予家之溪樓”改爲“予溪樓”,“悲人溺死”改爲“悲溺者”,“童子折小枝杏花插銅瓶中可喜漫賦”改爲“折杏枝插瓶中漫賦”。二、增加内容使之更詳細,如“梅軒爲侍御賦”改作“梅軒爲侍御陳有成賦”,“復陪游覺海庵次韻”改作“復陪天全游覺海庵次韻”,“和抑之留别詩韻”改作“和馬抑之西庵留别之韻”,修改後人物更加明確。三、出於避諱考慮,如“陳生火後喪子”原作“陳廷貴火後喪子”,將陳廷貴名字删除以“陳生”代替;“拾遺紙感繼南手墨”原作“拾遺紙感亡弟繼南手墨”,“補題繼南桃花書屋圖”原作“補題亡弟繼南桃花書屋圖”,均將“亡弟”二字删除。四、改動前後内容差别較大者,如“題九成宫圖”原作“擬南原望漢宫”,“送徐武功南遷”原作“秋興”,“五十初度”原作“題雪景與許甥禎”,此類多屬題畫詩。詩歌正文之修改更多,僅舉《方塘》一詩爲例,原作“方塘方似斗,涵天四邊闕。夜静碧波中,還見團團月”,後改爲“方塘方似斗,涵天生四角。還見月團團,夜向波心落”①。原作“涵天四邊闕”較爲俚俗,不如“涵天生四角”文雅形象,而“夜静碧波中”改爲“夜向波心落”,由静化動,意趣頓生,顯然改作更勝一籌。這些修改爲研究詩集編纂刊刻過程提供了極佳樣本,亦是探討沈周創作心態及過程之第一手材料。

現存最早沈周詩集刻本《石田稿》,三卷,明弘治十六年(1504)黄淮集義堂刻本。是書爲沈周弟子黄淮編刻,書後靳頤跋曰:“縣學生黄淮游從先生頗久,甞手録其平日詩如干首,歸而謀之於其父鎮,欲鋟諸梓……。”②是書不編年,亦不按體分類,收詩九百餘首,其中見於稿本《石田稿》者僅160餘首,大部分應作於成化二十年至弘治十六年間。

---

① (明)沈周《石田稿》之《方塘》,頁309。
② (明)靳頤《跋石田詩後》,《石田稿》卷末,明弘治刻本。

其中偶有成化十九年前之作，如《天全徐先生夜過》序中稱“成化七年暑夜，天全徐先生過雙娥僧寓小酌，踏月歌邢惇夫《黄知命夜歸》詩，因賦此，索先生留題”①，可知成化十九年前詩歌稿本《石田稿》并非全部囊括，尚有遺漏之詩。通過對比兩種《石田稿》可明顯看出，弘治本中見於稿本《石田稿》之160餘首主要是自成化九年至成化十五年間編年詩中選輯，如卷一自《石節婦》至《速張友山題和靖二帖》32首均出自稿本頁456—490，自《題畫》(緑陰如水逼人清)至《落花詞》12首詩均出自稿本頁494—508，自《次天全翁雪湖賞梅十二咏》至《莫氏壽樸堂》28首均出自稿本頁401—412；卷二自《七月望奉老母泛舟玩月》至《中秋感懷》33首除《聞陳白沙先生訃》外均出自稿本頁418—454，自《晚出過鄰家小酌》至《楊花曲》9首均出自稿本頁509—516；卷三自《月夕汲虎丘第三泉煮茶坐松下清啜》至《除夜》34首均出自稿本頁518—542②，且編排順序基本一致，可知黄淮在編刻此書時參考過稿本《石田稿》系統。對比兩種《石田稿》可見詩歌仍有諸多異文，如稿本中《擬古》五首，弘治刻本中收前三首，分别題作《送遠行》、《思遠》、《得友人書》。《琴操六首哀顔孝子季栗》、《贈徐遵誨和劉邦彦韻三首》等詩均有較大改動，限於篇幅不再舉例。這些異文或是黄淮過録沈周較早之手稿，或是沈周對稿本《石田稿》之詩又作了修改，有待進一步探討。

《石田詩選》十卷，明正德元年安國重刻本。後有弘治十七年張鈇跋：“光禄署丞華公汝德尚古而右文，暇日取先生之詩，拔其尤者，門分類别，合古今諸作得若干首，共爲十卷，題曰《石田詩選》，繡梓以傳。”③《石田詩選》收詩九百餘首，其中見於前兩種《石田稿》者七百餘首，但《石田詩選》系獨立編排，其詩歌順序已無兩種《石田稿》之痕迹。與刻本《石田稿》對比，《石田詩選》中仍有較多異文，或是沈周又作了修改，如《石田稿》之《松庭對雪》中“何物於此不改觀，孤松矯矯吾庭前。氣寒骨硬百不挫，君子小人非一緣。時之溷淆亦可辯，小人莫勝斯觀天。呼童買酒且

① (明)沈周《天全徐先生夜過》，《石田稿》卷二，明弘治刻本。

② 稿本《石田稿》原書并無頁碼，文中所指頁碼爲上海古籍出版社《續修四庫全書》影印《石田稿》之頁碼。

③ (明)張鈇《石田詩選跋》，《石田詩選》卷末，明正德刻本。

澆凍,老夫安抱牛衣眠"[①],此八句《石田詩選》改作"老夫忍凍亦慣事,草廬安抱牛衣眠。庭前孤松有喜色,要與老夫相作緣"[②]四句。還有全詩改動者,如《子陵獨釣圖》,弘治刻本《石田稿》作"萬事浮雲釣竹中,先生豈可例漁翁。羊皮漫爾隨輪帛,龜骨何心預吉凶。秋石秋江千古畫,一來一去故人風。肯教行迹留天地,太史無端又惱公"[③],而《石田詩選》作"霜落江清木葉空,丹青有像是非中。羊皮不恥見天子,鳳德何曾屬畫工。千古超然此翁迹,一衾聊耳故人風。能來能去形骸外,私莫容窺道自公"[④]。此類詩歌仍有數十首,可見沈周詩歌修改之頻繁。

《石田詩選》弘治間華珵刻本今已不存,目前所見正德安國重刻本中有弘治十七年之後詩作,如弘治十八年明孝宗崩沈周有《乙丑六月聞哀詔有感》一詩,正德元年沈周八十初度有《生日漫言》等,當是正德元年重新刊刻時作了增補。正德安國刻本自身亦有插入增補,如卷五有沈周政論詩《讀楊宫詹與屠太宰論事劄》,事情起因爲弘治九年科道官下獄,屠太宰滽與姻親楊宫詹守阯處理意見不一致,有此論事劄流傳,沈周讀後有感而作。正德刻本卷末補刻屠太宰之次韻詩并序:"予於弘治丙辰間承乏天曹,夏四月十有三日,科道官奉旨俱下錦衣衛獄。……經十餘稔,未嘗言及此事。至今年秋,予朝退還邸第,忽有客以先生《石田詩集》與犬子徑者,予偶抽一册目之,遂見五言古風一首,題曰《讀楊宫詹與屠太宰論事劄》,驚曰:'異哉!'讀畢不覺大笑,因次韻一章,名曰《解嘲》云……。"[⑤]弘治九年後"經十餘稔",應是正德元年以後[⑥],故屠

① (明)沈周《松庭對雪》,《石田稿》卷一,頁三十二下,明弘治刻本。

② (明)沈周《松庭對雪》,《石田詩選》卷一,頁三下,明正德刻本。

③ (明)沈周《子陵獨釣圖》,《石田稿》卷一,頁四十七上,明弘治刻本。

④ (明)沈周《子陵獨釣圖》,《石田詩選》卷五,頁五下,明正德刻本。

⑤ 見於明正德刻本《石田詩選》卷末附録。其頁碼與前之正文并不連貫,版心均加"補"字,可知是後刻補入。文淵閣本、摛藻堂本《石田詩選》均將此詩置於《讀楊宫詹與屠太宰論事劄》詩後,題作"附次韻詩",《石田先生詩鈔》題作"附刊屠太宰解嘲詩韻并序"。正德刻本《石田詩選》之補刻不止一處,如卷九之《落花三十首》,實爲原刻二十九首,後補刻二十首插入中間,導致總數變爲四十九首。詳見拙作《沈周〈落花詩〉考論》,《復旦古籍所學報》第二輯,復旦大學出版社,2013 年。

⑥ 錢謙益考證云"屠(滽)寄此詩,當在丁卯、戊辰間",即正德二年與正德三年之間。見《石田先生詩鈔》卷四,頁八下,明崇禎刻本。

滽所見《石田詩集》或即正德刻本亦未可知。屠滽見沈周之詩後次韻一首,對沈周詩中之誤解作了解釋,故其後沈周又云:“右此和篇,蓋都憲屠老先生之所示喻者。冲和沛博之文,裕達含宏之度,弗愠不知,弗遷所怒,藹然使人知長者之德如此也。……但周於潞公之所分謗、梁公之所爲容焉者,不能無愧耳。敬跋簡後,庸識其迹之始末云。”屠滽見到沈周詩集後次韻寄至沈周,詳述事情之經過,沈周回覆後將和作補刻插入集中,原刻與補刻之“唱和”現象,在文獻文化中值得關注。

俞憲在明嘉靖隆慶間編刻《盛明百家詩》收《沈石田集》一卷,詩一百四十餘首。其底本應是《石田詩選》,而非《石田稿》。依据有三,首先,《沈石田集》之題目均與《石田詩選》一致,而不同於兩種《石田稿》,如弘治刻本作《鴻門燕》、《聞劉工侍稱疾竟歸》,《沈石田集》作《鴻門宴》、《聞劉兵侍稱疾竟歸》,均與《石田詩選》同。其次,《沈石田集》之編排順序亦與《石田詩选》完全一致,而與兩種《石田稿》不同。最後,《沈石田集》所收《感宜興善權寺廖落》等二十首詩不見於《石田稿》而見於《石田詩選》。可知俞憲是據《石田詩選》選輯成《沈石田集》,而非《石田稿》。清代纂修四庫全書所收《石田詩選》即據正德安國重刻本抄録,四庫館臣時因避諱“虜”、“狄”、“夷”等所作篡改已爲學界共識,不需詳述。但《石田詩選》中仍有一些避諱篡改不易發覺,如《厓山大忠祠》第一首頷聯“君臣入海仍魚水,天地移風已犬羊”,文淵閣本《石田詩選》改作“君臣入海仍相合,天地移風已失常”,摛藻堂四庫全書薈要本《石田詩選》“犬羊”二字空缺,注一“闕”字。因“犬羊”是對外敵之蔑稱,故四庫館臣避諱改之。《經舊游》中“最無根柢是豪華,昨日池臺又别家”,文淵閣本《石田詩選》“昨日池臺”改作“陌暖風晴”,可見四庫館臣謹慎到連“昨日”、“池臺”等易引起聯想之詞都要更改。《題華光禄汝德石延年古松詩》“當時朱夫子,不害屑瞞體”之後句文淵閣本《石田詩選》改作“不學九淵體”,摛藻堂本《石田詩選》改作“不薄曹瞞體”,亦屬避諱改動。除去避諱篡改,抄寫筆誤亦多見於文淵閣本《石田詩選》,而摛藻堂本《石田詩選》較少。因《石田詩選》僅上海圖書館與雲南大學圖書館收藏且均有殘缺,學界使用《石田詩選》多據景印文淵閣四庫全書本,引用時這些改動尤需注意。

《石田先生集》不分卷,明萬曆四十三年(1615)陳仁錫刻本。是書按體編排,分爲“五言古”、“ 五言古二”、“七言古”、“五言排律”、“五言律”、“五言律二”、“七言律一”、“七言律”、“七言律三”、“五言絶”、“七言絶”十一類,收詩1300餘首,均見於前三種詩集,僅有《倣大癡小景》、《題牡丹雉雞》、《題雪景》三首題畫詩首見於《石田先生集》,當是據沈周畫作録入。前有錢允治序云:“陳孝廉明卿既刻其先《白陽山人集》,復欲裒先生集,而苦無善本。不佞爲之訪於故藏書家,稍獲一二。……先生遺集,一刻於成化甲辰,鄱陽童太常軒爲之序;一刻於弘治癸亥,安城彭中丞禮爲之序;一刻於正德丙寅,同郡吴文定寬爲之序。互有去取,互有得失。嗣後散佚漫漶,莫有愛惜收拾之者。逮今萬曆中稍稍復知,向慕欲付剞劂,則不可多得矣。”[①]《石田先生集》當是據“成化甲辰”刻本、“弘治癸亥”刻本、“正德丙寅”刻本三書重新編排而成。錢氏所云“成化甲辰刻本”今已不存,但童軒序尚存,疑今存稿本《石田稿》即成化甲辰刻本所用底本。以稿本《石田稿》與《石田先生集》對照,多有編排順序一致者,如“五言律”之《别正信山居》至《折杏枝插瓶中漫賦》140餘首均見於稿本《石田稿》頁282—630,“七言律一”之《送晏青雲還蜀》至《懷文宗儒父子久客徐州》百餘首均見於稿本《石田稿》頁271—397,“七言律三”之《笑雲爲琇上人賦》至《和陳教授賞紫千葉牡丹韻》百餘首均見於《石田稿》頁399—557,“七言絶”之《西湖竹枝詞》至《聞鶯》170餘首均見於稿本《石田稿》頁272—637,且編排順序完全一致。《石田先生集》參考過稿本《石田稿》系統無疑,但編刻者陳仁錫、錢允治均未言見過沈周手稿,因此“成化甲辰刻本”或即由稿本《石田稿》刊刻而成。“弘治癸亥”刻本即弘治十六年黄淮刻本,《石田先生集》中參照痕迹亦清楚,如“五言古二”中《走筆留客》至《題畫》(山石何齒齒)均出自弘治刻本《石田稿》卷三,順序完全一致,不再舉例詳述。

《石田先生詩鈔》八卷,明崇禎十七年(1644)瞿式耜刻本。是書按古體、今體兩類分别編年,每卷前標明起止年份。錢謙益序云:“石田先生詩集凡十餘本,余與孟陽居耦耕堂,互爲評定,差擇其尤佳者若干卷。”[②]可知是書由錢謙益、程嘉燧編輯并繫年。《石田先生詩鈔》編輯

① (明)錢允治《沈石田先生集序》,《石田先生集》卷首,明萬曆刻本。
② (明)錢謙益《石田先生詩鈔序》,《石田先生詩鈔》卷首,明崇禎刻本。

時應未見稿本《石田稿》,因此其編年與稿本《石田稿》多有不同,如《爲友人寫蕉》稿本《石田稿》編於成化十四年,而《石田先生詩鈔》却排於成化十年前,此類問題比比皆是,故引用《石田先生詩鈔》之編年需慎重。雖然《石田先生詩鈔》之編排順序已很難看出前三種刻本之痕迹,但通過詩歌異文對比,可知《石田先生詩鈔》編選以《石田詩選》爲主,間以參考弘治本《石田稿》、《石田先生集》。如稿本《石田稿》作《偶過農家》,弘治本作《偶過隣家》,而《石田詩選》、《石田先生詩鈔》作《偶見隣家》;稿本作《題畫送丘侯休致二首》,弘治本作《題畫送丘侯休致》,《石田詩選》、《石田先生詩鈔》作《丘侯休致》;稿本作《灣東草堂爲堂弟玔賦》,弘治本作《灣東草堂爲弟璞賦》,《石田詩選》、《石田先生詩鈔》作《灣東草堂爲弟樸賦》,類似異文約九十餘處,不僅證明《石田先生詩鈔》多以《石田詩選》爲底本,亦可再次證明《石田先生詩鈔》之編選未見過稿本《石田稿》。《石田先生詩鈔》收詩 500 餘首,但有百餘首不見於前四種詩集,首見於《石田先生詩鈔》,距沈周去世百餘年後編刻之詩集竟然新增五分之一强。瞿式耜稱:"會吾師方評定本集,因搜録題款,進備采擇。間有舊刻所未載,亦補入是集中。於是讀石田之書者,庶可以無憾矣。"①可知錢謙益、瞿式耜不僅據已有刻本搜集,還據各種"題款",將沈周書畫真迹之詩録入,故能增加百餘首新詩。《石田先生詩鈔》最晚出,參考過明刻本《石田稿》、《石田詩選》、《石田先生集》等詩集,收詩却最少。錢謙益云:"其或沿襲宋元,沈浸理學,典而近腐,質而近俚,則斷爛朝報與村夫子《兔園册》亦時所不免,兹鈔固已盡汰之矣。"②瞿式耜亦言:"不稱集而係之以鈔,識一時毖選之意也。"③可知錢謙益對過於俚俗之詩進行了删減,故稱"詩鈔"。

沈周之子沈雲鴻亦曾編輯過沈周詩集,沈周《理詩草》云:"我詩無好語,稿苴從散遺。兒在曾裒葺,今紙著淚糜。"④錢謙益、瞿式耜在《石田先生詩鈔》中將《理詩草》繫於正德元年,或是受錢允治序中所稱"一刻於正德丙寅"之影響。《理詩草》最早見於弘治刻本《石田稿》,沈雲鴻

①③ (明)瞿式耜《書石田先生集後》,《石田先生詩鈔》卷首,明崇禎刻本。
② (明)錢謙益《石田先生詩鈔序》,《石田先生詩鈔》卷首,明崇禎刻本。
④ (明)沈周《理詩草》,《石田稿》卷二,明弘治刻本。

卒於弘治十五年八月,《石田稿》刻於弘治十六年九月,《理詩草》當作於此間,而非正德元年。以正德刻本《石田詩選》與《石田先生集》對比,可發現多有相同之處,如"七言古"中《題杜原先生雨景》至《題林和靖收帖用東坡韻》20 餘首即從《石田詩選》卷八中選輯,編排順序完全一致,"七言律二"中 130 餘首全部選自《石田詩選》之卷一至卷七,"七言律三"中自《題杜子美像》至《雪鶴》均出自《石田詩選》卷八至卷十,不僅編排順序與《石田詩選》一致,内容亦與《石田詩選》同,如弘治本《石田稿》中《六日早起觀雪》、《立春後二日試筆》在《石田詩選》中分别作《雪作二首》、《立春日試筆》,《石田先生集》均同於《石田詩選》而異於《石田稿》,可知《石田先生集》編選中參考了《石田詩選》,故錢允治所言正德丙寅刻本,當即正德刻本《石田詩選》,因卷首有李東陽正德丙寅所作序故如此稱之。此外沈周詩集尚有沈氏刻本、王廷瑞刻本、《石田畫詩》、《沈詩補遺》、《石田咏史補忘録》等多種,但均已亡佚,限於資料,暫未能深考。

探讨沈周詩集之編刻过程,對認識其流傳亦有一定幫助。沈周成化九年至成化十九年自訂手稿編年抄録,極爲珍貴。文徵明亦是每年抄録己作,"待詔每新歲輒書舊詩文一册,至老無復遺"、"每歲輒手書其詩文,前後凡六十餘册"①。因吴中文人多是書畫家,手録詩集除有保存己作之目的外,亦是一種交游媒介,這種現象值得學者關注。由於明代沈周詩集多次刊刻,入清後沈周詩集未再重新編輯。稿本《石田稿》在清代已被藏書家視若至寶,《石田詩選》僅在《四庫全書》中傳抄,《石田先生詩鈔》由於編刻者錢謙益、瞿式耜之緣故遭到禁毁,均流傳有限。清代以來流傳最廣的是《石田先生集》,有多種清抄本、朝鮮抄本及石印本存世,加之收詩數量較多,故成爲清代沈周詩集之通行本。《石田先生詩鈔》直至民國四年(1915)上海同文圖書館將其石印出版,才較爲普及。

沈周現存詩集雖無版本系統可言,但通過探討其編刻過程,仍可看出其版本源流,對沈周詩集整理有重要價值。明弘治刻本《石田稿》雖是沈周在世時刊刻,因其未以沈周手稿刊刻,又未經沈周審定,"先人屢

① (明)王世貞《弇州山人題跋》,浙江人民美術出版社,2012 年,頁 115、239。

求其稿梓行於世,先生錮吝不出”①,而刊刻之底本是黄淮“手録其平日詩如干首”,故錯訛較多乃至有遺漏,如《薙草行》末句“從兹謝庭草,甡甡漫爾榮”,弘治本遺漏了“甡甡漫爾榮”,《喜程元道見過》尾聯“白頭與世殊疏濶,特地因君理舊琴”在弘治本中只剩“白頭”二字,只能據後出《石田詩選》補。《石田詩選》錯誤較少,優於刻本《石田稿》,但因按内容分類,亦偶有重複,如卷四“僧道類”收《題芭蕉贈僧》,卷九“花木類”又收《題蕉贈僧》,内容完全一致。萬曆刻本《石田先生集》校刊不精,錯誤最多,編排錯誤如《贈老人》一詩在“七言絶”中重複録入兩遍,刊刻之誤如“寄王尚文大參”作“寄五尚文大參”,形近而訛;“雨中經王氏故宅”作“雨中經黄氏故宅”,音近而訛。標題中亦多有漏字,如“過簡書記故寮”、“妙高臺望江”等均遺漏最後一字。《石田先生詩鈔》雖編年失誤甚多,但由錢謙益、瞿式耜精心校刻,多能訂正前書之誤,且其多用沈周書畫真迹,故後出轉精。由於沈周詩集多次編刻,版本衆多,造成了詩歌有大量異文。瞭解其詩集編刻過程及版本源流,可對異文有清楚認識。如明弘治刻本《石田稿》、《石田詩選》是沈周在世時刊刻,其中與稿本《石田稿》之異文多是沈周數次修改之結果,因此應全部保留,《石田先生集》除三首題畫詩外均源自以前版本,其異文多因刊刻之誤造成,基本可忽略不計。《石田先生詩鈔》雖然最後出,但由於採用沈周書畫真迹作爲底本,故其異文亦多有價值,應儘量保留。

(作者單位:復旦大學中國古代文學研究中心)

① (明)黄淮《石田稿跋》,《石田稿》卷末,明弘治刻本。

古典文獻研究(第十六輯)
2013年7月

關於陳忱和《東池詩集》

趙紅娟

《水滸後傳》作者陳忱的生平資料極爲缺乏,筆者數年前曾在國家圖書館閱讀到清抄本《東池詩集》五卷。它是陳忱、湯有亮、張非仲、吴楚等人東池聚會的唱和集。他們較大規模的游宴雅會有五次,每次集有詩一卷,故全集共五卷,每卷前有叙或小引。每次詩酒唱和,人數并不相同,五次累計,參加者共是二十三人。其中湯有亮,字孟明,一字海林,號天民,是東池草堂的主人。而陳忱是湯有亮的摯友,是東池雅集的核心成員,故《東池詩集》收有陳忱文兩篇:《東池初集叙》與《東池四集小引》;詩九首,其中五律五首、七律三首、五言排律一首。除一首七律已見於《潯溪詩徵》和《東池初集叙》,曾被鄭公盾先生《關於陳忱與〈水滸後傳〉》一文部分摘引外,其他詩文俱未見任何資料引録。因此,筆者興奮異常,寫下了《〈水滸後傳〉作者陳忱生平資料的重要發現》一文。但不久筆者就看到了三明師院陳會明先生的相關文章,因此文章也就没有發表。現在重新撿起這個話題,當然不是把《東池詩集》當成什麽新資料,而是想就學術界有關陳忱與《東池詩集》的研究做些補充和考辨。

一 《東池初集叙》與陳忱生平

陳會明先生曾利用《東池詩集》中所收的陳忱《東池初集叙》一文,對鄭公盾《關於陳忱與〈水滸後傳〉》一文所引用的陳忱該文中的一段文字,進行校正,指出了其七個錯漏之處。又因鄭氏《關於陳忱與〈水滸後傳〉》一文對《東池初集叙》只是部分引用,所以陳先生又把《東池初集叙》全文抄録了一遍。其實還不止一遍,是三遍,因爲其《〈東池詩集〉與陳忱的生平事迹》、《陳忱生平事迹及有關問題的辨正》、《〈水滸後傳〉作者事迹新證》三文[①]，大同小異，裏面都有《東池初集叙》全文。但遺憾的是，陳先生披露的全文，亦有不少抄録之誤，且影響到對全文意思的理解。爲防止以訛傳訛，筆者特指出如下：

（一）"至於結納邂逅以詩自名其家者，不可更仆。究其源委，不無甚異也，爲之憮然。"此處"不無"，就是"有"，既然遇到有獨特見解的"以詩自名其家者"，那還"爲之憮然"做什麽？核對原文，原來"不"爲"亦"字之誤。"亦無甚異"這樣的話，表明了陳忱自視頗高。

（二）"乃湯子海林不擯斥，時得泛游。""泛"原文作"從"。"從游"是指相互交往，而"泛游"一般指乘舟遨游，顯然陳忱自己的用詞更準確。

（三）"湯子至性過人，讀書學道，負經世之才，而不遵養時晦，日事吟詠，築堂池上，以納遥山之翠。"核對原文，"不"爲"亦"字之誤，兩者意思完全相反。順便指出的是，楊志平在《陳忱生平交游考》一文中[②]，曾引用《東池初集叙》中此段文字來考證陳忱生平，其所引亦作"而亦遵養時晦"，但陳會明《陳忱生平事迹及有關問題的辨正》一文，却指其爲錯，所以很有必要再辨證幾句。"遵養時晦"典出《詩經·周頌·酌》："于鑠王師，遵養時晦。"朱熹注曰："此亦頌武王之詩，言其初有于鑠之師而不用，退自循養，與時皆晦。"意即該詩頌揚周武王順應時勢，退守待時。後多指暫時隱居，等待時機。而湯海林作爲明清之際遺民一類人物，隱居草堂，日事吟詠，當然是"亦遵養時晦"，而非"不遵養時晦"。楊文熺《東池雅集後序》所言"夫東池者，乃湯子海林養晦處也"，亦可印證此意。

（四）"今草堂非甲於天下名區，而空洞瀟灑足以寤歌；二三子豈過於四方賢豪，而無黄茅白葦習俗可蹈。故古人之盛事不乏，而蘭亭、竹

---

① 陳會明《〈東池詩集〉與陳忱的生平事迹》、《陳忱生平事迹及有關問題的辨正》、《〈水滸後傳〉作者事迹新證》三文，分别見《文學遺産》2004年第6期，頁135—138；《明清小説研究》2005年第2期，頁191—201；《福州大學學報》2005年第4期，頁53—58。

② 楊志平《陳忱生平交游考》，見《明清小説研究》2005年第1期，頁207—218。

林風流藴藉之可傳者,不復寥寥。"核對原文"不復"之"不"亦是"亦"字之誤。陳忱的意思是,古代雅集盛事很多,但像王羲之等蘭亭雅集、嵇康等竹林雅集之類風流可傳的很少。也就是他希望東池雅集能像蘭亭、竹林一樣風流可傳。顯然,用"不"意思就截然相反了。

(五)"予安得復如曩時,摛詞拾句,日從諸君子後,慮未竟之志,而回首三十年茫茫隔世也。"據原文,"慮"爲"攄"字之誤。

根據陳忱《東池初集叙》中"崇禎甲戌(1634),予年甫二十"的自叙,可確定陳忱生年爲西元 1615 年。這一點學術界已經做了,但關於其卒年,仍不可考。目前主要有兩種説法:一是明確説不可考,但西元 1662 年時還活着。徐扶明《〈水滸後傳〉作者陳忱的愛國思想》一文曰:"至於他的卒年,由於缺少記載,不可考,但根據上述自注(陳忱有《九歌》詩,自注爲壬寅(1662)初夏作),可見他在西元 1662 年(清康熙元年)時還活著。"①上海古籍出版社《水滸後傳》1981 年排印本的《出版説明》即採用這種説法。二也是不可考,但應卒於西元 1670 左右。胡適《〈水滸續集兩種〉序》的推測:"陳忱的生卒年月,現已不可考了。他的自序假托於一六〇八,而他們的詩社(指驚隱詩社)起於一六五〇;我們也可以假定他生於萬曆中葉,約當一五九〇;死于康熙初年,約當一六七〇,年約八十歲。"②中國社科院文學研究所編的《中國文學史》、袁行霈主編的《中國文學史》等即採用胡適的這種推測。筆者發現,陳忱在寫作《東池初集叙》時,曾感歎始於庚子(1660)的東池雅集,爲"三十年茫茫隔世也"。可知,陳忱在康熙二十九年(1690)左右仍在人世。這比學術界陳忱卒於西元 1670 年的最下限的一個推測,延長了近二十年。而此時陳忱已七十六虛歲了,因此他是我國古代一個高壽作家。

《東池初集叙》發現之前,學術界關於陳忱的論述,主要依據汪曰楨《南潯鎮志》卷十二的記載:"陳忱,字遐心,號雁蕩山樵。其先自長興遷潯,閲數傳至忱。讀書晦藏,以賣卜自給。究心經史,稗編野乘,無不貫穿。好作詩文,鄉薦紳咸推重之。惜貧老以終,詩文雜志俱散佚不傳。"這段話雖然綜合了范穎通《研志居瑣録》、董肇鏜《南潯鎮志》、范來庚

---

① 見孔另境《中國小説史料》,上海古籍出版社 1982 年版,頁 141。
② 胡適《中國章回小説考證》,上海古籍出版社 1993 年版,頁 163。

《南潯鎮志》等相關記載而成，但也只是一個概括性介紹。而現據《東池初集敘》，則可知陳忱生平的較詳細情況及心路歷程。他在二十至二十三歲時，潛居湖州城南野寺，讀書作詩。二十四歲時，因覺閉門讀書無益而決心外出游歷。經江西、福建、廣東及湖南，最後沿長江而歸。歷時四年，跋涉數千里。途中結納詩人衆多，但陳氏自視頗高，認爲他們雖以詩名家，然"究其源委，亦無甚異也"。返回家鄉後，適逢明清鼎革，於是閉門不出近二紀，成了一個貧病又耳聾的老人。順治庚子(1660)，陳忱參與友人湯有亮主持的東池草堂之雅集，"摛詞拾句，日從諸君子後，攄未竟之志"。從整部《東池詩集》來看，東池詩會一直到康熙元年(1662)七月，因詩會成員吴楚、張雋罹莊廷鑨史禍才漸散。

此《叙》也有利於我們對陳忱寫作《水滸後傳》的理解。《水滸後傳》所描寫的地域十分廣泛，特别是對東南沿海一帶，作者似乎非常熟悉，這與陳氏歷時四年的南中國游歷當不無關係。《東池初集叙》中陳忱於公元 1660 年前後"竟成皤皤貧叟，又苦病耳聾，須畫字，欲焚筆硯。舉世棄絶"的自叙與《〈水滸後傳〉序》中"垂老奇窮，顛連痼疾，孤煢絶後，而短褐不完，藜藿不繼，屢憎於人"的自白也完全一致。陳周昌曾推測《水滸後傳》的成書時間在西元 1663 年前後[①]，《東池初集叙》可爲這一結論提供一個旁證。

陳忱的詩文集散佚無傳，但他的詩歌在《南潯詩徵》卷五、《明詩紀事》辛籤卷十四中還是輯録了不少，唯其文不見任何流傳。《東池詩集》除保留了對陳忱生平研究很有助益的《東池初集叙》一文外，還有《東池四集小引》，陳會明亦全文引録過，但也有文字錯漏與句讀誤點，主要是後半篇："林莽漸脱，白露始寒。寒零飄雲，纖月映徹，杖几於時，不可無吟詠，况閏夕偶遇渚蓮未落，故即事分題，與達夫之意異矣。"據筆者核對原文，應是："林葉漸脱，白露始零。飒雲纖月，映徹杖几。於時不可無吟詠，况閏夕偶逢，渚蓮未落，故即事分題，與達夫之意異矣。"除了最後兩句，其他都有誤。需要特别指明的是，"寒"字旁邊有兩點，這是此

① 見陳周昌《略論〈水滸後傳〉的作者陳忱》，《明清小説研究》第一輯，中國文聯出版公司 1985 年版，頁 324。

抄本中抹去的標記[1];"杖几"是名詞,應連着動詞"映徹"。又據"閏夕偶逢"一句,該文當作於順治十八年(1661),因爲在東池詩社活動的1660—1662三年間,僅此年有閏七月。

二　東池雅集與雅集成員

《東池詩集》爲我們提供了關於陳忱及東池詩會的重要信息。陳忱除參加過著名的遺民詩社——驚隱詩社外,還熱情參與東池詩社。東池詩社較大規模的雅集五次,起於順治庚子(1660),終於康熙壬寅(1662)。起社時間,見於陳忱《東池初集叙》"庚子上巳後五日,木芍藥盛開池畔,遂集西溪、幻公諸子,晏笑終日,各賦近體以紀清游";而終社時間,則是據《東池五集》題有"壬寅七月六日分韻作"。

五次東池雅集,共留有詩作七十九首,其中陳忱有詩九首,除《東池五集》中的一詩已見於《潯溪詩徵》卷五外,另八首均不見於他書記載。這八首詩作,陳會明已在不少文章中披露過,但個别文字亦有抄録之誤。《初集》第一首"芳草春徑歇,青山夢遂安"一聯中,"徑"應作"經";《三集》"排色春深暗野橋"句中,"排"應作"柳";《四集》之《閏七夕》"詩許新題欠"句,"欠"應作"僭";《四集》之《東池蓮》"娟娟花涑如古濠"句,"涑"應作"瀨"。這些詩歌對我們瞭解陳忱的遺民心態及詩歌藝術風格非常有幫助。像"清言寧負酒,避世不持竿"、"遺老自知耽酒癖,斜陽遮莫話前朝"、"坐中多白髮,那惜百深杯"、"嘯歌猶未已,起哭在林端"等聯,均抒寫了山河破碎的强烈悲慨和愁懷難伸的哀怨。而從"詩體先除艷,林光遠注波"兩句來看,陳氏追求的當是素淡清遠的詩歌風格,這也是其遺民心態的一種反映。

東池詩社共有二十三位成員,他們是:陳忱、吴楚、張雋、李向榮、沈旭、黄翰、釋浄燈、釋清輝、許峙、紀鎬、湯有亮、張肩、釋願桂、張魯能、張道升、姚徵、庾明允、王廣龢、龔鼎銓、沈在、沈訥、張翼、潘開甲。關於他們的生平事迹,《東池詩集》中只有字、號介紹。楊志平在《陳忱交游考》一文中曾涉及過吴楚、張雋、湯有亮、李向榮、黄翰五人。其中吴楚與張

① 抄本第三集中,吴楚詩"又看蘭拙茁委空庭"一句,"拙"字旁邊亦有兩點,可爲印證。

雋是當時吴越名士,莊廷鑨所修《明史》,把他們列爲十八個參閲人之一,因此楊志平找到了較多材料。其他三人則没什麽材料。如關於黄翰,只是説《東池詩集》收其詩五首,陳忱在詩作中亦有與其唱和之詩。需要指出的是,《東池詩集》實際上收其詩九首,特别奇怪的是楊志平把"四豪"、"十四寒"等詩韻均視作詩題。又如湯有亮,楊志平也只是據陳忱詩文,説他們兩人有交游,并據《東池詩集》説湯氏有遺作六首,但實際上是七首。關於李向榮,情形稍好,楊氏據《二西詩集》所附李氏《雲門詩集》與張雋《西廬詩集》,考證了他與張雋的密切交往。

東池詩社成員多與陳忱一樣聲名俱隱,因此要考察他們的蹤迹確實很有難度。筆者據平時所閲古籍材料,考數人如下:

(一)張肩,字爾就,號弁樵。他是清初一位畫家、隱逸之士。范鍇《潯溪紀事詩》卷下引范穎通《研志居瑣録》曰:"張肩,字爾就,康熙間人。處石澥溪,年三十始讀書,善畫竹,築遠偏廬,傍多栽竹,以詩酒自娱。"范鍇有詩贊曰:"澥溪溪上水雲居,舊有張肩此讀書。日暮天寒美人去,蕭蕭風竹遠偏廬。"南潯董漢策《蓮閣詩草》中《采菊詩》二首即爲張肩而作。其一曰:"誰傳義熙意,千載托孤雲。寂寂邱中琴,音希世無聞。張生抱幽興,植杖南山耘。根枝發泉香,和風扇秋芬。四時樂澹懷,庶幾達者群。"其二曰:"貞人挾嚴霜,犁雲絶壁下。頗厭穀食煩,莳花代耕稼。含英謝春葩,餐花美秋夜。溉植參天工,至樂非外借。餉我燦東籬,忘憂遂閑暇。疏景沉虚窗,餘芳散屋瓦。時命何營心,悠然足觀化。"詩歌以陶淵明比張肩,生動地刻畫了一位植杖南山、犁雲絶壁、采菊餐花的遺世獨立的世外高人形象。據范鍇《潯溪紀事詩》所引,《鴻飛集》(不知何人所作)中有《挽張爾就》詩:"翰墨稱當代,風流慕昔賢。攜來雙屐雨,歸去五湖煙。筆下生雲氣,胸中有渭川。傷哉隨羽化,無復見張顛。"這是在贊揚張肩的書畫聲名。

(二)釋願桂,字香穀,願桂亦是其字,名蔭在(1637—1674),號樌庵,俗姓皇甫,吴江人。順治四年(1647)爲吴江六都妙華庵僧,丙申(1656)住南潯明義庵。從張雋學詩,始以詩名。後參董説於南潯補船村,遂師事董説。一日大雪中聞紙燭因緣,忽然開悟。曾隨董説游楚,後復歸湖州,住雙林菁山常照院,年三十八卒。著有《樌庵集》、《菁山客話》等。《國朝湖州詩録》卷三四、《潯溪詩徵》卷四十、《江蘇詩徵》卷一

七九、《兩浙輶軒續録》卷五一、《五燈全書》卷一〇五、《晚晴簃詩匯》卷一九五、汪曰楨《南潯鎮志》卷十五、周慶雲《南潯志》卷二十三等均有傳。《東池詩集》收其詩一首。

（三）紀鎬,字武京,號雍庵,《東池詩集》收其詩四首。周慶雲《南潯志》卷十九有傳:"字武京,號亦山,一號西村逸圃。縣學生,識見明卓,受業湖濱張西廬,時同里有構造逆史者,徵集文士。鎬以大義責之,杜門謝客。事覺,張西廬被逮,鎬獨不與其禍,及張受戮,往取其尸,哭而殯之。"可知,紀鎬是張雋的學生。

另外,關於吴楚,筆者也想説兩句。《東池詩集》曰:"原名心一,字敬夫,號西溪。"這個《明史》案中大名鼎鼎的吴楚,據周慶雲《南潯志》卷四十一《著述二》,原是"董斯張之僕",有《唐詩選》,吴方爲之序。周《志》卷四十二《大事記一》引陳寅清《榴龕隨筆》亦曰:"吴心一者,潯上董氏之僕也。少時竄身徐氏,欲讀書,遐周先生怒之,必欲令入府供灑掃之役。此子徒跣,哭訴於先祖,遂受業門下,得列青衿。聞莊氏有史事,心艷之,得列名其中,亦被慘戮。曾有唐詩之選,吴方輪系爲之序,幸郡尊廖公爲之昭雪,得以無恙。"吴楚由一名奴僕而躍至吴越名士這一奇特經歷,學術界并未關注到。

三　陳忱居址及與董説交游

學術界認爲陳忱是湖州府烏程縣南潯人,南潯的數種方志亦有其傳記。既然是南潯人,所以一般也就會想當然地認爲陳忱是居住在南潯或附近。在考察東池詩會地址湯有亮東池草堂時,筆者也一直期望能從南潯方志的細讀中有所發現,結果一無所獲。這讓我重新關注陳忱的家世、籍貫與遷徙情况。目前關於陳氏家族的資料幾乎没有。只是根據一些方志的記載,依稀可知,這一家族在陳忱前數世,由湖州府長興縣遷到烏程縣之南潯鎮,而陳忱的時候又由南潯遷往湖州郡城居住。范鍇《潯溪紀事詩》曰:"其先自長興遷潯,閱數傳至忱。"據范氏自注,此説實際上是引自范穎通《研志居瑣録》。該書筆者没有找到,大概已經亡佚,裏面當有不少陳忱的第一手資料。同是引自《研志居瑣録》,光緒《烏程縣志》卷十六的説法與《潯溪紀事詩》略有不同:"忱生於明季,其先自長興遷南潯鎮,忱又遷郡城,居烏程已數世。"據此,陳忱曾遷居郡城。這與同治《湖州府志》卷五十九所引韓純玉之言一致:“雁宕與予同處城闠間,相去止里許。”城闠,就是城市。問題是陳忱是何時遷居郡城的,他一生大部分的活動時間,到底是在南潯還是在郡城,目前均是未知。

《水滸後傳》與《西游補》被認爲是我國古代小説史上寫得最好的兩部續書。兩書的作者陳忱與董説同處明末清初,又均是湖州府烏程縣人,而且董説是南潯人,陳忱後來雖遷居郡城,但亦可算南潯人。他們之間是否互有所聞,甚至交好,是個很有意思的問題。目前,除蘇興先生外,别無論及。蘇先生是在《〈西游補〉的作者及寫作時間考辨》(下)一文的第七十個注釋中發表他的看法的,其結論是陳忱與董説交好[①]。但這一結論的得出是建立在錯誤的前提上的,那就是他把敬夫誤認爲是陳忱,而董説詩集中有很多寫敬夫的詩。事實上,“敬夫”并非陳忱的字,而是吴楚之字。對此,馮保善在《小説小考三則》中已辨明[②]。另外,據《東池詩集》也可印證陳忱、吴楚是兩人。

根據東池詩社的成員組成,筆者推測陳忱與董説就算未謀面,也應互有所聞。《東池詩集》言吴楚,字敬夫,號西溪,而董説《豐草庵詩集》中言及“敬夫”、“西溪客”處不勝枚舉,董説與這位曾經是其父董斯張之僕的名士關係十分密切。東池詩社中的張雋,亦與董説交游密切。據董説詩文,張氏是董説父執,曾爲其父董斯張購歸董份手評《兩漢書》真本,斯張因手書長歌爲謝。後張氏從吴江遷來南潯,設帳授經,憐董説愁病,不僅借書於嗜文字的董説,而且爲其買書,兼餉買藥之錢,故董説《病孔雀編》載《志感詩》有“萬卷子孫能永保,只叫世世頌高賢”之句。東池詩社中的釋願桂,則是董説的佛門弟子。他始從張雋學詩,後參董説於補船村,遂師事董説。曾隨董説游楚,後歸湖州,住雙林菁山常照院。作爲董説的出色弟子,董説《寶雲詩集》中有衆多與之唱和的詩。願桂卒後,其詩集《香穀集》六卷即由董説選定并作序,且載有衆多與董説交游之詩。僅卷一即有《訪月函和尚》、《寶雲避暑呈月和尚》、《懷寶

① 蘇興《〈西游補〉的作者及寫作時間考辨》,《文史》第四十三期,中華書局1997年版,頁238。

② 馮保善《小説小考三則》,《明清小説研究》1999年第4期,頁210—211。

雲和尚》等十六首。陳忱、吴楚、張雋、顧桂都是東池詩社的重要成員，經常聚會作詩，而後三者與董説的關係又是非同尋常的密切，故可推知我國小説史上最著名的兩部續書的作者必當互有所聞，或許也不乏交游。

（作者單位：浙江外國語學院中文學院）

古典文獻研究(第十六輯)
2013年7月

《稽留山人集》初探

高　静

陳祚明(1623—1674),字胤倩①,號稽留山人,明末清初仁和人。易代鼎革,以兄嫂殉明,棄諸生,終身不仕,設館授徒,賣文游幕爲生。遠游京師、山左,所交皆詩壇俊彦、朝堂達官,卒客殁都城。其人學養深厚,才華高挺,極擅詩古文辭,精於詩文之理。因生前名位未顯,身後遂湮没無聞。等身著述,今尚遺《稽留山人集》、《采菽堂古詩選》等存世。其中,現存《稽留山人集》爲陳氏詩集,實爲其所著《敝帚集》所遺部分,因此集爲陳祚明全集惟一傳世部分而以全集名行②。

一

康熙十三年(1674)春,陳祚明過世,遺著甚豐,京邸同人乃爲之醵金付梓。仲兄陳麗明擔綱,由其弟陳晉明及次子陳曾薮着手整理其遺著③。康熙十五年(1676),陳祚明自撰詩文集即傳世《敝帚集》,即今所謂之《稽留山人集》刊刻完畢。此集之成,顧豹文居功厥偉,爲之"鳩工庀材、校讎

---

① 《四庫全書總目》卷一百八十二稱其字允倩,《四庫全書》收《明詩綜》卷八十載其字嗣倩,《浙江通志》卷二百五十一載其字穎倩,《玉几山房畫外録》卷上作引倩,皆以避世宗諱故。

② 此處曰"惟一傳世"乃由於《稽留山人集》并未得全部刊印。以其"未刻書目"爲例可知,《采菽堂古詩選》正集本涵括其中,以未付梓,後爲翁嵩年刊刻。

③ 陸嘉淑《序》:康侯與胤倩之子淑毅排纂其遺書。《稽留山人集》,《四庫全書存目叢書》集部二三三影印清刻本,臺南:莊嚴文化事業有限公司,1997,頁453。以下未經標述者均同此版。

而論定"[①]。五月,更爲之序。八月,嚴沆爲之序;九月十五,王崇簡作序;另有陸嘉淑序[②]未署日期,亦此前後而已。序之者皆與陳祚明在杭州及京師兩地都有密切交往,其中嚴沆尤爲至交。全書之末附有陳麗明於是年中秋之跋,字字血淚,讀之令人鼻痠。此集共二十卷合以詞一卷、文三卷,但此次刊刻以"文三卷猶未成剞劂,工不易竣,顧迫於就正之懷,先以此問世"[③],故只取詩詞,而文之行世遂遭擱置。乾隆年間,此集由浙江巡撫採進,以《稽留山人集》之名收入《四庫全書》存目。中國國家圖書館、南開大學圖書館及中國科學院國家科學圖書館等處收有藏本。近年編纂《四庫全書存目叢書》收録此集,以南開藏本爲底本,係較爲常見版本。

南開藏本爲左右雙邊,正文十行二十二字,書口標書名"敝帚集"、卷次及頁碼。全書正文缺二頁,卷一目録有缺損,卷五、卷十二、卷十八無目録。全書内容相對完整,有墨丁二處、空白二處。此集雖非精刻,但編排精心、校讎精準,與内容相得益彰。卷首依次有《王序》、《嚴序》、《顧序》、《陸序》及《未刻書目》。此本遇"玄"皆改"元"字,逢"胤"則作缺筆,《四庫全書存目叢書》標明其版本爲:南開大學圖書館藏清雍正刻本。

中國國家圖書館藏此集共十册,卷首缺王、嚴、顧所作三序及《未刻書目》,全書内容完整,無目録缺損及缺頁,此集之末附有陳麗明《跋》,正可補充常見本之闕。與南開藏本比照,版式狀態、避諱現象相同,二者當爲同一版本。此本國家圖書館定爲康熙十五年刻本,或結合跋語故有此定論。

《嚴序》云:"一時同人遂醵金爲授梓人,俾流布。而其自撰詩文集刻先成,亦且懸之如日星,而傳之爲喬岱。"[④]《跋》曰:"今所梓詩文詞纔二十四卷耳。而文三卷猶未成剞劂,工不易竣,顧迫於就正之懷,先以此問世。"[⑤]由嚴陳二人所述,刊刻事竣,方題序跋,只待付印,并無疑問。初讀避諱之事,頗爲令人費解,及細思康熙皇帝皇太子命名及册立,便可解惑。十三年(1674)五月初三丙寅,康熙皇帝元后赫舍里氏誕

① 陳麗明《跋》,《稽留山人集》,清康熙十五年(1676)刻本。

② 同注①,頁325。

③ 《稽留山人集》,清康熙十五年(1676)刻本。

④ 嚴沆《序》,《稽留山人集》,頁443。

⑤ 同上。

下嫡子，此爲康熙皇帝第七子，前已有承瑞、承祜、承慶、賽音察渾、長華等皇子①，皆年幼而殤，未及齒序，惟後來之皇長子一兄尚在，時名保清，諸子亦皆未以胤字行②。十四年十二月十三日，康熙皇帝遣使持節授嫡子册寶，立爲皇太子③。清代避太子名爲定例，是以册立皇太子後，納蘭性德“初名成德，字容若，後避東宫嫌名，改名性德”④。至十五年春，成德科考選爲二甲，榜名題作成德⑤，則此時太子必已改名胤礽。相傳皇太子初名保成⑥，若爲此二字，則不爲嫌名，而爲偏諱。姜宸英博學宿儒，嫌名、偏諱之别，當了然於胸。徐乾學當朝爲官，於太子睿名必然知曉，其所作《通議大夫一等侍衛進士納蘭君墓誌銘》亦記云：“容若姓纳兰氏，初名成德，后避东宫嫌名，改曰性德。”⑦故而儘管難以確指皇太子改名時間，其初名不爲胤礽，爲册立儲君後改易，且最晚不過十五年四月，當屬無誤。此後，避太子新名，二十八年(1689)十月三十日，朝鮮國王即以奏表内未避皇太子名而引起康熙皇帝不滿。⑧ 民間

① 參見《玉牒》。

② 《康熙起居注》：“(康熙十九年庚申二月)二十二日壬午。巳時，上率皇太子及皇子保清，诣太皇太后、皇太后宫问安。”可見直至十九年，皇長子尚名保清，而未易名胤禔。《康熙起居注》，北京：中華書局，1984，頁503。

③ 參見《康熙起居注》及《清實録》。

④ 姜宸英《通議大夫一等侍衛進士納蘭君神道碑文》，光緒勿自欺齋刊《姜先生全集》卷十八。

⑤ 朱保炯、謝沛霖：《明清進士題名碑録索引》，上海：上海古籍出版社，1980，頁2660—2661。

⑥ 《清皇室四譜》卷三：“皇二子廢太子贈理密親王允礽，其初行次爲第六，康熙十三年甲寅五月三日巳時生，孝誠仁皇后赫舍哩氏出，小名保成。”沈雲龍：《近代中國史料叢刊》第八輯，臺北：文海出版社，缺出版日期，頁134。案：《起居注》、《實録》記皇太子出生、册立作胤礽、允礽，爲後人所改。而《四譜》内云太子初行六，據《玉牒》實則行七，故其可信度可知。既云乳名，外臣緣何得知，且須避之。既已避之，又緣何後來不避，是以知絶非小名。改名問題較爲複雜，須撰專文述之。

⑦ 《通志堂集》，康熙刻本。

⑧ 《康熙起居注》：康熙二十八年十月，三十日癸巳。又朝鮮國王李焞題請將伊妃閔氏斥廢，册副室張氏爲妃。上顧大學士伊桑阿，問曰：“此奏表内稱，伊室爲後宫，且遇皇太子名亦不避諱，於例可否？”伊桑阿奏曰：“外藩將伊氏稱爲後宫，非禮。不避皇太子名，尤屬不合。”上曰：“册立王妃，令該部察例。表内違式之處，一并察議具奏。”《康熙起居注》，頁1910。

刻印書籍,自然亦須依例而避,只是此時避"胤"字,是避太子胤礽睿名,而非避世宗聖諱。現存《敝帚集》刻成於十五年五月前後,顧序即作於是時,考之太子胤礽在位期間其他刻本,亦有此例,故當定爲康熙刻本爲確。

二

現存《敝帚集》共二十一卷,收録詩 1519 首,詩餘 52 首,除最後一卷刊詞爲歷年遞作大多數無法確指寫作年份,詩則皆依時間順序而編纂。第一卷收録初到京師一年半内詩作,康熙六年(1667)詩作析爲十三、十四兩卷所載之外,每卷收一年詩,以時序排列,十分清晰明白。細讀全書,仍有兩處瑕疵。一爲順治十六年(1659)所作卷五《賀楊自西考選黄門》、《賀張螺浮改授黄門》二詩,按集中編次應作於六月至八月期間,然《清實録·世祖章皇帝實録》卷一百二十五:"順治十六年閏三月丁卯,陞兵科給事中楊雍建爲禮科右給事中。"[①]"閏三月丙子,授考選户部郎中袁懋德爲户科給事中、主事張惟赤爲禮科給事中。"[②]可知楊雍建、張惟赤二人任禮科給事中皆爲閏三月事。陳祚明學養深厚,文筆悠游從容而表達不失精準,每於詩文之中令人深有體會,依其習慣,若此二詩作晚於授職之初,則當另有述及,而詩題、詩文并未見有追賦之意,可知或爲編次之誤。是年,陳祚明并無離京出行,楊張二人皆爲浙江籍友人,又爲漢官,所居不出宣南,平日雅集倡和,恐不至於幾月一通音訊,亦無相距咫尺而數月之後才作詩相賀之理。第二處爲康熙七年(1668)所作卷十五《邵子與以宣德箋索贈句,書長歌與之》一詩,係友人邵點以宣德年箋求陳祚明書寫贈詩,全詩末四句爲:"六月炎天久閣筆,案頭緗素堆一尺。今日高吟伐木篇,心在滄江煙水碧。"[③]此詩作於六月,而端午節賦《戊申五日》反在此詩之後,可知編次問題。然此二處實爲細讀全集之所僅見,編次精當非屬虚評。

編次的精確或與此集成書過程有關。依其兄陳麗明所言,陳祚明

---

① 《世祖章皇帝實録》,《清實録》,北京:中華書局,1985,頁 966。
② 《清實録》,頁 967。
③ 《稽留山人集》,頁 604。

著述隨手散去，所存不過十分之一二。其中散去可以推知，或爲賣文而作無法列入己之名下，或爲游戲之作并不以之爲重，兩者爲數不少。另有一部分，則可能確爲遺失，細讀此集即可體會。一來每年詩作數量不同，如最少順治十七年(1660)全年才 38 首詩，而康熙六年則有 110 首；二來依日期所作間隔相差甚多，或一日兩三賦，亦竟有逾月無詩之例。康熙元年(1662)陳祚明於杭州度過，十一月初前後其弟陳晉明由杭州復往饒州幕府，此後兩月陳祚明竟無一作入《敝帚集》，實屬可疑；陳祚明慣於元日、五日、九日、除夕有所述作，然以現存集觀之，并非每年皆有存詩，或亦屬此例。還有一部分作品，係爲作者所删。依嚴序所言《敝帚集》由陳晉明、陳曾蘐編纂，陳麗明跋語則又補充説明，此集爲顧豹文校讎，由編纂而校讎，并不涉删詩事。然康熙二年(1663)，陳祚明在給好友丁澎寄《懷丁藥園二首》中道："莫竟投荒老，吾詩誰與删。"[①]丁澎於順治十五年(1658)七月因河南鄉試案得罪，流徙尚陽堡，陳祚明與其或有删詩之約，或曾有删詩之事，故有此嘆。又，陳祚明摯友周容《春酒堂詩話》曾紀有一則順治十六年春大慈仁寺松下軼事，内中述及陳祚明有詩"乾坤一布鞋"之句，如今遍檢其集，并無所獲，直至讀《國門集》方有所悟，概其《敝帚集》已經删定，"布鞋"之句，正在删削之中。故由《國門集》比之《敝帚集》或可知後者結集消息。

《國門集》共收録陳祚明詩十七首，分别爲：卷之一樂府《燕市春歌》六首；卷之四五言律詩《醉後作》三首、《春感》三首、《知石生定歸秦中贈别》三首，共九首；卷之五七言律詩《九日固菴招同劍威、子餐集毗盧寺》二首。其中《燕市春歌》六首經過删改、增選後，《敝帚集》卷二存《燕市春歌》十首；《醉後作》三首無；《春感》三首經過删改、增選後，《敝帚集》卷二存《春感》六首；《知石生定歸秦中贈别》三首無；《九日固菴招同劍威、子餐集毗盧寺》二首無[②]。由上述删、改、增概況推測，《敝帚集》之結集當爲作者親爲。《國門集》并不以選詩質量取勝，僅由韓詩所得諸家詩而成，并非精選，故存詩更爲寬泛，前文所述"布鞋"句因得以保留，

① 《稽留山人集》，頁 543。

② 此外，朱彝尊《明詩綜》卷八十亦收入陳祚明五律佚詩《送劉石生歸秦中》一首。

其詩爲五律,共三首,題爲《醉後作》,現録其三於下:

故里孤山下,凄清水石佳。如何辭隱逸,作客傍優俳。飲食羈長鋏,乾坤一布鞵。誰人知慟哭,岐路向天街。

此詩"乾坤一布鞋"句確爲過於隨意,稍欠構思,難當風雅,是以周容嘲之,紀曰:(陳祚明)嘗指摘少陵詩,目爲楞句,如"乾坤"、"萬里"諸語。余笑曰:"君奈何又有'乾坤一布鞋'之句耶?"相與大笑[①]。陳祚明或以此句不佳而删此詩。於此相類,有《知石生定歸秦中贈别》三首。順治十五年秋,友人劉漢客歸陝,陳祚明作《劉石生以明經謁選停年待補却歸秦中,贈别五首》,現存《敝帚集》中。前者三首當作於初聞漢客欲歸時,同爲五律,相較之下,後者文從字順、意脈貫暢,作爲組詩富於層次,一唱三詠更有情味,前詩則遜於後者。陳祚明集中贈别詩甚多,對一人前後兩題送行者亦有之,題材重疊并未迴避。若此三首非爲結集時原稿遺漏,則由此可見存詩標準之高。

删詩之外,尚有改詩。《國門集》中收録五律《春感》三首,《敝帚集》卷二此詩則共有六首,且前三首與收録《國門集》之文字有所改動,六首則後出轉精。如第一首將頸聯"流水知寒減,平沙有雁歸"改爲"冰下窺魚陟,天際指雁歸",對仗工整,描述生動。末句"塵起暗斜暉"改爲"塵撲漢官衣"更爲典雅。第二首同爲一組對仗"溪漾橋陰碧,霞標塔影明"造語稍嫌生硬,化爲"水態河橋動,風光苑樹萌"更妥帖,尾聯上句"出門聊悵望"變作"狹邪從步屧"更準確。三首中,以其三改動最大:

家破身何有,歸遲客未妨。相從僮漸長,憶萩菊應荒。玉澗流仍碧,宫埤樹欲蒼。無嗟春興滿,不擬戀江鄉。(《國門集》)

肯戀長安樂,還山詎可忘。相從僮漸長,憶藝菊應荒。玉澗流仍碧,宫垣樹欲蒼。春歸不待客,芳草遍江鄉。(《敝帚集》)

---

① 《春酒堂詩話》,《叢書集成續編》123册,上海:上海書店出版社,1994。

除了頷聯未作更改,頸聯改“埤”爲“垣”,首尾兩聯面目全非,全詩達意亦隨之改變。前者自悲身世,江山易主,家人故去,去鄉爲客,故有僮長菊荒之嘆。眼前玉河、宫樹幾經滄桑,歸園無期,便强作達人語:未妨、不戀。痛定思痛,酸辛五味,都在看似輕狂中;後者款道心曲,詩情更爲深沉。非戀燕京之樂,歸思時時縈繞心頭,僮長菊荒,玉河宫樹不改,只恐今年芳草遍地春去也,又淹留不及歸鄉。若竟以詩言之,二者難分高下,區别在于所言之情不同。此詩初作於順治十四年(1657)春,時陳祚明京邸作客未滿兩年,故雖思鄉,尚能以反語道出。待此詩經改動之後,一則客於京華非其所願,乃不得已而滯留,所述發自肺腑;二則思歸之心與欲歸不得相矛盾,情緒沉積轉而沉痛;三則去鄉日久,當初所依之人往返故鄉多次,而獨己之不歸,難免有不明就裏者起嫌猜之心,故集中反復詠嘆其無奈心情,至嚴、顧、陸之序文中亦爲之申訴苦衷。此詩經改動後,表情達意側重之變化,可以作爲其游幕後期改定詩集佐證之一。《國門集》所留之詩存留下詩人心迹,亦恐爲編者、作者所始料未及。至於,頸聯“埤”“垣”之變,概取其意也,《康熙字典》“埤”字條:又高曰垣,低曰埤,皆墻也。音韻方面分析,“垣”《唐韻》雨元切,《集韻》、《韻會》于元切,故而《平水韻》當歸十三元;“埤”《廣韻》符支切,《集韻》、《韻會》頻彌切,《正韻》蒲糜切,《平水》當歸之四支,與前者皆爲上平,因此意義不大。

上述諸例之外,詩歌結集過程中,推知亦將有違礙語之句、之詩盡行删削。以現存《敝帚集》觀之,其中雖應酬詩居多,但却并非全部寒暄客套、爲應酬而應酬,有些詩述及個人功過、社會現狀及明清易代事客觀而真實,儘管隻言片語,恐亦爲當朝所忌。縱百般删削,尚遺蛛絲馬迹。大概也是此集被《四庫全書》列爲存目之因由,一爲作品時代距乾隆朝較近,二因作者名位不顯,三則由於詩歌尚有違礙。如卷十一《清徵新聲》對當朝頗具嘲諷之意;又如卷十七《贈曾庭聞南征歌》更直道:“久君更兵間逃百死,章貢孤城血如水。生靈百萬一朝屠,事急潛身竄獄底。”此外山東之行所作卷二《阜姑行》、《經故德王宫遺址作》皆爲悲嘆易代之作。陳祚明入清以後,終生不仕,苦節守志,“如九霄秋鶴,引吭悲鳴”①,此類作品出現,實不爲奇。

三

《敝帚集》結集、編纂、行世及傳世之重要意義,一則體現於其實用層面即紀録,一則體現於其文學層面即創作。文學意義不言自明,實用層面概與其詩風有關。陳祚明諸體皆佳,所題詠諷誦、應酬弔賀俱無虚言應付,所記風俗、氣象、民生、故事盡取材於實,酬答倡和更因人而異,留下諸多資料可以作爲史料看待,便“詩史”之作叙述精確亦不過此。故此集除作研究陳祚明知生平之外,亦可多方提供資料。

清初去今不遠,然風俗已殊。卷一《上元燈詞五首》記元宵節京城宫城、外城風俗,及客子生涯。其二曰:“正陽門外玉河橋,角觝魚龍樂事饒。羯鼓催爲鸜鵒舞,琵琶細逐鳳凰簫。”②此詩述外城元夕景象,正陽門即俗稱前門者,玉河橋便指正陽橋,即民間所云三頭橋,現已不存,此詩作於順治十三年(1656),時旗人以外皆居外城,清初雖屢經政權更迭,燈節之夜,前門外簫鼓齊鳴,歌舞百戲,繁華依舊。

再有卷十五《戊申五日》:“今年燕中夏月旱,天氣不得陰陽和”;“聞到江南豆麥爛,甚雨田畝連江河。山東地赤蝗蔽野,草芽嚙盡留蓬科。”③可作爲康熙七年(1668)氣象資料,述及京畿乾旱、江南洪澇、山東蝗災等情况。

集中詩題用字頗爲講究,由對交游對象之題贈,可補史書之闕。以龔佳胤爲例,《清史稿》、《清史列傳》均無共其傳,在王士禛作《誥授光禄寺大夫光禄寺卿龔公佳育墓誌銘》,及姜宸英《光禄寺卿介岑龔公墓碑陰》中,只記龔氏歷任官職,至於升遷年限未詳述。龔氏早年由幕府起家,曾任縣令等低級官職,在《實録》中亦無記載。詩集正可提供綫索。順治十三年正月,龔佳胤與陳祚明同客京畿幕府,祚明有《新正燕邸雜詩四首,即簡生一、樞臣、履吉、祖錫、鯤飏諸子》。康熙二年,龔佳胤任

---

① 顧豹文《序》,《稽留山人集》,頁450。
② 《稽留山人集》,頁462。
③ 《稽留山人集》,頁604。

安西縣令，陳祚明作《送龔祖錫出宰安西》。兩年后陞職户部，作《龔安西擢農部郎有賦》，安西知縣由許珌接任，陳祚明有《送許天玉明府之任安西》四首。十二年，龔佳胤任山東按察使司僉事分巡直隸通永道，陳祚明隨同前往潞河，短期入佳胤幕，作《龔祖錫兵僉分巡通永，招詣潞河漫紀》。

又如關於清人胡介祉生年，有幾种説法行世，尚無準確論定。介祉字智修，藏書、刻書并撰有詩歌、隨筆等，爲陳祚明友人胡兆龍之子。卷六《宛委學士十月哉生明舉一丈夫子，後二十又八日復舉一丈夫子，歌以賀之》曰："韋相行年三十餘，傳經膝下石麟虗。一時舉子居然再，五老分行抱送初。"[①]由此詩題及起首四句，知胡兆龍長子生於順治十七年十月初。計東作《胡宛委先生兆龍傳》云："子三，介祉，官生，劉夫人出，其二殤。"又云："今存者，獨公季弟及長君，兩世僅兩人耳。"[②]概計東作序時，兆龍惟有長子尚存，名介祉。則胡介祉生年確定無疑。

不僅如此，陳祚明於民生亦有所關注，如《贈本郡官雪湄司李》一詩述康熙四年(1665)杭州："鴻雁無安堵，鯨鯢剩戰塵。株連緣寇盜，反側引降人。武斷豪偏横，飛揚隸不馴。馬牛風每及，雀鼠釁何因。賄贖嗟遷史，財多中季倫。要囚冤不少，庶女酷焉申。握粟謀難卜，焚林禍或鄰。軍麾參斷决，行省避信息。懸坐多誣伏，無吡怨不辰。幽狴魂黯黯，脱兔足踆踆。"[③]雖爲概述，或有過之，然可見明清易代對生活秩序造成之影響及清初社會現狀。

上述諸例，實詩集九牛之一毛，篇幅所限，難以一一具陳。陳祚明才地高邁，文思敏捷，五官并用，詩文兼長，常未經屬稿，落筆即就，滿紙珠玉，勝似宿構。其爲詩也，諸體兼善：五七律絶，用字考究，對仗工整，韻律諧美，組詩則回環詠嘆，層次分明，通而讀之，令人感慨良多，《燕山雜興》堪比《秋興》，《懷舍弟》[④]骨肉濃情，《訪機石》[⑤]清新閒適，及《癸

① 《稽留山人集》，頁 515。
② 《碑傳集》卷八，光緒十九年江蘇書局校勘本。
③ 《稽留山人集》，頁 562。
④ 《立秋日懷舍弟天津十二首》，《稽留山人集》，頁 550。
⑤ 《壬寅四月涉江訪機石先生，即事成詩得十二首》，《稽留山人集》，頁 532。

丑》[1],道盡悲酸平生;其爲古體,往往長篇佳構,章法謹嚴,張弛有度,縱橫恣肆,於典故成説,運用自如,其《皇姑》之哀怨、《瘦馬》之激切、《螢惑》之雄奇、《洗象》之諷嘲,各有千秋,前後《擬十九首》傑作天成,《衙署》三十四首皆有所托,《戲作焦仲卿篇》更才大如海,令時人斂手[2],贈别賀弔,則坦誠妥帖,動人心弦。其人其時爲龔鼎孳、王士禛所接愛,其作於今得鄧之誠、錢仲聯之嘉評。陳祚明以此集而廁列清初詩文名家,非是過譽。

此集係其詩文風格形成後所作,更經後期手訂,尤爲成熟,足可以此集實踐見其詩學追求。篇幅所限,暫不置評。綜而論之,《敝帚集》不僅爲作者自珍,更須後人重新認識陳祚明作爲清初一重要家詩之意義。在此姑以顧豹文《序》之末作結,曰:

> 説者謂胤倩如九霄秋鶴,引吭悲鳴,風露俱清,聲響皆息。嗚呼,其近之矣。而自名敝帚,何也? 昔葉夢得編奏牘曰《志愧集》。其言曰:天下豈無大安慰,民生豈無大休戚,而身遭不世之主,横受非常之知,所言僅如是而已,名曰志愧,蓋悲言之不能行也。胤倩以才地受邀,致日作萬餘言,隨口散去,乃檢而存之。其自鳴者幾何,所謂家有敝帚,饗之千金,猶葉之志歟,而語則加哀矣。余讀其末卷,蒼凉哽咽,念兄嫂、惜弟侄,落月屋梁,清光松際,追號於青楓白楊之間,蓋幾幾遇之矣。[3]

(作者單位:澳門大學中文系)

---

① 《癸丑十月二十有七日作》十二首,《稽留山人集》,頁667。

② 《清詩紀事初編》卷二:"《戲作焦仲卿詩補》,才大如海,一時作者,無不斂手。"鄧之誠:《清詩紀事初編》,上海:上海古籍出版社,1984,頁260。

③ 《稽留山人集》,頁450—451。

古典文獻研究(第十六輯)
2013年7月

戴震《屈原賦注》成書考

——兼論《安徽叢書》本《屈原賦注初稿三卷》爲僞書説

許子濱

一 緒言

1936年,《安徽叢書》編印時,許承堯(1874—1946)將得自"湖田草堂"的《屈原賦注》寫本(僅存《離騷經》、《九歌》、《天問》三篇),題爲"屈原賦注初稿三卷"(下文引此,簡稱《初稿》),附印於《屈原賦注》刻本(包括《屈原賦注》、《通釋》、《音義》三部分。下文引此,簡稱"刻本")之後[①]。許氏斷《初稿》爲戴震(1724—1777)原著,并據"此本《音義》、《通釋》尚未析出"證明《音義》爲戴震所自作[②]。二十餘年前,余於香港中文大學中國語言及文學系本科肄業,醉心楚辭,研習戴震《屈原賦注》有得,遂寫成畢業論文——《戴震〈九歌注〉"賦其事"説探討》。文中考證《初稿》所從出的"湖田草堂"爲吴得英室名,於《刻本》與《初稿》之異同亦有所比較探究。正文後附録《〈安徽叢書〉本〈屈原賦注初稿三卷〉爲

---

① 許承堯爲《安徽叢書》編審名譽會員之一,《安徽叢書》第1册《安徽叢書編審名譽會員題名》中即有"許際唐先生"之目。許承堯《初稿》後記云:"右寫本戴東原先生屈原賦注一册,得之湖田草堂,疑原出西溪汪氏不疏園,惜至《天問》止,餘闕。……又因附印此本於刻本後,俾覽者得參證焉。丙子(引者按:1936年)冬,許承堯記。"見《安徽叢書》編審會輯:《安徽叢書》,臺北:藝文印書館,1936,第36册,《屈原賦注初稿》篇後。

② 許承堯云:"《音義》三卷,段氏謂先生所自爲,托名汪君。此本《音義》、《通釋》,尚未析出,知段説不謬。汪《跋》殆亦先生自作,檢《松溪文集》無之也。"《安徽叢書》,第36册,《屈原賦注初稿》篇後。

僞書辨》一文,討論陳勝長先生指《初稿》爲僞書之説。1994年,系方結集歷年獲"畢業論文奬"之論文,出版《問學集》,拙文正文部分亦忝列其中[①],附録一文則擱置至今。《初稿》自從被收入《安徽叢書》後,未聞有懷疑非戴震所作之説。直至1988年,陳勝長先生《論戴震之師承問題》[②]始發新説,以爲《初稿》與《經考附録》俱爲好事者所依托,絶非戴震原著。此文略陳梗概而已,至1991年,先生再發表《讀戴震屈原賦注——兼論湖田草堂藏初稿殘本與經考附録之真僞問題》[③],敷暢其説。後來出版的兩種戴震全集,即1992年戴震研究會、徽州師範專科學校、戴震紀念館編纂的《戴震全集》[④]和1994年安徽古籍整理出版規劃委員會及安徽古籍叢書編審委員會編纂的《戴震全書》,均收録《初稿》[⑤]。後者由蔣立甫整理,書前《説明》云:"從中既可見戴氏治學精益求精的精神,也有助於把握其對屈賦某些問題的思考與探求。初稿的發現是極有價值的。"[⑥]斷言《初稿》極有價值,并沿襲許承堯所説,以此爲《音義》係戴震自撰的鐵證[⑦]。兩種戴震全集皆無一言提及僞書説,未知是否未聞其説,抑或另有原因。近年,學者研討戴震《屈原賦注》方

① 香港中文大學中國語言及文學系編《問學集》,香港:香港中文大學中國語言及文學系,1994,頁193—214。

② 陳勝長《論戴震之師承問題》,原載《中國文化研究所學報》第19卷,創校廿五周年紀念專號,1988;後收録於先生《考證與反思——從〈周官〉到魯迅》,臺北:東大圖書公司,1995,頁47—70。

③ 陳勝長《讀戴震〈屈原賦注〉——兼論湖田草堂藏"初稿"殘本與《經考附録》之真僞問題》,原載《中國文化研究所學報》第22卷,1991;後收入《考證與反思——從〈周官〉到魯迅》,頁71—98。

④ 戴震研究會、徽州師範專科學校、戴震紀念館編纂《戴震全集》,北京:清華大學出版社,1992,第二册,頁875—934。

⑤ 安徽古籍整理出版規劃委員會、安徽古籍叢書編審委員會編《戴震全書》,合肥:黄山書社,1994,《戴震全書之十五》,第三册,頁530—601。

⑥ 《戴震全集》,第三册,頁531。

⑦ 蔣立甫《關於〈屈原賦注〉的三個問題》云:"其實,自《屈原賦注初稿》三卷發現之後,《音義》作者已經真相大白,所惜今人未深考耳。在《初稿》中,前所言作品詮釋、《通釋》、《音義》三部分仍是渾然一體。許承堯跋《初稿》已指出:'《音義》三卷,段氏謂先生所自爲,托名汪君。此本《音義》、《通釋》尚未析出,知段説不謬。'此乃《音義》爲戴震自撰之鐵證。"載《古籍整理研究學刊》1994年第1期,頁2。

興未艾，但迄今所見，駁議僞書説者，却只有陸忠發發表於 1996 年的《〈屈原賦注初稿〉考辨——與陳勝長先生商榷》①。此文所提駁議，與吾舊文各不相同。兹不揆譾陋，嘗試增訂、擴充舊文，先就現存材料，考述《初稿》與"刻本"之成書過程及其年代，然後針對僞書説略作辨析，以就正於大雅方家。

二　《初稿》與"刻本"之成書過程及其年代考略

(一)乾隆十二、十三年間(丁卯、戊辰間，1747—1748)，齊召南所見戴震著作不包括《屈原賦注》

洪榜(1745—1780)《初堂遺稿・戴先生行狀》述及戴震撰著《屈原賦注》之事云：

> 年近三十……所爲《考工記圖》、《屈原賦注》、《勾股割圜記》諸書，皆成於是時矣。有傳其書至浙中者，天台少宗伯齊公召南見之曰："曠世才也。"嘉嘆不絶於口。由是江以南北，稍稍知先生名。②

王昶(1725—1806)《春融堂集・戴東原先生墓誌銘》同記其事而文字較爲簡略，云："年近三十，《考工記圖》、《屈原賦注》、《句股割圜記》諸書已成。傳至浙中，齊少伯召南嘉嘆不已。"③王氏所記，想是隱括洪氏行狀而成。據秦瀛爲其師齊召南(1703—1768)所撰《墓表》，知齊氏於乾隆十四年(己巳，1749)冬"以母張太夫人年老陳情解職歸"浙中④，至三十三年(戊子，1768)卒止。若齊氏在浙中得見戴書，則其上限爲乾隆十四年。從洪、王兩文上下文理來看，很容易使人以爲齊氏所見書亦包括

---

① 陸忠發《〈屈原賦注初稿〉考辨——與陳勝長先生商榷》，載《古籍整理研究學刊》1996 年第 5 期，頁 13—15。

② 洪榜《初堂遺稿》，《二洪遺稿》，北平通學齋依原刊本影印，1931，第 1 册，頁 6a。

③ 王昶《春融堂集》卷五十五，頁 8a，嘉慶丁卯孟夏鐫，塾南書舍藏版，光緒十八年。

④ 齊召南《寶綸堂文鈔》，沈雲龍主編：《近代中國史料叢刊第四十輯》，臺北：文海出版社，1969，頁 16。

《屈原賦注》在内。實則不然。紀曉嵐《考工記圖序》云:

> 戴君語予曰:"昔丁卯、戊辰間,先師程中允出是書以示齊學士次風先生,學士一見而嘆曰:'誠奇書也。'今再遇子奇之,是書可不憾矣。"①

戴氏自述,"丁卯、戊辰間",即乾隆十二、十三年間(1747—1748),其師"程中允"(即程恂,中允爲官名)②出《考工記圖》以示齊召南,齊氏見而嘆賞不已。此與洪、王二氏所記當爲一事。但相較而言,此段自述更爲具體,紀録了齊召南見到戴震著作的年份、所涉著作及傳遞者,只是没有提及程恂見齊召南於何地。洪、王二文記當時齊召南在浙中,但戴震明言"丁卯、戊辰間",其時齊召南未歸浙中。洪、王所記,或許是爲了引證戴氏受宿儒賞識而名聲早揚,因就傳聞有所增飾,亦未可知。

(二)《屈原賦注》初稿成於乾隆十七年(壬申,1752)秋以前,而《初稿》的寫成似更在其前

段玉裁(1735—1815)《戴東原先生年譜》(以下凡引此書,簡稱段《譜》)乾隆"十七年壬申,三十歲"下記:

> 是年注《屈原賦》成,歙汪君梧鳳庚辰仲春跋云:"自壬申秋,得《屈原賦戴氏注》九卷讀之"可證也。先生嘗語玉裁云:"其年家中乏食,與麵鋪相約,日取麵爲饔飧,閉户成《屈原賦注》。"蓋先生之處困而亨如此。此書《音義》三卷,亦先生所自爲,假名汪君。③

是《屈原賦注》成書於乾隆十七年(壬申,1752),戴氏年當而立。刻本《音義》後署名"汪梧鳳"(1726—1771)庚辰(乾隆二十五年,1760)仲春跋云:

---

① 段玉裁《戴東原先生年譜》乾隆"十三年戊辰,二十六歲"下,《戴震文集》,香港:中華書局,1974,頁 219。

② 段玉裁《戴東原先生年譜》載,乾隆"七年壬戌,二十歲"下記:"是年自邵武歸。同邑程中允(恂)一見,大愛重之,曰:'載道器也。吾見人多矣,如子者,巍科碩輔,誠不足言。'"《戴震文集》,頁 217。

③ 《戴震文集》,頁 220。

> 右據戴君注本爲《音義》三卷。自乾隆壬申秋得屈原賦戴氏注九卷讀之，常置案頭。……兹一一考訂，積時録之，記在上端，越今九載矣。

自乾隆壬申至乾隆庚辰，剛好經歷九載。跋文旨在説明别撰《音義》的目的、過程及其性質，“九卷”自然指《音義》以外的《屈原賦注》及《通釋》。胡樸安《戴先生所箸書考》云：“按：九卷者，合《通釋》二卷言之，賦注仍七卷。”[①]段《譜》列明《屈原賦注》“刻本”由三部分組成：“《注》七卷，《通釋》二卷，《音義》三卷，凡十二卷”[②]。《注》占其中的七卷，《離騷》、《九歌》、《天問》、《九章》、《遠游》、《卜居》、《漁父》各篇依次各占一卷。按此推算，壬申稿本之《注》也有七卷，加上《通釋》二卷，正合“九卷”之數[③]。由是而知，壬申之時，《通釋》已單獨成篇。“刻本”《通釋》兩卷，分“山川地名”與“草木鳥獸蟲魚”兩類。實際上，除掉《初稿》無説的“昆侖”、“河源”、“有莘”等條目，《通釋》中有關《離騷》、《九歌》、《天問》的其餘注釋，大多見於《初稿》，只是若干條目（如“九河”等）考釋加詳、篇幅增大而已。假如確信《通釋》由《初稿》析出并增訂而成，那麽，此時《通釋》原稿還包含在《初稿》之内；果真如是，則《初稿》的寫成當比汪跋所説的壬申稿本還要早[④]。

---

① 《安徽叢書》，第 38 册，《戴先生所箸書考》，頁 5b。

② 《戴震文集》，頁 224。

③ 錢大昕《戴先生震傳》臚列戴震著作，其中有“《屈原賦注》九卷”之目，蓋亦不計《音義》。見《戴震文集》，頁 269。

④ 鄭知同（1831—1890）《楚辭考辨·楚辭總辨·彙楚辭注家》中列“《屈子賦注》，戴震”，自注：“此稿未知刊行否。”見蔣南華等校注《鄭知同楚辭考辨手稿》，貴州：貴州人民出版社，2004，頁 1。是鄭氏尚及見戴注稿本。但通檢此書，未見注明援引戴震之説。《九歌·東君》“簫鐘兮瑶簴”，鄭氏注云：“《周禮》有‘鐘笙之人’，注云：‘與鐘聲相應之笙。’則簫鐘與簫聲相應之鐘歟？”（頁 99）採用洪興祖《楚辭補注》之説，同戴震《初稿》（見《戴震全集》，第二册，頁 911），不同戴氏“刻本”（見國學基本叢書本《屈原賦注》〔上海：商務印書館，1935〕，頁 20，戴震修訂前注云：“簫，擊也。”）。未審鄭氏所見者是否與《初稿》同類的早期稿本。此外，徐道彬《戴震〈屈原賦注·音義〉析疑》（《文獻季刊》2001 年第 3 期，頁 206—211、284）斷言《初稿》即壬申稿本，不可從。

(三)"刻本"引方晞原語,《初稿》無之,或可佐證《初稿》寫成於壬申之前

乾隆二十年,戴震有《與方晞原書》,"刻本"七次援引方晞原(名矩,1729—1789)之説,《離騷》一見,其餘皆見《九章》。各條所言,頗爲簡括,或闡析屈賦結構,或考證屈子事迹及《九章》各篇所涉時地。《初稿》并無其文[①]。段《譜》云:"希原名矩,先生同鄉同志者。"[②]今考戴震《與方希原書》云:

> 得鄭君手札,言足下大肆力古文之學。……今足下同鄭君、汪君相與聚處,勉而薄乎巔涯,究乎奥奇不難。僕奔走避難,向之所欣,久棄不治。數千里外,聞足下爲之,意志動盪,不禁有言。[③]

此書寫於乙亥(乾隆二十年,1755),戴震時正避難京師。信中指方矩與"鄭君"(當指鄭牧)、"汪君"(蓋指汪肇龍),二人時在距京師數千里外的歙縣。乾隆七年(壬戌,1742),戴震初見江永(1681—1762)[④]。乾隆十七年(壬申,1752),汪梧鳳禮聘江永講學於不疏園,除已拜門下問業的戴震及其同縣同志鄭牧(1714—1792)、汪肇龍(1721—1780)、程瑶田(1725—1814)外,方矩、金榜(1735—1801)、吴紹澤(1735—1789)、汪梧鳳亦問學於江永[⑤]。時方矩二十三歲。戴震自此與之交

① 國學基本叢書本《屈原賦注》,頁6、40、42、43、45(兩處)、47。方矩事,見劉聲木撰,徐天祥點校《桐成文學淵源撰述考》,合肥:黄山書社,1989,頁146。

② 段玉裁《戴東原先生年譜》,《戴震文集》,頁222。

③ 《戴震文集》,頁144。

④ 段玉裁《戴東原先生年譜》,《戴震文集》,頁217。安徽黄山市博物館發現一幅江永彩色畫像,其上端有戴震所題寫的像贊,落款爲"歲在皇清乾隆壬戌仲秋月既望日受業東原戴震題",足與段《譜》互證。詳方利山:《新發現的戴震書江永像贊和江永容像》。戴震師從江永之事,可詳戴震《江慎修先生七十壽序》(乾隆十五年),見漆永祥《新發現戴震〈江慎修先生七十壽序〉佚文一篇》,《中國典籍文化》2005年第1期,頁122—123。

⑤ (清)江錦波、汪世重編《江慎修先生年譜》於乾隆"十八年癸酉,七十三歲"下記:"館歙邑西溪,歙門人方矩、金榜、汪梧鳳、吴紹澤從學。休寧鄭牧、(转下页)

游，相與砌磋學問，直至三年後兩人才分隔兩地[①]。兩人同學之時，戴震已寫成《屈原賦注》初稿，也許方矩得讀其書，并相與議論，故"刻本"得以紀録其説。《初稿》未録方矩語，似可佐證其寫成於壬申（乾隆十七年）之前。

（四）乾隆二十年（乙亥，1755），假館紀曉嵐（1724—1805）家，故"刻本"援引紀曉嵐語而《初稿》無之

《初稿》篇後許承堯跋云：

> 合此爲初稿。前無盧抱經《序》，"恐美人之遲暮"下亦不引紀曉嵐説。[②]

按：據段《譜》，戴氏入都後，假館紀曉嵐家約在乾隆二十年（乙亥，1755）[③]。"刻本"引"紀編修曉嵐曰：'美人，以謂盛壯之年耳'"[④]，《初稿》無之。《紀曉嵐年譜》記乾隆二十二年（丁丑，1757），紀氏"散館授編修"[⑤]。然則所引紀語應在此年或其後。《紀曉嵐年譜·與余存吾太史書》云："東原與昀交二十餘年，主昀家前後幾十年。凡所撰録，不以昀爲弇陋，頗相質證，無不犁然有當於心者。"[⑥]所引紀曉嵐説，實爲二人論學之語。是入都之後，戴氏於舊稿續有修訂。

（接上页）戴震，歙汪肇龍、程瑶田，前已拜門下問業。是年殷勤問難，必候口講指畫，數日而後去。"《北京圖書館藏珍本年譜叢刊》，北京：北京圖書館出版社，1999，第 92 册，頁 6。洪榜《戴先生行狀》所載略同，見《戴震文集》，頁 255。

① 《江慎修先生年譜》記乾隆二十二年，江永七十七歲，"館歙靈山方矩家，從學者如癸酉"。《北京圖書館藏珍本年譜叢刊》，第 92 册，頁 7。

② 《安徽叢書》，第 36 册。

③ 錢穆《中國近三百年學術史》，臺北：臺灣商務印書館，1987，第八章，頁 316，謂東原入都在乾隆甲戌是也。

④ 國學基本叢書本《屈原賦注》，頁 2。

⑤ 紀昀撰，孫致中等校點《紀曉嵐文集》，石家莊：河北教育出版社，1991，第 3 册附録《紀曉嵐年譜》，頁 302。

⑥ 《紀曉嵐文集》，第 1 册，頁 274。

(五)盧文弨得見"刻本"刻印前三年(乾隆二十二年丁丑,1757)的稿本

"刻本"有盧文弨《屈原賦注序》,序文末云:

> 吾友戴君東原,自其少時,通聲音文字之學,以是而求之遺經,遂能探古人之心於千載之上。既著《詩補傳》、《考工記圖》、《句股割圜記》、《七經小記》諸書,又以餘力爲屈原賦二十五篇作注。微言奥指,具見疏抉,其本顯者不復贅焉。指博而辭約,義創而理確。……"薜荔拍兮蕙綢",王逸"拍"爲"搏壁",近代多不知此爲何物,乃引《釋名》"搏壁"以席搏著壁,增成其義。其典確舉類此。……余得觀是書,欲借鈔,既聞將有爲之梓者,乃歸其書而爲序以詒之,且慫恿其成云。①

按:盧文弨《抱經堂文集·戴東原注屈原賦序》題下注云"丁丑"②,即乾隆二十二年(1757),下距戴書雕版刻印尚有三年。盧氏當時蓋向戴震借閱此書稿本,本欲鈔寫,得悉將付梓後,便歸還其書,并寫序送贈,促成其事。序中所舉"拍"字戴注,見於"刻本":"拍,王注云:'搏壁也。'劉成國《釋名》云:'搏壁,以席搏著壁也。'此謂之閤閭搏壁矣。"③持説與《初稿》不同,彼注云:"拍,所以縣櫂,《方言》謂之緝。"夾注引郭璞云:"繫櫂頭索也。"④盧文弨所見,不是《初稿》,而是刻印前的修訂稿本。

(六)《音義》最後成篇,完成於刊板前不久

署名"汪梧鳳"的跋文概述編著《音義》的原委及其内容説:

> 自乾隆壬申秋得屈原賦戴氏注九卷讀之,常置案頭。少有所疑,檢古文舊籍,詳加研核,兼考各本異同,其有闕然不注者,大致文

---

① 王文錦點校《抱經堂文集》,北京:中華書局,1990,頁74。

② 王文錦點校《抱經堂文集》,頁74。

③ 國學基本叢書本《屈原賦注》,頁15。

④ 《戴震全集》,第二册,頁904。

辭旁涉,無關考證。然幼學之士,期在成誦,未喻理要,雖鄙淺膚末無妨。俾按文通曉,乃後語以闕疑之指,用是稍爲裨益。又昔人叶韻之謬,陳季立作《屈宋古音義》爲之是正。惜陳氏於《切韻》之學殊疏,未可承用。兹一一考訂,積時録之,記在上端,越今九載矣。爰就上端鈔出,删其繁碎,次成音義體例,略擬陸德明《經典釋文》也。①

《音義》最後完成,旨在校正屈賦文本,并爲《注》及《通釋》注音釋義,便利幼學。仔細比較《音義》與《初稿》及"刻本"之《注》及《通釋》,其異同大抵如下:

1.《音義》有録《初稿》注文者,以《九歌》爲例,有:"璆"、"鏘"注文,"立其祠長安東南郊"下夾注,"唐宋祀之尤重"下夾注,"芳"、"若"注文,"周章"注文及《少司命》第四章(依戴氏分章)解釋删削衍文的因由。此等注文,"刻本"僅出現於《音義》。

2.《音義》有新加正文注音釋義,而《初稿》、"刻本"之《注》及《通釋》俱無者。

3.《音義》有專爲"刻本"注文及《通釋》注音釋義者。以《九歌注》爲例,注音有:搏、著、逾、畣、汩、舷等,釋義則有况、閤間、黄陵、軥、舷等。此跋文所謂便利幼學。

4.《音義》篇末有《通釋》上下,或補充《通釋》,或爲注文中山川地名、草木鳥獸蟲魚訓釋者。

5.《音義》中有校語。就屈賦正文而言,《初稿》與"刻本"相出入者有四十餘處②。"刻本"於《初稿》多所改正,而校語僅見於《音義》。如:(1)《初稿》"反成乃亡"③,"刻本"作"反成及亡"④,《音義》出校語云:"及,

① 《戴震全集》,第二册,頁1104。

② 許承堯:《初稿》後記云:"正文與刻本異者數十事,刻本多勝。蓋先生後據各本校正者也。其中亦有出先生改定者,如《天問》'焉有虬龍',此本作'龍虬',與下協韻。'環埋天下',此本從江慎修先生説作'環里',刻本則皆仍舊文。可見先生著書體例之謹嚴矣。"見《戴震全集》,第二册,頁933—934。

③ 《戴震全集》,第二册,頁929。

④ 國學基本叢書本《屈原賦注》,頁32。

一作乃,非。"[①](2)《初稿》"南土爰底"[②],"刻本"作"厎"[③],《音義》云:"音旨,訛作底,非。"[④](3)《初稿》"不撫壯而棄穢兮"[⑤],"刻本"無"不"字[⑥],《音義》云:"俗本作'不撫壯'",訂正洪興祖之誤,并申明漢唐舊本均無"不"字[⑦]。(4)《初稿》"何不改此度。乘騏驥以馳騁兮,來吾導夫先路"[⑧],"刻本"作"何不改此度也。乘騏驥以馳騁兮,來吾導夫先路也"[⑨],《音義》云:"度也,俗本無也字"、"馳,一作駝"、"路也,與上也字,一爲呼,一爲應,俗本删去者,非。"[⑩](5)《初稿》"女嬃之蟬媛兮,申申其詈余"[⑪],"刻本"作"罵予"[⑫],《音義》云:"罵,俗本作詈,非。"[⑬]其餘各條但列異文,而不加案斷。

《音義》爲注文注音釋義,與《注》及《通釋》關係密切,應視作一個整體[⑭],既依附於兩者,由《初稿》析出及後加校語部分更形重要,可補兩者之不足。

(七)乾隆二十五年(庚辰,1760)冬,"刻本"始由歙縣汪梧鳳不疏園刊刻

段《譜》云:

---

① 國學基本叢書本《屈原賦注》,《音義》,頁10。
② 《戴震全集》,第二册,頁929。
③ 國學基本叢書本《屈原賦注》,頁32,作"底",誤。
④ 國學基本叢書本《屈原賦注》,頁10。
⑤⑧ 《戴震全集》,第二册,頁879。
⑥⑨ 國學基本叢書本《屈原賦注》,頁2。
⑦ 國學基本叢書本《屈原賦注》,《音義》,頁1。
⑩ 國學基本叢書本《屈原賦注》,《音義》,頁1。
⑪ 《戴震全集》,第二册,頁886。
⑫ 國學基本叢書本《屈原賦注》,頁5。
⑬ 國學基本叢書本《屈原賦注》,《音義》,頁3。
⑭ 褚斌杰、吴賢哲校點《屈原賦注·前言》説:"據《屈原賦注》七卷、《通釋》二卷的體例,大概戴震也曾有過將《初稿》中的《音義》析出的計劃,或戴震也曾做過一些《音義》的撰寫工作,後來汪梧鳳便根據戴震的意圖,經他之手,最後完成了《音義》三卷,并由汪梧鳳出資,於乾隆二十五年(1760)冬,首次將戴震的《屈原賦注》七卷、《通釋》二卷及最後由他完成的《音義》三卷合并刊行於世。"(北京:中華書局,1999,頁4)説頗新巧,惜無確證。

> 是冬《屈原賦注》刻成。辛巳(引者按:即乾隆二十六年)夏,《再與盧侍講書》云:"去冬刻就《屈原賦注》,屬舍弟印送"是也。按:《屈原賦注》,盧學士爲之序。《注》七卷,《通釋》二卷,《音義》三卷,凡十二卷。歙汪梧鳳跋其後云"自乾隆壬申秋,得戴氏《注》讀之",然則成於壬申秋以前。壬申,先生年三十耳,而所詣已如此。①

自壬申成書至此年刻印,已歷九載。晚至段玉裁撰著段《譜》之時,流傳刻本大抵也只有汪刻一種而已②。

《安徽叢書》本《屈原賦注》,《總目》謂"據歙縣汪氏原刊本景印"③。檢汪梧鳳跋後有署名"城南居士"甲子(1924)臘月手書數行④,主要節録汪中《大清故貢生汪君墓誌銘》序文⑤。據許承堯《疑庵詩·題王叔平城南草堂勘書圖》⑥,頗疑"城南居士"即王叔平。《安徽叢書》篇首"安徽叢書編審會名譽會員題名"列有其人名字⑦。叢書所録《屈原賦注》,亦出其舊藏。

《四庫全書》未收入戴震《屈原賦注》。戴氏《與若膺書》提及個中原委云:"《四庫全書》例於現在人撰述不録。僕之《考工記圖》、《屈原賦注》,巳年江南巡撫曾取以進館中,依例去之。"⑧"巳年"即癸巳年,乾隆三十八年(1773)。據吴慰祖校訂《四庫採進書目·安徽省呈送書目》列有"屈原賦注"一目⑨,知戴氏所言不虚。

(八) 盧弼(1876—1967)所得鈔本,實鈔汪刻,非所謂"汪

---

① 《戴震文集》,頁 224—225。

② 段玉裁《戴東原先生年譜》云:"戴氏遺書皆孔户部繼涵刊版,雖已刻者皆重刻,獨此書但有歙汪氏刊版而已,願好古者廣其傳焉。"見《戴震文集》,頁 225。

③ 《安徽叢書》,第 1 册,卷首,頁 4。

④ 《安徽叢書》,第 36 册,《音義下》,頁 6a。

⑤ 汪中《述學·别録》,《四部備要·集部》,臺北:中華書局,1966,頁 20a。

⑥ 許承堯撰,汪聰、徐步雲點注《疑庵詩》,合肥:黄山書社,1990,頁 275。

⑦ 《安徽叢書》,第 1 册,頁 1a。

⑧ 《戴氏遺墨》卷一,頁 8b,安徽叢書編審會輯《安徽叢書》,臺北:藝文印書館,1936,第 30 册。

⑨ 吴慰祖校訂《四庫採進書目》,上海:商務印書館,1960,頁 142。

刻以前之舊鈔"

《湖北先正遺書·集部·屈原賦》篇後附盧弼 1923 年的《跋鈔本戴注屈原賦》,其文云:

> (《屈原賦注》九卷、《音義》三卷)乾隆庚辰自刊行,傳本頗少,廣雅書局重雕本誤以《音義》爲戴氏所撰……余於廠肆得精鈔本,卷中甯作寧、諂作諄,决爲汪刻以前之舊鈔,殊足珍也。[①]

説汪刻以前已有鈔本,不成問題,蓋如上述,但盧氏謂此鈔本爲汪刻前之舊鈔,則甚可疑。細檢此種鈔本,"寧"字八見於《卜居》,俱作"甯",餘篇則或作"甯"、或作"寧"[②]。"諄"字兩見於《音義》"嘉名"下夾注,同《安徽叢書》本[③],作"諂"者實爲廣雅書局重雕本(刊於光緒十七年,1891)[④]。況且,仔細比勘,可見除個别字體差異外,此本與《安徽叢書》刻本文字、款式全然相同,實爲鈔録汪氏刻本而成,并非所謂"汪刻以前之舊鈔"[⑤]。

(九) 總論:《屈原賦注》的成書過程——從《初稿》到壬申稿本再到"刻本"

"刻本"由《注》、《通釋》及《音義》三者組成,前兩者早成,而後者晚

---

① 盧靖輯《湖北先正遺書》,沔陽盧氏慎始基齋,1923 年,第 73 册,《屈原賦》篇末。

② 如《湖北先正遺書》本《天問》"昏微遵迹,有狄不寧","寧"仍作"寧";《安徽叢書》刻本同。

③ 《湖北先正遺書》本《音義》,頁 1a;《安徽叢書》本《音義》,頁 1a。

④ 廣雅書局光緒辛卯秋刊本,見日本早稻田大學所藏:http://archive.wul.waseda.ac.jp/kosho/bunko11/bunko11_d0205/bunko11_d0205.html 蔣立甫《關於〈屈原賦注〉的三個問題》也指出,此本據汪本雕版。蔣文載《古籍整理研究學刊》1994 年第 1 期,頁 1。

⑤ 蔣立甫《關於〈屈原賦注〉的三個問題》斷言:"抄本由不疏園本出無疑,盧弼説殊無據。"《古籍整理研究學刊》1994 年第 1 期,頁 1。附言:姜亮夫《楚辭書目五種》(北京:中華書局,1981)於戴震條下"版本"闌中有"清光緒十七年辛卯《湖北叢書》本",洪湛侯等編《楚辭要籍解題》(武漢:湖北人民出版社,1984)同,蓋沿襲姜書。姜氏著録王逸《楚辭章句》版本亦列有"《湖北叢書》本"之目。實則《湖北叢書》只收録王逸《楚辭章句》(蓋即明夫容館本)。姜、洪等人之説蓋非。

出。三者皆有部分并存於《初稿》,可視爲從《初稿》析出再加修訂而成。壬申稿本有《注》及《通釋》,面貌如何已無法考見。今所見《初稿》仍保留後來析出的《通釋》部分原文,其寫成年代應比壬申稿本早,可看作壬申稿本的前身。若此推斷不誤,則這三種版本可連成一個較完整的成書過程:

《初稿》—析出《通釋》十修訂增補→壬申稿本

乾隆十七年(壬申,1752)秋以前

—析出《音義》十修訂增補→"刻本"

乾隆二十五年(庚辰,1760)冬

只可惜在現存的《初稿》與"刻本"之間缺掉了壬申稿本。

三 《安徽叢書》本《初稿》的來源
——兼論《初稿》爲僞書説

(一)《安徽叢書》本《初稿》爲吴得英舊藏

《初稿》之來歷,《安徽叢書》第 36 册《屈原賦注初稿三卷》篇後許承堯丙子冬(1936)記云:

> 右寫本戴東原先生《屈原賦注》一册,得之湖田草堂,疑原出西溪汪氏不疏園。惜至《天問》止,餘闕。……因附印此刻本後,俾覽者得參證焉。

《安徽叢書》第 33 册《經考附録》篇後許承堯又記云:

> 承堯得此書時共三册,二巨册爲《經考附録》,一爲先生所撰《屈賦注》之首册,皆乾隆時寫本,皆湖田草堂舊藏。……湖田草堂

> 藏書皆咸豐亂後得之,其由不疏園流轉而出,揣之近理。[①]

上引兩篇後記有幾點值得注意:1.《初稿》與《經考附録》同出,一并爲許承堯所得;2. 皆乾隆時寫本[②];3. 同爲湖田草堂舊藏;4. 湖田草堂得此兩書於"咸豐亂後",即指咸豐元年(1851)太平天國成立至同治三年(1864)之間故事,許承堯揣測因戰亂故,由汪梧鳳不疏園輾轉流出。許承堯并未言明"湖田草堂"室名誰屬,大抵因爲當時人所共知,毋庸贅言。1992年及1994年出版的兩種戴震全集,同樣未予説明。《戴震全書》所録《初稿》,由蔣立甫整理,蔣先生於《説明》中引述許承堯文云"得之湖田草堂,疑原出西溪汪氏不疏園",并未説明"湖田草堂"室名誰屬。考《安徽叢書》第31册《考工記圖》有數行草書題字云:

> 右《考工記圖》上下兩卷,内硃墨校勘出程徵君易田先生手,殊可寶貴,甲子(引者按:即同治三年,1864)冬獲於祁門縣書肆,惜上方爲俗工切去,字有小損。筱晴叟謹誌。[③]

文下鈐有"湖田草堂"印鑑,《經考附録》同,《初稿》則無。"筱晴"即"吴得英"。許承堯編纂《歙縣志·藝文志·書目》有"湖田草堂遺詩二卷"之目,下著"吴得英"名字[④]。《歙縣志》載其人事迹極爲簡略,卷四《選舉志·科目》"咸豐元年辛亥恩科鄉試"下有"吴得英",下注:"字筱晴,堨田人,刑部主事。"[⑤]卷七《人物志·文苑·書》云:"吴得英,字小晴

① 《安徽叢書》,第33册篇後。

② 許承堯既説"乾隆時寫本",在他看來,《初稿》是乾隆時他人的鈔本,而不是戴震手稿。陸忠發《〈屈原賦注初稿〉考辨——與陳勝長先生商榷》以爲,"《安徽叢書》第六期中《戴東原先生遺墨》存戴震手迹若干幅,以此與《初稿》相較,可以斷定《初稿》之字出戴震之手"(《古籍整理研究學刊》1996年第5期,頁14)。如此斷定《初稿》爲戴震手稿,有欠嚴謹,恐未足以服人。

③ 《安徽叢書》,第31册,《考工記圖》扇頁背面。

④ 石國柱等修、許承堯纂《歙縣志》,《中國方志叢書》,華中地方第246號,臺北:成文書局,1975,頁2388。

⑤ 《歙縣志》,頁670。

(引者按:"小"、"筱",人名通用),堨田人。官内閣中書,刑部主事,書法孫過庭。"[①]綜合上引《歙縣志》的記載可知,吴得英,堨田人,咸豐元年鄉試中舉,出仕後官至内閣中書,刑部主事,善書能詩。至今僅存吴得英若干墨寶。許承堯認爲吴得英藏書皆得於"咸豐亂後",并推想《初稿》"由不疏園流轉而出"。吴得英所藏程瑶田《蓮飲集》可提供佐證。安徽博物館所藏程瑶田《蓮飲集》,先後由吴得英、許承堯收藏,情況同《初稿》。吴得英跋此集云:

> 右《蓮飲集詩鈔》四卷,計詩二百七十三首,同郡程徵君易田先生著。邑志載先生著有《濠上吟稿》,集中編入第二卷,蓋此爲先生手定本也。……癸亥亂後,獲於市上。先生著述已刻有《通藝録》,不知此集當年曾刊雕否?同日并獲鄭岡集先生《松蓮詩抄》一卷,亦影抄本也。湖田後學吴□謹識。[②]

"癸亥"指同治二年(1863)。由此可見,許承堯於吴得英所藏知之甚詳。

(二)《初稿》爲僞書辨

《安徽叢書》收入《初稿》,自許承堯以來,學者無不認定是戴震所作,但到了1988年,陳勝長先生始發新説,以爲此書與《經考附録》俱爲好事者所依托。陳先生首發其意於《論戴震之師承問題》一文,及至1991年又發表《讀戴震屈原賦注——兼論湖田草堂藏初稿殘本與經考附録之真僞問題》,暢論其説。陳先生前文舉出《初稿》三條注文,認爲戴震少作亦不至於如此鄙陋不堪;後文更詳加補充,列舉多條論據。

陳先生這樣理解《初稿》與"刻本"的詳略異同:

> 作僞者蓋效《孟子》僞孫奭《疏》故智,《屈原賦注》别有《通釋》、《音義》,此則散《音義》入正文下,散《通釋》入注中,既採刻本之注,復雜以僞説,托名戴震,以售其鄙陋之見耳。[③]

① 《歙縣志》,頁1702。
② 陳冠明等校點《程瑶田全集》,合肥:黄山書社,2008,頁146。
③ 陳勝長《考證與反思——從〈周官〉到魯迅》,頁64。

如上考論,《通釋》、《音義》與《初稿》關係密切。"刻本"《通釋》兩卷,分"山川地名"與"草木鳥獸蟲魚"兩類。其中有關《離騷》、《九歌》、《天問》的注釋,雖大多見於《初稿》,但文字不盡相同,何況若干條目《通釋》遠比《初稿》詳細。《音義》與《初稿》的情况更形複雜,兩者固多相同,但差異處更爲明顯。總而言之,《通釋》、《音義》與《初稿》同中有異,就其雷同者而言,固然可以説《通釋》、《音義》由《初稿》析出;就其相異者來講,增補修訂之迹隨處可見。因此,無論説《通釋》、《音義》完全由《初稿》析出,還是説《初稿》完全由《通釋》、《音義》整合而成,都不符事實。更何况《初稿》與"刻本"之間,還存在更大的差異:《初稿》有眉批,而"刻本"無之;《音義》有校語,而《初稿》無之。《音義》有校語,已述如上,兹不贅論。《初稿》有眉批,揭示篇章之章法結構,猶如段《譜》所記:"先生少時學爲古文,摘取王板《史記》中十篇……皆密密細字,評其結構、用意、用筆之妙。"[①]庚寅年(乾隆三十五年,1770)點評的《記洞過水》[②]同樣有眉批、篇末批語,用意與《初稿》類近[③]。

陳先生舉證可商榷者約有七端,兹條列其説,并逐一辨析如下:

1.《初稿》若與《詩補傳》同時,何以不見彼書慣用之"緣辭生訓"

陳先生曰:

> 時戴震方作《詩補傳》,未成,别録書内辨證成一袟,即今所見《毛鄭詩考正》是也。其中論舊注之非是,輒譏爲"緣辭生訓"。《屈原賦注》稿本中屢引王逸、洪興祖、朱子舊注而斷之曰"非是"、曰"不可通"、曰"不必從"、曰"不可據"、曰"臆説"者,不一而足,惟獨絶不見用"緣辭生訓"字眼。使此所謂"稿本"與《詩補傳》爲同時著述,評毛、鄭訓詁之失,與評王、朱訓詁之失性質相近,用語自當相似,而不然者,是可疑也。[④]

① 段玉裁:《戴東原先生年譜》,《戴震文集》,頁 250。

② 同上,頁 231。

③ 《戴震全集》,第六册,頁 3162—3165。有關《記洞過水》作者誰屬問題,可詳洪湛侯《〈戴震全集〉的學術價值》,《黄山高等專科學校學報》3 卷 1 期,2001 年 2 月,頁 18。

④ 陳勝長《考證與反思——從〈周官〉到魯迅》,頁 87。

謹按：戴震《詩比義述序》云："昔壬申、癸酉歲，震爲《詩補傳》未成，别録書内辨證成一帙，曾見有襲其説以自爲書刊行者。"[①]段《譜》云："《毛鄭詩考正》初名《詩補傳》。"[②]又，戴震《與是仲明論學書》（下題"癸酉"）云："今程某奉其師命來取《詩補傳》，僕此書尚俟改正，未可遽進。"[③]壬申（乾隆十七年，1752）、癸酉（乾隆十八年，1753）兩年相接。根據上引戴氏第一條自述，《詩補傳》早成但未完稿，於是别録書内辨證而成《毛鄭詩考正》。但是，不可忽略的是，據上引第二條自述，便知戴氏當時已説《詩補傳》有待改正。《毛鄭詩考正》初刻於乾隆四十二年（丁酉，1777）（據孔氏《微波榭叢書》[④]），上距壬申、癸酉已有二十多年。戴氏於原稿多所改正，那是很自然的事，只要拿現存的《詩補傳》與《毛鄭詩考正》略作比較，其間同異清楚可見。葉德輝《郎園讀書志·戴震詩考四册》謂此係《毛鄭詩考正》原稿，其中所采宋儒舊説，今本悉皆删削，即其明證[⑤]。也就是説，如今所見《毛鄭詩考正》顯然不是《詩補傳》的原貌。"緣辭生訓"，不見《詩補傳》，但同見於《毛鄭詩考正》及成書於乾隆三十一年（丙戌，1766）的《杲溪詩經補注》[⑥]。此外，戴氏《古經解鈎沉序》有云："是故鑿空之弊有二：其一，緣詞生訓也；其一，守訛傳謬也。緣詞生訓者，所釋之義非其本義；守訛傳謬者，所據之經并非其本經。"[⑦]段《譜》繫此文於乾隆三十四年（己丑，1769）[⑧]。從《詩補傳》到《杲溪詩經補注》或《毛鄭詩考正》，前後用語不同，反映戴震在訓詁方法

① 《戴震文集》，頁146。

② 《戴震文集》，頁249。

③ 《戴震文集》，頁140。

④ 《中國叢書總録(1)·總目》，頁133。

⑤ 葉德輝《郎園讀書志·經部》卷一云："此戴東原《毛鄭詩考正》四卷之原稿也。其中有與所撰《詩經補注》文義相同者，殆先本一書，而後析爲二耳。書中採及宋儒之説，《集傳》外有劉敞、蘇轍、吕祖謙、嚴粲、李樗、黄櫄、謝枋得諸家，文義與《詩考正》、《補注》或同或不同。今《考正》、《補注》於宋儒之説已删削。此本震自序爲昭陽作鄂之歲，爲乾隆十八年癸酉。"上海：澹園，戊辰1928年，頁45a。

⑥ "緣辭生訓"一詞，同見於《毛鄭詩考正》及《杲溪詩經補注》、《周南·關雎》"芼"字下。前者見《戴震全集》，第二册，頁1175，後者見同書，頁1115。

⑦ 《戴震文集》，頁146。

⑧ 《戴震文集》，頁230。

上的演進歷程。保存戴震早期治學面貌的《詩補傳》及《初稿》不見"緣詞生訓"字眼,那是自然不過的事,唯其如此,更證明兩書皆爲戴震的早期著作。

2. 稱《離騷》之名,《初稿》與《毛鄭詩考正》不同

陳先生云:

> 且《毛鄭詩考正》兩次稱引屈原之賦,或作"屈原賦《離騷》篇"(見卷一,頁十五下),或作"屈原《離騷》之賦"(見卷三,頁十三上),亦與"稿本"之作《離騷經》者不同。①

謹按:《毛鄭詩考正》稱引"屈原之賦"實爲三見,陳先生未及引述的一次,見《卷阿》五章"有馮有翼"條下:"屈原之賦'馮翼惟象'是也。"②如上言,《毛鄭詩考正》不能作爲證明戴氏早期著作面貌的依據。《初稿》、《離騷》解題説明《離騷》稱"經"云:

> 謂之經者,會萃諸篇之指,以綜其生平,如音之凡首,織之有經也。凡經之名,皆起于周末,自漢已下,始有聖經、賢傳之説。或執是以疑古人,亦讀書未論其世云爾。③

《初稿》此處確實認爲"離騷"舊題就有"經"字,從而闡發其稱"經"要旨。對"經"字的理解與王逸别異。"刻本"《音義》改從洪興祖之説云:

> 王逸《楚辭章句》作"離騷經",洪興祖云:"古人引《離騷》,未有言經者。蓋後世之士,祖述其辭,尊之爲經耳。非屈原意也。"④

可以這樣理解,《初稿》保存戴氏早年的看法,而《音義》則反映後來改訂

---

① 陳勝長《考證與反思——從〈周官〉到魯迅》,頁 87。
② 《毛鄭詩考正》,《安徽叢書》第 31 册,頁 21a。
③ 《戴震全集》,第二册,頁 877。
④ 國學基本叢書本《屈原賦注》,《音義》,頁 1。

之説。

3.《初稿》謂《離騷經》"會萃諸篇之指"爲妄發

陳先生云:

《史記》曰:"乃作《懷沙》之賦,於是懷石,遂自投汨羅以死。"《屈原賦注》於《懷沙》題下引之。若《離騷》者,史遷固以爲於楚懷王時作。戴震未嘗詳考屈賦二十五篇寫作先後,又安得棄漢人舊説不信,妄發如"稿本"所謂《離騷經》"會萃諸篇之指"之論乎!①

謹按:《初稿》曰:"謂之經者,會萃諸篇之指,以綜其生平,如音之凡首,織之有經也。"②"刻本"闡述《離騷》篇章大義曰:"第一段自叙生平事略,而終於君之信讒,後四段乃反覆推明之。"③又,《離騷》"亂曰:'已矣哉!國無人莫我知兮,何懷乎故鄉,既莫足與爲美政兮,吾將從彭咸之所居。'"戴注曰:"韋昭《國語》云:凡作篇章,篇義既成,撮其大要爲亂辭。"④此説至確。亂辭以"吾將從彭咸之所居"歸結,表明死水之志已決。《悲回風》有云:"淩大波而流風兮,托彭咸之所居",亦同此意。《九歌》題下戴氏曰:"從河伯水游,作《河伯》。"又於《河伯》題下云:"屈原之歌《河伯》,歌辭但言相與游而已,蓋投汨羅之意已決,故曰靈何爲兮水中,亦以自謂也。"⑤由是可知"會萃諸篇之指,以綜其生平",亦非全然不可解。

4. 以"馮崑崙瀓霧,隱岷山清江"喻習賦,未之前聞,語義不明

《初稿》總序云:"若習以作賦,則如馮崑崙瀓霧,隱岷山清江也。"此三句爲"刻本"所無,蓋套用《九章·悲回風》"馮崑崙以瀓霧,隱岷山以清江。"陳先生云:

① 陳勝長《考證與反思——從〈周官〉到魯迅》,頁89。

② 《戴震全集》,第二册,頁877。

③ 國學基本叢書本《屈原賦注》,頁2。

④ 國學基本叢書本《屈原賦注》,頁12。

⑤ 國學基本叢書本《屈原賦注》,頁13、21。

以此喻習賦,未之前聞,意義亦欠明晰。[1]

謹按:《悲回風》此兩句,注家持説不一。《初稿》用此兩句比喻習賦,取義確實不易捉摸[2]。楊胤宗《屈賦通箋——九章篇》按語云:"崑崙諸峰至高峻,而馮其清澂之雲霧,岷山之水至清洌,而隱其江上之青峰。"[3]説有可取。戴震乙亥《與方希原》書有云:"夫以藝爲末,以道爲本"、"諸君子(引者按:指前文之"子長、孟堅、退之、子厚")之爲道也,譬猶仰觀泰山,知群山之卑;臨視北海,知衆流之小。今者有人履泰山之巔,跨北海之涯,所見不又縣殊乎哉!"[4]"履泰山之巔,可以言山","跨北海之涯,可以言水"。爲道要在盡"山之奧,水之奇",以山水喻爲道,或可爲《初稿》引用《悲回風》的參證。《初稿》所謂"馮崑崙之澂霧,隱岷山之清江",似乎是説若以屈賦爲作賦的楷模,自可窮盡山之奥、水之奇。

5.《初稿》注文,以後證前,鄙陋不堪

陳先生云:

且"稿本"之注亦間有鄙陋語,若出淺人之手焉。如《離騷》"名余曰正則兮,字余曰靈均"下注云:"後人名字説,蓋昉于此。"此意殆本於江瑗《楚辭蒙引》。……又如"步余馬於蘭皋兮"至"退將復脩吾初服"一章後"稿本"夾注云:"此二章即淵明歸田園之意,所謂'誤落塵網中,一去三十年。羈鳥戀舊林,池魚思故淵'是也。""蘭皋"、"椒丘",即"舊林"、"故淵"之義。是則以後證前,若此撰注體

① 陳勝長《考證與反思——從〈周官〉到魯迅》,頁90。

② 蔣立甫特地爲《初稿》此兩句落注云:"'馮崑崙'兩句變化《悲回風》中語句而來,定稿已删去,其意喻仿效屈騷作賦必然與願違,徒勞無益。崑崙山高本多霧,而憑依崑崙之顛却希望霧澄,豈有可能?又汶山、清江非可隱之地,陸游作於開禧三年(1207)之《寓嘆》就有'岷峨不遂隱'之句,汶山,即岷山……清江,即夷水,《水經注·夷水注》云清水'水色清照十丈',魚龍豈能潛隱。"見《戴震全書》,第三册,頁533。蔣説雖新巧,但坐實戴氏以此説明仿效屈騷作賦必然違願,恐非戴氏原意。

③ 楊胤宗《屈賦通箋——九章篇》,北京:中國友誼出版社,1985,頁540。

④ 《戴震文集》,頁143。

例之且未明，又豈識見如戴震者所當有！即此而論，已可斷其出於僞作。[①]

謹按：正如陳先生所言，《初稿》"後人名字説，蓋昉于此"之説，蓋本汪瑗《楚辭蒙引》爲説。今考《楚辭蒙引》"名字"條引吴澄記名字源流凡五條[②]，檢《吴文正文集》，可知其中四條分别出《沙的行之字説》、《孔得之字説》、《馬氏五子字説》、《宋誠字説》[③]。《孔得之字説》云："古之名之字蓋無所取義，近世有説其名與字之義，以寓訓戒者，非古也。"[④]汪氏《楚辭蒙引》按語亦云："但以今之作字説本于《禮經》祝頌之辭，恐未然也。若《離騷》'正則'、'靈均'之釋，蓋真如後世名字之説矣。後世之作，其昉于《離騷》乎。漢唐以來絶少，至宋元始紛紛矣。然名説亦少，僅得蘇老泉爲軾、轍二子名説，而字説則人人有之。"[⑤]戴氏蓋本此爲説。至於引據陶淵明《歸園田居》説明屈賦文意，實亦聯想及之，如陳本禮《屈賦精義》於《離騷》"歲余馬於蘭皋兮，馳椒丘且焉止息。進不入以離尤兮，退將復修吾初服"下云："首二語正淵明所謂'三徑就荒，松菊猶存'，'既窈窕以尋壑，亦崎嶇而經邱也'。"[⑥]陳本禮按語見於《歸去來兮辭》。他如引蘇洵《上歐陽内翰書》解"日月忽其不淹兮"章義[⑦]，亦同其例。恐不能據"刻本"無文就斷《初稿》爲作僞者所爲。其實，"刻本"不無引後世作品闡釋屈賦的例子，如《離騷》"不量鑿而正枘兮，固前脩以菹醢"，戴注云："《史記》曰：'持方枘欲内圜鑿，其能入乎'，不量鑿而正

① 陳勝長《考證與反思——從〈周官〉到魯迅》，頁 91—92。

② 汪瑗《楚辭集解》，京都：株式會社同朋社，昭和 59 年（1984），頁 1008—1011。

③ 《元人文集珍本叢刊三·吴文正文集》，臺北：新文豐出版公司，1985，頁 141、145、139、167。其中第二條"子生而父名之，以别於人云耳……人有可貴而不失其所以貴乃爾其少也"，未見於文集，《四庫全書》珍本二集（臺北：臺灣商務印書館，1971）所收《吴文正集》（v. 376—386）亦無之，蓋逸文。

④ 《元人文集珍本叢刊三·吴文正文集》，頁 145。

⑤ 《楚辭集解》，頁 1012。

⑥ 陳本禮《屈賦精義》，臺北：廣文書局，1971，頁 11a。

⑦ 《戴震全集》，第二册，頁 879。

枘之謂也。此伯夷、孔子、孟軻之道矣。"[1]此舉《史記·孟子荀卿列傳》[2]與屈賦互證,做法與《初稿》相類。實則此法,洪興祖《楚辭補注》已開其端,如《離騷》"閨中既以邃遠兮,哲王又不寤",洪氏《補注》云:"閨中既以邃遠者,言不通群下之情;哲王又不寤者,言不知忠臣之分。懷王不明而曰哲王者,以明望之也。太史公所謂'冀幸君之一悟,俗之一改'也。韓愈《琴操》云:'臣罪當誅兮,天王聖明。'亦此意。"又,《九歌·河伯》"波滔滔兮來迎,魚鄰鄰兮媵予"下《補注》云:"屈原托江海之神送迎己者,言時人遇己之不然也。杜子美詩云:'岸花飛送客,檣燕語留人'亦此意。"[3]不見得都是出於淺人之手的鄙陋語。

6. 題署"戴氏學",不見於戴震其餘著述

陳先生云:

> 由是觀之,作爲者蓋效《孟子》僞孫奭《疏》故智,竄《序》文,署"戴氏學",散《屈原賦注》入正文下,散《屈原賦通釋》入注中,既採"刻本"之注,後雜以僞説,托名戴震,以售其鄙陋之見耳。[4]

同文注 57 云:

> 按:章學誠《知非日札》云:"又近人著書,自署題名某著某注可也,往往摹古而署爲某學。其意乃見何休《公羊傳》本標題,不知此亦後人追題,猶云某家之學爾。成學之學,惟後人分宗别派,可以某家某學稱之,本人不應據以自名。且所見尚多未足成家學者,亦題爲某人學,不恧歟。"此譏近人著書妄題"某人學"之失。今考戴震著述,未嘗有題作某學者,有之則此所謂"初稿"耳。[5]

---

① 國學基本叢書本《屈原賦注》,頁 6。

② 《史記》云:"故武王以仁義伐紂而王,伯夷餓不食周粟;衛靈公問陳,而孔子不答;梁惠王謀欲攻趙,孟軻稱大王去邠。此豈有意阿世俗苟合而已哉! 持方枘欲内圜鑿,其能入乎!"(北京:中華書局,1982,頁 2345)

③ 洪興祖《楚辭補注》,頁 34—35、頁 78。

④⑤ 陳勝長《考證與反思——從〈周官〉到魯迅》,頁 93。

謹按：此文前面，章氏還説：

戴震於所著書標題自署戴氏……古人書不標名，傳之其徒，相與守之，不待標著姓氏而始知爲某出也。戴君自命太過，而未悉古人體要。不知古人體要，不知古書無是例也。①

章氏點名批評戴震著書自署“戴氏”，是由於自命太過，不明古書體例。戴震著述標題“戴氏”者，今存只有刻本《屈原賦注》。考《尚書孔氏傳》標題《正義》曰：“以注者多門，故云某氏，以别衆家。”②吴承仕《檢齋讀書提要》云：“氏而不名，所以爲謙。章氏反譏其太過，何也?”③於姓下著一“氏”字，無非是爲了自别衆家，且氏而不名，實有謙遜之意。章氏之譏，不足以難戴。至於題署“某學”，亦不見得僅僅局限於後人分宗别派之義。張舜徽《清人筆記條辨卷三·知非日札》云：

清儒著述中，如王念孫《廣雅疏證》，自題某學，猶可附於注述之義。《廣雅·釋詁》云：“注、紀、疏、記、刊、學、志，識也。”學與注、疏等字并訓爲識，自有注述之意。王氏蓋取義於此耳。④

王念孫《廣雅疏證》云：“學者，《太平御覽》引《論語讖》云：學者，識也。何休注《公羊傳》曰：何休學。《釋文》云：學者，言爲此經之學，即注述之意也。”⑤張舜徽《廣校讎略卷二》“論後世著述自題某學之謬”亦有是説⑥。然則自題“某學”，“學”字取義，與“記”等無别，不過是藉此申明注述之意罷了。王念孫《廣雅疏證》在每卷卷數下皆題曰“高郵王念孫學”，就是這個原因。戴震著述，或題“記”字，如《經考》自題：“休寧戴震記”。《初稿》總序末云：“今特取屈子書注之，書成，名曰屈賦，從漢志

---

① 章學誠《章學誠遺書》，北京：文物出版社，1985，頁401。

② 張舜徽《廣校讎略》（附釋例三種）引，北京：中華書局，1963，頁31。

③ 吴承仕《檢齋讀書提要》，北京：北京師範大學出版社，1986，頁130。

④ 張舜徽《清人筆記條辨》，北京：中華書局，1986，頁124—125。

⑤ 王念孫《廣雅疏證》，北京：中華書局，1983，頁73。

⑥ 張舜徽《廣校讎略》，頁31—32。

也。戴氏學。""學"字,同乎記、識,蓋取其注述之意。此外,《戴震全集·古今歲實考》附記云:"《古今歲實考》輯自清人黄汝成《袖海樓文録六卷》之《袖海樓雜著》,原文篇名後有'婺源戴震學、嘉定錢大昕補、後學黄汝成校補'字樣。"[①]此"戴震學"似爲黄汝成所題,有後人分宗别派之意。

7.《初稿》妄改"環理"爲"環里"

《初稿》、《天問》"穆王巧梅,夫何周流? 環里天下,夫何索求?"注云:"江先生曰:環里,猶還里,謂周流而還,計度天下道里。《竹書紀年》:穆王西征,還里天下,億有九萬里,是也。"夾注云:"《穆天子傳》亦云:乃里西土之數,各行兼數三萬有五千里。""刻本"作"環理"。此段注文猶存《音義》,但删去"江先生曰"四字。陳先生云:

> 按:此注似襲取蔣驥《山带閣注楚辭》,略加改易而已。《楚辭》各本皆作"環理",此"稿本"正文何以妄改"理"作"里"乎! 即如《注》所引江先生曰:"環理,猶還里",以《天問》字本作"理"明甚。古人文字多假借,乃謂戴震不明"某猶某也"之例而改易其字乎! 戴《注》"刻本"何嘗妄改舊文,然則"稿本"作"環里"者,蓋亦淺人妄托江先生云云而自暴其闇於義例耳。[②]

同文注 56 又云:

> "稿本"《天問》"何壯武厲,能流厥嚴"下亦引"江先生"曰云云,蓋出《古韻標準》,其實乃《音義》"嚴"下之文移置於此耳。[③]

謹按:《初稿》引江慎修語還有兩處:一見《離騒》"曰勉陞降以上下兮,求矩矱之所同。湯禹儼而求合兮,摯咎繇而能調"下夾注,冠以"江

① 《戴震全集》,第一册,頁 444。

②③ 陳勝長《考證與反思——從〈周官〉到魯迅》,頁 92。

先生";"刻本"所引更爲詳盡,見於《音義》,并冠以"江慎脩先生《古韻標準》"[①]。江永《古韻標準》成書於乾隆二十四年(己卯,1759)[②],故"刻本"《音義》標明引自此書。另一見《天問》"天何所沓?十二焉分?日月安屬?列置安陳?"下,注云:"江先生曰:沓,重疊之意。承前九重而申問之。震按:十二,謂十二辰。……"[③]"刻本"但言"沓,猶疊也"[④],無"江先生曰"四字。《音義》未見此文。此與"環理"條相類,蓋親聞之於江先生。《初稿》作"環里",確是未安,但也不妨看作戴氏偶有不慎,致有此誤。

綜上所論,陳先生提出的七條論據,俱有所見,雖足以證明《初稿》未盡精當,有待改善,但不足以充當僞書説的直接證據。《初稿》注釋體例,沿襲前代注家之處頗爲明顯,從草創的角度來看,理固宜然,不難理解,不必牽涉真僞之辨。《初稿》與"刻本"立説不同,後者固多占優,但亦不盡然,前者亦不無可取之處,《離騷》題解便是一例,若一概視作"鄙陋"之見,或未盡允當。毋庸諱言,大略言之,《初稿》較稚嫩,而"刻本"已臻成熟,自成一家之言。前説未密,後説轉精,是自然不過的事。只要認識《初稿》的本質,所有疑難便可迎刃而解。

四 結語

戴震《與姚孝廉姬傳書》云:"自始知學,每憾昔人成書太早,多未定之説。"[⑤]這是他的經驗之談,他的許多著作都經歷了由初稿到定稿的不斷完善的進程,體現他嚴謹的治學方法和精益求精的精神。兩種戴震全集的編纂,在全盤整理戴震著作的同時,也呈現了多種著作在不同成書階段的面貌。根據《戴震全書》整理者之一的楊應芹的述説,《戴震全書》首刊著作以初稿居多,如《毛詩補傳》是《杲溪詩經補注》、《毛鄭詩考正》的初稿,《準望簡法》、《割圜弧矢補編論》等四種是《句股割圜記》

---

① 《初稿》所引,見《戴震全集》,第二册,頁 895—896。"刻本"所引,見國學基本叢書本《音義》,頁 4。

② 《江慎修先生年譜》,《北京圖書館藏珍本年譜叢刊》,第 92 册,頁 7。

③ 《初稿》所引,見《戴震全集》,第二册,頁 917。

④ 國學基本叢書本《屈原賦注》,頁 24。

⑤ 段玉裁《戴東原先生年譜》,《戴震文集》,頁 141。

的初稿,《水地記初稿》是《水地記》的初稿,《經雅》同樣是初稿的形式。與定本相較,初稿篇幅較大,從中可見何者爲戴震所説的"十分之見"、何者爲"未至未分之見"[①]。《屈原賦注》的《初稿》與"刻本"完全符合戴震著作的這個特點,從《初稿》到"刻本",反映戴震注釋屈賦確曾屢易其稿,經歷了一個不斷修正的過程,達至一空依傍、自成一家之言的終極目標。這才是戴震著述體例的精義所在。要是没有《初稿》,其成書過程反而變得不完整,戴震的治學歷程也無由得見,《初稿》的價值就在這裏。錢穆先生《中國近三百年學術史》第八章《戴東原》嘗謂戴氏三十二歲入都前,"其學尚名物、字義、聲音、算數,全是徽人樸學矩矱也"[②]。細繹《初稿》,信哉斯言。

(作者單位:香港嶺南大學中文系)

① 楊應芹《戴震全書·序》,《戴震全書》,第一册,頁16。
② 錢穆《中國近三百年學術史》,頁311。

古典文獻研究(第十六輯)
2013年7月

《國粹學報》與晚清駢文學建構[*]

張明强

清代鴉片戰争之後,中國人開始逐漸放眼世界,向西方學習,從科技,而制度,而文化,認識愈來愈深。20世紀初,晚清的中國已備受歐風美雨的洗禮,一部分志士在探求强國之路時,發現歐美等國的制度、文化亦存在諸多弊端,將中國之貧且弱歸責於國粹之不講,不滿於"海通以來,泰西學術,輸入中邦,震旦文明,不絶一綫。無識陋儒,或揚西抑中,視舊籍如苴土。夫天下之理,窮則必通。士生今日,不能籍西學證明中學,而徒炫晳種之長。……有是理哉!"於是鄧實、黄節、劉師培等人"擬刊發報章,用存國學。月出一編,顔曰國粹"[①]。《國粹學報》創刊於1905年2月23日,宗旨是復興古學(即國學),駢文是其重要一類。該報刊登諸多關於駢文批評的文章,是對有清一代駢文學的總結,同時在諸多方面有力地推動駢文研究的現代轉型。

一 《國粹學報》駢文批評的學術淵源和歷史背景

晚清是中國文化與西方文化激烈碰撞和融合的時期,這給中國學人提供了全新的視角審視中國固有文化——國學。梁啓超認爲:"洪楊亂事前後,思想界引出三條新路。其一,宋學復興。……其二,西學之講求。……其三,排滿思想之引動。"[②]講求西學是當時中國比較時髦

* 本文爲江蘇省普通高校研究生科研創新計劃項目"清初駢文研究"(項目號:CXLX13—015)的階段性成果。

① 《國粹學報發刊辭》,《國粹學報》第1期(1905年2月23日)。

② 梁啓超《中國近三百年學術史》,中國社會科學出版社,2008年,頁29—30。

的做法,不管是維新派、革命派還是國粹派,都不得不面對一個强大的西學,誠如朱維錚説:"但到本世紀初,'復興諸子學',已被賦予新的意義。那就是希望它可能成爲在中國開展一場意大利式文藝復興運動的前奏。文藝復興,鄧實稱作'古學復興',章太炎稱作'文學復古'。在《國粹學報》創刊號,劉師培便含蓄地表示,他們很想在中國步當年但丁的後塵。以光大諸子學來貶斥孔學,至少是《國粹學報》主要成員的共識。"①西學東漸的結果是西方科技、文化日益充斥中國,蕭一山《清史大綱》云:"鴉片戰爭後……使人民的新知識,慢慢增加,社會的舊勢力,慢慢減少,形成歷史漸變的趨勢。"②新譯著、新詞語的輸入,震動著中國文化菁英,"章太炎、劉師培、王國維等人都曾就'造新字'和'新學語'作過非常嚴肅的討論"③。正是在西學思潮的激蕩下,面對中國文化遺産——國學,鄧實、劉師培、黄節等人借鏡意大利文藝復興的成功事例,在千瘡百孔的中華大地開展一場以"發明國學,保存國粹"④爲宗旨的復興運動。

《國粹學報》是成立於光緒甲辰(1904)季冬的國學保存會的機關刊物。鄧實和黄節等負責刊物的具體纂集工作,劉師培是其主要撰稿人之一。該刊以國學相號召,含有明顯的民族意識和自我認同,因此"對政治取向很不相同的學者名流,都具有相當的吸引力。曾爲它撰稿的知名人士,在半百以上"⑤。國學保存會的成立和《國粹學報》的發行,標志着國粹派的形成。早在1902年底,黄節發表《國粹保存主義》認爲:"夫國粹者,國家特別之精神也。昔者日本維新,歐化主義浩浩滔天,乃於萬流澎湃之中,忽焉而生一大反動力焉,則國粹保存主義是也。……其説以爲宜取彼之長,補我之短,不宜醉心外國之文物,并其

① 朱維錚《劉師培辛亥前文選》導言,載劉師培《劉師培辛亥前文選》,生活·讀書·新知三聯書店,1998年,頁8。

② 蕭一山《清史大綱》,上海古籍出版社,2005年,頁250。

③ 王風《劉師培文學觀的學術資源與論争背景》,載夏曉虹等著《文學語言與文章體式:從晚清到五四》,安徽教育出版社,2005年,頁239。

④ 《國粹學報略例》,《國粹學報》第1期(1905年2月23日)。

⑤ 朱維錚《劉師培辛亥前文選》導言,載劉師培《劉師培辛亥前文選》,生活·讀書·新知三聯書店,1998年,頁5。

所短而亦取之，并我所長而亦棄之。”[①]該派在政論、學術、歷史、文學、創作等方面凸顯民族性，呈現民族主義傾向。特别在中西對比中透視中國文化獨特個性方面，成就卓著。鄭師渠説：“國粹派是革命派隊伍中的一個派别。……不僅主張從中國的歷史與文化中汲取精靈，以增强排滿革命宣傳的魅力；而且强調在效法西方改革中國政治的同時，必須立足於復興中國固有文化。”[②]學報成員們受西方文論影響，他們認爲“儷文律詩爲諸夏所獨有，今與外域文學競長，惟資斯體”[③]。特别重視駢文研究，他們的努力潛移默化地使中國駢文研究向現代文學研究推進。

以《國粹學報》爲中心的駢文批評的學術淵源主要來自嘉道以降的《文選》派駢文理論和漢學家的治學傳統。清中葉以降，駢文創作更趨繁盛，産生了衆多駢文名家和高質量駢文作品，亟待給這一新生現象定位，而漢學家蔚然成爲學術主流，介入文學論争，如阮元極力倡導“文言説”，尊尚駢體，視之爲文之正統。其《書梁昭明太子文選序後》云：

> 言必有文，專名之曰文者，自孔子《易·文言》始。……孔子《文言》，實爲萬世文章之祖。……自齊梁以後，溺於聲律。彦和《雕龍》，漸開四六之體，至唐而四六更卑。然文體不可謂之不卑，而文統不得謂之不正。……是四書排偶之文，真乃上接唐宋四六爲一脈，爲文之正統也。[④]

揚州學派是清代影響較大的地域派别，汪中、焦循等皆推重《文選》，且揚州是文選學的生發地。阮元即揚州儀徵籍人，緣於對鄉賢的尊崇和自身漢學的積淀，該派用漢學的治學方法處理文學問題，在駢文研究中獨樹一幟。曹虹説：“以阮元爲首創的儀徵文派，其實也與乾嘉

① 鄧實輯《光緒壬寅政藝叢書》政學文編卷五，《近代中國史料叢刊續編》本，文海出版社，1976年，頁180—181。

② 鄭師渠《晚清國粹派——文化思想研究》，北京師範大學出版社，1997年2版，頁8。

③ 劉師培《中國中古文學史講義》，上海古籍出版社，2000年，頁1。

④ 阮元《揅經室三集》卷二，《續修四庫全書》第1479册，頁198。

學術格局中的揚州學派互有融攝,從而强化了具有地域底蘊的個性色彩,成爲清中期駢文中興的一支重要力量。”[①]漢學興盛、駢散對立的背景下,阮元提倡駢文正統理論有意與如日中天的桐城派相對立,用漢學家治小學的方法重新評估傳統文學。他的鄉後輩劉師培、李詳、田北湖等人在清末西學東漸格局中重拾阮氏創立的《文選》派文論,并使之完善嚴密,試圖重構中國文學統系。

《國粹學報》參與駢文討論的作者有劉師培、田北湖、陸紹明、章絳、金一、李詳、羅惇曧等。考其籍貫,劉師培是揚州儀徵人;田北湖(1877—1918),名其田,六合人;李詳,字審言,揚州興化人;章絳(即章太炎)和陸紹明皆浙江人;金一即金天翮,江蘇吴江人;羅惇曧乃廣東順德人。之中駢文主將劉師培、李詳、田北湖皆揚州地區人(六合在清代屬江寧府,但元初曾屬揚州,且與儀徵相鄰,可視爲揚州地區),可以説這是一個以揚州派爲主的由江浙人士組成的駢文學研討群。是具有地域色彩的晚清《文選》派,一方面承繼凌廷堪、阮元等人所倡導的駢文理論,另一方面取法揚州學派汪中、焦循等人的漢學傳統,用漢學研究路徑研治文學,推尊駢體,抗衡古文。

晚清西學東輸的新格局,讓一部分中國人放眼世界,於中西對比中,試圖通過復興國粹從而振興中國。駢文以頗具民族特色的形式被重新闡釋,揚州派人士利用阮元等開創的《文選》派理論和深厚的漢學功夫使該派在清末的風會激蕩下光而大之,不能不説是一種值得深思的現象。

二 《國粹學報》的駢文學建構

首先,駢文的本體論研究。循名責實,從小學入手闡發“文”的義界,爲駢文正名。晚清《國粹學報》的駢文探討完善并擴展阮元等人以漢學知識和方法研治文學的新思路。欲知何者爲“文”,必先正名,劉師培《論文雜記》云:“予觀孔子垂訓,首重正名。而漢儒董仲舒亦曰:‘名生於真,非真無以爲名。’”“蓋‘文’訓爲‘飾’,乃英華發外,秩然有章之

① 曹虹《學術與文學的共生——論儀徵派“文言説”的推闡與實踐》,《文史哲》2012年第2期。

謂也。故道之發現於外者爲文,事之條理秩然者爲文,而言詞之有緣飾者,亦莫不稱之爲文。古人言文合一,故借爲文章之文。後世以文章之文,遂足該文字之界説,失之甚矣。夫文字之訓,既專屬於文章,則循名責實,惟韻語儷詞之作,稍與緣飾之訓相符。"[①]其《文説·析字篇第一》云:"欲侈工文,必先解字。然字各有義,事以驗名,用字偶乖,即背正名之旨。"[②]田北湖《論文章源流》亦謂:"舍兹偶體,是謂不文。""自《爾雅》備物,綜核名實。既樹記言之準,遂資記事之材。"[③]在正名的旗幟下,對"文"作了界定,劉師培《文説·耀采篇第四》重申:"是則文也者,乃英華發外,秩然有章之謂也。"[④]在劉氏看來,"文"具有"英華發外,秩然有章"的特質,其《廣阮氏文言説》廣引字書證明"文章之必以彣彰爲主焉"[⑤]的觀點,實爲"英華發外,秩然有章"的另一種表述。"英華發外"即文應該有詞采,"秩然有章"即文應該有音樂感、合乎聲律。他"隱法《雕龍》"的《文説》包括《和聲篇第三》和《耀采篇第四》,分别闡述"文"的這一定義。劉氏從辭藻和聲律兩方面界定文,惟有"偶語韻詞"合乎此稱,即"循名責實,則經史諸子,體與文殊,惟偶語韻詞,體與文合……觀于文字之古義,可以識文章之正宗矣"[⑥]。從文字訓詁切入爲駢文正名,比阮元論述更詳細、透徹。王風謂:"劉師培把阮元的'文言'納入到他所分析的'文'的統一性中,爲駢文乃'文章之正宗'提供更有力的支持,這既是理論上的拓展,也是現實學術論争的需要。"[⑦]前揭田北湖《論文章源流》則從集字成文的角度論證排偶之文才稱爲文。

正本清源,批評桐城派用詞不類。桐城派自持得文統之正,且影響甚巨,他們用正名的方法加以批駁,劉師培《論文雜記》云:"近世以來,

---

① 分别載《國粹學報》第1期(1905年2月23日)、第4期(1905年5月23日)。

② 載《國粹學報》第11期(1905年12月16日)。

③ 分别載《國粹學報》第2期(1905年3月25日)、第6期(1905年7月22日)。

④ 載《國粹學報》第14期(1906年3月14日)。

⑤ 《左盦集》卷八,《劉申叔先生遺書》本,1934年寧武南氏刻本。

⑥ 《文説·耀采篇第四》,《國粹學報》第14期(1906年3月14日)。

⑦ 王風《劉師培文學觀的學術資源與論争背景》,頁237。

正名之義久湮。由是於古今人之著作,合記事、析理、抒情三體,咸目爲'古文辭'(如姚氏選《古文辭類纂》,其最著者也。)……是辭專指獄訟言……後世習俗相沿,誤'詞'爲'辭',俗儒不察,遂創爲'古文辭'之名,豈知'辭'字本古代獄訟之稱乎? 甚矣,字義之不可不明也。"①擒賊先擒王,劉氏向桐城派宗師姚鼐發難,批評姚氏所編選《古文辭類纂》,于"辭"之本義未探究竟,以致"詞"和"辭"混用,有損"綜核名實"之義。既然姚氏連書名用詞都不當,何談其所崇文統。

其次,倡導"駢文正宗"説,重立文統,首次提出明確的駢文史分期,爲駢文研究現代化奠定基石。回應西方學術衝擊,探索中國文學的獨特性是晚清學人的重要課題,這一課題至今仍有啓示意義。與主張全盤西化、以洋變夏和固守國學、排斥西學的人不同,劉師培、田北湖、鄧實等人持保存國粹而又兼取西學之長的理念。劉師培《文章源始》云:"是則文也者,乃經史諸子之外別爲一體者也。齊梁以下,四六之體漸興,以聲色相矜,以藻繪相飾,靡曼纖冶,文體亦卑。然律以沈思翰藻之説,則駢文一體,實爲文體之正宗。"其《文説·耀采篇第四》詳述駢偶發展史:

> 東周以降,文體日工。屈宋之作,上如二《南》;蘇張之詞,下開《七發》。韓非著書,隱肇連珠之體;荀卿《成相》,實爲對偶之文。莫不振藻簡策,耀采詞林。西漢文人,追縱三古。……胎息微萌,儷形已具。迨及東漢,文益整贍。蓋踵事而增,自然之勢也。……揆厥所作,咸屬偶文。用字必宗故訓,摛詞迥脱恒谿。或掇麗字以成章,或用駢音以叶韵。……當塗受籙,太始開基。洛中則七子無雙,吴下則聯翩競爽。才思雖弱於西京,音律實開夫典午。六朝以來,風格相承,刻鏤之精,昔疏而今密;聲韵之叶,舊澀而新諧。……故《文選》勒於昭明,屏除奇體;《文心》論於劉氏,備列偶詞。體制謹嚴,斯其證矣。厥後選學盛行,詞華聿振。徐庾遷聲於河朔,燕許振采於關中。排偶之文,於斯爲盛。……是則駢文之一

① 載《國粹學報》第10期(1905年11月16日)。

體，實爲文類之正宗。①

劉師培力倡駢文乃文類之正宗，顯然受鄉前輩阮元的影響，劉氏所論實前揭阮氏《書梁昭明太子文選序後》的翻版，然劉氏在《文説·耀采篇第四》中詳論駢偶發展史，自東周至宋代，展示重立文統的決心和實踐。同時響應者如陸紹明《文譜小序》説："古今文體，駢儷爲宗。……駢文爲經，散文爲緯。"又云："古今文格，多多益善。要亦不外乎駢散，而更偏重於駢文者矣。"②其《文譜》目録有"駢體之文"、"四六之文"，且注曰："宋四六與駢體文不同。"可見他已經敏鋭地覺察到駢文與宋四六的差異，爲正確認識駢文與四六的關係提供了視角。

對駢文史分期具有開創性貢獻的當屬羅惇曧，他在《文學源流·總論》中歷述兩漢至唐代的駢文代表作家，評價元明清駢文成就云："金元之間，文殊藐茶。晚明天如、卧子，始復提倡。本朝文化莘莘，斯復稱古。霞騫雲舉，并軌同塗。語夫文學，當邁元明，如曰躡漢追唐，吾弗知之矣。"接着羅氏提出駢文史分期：

> 周秦逮於漢初，駢散不分之代也；西漢衍乎東漢，駢散角出之代也；魏晉歷六朝而迄唐，駢文極盛之代也；古文挺起於中唐，策論靡然於趙宋，散文興而駢文蹶之代也，宋四六之餘波也；元明二代，駢散并衰，而散力終勝於駢；明末逮乎國朝，散駢并興，而駢勢差强於散。③

從駢散分合的角度，將駢文分爲周秦、兩漢、魏晉六朝至盛唐、中唐兩宋、元明、明末至清等六個時期。這是第一次對中國駢文如此詳細的分期，對後來駢文史和散文史分期研究的影響彰彰可考，如陳柱寫於1936年的《中國散文史序》云："吾國文學就文體而論，可分爲六時代。一曰，駢散未分之時代，自虞夏以至秦漢之際是也。二曰，駢文漸成時代，兩漢是也。三曰，駢文漸盛時代，漢魏之際是也。四曰，駢文極盛時

---

① 載《國粹學報》第14期(1906年3月14日)。
② 載《國粹學報》第15期(1906年4月13日)。
③ 載《國粹學報》第16期(1906年5月12日)。

代,六朝初唐之際是也。五曰,古文極盛時代,唐韓柳、宋六家之時代是也。六曰,八股文極盛時代,明清之世是也。"①上世纪 60 年代末,台灣地區學者張仁青《中國駢文發展史》關於駢文變遷之大勢云:"第一期自唐、虞以迄於嬴秦,爲駢散未分之時代。第二期自西漢以迄於東漢,爲駢文之胚胎時代,亦駢散角出之時代。第三期自魏、晉以迄於盛唐,爲駢文之全盛時代。第四期自中唐以迄於趙宋,爲駢文蜕變之時代,亦駢散并馳之時代。第五期自蒙元以迄於朱明,爲駢散文之衰落時代。第六期有清兩百餘年,爲駢散文之復興時代。"②張氏基本沿用了羅惇曧的駢文分期,連用詞都有承繼痕迹。

第三,《國粹學報》刊登研究《文心雕龍》、《文選》、《四六叢話》等與駢文密切相關的論文,推衍駢文在中國文學史上的影響。《文選》是晚清駢文學建構的重要理論依據,《國粹學報》刊發諸多與《文選》有關的文章。《國粹學報發刊辭》云:"古曰文言,出語有章;昭明文選,巨編煌煌。大雅不作,旁雜侏離,墮地斯文,孰振厥衰。撰文篇第五。"③闡明該報文篇的宗旨就是光大以《文選》爲代表的駢文。劉師培在《國粹學報》第 1 期發表《文章源始》,根據《文選》體例論證文之正宗:"故昭明之輯《文選》也,以沈思翰藻者爲文。凡文之入選者,大抵皆偶詞韻語之文。"在駁論章太炎的《廣阮氏文言説》中亦云:"故魏晉六朝,悉以有韻偶行者爲文,而昭明《文選》,亦以沈思翰藻者爲文也。"④

清末著名駢文家李詳分别撰《韓詩證選》和《杜詩證選》證明韓愈和杜甫皆深精《文選》,韓愈本古文大家,排斥六朝儷詞,《文選》亦爲其不屑。但李氏力證韓愈熟精《選》理,其用意甚明。《韓詩證選序》説:"唐以詩賦試士,無不熟精《文選》,杜陵特最著耳。……始知韓公熟精《選》理,與杜陵相亞,此余之所不敢攘美。"⑤既然古文家的宗師精通《選》理,創作時可以化用《文選》詞句,則桐城派所奉"古文中不可入語録中

---

① 陳柱《中國散文史》卷首序,江蘇文藝出版社,2008 年,頁 1。
② 張仁青《中國駢文發展史》,浙江大學出版社,2009 年,頁 35。
③ 載《國粹學報》第 1 期(1905 年 2 月 23 日)。
④ 《左盦集》卷八,《劉申叔先生遺書》本,1934 年寧武南氏刻本。
⑤ 載《國粹學報》第 53 期(1909 年 6 月 7 日)。

語、魏晉六朝人藻麗俳語”(沈廷芳《方望溪先生傳》後記)[①]的科律自然難以成立。李詳論證韓愈、杜甫精於《文選》亦意在重估《文選》對中國文學的影響。李氏研究《文選》的著作還有《選學拾瀋》、《文選萃精説義》、《李善文選注例》[②],可見他對《文選》有深入研究。

《文心雕龍》是中國古代文學理論名著,該書對“偶語韻詞”有精彩論列。揚州派學者凌廷堪《上洗馬翁覃溪師書》云:“所謂文者,屈、宋之徒,爰肇其始,馬、揚、崔、蔡,實承其緒。建安而後,流風大暢;太清以前,正聲未泯。是故蕭統一序,已得其要領;劉勰數篇,尤徵夫詳備。”[③]阮元《〈四六叢話〉後序》云:“昭明勒《選》,六代範此規模;彦和著書,千古傳兹科律。”[④]劉師培弘揚凌、阮緒論,著《文説》一書,其《文説序》謂:“幽居多暇,撰《文説》一書。篇章分析,隱法《雕龍》。庶修詞之士,得所取資。”[⑤]《文説》篇章結構取法《文心雕龍》,論文釋義亦時引《雕龍》之説。李詳撰《文心雕龍黄注補正》刊於《國粹學報》第57、58、61、62、79期,其第57期《文心雕龍黄注補正序》説:“海内君子,有善治是書者,若能爲余張目,則於瑞安孫氏之外,未嘗不可别樹一幟云。”觀此可知李氏對《文心雕龍》的研究成果頗爲自信。

《四六叢話》三十三卷,清代烏程孫梅撰,是中國古代規模最大的駢文理論批評著作。其弟子阮元《〈四六叢話〉後序》稱贊曰:“四駢六儷,觀其會通;七曜五雲,考其沈博。”[⑥]劉師培等人論文多主《四六叢話》之説,《國粹學報》第59期選録孫梅《述賦篇》、《述頌篇》,實是《四六叢話》卷四《賦叙論》和卷十六《頌叙論》,末有劉師培記:“案,此二篇,其體與鄙作《文説》相同,而論文之辭,頗多心得。師培記。”從清中葉凌廷堪、汪中、阮元至晚清劉師培、李詳、田北湖、羅惇曧等人,皆崇尚駢儷、推重《文選》、《文心雕龍》,形成清代《文選》派統系。

第四,《國粹學報》的駢文研究者多擅製駢體,亦以駢體論文。李詳

① 沈廷芳《隱拙齋集》卷四十一,乾隆間刻本。
② 李詳《李審言文集》卷首總目,江蘇古籍出版社,1989年3版,頁1。
③ 凌廷堪《校禮堂文集》,《續修四庫全書》第1480册,頁254。
④ 孫梅《四六叢話》卷首,《歷代文話》第五册,頁4224。
⑤ 載《國粹學報》第11期(1905年12月16日)。
⑥ 孫梅《四六叢話》卷首,《歷代文話》第五册,頁4225。

是清末著名駢文家,有《學製齋駢文》二卷[①]。劉師培亦創作衆多駢文,如《國粹學報》第1期之《孫犢山春湖餞别圖序》、第2期之《天寶宫詞序》、第8期之《六儒頌》等。其他如刊於該報第3期的田北湖《告玄武湖文》、《别玄武湖父老文》,刊於第54期的孫詒讓《温州經籍志叙例》等皆駢體。還登録不少著名駢文家王闓運等的駢文。刊發駢文作品,展現晚清駢文壇,是推廣駢文的又一表現。不僅如此,他們的論文多採用駢儷,如前揭田北湖《論文章源流》、劉師培《文説》、錢博《説文》(《國粹學報》第12期)等。

晚清社會危機加深,西學大行於中國,《國粹學報》作者們力主復興古學,發揚具有民族特色的駢文,取西學之長,抉發中國學術精華,使之現代化。對中國駢文學諸多方面的總結和創造是他們這一努力的重要成果,爲駢文研究的現代轉型奠定基礎。

(作者單位:南京大學文學院)

① 李詳《李審言文集》卷首總目,江蘇古籍出版社,1989年3版,頁1。

古典文獻研究(第十六輯)
2013年7月

簡帛《老子》校讀札記*

魏宜輝

出土文獻中的《老子》,從馬王堆帛書到郭店楚簡,一直是學術界關注的熱點。2012年底,北京大學出土文獻研究所公布了北大所藏的西漢竹簡本《老子》,這是繼馬王堆帛書甲、乙本和郭店楚簡《老子》之後出土的第四種《老子》古抄本,對於《老子》一書的整理、校勘和古代思想文化史的研究具有極高的價值[①]。對於簡帛《老子》,學者們已經做了很多有價值的研究,但其中仍有個别地方尚有進一步探討的餘地,本文就這些問題提出一些想法,就教於方家。

一

王弼本《老子》第二十章:"俗人昭昭,我獨昏昏;俗人察察,我獨悶悶。"其中的"察察",馬王堆甲本作"蔡蔡",傅奕本作"詧詧",北大簡本作"計計",馬王堆乙本、河上公本同王弼本作"察察"[②]。

王弼本《老子》第五十八章:"其政悶悶,其民淳淳;其政察察,其民缺缺。"其中的"察察",傅奕本作"詧詧",北大簡本作"計計",馬王堆甲、乙本、河上公本同王弼本作"察察"。對於這兩章中的"察察",各本用字情况是差不多的。

---

* 本文爲江蘇省社會科學基金課題"新見戰國秦漢簡帛用字綜合研究"(批准號13YYB003)的階段性成果。

① 韓巍《西漢竹書〈老子〉的文本特徵和學術價值》,北京大學出土文獻研究所編《北京大學藏西漢竹書(貳)》,上海古籍出版社,2012年,頁207。

② 諸本内容參照《北京大學藏西漢竹書(貳)》一書中《〈老子〉主要版本全文對照表》。《北京大學藏西漢竹書(貳)》,頁173—205。

考察這些不同版本中的異文,不難發現“蔡蔡”、“詧詧”與“察察”屬於音近通假的關係,唯獨北大簡本的“計計”情況有些特殊。竹簡整理者認爲“計”、“察”音義皆近可通,“計”應讀爲“察”①。實際上這二字在讀音上關係并不近。“計”古音爲見母質部字,“察”爲清母月部字,二者的聲紐關係較遠,且無相關的通假辭例。

“計”字從言從十,結合秦漢簡牘中的隸書寫法來看,“十”旁一般都是寫作横筆較短而豎筆較長。

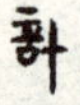			
睡②·秦律十八種 92	馬·戰國縱横家書 24	銀·孫子兵法 1	張·二年律令 179

我們發現北大簡這兩處所謂“計”字形體有些特殊,其右旁所謂“十”字的横筆明顯長於豎筆,更象是“七”字。

北大·老子 58	北大·老子 174

王弼本《老子》第十四章:“視之不見,名曰夷;聽之不聞,名曰希;搏之不得,名曰微。此三者不可致詰,故混而爲一。”其中“詰”字,馬王堆帛書、北大簡本皆作“計”。“計”、“詰”音近可通③。北大簡《老子》中此處的“計”寫作“”,此“十”旁寫法明顯與用作“察”的“”、“”的右旁不同。

通過比較,我們認爲“”、“”并非“計”字,而應隸定作“訖”,是一個從言、七聲的形聲字。“七”古音爲清母質部字,在讀音上與“察”的關係則比較近。郭店簡中用作“竊”的“数”字,其聲符爲“米”。同樣從“米”得聲的“謎”字在郭店簡、包山簡中用作“察”。④“竊”古音亦爲清母

---

① 《北京大學藏西漢竹書(貳)》,頁 133。

② 引用簡帛簡稱對照:上——上海博物館藏戰國楚竹書,睡——睡虎地秦簡,銀——銀雀山漢簡,張——張家山 247 號墓漢簡,孔——孔家坡漢簡,馬——馬王堆漢墓帛書、竹簡,北大——北京大學藏西漢竹書。

③ 國家文物局古文獻研究室編《馬王堆漢墓帛書(壹)》,文物出版社,1980 年,頁 11、96;《北京大學藏西漢竹書(貳)》,頁 150。

④ 劉釗《利用郭店楚簡字形考釋金文一例》,《古文字研究》第二十四輯,中華書局,2002 年,頁 277—278,後收入《古文字考釋叢稿》,岳麓書社,2005 年,頁 140—142。

質部字,與“七”讀音相同,古書中亦常見“七”與“竊”相通假的辭例①。因此,“訬”讀作“察”從讀音上看是没有問題的。

二

王弼本《老子》第五十八章:“是以聖人方而不割,廉而不劌,直而不肆,光而不耀。”其中“廉而不劌”一語在古書中很常見,《禮記·聘義》、《荀子·不苟》、《管子·水地》、《韓非子·解老》、《文子·道德》、《淮南子·道應訓》、《説苑·雜言》、《韓詩外傳》、《孔子家語·問玉》等古書中都有這句話。“廉而不劌”是説棱角尖鋭但却不刺傷人,引申指人的個性剛直却不傷害别人。古代也常用來比喻玉的特點。《晏子春秋》作“刻廉而不劌”。“刻”、“廉”義同,屬於同義複語。

“廉而不劌”一語在傳世古書和出土簡牘中還有一些異文形式,如:河上公本此句作“廉而不害”,《説苑·敬慎》篇作“廉而不缺”。“害”古音爲匣母月部字,“缺”爲溪母月部字,“劌”爲見母月部字,它們的讀音關係非常近。“害”、“缺”都是“劌”的借字。北大簡《老子》此句作“廉而不刖”,睡虎地秦簡《爲吏之道》簡9—1作“廉而毋刖”。“刖”古音爲疑母月部字,整理者已指出,應讀爲“劌”②。

馬王堆甲本此句殘缺,乙本中與“劌”對應之字寫作“”。帛書整理者將此字隸定作“刺”。《説文·刀部》:“劌,利傷也。”又:“刺,直傷也。”二字義相近③。值得注意的是,在古隸中“朿”旁往往訛變寫作“夾”形,我們以馬王堆簡帛中的“刺”字爲例。

馬·相馬經9	馬·五十二病方252	馬·天下至道談52

《馬王堆簡帛文字編》將“”收録在“刺”字下,而將“”、“”

① 參見高亨纂著《古字通假會典》,齊魯書社,1989年,頁587。
② 《北京大學藏西漢竹書(貳)》,頁133。
③ 《馬王堆漢墓帛書(壹)》,頁94。

收録在“刾”字下①。將“”與“”、“”區分開是正確的,但將“刺”與“刾”分爲兩字則不妥。我們認爲“”顯然不應該釋作“刺”,其左旁似爲“末”字。從上舉傳世文獻與出土文獻中“廉而不劌”一語中“劌”的異文來看,皆爲通假字。馬王堆帛書中的“”字很可能也是“劌”的一個同音或音近字。我們推測“”字所從之“末”有可能是“未”之訛體。“未”、“末”相混的例子在古書之非常多見。“未”字雖然爲明母物部字,但從“未”聲的形聲字有的聲紐則爲曉母,如表示洗面的“沬”古音爲曉母物部字,與“劌”的讀音關係非常更密切。《史記·刺客列傳》:“曹沬者,魯人也。”《索隱》:“《左氏》、《穀梁》并作‘曹劌’。‘沬’、‘劌’聲相近而字異耳。”②由此判斷,從刀、未聲的“刹”讀作“劌”在讀音上是没有問題的。

三

王弼本《老子》第二十四章:“企者不立,跨者不行。自見者不明,自是者不彰。自伐者無功,自矜者不長。”馬王堆帛書本、北大簡本無“跨者不行”一句,“企者不立”皆作“炊者不立”。馬王堆帛書整理者懷疑“炊”讀作“吹”,是古導引術之一動作③,并未作進一步的解釋。北大簡整理者認爲“炊”與“企”乃音近借字④。從讀音上看,“炊”古音爲昌母歌部,“企”爲溪母支部,二者的關係并不近,認爲“炊”爲“企”之借字恐不可信。

“企者不立”一句,河上公本作“跂者不立”,唐寫本及石刻本作“喘者不久”。在表示“踮脚跟”這個意思上“企”、“跂”屬於異體字關係。“喘”與“企”在音義上没有什麽聯繫,但“喘”與“炊”的讀音却很近。“喘”古音爲昌母元部字,元、歌兩部屬於陰陽對轉,讀音關係極近。

---

① 陳松長編著,鄭曙斌、喻燕姣協編《馬王堆簡帛文字編》,文物出版社,2001年,頁176、179。

② (漢)司馬遷撰《史記》,中華書局,1959年,頁2515。“曹沬”在《戰國策》、《鹽鐵論》、《鶡冠子》等古書中又作“曹沫”,上博簡《曹沫之陳》篇作“曹蔑”、“曹穢”。“蔑”、“穢”與“沬”同音通假。從出土文獻這條綫索來看,“曹沫”當爲“曹沬”之訛。由於“沬”、“劌”音近,後人又將“曹沬”寫作“曹劌”。

③ 《馬王堆漢墓帛書(壹)》,頁14。

④ 《北京大學藏西漢竹書(貳)》,頁155。

“炊”、“喘”是可以互通的。

“企者不立”一句，陳鼓應先生解釋爲“踮起脚跟是站不牢的”。他認爲“企者不立，跨者不行”就是自見、自伐、自矜的譬喻[①]。現在看來，“跨者不行”一句顯然是後人附加上去的，而“企者不立”似乎也難以看出有自見、自伐、自矜的意思。這一章後面幾句“自見者不明，自是者不彰。自伐者無功，自矜者不長”顯然上是在講“自見、自伐、自矜”，我們認爲首句應該也是有這種傾向的。從句子文義出發，結合“炊”、“喘”的讀音，我們認爲這一句的首字應讀作“端”。“端”指站得端正，所謂“端者不立”可以理解爲“自以爲站得端正的人反而站不住”。這樣這章前後文義得以有所連貫。

唐寫本及石刻本“喘者不久”句中的“久”當爲“立”之誤字。此外，傳世本這一句中緣何用“企”或“跂”字也是一個值得思考的問題。

四

王弼本《老子》第六十五章：“古之善爲道者，非以明民，將以愚之。民之難治，以其智多。故以智治國，國之賊；不以智治國，國之福。知此兩者亦稽式。常知稽式，是謂玄德。”其中的“稽”字，河上公本、嚴遵本皆作“楷”。傅奕本、馬王堆本同王弼本作“稽”。北大簡本與“稽”對應之字凡兩見，第一字局部殘缺，第二字寫作“”（簡 80）。整理者將此字隸定作“楷”[②]。

我們認爲這個字其實就是“稽”，而非“楷”。馬王堆簡帛中的“稽”字一般寫作從禾、從攴、從旨，旨或省作“曰”形。這是“稽“的一種早期寫法[③]。

A馬・老子甲 61	B馬・十問 17	C馬・老子乙 36 下	D馬・經法 4 下

特別是“旨”旁的寫法值得注意。“旨”從匕從口，口後加飾點變作“甘”。

① 陳鼓應《老子譯注及評介》，中華書局，1984 年，頁 162。

② 《北京大學藏西漢竹書（貳）》，頁 136。

③ 關於“稽”字的研究，參見劉釗《“稽”字考論》，收入《古文字考釋叢稿》，岳麓書社，2005 年，頁 351—359。

在隸書中“旨”所從之“匕”或變作“”形,而“旨”則變作“”形。

詣	脂	指

睡·封診式 17	馬·十六經 93 上	馬·養生方 107

上舉秦漢簡帛諸例“旨”旁的這種寫法與“稽”字 A、B 兩例中的“旨”旁寫法是一致的。仔細觀察,北大簡“”字右下所從之“”其實也是這種寫法的“旨”,只不過由於字體扁平的緣故,使抄寫者將“”寫成了一横筆。“”字右上之“”旁當爲“尤”,也是因爲字形扁平、空間有限的緣故,變形趨近於“大”。

“”字右半部的構形已經清楚,此字爲“稽”字無疑,那麽可以確定左半所從“木”旁應當是“禾”字的省體。

五

王弼本《老子》第五十章:“兕無所投其角,虎無所措其爪,兵無所容其刃。”其中與“投”對應之字,馬王堆甲本、北大簡本皆作“椯”(馬王堆乙本此字殘缺),諸傳世本同王弼本作“投”。馬王堆帛書整理者以爲讀作“揣”[①]。北大簡整理者認爲:“椯”讀爲“揣”,或即“揣”之訛字,因“木”、“扌”形近易混,“揣”有“持”義[②]。

傳世本作“投”明顯不合理,簡帛整理者釋讀作“揣”的意見是有一定道理的,但我們更加關注簡帛本與傳世本的異文是如何造成的。高明先生認爲帛書《老子》假“椯”字爲“投”[③]。然兩字韻部遠隔,通假之説恐不可信。下面我們結合另一處簡帛本與傳世本的異文來談這個問題。

王弼本《老子》第九章:“持而盈之,不如其已。揣而鋭之,不可長保。”與其中“揣”對應之字,郭店簡作“湍”,帛書乙本作“㧓”,北大簡本

① 《馬王堆漢墓帛書(壹)》,頁 4。

② 《北京大學藏西漢竹書(貳)》,頁 129。

③ 高明《帛書老子校注》,中華書局,1996 年,頁 68。

作“梪”,傳世本多作“揣”,傅奕本作“敱”。北大簡整理者指出,“湍”、“敱”皆讀爲“揣”,訓爲“持”。“梪”應爲“挅”之訛,從“短”(端母元部)得聲,亦讀爲“揣”[①]。其説可從。北大簡本之“梪”顯然是“挅”字省去“矢”旁,“扌”旁又變作“木”旁後形成的。這種寫法恰好與表示器皿的“梪”[②](定母侯部)字形混同,形成了同形字。與之類似的同形情況還見於古書中的“拪”字。任平《説隸》於此字有討論[③]:

> 拪:《廣韻》:“拪同短。”《童子逢盛碑》:“命有悠拪,無可奈何。”悠拪即長短。《文心雕龍·詮賦》:“至如鄭莊之賦《大隧》,士蔿之賦《狐裘》,結字拪韻,詞自己作,雖合賦體,明而未融。”范文瀾注:“孫云:‘唐寫本拪作短。’”二字因義符形近而通作。但《集韻·候韻》“四匊(掬)曰拪”之拪(大透切)不是“短”。

古書中用作“短”之“拪”應該也是“挅”的省體,而讀“大透切”之“拪”應該是從手、豆聲的形聲字。

值得注意的是,器皿之“梪”與“投”字的讀音相同,皆爲定母侯部字。古書中常見有“投”與從“豆”聲之字相通的辭例,如“投”同“頭”、“投”通“逗”、“投”通“豉”[④]。對於北大簡本“兕無所梪其角”一句,我們推測後人已不瞭解其中的“梪”(端母元部)乃是“挅”之省體,誤以爲是器皿之“梪”(定母侯部),於是據“梪”(定母侯部)演繹出傳世本《老子》的“投”字。

六

王弼本《老子》第五十八章:“禍兮,福之所倚;福兮,禍之所伏。孰知其極?其無正也。正復爲奇,善復爲妖。人之迷,其日固久。”其中與“妖”對應之字,馬王堆帛書殘缺,北大簡本作“芺”。整理者指出,“芺”

---

① 《北京大學藏西漢竹書(貳)》,頁147。

② “梪”爲器皿之“豆”的後起字。

③ 任平《説隸》,杭州大學出版社,1997年,頁125。

④ 參見高亨纂著《古字通假會典》,齊魯書社,1989年,頁349。

同“笑”,河本作“訞”,傅本作“祅”,皆當如王本讀爲“妖”①。

整理者認爲簡文中的“芺(笑)”當讀作“妖”,我們認爲并不可信。首先從讀音上看,“芺(笑)”古音爲心母宵部字,“妖”爲影母宵部字,二者韻部雖然相同,但聲紐遠隔,且文獻中没有二者相通的辭例。

“妖”表示“反常、怪異的事務”。從出土文獻的用字情況來看,戰國秦漢簡帛中往往用“夭”或“祅”、“訞”字來這個詞,如:

> 當是時也,癘疫不至,祅(妖)祥不行,禍災去亡,禽獸肥大,草木蓁長。(上·容成氏 16)
>
> □鳥獸能言,是夭(妖)也,不過三言。(睡·日書甲 60 背)
>
> 五歲弗更,其主爲巫,有夭(妖)。(孔·日書 298—1)
>
> 凡用兵之謀,必得天時,王名可成,訞(妖)孽不來,鳳鳥下之,毋有疾災,蠻夷賓服,國無盜賊,賢慜則起,暴亂皆伏,此謂順天之時。(張·蓋廬 4—5)
>
> 夭(妖)恙(祥)見於天,此逆上者也,此皆亂國之氣也。(銀·占書 2094)

就目前的出土文獻材料來看,還未見到有以“芺(笑)”來表示“妖”這個詞的例子。

據此,我們認爲北大簡《老子》“善復爲芺”的“芺”很可能是“芙”字的錯寫,“芙”當如王弼本讀作“妖”。

後記:蒙程少軒先生審閱,在此謹表謝忱。對於簡帛本與傳世本“揣”與“投”的異文關係,少軒先生傾向於通假,這一點與我的意見不同。

(作者單位:南京大學文學院)

---

① 《北京大學藏西漢竹書(貳)》,頁 133。

古典文獻研究(第十六輯)
2013 年 7 月

毛詩切詞疏

孫立堯

一　釋名

切詞法(tmesis)[①]習見於《荷馬史詩》之中,但此稱謂本身則較爲晚起,至少在史詩時代之後,用它來稱呼《荷馬史詩》中的句法顯然是不對的,因爲彼時介詞性的副詞與動詞的融合過程正在進行之中,本非將一詞切開用於詩行中的兩處,此説正好顛倒了語言發展的次序。但在解讀詩行之際,却須將此兩處詞語合起來理解[②]。

史詩之後的作家,雖亦有此法,但多限於一些不太重要的小品詞,可用來强調;或用於仿古的風格之中,甚至僅起一種裝飾性的作用。拉丁詩中的切詞也存在,其法亦承古希臘作家而來[③]。

與此相較,中國的古典語言,却主要是單音字;《詩經》時代雖已出

---

① 源自古希臘文 τμῆσις,意爲"切(cutting)",或譯插詞法,即將一個詞切分成兩個部分,中間插入一個或多個詞語。

② 如《伊利亞特》卷一第 39—41 行:

Σμινθεῦ, εἴ ποτέ τοι χαρίεντ' ἐπὶ νηὸν ἔρεψα,
ἢ εἰ δή ποτέ τοι κατὰ πίονα μηρί' ἔκηα
ταύρων ἠδ' αἰγῶν, τόδε μοι κρήηνον ἐέλδωρ.

此處第 39 行的"ἐπὶ νηὸν ἔρεψα"須理解爲"νηὸν ἐπέρεψα",其中"ἐπὶ"及"ἔρεψα"合爲"ἐπέρεψα";第 10 行的"κατὰ πίονα μηρί' ἔκηα"須理解爲"πίονα μηρία κατέκηα",其中"κατὰ"及"ἔκηα"合爲"κατέκηα"。

③ 如維吉爾的句子"quae mē cumque vocant terrae",即等於"quaecumque terrae mē vocant"。

現不少雙音詞,但主要爲連綿字[①],尚不足以成爲語言的主體。《詩經》中的詩句則以四言爲主,若以“切詞”來擬《詩經》句法的構成,在四言詩中,一句詩中的雙音詞被切置兩處,那麼這個詞中間通常只能插入一個單字,如《商頌·那》:

猗與那與,置我鞉鼓。

“猗那”是一不可分的連綿字,即《檜風·隰有萇楚》“猗儺其枝”中的“猗儺”,因句式“X 與 Y 與”而被切置詩句中的兩處,但仍須合在一起理解,即指其音樂之美盛。此爲《詩經》中連綿字切詞的常式,而像《小雅·隰桑》中的“切詞”却是極爲罕見的:

隰桑有阿,其葉有難。既見君子,其樂如何。

此處“阿”及“難”也當合起來理解,以言桑樹之美盛。連綿字“阿難”在這裏因爲押韻及加了“有”這一詞頭的關係,被分用於兩句詩之中。

但如果就此認爲《詩經》中的類似句式即是“切詞”,却是武斷的。前例之中,正因爲詩句中連綿字之不可分,所以用它字將其切開分用,才可以説是“切詞”,但連綿字本身却并非《詩經》語言的主體,“切詞”也并非僅用於連綿字。事實上,在許多情形之下,詩句中被“切”的兩個單音字本身是可以分用的;既可以分用,它就不是一個固定的整體,也就無所謂“切詞”。

因而,正如以“切詞”指稱《荷馬史詩》的句法一樣,借用這一術語,在很大的程度上,只是從後世雙音詞已經形成的觀點來看待的。而這些雙音詞的形成,恰恰是來源於《詩經》,這同樣是顛倒了語言發展的歷程。“切詞”本身實際上只是語言發展過程中詞語進一步融合及複雜化的一種表現,《荷馬史詩》如此,《詩經》同樣如此。

但從“詩歌語言”或“藝術語言”(Kunstsprache)的傳統來看,與《荷馬史詩》一樣,《詩經》代表著遠古的詩歌傳統,與其它的上古典籍相比,其

---

① 王力《漢語語法史》第十一章“構詞法的發展”,其中第二節列舉了《詩經》中的連綿字,見商務印書館,1989 年版,頁 167—170。

語言是高度程式化的(*formulaic*),這一點殆無疑義①。在此程式化的語言之中,由衆多虛字所形成的虛字結構顯然是詩人創作的核心所在②。

這些"虛字結構",同時也是"程式"(formulae)的一部分,對於《詩經》研究而言,其意義是多方面的。就目前所見的文本而論,《詩經》中的"程式"或虛字結構已經極爲穩定,詩人在創作時,心中所顯現的首先是這些"程式",然後根據韻律與詩義的需要,把實字填充到這些結構之中③。也就是説,在詩歌創作之中,這些虛字結構是先於實字的,如果認爲這些結構中的虛字只是用來"足句"的④,或試圖從《詩經》的實字來推測虛字的含義,便顛倒了這一創作過程,因爲用來"足句"的,恰恰是順應其程式及韻律的實字,而非虛字。

在"程式"句法或"虛字結構"與足字的"實字"融凝爲詩句的過程中,由於《詩經》句法的特殊性,在解讀詩句之時,往往必須使其中的兩個實字突破句法結構的限制,合在一起理解,才更符合詩義。而這些實字,在後世也常常形成雙音詞,如果將此雙音詞分開理解,難免導致臆測的結論,正是在這一點上,它才符合"切詞"的定義。此亦討論《詩經》"切詞"的意義所在。

《荷馬史詩》中被切置兩處的,往往一部分是介詞性的副詞,另一部分則爲動詞;而就《詩經》而言,由於虛字結構已是詩歌創作的主體之

---

① 參考 C • H • Wang, *The Bell and the Drum*: *Shih Ching as Formulaic Poetry in an Oral Tradition*, University of California Press, 1974.

② 參考拙文《四言詩虛字中心説》,《中國韻文學刊》2007 年第 4 期。

③ Albert B • Lord 認爲:"只有當特定程式以其基本模式藏在歌手心中之時,這一程式才是重要的。而到了這個程度時,歌手就不再過多地依賴對於程式的學習,而是更多地依賴在已有的程式模式中進行詞語的替换。"參考 *The Singer of Tales*, p. 36, Harvard University Press, 1988.《詩經》中所出現的程式顯然已是這種成熟狀態下的産物。

④ 如王引之《語詞誤解以實義》一文開篇便説:"字之爲語詞者,則無義之可言,但以足句耳。"(《經義述聞》卷三十二,《四部備要》本。)如《詩經》中常見的"之""於"等字,在許多情况下便被認爲是"足字虛詞",見王力《漢語語法史》第十章"足字虛詞",頁161 164。這在現代語言學界似乎已得到公認,如朱廣祁也認爲,"詩人們要用各種方式組成輕重相間的雙音結構,最方便的方法便是在單音節詞前後襯上一個虛字。爲了克服單音詞組成四字句的困難,有時不造成雙音結構也要加襯字來足句",見其《詩經雙音詞論稿》上篇,河南人民出版社,1985 年版,頁 4。

一,“切詞”通常也只能指虚詞結構與雙音實詞的相切。

二　同構切詞

所謂“同構切詞”,是指詩句的結構與所切詞的結構屬於同一類型。并列結構的“切詞”爲《詩經》中頗爲顯著的現象,在某種意義上,“同構切詞”似乎僅能指一種并列結構,即同一虚詞所形成的結構,因爲虚詞(更多的爲語詞)結構本無太多的實義可言,也就無從談起“偏正”或“動賓”等其它結構。

并列句式“○X○Y”或“X○Y○”爲《詩經》中最爲常見的虚字結構之一[①],前一句式中所用的虚詞範圍甚廣,後一句式中的虚字則多用“之”“兮”等字[②]。故今所論,以前者爲主,後者輔之。

大體而論,“○X○Y”這一結構下的虚字都表現出一種共通性、等價性,以及可替换性,其中代表虚字的“○”,通常只有語詞的意義,也就是傳統訓詁中所説的“詞也”,并無實義[③]。其原因在清儒及近人的著述之中已有一定的探討[④],有的虚字結構,其成因或已難具論,但它們

① 此處“○”表示這一結構中重複的虚字;“X、Y”分别表示用於替换的實字。

② “斯”、“與”等虚字也偶一用之,但較少。

③ 《詩經》中的許多詩句足以證明了這一共通性、等價性及可替换性。例如《小雅・信南山》中的“我疆我理”,即等價於《大雅・緜》中的“乃疆乃理”,亦等價於《大雅・江漢》中的“于疆于理”;《秦風・小戎》中的“載寢載興”即等價於《小雅・斯干》中的“乃寢乃興”;《小雅・無羊》中的“以薪以蒸”即等價於《小雅・正月》中的“侯薪侯蒸”;《邶風・谷風》中的“既生既育”即等價於《大雅・生民》中的“載生載育”;《小雅・大田》中的“既堅既好”即等價于《大雅・生民》“實堅實好”,詩人在創作時,依詩中的句式變化,隨機運用這些等價句式,雖所用虚字不同,在意義上則完全相當。

④ 這一虚字結構之所以存在共通性,一部分是由於音轉形成的,例如“聿、曰、遹、于”等詞的互通即屬於這一情形。清儒在訓詁時很注重“一音之轉”,這在古代有“諷誦”傳統的作品中尤其適用。其次則在於詞語之間的借用,如“云”爲“曰”之借,“也”爲“兮”之借,此類不勝枚舉;又一詞可有多借,如“爰”爲“于、曰、爲”之借,“允”爲“以、惟”之借等等。黄侃有《〈經傳釋詞〉箋識》,多言及此。王引之《經傳釋詞》(江蘇古籍出版社,2000 年版)後附載此文。

都屬於《詩經》時代的語言中已經逸失的某種"詩的傳統"[①]。

具備這一認識,已可以解决《詩經》語言中的一些疑難,如《小雅·車舝》中的"匪飢匪渴"即《小雅·采薇》中的"載飢載渴",而非鄭玄所説的"行道雖飢不飢,雖渴不渴";同樣,《大雅·瞻卬》"匪教匪誨"相當於"載教載誨",非鄭玄所説"又非有人教王爲亂";《邶風·谷風》中的"育恐育鞠"即《小雅·谷風》中的"將恐將懼"[②],亦非《鄭箋》所谓"恐至長老窮匱";而《大雅·皇矣》中的"無矢我陵,我陵我阿。無飲我泉,我泉我池",約略等價於"曰矢于陵,于陵于阿,曰飲于泉,于泉于池",鄭玄的解釋"每言我者,據後得而有之而言",則既未認識"我"之爲語詞,當然也就更談不上對"我X我Y"這一程式的理解。

在這一結構之中,如"言X言Y、載X載Y、侯X侯Y、維X維Y、式X式Y、爰X爰Y、實X實Y"一類句式中的"言、載、侯、維、式、爰、實"等詞,一般的釋詩家都將它們解釋成爲語詞,之所以如此,則是因爲這些虚字結構中的虚字,通常并没有衍生出語詞之外的更多意義,因而很難從確切意義的角度去解釋它們,將它們理解爲語詞是一種自然的結果。但如果虚字結構中的語詞有更多的其它意義及衍生意義,讀詩之際便很難擺脱這一類意義的影響,而其語詞的意義便常常被忽略,釋詩者會習慣地從詩句中的實詞來推測虚詞的含義。如"克X克Y、允X允Y、是X是Y、宜X宜Y"等結構,其中的"克、允、是、宜"等詞,便常常被解釋爲"能、信、代詞賓語、適宜"等意義,其原本的語詞含義反而隱而不彰;又如"既X既Y、將X將Y"也常常被理解爲有已完成或將來的意義,而實際上二者并無本質區别;而如果將語詞解釋成爲實詞,那便愈加扞格難通了,如"育X育Y";更有甚者,如果將作爲語詞的"不、

---

① 這些虚字類似于古希臘或拉丁語中的"小品詞"(particles),其運用在詩及散文之中頗不同,如古希臘語"τε⋯τε"這一結構在詩歌之中的頻率遠高於散文。《詩經》中所運用的大量虚字,在後世的散文、甚至詩歌(除了《詩經》的模擬詩)之中,幾乎不再出現,因而説它們屬於"詩歌傳統",并不爲過。

② 這兩首《谷風》都屬於"主題創作"(composition by themes),兩首詩主題相同,詩中所運用的程式及虚字結構也有許多必然的共通之處。參考C·H·Wang, *The Bell and the Drum*, Part Four: Theme. University of California Press, 1974.

匪"解釋成爲否定詞,詩句的意義便會與其原意完全相反。事實上,在《詩經》中的"〇X〇Y"這一結構下,其中較易理解的"言X言Y、載X載Y、侯X侯Y、維X維Y、式X式Y、爰X爰Y、實X實Y"等結構,與"曰X曰Y、方X方Y、或X或Y、、克X克Y、來X來Y、乃X乃Y、其X其Y、是X是Y、時X時Y、爲X爲Y、以X以Y、育X育Y、有X有Y、宜X宜Y、攸X攸Y、允X允Y"等看似有語義變化的結構,在很多情形下是相通并可以替换的;甚至與"不X不Y、匪X匪Y"等看似否定的結構,在相當多的情形下,也同様具有等值性。

另一方面,"〇X〇Y"結構中的虚字後面所加的實詞,最初并没有詞性的限制,例如"侯X侯Y、以X以Y、載X載Y"都是如此。但從《詩經》的詩句本身來看,如"載X載Y"多與動詞或形容詞連用,而"侯X侯Y"却更多地與名詞連用,雖然我們不妨説"載X載Y"這一結構表現出一定的動詞性,"侯X侯Y"表現出一定的名詞性,但毫無疑問,這種意義是衍生的,只是根據《詩經》的句子推斷出來的結果,這兩個模式起初并没有什麽分别。認爲這些虚字是名詞、動詞或形容詞的詞頭,這種看法則更是缺乏依據的[①]。

這裏的情形都涉及到對"程式"或"虚字結構"本身的認識與理解問題,其中有一部分與"切詞"相關,如"匪飢匪渴""匪教匪誨""育恐育鞠"都可以看作是切詞之例;同時,有了這樣的認識,對深入理解并列結構下的"切詞"是有益的,也可以澄清後面論述中可能産生的一些誤會。

"X〇Y〇"結構相對較爲簡單,其中的虚字多是無意義的語尾詞,且"兮"、"之"等字在古典詩歌之中的運用極爲頻繁,引起誤解的情況并不多。

---

① 王力《漢語語法史》中論名詞詞頭,主要是"有"字,如"摽有梅,其實七兮"(《召南·摽有梅》)、"發彼有的"(《小雅·賓之初筵》)、"豺虎不食,投畀有北;有北不受,投畀有昊"(《小雅·巷伯》);論動詞時提到"爰、曰、言",但也認爲這些能否算是詞頭"尚等進一步研究",并且"它們在後代也没有留下任何痕迹";論形容詞則提到"其、有"等,但又説"某些附加成分是否應認爲詞頭,比動詞的'詞頭'更成疑問"。分别見該書頁4、86—87、122。

在這一結構與雙音詞所形成的“切詞”之中，連綿字與并列結構所形成的“切詞”是詩人創作之時的一種自然現象（因爲這是真正意義上的“切詞”），故其理解亦易，只須略去虛詞結構，徑解連綿字本身即可。若被“切”之詞本身并非連綿詞，由於其詞義本相近，通常也會被合在一起解釋。二者皆非難題，毋須過多解釋。今略舉其例如次：

“○X○Y”式：

微我無酒，以敖以游。（《邶風・柏舟》）
如切如磋，如琢如磨。（《衛風・淇奥》）
如雷如霆，徐方震惊。（《大雅・常武》）
將翱將翔，弋鳧與雁。（《鄭風・女曰雞鳴》）
將翱將翔，佩玉將將。（《鄭風・有女同車》）
將恐將懼，維予與女。將安將樂，女轉棄予。（《小雅・谷風》）
憂心烈烈，載飢載渴。（《小雅・采薇》）
匪飢匪渴，德音來括。（《小雅・車舝》）
匪教匪誨，時維婦寺。（《大雅・瞻卬》）
式号式呼，俾昼作夜。（《大雅・蕩》）
侯作侯祝，靡届靡究。（《大雅・蕩》）
有萋有且，敦琢其旅。[1]（《周頌・有客》）

“X○Y○”式：

燕燕於飛，頡之頏之。（《邶風・燕燕》）
瑣兮尾兮，流離之子。[2]（《邶風・旄丘》）
挑兮達兮，在城闕兮。[3]（《鄭風・子衿》）
顛之倒之，自公召之。倒之顛之，自公令之。（《齊風・東方未明》）

① 馬瑞辰《毛詩傳箋通釋》：萋且雙聲字，皆以狀從者之盛。
② 《毛傳》：瑣尾，少好之貌。
③ 《毛傳》：挑達，往來相見貌。

婉兮孌兮,總角丱兮。[1]（《齊風·甫田》）

薈兮蔚兮,南山朝隮。婉兮孌兮,季女斯飢。[2]（《曹風·候人》）

經始靈台,經之營之。（《大雅·靈台》）

恩斯勤斯,鬻子之閔斯。[3]（《豳風·鴟鴞》）

猗與那與,置我鞉鼓。（《商頌·那》）

這些雙音詞,大多在後世較爲常見。準《荷馬史詩》切詞之例,既然雙音詞本身也是從單音字發展而來的,不妨視此爲雙音詞發展過程中必要的一環,那麽這些詞自可以算是某一種意義的"切詞"。

三　異構切詞

所謂"異構切詞",是指詩句的結構與所切詞之結構不相同,即"切詞"中的實詞部分不是并列式,而與并列的虚詞結構相切。

依前所論,并列句式"○X○Y"或"X○Y○"之中,其虚詞結構先於實詞,而結構本身則代表了一定的音樂節奏。詩人的創作中,有時對結構音樂性的重視甚至超過詩句本身的意義。在這一情形下,要瞭解詩句本身的意義,必須將被"切"之詞從"程式"或虚字結構中分離出來。

"異構切詞"之中,有些詩句較易解,尤其是"X○Y○"結構下的詩句,如《邶風·緑衣》之前三章:

緑兮衣兮,緑衣黄裏。心之憂矣,曷維其已。

緑兮衣兮,緑衣黄裳。心之憂矣,曷維其亡。

緑兮絲兮,女所治兮。我思古人,俾無訧兮。

---

① 《毛傳》:婉孌,少好貌。案下引《曹風·候人》中,《毛傳》:婉,少貌。孌,好貌。此與《齊風·甫田》解釋有異,蓋婉、孌分别解釋,亦猶以"善心曰窈,善容曰窕"解釋"窈窕"也,乃古人常例。且亦恰好可以説明語言形成過程中的某種不確定情形。

② 《毛傳》:薈蔚,雲興貌。

③ 案"恩",魯詩作"殷"。《鄭箋》:"殷勤於此稚子,當哀閔之。"全句但謂"殷勤閔此鬻子"耳。

此處的“緑兮衣兮”“緑兮絲兮”，句意即“緑衣”、“緑絲”，與其詩題相應；而“X兮Y兮”在這類句式又最爲常見，“緑衣”、“緑絲”皆屬偏正結構，由於其意義明顯，故不至於將“緑兮”與“衣兮”分别進行解釋。

但在“○X○Y”結構之中，則情况較爲複雜，誤解的情形也較多。因爲在這種結構之下的詩句中，同一首詩、甚至同一章詩之中，雖有同類結構的詩句，而其理解方式却可以完全不同。從虚字句式推斷實字的含義，有時并不奏效，因爲這類詩句中的虚字結構本身并不代表詩句的意義。結構與詩義，兩者須分而釋之。

先儒解經，大多只重詩句之結構，因而多不能發現這一“異構切詞”的現象，而徑從“同構切詞”的角度去解釋。在“同構切詞”中，既然被切之詞是連綿詞，或意義相近的雙音詞，即使没有意識到“切詞”的現象，解釋之際亦無大礙；但是在“異構切詞”之中，被切之詞的意義相去很遠，却勉强將其按照并列的意義解釋，則不僅需要很多的輾轉訓釋，而且詩義也被歪曲。清人黄以周注意到這一點，他在解釋“匪紹匪游”這一句時曾有所發揮，極有見地：

> 一書有一書之例，不通其例，觸處皆礙。《詩》“匪紹匪游”，《毛傳》曰：“不敢繼以敖游。”《鄭箋》曰：“軍行三十里，非解緩，亦非敖游。”《孔疏》曰：“各自言匪，每者一義，不得言繼以敖游。”王氏《述聞》曰：“《陳風·月出》首章‘窈糾’，三章‘夭紹’，皆舒緩義，故訓爲緩。《江漢》‘匪安匪游’、‘匪安匪舒’，此曰‘匪紹匪游’，合讀二詩，其義自明。”案鄭、孔及王意在據例釋詩，而不知實違通例。詩人作歌，多助語以成句，每無意義可求。如“剥菹”，非平列字，曰“是剥是菹”，是剥以爲菹也；“始謀”非平列字，曰“爰始爰謀”，於是始其謀也；“宣畝”非平列字，曰“乃宣乃畝”，乃宣其畝也。此曰“匪紹匪游”，亦非平列字。《毛傳》最合訓詁，《孔疏》謂“各言匪，每一義”，則“剥菹”、“宣畝”等亦可平分爲二義乎？《江漢》篇“匪安匪游”“匪安匪舒”，亦非平列字。“匪安匪游”，非安於游也；“匪安匪舒”非安于舒也。此曰“匪紹匪游”，謂非繼以游。與“匪交匪紓”謂“非交相紓”亦同（匪交，毛同《荀子》，鄭同《韓詩》，别有説）。凡平列字，意近文連屬，如“爰居爰處”、“迺左迺右”、“如金如錫”、“如雷如霆”是

也。《江漢》"安游",《常武》"紹游",文意俱遠,必非平列字。王氏誤解《江漢》,并誤解《常武》,殊昧通例;"紹"訓"舒緩",義亦迂曲。[1]

這裏的"平列字",即是"并列結構"。案黄氏此論,雖其所舉詩句仍可商榷,但於《毛詩》之句例發揮,則頗爲精到;而其中至要之處,乃在於舊儒所執,惟在仰信平列句必有平列義,而不知此"平列句"本是詩人創作中之"程式",原不必與所切之詞同構也[2]。

黄氏所謂"詩人作歌,多助語以成句,每無意義可求",亦屬"虛字足句"的一般見解,前已辨明其誤;又黄氏之説雖與"切詞"無關,而所舉詩句則正屬於"異構切詞"之例,今亦略作辨析。

《小雅・信南山》:"疆埸有瓜,是剥是菹。"《毛傳》"剥瓜爲菹也",《鄭箋》"剥削淹漬以爲菹",則此句詩只謂剥瓜、菹瓜,"菹"作動詞用,《毛傳》所説的"剥瓜"與"爲菹"并非不能平列。因而,"是剥是菹"不能算作"切詞"的好例。

《大雅・緜》"爰始爰謀",《鄭箋》:"此地將可居,故于是始與豳人之從己者謀。"《正義》:"大王見其如此,知其可居,于是始欲居之,于是與豳人從己者謀之。"又説:"經云'爰始爰謀',當有二'于'。如箋之言,則下一'爰'無所用矣。王肅云:'于是始居之,于是先盡人事,謀之于衆。'然則箋云'始與豳人從己者謀',亦謂于是始欲居,于是與之謀,但箋文少略耳。"馬瑞辰説:"始,亦謀也。始謀謂之始,猶終謀謂之究。'爰始爰謀'猶言'是究是圖'也。《爾雅》基、肇皆訓爲始,又皆訓謀,則始與謀義正相成耳。經以二爰字對舉,如《箋》云'始與豳人從己者謀',則下爰字無所用。王肅又於始字下增居字以釋之,亦誤。"[3]案《正義》解"爰始"爲"于是始欲居之"固誤,而馬氏亦未得其句法。《鄭箋》雖未亦未明

---

① 黄以周《經説略》卷一"申《毛傳》'匪紹匪游'義"條,《皇清經解續編》本。

② 向熹曾將這類現象歸結爲"并列結構的兩岐解釋",并認爲"應當認真地進行全面的研究",其説尚不如黄氏之圓通。見其《詩經語言研究》,四川人民出版社,1987 年版,頁 288—291。

③ 馬瑞辰《毛詩傳箋通釋》,中華書局,1989 年版,頁 816、817。

其句法，而實能會其大義。“爰始爰謀”即“爰始謀”，亦即“始謀”。“始”爲“謀”之修飾語，屬於不同詞性。詩人在創作時，將這兩個字分開嵌入“爰 X 爰 Y”的程式之中，兩者實非并列關係，孔、馬二氏執定“二爰字對舉”，遂謂“始”與“謀”爲并列關係，而失詩之本義矣。黄氏謂“於是始其謀也”，“爰”固不必解爲“於是”，而其對句意之理解則甚是。

又《大雅·緜》：“迺疆迺理，迺宣迺畝。”《鄭箋》：“時耕曰宣。乃疆理其經界，乃時耕其田畝。”《正義》：“疆、理是一，宣、畝亦同，但作者以‘乃’間之而足句耳，故《箋》通解之，云‘乃疆理其經界，乃時耕其田畝’也。”案《正義》所謂“通解之”，正謂將詩句貫通解釋，但《正義》又將詩句分别解爲“乃爲之疆埸，乃分其地理，乃教之時耕，乃治其田畝”，依舊用并列句將“宣畝”切置二處，則孔氏之去“通解”尚遠。黄氏重申鄭義“乃宣其畝也”，實爲宏通之論，“宣畝”爲動賓結構，不可依《正義》解爲“乃教之時耕，乃治其田畝”，此爲“異構切詞”一佳例。

《大雅·江漢》：“匪安匪游，淮夷來求。”“匪安匪舒，淮夷來鋪。”《大雅·常武》：“匪紹匪游，徐方繹騷。”案“匪安匪游”，《鄭箋》“非敢斯須自安也，非敢斯須游止也”；“匪安匪舒”，《鄭箋》“不自安不舒行”；“匪紹匪游”，《毛傳》：“不敢繼以敖游也。”《鄭箋》則釋爲“亦非解緩也，亦非敖游也”。案“匪 X 匪 Y”句式頗爲複雜，一在於“匪”字在《詩》中有語詞義，有否定義，有時難以確定。此處的“匪安匪游”、“匪安匪舒”、“匪紹匪游”若理解爲“載安載游”、“載安載舒”、“載紹載游”或“乃安乃游”、“乃安乃舒”、“乃紹乃游”，以形容“王”及其“武夫”討伐不庭的安舒閑暇，亦無不可，故黄氏所駁的王引之之説似尚不可廢①。縱“匪紹匪游”可依

① 《小雅·桑扈》“彼交匪敖”、《小雅·采菽》“彼交匪舒”，王引之《經義述聞》卷六將“匪”釋成“彼”，謂“彼交匪敖”即“匪交匪敖”，“彼交匪舒”亦即“匪交匪舒”。其説雖是，而不知“彼”、“匪”皆語詞也。案《桑扈》及《采菽》之詩義，皆有讚頌祝福、安閑優游之氣象，《桑扈》之三章“不戢不難，受福不那”，四章之“彼交匪敖，萬福來求”。其中“不 X 不 Y、匪 X 匪 Y”之句式也恰成對照，皆非否定之意。《采菽》“彼交匪紓，天子所予。樂只君子，天子命之。樂只君子，福禄申之。”亦皆如此。“敖”即“匪安匪游”中之“游”，“舒”亦與之對應，“交”之詞義或亦相近。如此則“彼交匪敖”即“載交載敖”、“乃交乃敖”，“彼交匪舒”即“載交載舒”、“乃交乃舒”，與《江漢》、《常武》中之句意相同。姑附識於此，以俟詳考。

毛義,“匪安匪游”“匪安匪舒”二句則無疑更適合處理爲“同構切詞”,而將“安游”“安舒”理解爲并列的形容詞,故黄氏所舉此三句詩,亦非“異構切詞”之好例。

通過對黄氏所舉之例的分析,大致上可對“異構切詞”可形成一較深的理解。黄氏之例雖未必妥當,但此類詩句在《詩經》之中確實有不少,并且也易形成各種誤解,今所舉之例,仍以“○X○Y”結構之下的詩句爲主。

◎《周南·葛覃》:言告師氏,言告言歸。

《毛傳》:“言,我也。婦人謂嫁曰歸。”《鄭箋》:“我告師氏者,我見教告于女師也。教告我以適人之道。重言我者,尊重師教也。”案“言”之爲語詞,清人早已辨之,此毋庸再述;“歸”是否即是“嫁”,在此詩中亦有争議;將“告”理解爲被動,顯然不對,但“告歸”須合在一起解釋,似乎却是一致的。“言告言歸”即“言告歸”,亦即“告歸”,“歸”乃所告之内容。

◎《大雅·公劉》:匪居匪康,迺埸迺疆,迺積迺倉。

“匪居匪康”,《鄭箋》:“不以所居爲居,不以所安爲安。”《孔疏》申之曰:“言不顧己之安居,唯以利民爲意。”案此主於美化公劉,故理解頗有偏差,非詩之本義,但《孔疏》“安居”一解,則頗能體現此處“切詞”之意。“匪居匪康”即“匪康匪居”,句式因韻而顛倒,實際上亦即“匪康居”,謂不能安居也。

◎《大雅·卷阿》:有馮有翼,有孝有德,以引以翼。

“有孝有德”,《鄭箋》:“有孝,斥成王也。有德,謂群臣也。”王引之謂:“《爾雅》:‘善父母爲孝。’推而言之,則爲善德之通稱。”[①]馬瑞辰申

① 王引之《經義述聞》卷三十一,《四部備要》本。

之曰:"此詩'有孝有德'亦泛言有善有德,不必專指孝親言。……《箋》以有孝爲指成王,失之。"[①]如王氏之説,則"孝"與"德"皆是所謂"善德",此説固佳,然而仍是將兩者看作并列的重複語。實際上,"有孝有德"即"有孝德",承前文"有馮有翼"而用"有X有Y"之結構,但兩者不可一例釋之。

◎《大雅·蕩》:如蜩如螗,如沸如羹。《大雅·常武》:王奮厥武,如震如怒。

"如沸如羹",《鄭箋》:"其笑語遝遝,又如湯之沸,羹之方熟。"朱熹《詩集傳》:"蜩、螗,皆蟬也。如蟬鳴,如沸羹,皆亂意也。"朱氏語雖不甚詳,但或即是將"沸"理解爲"羹"的修飾語,而非二者并列。案"如沸如羹"即"如沸羹",此亦承前句"如蜩如螗"而用"如X如Y"之程式,二者解法亦各不同。

"如震如怒",《鄭箋》:"王奮揚其威武,而震其雷聲,而勃怒其色。"王引之釋之云:"如,乃也。'如震如怒',言乃震乃怒。而解者云,如天之震雷其聲,如人之勃然其色,則失之矣。"[②]若如王氏之説,則"如震如怒"即"如震怒",亦即"乃震怒"也。

◎《大雅·大明》:有命自天,命此文王,于周于京。

"于周於京"即"于周京"。《鄭箋》:"天爲將命文王,君天下于周京之地。"《孔疏》:"言教命乃從天而來歸,將命此文王,于彼周國,于其京師也。"又説"共行仁義于周京",則"周京"之爲一詞,顯而易見。《孔疏》所謂"于彼周國,于其京師"固是增字以釋經也。又《曹風·下泉》云:"愾我寤歎,念彼周京。"重章之中,又謂"念彼京周、念彼京師",三者本是一,其中"京周"則是因押韻的原因而倒文。

① 馬瑞辰《毛詩傳箋通釋》,中華書局,1989年版,頁917。
② 王引之《經義述聞》卷三十二《語詞誤解以實義》,《四部備要》本。

◎《大雅·生民》:克禋克祀,以弗無子。

《毛傳》:"禋,敬也。"《鄭箋》"乃禋祀上帝於郊媒",則"克禋克祀"即"克禋祀",即行祭天之禮也。《周禮》鄭注謂:"禋之言煙,周人尚臭,煙氣之臭聞者。積柴實牲體焉,或有玉帛,燔燎而升煙,所以報陽也。"

◎《小雅·斯干》:無非無儀,唯酒食是議。無父母詒罹。

否定結構在《詩經》之中也較爲常見,但這一結構既有語詞意義,也有否定意義,情况各有不同。《毛傳》:"婦人質,無威儀也。"《鄭箋》:"儀,善也。婦人無所專於家事,有非非婦人也,有善亦非婦人也。"毛、鄭皆將"非"與"儀"并列起來解釋。案此處之"無非無儀"即"無非儀",謂一切謹守禮儀也。褚斌傑釋之曰:"不要不守禮儀。"[①]褚説可從。

◎《大雅·常武》:既敬既戒,惠此南國。

《鄭箋》:"敬之言警也。警戒六軍之衆,以惠淮浦之旁國。"案"既敬既戒"即"敬戒",亦即"警戒"也。

◎《大雅·緜》:曰止曰時,築室于兹。

"曰止曰時",《鄭箋》:"時,是。卜從則曰可止居于是。"《正義》:"大王乃告從己者曰:可止居于是。"又説:"如箋之言,則上曰爲辭,下曰爲于也。"王引之曰:"經文疊用曰字,不當上下異訓,二字皆語辭。時亦止也。古人自有複語耳。《爾雅》曰:'爰,曰也。''曰止曰時'猶言'爰居爰處'。"[②]案此處解"曰"爲語詞則是,以爲"時亦止也"則誤,"止"與"時"亦非并列語。"曰止曰時"即"曰止是",亦即"止是";"止是"可進一步理解爲"止於是",非"曰"訓爲"於"也。此處雖非標準的"切詞",但由於

① 《詩經全注》,人民文學出版社,1999年版,頁216。
② 王引之《經義述聞》卷六,《四部備要》本。

“止時”兩字分開解，於詩句即不可通，故亦准“切詞”之例，一并釋之。此類用法《詩經》中尚多，此處不煩多舉。

◎《周頌·我將》：我將我享，維羊維牛，維天其右之。

《毛傳》：“將，大。享，獻也。”《鄭箋》：“將，猶奉也。我奉養我享祭之羊牛，皆充盛肥腯，有天氣之力助。”《正義》：“以將與享相類，當謂致之於神，不宜爲大。”馬瑞辰從莊述祖之説，訓“將”爲“烹”，亦强説耳①。後人則多從鄭説，如程俊英認爲：“這裏將與享對文，都是祭祀時奉獻的意思。”②惟周振甫依毛説，釋之曰：“我將我享：我大獻祭。”③案周説是，“我將我享”即“我將享”④。惟此處之“我”，當依句例視作語詞，“我將我享”換作“載將載享”、或“乃將乃享”，詩義不變。

◎《周頌·載見》：以孝以享，以介眉壽。

《鄭箋》：“以致孝子之事，以獻祭祀之禮。”將孝、享二者并列言之。馬瑞辰謂：“《爾雅·釋詁》：‘孝，享也。’孝與享同義。故享祀亦曰孝祀。此詩‘以孝以享’，猶《潛》詩‘以享以祀’，皆二字同義，合之則曰孝享。《天保》詩‘是用孝享’，猶《閟宫》詩‘享祀不忒’也。《箋》分孝、享爲二義，失之。”案“以孝以享”即“以孝享”。“孝享”之義，即當如《小雅·天保》“吉蠲爲饎，是用孝享”之《正義》所云：“是用致孝敬之心而獻之。”不煩以并列重複語釋之。

---

① 馬瑞辰《毛詩傳箋通釋》，中華書局，1989年版，頁1053。

② 程俊英《詩經注析》，中華書局，1991年版，頁945。

③ 周振甫《詩經譯注》，中華書局，2010年版，頁468。

④ 此類句式与古代語言傳統的殘留或有一定關係，試比較：古希臘語中以πολύς修飾其它形容詞時常加καί，如πολὰ καὶ δεινά，many dreadful sufferings；拉丁語中以multus修飾其它形容詞時常加et，如multae et magnae cōgitātiōnēs，many (and) great thoughts. 分别見H. W. Smith, *Greek Grammar*, P274, Harvard University Press, 1984. 以及Charles E. Bennett, *New Latin Grammar*, P156, Allyn and Bacon, 1918. 此處的καί或et在句中實際上起不到什麽作用，似乎是多餘的，但却是一種習見的用法。

四　不定切詞

“不定切詞”指詩句之結構與所切詞之間并没有明顯的結構關聯。在這一類“切詞”之中,其結構有的可以視爲并列結構的變體,但有些結構則無從判斷。理論上,詩人可以借用構築詩句所常用的任意兩個虚字(而非原程式中的只用相同虚字)組成另一結構,這一結構是否爲并列結構的變體,當然需要有詩例的印證,况且即使能有詩句來印證變體,有些變體却不一定構成“切詞”。爲方便起見,我們不妨將并列結構變體的“切詞”,與無法判斷其結構來源的“切詞”,都歸爲“不定切詞”。

“○X○Y”這一程式擁有衆多的變體,其中有各種各樣複雜的情形,難以具論。但理解這類變體,與理解程式本身一樣,同樣可以解釋《詩經》中的一些疑難問題。如“匪X匪Y”的變體之一爲“匪X伊Y”[①],前人多將此句式理解爲“不是……而是……”的含義,實不如解爲語詞句式爲順。如《小雅·蓼莪》:“蓼蓼者莪,匪莪伊蒿”、“蓼蓼者莪,匪莪伊蔚”,謂彼蓼蓼長大者維莪維蒿、維莪維蔚也。《魯頌·泮水》:“載色載笑,匪怒伊教。”案“匪怒伊教”即“載怒載教”,二者分説魯侯之情態,謂與先生君子在泮飲酒、永錫難老之際則載色載笑,在泮獻馘、屈此群醜之際則載怒載教也。這裏的句式也相當於“侯X侯Y”、“維X維Y”、“載X載X”。

同時,這類變體之中也有“切詞”的情形,如“既X既Y”有“既X且Y”、“既X乃Y”等變體,“終X且Y”、“衆X且Y”等相關變體,詩句如“既安且寧”(《小雅·常棣》)、“既和且平”(《商頌·那》)、“終和且平”(《小雅·伐木》)等;“式X式Y”之變體有“式X且Y”、“式X以Y”,詩句如“式歌且舞”(《小雅·車舝》);“言X言Y”之變體有“言X斯Y”,詩例如“言歸斯復”(《小雅·我行其野》)。顯然,這些詩句大多爲“切詞”之例,甚至可以視爲是“同構切詞”,因而理解起來并不困難。若變體之中有類似於“異構切詞”之情形,則亦不易明瞭,例見下文。

---

① 這裏的“伊”,楊樹達《高等國文法》中曾將其看作是係詞,但遭到王力的反駁,而認爲這是詞頭或足句虚詞。見王力《漢語語法史》,商務印書館,1989年版,頁188。

無論如何，從實際的情形來看，無論是并列句式之變體，還是無明顯規律的虚字句式，一旦與雙音詞相切，却往往因不知其源流，或失考其意義，而不辨其爲“切詞”，多易産生誤解（如用“也”、“者”、“之”、“彼”等常見虚詞所構成的句式來切詞的詩句）。兹舉數例，略明其意而已。

◎《召南·江有汜》：不我過，其嘯也歌。

此句爲“其X也Y”之句式與“嘯歌”之成詞（《小雅·白華》“嘯歌傷懷”）相切，但在句法上，則因承接前兩章“其後也悔”“其後也處”而成，雖然兩者并不完全一致。聞一多謂：“嘯歌者，謂哭而有言，其言又有節調也。”本句“也上一字”（案：即“嘯”）爲“表狀副詞”①。

◎《鄭風·羔裘》：羔裘如濡，洵直且侯。

《鄭箋》：“言古朝廷之臣，皆忠直且君也。”《正義》：“其性情均直，且有人君之度也。”實則句意謂，彼服如濡之羔裘者，“直侯”也。“直侯”，亦即是“忠直之君”，“且”字爲句式結構所本有之語，而與“直侯”相切也。

◎《小雅·甫田》：禾易長畝，終善且有。

《正義》：“使禾生易而治理長，而次列遍竟畝中，終至成善，且收而大有。”案“終X且Y”爲“既X既Y”之的變體之一②，而其所形成的切詞，多爲并列式，前已有例；但此處却非其常例，“有”謂能有豐年，“終善且有”即“善有”，謂其善有豐年也。

◎《小雅·大田》：既種既戒，既備乃事。《周頌·有瞽》：既備

---

① 見《詩經通義》，《聞一多全集》（二），《民國叢書》本，頁154。

② 王引之謂：《甫田》曰“禾易長畝，終善且有”……終字皆當訓爲既。説詳《經義述聞》卷五“終風且暴”、“衆穉且狂”二條，《四部備要》本。

乃奏,簫管備舉。

案《大田》篇之《正義》:"受地擇種,戒敕具器,既已周備矣,至孟春之月,乃耕而事之矣。"《周頌·有瞽》篇《鄭箋》:"既備者,懸也,輮也,皆畢已也。乃奏,謂樂作也。""既X乃Y"不妨看作是"既X既Y"或"乃X乃Y"之變體,則"既備乃事"即"備事","乃事"今譯本多解作"這些事",實則"既X乃Y"是《詩經》中最常見的結構之一,"乃"顯然是一結構虚字,而不應與"事"合在一起解釋。而"既備乃奏"即"備奏",句意亦即下文"簫管備舉",這一重複法(tautology)亦是古詩之常式。

◎《小雅·無羊》:牧人乃夢,衆維魚矣,旐維旟矣。大人占之:衆維魚矣,實維豐年;旐維旟矣,室家溱溱。

"衆維魚矣,旐維旟矣",《毛傳》:"陰陽和則魚衆多矣。溱溱,衆也。旐旟所以聚衆也。"《鄭箋》:"魚者,庶人之所以養也。今人衆相與捕魚,則是歲熟相供養之祥也。《易·中孚》卦曰,豚魚吉。溱溱,子孫衆多也。"朱熹《詩集傳》:"或曰:衆,謂人也。旐,郊野所建,統人少;旟,州里所建,統人多。蓋人不如魚之多,旐所統不如旟所統之衆,故夢人乃是魚,則爲豐年;旐乃是旟,則爲人衆。"清人盧文弨、王引之等皆有説,惟俞樾《群經平議》最爲近理,俞氏謂:"衆維魚矣,猶云維衆魚矣;旐維旟矣,猶云維旐旟矣。"而于省吾猶謂其"非對文成義",遂讀旐爲兆,認爲衆與兆互文成義,"衆與兆均爲量詞,維爲句中助詞。此詩本謂牧人所夢的是魚之衆與旟之多,衆魚爲豐年之徵,兆旟爲室家繁盛之驗"[①]。

案《小雅·斯干》:"下莞上簟,乃安斯寢。乃寢乃興,乃占我夢。吉夢維何?維熊維羆,維虺維蛇。大人占之:維熊維羆,男子之祥;維虺維蛇,女子之祥。"兩詩之主題相當,而句法亦當有可通處。"維熊維羆,維虺維蛇"若换成"熊維羆矣,虺維蛇矣",意義不變;而《無羊》中詩句若换成"維衆維魚,維旐維旟",其義亦可相當。究其原因,即在於"維X維

① 于省吾《澤螺居詩經新證、澤螺居楚辭新證》,中華書局,2003年版,頁83—84。

Y”這一程式有衆多變體，《詩經》中的句式有“維X與Y，維X及Y，維X伊Y”等，而“X維Y矣”實亦爲“維X維Y”的變體之一。俞樾之説雖與“程式變體”及“切詞”之説無與，然亦可謂善會詩義矣。詩中“衆魚”之分用，正不失爲“不定切詞”（亦可理解爲“異構切詞”）一典型詩例。

◎《小雅·十月之交》：日有食之，亦孔之醜。

此處爲“日食”一詞與“X有Y之”這一結構相切。案“日有食之”一句頗爲特殊，《詩經》中僅此一句，但它却成爲《春秋》中記事的常用語，且在史書中一直延用。《春秋·隱公三年》：“三年春王二月，己巳，日有食之。”楊伯峻注：“‘日有食之’，簡言之即‘日食’……‘日食’而作‘日有食之’，乃當時習慣。”[①]這裏稱之爲“習慣”，更可稱之爲“傳統”，其成因頗難解釋。從詩歌傳統的角度來看，這是適應四言詩的結構而成的“詩歌語言”，而與“切詞”相關。

◎《大雅·思齊》：不顯亦臨，無射亦保。

這兩句詩説解紛紛，實則此處不、無、亦三字皆語詞，詩句可視爲“不X不Y，無X無Y”之變體。“不顯亦臨”，謂“顯臨”也；射，足也；保，安也；“無射亦保”，即“乃射乃保”，謂乃足乃安也。

◎《周頌·載芟》、《良耜》：“俶載南畝，播厥百穀，實函斯活。”

《鄭箋》：實，種子也。函，含也。活，生也。……種其種，皆成好含生氣。案：依鄭説，則“實函斯活”即“實函活”，但此處之“實”不當作“種子”解，實、斯皆語詞，謂“百穀函活”也。“實X實Y”爲《詩經》中最常見的程式之一，此處可理解爲其變體，詩句相當於“實函實活”或“斯函斯活”。

---

① 《春秋左傳注》第一册，中華書局，1990年5月第2版，頁23。

◎《周頌·烈文》:無競維人,四方其訓之。不顯維德,百辟其刑之。

此處句式亦可視爲"不X不Y,無X無Y"之變體。"無競維人"同"維競維人",亦即"競人",謂强力之人。"不顯維德"同"維顯維德",亦即"顯德",謂光顯之德。詩句謂四方順此强力之人,而以光顯之德爲模範也。

◎《小雅·白华》:有扁斯石,履之卑兮。《小雅·瓠叶》:有兔斯首,炮之燔之。《商頌·烈祖》:"嗟嗟烈祖,有秩斯祜。"

此用"有X斯Y"結構與雙音詞相切。王引之謂:"有、斯皆辭也。'有秩斯祜'猶云'有扁斯石'。秩,大貌。"[①]又謂:"《瓠葉》曰:'有兔斯首',而解者以斯首爲白首,則失之矣。"[②]

◎《召南·騶虞》:彼茁者葭,壹發五豝。《鄘風·干旄》:彼姝者子,何以畀之?《齊風·東方之日》:彼姝者子,在我室兮。《秦風·黄鳥》:彼蒼者天,殲我良人。

此處是以"彼X者Y"句式與"茁葭""姝子""蒼天"相切,或以爲"彼"是指示代詞,[③]但"彼"的指示意義在《詩經》中并不明顯,有時與形容詞連用時也被看成相當於"重言",而與"其"相當。[④] 但若僅從結構來解釋,亦可以成立。如此處"彼蒼者天"實屬於呼格(vocative),而與《王風·黍離》及《唐風·鸨羽》"悠悠蒼天"、《小雅·巷伯》"蒼天蒼天"

---

① 王引之《經義述聞》卷七,《四部備要》本。

② 王引之《經義述聞》卷三十二《語詞誤解以實義》,《四部備要》本。

③ 向熹《詩經語言研究》,四川人民出版社,1987年版,頁298。

④ 如"弁彼鸒斯"、"菀彼柳斯"(《小雅·小弁》)中的"彼","北風其喈,雨雪其霏"(《邶風·北風》)、"言念君子,温其如玉"(《秦風·小戎》)中的"其",一般認爲它們與形容詞連用時相當於重言或襯字雙音結構,而不具有指示意義。參見王顯《詩經中跟重言作用相當的有字式、其字式和思字式》,載《語言研究》第四期,1959年;又參見朱廣祁《詩經雙音詞論稿》第二章"襯字雙音結構",頁68—69。

兩句同揆,則此句中的"彼""者"的衍生意義就更加模糊了。

◎《小雅·小弁》:有漼者淵,萑葦淠淠。《小雅·頍弁》:有頍者弁,實維伊何。《小雅·菀柳》:有菀者柳,不尚息焉。《小雅·何草不黄》:有芃者狐,率彼幽草。《大雅·卷阿》:有卷者阿,飄風自南。

"有X者Y"這一句式與前句相關。"有"字可以作爲形容詞詞頭,而與"彼"作爲重言的性質可以一致。這種句式雖然不必從"重言"的角度來解釋,但這兩個結構之間的的相通却是必然的。

◎《唐風·杕杜》:有杕之杜,其葉湑湑。《唐風·有杕之杜》:有杕之杜,生於道左。《小雅·杕杜》:有杕之杜,有睆其實。《小雅·何草不黄》:有棧之車,行彼周道。《周頌·天作》:彼徂矣,岐有夷之行。

此亦與上兩式相關。《小雅·何草不黄》之首章:"有芃者狐,率彼幽草。有棧之車,行彼周道。"此章中第一、三句句式相當,二、四句句式相當,則尤爲"有X之Y"與"有X者Y"二者可互用之明證。

◎《小雅·蓼蕭》:蓼彼蕭斯,零露湑兮。《小雅·小弁》:弁彼鸒斯,歸飛提提。又:菀彼柳斯,鳴蜩嘒嘒。

此與前幾式亦相關聯。如《小雅·菀柳》"有菀者柳"與《小雅·小弁》中的"菀彼柳斯",二者互爲變體。此上四條,可以合論。實則都是形容詞與名詞所形成的偏正式雙音詞,與具備"彼""者"等詞的結構所形成的"切詞",這在詩義的理解不會造成障礙,因爲"彼""者"等詞在後成語言中已有極强的指示性;同時,在《詩經》中也有與此類句式相關的詩句,如"翩翩者鵻""皇皇者華""蓼蓼者莪"與"彼X者Y"相通,"湛湛露斯"、"毖彼泉水"與"X彼Y斯"相通,結構中的部分虚字已爲實字所取代,也可取以互證。但就"切詞"本身而言,其典型性却被削弱了。若取"有X斯Y"與"有X之Y"、"有X者Y"相較,三者雖可互通,如"有扁斯石”换作“有扁之石”“有扁者石”,其意義并未變化,但從“切詞”所用的結構來看,顯然“有X斯Y”的“切詞性”最强,“有X之Y”次之,而“有X者Y”最弱,其中原因即在於“斯”的語詞性最强,其所帶來的干擾最小,而“者”的指示性最爲明顯,已很難從語詞的角度去領會了。

五 餘論

“切詞”本身可以看作一個語言問題,但這一問題涉及到詩歌語言的傳統,尤其是詩歌的語言結構與雙音詞結合運用時,就會産生多種複雜的情况,因而,從某種意義上來説,“切詞”也是上古詩歌的格律問題。當然,《詩經》中有這麽多的虚字句式,是否與上古時代泛用虚字(或可稱“泛虚字時代”)有關,殊難定論①;但從詩歌傳統的角度,則更易於解釋一些。

在荷馬史詩及仿荷馬體的史詩之中,“六音步長短格”是基本的詩歌韻律,通過詞語位置的調整而對詞進行强調②,或使詞語順應每一步格中長短音的需要,從而形成詩句的特殊格調,而“切詞”使這種用法更加自由。中國古典詩歌的特色,其最重要之處乃在於“韻”,在固有句式之中以“切詞”來順應押韻,也有一些詩例,如前所引《齊風·東方未明》“倒之顛之,自公令之”,轉“顛倒”以順應韻律;《大雅·公劉》中的“匪居匪康,迺埸迺疆,迺積迺倉”,轉“康居”以順應韻律;而《小雅·隰桑》中“隰桑有阿,其葉有難”則正好“切”疊韻字以成詩韻,更見巧致。但事實上,《詩經》“切詞”其最主要的作用却在於調和了雙音節詞與固定句法之間的矛盾,使詩人更易於構築詩句。這種矛盾以前似皆爲學界所忽視,從而對詩句的理解産生了不少疑難,今略發其覆,以質大雅君子。

(作者單位:南京大學文學院)

① 如上古人名中多加“之”作爲語助,如公罔之裘、介之推、佚之狐、燭之武、庾公之斯、尹公之他等,王力亦將此類歸入“足句虚字”。見《漢語語法史》,商務印書館,1989年版,頁161。

② 這在古希臘、拉丁詩歌之中最易成立,因爲它們都是屈折語,語序并不影響句子的意義,語序的變化,通常只有强調意義的不同;這樣,在其構成詩句之時,則更可以形成多種結構,如連鎖句(interlocked word order)、“丫叉句”(chiasmus)等等。

古典文獻研究(第十六輯)
2013年7月

杜預的經學條例及其學術自覺

赫兆豐

西晉杜預所撰《春秋經傳集解》是現存最早、最完整的《春秋》及《左傳》注本。該書有三大特點:首先,也是最突出的特點在於分合經傳、以傳附經,即杜預在《春秋序》中所説的"分經之年,與傳之年相附,比其義類,各隨而解之"①;其次是"經承舊史、史承赴告"的注釋思想;第三是"三體五例"説。《集解》的這三個特點,與杜預所撰的另外一本書——《春秋釋例》相輔相成,共同形成了《集解》以簡馭繁、簡約精洽、徵實有據的注釋風格,建構了有别於《公》、《穀》二傳的獨特的《左傳》經學體系。本文試圖通過分析《集解》的注文,歸納出杜預在注釋《左傳》時所用的經學條例,繼而結合杜預關於"例"的理論,揭示杜預的學術自覺性,最後探討杜預的義例學在《春秋》學史上的意義和影響。

一 《春秋經傳集解》的經學條例

要對條例進行歸納,首先須明確條例的定義。《辭海》在"條例"一詞下收録了三個義項,其中第二條爲:"條列全書體例、義例。何休《公羊解詁序》:'往者略依胡毋生條例,多得其正。'"用的恰恰是《春秋》學的例子。本文所提出的"經學條例"一詞,偏重於綱領制度,是杜預對《左傳》和《春秋》的整體把握。具體説來,主要指杜預在經、傳基礎上,爲證明《左傳》釋經的性質,而總結、補充(據原有語句进一步生發)以及新創造出來的,用以闡發《春秋》大義的方法、原則和規範,主要包括杜

① (晉)杜預注,(唐)孔穎達疏《春秋左傳正義》卷一,《十三經注疏》,北京:中華書局,1980年影印阮元校刻本,頁1707。

預對《左傳》性質的認識、調和經傳矛盾的方法、分合經傳的合理性、三體五例説、“經承舊史,史承赴告”説、《春秋釋例》中的書寫規則等内容。經學條例最突出的一個特點就是爲闡發《春秋》大義而設計,主要與義理相關聯,而不是與訓詁考證相關聯。經學條例有時與訓詁考證相關,也是直接爲闡發大義服務的,比如由“經承舊史、史承赴告”而生發出來的“史闕文”。經學條例具備的主要是闡釋學的功能。這些原則往往是統攝全書具體訓詁方法的總綱領,是訓詁方法服務的對象和指向的目的。在此基礎上,筆者將《春秋經傳集解》的經學條例歸納爲以下九例:

(一) 統舉經傳關係之例

《春秋序》云:“仲尼因魯史策書成文,考其真僞,而志其典禮。上以遵周公之遺制,下以明將來之法。其教之所存,文之所害,則刊而正之,以示勸戒,其餘則皆即用舊史。史有文質,辭有詳略,不必改也。……蓋周公之志,仲尼從而明之。左丘明受經於仲尼。”①

按,杜預認爲《春秋》是孔子以周公舊典爲標準、對魯史記進行增删筆削而成的。左丘明受經於孔子,所作《左傳》是爲闡發《春秋》大義而作的。杜預將《左傳》的性質定爲《春秋》之傳,只有在這一前提下,《集解》所闡發的義理才具備正統性。而經過東漢以來今古文經學家針對《左傳》所發的四次争論,“《左傳》傳《春秋》”的命題在東漢末年已被衆多學者廣泛接受,故杜預在此直接拿來爲己所用,并未作更多的證明。

(二) 分合經傳,相互解釋之例

《春秋序》云:“分經之年,與傳之年相附,比其義類,各隨而解之。”②

按,杜預爲使經傳得以更好地相互闡發,在作《集解》時特意對經傳篇章進行重新組合。經、傳原本各自分年排列,杜預將《春秋》所記之事拆散,依年代順序,每年之下先列一年的所有經文,後列傳文,將經傳合在一起作解。今所見《公》、《穀》二傳亦分年編排,然不同於《集解》,而是先列一條經文,緊接着就列傳文以解經。就《春秋》而言,將經傳合在

① 《春秋左傳正義》卷一,頁1705。
② 《春秋左傳正義》卷一,頁1707。

一起作解可能是杜預的首創。

(三)《集解》推求大義所用方法之例

按,《集解》推求大義的方法主要有二:一是對經、傳中出現的解經語——主要爲變例的七種形式(詳見條例 6),賦予褒貶之義;二是以舊例、變例爲基礎,結合《左傳》所記事件,運用"屬辭比事"的方法加以補充,或對原有之例加以演繹、推廣[①]。

第一種方法如定十五年傳"葬定姒,不稱小君,不成喪也",下注"公未葬而夫人薨,煩於喪禮,不赴不祔,故不稱小君,臣子怠慢也。反哭於寢,故書葬";同年傳"冬,城漆,書不時告也",下注"實以秋城,冬乃告廟。魯知其不時,故緩告,從而書之以示譏"。這兩條事例分别依托變例中的"不稱"和"書"發明經義。

第二種方法中的補充義例如成十八年傳"凡去其國,國逆而立之曰入",而杜預又在襄二十五年經"衛侯入于夷儀"下注"書入者,自外而入之辭,非國逆之例",這是對舊例的補充;宣十八年經"歸父還自晉",傳曰"書曰:歸父還自晉,善之也",杜預在經下注曰"大夫還,不書,《春秋》之常也",根據經傳推出"大夫回國,《春秋》一般不記録"這條書法,這是對變例的補充;宣十五年經"王札子殺召伯、毛伯"下注"稱殺者名,兩下相殺之辭。兩下相殺,則殺者有罪",這是杜預在舊例、變例之外新總結出的義例。

對舊例、變例的演繹、推廣如桓十一年經"宋人執鄭祭仲",下注"不稱行人,聽迫脅以逐君,罪之也";而襄十一年經"楚人執鄭行人良霄",傳曰"書曰行人,言使人也",杜預在傳下注曰"書行人,言非使人之罪。古者兵交,使在其間,所以通命示整。或執殺之,皆以爲譏也。"在這裏杜預先解釋了不稱"行人"有貶責之義,以此推出"書行人,言非使人之罪"的義例,并以此去解釋襄十一年的經傳。又如莊二十五年傳"春,陳女叔來聘,始結陳好也。嘉之,故不名。"據此,杜預在注中總結出了"卿以字爲嘉"的義例,進而將這一義例推廣,去闡釋其他事件:隱二年經

---

① 第二種方法參見趙友林著《〈春秋〉三傳書法義例研究》第二章第三節,北京:人民出版社,2010 年。

"紀子帛、莒子盟于密",注曰"子帛,裂繻字也。……比之内大夫而在莒子之上,稱字以嘉之也。"

(四) 主守《左氏》一家之例

《春秋序》云:"古今言《左氏春秋》者……大體轉相祖述,進不成爲錯綜經文以盡其變,退不守丘明之傳。於丘明之傳,有所不通,皆没而不説,而更膚引《公羊》、《穀梁》,適足自亂。預今所以爲異,專脩丘明之傳以釋經。經之條貫,必出於傳;傳之義例,摠歸諸凡。推變例以正褒貶。"①

按,杜預批評前輩學者不能依《左傳》解《春秋》,往往僅從經文出發,不能説解即别立異説,牽强附會,更有甚者引《公》、《穀》二傳以亂《左氏》。故《集解》在判斷《春秋》大義時絶大多數情況下堅持以《左傳》爲準,而對《左傳》義例的總結和演繹主要表現爲舊例"五十凡"和"推變例以正褒貶"兩方面。

(五) 經承舊史、史承赴告之例

《春秋序》云:"仲尼因魯史策書成文,考其真僞,而志其典禮,上以遵周公之遺制,下以明將來之法。其教之所存,文之所害,則刊而正之,以示勸戒,其餘則皆即用舊史,史有文質,辭有詳略,不必改也。"②隱十一年傳云:"凡諸侯有命,告則書,不然則否。"杜注云:"命者,國之大事,政令也。承其告辭,史乃書之於策,若所傳聞行言非將君命則記在簡牘而已,不得記於典策。此蓋周禮之舊制。"又《釋例·終篇》云"去聖久遠,古文篆隸歷代相變,自然當有錯誤,亦不可拘文以害意。故聖人貴聞一以知二,賢史之闕文也。今《左氏》有無傳之經,亦有無經之傳。無經之傳或可廣文,無傳之經則不知其事。又有事由于魯,魯君親之而不復書者,先儒或强爲之説,或没而不説,疑在闕文,誠難以意理推之。其經傳事同而文異者,或告命之辭有差異,或氏族名號當須互見。……或從赴辭,故傳亦不顯明義例也。……年之四時雖或無事,必空書首月以記時變,以明歷數。莊公獨稱'夏五月',及經四時有不具者,邱明無文,

---

① 《春秋左傳正義》卷一,頁1707。
② 《春秋左傳正義》卷一,頁1705。

皆闕繆也。……經傳之見晦朔,此時史隨其日而存之,無義例也。"[①]

按,經承舊史是指,孔子在修《春秋》的過程中以周公之遺制爲標準刊定文字,對於本應顯示褒貶善惡之義但文字上却無從體現的事件,孔子就加以修改;除了舊例和變例外,其餘無傷大義者,雖然語辭有文質詳略之别,但都沿用舊史,不作修改。同時對於外國之事,又本着"凡諸侯有名,告則書,不然則否"的原則有選擇地記録,也就是"史承赴告"。因此有經無傳、有傳無經以及《左傳》可能存在疑錯的地方,實由於去古久遠,或字體變化而導致文字錯誤,或"史闕文",或"告辭略",或"從赴告",或爲尊者諱,不取今文經學家强行闡發"一字褒貶"的做法,特别是《公羊》學的"日月時例"。

(六)依變例以明大義之例

隱四年經曰:"秋,翬帥師會宋公、陳侯、蔡人、衛人伐鄭。"傳曰:"秋,諸侯復伐鄭。宋公使來乞師,公辭之。羽父請以師會之,公弗許,固請而行。故書曰'翬帥師',疾之也。"杜預在經下注曰:"公子翬,魯大夫。不稱公子,疾其固請,强君以不義也。諸外大夫貶皆稱人,至於内大夫貶則皆去族稱名。"

按《左傳》釋經的體例主要有舊例、變例、非例,其中變例是指除了舊例之外、孔子通過文辭變化表達大義的方法,杜預總結了七種:諸書、不書、先書、故書、不言、不稱、書曰。(關於舊例、非例的解釋見本文第二部分)這些變例是孔子表達褒貶之義的最主要方法,因此也是《集解》發明經義的重點。《春秋》對公子翬不稱"公子",是孔子變異文辭後的結果,暗含貶責之義,故《左傳》用"故書"二字以釋其義。

(七)隨文釋義之例

昭元年經"叔孫豹會晉趙武、楚公子圍、齊國弱、宋向戌、衛齊惡、陳公子招、蔡公孫歸生、鄭罕虎、許人、曹人于虢",下注:"招實陳侯母弟,不稱弟者,義與莊二十五年公子友同。今讀舊書,則楚當先晉。而先書趙武者,亦取宋盟貴武之信,故尚之也。衛在陳、蔡上,先至於魯。"[②]

---

① (晉)杜預著《春秋釋例》卷十五,《四庫全書》,上海:上海古籍出版社,1987年影印文淵閣本,頁371—372。

② 據阮元《校勘記》,"魯"當是"會"之誤。

文六年經"閏月不告月,猶朝于廟",下注"文公以閏非常月,故闕不告朔,怠慢政事。雖朝于廟,則如勿朝,故曰'猶'。'猶'者,可止之辭。"

按,對於不屬於舊例和變例、且没有解經語,僅通過正常叙事在文中藴含褒貶之義的情况,《集解》亦不從義例的角度分析、歸納,僅隨文釋義。這樣,《集解》就比較好地避免了《公》、《穀》二傳因過度發揮"一字寓褒貶"的解經方式而造成的曲説、附會,顯得更加可信。

(八) 適當擇取《公》、《穀》二傳之例

《春秋序》云"簡二傳而去異端",孔疏云:"若《左氏》不解,二傳有説,有是有非,可去可取。如是則簡選二傳,取其合義而去其異端。"[①]

按,玩味孔疏,此處的"簡"字當是"擇取"之義。黄侃先生《文選平點·春秋左氏傳序》云:"預亦未嘗不竊《公》、《穀》也,特先儒所取則駁之耳,其術與王子雍之難鄭同。"[②]《後漢書·賈逵傳》載逵"擿出《左氏》三十事尤著明者,斯皆君臣之正義,父子之紀綱。其餘同《公羊》者什有七八,或文簡小異,無害大體"[③]。是《左傳》與《公羊傳》文稍異而義實同者居多。據文廷海歸納,《穀梁傳》的經學思想有三:1. 以"日、月、名、地"名例等來表達褒貶"義法"。2. 强調"尊尊親親"的倫理規範。3. 以民本爲核心的"善政"思想[④]。除第一點外,后兩點均與《左傳》有相通之處。且通過查《穀梁傳》與《左傳》各自的師承譜系,我們可以發現一些經師實際上兼傳二傳,如尹更始、尹咸、翟方進、胡常、劉歆,賈逵亦"兼通五家《穀梁》之説"[⑤]。是三傳本有相通之處,杜預在《集解》中適當擇取《公》、《穀》二傳之説,是有學術依據的。

僖九年經"秋,七月,乙酉,伯姬卒",下注:"無傳。《公羊》、《穀梁》曰:未適人,故不稱國;已許嫁,則以成人之禮書,不復殤也。婦人許嫁

---

① 《春秋左傳正義》卷一,頁 1707。

② 黄侃著,黄延祖重輯《文選平點》下册,北京:中華書局,2006 年重輯本,頁 526。

③ (南朝宋)范曄撰,(唐)李賢等注《後漢書》卷三十六《賈逵傳》,北京:中華書局 1965 年排印本,頁 1236。

④ 參見文廷海著《清代春秋穀梁學研究》第一章第一節,成都:巴蜀書社,2006 年。

⑤ 《後漢書》卷三十六《賈逵傳》,頁 1235。

而笄,猶丈夫之冠。”

文九年經“九月,癸酉,地震”,杜注云:“無傳。地道安静,以動爲異,故書。”而《穀梁傳》云:“震,動也。地不震者也,震故謹而日之也。”[①]《公羊傳》云:“地震者何?動地也。何以書,記異也。”[②]

第一例是杜預取《公》、《穀》二傳所解《春秋》書“伯姬卒”之義。第二例是杜預吸收了《穀梁傳》“地不震者也”和《公羊傳》“記異”的解釋而形成了自己的注解。可見杜預雖反對前代學者引二傳義理釋《左傳》、導致《左傳》義理不純的情況,但對二傳并不完全排斥,有《左氏》不解時,視情況擇其符合《春秋》之義、且不和《左傳》體系衝突的部分,對於與《左傳》明顯衝突或過分闡釋“一字褒貶”的内容則拋棄不用。

(九) 處理一字褒貶之例

《春秋序》云:“《春秋》雖以一字爲褒貶,然皆須數句以成言,非如八卦之爻,可錯綜爲六十四也。固當依傳以爲斷。”[③]

隱四年經曰:“九月,衛人殺州吁于濮。冬,十有二月,衛人立晉。”杜注:“衛人逆公子晉而立之,善其得衆,故不書人,於衛變文以示義。”孔疏:“此公子晉去衛居邢,衛人迎而立之,於法正當書入,宜與齊小白同文。傳言‘書曰衛人立晉,衆也’,是仲尼善其得衆,故改常例,變文以示義也。”《公羊傳》云:“晉者何?公子晉也。立者何?立者,不宜立也。其稱人何?衆立之之辭也。”

按,《集解》反對《公》、《穀》二家强行闡發一字褒貶,但并不否認一字褒貶的存在,只是將褒貶之義限制在舊例和變例,特别是變例中。處理的原則爲:每個字的字義都是依存於一句話或幾句話的,僅僅一個字的變化并不足以形成某種義例,而是要結合前後文所叙事件或所論之理,而這時又應該以《左傳》爲準。上引之例《左氏》和《公羊》都認爲“衛人立晉”是因爲公子晉得衆。但《公羊》進一步引申,認爲稱“立”是“不

---

① (晉)范甯注,(唐)楊士勛疏《春秋穀梁傳注疏》卷十一,《十三經注疏》,北京:中華書局,1980年影印阮元校刻本,頁2408。

② (漢)何休注,(唐)徐公彦疏《春秋公羊傳注疏》卷十三,《十三經注疏》,北京:中華書局,1980年影印阮元校刻本,頁2270。

③ 《春秋左傳正義》卷一,頁1707。

宜立”之義,有不合禮法之處。既稱“得衆”,又稱“不宜立”,似相抵牾。杜預則認爲“立”字雖有義,但無貶,是仲尼嘉獎公子晉得衆所做的變文,與前後文意統一,體現了杜預處理一字褒貶的方法。

以上總結經學條例凡九條。《左傳》傳《春秋》的性質,是杜預作《集解》的學術前提,故將統舉經傳關係之例列於衆例之首。分合經傳、相互解釋之例與《集解》推求大義所用方法之例最爲重要,前者是對《集解》解經體式的規定,後者是杜預依經、傳闡發《春秋》大義的主要形式,故列在二、三位。《集解》發明經義主守《左傳》一家,故此例繼之。《左氏》所用經文與傳文存在矛盾,故杜預用“經承舊史,史承赴告”之例調和。舊例、變例、非例之中,變例是《集解》發明大義的重點,故次列依變例以明大義之例。次非例,即隨文釋義之例。杜預不盡廢《公》、《穀》,次列適當擇取《公》、《穀》二傳之例。《公》、《穀》重一字褒貶,往往過度引申、牽强附會,故杜預有處理一字褒貶之例。

二　從經學條例看杜預的學術自覺

所謂學術自覺,就是討論杜預作《集解》時,對經學條例是否有自覺、自主的追求和設計,并遵照這些條例爲《左傳》作注。要解決這一問題,關鍵看杜預對自己使用的有關“義例”的範疇是否有相對嚴格的定義。

杜預關於“例”的理論主要集中在《春秋序》中對“三體五例”説的闡述,“經承舊史、史承赴告”的原則,以及《春秋釋例》前四十二篇所總結的有關各種内容的書寫規則,這些理論是在前代經學研究的影響下取得的進一步發展。以下分别説明。

杜預在《春秋序》中對“三體五例”有如下解釋:

> 其發凡以言例,皆經國之常制,周公之垂法,史書之舊章。仲尼從而脩之,以成一經之通體。其微顯闡幽,裁成義類者,皆據舊例而發義,指行事以正褒貶。諸稱書、不書、先書、故書、不言、不稱、書曰之類,皆所以起新舊,發大義,謂之變例。然亦有史所不書,即以爲義者。此蓋《春秋》新義,故傳不言凡,曲而暢之也。其

經無義例,因行事而言,則傳直言其歸趣而已,非例也。故發傳之體有三,而爲例之情有五:一曰微而顯。文見於此而起義在彼,稱族尊君命,舍族尊夫人,梁亡,城緣陵之類是也。二曰志而晦。約言示制,推以知例,參會不地,與謀曰及之類是也。三曰婉而成章。曲從義訓,以示大順,諸所諱辟,璧假許田之類是也。四曰盡而不汙。直書其事,具文見意,丹楹刻桷,天王求車,齊侯獻捷之類是也。五曰懲惡而勸善。求名而亡,欲蓋而章,書"齊豹盜"、三叛人名之類是也。①

"三體"即是《左傳》釋經的三種體例,分別是舊例、變例和非例。杜預在《春秋序》中對三者作了解釋。所謂"舊例",就是"經國之常制,周公之垂法,史書之舊章",是孔子作《春秋》的依據,表現在《左傳》里就是那些以"凡"爲首的解經語,也就是後人所説的"五十凡"。然而《左傳》的"五十凡"與"周公之垂法"并不完全相同。杜預在《釋例終篇》中説:"諸凡雖是周公之舊典,邱明撮其體義,約以爲言,非純寫故典之文也。蓋據古文覆逆而見之,此邱明會意之微致。"②也就是説,舊例是邱明依據周公舊典撮其旨意、簡約文辭而成的。但將舊例與周公聯繫在一起却着實是杜預的首創,黄侃先生還認爲杜預的這個觀點實際上開創了後世將六經的著作權歸於周公的先河,其《文選平點·春秋左傳序》云:"近世謂六經乃周公之舊,仲尼則而修之,其謬乃自元凱始,《漢書》本自分明也。"③所謂"變例",是除了"舊例"之外、孔子通過文辭變化表現大義的方式,杜預總結了七種:諸書、不書、先書、故書、不言、不稱、書曰。孔穎達則又依據《釋例·終篇》所言"諸雜稱二百八十有五",繼續申發杜意道:"止有其數,不言其目。就文而數,又復參差,竊謂追書也、言也、稱也,亦是新意。《序》不言者,蓋諸類之中足以包之故也。"④所謂"非例",是指除了舊例和變例之外,《左傳》的絶大部分内容都是叙述事

① 《春秋左傳正義》卷一,頁 1705—1707。
② 《春秋釋例》卷十五,頁 371。
③ 《文選平點》下册,頁 525。
④ 《春秋左傳正義》卷一,頁 1706。

件,不藴含褒貶之義。這樣,杜預既肯定了《春秋》大義的存在,又將大義限定在了舊例和變例這兩種有着鮮明文字標記的表達方式上,而不像《公羊》、《穀梁》那樣追求從每一個細微的文字差異中都要發掘出孔子的深意。通過舊例、變例和非例,杜預否定了在《公羊》學中特别突出的"日月時例",而爲《左傳》構建了另外一個義例系統,這個系統既有一定依據,又注意不過度闡釋,顯得更爲樸實可信。

"五例"是指用"三體"闡發經義時表現在文字上的特點,分别是微而顯、志而晦、婉而成章、盡而不污、懲惡而勸善。所謂"微而顯",是指通過文辭上的細微變化表示某種寓意;所謂"志而晦",是指用簡約的語言制訂一條規則,并且可以將此規則適用於其他同類事件;所謂"婉而成章",是指出於避諱的需要,將某件事用委婉的語言表達出來,但在措辭上也藴含着孔子的道德判斷;所謂"盡而不污",是指直書其事,見事即可知義;所謂"懲惡而勸善",是指對惡人惡事加以貶斥,對善人善事加以勸勉,也就是要突出《春秋》的政治教化功能。

"經承舊史、史承赴告"的含義已見於第一部分所總結的第五條經學條例。對於杜預提出這一原則的目的,黄侃先生在《文選平點·春秋左氏傳序》中一針見血地指出:"即用舊史,自來無此説,惟如此而後可盡排先師之説耳。"[①]這裏的先師之説,主要就是指今文學家針對《左傳》經傳之間存在的矛盾而得出的《左傳》不傳《春秋》的結論。具體説來,杜預又將這一原則細化爲三個方面:一是史異辭,二是從赴告,三是史闕文[②]。也正是從這三個方面入手,杜預在自己的《左傳》學體系中,較好地彌合了經傳在内容上的矛盾,特别是解釋了"有傳無經"的問題。例如文十二年經"秦伯使術來聘",傳曰"秦伯使西乞術來聘",杜預在經下注曰"術不稱氏,史闕文",是以"史闕文"彌合經傳在人名記載上的矛盾;又如文九年傳"春,王正月,己酉,使賊殺先克",而同年的經文却未記載此事,杜預在傳下注曰"箕鄭等所使也。亂殺先克,不赴,故不書",是以"從赴告"解釋"有傳無經"的現象。"史異辭"例如成七年經"夏五月,曹伯來朝",傳云"夏,曹宣公來朝";成八年經"秋七月,天子使召伯

① 《文選平點》下册,頁525。

② 參見趙友林撰《〈春秋〉三傳書法義例研究》第二章第三節。

來賜公命”,傳云“秋,召桓公來賜公命”。對於這種現象,《釋例·終篇》解釋道:“其經傳事同而文異者,或告命之辭有差異,或氏族名號當須互見。”[①]但是由於杜預過於相信《左傳》,有時遇到經傳記載不同的時候,主張“依傳以爲斷”[②],寧信傳而不信經,也有矯枉過正之嫌,《四庫全書總目》即批評“杜注多强經以就傳。”[③]然而《春秋》“大事記”的行文方式極爲簡略,自然無法與叙事詳備的《左傳》相比,這樣看來,杜預寧信傳而不信經也并非完全處於自己主觀的好惡。

《春秋釋例》原本已亡佚,今本爲四庫館臣將《永樂大典》、孔穎達《正義》以及其他典籍引用《釋例》的部分輯出,并加以校勘而成的輯本,分爲十五卷四十七篇。其中卷一至卷四(第一篇至第四十二篇)爲義例,包括公即位例、會盟朝聘例、戰敗例等四十二例[④],依見於經傳的先後順序排列,基本上涵蓋了《春秋》記載的所有内容,也是杜預所認爲的孔子作《春秋》時的記事原則和用字原則;解釋每例時先按時間順序排列該例所總括的經傳之事,然後以“釋例曰”的形式闡發該例所含大義,接着結合具體事件解釋記載某事所用的史家筆法,最後比較《釋例》所解之義與前代《左傳》學者以及《公》、《穀》二傳的異同,并予以評價。

通過爬梳杜預有關“例”的理論,我們發現,上述三個方面以及本文第一部分總結的九則條例,絶大部分内容在《春秋序》和《春秋釋例》的議論部分中都有體現。比如《春秋序》中就談到了《左傳》的性質,“經承舊史、史承赴告”的原則,《左傳》以事解經的特點,“三體五例”説,如何認識“一字褒貶”,如何處理《左傳》與《公》、《穀》二傳的關係,《集解》分合經傳的特點等一系列重要問題;《釋例》前四十二篇中的議論部分則是對舊例、變例所要表達的義理的具體闡釋。而且杜預在論述這些内容時邏輯嚴密、學理性强,尤其注意與史實的結合。如隱二年傳:“莒子娶于向,向姜不安莒而歸。夏,莒人入向,以姜氏還。”下杜注云:“傳言

① 《春秋釋例》卷十五,頁371。

② 《春秋左傳正義》卷一,頁1707。

③ (清)永瑢等撰《四庫全書總目》卷二六,北京:中華書局,1965年,頁210。

④ 許多書都説是四十三例,不查之故,或看之後的《土地名》爲四十四,故想當然地認爲義例共有四十三篇。

失昏姻之義。凡得失小故,經無異文,而傳備其事,案文則是非足以爲戒。他皆倣此。"此條結合史實解釋"非例","他皆倣此"四字更是説明杜預有意識地要將自己的理論貫徹到整個《左傳》注釋系統中。更重要的是杜預并没有像許慎作《説文解字》那樣,把即使是統攝全書的總例也分散到一些注文之下,而是意味深長地將它們放在了《集解》一書最前面的序言中,以及論説、舉例、排序都很具體、系統的《釋例》中,這就更加突出了杜預"一以貫之"的意圖。

古希臘詩人阿爾基羅庫斯(Archilochus)有詩云:"狐狸知道很多的事,但是刺猬則只知道一件大事。"英國哲學家以賽亞·柏林在此基礎上將思想家與文學家分成"狐狸"與"刺猬"兩種類型。前者喜歡從事多方面的追求,不必有一個一貫的中心系統。而後者則有一個中心主軸,習慣於將所有東西都貫穿在這個中心見解之内,"他們的所知、所思、所感最後全都歸結到一個一貫而明確的系統"①。杜預就像是一隻别具心裁的"刺猬",有著强烈的總結、歸納《春秋》義例、筆法的衝動,渴望總結出一套相對嚴密的、不同於前人的義例系統,并以此注解《左傳》,構建自己的經學體系。這個一貫的主軸就集中在《春秋序》和《釋例》前四十二篇當中。《集解》一書就是按照《春秋序》和《釋例》的内在要求去闡發《春秋》和《左傳》的義理的。正是有了《春秋序》和《釋例》,杜預的注文才有了意義上的統一性;反過來,也正是有了簡練精到的注文,杜預通過《春秋序》和《釋例》要表達的綱領才得到了具體的體現。二者構成了不可分割的體用關係。由此我們可以斷定,杜預對注解《左傳》時涉及到的經學條例有著高度明確的學術自覺意識。

三　杜預《春秋》義例學的學術史意義

杜預的《春秋》義例學内容豐富、學理性强,且具有較强的系統性,對後代的《左傳》注釋、研究,甚至史學理論都産生了極其重要的影響。具體説來,主要表現在以下三個方面:

(一) 首創"分經之年,與傳之年相附,比其義類,各隨而解之"的解

---

① 余英時著《論戴震與章學誠》,北京:生活·讀書·新知三聯書店,2005年,頁83。

經方式,突出了《左傳》以事解經的特點。

《漢書·藝文志》録有《春秋古經》十二篇,《經》十一卷,下有班固注"公羊、穀梁二家"①;后又録有《左氏傳》三十卷、《公羊傳》十一卷、《穀梁傳》十一卷。《四庫全書總目》卷二六"《春秋左傳正義》六十卷"下云:"考《漢志》之文,既曰《古經》十二篇矣,不應復云《經》十一卷。觀《公》、《穀》二傳,皆十一卷,與《經》十一卷相配,知十一卷爲二傳之經。故有是注。徐彦《公羊傳疏》曰:'《左氏》先著竹帛,故漢儒謂之古學',則所謂《古經》十二篇,即《左傳》之經,故謂之古,刻《漢書》者誤連二條爲一耳。"②班固將經傳分别著録,可見當時經傳是别行的。再進一步説,班志又著録了如《左氏微》、《公羊章句》、《穀梁章句》等三傳解釋之作;《南齊書·陸澄傳》所載陸澄與王儉的書信中也説"服(虔)傳無經"③。可知在杜預之前,對《春秋》和三傳的研究也是分别進行的。漢代劉歆雖然"引傳文以解經",可能對杜預分合經傳的做法有影響,但是否將經傳分年編排在一起則不得而知,顔師古《漢書注》對此亦没有説明。總之,就《春秋》而言,即使東漢以來的經學家也依然有着很明晰的經傳分立的觀念。

對於分合經傳的合理性,孔穎達解釋爲"經傳異處,於省覽爲煩"④。重新編排後,《集解》具備了方便閲讀的優勢。這種經學注釋方法也被宋人所採納。衆所周知,十三經的疏文原來本是單獨流傳,宋人刊刻十三經時爲了閲覽方便就將注文和疏文分别拆開,散在各條經文之下,而南宋時又將陸德明《經典釋文》拆散、附於各句之下,很有可能是受到了《集解》體例的影響。

除此之外,筆者認爲杜預分合經傳還具有更重要的意義,即通過分合經傳,使《左傳》以事解經的特點得到了最充分的發揮。與《公》、《穀》二傳相比,《左傳》雖也有"君子曰"、"書曰"之類的解經語,但其闡發經義并不以推求"一字寓褒貶"見長,而是重在通過完整的叙事向讀者提

① (漢)班固撰,(唐)顔師古注《漢書》卷三十《藝文志》,北京:中華書局,1962年排印本,頁1712。

② 《四庫全書總目》卷二六,頁210。

③ (南朝梁)蕭子顯撰《南齊書》卷三十九《陸澄傳》,北京:中華書局,1972年排印本,頁684。

④ 《春秋左傳正義》卷一,頁1707。

供經文所記事件的前因後果,在敘事中藴含價值判斷和道德判斷,使讀者自己體會《春秋》大義。沈玉成先生認爲這種體例很像裴松之注《三國志》,以補遺見長[①]。如果不仔細辨析《左傳》敘事的内容和精神的話,則很容易弱化其與《春秋》的關係。杜預將經傳分年編排在一起,有時還對比經傳,提出將他年之傳提前或推後,如主張將僖公三十三年"葬僖公"以下的傳文調整到文公元年"葬僖公"的傳文之下。其目的只有一個,就是更好地使《左傳》的敘事爲解釋經文服務,使讀者不致於將傳文所敘之事與經文的内容對應不起來。趙生群先生曾將《左傳》以事解經的作用歸納爲三類:敘因果,著本末;别異同,昭事實;判得失,明書法[②]。從這個角度説,杜預分合經傳的做法是很有必要的,也是符合"《左傳》的作用在於闡釋經文大義"這個規定的。中唐之後,雖然以啖助、陸淳、趙匡爲代表的"新《春秋》派"以及宋代許多《春秋》學者,主張"舍經求傳",著述中不乏對杜注的批評,且多引《公》、《穀》二傳義理,但實際上仍然習慣用《左傳》史事去證明,遵循的還是杜預以事解經的路數,劉敞《春秋權衡》、葉夢得《春秋傳》、吕祖謙《春秋集解》等都是如此。

(二)就現存文獻來看,《春秋經傳集解》和《春秋釋例》最早、最全面地對《春秋》義例進行了系統總結和學理解釋。杜預十分重視《春秋》的用辭在全書中的一致性,通過排比同類事件在《春秋》中的書寫法則,來分析其中的義理,歸納"三體五例"。這種歸納法被中唐之後的《春秋》學者大量採用,如陸淳《春秋集傳纂例》,崔子方《春秋本例》、《春秋例要》,趙汸《春秋屬辭》,毛奇齡《春秋屬辭比事記》,郝懿行《春秋比》等。

不可否認,在《春秋》學史上,任何一套義例體系都無法將全書的筆法圓融、一貫地包容進去,可以找到很多反例,杜預的理論亦是如此。然而在理論對錯的背後,實質上我們可以體會到杜預這隻"刺猬"對簡約規範系統强烈的學術追求。後世學者雖然對杜預的義例學屢有批評,但他們繼承杜預歸納法的初衷同樣在於總結一套一以貫之的義例

① 沈玉成、劉寧著《春秋左傳學史稿》,南京:江蘇古籍出版社,1992年,頁379。

② 趙生群著《〈春秋〉經傳研究》,上海:上海古籍出版社,2000年,頁194—208。

去闡釋《春秋》大義。從這個意義上看，杜預的"刺猬"氣質非但没有因各式各樣的指摘而消失，反而被批評者們繼承下來。例如劉敞在《春秋權衡》中對"五十凡"進行了全面的檢討，發現很多"例"的覆蓋範圍都是有限的，不能在整個經書中貫徹到底。但這并不妨礙他以"例"解《春秋》大義，他另有《春秋説例》一書，與《春秋釋例》性質相似，從中仍可想見他建構抽象系統的志趣。他對杜預義例學的批判從這個角度也可以看作是一種探求新體系的努力。又如清人廖平著有《五十凡駁證》一卷、《杜氏左傳釋例辨證》四卷，以駁杜氏義例學。但同時他又"别撰釋例新編，先列經文加以論説，務求貫通，折中一是，不敢膚引二傳，于本傳、事傳及解經説者，推出正義數十百條，汰舊誤而闡幽微，焕然一新，文約理舉，可稱明備。"[①]廖平批判杜預，而又總結出一套自己的《左傳》例，所求仍在"貫通"，實際上并没有改變杜預的方法和方向。這些都是需要我們透過争論的迷霧必須注意到的學術傳承綫索。

（三）杜預作注秉承"經承舊史、史承赴告"的原則，强調《春秋》一書的材料來源主要是周公遺制、魯史記和外國告書，突出了《春秋》的史書性質。以中國歷史上僅有的兩部史學理論專著——《史通》和《文史通義》——爲例，我們可以考察這一觀念進入史學領域後産生的深遠影響。

劉知幾在《史通》開篇的《六家》篇中對"經承舊史"之説即有發揮："《春秋》家者，其先出於三代。……逮仲尼之修《春秋》也，乃觀周禮之舊法，遵魯史之遺文；據行事，仍人道；就敗以明罰，因興以立功；假日月而定曆數，籍（藉）朝聘而正禮樂；微婉其説，志晦其文；爲不刊之言，著將來之法。"[②]《古今正史》篇説："孔子……因魯史記而作《春秋》，上遵周公遺制，下明將來之法。"[③]《申左》篇説："《春秋》之作，始自姬旦，成於仲尼。丘明之傳，所有筆削及發凡例，皆得周典，傳孔子教，故能成不刊之書，著將來之法。"[④]劉氏之説正源自杜預《春秋序》："仲尼因魯史

① 《杜氏左傳釋例辨證四卷》提要，載《光緒井研縣志》卷十二《藝文志二》，光緒二十六年刻本。

② （唐）劉知幾著，（清）浦起龍通釋，王煦華整理《史通通釋》卷一，上海：上海古籍出版社，2009年，頁6—7。

③ 《史通通釋》卷十二，頁309。

④ 《史通通釋》卷十四，頁390。

策書成文,考其真僞,而志其典禮,上以遵周公之遺制,下以明將來之法。其教之所存,文之所害,則刊而正之,以示勸戒,其餘則皆即用舊史,史有文質,辭有詳略,不必改也。”[①]

章學誠關於《春秋》性質的認識也源自杜預。他在《文史通義·原道中》説:“夫子明教於萬世,夫子未嘗自爲説也。表章六籍,存周公之舊典,故曰:‘述而不作,信而好古。’”[②]對其學術淵源,錢穆先生分析道:“其實他(章學誠)也還是沿襲杜預説法,把孔子來承續周公,把孔子《春秋》也僅當一部歷史書看了。”[③]

更進一步説,杜預將“五十凡”與周公之舊典掛鈎,實際上是針對西漢《公羊》學派“六經皆出自孔子”的觀點而發的。周公是孔子之前的聖人,孔子不止一次地表達過對周公的崇敬和對周公所制周禮的嚮往。周公高於孔子,《左傳》也就自然高於《公》、《穀》二傳,而獲得了解釋《春秋》的正統地位。“後來的《左傳》家爲何定要説成孔子《春秋》沿襲了周公之舊典……也是遠有淵源,并非杜氏一人獨發的創説。”[④]

綜上所述,杜預在作《春秋經傳集解》時,對其《春秋》義例學有著明確的設計意識和學術自覺性,并在《春秋序》和《春秋釋例》前四十二篇中,結合史實對相關重要概念進行了學術性的闡釋,進而以此爲中心主軸,構建起了一個相對完整的《左傳》學體系,使《左傳》獲得了能夠與《公》、《穀》二傳抗衡,甚至某種程度上高於二傳的地位。儘管中唐以後,批評杜氏義理、義例者不乏其人,但杜預總結《春秋》義例的方法,以及追求一貫而明確系統的志趣,始終是歷代《春秋》學者的學術生發點和努力的方向,對後世的經學、史學研究都産生了深遠而廣泛的影響。

(作者單位:南京大學古典文獻研究所)

① 《春秋左傳正義》卷一,頁1705。

② (清)章學誠著,葉瑛校注《文史通義校注》卷二,北京:中華書局,1985年,頁131。

③ 錢穆著《兩漢經學今古文評議》,北京:九州出版社,2011年,頁248。

④ 《兩漢經學今古文評議》,頁247。

古典文獻研究(第十六輯)
2013 年 7 月

重審應璩與陶潛之詩學聯繫*

[美]林葆玲(Pauline Lin)撰　卞東波　譯

應璩(字休璉)是建安時期(196—220)最著名的作家與書法家之一,同時他也是當時政治舞臺上一位重要的角色①。相較而言,他今天有點聲名不彰,只知道他是應瑒(建安七子之一)之弟,同時也是這一時期主要的尺牘作家之一②,而作爲詩人則被文學批評家鍾嶸(496?—518)列爲陶潛(365—427)詩學譜系的淵源③。鍾嶸的評論已經成爲現代讀者接觸這位鮮爲人知詩人的主要途徑了,而宋代以來這一斷語就成爲衆矢之的。現存關於應璩的資料不足徵,也使估證鍾嶸的評判顯

* 本文原載於 HJAS(《哈佛亞洲學報》)2009 年第 1 期,原題作"Rediscovering Ying Qu and His Poetic Relationship to Tao Qian"。本文爲江蘇省社科基金青年項目"北美中國古典文學研究名家研究"(12WWC014)及南京大學文科規劃項目"中國古典文學的新視鏡:新世紀海外中國文學研究之再研究與譯介"成果之一。感謝康達維、田曉菲、宇文所安、孫康宜、凱瑟・勞瑞(Kathryn Lowry)、鄭文君以及匿名評審的寶貴意見。

① 應璩附見於《三國志・魏書・王粲傳》(《四庫全書》本,21.8b—9a)之後。應瑒(?—127)之傳亦見於《三國志・魏書・王粲傳》,21.4a,21.5b,21.6a.

② 關於應璩在中國尺牘史上的地位,參見劉勰《文心雕龍・書記》,《四部備要》本(臺北:臺灣中華書局,1973),5.19b; 趙樹功《中國尺牘文學史》(石家莊:河北人民出版社,1999),頁 124—128。

③ 鍾嶸著,汪中選注《詩品注》(臺北:正中書局,1990),頁 155—156。關於陶潛的傳記,見《宋書》,《四庫全書》本,93.14a—19a;《晉書》,《四庫全書》本,94.43a—47a;《南史》,《四庫全書》本,75.2b—6b;蕭統《陶淵明傳》,見元李公煥編《箋注陶淵明集》,《四部叢刊》本(臺北:"中央大學"圖書館,1991)。又見許逸民編《陶淵明年譜》(北京:中華書局,1986)。

得困難重重。關於應璩的詩歌風格,我們必須主要依靠《百一詩》中的部分詩歌①,而考慮到《百一詩》的特定主旨與總體風格,它不能作爲應璩全部詩歌的代表。儘管他的散文保存得比他的詩歌要完整,而且在當時就很著名,但反諷的是,後世的學者很少會研究他的散文。本文不但檢視了應璩的詩歌,而且還考察了他的尺牘與散文;所以本文的目的在於重估應璩獨創性的作品以及重審鍾嶸關於他對陶潛影響的判斷,并從一個新的角度進一步展示他與陶潛之間的文學聯繫。

鍾嶸的評論

大約陶潛去世六十年後,鍾嶸宣稱陶詩"其源出於應璩,又協左思風力"。他將應璩與陶潛之詩概括爲古體的回歸,是對上古詩人本真以及質直的模仿②。將這兩位詩人歸爲一類引發了很多評論家的不滿,因爲他們現存的全部作品顯示出完全不同的風格。極少數同意鍾嶸觀點的學者解釋説,他們之間的相似性根據的是他們所用韻律的韻部或他們詩歌語言的平淡風格③。

---

① 關於《百一詩》意義,作爲詩歌次文類之一的特質所在,以及整組詩可能包含的數量與類型的討論,參見李善《文選注》,《四部備要》本(臺北:臺灣中華書局,1967),21.13b—14a。并參考康達維《選集的缺憾:以應璩(190—252)詩爲個案》(The Problem with Anthologies:The Case of the Writings of Yu Qu〔190—252〕),中譯文載北京大學國際漢學家研修中心編《國際漢學研究通訊》第一期(北京:中華書局,2010)。

② 鍾嶸把應璩直率地批評當時政治事件與"得詩人激刺之旨"以及陶淵明的真率相比,陶之真率正是其真誠的表現。鍾嶸云:"每觀其文,想其人德。"鍾嶸認爲應璩的作品"雅意深篤",而陶公作品"篤意真古",《詩品注》,頁144、155。

③ 反對鍾嶸觀點的有葉夢得(1077—1148)的《石林詩話》(《四庫全書》本)、胡仔(活動於1147—1167)《苕溪漁隱叢話》(《四庫全書》本)前集,3.9b—10a;魏慶之(活動於1240—1244)《詩人玉屑》(《四庫全書》本)13.12a—b;謝榛(1495—1575)《四溟詩話》(北京:人民文學出版社,1961);王士禛(16 34—1711)《漁洋詩話》(嘉義:建國書店,1956)下4a。明代學者許學夷(1563—1633)認爲,陶潛與應璩有一個共同愛好,就是都喜歡用"魚"與"虞"韻;阮廷瑜也發現,左思亦喜歡用此韻。現在學者王貴苓認爲應璩與陶潛皆喜歡用平淡語并且表現出一種幽默感。見杜維沫校《詩源辯體》(北京:人民文學出版社,1987),6.35;阮廷瑜《陶淵明詩論暨有關資料分輯》(臺北:"國立編譯館",1998),1:10—16;王貴苓《陶詩源出應璩説探討》,見《陶淵明及其詩的研究》(臺北:臺灣大學文學院文史叢刊之十八,1966)。

然而,現存宋代之前的資料中没有發現明確反對鍾嶸觀點的文獻。初唐田園詩人王績甚至將應璩的詩誤作陶淵明的詩。王績寫道:"嘗愛陶淵明,酌醴焚枯魚。"[①]此處,應璩《百一詩》中的名句"酌醴焚枯魚"與應璩對歸隱生活的希企聯繫在一起,此句甚至被歸(誤)屬爲陶潛,這顯示了在唐代這兩位詩人已被認爲有緊密的文學聯繫。宋代關於兩者文學血緣關係的討論一直延續到明代和清代,但在20世紀冷却下來,因爲現代中國學者開始將這兩位詩人的明顯差異視爲當然[②]。對鍾嶸觀點準確性的争論是與陶潛詩歌知名度的飆升以及應璩文集的逐漸散佚相伴的。兩位詩人之間的比較——不管同意或反對鍾嶸的觀點——建立在應璩現存少量詩歌(主要出自他著名的《百一詩》中的詩)與陶潛的全集相比的基礎之上。

本文認爲應璩的現存詩歌并不是其全集中的代表作,其更廣泛的散文創作可以更好地顯示其文學風格的廣度。對應璩很少被閱讀的散文作品以及詩歌進行細讀,我們確實可以發現應璩與陶潛共用了很多文化語彙,包括非常相似的脱離塵務而選擇歸隱的主題,以及隱士的形象與詩學姿態(gesture)[③]。西晉與東晉(265—316,317—420)時期小

---

① 王績《薛記室游過莊見尋率題古意以贈》,金榮華《王績詩文集校注》(臺北:新文豐出版股份有限公司,1998),頁130。關於王績的作品,參見丁香(Ding Xiang Warner)《翔鳳中的野鹿:王績詩學中的對立》(*A Wild Deer amid Soaring Phoenixes: The Opposition Poetics of Wang Ji*,檀香山:夏威夷大學出版社,2003)。

② 關於應璩與陶潛之間文學聯繫的現代研究,參見袁行霈《鍾嶸詩品陶詩源出應璩辨析》,載《陶淵明研究》(北京:北京大學出版社,1997),頁136—161。關於應璩作品及其在《詩品》中的地位,參見古直《鍾記室詩品箋》(臺北:廣文書局,1968);逯欽立《鍾嶸詩品》,載其《漢魏六朝詩論集》(太原:山西人民出版社,1984),頁482。

③ 關於隱逸的研究,參見戴維斯(A. R. Davis)《陋巷:中國傳統社會中的隱逸風氣之觀察》,載《東亞歷史研究》11(1996年6月):33—44;柏士隱(Alan Berkowitz)《不仕之型:中國中古早期隱逸的實踐與形象》(*Patterns disengagement: The Practice and Portrayal of Reclusion in Early Medieval China*)(斯坦福:斯坦福大學出版社,2000),亦見其《朝隱:西晉時的"招隱詩"》(Courting Disengagement: "Beckoning the Recluse" poems of the western Jin),載柯睿(Paul Kroll)、康達維編《中國中古文學與文化史研究》(馬瑞志、侯思孟紀念專號)(*Studies in Early Medieval Chinese Literature and Cultural History: In Honor of Richard Mather and Donald Holzman*)(猶他州普羅沃:唐研究學會,2003),頁81—115。

詩人的作品進一步暗示着,當時大概流行著一系列有關隱士的意象與話語。陶潛也使用了這些主題與意象,而之後這些主題與意象就緊緊地并單一地與陶詩關聯在一起了。

應璩的生平及其《百一詩》

應璩出生於汝南南頓(今屬河南)的一個著名的文學世家,其中包括著有《風俗通義》的族叔應劭(卒於 204 年)①以及其兄應瑒。應璩之子應貞(220? —269)亦是一位著名作家,他的作品讓夏侯玄(209—254)印象深刻,以至於這位掌權的夏侯家族的元老(與曹操關係密切)授予應貞以要職②。《三國志·應璩傳》注説,他因其寫作(特别是散文)而著名,進而被擢升爲皇帝機要侍中一職③。應氏因爲身踞高位而成爲曹魏朝廷中人,他與社會精英關係密切,長期爲官(差不多持續到他去世之時的 252 年),很難將他與世外高人或我們一般理解的作爲隱士的陶潛聯繫在一起。

應璩與應瑒皆供職於曹操(155—220)朝廷之中,并與曹氏家族關係密切。曹氏家族成員所寫的兩篇作品記載了他們之間的深厚關係。魏文帝曹丕(187—226)在他的《典論·論文》④中稱應瑒爲當時最著名的文人之一;曹植在他著名的《送應氏》二首中寫到應氏兄弟,在這首詩中,曹植描寫了目睹都城洛陽的被焚之狀,并回憶了與舊友的宴游之樂⑤。應璩事曹丕爲侍郎及散騎常侍⑥,他於 239 年任侍中;五十多歲時,在曹芳時期,他任曹爽(卒於 249 年)的長史⑦。250 年,在他晚年的

---

① 應劭的傳記,見《後漢書》,《四庫全書》本,78.13a—19b。

② 應貞的傳記,見《晉書》92.2a—3b,亦見《三國志·魏書·王粲傳》所引《文章敘録》,21.9a。

③ 《三國志·魏書》,21.8b—9a。關於應璩生平中的重要事件及其主要作品的繫年,參見陸侃如《中國文學繫年》(北京:人民文學出版社,1985),2:304,396,437,526,539,550,559,563。

④ 《文選》,52.4。

⑤ 《文選》,20.20b—21a。

⑥ 《文選》,21.14a;《三國志·魏書》,21.8b;陸侃如《中古文學繫年》,2:427,471。

⑦ 《三國志·魏書》,21.8b—9a;陸侃如,2:526,539。

61 歲時，應璩又被任命爲侍中。關於應璩之死頗具傳奇性，似乎應驗了著名術士朱建平預言的準確性：有一次在曹丕的宴會上，朱氏預言在應璩死前一年，應氏會看到一隻白狗，而他人則不能見到；這之後的一年，也就是應璩 62 歲時會遭遇不幸。確如這個故事所言，在應璩 61 歲時，他看到一隻白狗，并問在場的人是否也看到，而他人皆稱没有①。252 年，應璩過世，享年 63 歲。應璩被追封爲衛尉。

應璩亦是一位著名的書法家，他的名字在書學著作中列於著名的書法大師之後：唐代的《法書要録》及《墨藪》將他的書法置於第三品奇才，他的書法作品在唐代也已經比較稀見，其價格足可以與王羲之的手書真迹比肩②。更重要的是，應璩在當時就以文學著稱。對後世而言，他因組詩《百一詩》而著名，不過只有一首完整可信，因爲其收録於《文選》詩類"百一"中而僅存於世③。其他的詩皆爲殘篇，散見於各種類書與選本之中④。

詩題"百一"的確切含意也是未明的。唐代注家李善（卒於 689 年）引用了多種解釋，大致上可以分爲三類：第一類認爲，"百一"指的是組詩的數量；第二類認爲，指的是詩歌的長度（每首詩有一百個字）；第三類指的是，"百分有一補於時政"。西晉張方賢所著的《楚國先賢傳》認爲《百一詩》之寫作目的是"譏切時事"。此後，東晉李充在他著名的《翰林論》

---

① 《三國志·魏書·朱建平傳》，29.12b—13b。

② 《文選》，21.14a；《三國志·魏書》，21.8b；陸侃如，2:427，471，張彦遠（活動於 847—874）《法書要録》，《四庫全書》本，4.4a—5a；唐韋續《墨藪》，《四庫全書》本，2.22a—23a。其後關於應璩書法的評論，參見宋朱長文《墨池編》，《四庫全書》本，2.69a；宋陳思《書苑菁華》，《四庫全書》本，5.20a；清《佩文齋書畫譜》，《四庫全書》本，9.9b，22.44a—b。

③ 《文選》，21.13b—14a。《文選》所引資料關於"百一詩"意義的解釋，參見康達維《選集的缺憾》。另一首"百一詩"（年命在桑榆）保存在歐陽詢所編的《藝文類聚》中，《四庫全書》本，24.8a。儘管這首詩看似是一首完整的詩，但我同意逯欽立及康達維的意見，相信這首詩的殘文來自兩個不同的文本：第一部分講的是人的青年時期，第二部分講的是建造宫殿的奢侈行爲。參見逯欽立《先秦漢魏晉南北朝詩》（臺北：木鐸出版社翻印本，1988），1:469 470；康達維《選集的缺憾》。

④ 《文選》，21.13b—14b。逯欽立在他的書中網羅了很多保存在類書中無題的殘文。因爲這些殘文的内容在性質上皆是諷諫的，所以逯欽立認爲它們都出自《百一詩》。

中指出,《百一詩》有百數十篇,它們“以風規治道,蓋有詩人之旨焉”。大約應氏之後一百年,著名的史學家孫盛(302—373)在現已亡佚的《晉陽秋》中認爲:“應璩作五言詩,百三十篇,言時事頗有補益,世多傳之。”①根據這三種記載,這組詩大概有一百首——越往後,數量稍稍地增加——這就是其得名的原因。更重要的是,這三種解釋都認爲,《百一詩》的目的是爲了評論或批評當時的時政——就像《詩經》中詩歌一樣。

六朝後期的書目《今書七志》提供了《百一詩》另一種解釋:因爲這組詩——在書目中被稱爲“新詩”——“以百言爲一篇,或謂之《百一詩》”。這裏,“百一”反映了詩歌的長度,而不是數量。李善將這種解釋與早期的其他解釋都否定了。他引用了一段散體的序言——據傳是應璩寫的——來支撑關於“百一詩”的第四種解釋。徐公持認爲這篇殘缺的序是後代編纂應璩集子的人加進去的,這篇序表明應璩用這些詩委婉地諷刺他的上司曹爽②。應璩在序中說:“公今聞周公巍巍之稱,安知百慮有一失乎?”③李善認爲,“百一”意爲治理國家時“百分有一”出錯,於是這些詩就是用來諷諫曹爽之類腐朽官僚的。根據詩中暗示的事件,徐公持認爲應璩寫這些詩時在45—60歲之間④。

---

① 皆見於《文選》,21.13b—14a。張方賢認爲應璩《百一詩》有101首詩,李充則認爲有110首,而孫盛認爲有130首。儘管李善認爲《楚國先賢傳》爲張方賢所撰,但這部書更可能是張輔(卒於305年)所著,其爲南陽張衡(78—139)的裔孫。參見舒焚《楚國先賢傳校注》(武漢:湖北人民出版社,1986),頁6。

② 此序全文已不存,只在《文選》李善注中保存了一部分引文。徐公持將這篇序編年在應璩與李善生活時代之間的某時,見其所著《魏晉文學史》(北京:人民文學出版社,1999),頁162。

③ 《三國志·魏書》引《文章敘録》,21.8b—9a。此處,應璩直接引用“智者千慮,必有一失”這個俗語,見《史記》,《四庫全書》本,92.9b;《漢書》,《四庫全書》本,34.9b。

④ 因爲《百一詩》中的一首批評了在洛陽建造奢華的宫殿——此工程開始於青龍三年(235),受到很多官員的批評——徐公持認爲此詩大致作於此時。其他一些詩,如寫看到他自己蒼老而醜陋的臉(“少壯面目澤”,逯欽立,1:469),或反思他一生的塵務(“年命在桑榆”),徐公持將其繫年在應璩的晚年。參見徐公持《魏晉文學史》,頁162—164。陸侃如認爲整個《百一詩》都寫於曹爽覆滅前一年,即248年,此時應璩59歲,《中古文學繫年》,2:550—552。我認爲,《百一詩》并非一時所作,寫作很可能持續了一段時間。

比較應璩現存可靠的詩歌與陶潛的詩最初印象可能是兩者表面上相似,但實質差異很大。《文選》中保存的《百一詩》,描繪了應璩於退隱之時在家中接待了一位友人:

> 下流不可處①,君子慎厥初。名高不宿著,易用受侵誣。前者隳官去,有人適我閭。田家無所有,酌醴焚枯魚。問我何功德,三入承明廬②。所以占此土③,是謂仁智居。文章不經國,筐篋無尺書。用等稱才學,往往見歎譽。避席跪自陳,賤子實空虛。宋人遇周客④,慚愧靡所如。⑤

這首詩一開始就用了一句格言來解釋應璩選擇歸隱的原因:身居高位就會成爲流言攻擊的目標(1—4 行)。詩歌接着寫了詩人很高興地接待訪客,因爲他——用詩人蔡邕的語言⑥——能與詩人共度貧乏的鄉野生活(7—8 行)。在第二部分(9—20 行),訪客開始了他長篇的説辭,直率地質問詩人,他有何功德可以三次入朝爲官,而且還可以作

① 子貢云:"紂之不善,不如是之甚也。是以君子惡居下流,天下之惡皆歸焉。"《論語正義》,《四部備要》本(臺北:臺灣中華書局,1981),22.6b;劉殿爵譯《孔子論語》(英國哈蒙兹沃斯:企鵝書店,1987),頁 154。

② 承明廬是緊挨西漢都城長安皇城中承明殿的一處建築,是給學者和官員工作及值夜班休息的地方。三國魏時,曹丕在洛陽建始殿建立朝廷,通往皇宫的大門就被稱爲承明門,在見皇帝之前,上朝官員們可以在門内休息。於是乎承明廬就與在朝爲官或出仕聯繫在一起。參見劉叙傑《中國古代建築史:原始社會,夏商周秦漢建築》(北京:中國建築工業出版社,2003),1:402—403。

③ "占土"的字面意思是"占卜土地",下面其實有省略,他占卜這片土地,看看是否適合在上面建房子。

④ 李善從已經亡佚的《闕子》中引用一則軼事:"宋之愚人,得燕石於梧臺之側,藏之以爲大寶,周客聞而觀焉。主人齋七日,端冕玄服以發寶,革匱十重,巾十襲,客見,免而掩口,盧胡而笑曰:此特燕石也,其與瓦甓不殊。主人大怒曰:商賈之言,醫匠之心。藏之愈固,守之彌謹。"《文選》,21.14b;亦見引於《藝文類聚》,6.18b;《太平御覽》,《四庫全書》本,51.8a。

⑤ 《文選》,21.13b—14b;逯欽立,1:469。

⑥ 《蔡中郎集》外集所收《與袁公書》殘文,《四部備要》本(上海:中華書局,1927—1936),2.11a。

爲受尊重的君子退隱於斯。詩歌結尾寫道,詩人很謙卑地承認自己有很多不足之處。

此詩的第一部分讀起來很像陶潛《歸園田居》其一及《歸去來兮辭》[①]的原始版本。這也突顯了兩位詩人主要的不同之處。陶潛在詩中講述了他决心離開官場,并描繪了他在田園中的隱居生活;同樣,應璩也告訴我們,他爲何要離開朝廷。儘管陶潛歸隱的原因純粹是個人的(官場與他的性格不合),應璩的選擇則是道德的。陶潛兩首詩的大部分内容都在講述歸隱後日常生活的樂趣;應璩則關注於他和訪客之間的對話,并承認他并不值得因隱居而受到褒揚[②]。陶潛《歸園田居》的語調是個人化的,而應璩之詩的聲音聽起來則是非個人的或官樣的。唯一關於應璩自傳性的信息是,應璩提到他曾三入承明廬,也就是洛陽的官員們赴朝時休息的地方。另外,康達維也注意到,這首詩運用了賦的次文類(subgenre)"設論"的程式,一位退職或職位卑微的官員接待一位訪客,然後説了一大通話。客人否定官員的"功業",并反對主人爲自己辯護的辯辭[③]。

大部分應璩《百一詩》的其他殘文突出社會的負面狀況,即驕奢淫逸的官僚壓榨貧窮却貪婪的下層民衆。據我所知,應璩可能是可知最早的廣泛描寫普通民衆生活的詩人,其詩嘲弄權貴階層的虚榮,針砭社會的弊病。他的詩歌表現出一種諷刺性的幽默及不滿——有時直接是尖鋭的批判,有時則隱晦地通過一些嘲諷性的機智語言來批評。應璩在批判當權者時,描繪了一位貪腐的守邊將軍,這位將軍看起來可以駕馭疾馳的駿馬,也能彎弓射箭;可是一旦敵軍压境,却變得手足無措,一

① 逯欽立,2:991;987—988。

② 應璩可能在諷刺他同時代的那些故意離職而成爲名隱士的人,這些人只會在當權者徵召下才會再次出仕。

③ 康達維《選集的缺憾》,頁27。以設論爲例,見《文選》,45.2a—12a.關於設論,詳見戴麟(Dominik Declercq)《與國家唱反調:三四世紀中國的政治修辭》(*Writing against the State: Political Rhetorics in Third and Fouth Century China*),布里爾:萊頓大學出版社,1998。

無所能①。地位較低却很貪腐的太官把御厨中的所有東西都拿出賣："豈徒脯與糗，醢醢及鹽豉。"②在應璩大揭當權者之弊時，他也對那些無所不用其極巴結上司的人冷嘲熱諷：

> 漢末桓帝時，郎有馬子侯③。自謂識音律，請客鳴笙竽。爲作陌上桑，反言鳳將雛。左右僞稱善，亦復自摇頭。④

馬子侯自我感覺太好，而詩的結尾部分對左右之人的諂媚也予以諷刺；馬子侯摇頭晃腦之際，詩人并没有多發議論。

《百一詩》展現了普通民衆生活的小插曲，特別是鄉村民衆的生活。一段殘詩描繪了既窮且憂的鄉民的日常生活：

> 平生居□郭，甯丁憂貧賤。出門見富貴，□□□□□。灶下發牛矢，甑中裝豆飯。⑤

通過對其簡陋厨房一幕的描寫，這位鄉民的貧賤生活躍然紙上；應璩將這位鄉民的生活與富貴者的生活加以對比，而他出門就可以看到這些富貴者。這種并置倒轉了一般的"朝"與"野"的兩極，在野者一般而言應處於權力中心之外，而處於他自己世界的中心位置，而從這個視角出發，任何東西看起來都是"外在的"⑥。

---

① 這首詩僅在《太平御覽》中列爲應璩之詩，353. 6a. 逯欽立認爲這些無題的詩也是《百一詩》的一部分，見逯欽立，1:473。

② 逯欽立，1:471。關於食物以及上古中國用於食物的術語，見康達維《文宴：早期中國文學中的食物》(A Literary Feast: Food in Early Chinese Literature)，《美國東方學會會報》117. 2(1986)，中文版載樂黛雲、陳珏編選《北美中國古典文學研究名家十年文選》，南京：江蘇人民出版社，1996 年，頁 664—686。

③ "子"與"侯"是漢代五等爵位的兩級，這五等爵位是：公、伯、侯、子、男。參見《王制》，《禮記注疏》，《四庫全書》本，11. 1a. 這裏應璩是在一般意義上使用"子"與"侯"兩字。"郎"字指的是男性，但這裏可能是"侍郎"的縮寫，這是一個宫廷侍衛的職務，應璩曾擔任過此職。

④ 《太平御覽》，490. 14a；逯欽立，1:473。

⑤ 《北堂書鈔》，144. 2a；逯欽立，1:471。

⑥ 我很感激鄭文君的提示，以及她對這首詩部分解讀的洞見。

"有産者"經常浪費社會的資源,而這些資源可以用來幫助那些最需要的人,解決一部分社會問題。應璩以下的詩句批評了鄉村葬禮上的驕奢:"喪側食不飽,酒肉紛狼藉。"[①]在另一首詩的殘句中,他寫道:"有酒流如川,有肉積如岑。"[②]這一聯影響了杜甫的名句:"朱門酒肉臭,路有凍死骨。"[③]《百一詩》也記録了應璩對可能有利於普羅大衆生活政策的思考:他有一首非常幽默的詩,應璩反對禁止在洛水中捕魚,這會導致魚類之間的相互蠶食,而什麽也不能給人類留下[④]。上古的詩歌作品中留下了很多貧窮者生活的痕迹,如《詩經》,以及漢代從民間收集到的普通百姓創作的樂府詩。然而,《百一詩》是第一部由確定的詩人創作的諷刺性詩集,一位上層士人想像普羅大衆的艱辛,并批判上流人士罔顧民衆口腹之需的驕奢淫逸。因此,鍾嶸斷言應璩之詩"指事殷勤,雅意深篤,得詩人激刺之旨"[⑤]。

下面我要討論的詩歌殘文,可以看出應璩與陶潛詩歌在主題與語言上的緊密聯繫。兩位詩人都寫到嗜酒:應璩在一首詩中寫道,他戴的冠在酩酊大醉後落下,因此他就要在鏡子中看到自己老醜的臉了——差不多相同的方式,陶潛也寫了自己的醉態[⑥]。兩位詩人都很關注他們的窮困。在兩首失題的殘詩中,應璩寫了一位窮困潦倒之人在床上輾轉反側,難以入眠,大聲疾呼要關心他(可能就是應璩本人)的生死[⑦]。最後,兩位詩人都很關注自我的刻畫:應璩在詩中描寫了身體上

---

① 逯欽立,1:470。

② 逯欽立,1:472。

③ 仇兆鰲:《杜詩詳注》,《四庫全書》本,4.14a。

④ 逯欽立,1:472。

⑤ 《詩品注》,頁144。

⑥ 逯欽立,1:470。亦見上文注24。

⑦ 兩者皆見於逯欽立,1:472。後一首詩,《初學記》署作應璩之子應瑗,明代馮惟訥亦據之收入《詩紀》。但逯欽立署作應璩。此詩突出了應璩在他的散文中更全面表達的訴求。見徐堅編《初學記》中所收的應璩詩(北京:中華書局,2004),2:447;馮惟訥編《古詩紀》,《四庫全書》本,27.5a;逯欽立,2:876,980,992,994—995,996—997。關於陶潛,見他的《詠貧士》七首,載逯欽立,2:1008—1009。

的自畫像,而陶潛以更抒情的方式表達了自我的感情①。《百一詩》中的一首殘詩難得地描寫了個人生活的瞬間,應璩動情地説到自己行將就木,而無法掌控自己的命運。這首詩轉到老生常談的及時行樂(carpe diem)主題上,詩人勸自己飲乾杯中之酒②。

儘管應璩有些詩顯示出與陶潛詩的某些相同之處——不管是在主題上還是在風格上——但它們只是應璩現存30首詩中的7首。徐公持指出,應璩所有詩的主題可以分爲兩大類型:一類是外向的,更關注公衆生活中的現實問題并加以批判;另一類是内在的,更關注日常生活中的自己、民衆及其活動③。徐公持論道,應璩寫於中年時的那些關注公共生活的詩的語調一般都是直言不諱的、犀利的,甚至還是嘲諷的。而更内向的詩則是詩人晚年、閑逸時的作品,儘管詩人漸老,但仍保持著自嘲的幽默感,或是假托訪客質問他有何德何能,或描寫鏡中自己已經布滿皺紋、粗糙的老臉。徐氏稱這些詩作於應璩向暮之年④。

吸引大多數論者的還是他關注外部世界的詩,《百一詩》漸漸被認爲是批評社會之詩。許多研究者引用到李善注,强調應璩之詩的諷諫性。考慮到《百一詩》後來與社會批評成爲同義詞,應璩之詩與陶潛那些個人化的抒情詩之間的聯繫自然就不太密切,所以這也使後世讀者頗爲困惑。從宋代起,文學評論就反映出後世論者缺乏對應璩個人化的抒情詩的瞭解。詩評家葉夢得在他的《石林詩話》中最早對鍾嶸將陶潛與應璩聯繫起來表達微詞。葉氏稱,因爲許多建安和曹魏詩人都專工一體(譬如公宴詩,或從軍詩),鍾嶸將陶潛這位田園詩人歸類到應璩的譜系中有點牽强,因爲葉氏將應璩視爲一位諷諫詩人。葉氏最後認爲:"蓋嶸之陋也。"⑤清代的王士禎很崇敬鍾嶸,但他對鍾嶸的一些判斷仍持保

① 逯欽立,1:470。更令人印象深刻的是,應璩在殘文中描繪了他飽經滄桑的臉:"山風寒骨折,目面盡生瘡。"

② 逯欽立,1:469。

③ 詩歌技巧可見於以下例句:"室廣致凝陽"、"細微可不慎"、"百郡立中正",以及"京師何繽紛",見逯欽立,1:469、470、471、473;更加個人化的詩句還有上文討論過的"下流不可處"、"年命在桑榆"、"少壯面目澤"、"古有行道人",見逯欽立,1:469—470。

④ 徐公持:《魏晉文學史》,頁162—164。

⑤ 葉夢得:《石林詩話》,42b—43b。

留意見,特别是把陶潛置於中品,并將其與應璩聯繫在一起[①]。其他清代有名望的批評家進一步指責鍾嶸。沈德潛(1673—1769)評曰:"鍾嶸謂其原出於應璩,成何議論?"李調元(1734—1803)進一步説:"鍾嶸《詩品》云其源出於應璩,真小兒之語矣。"[②]隨着陶潛詩人地位的上升,對鍾嶸的批評也在不斷變得尖刻。只有少數論者爲鍾嶸辯護,但他們的論據聽起來也有點牽强,例如明代的許學夷觀察到陶潛與應璩一樣,喜歡用"虞"部韻的字。他又指出,陶潛經常在詩中使用問答體,賦予它們一種"現場表演"的特質[③]——我們也能在應璩的《三叟詩》中發現這種特徵。何良俊(1506—1573)評論道:"靖節質直,出於應璩之《百一》。"[④]

然而,不管他們支援或反對鍾嶸的觀點,這些評論者的判斷似乎建立在只是閱讀應璩一至兩首《百一詩》的基礎上。葉夢得的意見也是建立在《文選》中保存的一首《百一詩》和所有的陶潛詩比較的基礎上。除此之外,所有對鍾嶸的反對意見似乎也出現于宋代之後——也就是應璩生活的時代八至九百年之後,特别是宋代的士大夫對應璩不甚感興趣,而將陶潛揄揚爲一位典範詩人。應璩現存大部分詩由他的《百一詩》的殘詩構成,但因爲這些關注外在現實的詩有着特定的目的,寫作也集中在一個時間段[⑤],所以它們并不能反映應璩詩歌風格的全部。要探究應璩文學風格的全貌,我們還要仔細分析他從前受忽略的散文創作。

《文選》中保存的應璩尺牘

應璩的尺牘保存較好。與他的詩歌相比,他的尺牘仍然是完整的,保存在唐宋時代的文學總集和類書中——這種受重視的事實證明,他的尺牘在當時還是很受歡迎的。最完整的尺牘可以在《文選》中發

① 王士禛:《漁洋詩話》,下 4a。

② 沈德潛:《古詩源》,李調元:《雨村詩話》,皆見阮廷瑜編《陶淵明詩論暨有關資料分輯》,1:7。

③ 孫康宜《六朝詩概論》(普林斯頓:普林斯頓大學出版社,1986),頁 15—16。

④ 許學夷《詩源辨體》;何良俊:《四友齋叢説》,分别見阮廷瑜編《陶淵明詩論暨有關資料分輯》,1:7、8。

⑤ 徐公持,頁 162—164。陸侃如,2:550—552。亦見上文注 24。

現——《文選》"書"類中入選了 24 封尺牘,其中 4 封是應璩的作品[①]。其他的尺牘——或是完整的,或是部分的——收於唐宋時代朝廷編纂的類書,如《初學記》、《藝文類聚》及《太平御覽》中[②]。

與其《百一詩》相比,他的尺牘呈現了一種更廣闊的風格、語氣、内容以及關注。這些尺牘包括給上級的箋,以及寫給親戚、友人及同僚的書信,應璩的尺牘在主題的廣度上涵蓋了較大的範圍,包括推薦信,指導同僚如何爲政的便箋,社交性的答謝書,向在朝爲官的同僚緊急求助的信,以及寫給密友至親的私人信箋。在這些尺牘中,語氣與寫作風格并不一致,這取决於應璩與收信人之間關係的性質:態度有時比較正式,如在推薦信中;有時則顯得輕鬆和安逸,如在社交或私人信箋中;而在尋求幫助的信中,他則顯得焦急與躁動;或者在寫給他的摯友的信中則流露出真誠。就像《百一詩》,他的尺牘可以大致分爲向外關注公共事務的信,以及向内關注個人際遇的信,而後者在數量上遠大於他現存的詩歌。很明顯,他寫給至親摯友的信與陶潛有名的詩有很多共同點。《文選》中所收的 4 封信很大程度上在語氣與情感上都比保存在類書中的信顯得中和,其中 3 封信可以視爲陶潛作品的先聲。

頗爲動人的《與從弟君苗君胄書》顯示了應璩作品在風格上與陶潛田園詩極大的相似性。這封信寫於作者的晚年,應璩回憶了他最近與從弟同游邙山之事,描繪了他回到城市後的静謐生活以及希企隱逸之情,接着警告身在官場上的親戚仕途之危險,同時暗示了自己不得志的失望之情。在結尾部分,他展望未來,何時能夠歸隱田園,并"追蹤丈人,畜雞種黍。潛精墳籍,立身揚名,斯爲可矣"[③]。

應璩尺牘中的描繪性的語言與語氣令人想到陶潛很多名作[④]。下

① 《文選》,42.13a—17b。

② 應璩現存的散文收於《全三國文》,30.1a—7b,見嚴可均編:《全上古三代秦漢三國六朝文》(北京:中華書局,1999,下文簡稱嚴可均),2:1218—1221。

③ 《文選》,42.15b—17a;亦見《全三國文》,30.2a—3a,見嚴可均,2:1218—1219。陸侃如認爲此文作於應璩晚年六十一歲時,見陸侃如:1:559。此語見《論語》所引子張之語;"丈人"指的是子路尋找孔子時問路的人。在子路尋找的過程中,他遇到一位丈人正耘於田中。丈人邀請子路回家吃飯,招待以雞黍。他的存在暗示着隱士的存在,見《論語正義》,21.7b。

④ 譬如見逯欽立,2:974—975;983;985—988;991—992;1010。

面所引的應璩書信的開頭,應璩回憶了他們最近相伴出游的事:

> 間者北游,喜歡無量。登芒濟河,曠若發曚。風伯掃途,雨師灑道。按轡清路,周望山野,亦既至止,酌彼春酒。接武茅茨,凉過大夏;扶寸肴脩,味逾方丈。逍遥陂塘之上,吟詠菀柳之下。結春芳以崇佩,折若華以翳日,弋下高雲之鳥,餌出深淵之魚。蒲且贊善,便嬛稱妙,何其樂哉![1]

應璩此信描繪了一次向北的遠足。此信贊美了野外徜徉,漫步湖畔,以及享受春酒的簡單至樂,這種平淡的文風極似陶潛[2]。他在描繪山水時,僅提到了芒山與黄河,爲的是回想起他們所見的壯觀景象:"登芒濟河。"這與漢賦或應璩及陶潛同時代作家對自然的誇飾描寫有很大的不同[3]。與陶潛一樣,應璩使用了表現自然之空廓與清新的詞(如"曠"、或"清");就像在陶詩中,這些場景總與天氣的感覺結合在一起,如凱風、時雨。而且,此處以及他的其他作品中,應璩使用了獨特的意象,這後來也進入到陶潛之詩,諸如"深淵之魚"[4]、"高雲之鳥"、"酌彼春酒"[5]中的隱喻。應璩與他的從弟所體驗到的歡快同樣讓我們想起

---

① 《文選》,42.15b—17a。

② 關於陶潛之詩一般的觀點是其詩簡净而質直,然而這種觀察并不全面,而且基本上是宋人建構的結果。參見田曉菲:《塵几録:陶淵明與手抄本文化》(*Tao Yuanming and Manuscript Culture: The Record of a Dusty Table*)(西雅圖:華盛頓大學出版社,2003),頁23—55。

③ 與陸機的詩比較,見逯欽立,2:674—648,再與左思詩比較,見逯欽立,2:731—736,又與張載、張協詩比較,見逯欽立,2:739—748。

④ 魚躍於淵的意象早在春秋戰國時就有,見於《列子》、《韓非子》以及《史記》。《韓非子》云:"知淵中魚者不祥,智料隱匿者有殃。"《列子》云:"察見淵魚者不祥,智料隱匿者有殃。"然而,在應璩的詩中,魚躍於淵的意象已經變爲指稱隱逸的意象,或指自然環境中的動物。參見楊伯峻:《列子集釋》(北京:中華書局,1979),8.248;朱守亮《韓非子釋評》(臺北:五南圖書,1992),2:771。

⑤ 逯欽立,2:968,974,991,1000,1008。關於陶潛詩歌意象的研究,參見余寶琳(Pauline Yu)《中國詩學傳統之意象解讀》(*The Reading of Imageries in the Chinese Poetic Tradition*)(普林斯頓:普林斯頓大學出版社,1987),頁139—148。應氏善酒的名聲甚至一直流傳到唐代,唐代詩人張唐史有詩云其渴望過(转下页)

陶潛招待遠朋時的快樂①。

信的第二部分又轉到了首都洛陽，遠足後，應璩又回到都城。他描繪了返回都市後的棲隱生活，并告誡應苗與應胄仕途的險惡以及艱辛。不僅仕與隱是陶潛經常性的糾結，而且應璩描寫隱士生活的意象也在陶詩中得到了迴響。譬如，在返回喧囂的都市之時，應璩提到他“塊然獨處，營宅濱洛，困於囂塵”。就像陶潛將官場描繪成“塵網”，應璩也覺得陷於塵世中不能自拔。亦如陶潛寫出“心遠地自偏”②，應璩也想像在汶水之畔有一方净土，於斯他可以遠離塵囂③。

應璩寫給他從弟信中的語氣是親密而信任的。然而應璩聲稱他之退隱，因爲在天性上想過一種閑適的生活，他表達了失望之情以及歸隱的願望。説到仕宦生涯時，他表達了憂傷——以及壯志未酬的挫敗感。他説，有人“至有皓首，猶未遇也，徒有饑寒駿奔之勞”。終於大徹大悟，他决意歸隱，這樣他可以“廣開土宇”，并樂得友人時時過從。

應璩最低限度地追求自然之樂亦見於《文選》所收的他另外一封尺牘《與滿公琰書》中。在此信中，應璩對名宦滿寵之子滿炳親臨舍下表示感激，然後他表達了他無法接受滿氏邀請將來一同游覽漳渠之憾，接着他又描繪了漳渠：

> 夫漳渠西有伯陽之館，北有曠野之望，高樹翳朝雲，文禽蔽緑

(接上页)樵夫的生活，這樣他可以“詠詩陪賈誼，酌酒伴應璩”，見《全唐詩》，296.4b；亦見《文苑英華》，《四庫全書》本，256.4b；以及明人所編《石倉歷代詩選》，《四庫全書》本，63.9b。《北堂書鈔》保存的應璩殘文云：“酌彼春酒，上得供養親老，下得温飽妻子。”逯欽立，1:473。

① 《論語正義》，1.2a。這種感情也常回蕩於陶潛詩中，見《酬丁柴桑》與《答龐參軍》，見逯欽立，2:972—973。關於陶淵明對《論語》之運用，參見侯思孟(Donald Holzman)《與古人對話：陶潛對孔子的詰問》(A Dialogue with the Ancients: Tao Qian's Interrogation of Confucius)，見司各特·皮爾斯(Scott Pearce)、奥卓·斯皮羅(Audrey Spiro)、伊佩霞(Patricia Ebrey)編《中國版圖重構中的文化與權力》(*Culture and Power in the Reconstitution of the Chinese Realm*，劍橋：哈佛亞洲中心，2001)，頁75—98。

② 逯欽立，2:991。

③ 逯欽立，2:998。

水,沙場夷敞,清風肅穆,是京台之樂也[①]。得無流而不反乎?

這種生動的描寫——緑水、高樹、河流以及沙場,顯示出描寫上的細緻——掩飾了山水描寫出自應璩想像的事實。"高樹翳朝雲,文禽蔽緑水"這個對句顯示了比陶詩更雕琢的語言傾向。應璩稱贊滿炳選擇了一個如此美妙之所,將其與楚國的京臺相比。然而反諷的是,在京臺的典故中,楚王婉拒參加在京臺舉行的宴會,因爲他擔心可能爲臺下的美景震懾住而不想返回。在此信中,應璩贊美了滿氏打算郊游的地點,然後就像楚王——因爲相同的原因——他也婉拒了滿氏的邀請,因爲他有公務在身。

特别是在《文選》所選書信中,應璩經常描寫自己從仕途上歸隱,也經常稱自己爲一介隱士。在寫給滿炳的信中,他指稱自己是隱士,他原初的歸隱之念也受到滿炳的誘發;在信中,他用了"鮮魚出於潛淵,芳旨發自幽巷"這樣的隱喻[②]。在其他書信,如《與侍郎曹長思書》中,應璩在曹氏拜訪之後,反思了他平静的退隱生活,并思考仕與隱的相對價值。儘管王肅及何曾之流因其野心而能登高位,應璩尖鋭地寫道,像他這樣并無豪族背景支撑的人,只能"斂翼於故枝,塊然獨處"[③]。他將他自己退隱後的生活與古代著名隱士相比:

德非陳平,門無結駟之迹;學非楊雄,堂無好事之客;才劣仲舒,無下帷之思;家貧孟公,無置酒之樂。[④]

應璩并没有迎來像從前那樣因崇敬隱士而特來探訪的賓客。相反,他

① 《文選》,42.13b;嚴可均,2:1218。京臺是楚國最大的臺之一。《文選》注引刺史名子佩,而非子夏。見《文選》,42.14a;亦見引於《太平御覽》,468.6a—b。然而,相關的段落却不見於現存的《淮南子》中。

② 《文選》,42.13b;嚴可均,2:1218。

③ 《文選》,42.14a。孤鳥之意象運用非常廣泛,因而并非是應璩詩之原創。應璩之兄應瑒也寫過孤鳥之詩,後來在左思詩中變爲一種經常性的象徵,見逯欽立,1:383,494—501,510。

④ 《文選》,42.14b。

的書桌與卧床上落滿了灰塵①,他期盼着友人袁生的不期而至,這樣可以做一番快樂的晤談。作者最後總結道,如同萬物開花於春季,而凋零於秋節,他的生命亦是自然之數的一部分。儘管他的生活并無痛楚,不過他期望藉此信"陳其苦懷"。應璩矛盾的心緒貫穿於整封信之中:他不得不棲隱山林,因爲他缺乏家族背景作爲晉升的後盾;同時不像有名氣的隱士有很多崇拜者追隨左右,應璩過着平静的生活。

貧困之恨

應璩現存没有收入《文選》的尺牘生動描繪了詩人日常生活中的貧困,這些信展露了應璩强烈的感情色彩,則與陶潛作品有異曲同工之妙。《藝文類聚》"貧"部收録了應璩三封寫給在朝爲官友人的信——韋仲將、董仲連、諸尚書郎——這三封信大致寫於同時,信中描寫的生存狀況比較相似②。陶潛常屈服於貧困,應璩則不然,他抱怨他惡劣的生活環境到了一種誇張的程度,且質疑他是否應該放棄他的處世原則而重入仕途。《與韋仲將書》及《與尚書諸郎書》皆描寫到瓢潑大雨毁壞了應氏的房屋,這兩段文字分别如下:

> 夫以原憲縣罄之居,而值皇天無已之雨。室宇漸而作漏,堂館洽而爲泥,薪芻既盡,舊穀亦傾匱,屠蘇發撤,機□侴見謀。③
>
> 陋巷之居,無高密之宇;壁立之室,無旬朔之資。流潦浸於北

---

① 塵几作爲隱逸世界的表徵出現於應璩與陶潛的詩中。在《與侍郎曹長思書》中,應璩描繪了他退隱後的生活:"悲風起於閨闥,紅塵蔽於機榻。"《文選》,42.14b;嚴可均,2:1219。這裏紅塵積案象徵了他無人打擾的隱居生活以及主動疏離社會。塵几的原型是漢代的塵甑。《後漢書》記述了范丹非常之窮,以至於他的飯甑常常是空的,結果在他身邊流傳着一首民謡:"甑中生塵,范史雲也。"見《藝文類聚》,6.21b。

② 《藝文類聚》,35.32a—33a;亦見《全三國文》,30.4a—5a,見嚴可均,2:1219—1220。

③ 《與韋仲將書》,見《藝文類聚》,35.32a;嚴可均,2:1219,此信的殘文亦見於《初學記》,2:18.447,以及《太平御覽》,11.4b。2:1219。因爲《藝文類聚》所收最爲完整,只有"見謀"有異文。

堂,隙漏沾於衣服。槁蒸單竭,檐石傾罄,中饋告乏,役者莫興。[1]

將他的陋室與《莊子》中的貧士原憲的"縣罄之居"相比,應璩誇張地描繪了其居所的破舊不堪。同時,將原憲與應璩本人的形象與生活并置,豐富了我們對應璩生平的認識,并有一種歷史的直觀感[2]。同時,在第二段中,應氏使用陋巷中壁立之居的意象,以此與漢代陳平的陋室相比[3],陳平生活於貧困潦倒之中,而門外却多有長者之轍。在將他的個人處境與前代隱士相聯繫之後,應璩繼續描繪了一場急雨從天而降,冲毁了他的房子,沾濕了他的衣物。這場天災因他缺乏薪糧而更加惡化,饑寒使他真切擔心"將爲牛蹄中魚,卒鮑氏之肆矣"[4]。在與尚書郎的信中,應璩將朝臣享受的"秋節涼和,霖雨清閑"與他本人在"陋巷之居"經歷的"流潦"之困相并觀。時雨對莊稼有利,却只給他帶來痛苦:尚書郎"飯玉炊桂",而他既無檐食又無槁蒸。這樣,他突顯了尚書郎與他之間"有"與"無"的强烈反差。

在《與董仲連書》中,應璩聲稱,他的憂慮隨着穀價的飆升而越發劇烈,他不得不乞食於鄰居[5]。乞食自然是文學中有失尊嚴的主題,就管見所及,這也是爲數不多的觸及到這個話題的尺牘;不過,應璩并没有因此感到尷尬。家中的食物空空如也,反諷的是,即使找到食物,也無

① 《與尚書諸郎書》,見《初學記》,2:18.447;《藝文類聚》,35.32b—33a;嚴可均,2:1219—1220。

② 《莊子注》,《四庫全書》本,9.17b—18a。

③ 《漢書》,40.14b—26a。

④ 嚴可均,2:1219。魚將死於牛蹄轍中,隱喻急迫的困境。見於《莊子》中,莊子貸粟於魏文侯時,告訴魏侯的寓言:"莊周貧者,往貸粟於魏文侯。文侯曰:'待吾邑粟之來而獻之。'周曰:'乃今者周之來見,道傍牛蹄中有鮒魚焉,大息謂周曰:"我尚可活也。"周曰:"須我爲汝南見楚王,决江淮以溉汝。"鮒魚曰:"今吾命在盆甕之中耳,乃爲我見楚王,决江淮以溉我,汝即求我枯魚之肆矣。"'"左松超《説苑集正》(臺北:臺灣師範大學國文研究所,1972,"國立編譯館",2001年重印),2:989—992。

⑤ 《藝文類聚》,35.32a—b;嚴可均,2:1219。

薪柴烹調。陶潛同樣也經常寫到家中“瓶無儲粟”[1],甚至不得不去乞食[2]。陶潛是感念他人好處的,在《有會而作》中他説:“常善粥者心,深念蒙袂非。嗟來何足吝,徒没空自遺。”[3]

應璩信中描寫的近乎絶望的窘迫之境與歷史文獻記載的應璩生活多有矛盾之處。《三國志》記載他曾擔任侍中一直到六十一歲,兩年後去世,可以説直到生命的最後,他纔告别官場[4]。應璩可能在魏明帝曹叡(226—238)當政期間寫了這些嗟貧之信,此時應璩一度離開官場。同時,應璩也没有遭受信中描寫的那種極端貧困生活。在致仕之時,應璩的離職態度也與陶潛《歸去來兮辭》所寫的如出一轍:“從此辭矣。”但與陶潛期盼歸隱後的生活不同,應璩在離開他已經習慣的奢華時,留下一聲歎息:“從此辭矣,何敢復飛蟬於惠文,鳴玉於縞組哉?”[5]同樣在乞食於鄰人,感慨無薪柴炊飯,寫給董仲連的信中,應璩又云:“出蒙誚於臧獲,入見謫於嬪息。”[6]應璩真實的貧困程度,我們并不清楚,但在艱難困苦之時,他仍有能力驅使僕役。在一封應璩寫給程文信之信的殘文中,應氏描繪了他優美及雅致的棲隱之地:“南臨洛水,北據芒山,托崇岫以爲宅,因茂林以爲蔭。”[7]應璩的退隱之地,與其説是窮困潦倒的農人的小破屋,還不説是令人敬而遠之的深宅大院。那麽,如何解釋應璩寫給尚書郎信中所述的個人生活狀況與歷史記載之間的不一致之

---

① 兩例可見《有會而作》及《癸卯歲十二月中作與從弟敬遠書》,見逯欽立,2:1003,980。

② 《乞食》,見逯欽立,2:992—993。

③ 《有會而作》,見逯欽立,2:1003。乞食作爲一種詩學姿態在3至4世紀獲得了一種文化上的標記,并作爲一種放達的象徵,在當時頗爲流行。見田曉菲《塵几録》,頁125—127。

④ 《三國志·魏書》,21.8b—9a。在與友人夏侯孝智的信中,應氏云:“援鑒自照,鬢已半白,良可懼也。”見嚴可均,2:1220。

⑤ 《報平陸長貴伯瑋書》,見《太平御覽》,819.9b;嚴可均,2:1221。“惠文冠”乃漢代侍中所戴,漢代時,蟬是冠上普通的裝飾物。

⑥ 《藝文類聚》,35.32b;《初學記》,2:18.447;《全三國文》卷三十,見嚴可均,2:1219。

⑦ 謝靈運《山居賦》自注引應璩與程文信書,見《宋書·謝靈運傳》,《四庫全書》本,67.16b。這條資料可能是李善注《齊竟陵文宣王行狀》所引的來源,李注引用了這封信的片段,《文選》,60.7a;嚴可均,2:1221。

處,甚至寫給不同人信之間的矛盾之處?

這三封信顯示了兩種流行於曹魏時代詩歌次文類的影響,即寫"愁霖"詩,以及"詠貧士"詩。在魏代,無法忍受的霖雨是非常流行的題材,特别經常成爲賦的主題,但也出現在詩中。應璩之兄應瑒,跟同時代的曹丕、曹植都寫過《愁霖賦》①。作爲這種題材的分支,"苦雨"也成爲詩歌的次文類,阮瑀(165? —212)、傅玄(217—278)及張協(? —307)都寫過這種變體②。"霖雨"早已成爲辭藻華麗的賦的主題,但在應璩手中有進一步發展,他嫻熟地將霖雨的主題融織到他的詩中,以此來强化他的貧困③。現代學者趙樹功評論應璩尺牘之後指出,因爲應璩的書信有意的誇張,所以它們并不能作爲其真實生存狀况的表現④。

貧士話語的流傳

應璩重飾關於他貧困交加的敘事之時,用了很多前代隱士的典故,他將自己寫成貧士的角色。因爲他自己認同前代的隱士,故而他使用了隱士的語言與趣味去描述他自己的生活狀態。《百一詩》中的第一首詩清楚展現了這個過程。應璩詩中描繪了退隱後的日常生活——"田家無所有,酌醴焚枯魚"——就借用了蔡邕的《與袁公書》之語。在此信中,蔡邕也寫過類似的話,儘管他只能爲訪客袁公"酌麥醴,燔乾魚",但

① 曹丕描繪了在瓢潑大雨中旅行的痛苦,曹植則關注大雨如何使日月無光,象徵性地隱喻朝中的奸臣。在他的第二篇《愁霖賦》中,曹植將霪雨與他的憂愁結合起來,這是他在其敘述中遵循的方向。陶潛《停雲》中出現的"八表同昏"的意象,其實來自曹丕的《愁霖賦》:"玄雲暗其四塞,雨濛濛而襲予。"應瑒亦作有《愁霖賦》。關於曹植、曹丕、應璩以及應瑒的《愁霖賦》,見嚴可均,2:1072,1122;《藝文類聚》,2.19a—b。陶淵明《停雲》詩,見逯欽立,2:967。

② 阮瑀的一首無題詩,被命名爲《苦雨詩》,見逯欽立,1:381;傅咸《驚雷歌》、《雨詩》,見逯欽立,1:567,571;張協《雜詩》其二、三、四、十,見逯欽立,1:745—747。亦參見田曉菲對這種次文類的討論,見《塵几録》,頁133—134。

③ 應璩在《與廣川長岑文瑜書》中,顯示了出色的誇張技巧;在《與西陽令孔德琰書》中,又分别描述一場劇烈的旱災與蟲災。《文選》,42.14b—15b;嚴可均,2:1219,1220。

④ 趙樹功《中國尺牘文學史》,頁126。

主客雙方却“欣然樂在其中矣”[①]。通過使用前代隱士的語言,并指稱具有隱逸生活特徵的活動,應璩却使人想到他自己并没有過上那樣的生活。史料以及哲學文獻詳細記述了顔回、張平這些安貧樂道人物的事迹[②]。這些早期隱士的生存條件——如家徒四壁、塵甑以及短褐——開始將隱士的生活象徵化[③]。至於對貧困現實的文學表現,我們只找到揚雄的《逐貧賦》以及蔡邕的《九惟》[④]。據我所知,正如上面的信所顯示的,應璩是第一位在如此廣度上描寫貧困的詩人。

僅僅在應璩去世後十到二十年,使用前代的語勢與態度去描寫個人貧困在詩歌中變得很普遍。晉代的作家也像應璩一樣從前代文獻(如《論語》、《漢書》)記載的隱士事迹中借用其語言,但并不是他們生活的準確反映。現存西晉時代兩篇寫貧士生活的詩,是由江逌及張望創作的,他們曾位列下僚,所居職位與陶潛相似。江逌寫過一首《詠貧詩》,描寫了我們所熟悉的貧者的居所:“蓽門不啓扉,環堵蒙蒿榛。空瓢覆壁下,簞上自生塵。”[⑤]這些詩句中出現了貧士的標識(“空瓢”、“塵簞”),應璩在他的尺牘中也提到這些語彙。這些意境後來也再現於陶潛的詩中:閉門以息交游,居所周邊的自然植物,以及瓶無儲粟[⑥]。

張望與江逌幾乎同時,是桓温手下的參軍(陶潛也曾做過鎮軍參軍),同樣也寫過《貧士詩》。他的詩中也出現了很多應璩《與侍郎曹長思書》描寫貧困的修辭。在上面提到的信中,應璩説到他退隱後的平静生活,“門無結駟之迹”以及“堂無好事之客”,而張望寫道:“荒墟人迹稀,隱僻間鄰闊。葦籬自朽損,毁屋正寥豁。”[⑦]儘管張氏的語言比應璩的更加形象,但他在描寫隱士生活中的静謐、田園與孤寂——諸如形容詞“荒”、“葦籬”、“毁屋”、“朽毁”時,與應氏很是相似。這些反映隱士孤寂生活的意象在陶詩中得到了反響,“野外罕人事,窮巷寡輪鞅。白日

① 《蔡中郎外集》,《四部備要》本,2:11a。
② 例如,參見《藝文類聚》“貧”部,33.23a—33a。
③ 關於與貧及貧士聯繫的相關文獻,參見《初學記》“貧”部,2:18.443—447。
④ 兩篇皆收録於《藝文類聚》,35.29b—31a,33a。
⑤ 《藝文類聚》,35.29a。
⑥ 分别見逯欽立,2:991;978,991,1010;980。
⑦ 《藝文類聚》,35.28a—b;逯欽立,2:891。

掩荆扉,虚室絶塵想”[①]。陶潛的舊居在408年焚於火災後,陶潛的叙述聚焦在廣闊的天空上,而非家庭的損失[②]。張望在酷暑中抱怨“炎夏無完席,玄冬無暖褐”,陶潛的《雜詩》也模仿與改寫了此詩,在詩中,他只期盼“禦冬足大布,粗絺以應陽”[③]。

與陶潛同時的湛方生是中國最早寫作山水詩的詩人之一,也寫過《後齋詩》之類描寫隱逸的詩。在詩中,他與陶潛一樣,也運用了若干應璩作品中所特有的姿態。特别是這首詩與陶詩中場景描寫甚爲相似:

> 解纓復褐,辭朝歸藪。門不容軒,宅不盈畝。茂草籠庭,滋蘭拂牖。撫我子侄,攜我親友。茹彼園蔬,飲此春酒。開櫺攸瞻,坐對川阜。心焉孰托,托心非有。素構易抱,玄根難巧。即之匪遠,可以長久。[④]

“解纓復褐”是衆所周知地斷絶與塵世聯繫的姿態。在語言上與應璩類似,湛氏又補充道,現在鮮有朝士會去拜訪他,因而他居處的蓬門正好與他的境狀相適應。茂草籠庭,此時與子侄及親友在一起的快樂,準備釀造春酒以及收穫園蔬,還有遠眺川阜的快樂,在湛方生與陶潛的詩中同時出現,這都是隱士生活的一部分[⑤]。末了,湛氏的目標是探究“玄根”(因爲這是一首玄言詩,即用詩的形式表達哲理)[⑥],而陶潛却不是這樣。應璩、陶潛以及上述晉代詩人在意象、語勢及成語之使用上的相似性,顯示了詩人們在創作關於隱或貧之主題時,可能有一種共用的話語系統,而應璩正是這一傳統的一位重要的承上啓下者。

跟應璩一樣,這些晉代詩人没有一位真正是貧困潦倒的。江逌因

① 逯欽立,2:991。《歸園田居》其一更形象地表現了他與鄰居的距離,詩中他直接描繪了老子式的烏托邦社會,見逯欽立,1:991。老子《道德經》,《四庫全書》本,下25a—b。

② 逯欽立,2:995。

③ 逯欽立,2:1007。

④ 《藝文類聚》,64.19b—20a;逯欽立,2:941—944。

⑤ 例如,見逯欽立,2:991,978,1010。

⑥ 關於玄言詩的定義,參見楊柳《玄言詩定義新探》,《南京師範大學文學院學報》2008年第1期,頁16—21。

向建開將軍殷浩建言軍事謀劃而著名，并在不同時期向皇上進諫，反對皇家園林建設中的浪費，在祭禮中過於鋪張[①]。他有文集五卷，儘管現已亡佚，但類書中還收有其殘文。江逌的文集所收大部分爲賦，其主題都是當時士人所愛好的，如關於竹、扇，或冰的[②]。他的"詠貧士詩"在他的集中是例外，顯示出與"詠物詩"共通的趣味。《後齋詩》的作者湛方生最初也曾入仕，後來居住在廬山地區，與陶潛的所處毗鄰。湛氏寫了大量關於植物與花卉的賦，以至於許多作品後來被收到清代所編的植物學著作《御定佩文齋廣群芳譜》中[③]。湛氏還因他對廬山地區山水的精緻描寫而出名，他的文集凡有十卷[④]。這樣，這些詩人與應璩一樣皆并非貧困交加，只不過是用貧士的修辭去呈現他們的人格。

陶潛内化了很多與隱士或貧士相關的姿態。在他的《詠貧士》中，他描繪了年高受敬的隱士榮啓期身着帶索，但欣然彈琴，并寫他自己也熱愛彈琴[⑤]。《宋書》本傳甚至還記載了件有點奇特的軼事，陶公身邊常有一張無弦琴，還時不時地撫之以寄意[⑥]。在另一首《詠貧士》詩中，陶潛還描寫了蒿蓬長滿漢代隱士張仲蔚的宅邊，而仲蔚過著退隱，與塵世隔絶的生活，但仍然作詩自樂。對封閉環境的喜好，與世隔絶，這種感情在陶詩中很是顯著，同時代的一些詩人詩中也有[⑦]。前代隱士爲陶潛提供了一種可資追憶的人格範型，從他們身上，處於貧困中的淵明

---

① 《晉書》，《四庫全書》本，83.12b—13a，關於江逌更全面的傳記，見《晉書》，83.11b—16b。江氏的作品亦見於《藝文類聚》，1.37a，3.19b—20a，3.24b，9.31b—32a，69.28a.89.44a—b；《笋譜》，37a，《御定佩文齋廣群芳譜》，《四庫全書》本，5.3b，83.19a—b。

② 《舊唐書》，《四庫全書》本，47.41a，《新唐書》，《四庫全書》本，60.7a。

③ 湛方生的作品散見於中古時代的類書中。關於他的作品分類見於《藝文類聚》，1.36b—37a，3.10a，3.36b—37a，7.14b，19.15a，20.6b，27.4b—5a，38.41b，57.24a—25a，64.19b—20a，65.14b—15a，78.15b—16a，85.8a；《御定佩文齋廣群芳譜》，1.12b，5.2b，8.14b，70.18b。

④ 逯欽立，2：943—947；《隋書》，《四庫全書》本，35.14b；《舊唐書》，47.42b；《新唐書》，60.8a。

⑤ 《時運》、《答龐參軍》、《和郭主簿》其一、《歸去來兮辭》，分別見逯欽立，2：968，973，978，987。

⑥ 《宋書·陶淵明傳》，93.16b。

⑦ 逯欽立，2：879，943—944，978，991，1010。

也能得到一些慰藉[①]。另一首寫於大風淒厲之歲暮的《詠貧士》詩,陶潛寫他無酒無食,“何以慰吾懷,賴古多此賢”[②]。他的人格偶像之一是黔婁,他曾經説富貴并非其所欲;黄子廉曾經甚至“彈冠佐名州”,但一旦歸隱之後,在饑荒之時也受到其妻的埋怨[③]。到唐代,這種貧寒之隱士的修辭呈現出它本身的生命力,使用非常頻繁,以至於前代詩人的句子竟被後代詩人挪用,好像這些詩句正表現的是他們自己的生活。正如我們前面讀到的王績的句子“嘗愛陶淵明,酌醴焚枯魚”[④]——描寫貧窮隱士的語言是可以傳遞的,最終與姿態(gesture)聯繫在一起,用在一般的場合也顯得正常了。

到六朝後期,應璩的《百一詩》遮蔽了他其他的作品,以至於到了讀者漸漸無視那些更加個人化詩歌的地步。此時,正是陶潛作爲“德隱”而聲名漸熾之時。結果,陶潛所用的表現他個人生活的意象和姿態——甚至那些他從前代描寫貧士詩中借用的——開始僅與他一個人聯繫在一起。

應璩與陶潛之接受

從六朝到唐代,應璩的文集還是有名的;然而因爲不完全清楚的原因,他的尺牘在唐代之後并没有引起多大的反響。宋代之後,應璩作品的傳承就呈現了選擇性:首先他的書信集亡佚了,其次他文集的其他部分也亡佚了,最後他最著名的《百一詩》也漸行散佚。初唐時編的書志《隋書·經籍志》著録了應璩的三部書——《文集》,十卷;《百一詩》,八卷;書信集《書林》,八卷——而陶潛的文集僅有九卷[⑤]。到了宋初的《新唐書·藝文志》,僅有《百一詩》存世,應氏的其他兩部集子已不見於

---

① 同樣,後代的詩人在窮困之時也會從陶潛的止足中得到慰藉。

② 逯欽立,2:1008。

③ 逯欽立,2:1009。

④ 《全唐詩》,37.5b。

⑤ 據《隋書·經籍志》,應璩之《書林》由夏赤松編纂而成;陶潛的作品在“雜逸書”之下,見《隋書》,35.5b,35.31b。

著録[①]。《百一詩》繼續在宋代保存着，13 世紀王應麟所編的類書《玉海》中還特設"百一"一類。《玉海》將《百一詩》放到次文類"勸誡詩"中，并注明仍有八卷存世，且有應璩之子應貞之注[②]。到了元明之時，史志及私家書目已不見應氏文集之著録。

《三國志》與《文章敘録》皆言在應璩時代，他就已經因他的文章寫作而著稱了，尤其是他的頗具説服力的尺牘[③]。特别令人難忘的是《三國志》中所收的一封應璩寫給友人劉靖的信，劉靖將要在都城中任職。應氏對農桑提了一點意見，又建議劉氏不要只關注於"游談之事"，而是多關心政事與民生。因爲遵循了應璩的建議，劉氏頗得民望[④]。明人王志堅(1578—1633)選録一批駢文之作，編成《四六法海》一書。此書始於曹丕，接着就是應璩、應瑒兄弟，這顯示了至少一些明代讀者仍認爲應氏的尺牘在中國駢文史上是重要的典範[⑤]。趙樹功在《中國尺牘文學史》中堅持認爲，應璩的書信在中國尺牘史上標志了向個人抒情的重要轉向，而且這些書信的特點是有意識地描寫景物而且比較幽默[⑥]。

應璩的《百一詩》——是特别關注諷諫的組詩——在當時以及後世都引起大規模、直接以及熱烈的回應。因爲此詩關注現實的事件，《百一詩》似乎對讀者有最直接的影響，并在應璩身後激起了廣泛的争論。應璩同時代人所編的《文章敘録》認爲，應璩寫此詩的目的在於向曹爽及其他同時代的人進諫，因而此詩"世共傳之"[⑦]。後來，《楚國先賢傳》指出，時人"咸皆怪愕，或以爲應焚棄之"[⑧]。到 5 世紀時，應璩作爲詩人的聲名迅速下降，以至於鍾嶸《詩品》僅將其列爲中品，他評應璩詩爲

① 《新唐書》，60. 27a。《舊唐書》(47. 34a)著録《應瑗集》十卷，其内容與應璩的生平一致。"應瑗"當爲"應璩"之筆誤。《舊唐書》著録《書林》爲六卷，47. 54a。此書是根據應璩的生平來編年的。

② 《玉海》，《四庫全書》本，58. 7b—8a。這部宋代的類書著録另一部唐代李氏所著的兩卷本《百一詩》。

③ 《三國志・魏書・王粲傳》，21. 8b—9a。

④ 《三國志・魏書・劉馥傳》，15. 2a—b；2：1218。

⑤ 《四六法海》，《四庫全書》本，7. 1a—5b。

⑥ 趙樹功《中國尺牘文學史》，頁 124—126。

⑦ 《三國志・魏書・王粲傳》，21. 9a。

⑧ 見《文選》李善注，頁 21. 13b。

"指事殷勤,雅意深篤,得詩人激刺之旨"。鍾嶸又補充認爲,其詩"祖襲魏文","善爲古語"①。劉勰《文心雕龍》評論應璩的《百一詩》"獨立不懼,辭譎義貞,亦魏之遺直也"②。這些同時代評論家評論應璩的觀點聚焦的是《百一詩》的"内裹",這與後代的評論者相同,都是强調這組詩的諷諫性。很少提到此組詩中更關注個人感情的詩。

宋代時,大部分讀者從總集或類書中讀到《百一詩》,而不是讀到此集本身。潘子真從臨淄晏公處讀到完整版本的《百一詩》,相信大部分收於總集或類書——如吴兢的《古樂府》及歐陽詢的《藝文類聚》——中的《百一詩》是并不完整的③。詩評家葛立方駁斥《楚國先賢傳》將應璩詩歌完全概括爲社會批評的看法,因爲葛氏從《文選》及《樂府詩集》讀到的六首《百一詩》中并没有這種類型的詩④。同樣,葉夢得也反對將陶潛的詩歸於應璩的譜系之中,他的證據也是建立在《文選》中所收的一首《百一詩》上⑤。正當選家與評論家對陶潛如何被接受添磚加瓦之時,應璩的作品却在這一過程中因爲選擇或遺漏而被忘却了。

在陶潛生活的時代,他以隱士的形象而得名。他去世之後,他的朋友顏延之所寫的《陶徵士誄》稱贊他爲高尚而極有原則的人,他拒絶出仕——而不是一位詩人⑥。《宋書》、《晉書》及《南史》中的陶潛傳以及蕭統作的《陶淵明傳》提供的資料證明,陶潛在當時已經獲得隱士的聲名。江州(今屬江西)刺史檀道濟、王弘渴望見到陶潛,也是基於其身爲隱士的名聲⑦。《宋書》的編者沈約(441—513)首先并主要將陶潛刻畫爲一介隱士。他將陶潛列於《宋書·隱逸傳》之中,同時完整收録了陶潛的兩篇作品——《五柳先生傳》以及《歸去來兮辭》——以此來顯示陶

① 《詩品注》,頁144。《詩品·下品》亦出現了應璩之名,但因爲此條爲"晉文學應璩",可能指應瑒,誤署應璩之名。《詩品注》,頁227及頁144。

② 《文心雕龍·明詩》,《四庫全書》本,2.2b。關於劉勰及其在中國文學經典形成史上地位,參見孫康宜《劉勰的經典觀念》,載蔡宗齊編《中國文學思維》(*A Chinese Literary Mind*)(斯坦福:斯坦福大學出版社,2001),頁17—31。

③ 見引於《苕溪漁隱叢話》,41.5b—6a。

④ 葛立方:《韻語陽秋》,4.1b—2a。

⑤ 葉夢得:《石林詩話》,42b—43b。

⑥ 《陶征士誄》,《文選》,57.9b—13a。

⑦ 《宋書》,93.14a—19a;蕭統《陶淵明傳》,見《箋注陶淵明集》。

潛决意歸隱的純粹性，以及陶潛作爲隱士的崇高品格①。後來，到 6 世紀早期，蕭統將陶潛與周續之、劉遺民合稱爲"潯陽三隱"②，進一步固定化陶氏作爲隱士的形象。因此，陶潛的創作也漸漸被理解爲陶氏人格的展現；到 4 世紀時，陶潛從前代詩人作品借用而來的隱逸話語也被認爲是陶氏本人的獨創。

結　語

總之，我們所認爲的陶詩大部分特有的意象、姿態以及語言皆來自前代文學對貧困隱士的概括，只不過現在被忘却了。隱士的文學傳統起源於漢末，此時一些詩人開始寫他們生活在都城之外的經驗，而以應璩的寫作達到頂點。然而應璩與陶潛之間的文學聯繫長期以來因過分强調應璩的《百一詩》，也因《百一詩》的保存狀況而被遮蔽，而他寫的關注個人生活的詩却被忽視了。對現存應璩《百一詩》殘文的仔細考索顯示這組詩中的一些詩展現了更加感性的抒情，并聚焦世俗的題材以及詩人本身。徐公持將應璩寫公一面的《百一詩》繫於他在朝爲官之時，而將寫私一面的《百一詩》繫於他的晚年③。正因爲對貧的同情以及對酒的熱愛，《百一詩》中這些寫個人生活的詩顯示出與陶潛名作最相似的一面。

應璩的尺牘一度非常有名，爲我們打開了觀察其寫作風格多樣性的另一扇視窗。這些書信進一步證明了其關注個人以及抒情的風格與陶詩相近。應璩對感受與表現自然方法的强烈興趣爲六朝後來描寫田園的詩文鋪平了道路。他的聲音没有機巧與造作，抒發的是隱逸以及隱居生活之感，都讓我們想起陶潛最好的詩。應璩尺牘中大量出現的描寫個人化、閑適以及田園的風格，暗示着可能《百一詩》確實還有許多

---

① 《宋書》，93.14a—19a。

② 蕭統《陶淵明傳》。關於陶淵明在早期歷史中的形象以及六朝晚期的詩歌，參見筆者的博士論文《獨立的空間與新的自我》(A Separate Space, A New Self)，哈佛大學，1999，頁 169—189，以及田菱(Wendy Swartz)《重繪隱士：早期史家對陶淵明的建構》(Rewriting a Recluse: The Early Biographers' Construction of Tao Yuanming)，《中國文學》(CLEAR)第 26 輯(2004 年 12 月)，頁 77—97。

③ 徐公持《魏晉文學史》，頁 162—164。

這種類型的詩。

應璩是一位多才多藝的作家,能夠創作不同且有時看似風格矛盾的作品。《百一詩》可以是嘲諷的、機智的或道德化的組詩,其語言可以是雅致或通俗的;其措辭可以是簡潔或繁密的;其抒情聲音可以是面向公衆的或個人化的。而且,其取材的對象既可以是士人,也可以是普通人。《百一詩》最大程度展示了應璩所處社會的面影——從上層到下層——并表達了他的觀感、反思以及批評。《百一詩》是最早的由著名詩人創作的諷諫性組詩,從而成爲杜甫及白居易寫社會時事詩歌的先河。對同時代的讀者而言,《百一詩》關注當代時事,讀後令人激動,而且流行一時。然而,隨着時間的流逝,指代當時都知道的時事與政事的典故變得晦澀難懂,一度比較明晰的口語也變得不可解。

應璩的每一封信都説明了由詩人形成的一種特殊關係。每封信形成一種二人相互交流的特殊情境,也讓我們窺視到應璩的生存狀態與感情。寫給高官之後滿炳的信中,應璩顯得謙恭、熱情,感激滿氏的幫助,也小心不去觸犯他:"外嘉郎君謙下之德,内幸頑才見誠知己。歡欣踴躍,情有無量。"[①]在寫給從弟們的信中,應璩顯得更加放鬆,對他們能夠相伴而游感到高興,并且快樂地回憶起他們去北方旅行的事[②]。廣川(今屬河北)遭受大旱,在十天的祈雨儀式之後仍不見緩解,有點自信的應璩寫信給廣川令岑文瑜,有些反諷地贊揚岑氏代表民衆在烈日下徒勞地祈雨。於是,應氏敲打岑氏説,只有仁政——而不僅是儀式——能夠降雨,結尾還有點傲氣,甚至有點怨氣地説,"想雅思所未及,謹書起予"[③]。主動進諫之時,應璩很謹慎地運用他的幽默感以掩飾他的冒昧。同時,他并不畏懼岑氏,而對岑氏華而不實的祈雨儀式予以公開的譏諷。這種直白的機智以及對社會弊病的批判内在傾向占據了應璩公一面的《百一詩》的核心。

從應璩的書信來看,其人格特質已然顯現,但這種形象并不是一成不變的:應璩支持仁政,將民衆的利益置於爲官的目標之首;但他也樂

① 《文選》,42.13a;嚴可均,2:1218。
② 《文選》,42.15b;嚴可均,2:1218。
③ 《文選》,42.14b—15b;嚴可均,2:1219。

於爲官,并且很享受爲官給他帶來的權力和特權。應氏經常説到退隱,但他真正致仕之後,他却驚異於退隱帶來的孤寂。應璩與隱逸的關係最爲矛盾:他反復地寫他從官場中退出,并稱自己爲一介隱士;但也懷念爲官時同僚的相伴以及爲官帶來的物質上和政治上的回報。在向劉文達傾訴的信中,應氏提醒劉氏將所有種子儲存於乾燥之地,并將農具存於手邊,這樣等到農耕季節,劉氏的手下就可以立即著手耕種了。就在這封信中,應璩寫道,他"倦游談之事,欲修無爲之術"①。因此,應璩在結尾寫道,他不能"與足下齊鑣騁轡,争千里之表"。在寫給從弟苗、胄以及曹長思的信中,應璩重複了退隱的願望。但這個願望的生成并不是源自真正嚮往這種生活方式,而是因爲他自感在仕途的晉升之階上,他缺乏强勢的家族支撑②。在他致仕之後,應璩又受不了因之而來的孤寂與訪客稀少;他因此寫信給曹長思以表達其"苦懷"。在給韋仲將、董仲連以及諸尚書郎的三封信中,應氏又毫無尊嚴地大聲抱怨他離開官場之後遭受的極端貧困,并在與韋仲將的信中宣稱"人非神仙,須仰衣食"③。應氏向韋仲將傾訴説,饑寒以及日夜爲生計擔憂的生活,不能再繼續下去了,否則他將變成牛蹄之印中待斃之魚了。對朝廷的尚書郎,應璩表示,如果人們可以榮升高位,那他怎麽會沉鬱下僚,飽受困苦之煎熬。

應璩并非真正的隱者,所寫并非僅關於隱逸,正是這兩點比較有説服力的原因,解釋了鍾嶸爲何没有將其列爲隱逸詩人之宗。歷史記載清楚地表明,應璩到晚年一直都在朝爲官,僅是在魏明帝當政的幾年間不在官場。儘管他不斷抒寫退隱,也經常運用隱逸話語,但他確實不是一介真正的隱士。諷刺的是,儘管讀者從没有認爲灰塵真正掩蓋過應璩的書桌,但我們强烈相信:陶潛的衡門確實是關閉的,他的米缸與酒盎也是常空的④。在本研究中,筆者重新考索了一系列與隱士有關的固定修辭,也指出陶潛進一步擴大了隱士修辭的運用,并

① 嚴可均,2:1218。
② 嚴可均,2:1218—1219。
③ 嚴可均,2:1219。
④ 逯欽立,2:980。

且與他的先驅者一樣,他可能也并未踐行他在詩中描繪的所有行爲[①]。然而,因爲陶潛廣泛描繪了他的棲隱生活,甚至在他生前,也因隱士身份取得了廣泛的聲譽,他被稱爲"古今隱逸詩人之宗"是符合邏輯的,也是合適的[②]。

(作者單位:美國耶魯大學東亞語言與文明系;
譯者單位:南京大學文學院)

① 宇文所安認爲,陶潛自覺地扮演隱士的角色。孫康宜走得更遠,認爲陶淵明在他的詩中戴上一個"面具"。參考宇文所安《自我的完美鏡象:作爲自傳的詩歌》(The Self's Perfect Mirror: Poetry as Autobiography),載林順夫、宇文所安所編《抒情的生命力:從漢末到唐代的"詩"體》(*The Vitality of the Lyric Voice: "Shi" Poetry from the late Han to the T'ang*)(普林斯頓:普林斯頓大學出版社,1986),頁71—102。孫康宜《揭開陶潛的面具》(The Unmasking of Tao Qian and the Indeterminacy of Interpretation),載蔡宗齊編《中國美學:六朝文學、藝術與宇宙的秩序》(*Chinese Aesthetics: The Ordering of Literature, the Arts, and the Universe in the Six Dynasties*)(檀香山:夏威夷大學出版社,2004),頁169—190。

② 《詩品注》,頁155。

古典文獻研究(第十六輯)
2013年7月

從箋注《洗兵馬》看《錢注杜詩》的特點*

劉重喜

錢、朱之争是杜詩學史上的一則著名公案①。這一學術公案,正如洪業先生所云"注杜之争,乃錢、朱二人之不幸,而《杜集》之幸也。考證之學,事以辨而愈明,理以争而愈準"②,在學術史上所造成的結果是積極的。另外,對於錢、朱二家杜詩箋注特點及學術水準的考察,從這一公案入手也是一個很好的切入點③。

錢謙益在《草堂詩箋元本序》中借錢曾之口標明自己對杜詩的獨特發明:

> 若《玄元皇帝廟》、《洗兵馬》、《入朝》、《諸將》諸箋,鑿開鴻蒙,手洗日月,當大書特書,昭揭萬世。

而錢、朱注杜之争的起因,其實也正是由於二人對這幾首杜詩的解釋上出現了嚴重的分歧。其中對《洗兵馬》一詩的箋釋更是錢、朱注杜之争

---

* 基金項目:南京大學人文社會科學研究項目青年基金項目資助。

① 簡秀娟《錢謙益藏書研究》第二章《謙益之著述與禁毀》第二節《謙益注杜與注杜之争》,臺北:漢美圖書公司,1991年,頁86—96。柳作梅《朱鶴齡與錢謙益之交誼及注杜之争》,《東海學報》十卷一期(1969年1月),頁47—58。

② 《杜詩引得序》,《洪業論學集》,中華書局,2005年版,頁334。

③ 如簡恩定先生《清代杜詩學研究》第四章《錢謙益與朱鶴齡注杜之争的原因與評估》(臺北:文史哲出版社,1986年,頁123—183)和莫礪鋒教授《朱鶴齡杜詩輯注平議》一文(《文史》,2002年第4輯,中華書局,頁202—223),都是從錢、朱注杜之争這一學術公案角度對錢注和朱注的學術水準進行評估的。

中的一個主要的焦點。沈壽民《杜工部集輯注後序》云:

余嘗取二本對勘,其中所不合者,惟《收京》、《洗兵馬》、《哀江頭》數詩。

又何焯評《草堂詩箋元本序》中"若夫類書譾語,掇拾補綴,吹花已萎,嚥飯不甘,雖多亦奚以爲"一段云:

牧齋初亦許可長孺,後見駁其《洗兵馬》諸箋,遂加排擊。然歆、向亦有同異,馬、鄭無不參錯,錢氏又安强人必從己説耶?[①]

本文即通過錢、朱注解《洗兵馬》一詩之"同異",并結合當時加入這一公案討論的一些明末清初學者的觀點,來考察錢謙益箋注杜詩的主要特點。

一

我們先來看錢謙益對《洗兵馬》一詩的箋注情況。

首先,《錢注杜詩》卷二對"鶴禁通霄鳳輦備,雞鳴問寢龍樓曉"二句注云:

肅宗即位,下制曰:"復宗廟於函洛,迎上皇於巴蜀。道鑾輿而反正,朝寢門而問安。朕願畢矣。"上皇至自蜀,即日幸興慶宫。肅宗請歸東宫,不許。此詩援據寢門之詔,引太子東朝之禮以諷諭也。鶴駕龍樓,不欲其成乎爲君也。顔魯公《天下放生池碑》云:"迎上皇於西蜀,申子道於中京。一日三朝,大明天子之孝;問安侍膳,不改家人之禮。"東坡云:"魯公知肅宗有愧於是,故以此諫也。"《高力士傳》:太上皇至鳳翔,賊臣李輔國詔收隨駕甲仗。上曰:臨至皇城,安用此物。悉令收付所由。輔國趨弛末品,小了纖人,一承攀附之恩,

① (清)錢謙益撰《諸名家評本杜工部集》,清宣統三年(1911)上海時中書局石印本。

致位雲霄之上。欲令猜阻，更樹勳庸。移杖之端，莫不由此。

其次，詩後長箋云：

《洗兵馬》，刺肅宗也，刺其不能盡子道，且不能信任父之賢臣，以致太平也。

首叙中興諸將之功，而即繼之曰"已喜皇威清海岱，常思仙杖過崆峒"。崆峒者，朔方回鑾之地。安不忘危，所謂願君無忘其在莒也。兩京收復，鑾輿反正，紫禁依然，寢門無恙。整頓乾坤皆二三豪俊之力，於靈武諸人何與？諸人徼天之幸，攀龍附鳳，化爲侯王。又欲開猜阻之隙，建非常之功，豈非所謂貪天功以爲己力者乎？斥之曰"汝等"，賤而惡之之辭也。當是時，内則張良娣、李輔國，外則崔圓、賀蘭進明輩，皆逢君之惡，忌疾蜀郡元從之臣。而玄宗舊臣，遣赴行在，一時物望最重者，無如房琯、張鎬。琯既以進明之譖罷去，鎬雖繼相而旋出，亦不能久於其位，故章末諄復言之。"青袍白馬"以下，言能終用鎬，則扶顛籌策，太平之效，可以坐致。如此望之也，亦憂之也，非尋常頌禱之詞也。"張公一生"以下，獨詳於張者，琯已罷矣，猶望其專用鎬也。是時李鄴侯亦先去矣，泌亦琯、鎬一流人也。泌之告肅宗也，一則曰"陛下家事，必待上皇"，一則曰"上皇不來矣"。泌雖在肅宗左右，實乃心上皇。琯之敗，泌力爲營救，肅宗必心疑之，泌之力辭還山，以避禍也。鎬等終用，則泌亦當復出，故曰"隱士休歌紫芝曲"也。兩京既復，諸將之能事畢矣，故曰"整頓乾坤濟時了"。收京之後，洗兵馬以致太平，此賢相之任也。而肅宗以讒猜之故，不能信用其父之賢臣，故曰"安得壯士挽天河，净洗甲兵常不用"。蓋至是而太平之望益邈矣。嗚呼傷哉！

公之自拾遺移官，以上疏救房琯也。琯夙負重名，馳驅奉册。肅宗以其爲上皇建議，諸子悉領大藩，心忌而惡之。乾元元年六月，下詔貶琯，并及劉秩、嚴武等，以琯黨也。《舊書》甫本傳云：房琯布衣時與甫善。琯罷相，甫上言琯不宜罷。肅宗怒，貶琯爲刺史，出甫爲華州司功參軍。按杜集有《至德二載六月奉謝口敕放三司推問狀》。蓋琯罷相時，公抗疏論救，詔三司推問，以張鎬救，敕放就列。

至次年六月,復與琯俱貶也。然而詔書不及者,以官卑耳。鎬代琯相亦罷,亦坐琯黨也。公流落劍外,卒依嚴武。拜房相之墓,哭其旅櫬。而肅、代間論事,則於封建三致意焉。此公一生出處事君交友之大節,而後世罕有知之者。則以房琯之生平爲唐史抹殺,而肅宗之逆狀隱而未暴故也。史稱琯登相位,奪將權,聚浮薄之徒,敗軍旅之事。又言其高談虛論,招納賓客。因董庭蘭以招納貨賄,若以周行具悉之詔,爲金科玉條者。琯以宰相,自請討賊,可謂之奪將權乎? 劉秩固不足當曳落河,王思禮、嚴武亦可謂浮薄之徒乎? 門客受贓,不宜見累。肅宗猶不能非張鎬之言,而史顧以此坐琯乎? 請循本而論之。肅宗擅立之後,猜忌其父,因而猜忌其父所遣之臣,而琯其尤也。賀蘭進明之譖琯曰:"琯昨於南朝,爲聖皇制置天下。於聖皇爲忠,於陛下則非忠。"聖皇於陛下,何人也? 而敢以忠不忠爲言,其仇讐視父之心,進明深知之矣。李輔國之言曰:"陳玄禮、高力士謀不利陛下。六軍將士,盡靈武功臣,皆反仄不安。琯與鎬在朝,何啻十玄禮、百力士。"肅宗志豈嘗斯須忘之。是故琯之將兵,知不安其位而以危事自效也。許之將,而又使中人監之,不欲其專兵也。又使其進退不得自便也。敗兵之後,不即去,而以琴客之事罷,俾正衙門彈劾,以穢其名也。罷琯而相鎬,不得已而從人望也。五月相,八月即出之河南,不欲其久於内也。六月貶琯,而五月先罷鎬,汲汲乎惟恐鋤之不盡也。琯敗師而罷,鎬有功而亦罷,意不在乎功罪也。自漢以來,鉤黨之事多矣,未有人主自鉤黨者,未有人主鉤其父之臣以爲黨。而文致罪狀,榜在朝堂,以明欺天下後世者。六月之詔,豈不大異哉。肅宗之事上皇,視漢宣帝之於昌邑,其心内忌,不啻過之。幽居西内,辟穀成疾,與主父之探雀鷇何異? 移杖之日,玄宗呼力士曰:"微將軍,阿瞞幾爲兵死鬼矣。"論至於此,當與商臣、隋廣同服上刑,許世子止豈足道哉。唐史有隱於肅宗,歸其獄於輔國。而後世讀史者無異辭。司馬公《通鑑》乃特書曰:"令萬安、咸宜二公主視服膳。四方所獻珍異,先薦上皇。"嗚呼,斯豈李輔國所謂匹夫之孝乎? 何儒者之易愚也。余讀杜詩感"雞鳴問寢"之語,考信唐史房琯被譖之故，故牽連書之如此。[①]

牧齋認爲杜甫“一生出處事君交友之大節”，主要繫於政治上唐玄宗和肅宗父子之間的矛盾。由玄、肅之間存在猜忌、矛盾，而在朝野上下導致的政治漩渦，直接將身在朝廷擔任左拾遺的杜甫捲入其中，這個政治漩渦就是“琯黨”問題。牧齋箋注《洗兵馬》，於玄肅之間的矛盾以及“琯黨”問題之來龍去脈分析得最爲細緻。肅宗靈武擅自稱帝之後，“猜忌其父，因而猜忌其父所遣之臣，而琯其尤也”，房琯當時“夙負重名”，他和張鎬最具人望，都是肅宗處置“其父所遣之臣”的主要對象。因此房琯被貶并非在於陳陶、青阪戰敗之過和琴客受贓之事，而在於他是“玄宗舊臣”之故。隨後，劉秩、嚴武、張鎬等人亦皆“坐琯黨”而遷貶於外，所謂“琯黨”其實正與“玄宗舊臣”同義，都是肅宗由猜忌到剪鋤其父所遣舊臣之藉口而已。時任左拾遺的杜甫，雖非“玄宗舊臣”，但因其上救房琯一疏，遂令自己直接捲入到這場政治漩渦中，乃至朝廷“詔三司推問，以張鎬救，敕放就列”，不久即出爲華州司功參軍，最終度隴客秦，卜居成都，漂泊西南，寓卒荆湘，其生平出處以及事君交友之大事皆系於此一政治事件。

此箋一出，遂引起明末清初許多學者的廣泛討論，討論的焦點也正集中在“刺肅宗不能盡子之道”和“不能信任父之賢臣”的“琯黨”這兩個問題上，而朱鶴齡對牧齋的這兩個觀點是堅决反對的。

二

錢謙益《與遵王》信中謂朱鶴齡往往“借重同里諸人氣焰”[②]來反對自己，而長孺對《洗兵馬》的箋注可以説就是一個具體的例證。站在朱注的立場反對錢箋的，以長孺同里之吴江潘氏昆仲最爲有力。

我們先看潘耒（字次耕，號稼堂，1646—1708）對錢箋的批駁，其《書杜詩錢箋後》云：

---

① 《錢注杜詩》卷二，上海古籍出版社，1979 年。

② 《錢牧齋先生尺牘》卷二，（清）錢謙益著，（清）錢曾箋注，錢仲聯標校《牧齋雜著》，上海古籍出版社，2007 年，頁 333。

所云"鑿開鴻蒙,手洗日月"者,乃謂少陵大不滿於肅宗,多所譏切;《洗兵馬》、《收京》諸作皆刺詩;鶴駕龍樓,朱虚商老,兩宫警蹕,一德興王,文公賞從,禹功命子,種種無非譏諷。此則傷教害義之大者。謬説流傳,或至壞人心術,余故一一標出,欲讀者毋味其甘而忘其毒也。

《洗兵馬箋》云:

《洗兵馬》一詩,乃初聞恢復之報,不勝欣喜而作,寧有暗含譏刺之理?上皇初歸,肅宗未失子道,豈得欲探後事以責之。詩人以忠厚爲本。少陵一飯不忘君,即貶謫後,終身無一言怨懟,而錢氏乃謂其立朝之時,即多隱刺之語,何浮薄至是。

天子之孝,在乎安國家,保宗社。明皇既失天下,肅宗起兵朔方,收復兩京,再造唐室,其孝亦大矣。晚節牽於婦寺,省覲闊疏,誠有未盡,若謂其猜忌上皇,并忌其父之臣,有意剪鋤,則深文矣。移宫倉卒,上皇不樂,容或有之,"幾爲兵鬼"之言,出自《力士傳》,稗官片語,乃摭以實肅宗之罪,至比之商臣、楊廣,論人當若是耶?房琯雖負重名,而鮮實效,喪師辱國,門客受賄,罷相亦不爲過。子美論救,固是爲國惜賢,雖蒙推問,旋即放免,逾年乃謫官,不知坐何事。今言其坐琯黨,亦臆度之辭耳。子美大節,在自拔賊中歸行在,不在救房琯也。錢氏直欲以此爲杜一生氣節,欲推高杜,則極贊房,因極贊房,遂痛貶帝。明末黨人多依傍一二大老,脱有失路,輒言坐某人故,牽連貶謫,怨誹其君,無所不至。此自門户習氣,杜公心事如青天白日,安有是哉!以此推之,牧齋而秉史筆,三百年人物枉抑必多,絳雲一炬有自來矣。

《問寢小注》又云:

靈武即位,昔人雖有遺議,子美既奔謁行宫,備官禁近,寧當矢口譏刺?鶴駕龍樓,無過叙述奉養之事。乃云援初詔以諷諭,且不欲其成乎爲君。然則必欲其歸帝位於上皇，退就青宫而後可耶？[①]

以上次耕的這些意見，皆是直接針對錢箋而發，其中意氣用事的成分頗多[②]。抛開這些意氣用事、人身攻擊的成分不談，我們看到次耕反駁錢箋的理由主要有三點：(一)"上皇初歸，肅宗未失子道，豈得欲探後事以責之"，意爲在杜甫創作《洗兵馬》的時候，玄肅父子之間矛盾還未顯現，因此詩中不可能有所謂諷刺；(二)《力士傳》屬於"稗官片語"，文獻上不足爲據；(三)房琯罷相主要原因是"雖負重名，而鮮實效，喪師辱國，門客受賄"，與錢氏所謂"玄宗元從之臣"云云無關。至於次耕文中所論"天子之孝在乎安國家，保宗社"云云，可當一段史論，與錢箋并没有多少關係，可略而不談。

次耕之兄潘檉章的觀點也大體相同，主要反駁錢箋不當援上元年間(760—761)移杖之事以證明乾元年間(758—759)玄肅之間存有矛盾。《杜工部集輯注》卷五"鶴駕"二句引潘檉章(字聖木，號力田，1626—1663)《杜詩博議》云：

按史：肅宗即位，下制曰："復宗廟於函洛，迎上皇於巴蜀。導鑾輿而反正，朝寢門以問安。朕願畢矣。"上皇至自蜀，肅宗請歸東宫，不許。此詩"雞鳴問寢"，即用詔中語也。"鶴駕龍樓"，望其能

① 《遂初堂文集》卷十一。按此文《書杜詩錢箋後》之"錢箋"當指康熙三年刊刻之《牧齋先生箋注杜工部集》，而非指《讀杜小箋》上和《二箋》上裏面對《洗兵馬》的箋解。兩者相比，前者比後者增加了杜甫因"坐琯黨"而遭貶一節。其兄潘檉章《杜詩博議》批評錢箋一段當是針對《小箋》、《二箋》中牧齋所箋《洗兵馬》而發，則因其於康熙二年(1663)遭文字獄被害，當未見錢箋《洗兵馬》最後之定本。(清)潘耒撰《遂初堂文集》，《四庫全書存目叢書》影印吉林省圖書館藏清康熙刻增修本，集部第250册，頁101—103。又書中出現"錢氏"字眼多改爲"妄人"云云。

② 潘耒是顧炎武的弟子，潘耒對錢謙益激烈批評的態度，恐亦受到乃師之影響。顧氏《日知録》卷十三"士大夫晚年之學"條："南方士大夫，晚年多好學佛；北方士大夫，晚年多好學仙。夫一生仕宦，投老得閑，正宜進德修業，以補從前之闕，而知不能及，流於異端，其與求田問舍之輩行事雖殊，而孳孳爲利之心則一而已矣。"想必即爲牧齋晚年學佛而發。(清)顧炎武著，(清)黄汝成集釋，秦克城點校《日知録集釋》，岳麓書社，1996年版，頁501。

> 修人子之禮也。靈武即位,本非得已。洪容齋所謂收復兩京,非居尊位不足以制命諸將也。其聽李輔國讒間,乃上元間事,公安得逆料而譏之。容齋又引顔魯公《請立放生池表》云:"一日三朝,大明天子之孝;問安視膳,不改家人之禮。"東坡以爲知肅宗有愧於是也。此表乃移杖後所上,不當援之以證此詩也。

與次耕相比,聖木此條考證對錢箋所引的兩條具體證據(肅宗制書和顔真卿表文)進行了重新解釋,更具有針對性;不過其論述的主要證據與次耕是相同的,即玄肅父子之間的矛盾"乃上元間事",而《洗兵馬》一詩作於乾元年間,"公安得逆料而譏之?"又同里之計東(1625—1676,吴江人)《朱氏杜詩輯注序》中亦持此議[①]。

既然在杜甫此詩寫作之時玄肅之間没有矛盾存在,由此長孺《杜詩補注》又重新梳理此詩義之脈絡云:

> 時方進兵,而題曰"洗兵馬",蓋以太平之功望肅宗也。"中興諸將"以下,言官軍渡河擊賊,鄴城不日可下矣。論其功,以子儀朔方軍爲最,彼回紇助戰,馬留京師,餧肉離宫,害亦不細,豈足多哉!今山東已收,皇威大振。惟是興師以來,征戍艱難之苦爲不可忘也。"成王功大"以下,言元子與郭令諸人整頓濟時,人有中興之樂。青春重整朝儀,人主復修子道,而諸臣多被爵賞爲侯王矣。然此實帝力使然,於汝諸人何有哉!此蓋爲加恩扈從言之也。"關中既留"以下,獨詳稱張鎬者,冀其復用於時也。夫周漢中興,必至珍寶悉貢,瑞應遝來,隱士出而頌聲作,方稱極盛。今當催耕望雨之時,健兒猶留屯淇上,何不急殄餘寇,歸慰城南之思婦乎?苟征戍不已,則太平之功未可致,故末以"净洗甲兵長不用"深致其意焉。夫中興大業,全在將相得人,前曰"獨任朔方無限功",中曰"幕下復用張子房",此是一詩眼目。使當時能專任子儀,終用鎬,則洗兵不

① 按計東《朱氏杜詩輯注序》云:"先生(指錢謙益)箋杜,搜奇抉奥,海内承風,然《洗兵馬》謂深刺肅宗,而或以爲輔國離間,乃上元間事,不當逆探其邪。"亦支持朱氏的觀點。

用，旦夕可期，而惜乎肅宗非其人也。王荆公選工部詩，以此詩壓卷，其大指不過如此，若玄、肅父子之間，公爾時不應遽加譏切。

長孺認爲此詩之主旨爲"以太平之功望肅宗"，望肅宗能"將相得人"，因此"獨任朔方無限功"，"幕下復用張子房"二句是"一詩眼目"；而絶非牧齋所謂由於肅宗"不能盡子之道，且不能信任父之賢臣"，因而終不能"致太平"之功；从而得出了與錢箋完全不同的結論。

雙方論點和論據既明，因此我們將錢、朱等人争論的焦點問題臚列於下，并逐條加以論述。

三

錢、朱等人争論的焦點問題有以下四個。

(一) 乾元(758—759)以前玄肅父子之間的矛盾是否存在

長孺與潘氏兄弟、计东一致認爲，杜甫作此詩時玄肅父子之間的矛盾還未顯露，這一點也是他們反對牧齋謂肅宗"不能盡子之道"觀點的主要原因。

關於《洗兵馬》一詩的寫作時間問題，自宋代迄今學術界一直存有争議。不過綜合古今學者的考證，我們認爲此詩作於乾元元年(758)八月以後至乾元二年(759)三月九節度師潰相州之間，應該是比較準確的[①]。那麽在這段時間以前，玄肅之間的矛盾是否不存在呢？

從史實上來看，答案應該是否定的。玄宗移杖(遷居西内之事)雖然發生在上元元年(760)七月間(即朱注所謂"其聽李輔國讒間，乃上元間事"，見《資治通鑑》卷二百二十一)，實際上在兩年半前的至德二年

① 關於此詩的繫年，自宋代杜詩學者开始就有兩種意見，一種意見認爲是乾元元年春作，吕大防《年譜》、趙子櫟《杜工部年譜》基本作"乾元元年戊戌"作，蔡興宗《杜工部年譜》認爲乾元元年"春在諫省"作。首先提出第二種意見，認爲此詩作於乾元二年春的是黄希。《補注杜詩》卷四《洗兵馬》"田家望望惜雨乾"，(黄)希曰："按《史》：乾元二年春旱，乃作此詩云耳。"故而黄鶴曰："此詩當是乾元二年春作，末云'田家望望惜雨乾'，蓋二年春無雨也，梁權道編在元年，恐非。"認爲梁權道等人編在乾元元年是不對的。明末清初的杜詩學者，錢謙益將此詩繫於乾元元年，而仇兆鰲認同黄鶴父子的意見，繫於乾元二年春天。現代學者對此詩的繫年又做了(转下页)

(757)十二月,玄宗自西蜀回到長安,父子之間就已經存有猜忌了。《資治通鑑》卷二百二十對太上皇玄宗回京有一段特別的記載:

> 丙申,上皇至鳳翔。從兵六百餘人,上皇命悉以甲兵輸郡庫。上發精騎三千奉迎。

一方是玄宗主動交械,一方是肅宗發精兵三千迎接,其中父子之間猜忌之意已不言而喻。因此,清初學者齊召南對"鶴禁通霄鳳輦備,雞鳴問寢龍樓曉"二句批云"二語所以規肅宗者切矣",又批云:

> 移杖雖異日事,然肅宗嫌隙,公早已窺之矣。①

因此,上元元年以前,玄肅之間的嫌隙史書中已經有所記載,惜乎長孺和潘氏昆仲等人不明《資治通鑑》的"《春秋》筆法"和杜詩"紀實以示譏"(《錢注杜詩》卷十五《夔府書懷四十韻》注)的道理。邵長蘅評云"'鶴

(接上页)進一步的考證,比如詹瑛先生認爲此詩當作於乾元元年三月以後,五月張鎬罷相以前。(見詹瑛《談杜甫的〈洗兵馬〉》,載《杜甫研究論文集第三輯》,中華書局,1963年,頁238—248。原載《文學遺産》第414期,《光明日報》,1962年5月11日。)蕭滌非先生則對此提出反對意見:"王思禮加兵部尚書,事在肅宗乾元元年八月,見《舊唐書·肅宗紀》,如此詩作於乾元元年三月至五月,則杜甫何得預稱王思禮爲'尚書'?此尤爲此詩必作於乾元元年八月以後之明證。"(蕭滌非著《杜甫詩選注》,人民文學出版社,2002年,頁107。)這是一條非常重要的證據。因此他認爲此詩"大概是乾元二年春二月杜甫在洛陽時所作"(同上,頁102)。那麽蕭先生認爲作於"春二月"的證據又是什麽呢?大概就是黄希所説的"按《史》:乾元二年春旱,乃作此詩云耳"。故而蕭先生注"田家望望惜雨乾"云:"乾元二年春有旱災,故農民盼雨。"即採用黄希之説。不過,檢《資治通鑑》、兩《唐書·肅宗本紀》等書,并無記載乾元二年春天有旱災之説。這恐是黄希以杜甫詩句而意逆之詞(黄希注杜,此類往往有之),不足爲據。因此,綜合以上學者的考證,我認爲此詩當在於乾元元年八月王思禮加兵部尚書以後,乾元二年三月九節度師潰相州以前,應該是比較準確的。

① (清)朱鶴齡輯注《杜工部文集》二卷《詩集》二十卷《補注》一卷末一卷,清康熙九年(1670)葉永茹萬卷樓刻本,(清)齊召南批點,上海圖書館藏本。

禁'二語是書法"[①],吴瞻泰《杜詩提要·評杜詩略例》稱之爲"《春秋》書法",也都是領悟到了這一層意思:

"詩史"二字非徒謂其筆之嚴整,如《春秋》書法也。如《北征》、《留花門》、《前、後出塞》、《哀王孫》、《悲陳陶》、《哀江頭》、《洗兵馬》、《冬狩行》、《收京》、《有感》、《洞房》、《秋興》、《諸將》等,皆能括全史所不逮,足使唐之君臣聞之不寒而慄,謂非史乎?[②]

除此之外,清初學者李念慈對牧齋此説亦頗爲贊同[③]。另外,清初人批《集千家注批點杜工部詩集》亦云:

此詩中藏多少事,諷刺不露,非牧齋解則終古茫然耳。安丘極稱此詩,謂其有法。篇中强半諷諫否戒語,風過頌述也。(後多引錢箋,從略)[④]

因此,從明末清初學者的態度來看,很大部分的學者對錢箋是支持的。

其實,現代史學家一致認爲,玄肅之間的矛盾應當産生於比玄宗自蜀返京更早的馬嵬坡事件。至德元載(756)六月的馬嵬坡事件背後的

① 《五色評本杜工部集》卷二《洗兵馬》引邵評。(清)盧坤輯評,《杜工部集》(世稱五色評本),清道光十五年(1835)芸葉盦五色套印本。

② (清)吴瞻泰《杜詩提要》,清康熙年間(1662—1722)山雨樓刻本。

③ 《錢注杜詩》所收1424首詩(佚詩除外),錢氏作箋的有50餘首,李念慈批點涉及8條,其中除對《洗兵馬》之錢箋表示肯定外,其餘皆爲駁斥。見楊春俏《李念慈批點〈錢注杜詩〉輯考》,《杜甫研究學刊》2004年第3期,頁23—34轉74。

④ 上海圖書館善本書目著録:"《集千家注批點杜工部詩集》二十卷《附録》一卷《年譜》一卷,宋黄鶴補注,宋劉辰翁評點,明初刻本,10册,佚名批。12.3×19.8cm,12行23字,黑口,雙魚尾,四周雙邊,藏印:唐島書屋、晦叟、徐乃昌馬韻芬夫婦印、積學齋徐乃昌藏書、南陵徐氏。"按此批本所引,僅及清初顧宸注、錢注及申涵光注三家,則此本批點者恐爲清康熙初年人。

主謀即是後來靈武稱帝的太子李亨①。可見,朱鶴齡和潘氏兄弟的觀點僅是從史料的字面意思解讀,謂"此詩'雞鳴問寢',即用詔中語也",却不能領悟杜詩中"紀實以示譏"、"《春秋》書法"的言外諷刺之意。

不過,朱鶴齡對這一點也并不是没有意識到,《杜工部集輯注》卷四《收京三首》其二云:

> 肅宗之失,不在靈武之舉,而在還京後,使良娣、輔國得媒孽其間,以致劫遷西内,子道不終。公於此時(按指至德二載),若有深見其微者,曰"憶帝堯",欲其篤於晨昏之戀也。沾灑青霄,其所以望肅宗者,豈不深且厚耶!

既然玄肅之間猜疑未見,杜甫彼時何能"若有深見其微者"?此處略見長孺在這一問題上有捉襟見肘,自相矛盾之嫌。

(二)"琯黨"之名能否成立

錢箋《洗兵馬》的觀點早在明崇禎六、七年間(1633—1634)《讀杜小箋》和《讀杜二箋》②中就已經形成了。以此爲基礎,在後來的《錢注杜詩》中又就杜甫和房琯的關係以及"琯黨"問題作了更進一步的補充。補充的内容即箋注引文中的"琯夙負重名,馳驅奉册。……鎬代琯相亦

---

① 吕思勉在1959年《隋唐五代史》一書中就指出事變是由"玄禮與飛龍馬加李護國謀於皇太子",其中張良娣與廣平王、建寧王又贊成之。後來,雖然黄永年先生《説馬嵬驛楊妃之死的真相》認爲事變的主謀是高力士,不同意這一觀點(《學林漫録》5),但大部分學者,如袁英光、王界雲《關於唐玄宗李隆基的幾個問題》(《唐史學會論文集》,陝西人民出版社1986年版)、司馬嚴頫《高力士是馬嵬事變的後臺嗎?——與黄永年先生商榷》(《河南師大學報》1988年第4期)、陳陸《論馬嵬驛兵變的歷史真相》(《湖北大學學報》1990年第7期)、任士英《馬嵬之變發微》(《揚州師院學報》1995年3月)、唐華全《也論馬嵬驛兵變的歷史真相》(《河北學刊》1998年8月)、胡戟《馬嵬三論》和《馬嵬後論》(《胡戟文存——隋唐歷史卷》,中國社科出版社,2000年)等等,也都贊同主謀系太子李亨的觀點,目前學術界對這一問題的看法已基本趨於一致。參見胡戟、張弓、李斌城、葛承雍主編《二十世紀唐研究》,中國社會科學出版社,2002年,頁49—50。

② 分别參見《初學集》卷一〇六,頁2163—2164;《初學集》卷一〇九,頁2189—2192。(清)錢謙益著,(清)錢曾箋注,錢仲聯標注《牧齋初學集》,上海古籍出版社,1985年。

罷，亦坐琯黨也”及“卒依嚴武，拜房相之墓，哭其旅櫬。而肅、代間論事，則於封建三致意焉”兩段。由此可見，“琯黨”問題是錢謙益一直堅持的觀點，并認爲這一問題關係到杜甫“一生出處事君交友之大節。而後世罕有知之者，則以房琯之生平爲唐史抹殺，而肅宗之逆狀隱而未暴故也”，其對“琯黨”問題來龍去脈的揭櫫，自認爲是對杜詩和對唐史的一大發明。

但對此，長孺也同聖木、次耕（見下文《杜工部集輯注》卷六《寄嶽州賈司馬六丈巴州嚴八使君兩閣老五十韻》引潘氏《杜詩博議》）的觀點一致，即不承認牧齋所謂的“琯黨”一説。

朱注《洗兵馬》中隻字不提及該事，不引錢箋，即表明其對此持反對之立場。這一點也可以從長孺對牧齋提出的杜甫、賈至和嚴武三人因“坐琯黨”而遭貶觀點的反駁中得到證明。

《錢注杜詩》卷十《至德二載甫自京金光門出問道歸鳳翔乾元初從左拾遺移華州掾與親故别因出此門有悲往事》“移官”注云：

> 公上疏救房琯，詔三司推問，以張鎬力救，敕放就列。至次年，復與房琯、嚴武俱貶，坐琯黨也。此公事君交友，平生出處之大節。《舊書》載之甚明。元稹《志》亦云：左拾遺歲餘，以直言出華州司功。而《新書》則云：從還京師，出爲華州司功參軍。作年譜者，至以爲不知爲何事而出，則爲《新書》所誤耳。

《杜工部集輯注》卷五此詩注解未引錢箋，也是由於不同意杜甫因“坐琯黨”而遭貶的緣故。今按此詩，《杜詩集評》卷七“近得歸京邑，移官豈至尊”二句引李因篤評云：“公之出，明是肅宗惡房相而連及之，乃曰‘移官豈至尊’，何等厚道。”則杜甫遭貶由於“肅宗惡房琯而連及之”，天生是認同錢箋的。

《錢注杜詩》卷十《送賈閣老出汝州》，箋曰：

> 賈至本傳不載出守之故。杜有《别賈嚴二閣老》及《寄嶽州兩閣老》詩，知其爲房琯黨也。琯與武尚未貶，而先出至者，以普安郡制置天下之詔，至實當制，故先去之也。嶽州之謫，亦本於此。公

詩有"艱難(歸故里)"、"去住(損春心)"之句,情見乎詞矣。

《杜工部集輯注》卷四注此詩引鮑曰:

> 按《肅宗紀》:乾元二年,九節度師潰。汝州刺史賈至奔於襄、鄧,而《傳》不書,隱之也。《紀》與詩合。

注中長孺亦論及賈至貶謫之故,但是他堅持認爲賈至嶽州之貶,實由於棄守汝州之故,不是因爲"琯黨"而獲罪。

《錢注杜詩》卷十《寄嶽州賈司馬六丈巴州嚴八使君兩閣老五十韻》,箋曰:

> 至出守汝州,在乾元元年,《舊書》不載,皆無可考。此詩云"秉鈞方咫尺,鎩翮再聯翩",當是與公及嚴武後先貶官也。按十五載八月,玄宗幸普安郡,制置天下之詔。房琯建議,而至當制。琯將貶而至先出守,其坐琯黨無疑矣。至父子演綸,受知於玄宗。肅宗深忌蜀郡舊臣,至安能一日容於朝廷。其再貶嶽州,雖坐小法,亦以此故也。"每覺升元輔,深期列大賢",蓋琯既用事,則必汲引至、武,故其貶也,亦聯翩而去。"貝錦"以下,憂讒畏譏,雖移官州郡,相戒不敢忘也。當據此詩,以補唐史之闕。

對於錢箋所謂的賈至之遭貶"坐琯黨無疑",長孺再次進行了反駁,其《杜工部集輯注》卷六注此詩云:

> 《賈至傳》:坐小法,貶嶽州司馬。《嚴武傳》:坐房琯事,貶巴州刺史。按《新書·肅宗紀》:九節度師潰,汝州刺史賈至奔於襄、鄧。其貶嶽州必因此。《本傳》謂"坐小法",史文未詳耳。……《杜詩博議》:至貶嶽州,實因棄汝州之故,吴縝《唐書糾謬》有辨甚詳。

長孺堅持認爲賈至貶嶽州司馬當系"坐小法",即棄守汝州之故,有《新唐書·肅宗本紀》可證,并引用了潘檉章《杜詩博議》的觀點。

爲什麽朱鶴齡等人對錢箋提出的"璯黨"問題絶不讓步呢？主要原因當是長孺、聖木、次耕認爲牧齋所謂"璯黨"云云，是從其自身經歷出發，借箋杜以發泄其不滿現實之情緒，在史實上没有依據。正如潘耒評錢箋《洗兵馬》所云：

明末黨人，多依傍一二大老，脱有失路，輒言坐某人故，牽連貶謫，怨誹其君，無所不至，此自門户習氣，杜公心事如青天白日，安有是哉？

潘耒評《悲青阪》箋亦云"牧齋存此，則殆自發其憤懣耳"。又據沈壽民(1607—1675)《〈杜工部集輯注〉後序》所云：

往方爾止(文)嘗語余云：虞山箋杜詩，蓋閣訟之後，中有指斥，特借杜詩發之。長孺則鋭意爲子美功臣，必按據時事，句櫛字比，以明核其得失，可謂老不解事，固宜有彈射之及也。

潘、沈等人的看法，大概代表了當時社會上對錢箋提出的"黨人"問題的一種輿論。長孺本人也非常認同這一觀點，這恐怕也是當日他反對牧齋"璯黨"説的主要依據和出發點。

就錢、朱論争中的"璯黨"這個焦點問題而言，從牧齋本人來看，作爲明末東林黨之魁首，其一生之榮辱，宦海之浮沉，的確全繫於此。但他的"黨争"經歷是否如潘、沈、朱等人認爲的那樣，在其杜詩箋注中仍存有自身之"門户習氣"，并借機"自發其憤懣"，這些問題雖然值得進一步商討，但這畢竟不是關鍵性的問題。對我們而言，關鍵的問題是要指明牧齋所立"璯黨"之名有無史實上的證據。

從唐代歷史來看，以朋黨的罪名打擊政敵，是肅宗經常使用的政治手段。如《資治通鑑》卷二百二十一記載李峴、崔伯陽等人"組成"的"朋黨"：

鳳翔馬坊押官爲劫，天興尉謝夷甫捕殺之。其妻訟冤。李輔國素出飛龍廄，敕監察御史孫鎣鞫之，無冤。又使御史中丞崔伯陽、刑部侍郎李曄、大理卿權獻鞫之，與鍌同。猶不服。又使侍御史太平毛若虛鞫之，若虛傾巧士，希輔國意，歸罪夷甫。伯陽怒，召若虛詰責，欲劾奏之。若虛先自歸於上，上匿若虛於簾下。伯陽尋至，言若虛附會中人，鞫獄不直。上怒，叱出之。伯陽貶高要尉，獻貶桂陽尉，曄與鳳翔尹嚴向皆貶嶺下尉，鍌除名，長流播州。吏部尚書、同平章事李峴奏伯陽無罪，責之太重，上以爲朋黨。五月，辛巳，貶峴蜀州刺史。右散騎常侍韓擇木入對，上謂之曰："李峴欲專權，今貶蜀州，朕自覺用法太寬。"對曰："李峴言直，非專權。陛下寬之，祗益聖德耳。"若虛尋除御史中丞，威振朝廷。

此是肅宗乾元二年(759)五月之事。又同卷之"(第五)琦黨"：

第五琦作乾元錢、重輪錢，與開元錢三品并行，民争盜鑄，貨輕物重，穀價騰踴，餓殍相望。上言者皆歸咎於琦。庚午，貶琦忠州長史。御史大夫賀蘭進明(今按至德元載，賀蘭進明曾舉薦第五琦於玄宗，故而受到牽連，事見《資治通鑑》卷二百十一八)貶溱州員外司馬，坐琦黨也。

此是乾元二年十一月事。

《資治通鑑》卷二百二十：

天子少師房琯既失職，頗怏怏，多稱疾不朝，而賓客朝夕盈門。其黨爲之揚言於朝云："琯有文物才，宜大用。"上聞而惡之，下制數琯罪，貶邠州刺史，前祭酒劉秩貶閬州刺史，京兆尹嚴武貶巴州刺史，皆琯黨也。

此則是肅宗乾元元年(758)之事。

因此，從《資治通鑑》記載的三則史實來看，朋黨問題在唐肅宗時代的確存在。而劉秩和嚴武，乃至張鎬、賈至、杜甫等人之所以前後遭貶最爲直接之原因，即在於肅宗認爲他們皆屬於同一個政治集團的"朋黨"。

(三)"分鎮"之議

由玄肅父子之間矛盾發展到後來的"琯黨"的問題,中間還有一個關鍵性的問題,即房琯向唐玄宗提出的"分鎮"之議。牧齋認爲這是房琯及"琯黨"遭貶另外一個深層次的起因。對這一點,牧齋箋注的也非常翔實。

《錢注杜詩》卷十一《建都十二韻》,箋曰:

> 此詩因建南都而追思分鎮之事也。初,房琯建分鎮討賊之議。詔下,遠近相慶。禄山撫膺曰:吾不得天下矣。肅宗以此惡琯貶之。久之,東南多事,從吕湮之請,置南都於荆州,以扼吴蜀之冲。公聞建都之詔,終以琯議爲是,而惜肅宗之不知大計,故作此詩。"牽裾"以下,乃追叙移官之事。蓋公之移官以救琯,而琯之得罪以分鎮,故牽連及之也。是歲七月,上皇移幸西内。九月置南都,革南京爲蜀郡。肅宗於荆州、蜀都,汲汲然一置一革,其意皆爲上皇也。公心痛之而不敢訟言,故曰"雖倚三階正,終愁萬國翻,顧枉長安日,光輝駐北原"。定哀之微辭如此。

對於錢箋提出的杜甫"移官以救琯,而琯之得罪以分鎮"這一關鍵性問題,朱鶴齡是否認同呢?

先是《杜工部集輯注》卷八《建都十二韻》注引錢箋云:

> 此詩因建南都而追思分鎮之事也……。蓋公之移官以救琯,而琯之得罪以分鎮,故牽連及之也(以上一段同錢,省略)。按"蒼生"八句,譏高議者爲無益,而南都之不必更建也。"東人",指荆州以東,"西極",指蜀郡。言設都荆門,欲以慰東人之望。然成都乃上皇巡幸之地,西極豈不依然哉!

後來《杜詩補注》云:

> 江陵號南都,本出吕湮建議。此詩云"議在雲臺上,誰扶黄屋尊",又云"時違當雪恥,計大豈輕論",蓋以譏湮也。江陵雖吴蜀要

衝,然天子未嘗駐蹕,則不當移蜀郡之稱於此,而河北中原之地尚爲賊據,安可不急圖收復乎?“牽裙(當作裾)”以下,歷歷自叙,正歎己之客居劍外,無由效漢庭之哭也。末云“願枉長安日,光輝駐北原”,公之深意可見。

又《錢注杜詩》卷十二《有感五首》第四首(“丹桂風霜急”)的箋注中也涉及“分鎮”的問題,曰:

初房琯建分鎮討賊之議。詔曰:令元子北略朔方,命諸王分守重鎮。詔下,遠近相慶,咸思效忠於興復。禄山撫膺曰:吾不得天下矣。肅宗即位,惡琯,貶之。用其諸子統師,然皆不出京師,遥制而已。宗藩削弱,藩鎮不臣。公追歎朝廷不用琯議,失强幹弱枝之義。而有事則倉卒以親賢授鉞也。“丹桂”言王室,“青梧”言宗藩也。卑宫制詔,即天寶十五載七月丁卯制置天下之詔也。謂其分封諸王,如禹之與子,故以卑宫言之。《壯游》詩“禹功亦命子”,此其證也。落句言不依古封建,而欲坐聽簫韶,不可得也。公之冒死救琯,豈獨以交友之故哉!

對於錢箋的意見,長孺也基本上全部採納,《杜工部集輯注》卷十注云:

此詔本草自房琯。肅宗入賀蘭進明之譖,貶之。至廣德初,河北諸鎮,跋扈不臣,公故追歎當時不行琯議,有失强幹弱枝之道也。肅宗收兩京,以廣平爲元帥,所謂授鉞親賢也。玄宗傳位肅宗,故以禹之卑宫擬之,與《壯游》詩“禹功亦命子”同意。玄宗至成都,即詔以皇太子充天下兵馬元帥討賊,已遂遣使靈武册命,所謂卑宫制詔也。言此二者,皆國家大計所在。然使能法古封建,分鎮諸王,則坐聽簫韶,有不難者,豈止無不臣之萌已耶?又按:公每持親王出鎮之議,於《巴蜀安危表》極言之,《荆南述懷》詩亦云“磐石圭多翦”。然唐史載,上皇以諸王分鎮,高適切諫不可。又劉晏移書房琯,謂今諸王出深宫,一旦望桓文功不可得,其論又於公相牴牾,豈各有見耶?

對當時政治局勢的認識上，杜甫、房琯的意見是一致的。房琯建議的分鎮之議雖然得到了玄宗下詔認可，但却不利於當時已經自立爲皇帝的肅宗的權力統治①，因此此議便徹底得罪了肅宗（"肅宗即位，惡琯，貶之"）。關於分鎮之議是否有利於當時的政治局勢，在前時（如朱注所舉高適就對此認爲"不可"）和後世還存在一定的争論，我們且不去理會。不過，需要指明的是分鎮之議的政治背景仍然是玄、肅父子之間的矛盾，并且也是與"琯黨"被貶相關聯的一個重要環節，亦即牧齋所謂"公（杜甫）之移官以救琯，而琯之得罪以分鎮，故牽連及之也"云云。因此，由"分鎮"這個關鍵性的環節，是可以旁證玄、肅父子之間後來的矛盾是如何再進一步發展的。

從以上錢、朱二家注解的比較來看，後者是認同前者提出的"房琯建分鎮討賊之議"，并致肅宗"以此惡琯，貶之"這一觀點的。

（四）《高力士外傳》問題

關於玄肅父子之間的矛盾，潘耒提到過一個觀點："移宫倉卒，上皇不樂，容或有之，幾爲兵鬼之言，出自《力士傳》，稗官片語。"認爲錢箋引《高力士外傳》以證史，文獻上不可爲據。這一觀點又見於潘耒反駁錢箋《杜鵑行》一詩，云："明皇遷居西内，失意之狀，亦《力士傳》中云然耳。"②"亦力士傳中云然耳"，言外之意，次耕否認牧齋引用《高力士外傳》文獻的可靠性。

然而，實際上如果將司馬光的《資治通鑑》與《高力士外傳》相比對

① 天寶十五載七月下分鎮之詔，永王璘充山南東道，嶺南、黔中、江南西道節度都使，璘即赴鎮，領兵東巡，史稱"永王之亂"，就是一個例子。

② 按《錢注杜詩》卷四《杜鵑行》"羈孤"杖注："上元元年七月，上皇遷居西内，高力士流巫州，置如仙媛於歸州，玉真公主出居玉真觀。上皇不懌，因不茹葷。辟穀，浸以成疾。詩云'骨肉滿眼身羈孤'，蓋謂此也。移杖之日，上皇驚，欲墜馬數四。高力士躍馬厲聲曰：'五十年太平天子。李輔國，汝舊臣，不宜無禮。'又令輔國攏馬，護侍至西内。故曰'雖同君臣有舊禮'，蓋謂此也。"按牧齋叙玄宗移杖前後之事即出自《力士傳》。潘耒《杜鵑行》箋云："子美初入蜀，聞杜鵑，見石犀、石笋，偶作詩耳，豈必牽合時事，各有刺譏耶？明皇遷居西内，失意之狀，亦《力士傳》中云然耳。宫禁事秘，子美流落天末，何從遽知之。至尊現在，而遂比之已化之禽鳥，無禮孰甚。此等曲説者，皆子美之罪人也。"（潘耒《書杜詩錢箋後》，《四庫全書存目叢書》集部第 250 册，頁 102）

的話,我們發現兩書對同一事件的記載往往是相同的,并且後者更見詳細。如上文引到《資治通鑑》卷二百二十"丙申,上皇至鳳翔,從兵六百餘人,上皇命悉以甲兵輸郡庫。上發精騎三千奉迎。十二月,丙午,上皇至咸陽,上備發駕迎於望賢宫"一段,《高力士外傳》云:

初,至德二年十一月,詔迎太上皇於西蜀。十二月至鳳翔,被賊臣李輔國詔取隨駕甲仗。上皇曰:"臨至王城,何用此物。"悉令收付所司。欲至城,皇帝具儀仗出城迎候。

再如《資治通鑑》卷二百二十一:

興慶宫先有馬三百匹,輔國矯敕取之。才留十匹。上皇謂高力士曰:"吾兒爲輔國所惑,不得終孝矣。"

《高力士外傳》云:

上皇在興慶宫,先留廄馬三百匹,欲移杖前一日,輔國矯詔,索所留馬,惟留十匹。有司奏陳,上皇謂高公曰:"常用輔國之謀,我兒不得終孝道。"

另外,關於玄宗遷居西内之事,兩《唐書》記載甚略,《資治通鑑》卷二百二十一的記載却很詳細:

秋,七月,丁未,輔國矯稱上語,迎上皇游西内。至睿武門,輔國將射生五百騎,露刃遮道,奏曰:"皇帝以興慶宫湫隘,迎上皇遷居大内。"上皇驚,幾墜。高力士曰:"李輔國何得無禮!"叱令下馬。輔國不得已而下。力士因宣上皇誥曰:"諸將士各好在!"將士皆納刃,再拜,呼萬歲。力士又叱輔國與己共執上皇馬鞚,侍衛如西内,居甘露殿。輔國帥衆而退。所留侍衛兵,才尪老數十人。陳玄禮、高力士及舊宫人皆不得留左右。上皇曰:"興慶宫,吾之王地。吾數以讓皇帝,皇帝不受。今日之徙,亦吾志也。"

而《高力士外傳》的記載在諸多細節上也是相同的：

飯畢，又曰："且歸南内。"至夾城，忽聞戛戛聲，上驚回顧，見輔國領鐵騎數百人便逼近御馬。輔國便持御馬，高公驚下争持，曰："縱有他變，須存禮儀，何得驚御！"輔國叱曰："老翁大不解事，且去！"即斬高公從者一人。高公即攏御馬，直至西内安置。自辰及酉，然後老宫婢十數人將隨身衣物至，一時號泣，上皇止之，皆輔國矯詔之所爲也，聖上寧得知之乎？上皇謂高公曰："興慶宫是吾王地，吾頻仍與皇帝，皇帝仁孝不受。今雖爲輔國所制，正愜我本懷。"

因此，從以上三段史料的對比來看，《高力士外傳》當是司馬光撰寫《資治通鑑》時所使用的第一手資料。

唐郭湜撰《高力士外傳》一卷[①]，《新唐書·藝文志》"雜傳記類"著録："郭湜《高氏外傳》一卷。"《直齋書録解題》卷七"傳記類"著録："《高力士外傳》一卷，唐大理司直郭湜撰。"[②]兩書均列於史部。當代唐史學家黄永年先生稱其中多記載朝政大事，尤其是玄宗移杖之事，"此均不見於兩唐書，足稱第一手文獻，後人不知道它的史料價值，往往把它當作小説看待"[③]，如明嘉靖顧元慶刻《顧氏文房小説》即收入其中。因此，從錢謙益大量引用此書以箋證杜詩來看，其學術眼光顯然超越了明代學者，能夠認識到了該書的史料價值，次耕以小説家之"稗官片語"視之，在史學眼光上不及牧齋。

綜上所述，通過對錢、朱二人箋注《洗兵馬》涉及到的玄肅父子之間矛盾顯現的時間、"瑄黨"、"分鎮"之議以及《高力士外傳》文獻的可靠性

---

① (五代)王仁裕等撰，丁如明輯校《開元天寶遺事十種》，上海古籍出版社，1985年。

② (宋)陳振孫著，徐小蠻、顧美華點校《直齋書録解題》，上海古籍出版社，2005年，頁197。

③ 黄永年《唐史史料學》"雜史雜説小説類"中對此書有專門的介紹，上海書店出版社，2002年，頁137—138。

這四個問題的討論來看,我們基本上可以説牧齋所箋《洗兵馬》一詩與當時的歷史政治背景是相吻合的。

正是基於以上的史事,關於《洗兵馬》一詩的主旨,我們當然不能簡單的歸於朱注所謂"蓋以太平之功望肅宗也";但同樣我們也不能完全認同牧齋將此詩之主旨釋爲"刺肅宗也,刺其不能盡子道,且不能信任父之賢臣,以致太平也"。對於這個問題,清初的學者對牧齋的觀點已經提出了一些批評意見。如與牧齋有頗多交往錢陸燦和方文二人,陸燦引方(文)曰:"牧老謂此詩全譏肅宗,恐未必然。"①二人即不完全同意牧齋釋此詩主旨爲"刺肅宗"的觀點。又如李因篤評《收京三首》其二所云:

> 哀痛詔,指肅宗還京所下制,觀其制,知其可與有爲,而大者莫如先迎上皇,諷之非譏之也。②

按此評雖然針對牧齋所云"蓋譏之(指肅宗)"而發,恐亦代表因篤對其箋注《洗兵馬》一詩的觀點。

其實,平心而論,錢箋《洗兵馬》之所以引起清初學人批評,得失之關鍵還在於其就史立論,用語過厲,矯枉不免過正。不過,譏之也罷,諷之也罷,望之也罷,總之,史實具在,牧齋抉隱發微,能夠探得杜甫之"詩史"之心,正見其偉識卓見。

四

由此問題,我們再進一步談談對錢謙益杜詩箋注的評價。

從杜詩學發展史來看,對杜甫詩中含諷這一特點,在宋人那裏就已經得以確認,尤其以洪邁的觀點爲代表,洪氏《容齋續筆》卷二"唐詩無避諱"條云:

① (清)錢謙益箋注《杜工部集》,清康熙六年(1667)季氏静思園刻本,(清)錢陸燦校,上海圖書館藏本。

② (清)劉濬編《杜詩集評》卷七,清嘉慶九年(1804)劉氏藜照堂刻本。

唐人歌詩，其於先世及當時事，直辭詠寄，略無避隱。至宫禁嬖昵，非外間所應知者，皆反復極言，而上之人亦不以爲罪。如白樂天《長恨歌》諷諫諸章，元微之《連昌宫詞》，始末皆爲明皇而發。杜子美尤多，如《兵車行》、《前、後出塞》、《新安吏》、《潼關吏》、《石壕吏》、《新婚别》、《垂老别》、《無家别》、《哀王孫》、《悲陳陶》、《哀江頭》、《麗人行》、《悲青阪》、《公孫舞劍器行》，終篇皆是。其他波及者，五言如"憶昨狼狽初，事與古先别"，"不聞夏商衰，中自誅褒妲"，"是時妃嬪戮，連爲糞土叢"，"中宵焚九廟，雲漢爲之紅"，"先帝正好武，寰海未凋枯"，"拓境功未已，元和辭大爐"，"内人紅袖泣，王子白衣行"，"毁廟天飛雨，焚宫火徹明"，"南内開元曲，常時弟子傳。法歌聲變轉，滿座涕潺湲"，"御氣雲樓敞，含風彩仗高。仙人張内樂，王母獻宫桃"，"須爲下殿走，不可好樓居"，"固無牽白馬，幾至著青衣"，"奪馬悲公主，登車泣貴嬪"，"兵氣凌行在，妖星下直廬"，"落日留王母，微風倚少兒"，"能畫毛延壽，投壺郭舍人"，"鬥雞初賜錦，舞馬更登床"，"驪山絶望幸，花萼罷登臨"，"殿瓦鴛鴦坼，宫簾翡翠虚"。七言如"關中小兒壞紀綱，張后不樂上爲忙"，"天子不在咸陽宫，得不哀痛塵再蒙"，"曾貌先帝照夜白，龍池十月飛霹靂"，"要路何日罷長戟，戰自青羌連白蠻"，"豈謂盡煩回紇馬，翻然遠救朔方兵"。如此之類，不能悉書。……今之詩人不敢爾也。①

又《苕溪漁隱叢話·前集》卷十二引《三山老人語録》云：

《登慈恩寺塔》詩，譏天寶時事也。山者，人君之象。"秦山忽破碎"，則人君失道矣。賢不肖混淆而清濁不分，故曰"涇渭不可求"。天下無綱紀文章，而上都亦然，故曰"俯視但一氣，焉能辨皇州"。於是思古之聖君不可得，故曰"回首叫虞舜，蒼梧雲正愁"。是時明皇方耽於淫樂而不已，故曰"惜哉瑶池飲，日晏昆侖丘"。賢

① (宋)洪邁《容齋隨筆》，上海古籍出版社，1995年，頁236—237。

人君子多去朝廷,故曰"黄鵠去不息,哀鳴何所投"。惟小人貪竊禄位者在朝,故曰"君看隨陽雁,各有稻粱謀"。①

以上洪邁、三山老人之言,皆可謂發牧齋箋杜之先聲。

但比較宋人的這兩家之言,牧齋箋杜詩最大的發明,即在於揭櫫出杜詩中所諷詠的對象不僅爲"當時事"、"天寶時事",而是着力指向震動朝野的大事件,這些事件本身直接關係到朝廷之政體國本。清初學者徐樹丕《讀杜兩箋跋》對錢箋的評價頗得"不薄今人愛古人"忠恕之道,立論較爲中允,跋文中即指出了牧齋箋杜的這個特點:

《讀杜兩箋》,其解釋杜詩,多發人所未發。於當時朝野大事,批剥豁露,殆無遁情,可謂獨見大頭顱,直當與"詩史"相輔而垂不朽,非復昔人所謂風雲月露之區區而已。(以下就劉辰翁和錢謙益學問人品立論,從略)故予於須溪不以其紕繆而没其人,於虞鄉老民不以其狼狽而廢其言,此予尚論古人并不薄今人之旨也。②

另外,清初齊召南所批《洗兵馬》云"此篇有三大見識在":

其一曰"鶴駕通宵",知肅宗於太上其幾兆矣。異日九節度監以魚朝恩,張鎬見間於群閹,而西宫之役全成嫌隙於李輔國也。將相無成功,天倫有逆節,誰階之厲也哉!

這裏召南所批杜詩"三大見識"之一,其實即據錢箋之大意而來。

《錢注杜詩》(包括《附録》部分)共録杜詩 1457 首,其中有注 902,無注 555 首。對這 902 首杜詩,牧齋所箋亦詳略不一,而其中用力甚勤、花費筆墨最多的則涉及到以下幾個主要方面:玄肅父子之間的矛盾

① 《苕溪漁隱叢話·前集》卷十二,(宋)胡仔纂集,廖德明校點《苕溪漁隱叢話》,人民文學出版社,1984 年,頁 80—81。

② 王頌蔚《古書經眼録》,《寫禮廎遺著》,載《寫禮廎遺著》,臺北:文海出版社,1969 年,沈雲龍主編《近代中國史料叢刊》第三十五輯第 346 册,頁 207—210。

(《洗兵馬》、《壯游》"兩宫各警蹕"注、《收京三首》、《乾元中寓居同谷縣作歌七首》"南内"一首注、《石笋行》、《杜鵑行》"羈孤"注),蜀郡、靈武從臣之别(《收京》其二箋、《寄張十二山人彪三十韻》"修廟賞從"注),房琯分鎮之議(《建都十二韻》、《有感五首》其四)及琯黨(賈至、嚴武、杜甫等人)貶官(《送賈閣老出汝州》、《至德二載自京金光門出乾元初有悲往事》、《寄嶽州賈司馬巴州嚴使君兩閣老五十韻》),李泌隱居(卷五《寄韓諫議》箋)等等,而這些人物、事件皆系當時朝野上下國家之根本所在。

對這些"朝野大事"的反映,是杜甫的"大頭顱"、"大見識"處,也是杜甫之所以號爲"詩史"的"大頭顱"、"大見識"處,同時也正是錢箋的"大頭顱"、"大見識"處。故而徐樹丕謂牧齋箋杜"直當與'詩史'相輔而垂不朽",亦可稱卓見。

杜甫之稱"詩史",唐孟棨《本事詩》始云:"杜逢禄山之難,流離隴蜀,畢陳於詩,推見至隱,殆無遺事,故當時號爲'詩史'。"(《本事詩·高逸第三》)宋人宋祁《新唐書》繼謂:"甫又善陳時事,律切精深,至千言不少衰,世號'詩史'。"(《新唐書》卷二〇一《杜甫傳》)自此以降,雖然在杜詩學史上對"詩史"的内涵仍多有闡釋,但杜詩"善陳時事"的特點成爲歷代學者對"詩史"觀念最爲基本和最爲核心的一個共識。至明末清初之錢謙益,在繼承了這一觀念同時,尤其注重對杜詩中涉及到的影響當時政壇的"朝野大事"進行考證,使得"朝野大事"——而非"風雲月露"之"區區"小事——與杜甫"詩史"之偉大稱號相得益彰,更加進一層的凸顯出了老杜"詩史"之重大内涵。這一點,尤其應該表彰的。

(作者單位:南京大學文學院)

古典文獻研究(第十六輯)
2013 年 7 月

竹垞尺牘十通考釋

張宗友

一　緣起

清初大家朱彝尊(1629—1709),博學多能,在詩、詞、古文等文學領域,在史學、經學等學術領域,均有精深之造詣。朱氏當時既已蜚聲士林,成爲康熙詔舉博學鴻儒時重點籠絡對象[①];當下也是學界關注較多的人物之一,研究文章與專著遞有問世。隨着研究的深入,學界關注的重心,已從其詩學、詞學,擴大至其史學(如目録學)、經學;而學者採信與引據的文獻,仍以朱氏《曝書亭集》等詩文集及《經義考》等學術專著爲主,旁及同時文人及學者之著述。《曝書亭集》卷三十一至三十三爲朱氏書信,凡二十八通,已爲學界广泛徵引與研究,用以考察朱氏交游行實與文學思想。近年來,随着朱彝尊其他書信的發現、搜集與整理,學界也開始關注并利用這批“新”材料進行研究。1999 年,劉玉才先生發表了《朱彝尊晚年手牘考録》一文[②],對原載於《古學彙刊》的十餘通朱氏書信作了初步的考訂與介紹,起到了“導夫先路”的作用;十年後,朱麗霞教授出版了專著《明清之交文人游幕與文學生態——以徐渭、方

① 朱彝尊康熙十七年(1678)九月初三日致馮孺人信有云:“明中堂相見,待我甚好。據彼云朝廷第一注意是我。”《竹垞家書三通(其一)》,載《曝書亭集外詩文補輯》卷十一(採自民國間影印《名人書畫第七集》所收《朱竹垞馮孺人夫婦家書合璧》),王利民、胡愚等校點《曝書亭全集》,吉林文史出版社 2009 年版,頁 1016。

② 載《北京大學古文獻研究所集刊》第 1 輯,北京燕山出版社 1999 年版,頁 332—342。

文、朱彝尊爲個案》[1],其中朱彝尊部分的研究,主要是利用了新發現的若干通朱氏家信。由於書信的私密性及真實性,人們有理由期待,朱氏集外書信的發現與利用,將使朱彝尊研究大爲拓展與深化。令人惊喜的是,在朱彝尊書信的搜集、整理方面,王利民、胡愚等已經做出了具有集成性質的工作,在已經刊布的《曝書亭集外詩文補輯》(以下簡稱《補輯》)中,朱氏私人書信亦有三卷,每卷三十通,凡九十通。對朱彝尊及清初學術研究來説,這批書信無疑是可資利用并有待發掘的富礦。不免遺憾的是,上揭劉、朱兩位的介紹與研究,均存在一定的疏誤(對個别書信繫年的判斷,誤差甚至達到十五年之巨),學界也缺乏更進一步的研究成果。這種局面,與朱彝尊的文學令名與學術聲望極不相稱。

如所周知,科學研究必須以正確繹讀與理解對象文本爲基礎。由於形式與性質獨特,古人書信通常篇幅有限,留下許多信息空白,諸如不指明收信者、不言作年、省去具體日期、常稱人物字號而不稱名等,從而增加了索解人物與本事的難度。這可能是造成上述較少研究成果之局面的重要原因。

本文擬循劉、朱二氏前規,選取十通新發現的朱氏書信,加以考釋。題中所謂"竹垞尺牘十通"者,實包括以《竹垞尺牘五通》爲名的兩組書信,第一組出自《吴興章氏紫伯藏稿》,原題《朱彝尊尺牘五通》,載於《名人尺牘墨寶》第二集卷十一(文明書局民國三年〔1914〕影印);第二組出自吴修編《昭代名人尺牘》卷九,亦有五通。《補輯》卷十一(頁 1013—1014)收録了這兩組書信,俱以《竹垞尺牘五通》爲名。兩組書信之編序,均無理據可言,可見編者未嘗注意及此。兹仍以《補輯》原次爲序,先列書信,次加按語,考其年月,繹其本事,疏通名物,期能爲進一步研究奠定基礎,并祈方家之注意與教正。

二　第一通

《竹垞尺牘五通》(第一組)其一:

① 朱麗霞《明清之交文人游幕與文學生態——以徐渭、方文、朱彝尊爲個案》,上海古籍出版社 2008 年版。

喜事充閭，有失燕賀，恃原其老嬾也。此别甚久，想竟不出門耶。近見選宋元詩者紛紛，目未睹全集，而强爲論定，去取安能悉當否？寒窗無事，思輯成一編。有《剡源集》存寒中處，并思借其插架周紫芝《太倉稊米集》。海濱僻左，欲藉大力就近爲我致之，感不可喻，即以此札緘與寒中可耳。舟經梅會，幸過一宿，少話闊悰。愚表兄彝尊頓首他山老表弟。暢月五日，冲。

宗友按：收信人"他山老表弟"，指查慎行；暢月，指十一月。考查慎行於康熙四十五年(1706)九月乞假歸里[①]，故本信當作於是年十一月初五日。

此信叙事有三。其一，所謂"喜事充閭，有失燕賀，恃原其老嬾也"，係指查慎行受康熙恩寵、拔擢事。考查氏於康熙四十一年(1702)因大學士張玉書、李光地等薦，受康熙召見，賦詩中旨，入直南書房；次年四月成進士，授翰林院庶吉士；四十三年(1704)授編修；四十四年(1705)受賜御書"敬業堂"；四十五年(1706)春，叔弟查嗣庭成進士，授翰林院庶吉士；五月，查慎行扈駕至古北口，屢被賞賜；九月，乞假歸里葬親[②]。查慎行《敬業堂詩集》(文淵閣《四庫全書》本)卷四十六《望歲集(起丁酉正月盡九月)》，有《重宿寒中書齋》詩："桐又將花柳又綿，山齋一榻故依然。曾偕老友成三宿，却話前游過十年。白髮昏昏中酒味，青燈黯黯讀書緣。只憂海近沙頹岸，夜半潮聲撼客眠。"注云："丙戌秋(1706)，與竹垞連榻齋中。能無存殁之感。"寒中，馬思贊字。查氏九月歸里，與朱氏是秋"連榻齋中"，亦當在九月末或十月初(是歲十月初四日立冬)。其時距十一月初不過月餘，所謂"此别甚久"之感，不過是担心查氏"竟出不門"，實則期待查氏能够出行。由此數語，足徵二人關係之親近。其二，關於宋元詩全編之編纂。清初選宋元詩者有數家，如吴之振有《宋詩鈔》，陳焯有《宋元詩會》，顧嗣立有《元詩選》等。朱彝尊嘗編《明詩綜》，此信中又透露出其頗有編纂宋元詩全編之意。其書未見，蓋未及

---

① 參陳敬璋《查他山先生年譜》，見《查繼佐年譜　查慎行年譜》，汪茂和點校，中華書局1992年版，頁28。

② 參陳敬璋《查他山先生年譜》，頁25—28。

着手或未卒其業。其三，托查慎行向馬思贊討書。《剡源集》是元人戴表元的別集，本係朱氏藏書；《太倉稊米集》是宋人周紫芝的別集，蓋爲馬氏藏書。朱氏欲得二書，顯爲編纂宋元詩全編之用。查慎行與馬寒中俱家海寧，有地利之便，朱彝尊因托其往借。信末則期待查氏來梅會家中過訪。

本信涉及朱彝尊兩位非常重要的友人。查慎行(1650—1727)，原名嗣璉，字夏重、夏仲，別號查田，後更名慎行，字悔餘，號他山、橘州，晚號初白，又號石稜居士，別署悔庵，賜號煙波釣徒。浙江海寧人。晚築初白庵以居，學者稱初白先生。少受學於黃宗羲。有《周易玩辭集解》、《陪獵筆記》、《黔中風土記》、《廬山游記》、《敬業堂集》等。馬思贊(1669—1722)，字寒中、仲安，號衎齋、南樓，別號南仲子，晚號迂鐵老人，海寧華山人。家有道古樓，藏書冠東南。有《寒中詩集》、《皆山堂詩》、《紅藥山房詩》、《衎齋印譜》、《道古樓藏書目》、《道古樓歷代詩畫録》等。因本姓朱(其祖朱應復繼嗣改姓)，文獻中偶作朱思贊、朱寒中，朱彝尊稱其“老侄”、“家上舍”、“衎齋主人”等。思贊妻查惜，字淑英，號南樓、插花道人，係查慎行妹①。梅會，即梅會里，朱彝尊家在焉，今名王店。

三　第二通

《竹垞尺牘五通》(第一組)其二：

別後抵横漲橋疾行，是日炎暑甚酷，歸便堅卧不出。然回思草堂避暑飲，至今縈於心也。三伏曝書，繙忠順夫人像竟不可得，不知何時失去，怊悵之極。《剡源集》流傳極少，既刻成，宜多刷印行之。舊本八册，古林親爲施鉛者，勿轉借人爲囑。愚亦欲借插架《太倉稊米集》一抄。秋凉或作近游，幸携來，作住宿談，甚樂也。珍味旨酒見投，老饕口涎指動，飫治糜既矣。謝謝。七月五日，彝尊頓首，奉報十姊妹花齋主人。

---

① 參阮元編《兩浙輶軒録》，嘉慶刻本；龔肇智《嘉興明清望族疏證》，方志出版社 2011 年版，頁 6、25。

宗友按:十姊妹花齋主人,指馬思贊。信中提到欲借《太倉稊米集》一書事,由上通書信可知,此信當作於康熙四十五年(1706)。按次序而論,此信寫在上信之前。

朱彝尊在此信中首先提到,不久前剛剛到海寧過訪馬氏,并且返程時經過查慎行、查嗣瑮兄弟家。横漲橋,爲查氏兄弟所居之地。《曝書亭集》卷十四《紫藤花下醉歌同查上舍弟(嗣瑮)賦》詩,有句謂:"飄落緐英滿衫襖,明年期爾横漲橋。"下注:"上舍所居。"[①]查慎行《敬業堂詩集》卷十四《江漲八韻》詩末句云:"村橋新漲好,吾欲放船歸。"自注:"余所居名横漲橋。"朱氏此信既作於七月五日,則前此海寧之行、草堂之飲,其時間當在六月。其次,朱彝尊在信中復告以三伏曝書及失去忠順夫人像事。忠順夫人即三娘子(1550—1621),蒙古韃靼部右翼万户首領俺答汗之妻,以深明大義著稱。再次,信中論及《剡源集》舊本與新刻。舊本曾經曹溶("古林")"親爲施鉛",當係曹氏藏本;朱彝尊自曹溶處得此舊本,又轉借馬思贊翻刻,且欲多印以廣流傳;朱氏又希望馬氏勿轉借他人,足證其對故人舊本之珍惜。上揭十一月五日致查慎行信中所言"有《剡源集》存寒中處"者,與此處可互相印證。復次,朱彝尊在信中則提出欲借周紫芝别集《太倉稊米集》,并希望馬氏入秋後能來宿談。由十一月五日致查慎行信可知,朱彝尊欲借此書,實爲編纂宋元詩全編作準備;而馬思贊并未成行。信末感謝馬氏以"珍味旨酒"相贈,考其時間,當在自海寧返鄉之後。

信中提到的"古林",指曹溶,是朱彝尊非常敬重的鄉賢與學術引路人,朱氏曾在廣東、山西兩入其幕。曹溶(1613—1685),字秋岳,又字潔躬、鑒躬,號倦圃,别號金陀老人、金陀老翁、鉏菜翁,秀水人。崇禎丁丑(1637)進士。順治時官至廣東布政使,康熙時官山西按察副使、陽和兵備道。爲文諸體雄駿,尺牘小簡尤精。著述宏富,與錢謙益、吴偉業在伯仲間,有《古林金石表》、《崇禎五十宰相傳》、《明漕運志》、《劉豫事迹》、《流通古書約》、《硯録》、《倦圃蒔植記》、《静惕堂宋元人集書目》、

① 朱彝尊《曝書亭集》,《四部叢刊》影康熙五十三年(1714)原刻本。

《静惕堂詩文集》等，另編有《學海類編》、《續獻徵録》等[①]。查嗣瑮(1653—1734)，小名阿頻，字德尹，一字朗山，號查浦、晚晴，晚號清軒主人，海寧人。查崧繼次子，查慎行之弟。受業於黄宗羲。康熙三十九年(1700)進士，授翰林編修，入直南書房，升侍講，與修《全唐詩》。有《查浦詩鈔》、《查浦輯聞》、《南北史小識》、《音類通考》等。

四　第三通

《竹垞尺牘五通》(第一組)其三：

殘年摒擋拙文，中多未安，輒繙閲故籍，眼昏僉甚，終日勞勞，不覺歲聿其除也。土銼蕭然，忽荷珍味之貺，全家獲一飽矣。謝謝。查田聞改歲即入都，尚思一聚，或□過山齋，未定耳。漚舫手參衎齋主人。

宗友按：收信人“衎齋主人”，即馬思贊。漚舫爲朱彝尊别號，查田爲查慎行别號。考《查他山先生年譜》：“(康熙四十七年)春，入都。”[②]查慎行《敬業堂詩集》卷三十五《還朝集(起戊子正月盡五月)》，第三首爲《過梅里爲竹垞先生留一日》詩：“鄭重還山約，餘年準擬同。如何向岐路，又復轉孤蓬。過酒衝筵雪，維舟拍岸風。我衰公早白，告别敢忽忽。”又同卷《還朝集》下小序：“家居一年，展限已滿，州縣敦迫就道，勢難逡巡。一術士語余曰：‘君欲賦遂初，其在壬癸之交乎？’余笑而頷之。既至都，仍内直。”本組《竹垞尺牘五通》之第五通有云：“入春兩往郡城，遂未果入山之約。近目擊二查北渡揚子，亦將鼓枻入吴矣。”信末所揭時間爲二十六日。楊謙《朱竹垞先生年譜》：“(康熙四十七年)春，送查編修慎行入都。”“先生送至杉青牐，值風雪交作，誦‘無將故人酒，不敵石尤風’二語送别。”[③]查氏《還朝集》前兩首詩爲《立春後五日清溪舟中

① 參朱彝尊《静惕堂詞序》，見《補輯》卷五，《曝書亭全集》，頁 950；忻虞卿《檇李文繫》卷十三，嘉興圖書館據上海圖書館藏鈔本複印本。

② 參陳敬璋《查他山先生年譜》，見《查繼佐年譜　查慎行年譜》，頁 29。

③ 楊謙《朱竹垞先生年譜》，載《曝書亭集詩注》卷首，清木山閣刻本。

大雪留别談未庵徐任可十二韵》、《聞少詹侄京邸訃音時余方東北裝先馳詩四章哭之》;第四、第五首爲《虎丘花信樓與馬素村别》、《丹陽即目》詩。蓋作第四、第五首詩時,已在北上途中矣。是歲立春在正月十三日,"後五日"即十八日。綜上可知,查氏來訪、朱氏送行,均在正月十八日至二十五日之間。故本信當作於康熙四十七年(1708)正月十八日前。朱彝尊本年八十歲,故信中有"殘年"之語。

此信論及三事。一是朱氏手定《曝書亭集》,即所謂"摒擋拙文"者。朱氏對己作頗有删削,如所作序跋,往往刊去末尾年月;所撰壽序、墓銘等,多有未收。二是馬思贊復有"珍味之貺",其時可能亦在正月。三是查慎行入都前思與朱彝尊一聚,朱彝尊因此希望一起訪問馬思贊。由本組書信第五通(見下)可知,朱彝尊并未成行,而是由查慎行前來相會;朱氏復送查氏兄弟北上,至入吴"北渡揚子"乃止。

五　第四通

《竹垞尺牘五通》(第一組)其四:

> 雨雪連綿,九日若不抵補屋,此時當不能登舟矣。返里過郭北丙舍,積有八棺,一日而悉葬之,平生未了事,耄乃初完□。陸年翁遠顧,明詩衹帶二十部,回家途中已去五六,歲前僅存三部,不竟爲狸奴爪所傷。今以一部附到,中有目乙紙,又八十卷數頁尚須印就續補也。抄書在霖蒼宅,甚便,容即先以四種附去。其沈君《梅花集句》一册雜入亂書中,俟即寓信襲遠,促其到鎮,理出奉歸,斷不遺失耳。查浦涉江,定過長水,何不偕來劇譚耶。漚舫手復衎齋主人,正月廿八日。

宗友按:本信仍致馬思贊。據楊謙《朱竹垞先生年譜》所載葬"三世七棺"事,可知此信作於康熙四十五年(1706)正月二十八日。

朱彝尊此信叙事有五。一是記正月九日自海寧馬思贊處返鄉事。此次同行者還有查嗣瑮。查氏《武梁》碑跋文云:"畫家著録多始魏晉人,不知東漢石闕圖寫人物已多,第存者寡尔。《武梁》一碑,乃唐人拓本,洵不易得。圖中機有紋,車有蓋,庭有幃,略見古人制器尚象。曾子母、萊子妻,履絇皆鋭頭,當知漢日女子已非赤脚,亦可資考古之一端也。康熙丙戌人日,雪阻葫蘆山房,復同竹垞把玩書此。查浦。”[①]可知二人同觀此碑於馬氏宅。“人日”指正月初七日,可證二人在馬氏宅至少盤桓三日。朱彝尊也有可能先訪查嗣瑮,再同訪馬思贊。二是向馬思贊通報歸葬三世八棺事。“郭北丙舍”,應指朱氏嘉興城北舊宅,梅會里則在嘉興城南。楊謙《朱竹垞先生年譜》:“正月,葬生祖妣蔡孺人、考晦在先生、妣鄭孺人、叔子荃公、叔母陸孺人、弟千里、弟婦沈孺人三世七棺於下徐蕩。先生立雨雪中,親視井槨,葬畢而返。”此信中言“八棺”,較《年譜》所記尚多一棺,當以此信爲準,但未詳此棺爲誰。三是交待付與馬氏《明詩綜》有關雜事。“明詩”即指《明詩綜》,開雕於康熙四十一年(1702),雕竣於康熙四十三年(1704),是以能托“陸年翁”自吴带回二十部。大約馬氏向朱氏求書,而完帙不多,所以朱氏特作説明。陸年翁、霖蒼,均未詳。四是告以《梅花集句》事,欲倩襲遠(朱甫田字)至鎮尋書奉還。可知此種《梅花集句》係借自馬氏者。倩人檢書,蓋因此時朱氏已離家北上,可推此信爲朱氏在吴時作。朱氏本年有《題徐檢討(釚)豐草亭六首》詩(載《曝書亭集》卷二十一),第四首云:“春泥就燥雨初晴,百草千花一夜生。爲報亭中宜對酒,不成送客反留行。”第六首云:“登盤黄雀箭頭魚,誰道天隨子不如。近日欲傳糖蟹法,更來笠澤借叢書。”蓋春雨初晴之時,朱氏已治裝入吴,訪友借書矣。信末,朱彝尊藉查嗣瑮可能來訪之機,邀請馬思贊“偕來劇譚”。

信中“襲遠”指朱甫田(1660—1741),初名德棻,字襲遠,號在埜,著有《粤游草》。朱彝尊從子[②]。徐釚(1636—1708),字電發,號拙存,又號虹亭,也署垂虹亭長,又署菊莊,晚號楓江漁父,吴江人。少入慎交社,聲譽卓起。應鴻博徵,授檢討,與修《明史》。忤權貴意,遂拂衣歸。康熙南巡,兩賜御書,欲起復而不就。工長短句,有《南州草堂集》、《菊

① 翁方綱《兩漢金石記》卷十五,《續修四庫全書》第892册,頁475。

② 朱榮纂修《秀水朱氏家譜·世系表五》,咸豐三年刻本,《清代民國名人家譜選刊續編》第67册,北京燕山出版社2006年版,頁210—211。按:甫田本生父朱彝六,係朱茂晥長子;茂晥行八,爲朱大競第四子。大競爲朱國祚長子,朱彝尊祖父。甫田出爲朱彝輔子。彝輔爲朱茂暘長子,茂暘爲朱大觀長子,大觀爲國祚四子。

莊詞》、《南州草堂詞話》、《嘯虹筆記》等,另編《續本事詩》、《詞苑叢談》,盛行於世①。

六　第五通

《竹垞尺牘五通》(第一組)其五:

入春兩往郡城,遂未果入山之約。近目擊二查北渡揚子,亦將鼓枻入吴矣。去夏稻孫之白下,偶泄二書,荔軒亟欲得之,托愚代覓。是以購之,俟此去相晤,度彼定興闌,歸時或上納耳。將來駕駐西泠,必以《書畫鋪叙》交院長,則相見在邇,諸容明悉不盡。甌舫手復衎齋主人,廿六日。

宗友按:由"近目擊二查北渡揚子,亦將鼓枻入吴",參考對上揭第三通書信之考釋,可知本信當作於康熙四十七年(1708)正月二十六日,收信人仍爲"衎齋主人"馬思贊。

本信叙事,有以下數端。一是告以未能踐約之由。上揭第三通信有云:"查田聞改歲即入都,尚思一聚,或□過山齋,未定耳。"知朱氏本有携查氏往過馬氏之意,因"兩往郡城"而未果。第三通信寫於正月十八日前,此間查慎行來訪,朱氏送其北上,郡城爲必經之路。二是告以送二查(查慎行、嗣瑮兄弟)至吴,自己亦有入吴之意。朱彝尊自康熙四十一年(1702)四月,爲兩孫(朱桂孫、稻孫)"析箸"(即分家)之後,即常年居吴,往來數郡之間。三是言欲北上會曹寅(荔軒其字),并以所購二書見奉。此二書應係朱氏家藏,因康熙四十六年(1707)夏朱稻孫偶泄消息,爲曹寅所知。但是二書究屬何書?尚無從查考。康熙四十八年(1709)五月,曹寅跋《鑒誡録》云:"己丑夏五,竹垞先生來真州,持以見賜,愧不能藏。復影録一本奉還。曹寅。"(見《知不足齋叢書》本《鑒誡録》後附)或即其一。此則材料表明,曹寅似非强索之人。四是俟康熙再度南巡時,以《書畫鋪叙》付納蘭揆叙(納蘭性德之弟)。康熙四十四

---

① 參《清史列傳》卷七十一,王鍾翰點校,中華書局1987年版,頁5788;《詞苑叢談校箋》頁首,徐釚撰,王百里校,人民文學出版社1988年版,頁3。

年(1705)四月十五日至十八日之間,朱彝尊曾與隨駕南巡的納蘭揆叙(時任翰林院掌院學士)相會。朱彝尊有《高麗蕿歌賦謝納蘭院長(揆叙)》詩(《曝書亭集》卷二十二),有云:"納蘭學士相於久,憶别重逢歲在酉。三面山臨一面江,誦君清詩不去口。"揆叙亦有《咏羅浮蝴蝶次竹垞原韻四首》詩[①],編次在《立夏日蘇州作》詩之後,蓋即此次相晤時作。又《禾中留别竹垞先生得五百字》詩,亦憶及此次相見:"前年寓金閶,樽酒虚招延。先生來叩門,剥啄驚晝眠。舊聲尚能識,但益毛髮宣。話予幼時事,歷歷皆眼前。揮毫書短箋,綴以詩四篇。熒煌燦珠貝,馥郁堆蘭荃。離居幾何時,遽若脱矢弦。"[②]結合此信,度二人當年或有所約定,朱氏此次於信中提出,蓋有踐約之意。

本信涉及下述重要人物:朱稻孫、曹寅、納蘭揆叙。朱稻孫(1682—1760),字稼翁,號芋陂,又號娱村,府庠生。朱彝尊次孫,昆田次子。以例入太學。天資超穎,擩染家法,詩格遒上,尤工分隸,能以詩文翰墨世其家。康熙乙未(1715)薦充春秋館及子史菁華館纂修,例得議叙,以遠客不及與選。乾隆丙辰(1736),薦舉博學鴻詞,復以他適未赴。刊《經義考》過半,又籲揚州盧見曾刻成之。四庫館開,以家藏全帙上獻,流傳海内。有《擬古樂府》、《紀行絶句》、《六峰閣詩稿》、《續稿》、《煙雨樓志》、《羅浮蝴蝶》歌等[③]。曹寅(1658—1712),字子清,號荔軒,又號楝亭,别號柳山主人等,遼陽人,包衣,隸滿州正白旗。母爲康熙帝乳母,自少即任御前侍衛,官至江寧織造兼巡視兩淮鹽漕監察御史。有《楝亭集》[④]。揆叙(1675—1717),明珠次子,納蘭性德之弟。字凱功,號惟實居士,滿洲正黄旗人,蔭生。官翰林院掌院學士,至左都御史,謚文端。

---

① 《益戒堂詩後集》卷二,納蘭揆叙撰,雍正二年謙牧堂刻本,《清代詩文集彙編》第236册,頁211。

② 《益戒堂詩後集》卷三,頁233。

③ 參《秀水朱氏家譜》,頁218—219;《清史列傳》卷七十一,頁5777—5778;《(光緒)嘉興府志》卷五十三,許瑶光重輯、吴仰賢等纂,光緒四年鴛湖書院刻本,《中國地方志集成(浙江府縣志輯)》第13册,上海書店1993年版,頁528。

④ 參朱彝尊《〈北紅拂記〉跋》,載《曝書亭集外詩文補輯》卷六,頁960;韓菼《楝亭記》,載其《有懷堂文稿》卷八,《四庫全書存目叢書》集部第245册,頁391—675。

雍正即位後奪官削謚。有《樂静堂集》、《益戒堂自訂詩集》、《益戒堂詩後集》、《益戒堂文鈔》、《鷄肋集》等。

七　第六通

《竹垞尺牘五通》(第二組)其一:

> 昨趨别未得握手爲悵。容兄席上又賦得小詞,録扇請政,侑以嘉錦。土物不堪,止可供糊壁,然非套具不敢用柬,惟長兄一哂存之,乃徵雅愛耳。溽暑長途,伏惟珍重,憑穎慺慺。弟彝尊頓首,見老年道兄翁。

宗友按:本信爲送别之作,惟不載年月,不載收信人,空無依傍,索解實難。惟信中提及"容兄",應指張大受(字日容),爲考釋本信惟一可憑之據。考朱、張二氏交游紀录,與"溽暑"前後相關且過從較密者,當屬康熙四十二年(1703)夏秋時。其時朱彝尊居蘇州慧慶寺,張大受、顧嗣立等曾載酒前來譚藝。《曝書亭集》卷二十一有《夏日病足留慧慶寺張顧二孝廉孫范二上舍徐陳范汪顧五文學載酒至席上譚藝率賦二首》詩。題中"張顧二孝廉",即分指張大受、顧嗣立。顧氏有《六月望日携酒慧慶禪寺聽竹垞先生説詩同霜林翁匠門主人作二首》詩,中云:"風流軼事而今少,半壁東南老鐵龍。""天留健筆分詩派,地引名山屬酒星。蔆角蕅絲紛食案,竹聲梧影逼風櫺。他年辟暑傳佳話,添个先生野史亭。"[①]下附朱氏前詩,蓋和作也;其下復有《哭霜林翁金亦陶》詩。可知此次譚藝,在六月十五日;霜林翁金侃(亦陶其字)亦在席。另一次聚會則在初秋。《曝書亭集》卷二十一《初秋宋五進士(聚業)載酒過張三孝廉(大受)潮生閣送魏二孝廉(坤)之西江即席分賦得九言》詩,有云:"今年六月不雨至七月,小軒橋下恒苦水氣腥。……此時秋之爲氣感宋玉,碧梧桐猶未落蘼蕪青。……人生快意豈必致通顯,文章一技可以垂千齡。桓山石椁縱使九泉錮,詎若閉關頌酒生劉伶。他時寫取水村圖第

---

① 顧嗣立《閭丘詩集》卷十八《梧語軒詩集(起壬午七月至甲申十二月)》卷上,頁293。

七,容我拄杖剥啄叩門扃。”顧嗣立《二十七日宋五嘉升載酒張三日容潮生閣招同竹垞先生送魏二禹平之西江即席分賦各體得五言小律二首》:“夜雨催君别,紅橋繫小舟。墻添一尺水,山入半間樓。無事三杯盡,馮闌便欲愁。”“不向水邨住,詩翁天一涯。秋風江上宅,夜雨夢中家。若到騰王閣,新詞賦落霞。”①據知此次聚會在七月二十七日,地點在張大受潮生閣,主旨是爲南游之魏坤送行。魏氏係朱彝尊知交之一,在京師時頗多交游與唱和;魏氏兩種《水村圖》,朱彝尊均有題詠(《曝書亭集》卷十四《爲魏上舍(坤)題水村圖二首》,作於康熙二十八年;《曝書亭集》卷十五《爲魏上舍題水村第二圖二首》詩,作於康熙二十九年)。朱氏此信,可能就是爲魏坤而寫。

本信涉及人物主要有張大受、魏坤、顧嗣立。張大受(1660—1723),字日容,號拙齋,又號匠門,祖籍嘉定,長洲人。康熙己丑(1709)進士,授檢討,官至貴州學政。師事朱彝尊、韓菼。詩文超雋,駢體尤工。有《侶蛩遺音》、《匠門書屋文集》、《清溪集》②。魏坤(1646—1706),字禹平,號水村,嘉善人。康熙三十八年(1699)舉人。有《倚晴閣詩抄》、《秦淮雜咏》、《歷山唱酬集》、《粤游記程詩》、《水村琴趣》等。其讀書處有拙齋、潮生閣、讀書之亭、活碧之軒、孝廉之船等③。顧嗣立(1665—1722),字俠君,號閭丘,江蘇長洲(今蘇州)人。康熙壬辰(1712)賜進士,選庶吉士。分纂宋金元明四代詩選及《皇輿全覽》等。博學洽聞,尤工於詩。著有《秀埜集》、《閭丘集》(後人輯爲《秀埜草堂詩集》),編有《元詩選》等④。

八 第七通

《竹垞尺牘五通》(第二組)其二:

---

① 顧嗣立《閭丘詩集》卷十八《梧語軒詩集(起壬午七月至甲申十二月)》卷上,頁294。

② 參《(乾隆)蘇州府志》卷五十七;《清史列傳》卷七十一,頁5815。

③ 參朱彝尊《鄉貢進士魏君墓誌銘》,載《曝書亭集》卷七十七;《履素先生祠堂記》,載《曝書亭集》卷六十六。

④ 參《曝書亭集》卷三十九《顧俠君嘫荔集序》、卷六十六《秀埜堂記》;顧嗣立《閭邱先生自訂年譜》;《(乾隆)蘇州府志》卷五十七。

弟五月初曾過傳是樓,與健翁先生盤桓五日。不意遂成永訣。聞訃於邑,衰病交增,耳聾齒隕,久不出城府矣。知老先生在禾,道體定勝,闕然地主之誼,奈何?小兒於中元後一日出門,此時度已至榕城矣。素扇書上,箋容續奉耳。武曾一病幾危,近始有生機。虹亭閩游,慮其致困,未審有歸信否?重陽左右或一至平江,則良晤匪遠也。率復不備。期弟彝尊頓首。

宗友按:此信未言收信人爲誰,但信中提及健翁先生(徐乾學)、小兒(朱昆田)、武曾(李良年)、虹亭(徐釚)諸人。考徐乾學卒於康熙三十三年(1694)七月十七日[①],李良年卒於是年九月十三日(參《曝書亭集》卷八十《徵士李君行狀》),則此信當作於此間。與上述諸人俱有交集,且此時在禾(嘉興别稱。三國時名禾興,宋時名嘉禾),又當得朱彝尊"老先生"之稱者,恐惟有高士奇。其時高氏正罷官在野,尚未再度奉召入都。《聖祖仁皇帝實録》卷一六四:"(康熙三十三年七月)丁亥。上命大學士等於翰林官員内,知有長於文章、學問超卓者具奏。……大學士等奏曰:'三朝國史、典訓、一統志、明史,尚未成書。徐乾學、王鴻緒、高士奇、韓菼等在籍,皆文學素優之人。若召令各纂一書,書可速成。'上曰:'徐乾學等,著來京修書。……'"[②]丁亥爲二十一日(當公曆9月10日),係徐乾學卒後第四日,其時清廷尚未得到徐氏訃聞。高士奇《昔留敝篋於京師内有書畫小册春夜拾視其人散亡過半矣嗟嘆成詩》,有句云:"前過惠山藕漁病,竹垞送我言加餐(謂嚴宫允、朱檢討也)。近聞又死李十九(李武曾於余行時賦詩見送),陳琳江上方歸櫬(陳康侯卒於武昌幕)。"[③]可知朱彝尊、李良年俱爲高氏送行,則高氏啓程北上時,李良年尚未辭世。度高氏啓程,約在八月中旬左右;朱彝尊此信,約作於八月初。

① 韓菼《資政大夫經筵講官刑部尚書徐公學行狀》,載錢儀吉《碑傳集》卷二十,周駿富《清代傳記叢刊》第107册,臺灣明文書局1985年版,頁463。

② 《清實録》(第五册),中華書局1985年版,頁791—792。

③ 高士奇《清吟堂集》卷一,康熙刻本,《四庫未收書輯刊》第7輯第26册,頁543—544。按:高士奇本詩作於康熙三十四年(1695)。藕漁指嚴繩孫。高氏抵都在三十三年十月二十七日(參《清吟堂集》卷一《重至闕下紀恩詩》序,頁542)。

據此信内容與辭氣，可能高士奇先有信給朱彝尊，詢及諸人近況，朱氏遂復信一一作答。信末所云平江，原指蘇州（宋時稱平江府），此處蓋指吴江，因爲徐釚就是吴江人，"良晤"應指與徐釚之相晤。其餘内容較明白，兹不贅釋。高士奇（1645—1703），字澹人，號瓶廬、江村，賜號竹窗。生於餘姚，入籍錢塘，曾辭官定居平湖。謚文恪。有《扈從西巡日録》等多種。徐乾學（1631—1694），字原一，號健庵，崑山人。康熙九年（1670）進士，授翰林編修，官至刑部尚書。主持纂修《大清一統志》、《古文淵鑒》等書，與納蘭性德編有《通志堂經解》。著有《澹園文集》、《讀禮通考》等。李良年（1635—1694），字武曾，號秋錦；初名法遠，又名兆潢，秀水人。與朱彝尊早年知交，同應鴻博徵，後助徐乾學修《一統志》。有《秋錦山房集》、《外集》等。朱昆田（1652—1699），初名掌穀，字文盎，號西畯，太學生。著有《笛漁小稿》、《三體攟韻》等。

九　第八通

《竹垞尺牘五通》（第二組）其三：

史館將開，發凡茫無定論，兼以遺聞放失，秘館所藏，僅千一而已。譬之圖繪，一無粉本，將何以草創潤色乎？老年伯留心於此日久，是非同異之辯，書法始終之體，肯詳舉大端，以開蒙滯，願奉以爲榘矱矣。右吉先生前薦之東牟，不知爲何人所尼，忽止不相延，甚負罪于執友，老年伯相見，幸爲道歉。侄彝尊頓首。

宗友按："史館"指明史館，據知此信當作於康熙十八年（1679），朱彝尊等參與博學鴻儒試、充明史纂修官之後。康熙十八年三月二十九日諭吏部："薦舉到文學人員，已經親試。其取中一等彭孫遹、倪燦、張烈、汪霦、喬萊、王頊齡、李因篤、秦松齡、周清源、陳維崧、徐嘉炎、陸棻、馮勖、錢中諧、汪楫、袁佑、朱彝尊、湯斌、汪琬、邱象隨……俱著纂修《明史》。"①試列二等、同充明史纂修官的毛奇齡有記云："乃擇四月二十日

① 康熙《聖祖仁皇帝御製文集》卷八《敕諭・諭吏部》，文淵閣《四庫全書》本。

到任。各朝服頂带,於欽天監火神廟齊到衙門,行禮畢,次日遂赴史館。後同籍五十人於衆春園倣題名故事,各賦詩一首,施愚山爲之序。”①信中既云“史館將開”,當在到任之前,故朱氏此信,當作於四月初。惟信中但稱收信者爲“老年伯”,未詳何人。

朱氏此信,側面説明康熙朝明史館將開之際,體例未定、典籍不足等情形。作爲曾有抗清之舉的前朝逸民而入仕新朝,受知拔擢之際,朱彝尊便積極投身於明史之纂修,急切地向“老年伯”虚心求教。其中心態,頗值深味。信中提到“執友”“右吉先生”,則指卒於本年七月的俞汝言(1614—1679)②。俞氏字右吉,自稱漸川老人,秀水諸生,移居梅里。早年著名於復社,以詩古文辭擅場。乙酉後棄舉子業,潛心著述,有《京房易圖》、《禮服沿革考》、《漢官差次考》、《宋元舉要歷》、《先儒語要紀年譜》、《崇禎大臣年表》、《卿貳考》、《明世家考》、《寇變略》、《廣品級考》、《謚法考》、《晉軍將佐表》、《紀年同聲録》、《弇州三述》、《補雙湖雜録》、《本草摘要》、《春秋平義》、《四傳糾正》、《漸川集》、《大滌山房集》等③。

十　第九通

《竹垞尺牘五通》(第二組)其四:

> 游山治具太費,未免貽累矣。東隅尚須滞留,廿九日恐未能赴高齋也。令兄幸致謝。七來年兄,彝尊頓首。

宗友按:此信收信人爲徐惇復(字七來),朱彝尊弟子。從内容上看,係回復徐氏兄弟之“游山”邀請,對其“治具太費”表示關切,同時説明近況。檢《曝書亭集》,卷二十一有《雨中從銷夏灣泛舟泊石公山麓》、

---

① 毛奇齡《制科雜録》,康熙刻《西河合集》本,《四庫全書存目叢書》史部第271册,頁649。

② 參魏禧《處士俞君汝言墓表》,見錢儀吉《碑傳集》卷一三六,載周駿富《清代傳記叢刊》第113册,頁692—694。

③ 參魏禧《處士俞君汝言墓表》、《經義考》卷六十五“俞氏(汝言)《京房易圖》”條(《點校補正經義考》,朱彝尊撰,林慶彰等點校,“中央研究院”中國文哲研究所1997年版,第2册,頁766)。

《林屋洞二首》等詩。卷四十《具區徐氏族譜序》:"上舍惇復,從予學。今年(1704)三月朔,以赤馬船載予渡太湖,登角頭。"又卷六十八《包山寺題名》:"康熙甲申三月朔(1704),暨同里沈秀才自林屋洞門扶杖步至神景觀,坐笨車,尋包山寺。……偕游六人:錢唐馮念祖、武陵胡期真、秀水沈翼。導予游者,吴縣徐上舍惇孝、惇復及弟天秩也。"可知朱彝尊果應徐惇復兄弟之請,游太湖洞庭山,舟車并用,留連諸景,中宿道院,考碑題名。此游既始於三月初一日,則朱彝尊應邀北上,當在二月末,或即在信中所云之"二十九日"。此信係入吴之前所作,應仍在二月之内。徐惇復爲吴江震澤人,七來其字;"令兄"則指徐惇孝。

十一 第十通

《竹垞尺牘五通》(第二組)其五:

有席研地可商,能命駕即過長水决之否?跂望跂望。彝尊頓首,聚侯老表侄。

宗友按:此信極短,留下的信息空白也較多,繹讀實難。收信人"聚侯老表侄","聚侯"當作"聚緱",陸奎勳字。考朱彝尊與陸奎勳之交游,知信中"可商"之事不出以下二端:一是選定《洛如詩鈔》,二是補成《檇李詩繫》。陸奎勳曾倡洛如詩社,所得詩,請朱彝尊選定,事畢於康熙四十七年(1708)十二月[①]。次年(1709)正月,陸奎勳携沈季友所編《檇李詩繫》來見朱氏,惜其有闕,遂共補之(沈季友卒於康熙三十八年〔1699〕),四月中旬告成[②]。如此信確爲以上二事之一而作,則其作年不出上述二年。

陸奎勳(1665—1740),字聚緱,一字坡星,平湖人,陸世楷子。朱彝尊題其居曰陸堂,即以爲號。康熙辛丑(1721)進士,與修《明史》,充《浙江通志》總裁,主廣西秀峰書院。少好談兵,又精六壬學及星家言。四

① 參朱彝尊《洛如詩鈔序》,康熙四十七年陸氏尊道堂刻本,《四庫全書存目叢書補編》第42册,頁653。

② 參朱彝尊《檇李詩繫序》,載文津閣《四庫全書》本卷首。

十後,一意治經,著有《陸堂易學》、《今文尚書説》、《陸堂詩學》、《春秋義存録》、《戴禮緒言》、《魯詩補亡》、《八代詩揆》、《唐詩要貼體類編》、《字音舉要》、《陸堂詩集》、《陸堂文集》等①。

以上對朱彝尊十通書信試作考釋。讀者不難發現,其内容涉及較廣,多有本集所不及者;文筆也較本集隨意而鮮活。這是朱氏集外書信的共同特點。惟考釋中仍有未能遽斷者及不足之處,期待方家有以教我。

(作者單位:南京大學古典文獻研究所)

① 參《檇李文繫》卷二十;楊鍾羲《雪橋詩話》卷二,《雪橋詩話全編》,雷恩海、姜朝暉校點,人民文學出版社 2011 年版,頁 120;《陸堂詩集》書前小傳,《清代詩文集彙編》第 215 册。

古典文獻研究(第十六輯)
2013年7月

評論與修改:明清小説評點的功能及意義

許景昭

引 言

評點是中國文學批評中重要形式之一,大約始用於唐代,大盛於明清時期,特别用於小説作品,更是多不勝數。明清以來,許多評論均指出評點對小説的長足發展有着莫大的貢獻,如明萬曆四十二年(1614),袁無涯(生卒年不詳)所刻的《水滸傳》正式刊行,其《忠義水滸全書發凡》一文中枚舉該刻本特色,其中有以下一條説:

> 書尚評點,以能通作者之意,開覽者之心也。得則如着毛點睛,畢露神采;失則如批頰塗面,污辱本來,非可苟而已也。今於一部之旨趣,一回之警策,一句一字之精神,無不拈出,使人知此爲稗家史筆,有關於世道,有益於文章,與向來坊刻,夐乎不同。如按曲譜而中節,針銅人而中穴,筆頭有舌有眼,使人可見可聞,斯評點所最貴者耳。①

《發凡》對評點的功能及貢獻持十分肯定的態度。這段評論評點功能的意見是後世評點研究者常引之文,主要原因在於它能夠捉住重點,説出了評點的重要功能:爲讀者鑑賞作品、引導讀者作正確閱讀,以通作者之意。

不過,如果引文者或讀者認爲這是評點的惟一功能,那麽便是僅知

---

① 袁無涯《忠義水滸全書發凡》,見馬蹄疾《水滸資料彙編》,北京:中華書局,1980年第2版,頁12—13。

其一而不知其二。鑑賞作品的功能固然重要,但這其實只是明代以前一般文學評點的主要功能;而隨着評點被運用到通俗小説上,其功能早已得到了進一步的開拓。筆者所説的便是"文本修改"的功能,即小説評點家直接介入文本,對文本作增删修改。如此一來,評點中的評論加上修改功能,對小説的發展有何影響?這是本文主要關注的問題。

本文首先對評點形式的功能及發展作一詳細介紹,然後探討評點與小説版本之關係,最後比較《三國演義》白頭本及改評本,分析其叙事藝術上的優劣。

一 評點的功能及發展

"評點"二字乃一合成詞,聯用而構成現今通稱的中國文學批評形式。所謂"評",即評論、評議或評釋之意,是就整部作品或作品的某部分、某章節或某字句按下的有關評語。文學評點中的一些基本用語,如總批(或稱總評)、旁批、眉批、夾批等均化自"批"字。實際上"評"與"批"意義相若,"評點"與"批點"可以互用。

根據譚帆之考察,"批點"是較早使用的一個詞彙,在南宋的古文選本中運用得比較普遍,甚至在南宋以後的文學評點中的使用頻率遠超"評點";後者得到普遍使用則要晚至明清時期,如今已成爲這種文學批評形式的通用語①。"點"指的是圈點,其作用相當於現今的標點符號。古代的標點符號大致上可歸納爲五種:圈、點、截、抹、撇。根據王濟民所計,圈又可細分爲單圈、長圈(連圈)、短圈(雙圈)及套圈;點有點(一點)、長點(連點)及短點(兩點);截即短横綫,抹即長豎綫,而撇即短豎綫;此外尚有其他標記如三角記號,必要時更會用上不同顔色以資識别②。"評"、"點"合流,即表示"評點"這種現今通稱的文學批評形式具備兩種基本形態:評語及圈點。二者雖然并列而構成一種批評形式,但"評"的重要性却遠甚於"點",這與其自身的功能不無關係,孫琴安

---

① 譚帆《中國小説評點研究》,上海:華東師範大學出版社,2001年,頁2—3。

② 王濟民《中國古代文論陳述》,武漢:華中師範大學出版社,2002年,頁122。有關圈點的進一步分析,尚可參考孫琴安《中國評點文學史》第2章第4節及第3章第7節,上海:上海社會科學院出版社,1999年,頁24—27、81—86。

認爲:

> 因爲“評”是一種語言功能,它可以清楚、準確、精致、詳細地表達各種意思和思想,説出各種區别和差異,而稍長的評語甚至可以在對所評文章之外而單獨地成爲一篇文章。……但“點”却不能具備這些功能,它只是一種符號,只能起一種提示作用,只能在“評”的主體之下起一種輔助和配合的作用。……在一般情況之下,“點”還只是配角。①

事實上,除非是個别情況(如專題研究“圈點”的發展、類别或功能等課題),現今一般有關評點的研究,焦點均集中在“評論”上,正如上述所言,文字是最有效的傳遞媒介。不過,這并非説圈點全無作用可言,譬如説,有時没有斷句,每造成意義上的差異,而圈點也可標出特别的句子等,可見圈點也有自身的功能。

有别於其他文學批評形式(如詩話、論詩詩句及書信等),評點自身的最大特色在於緊密地與文學文本連袂共存,藉此對作品的一字一句、一段一章進行細密的閲讀。譚帆就“評點”所下的定義很值得參考,兹引録如下:

> 評點是中國古代文學批評的一種重要形式,與“話”、“品”等一起共同構成古代文學批評的形式體系。這種批評形式有其獨特性,其中最爲重要的是批評文字與所評作品融爲一體,故只有與作品連爲一體的批評才稱之爲評點,其形式包括序跋、讀法、眉批、旁批、夾批、總批和圈點。
>
> 正因爲評點與所評作品融爲一體,故帶有評點的文學作品成了一種獨特的文本形式,這種文本一般稱之爲“評本”。②

就評點形式,他列舉了眉批、旁批、夾批和總批等與作品關係最爲密切

① 孫琴安《中國評點文學史》,第 81。
② 譚帆《中國小説評點研究》,頁 6。

的形式,構成評點批評的核心形式。只具備序跋和圈點,只是普遍書籍共有的形式,并不能因此稱之爲評本。以最寬廣的定義處理,一種刊本最少要有眉批、旁批、夾批或總批的其中一項,與圈點并存,才能稱之爲評本。

評點見用於文學,最早應始於詩歌評點。唐代殷璠(生卒年不詳)及高仲武(生卒年不詳)分别選評的唐詩選本:《河嶽英靈集》及《中興間氣集》,一般被視爲詩歌評點的首創,如郭紹虞評價《河嶽英靈集》時便曾説:"選本有評語,是這書的創舉。"①然而,二書均有評没點,嚴格上來説還不能稱作評點本;但其選評并舉的方法却深深影響後人,可視爲評點形成的雛型,因此亦應在評點史上占一席位。

評點在宋代得到了長足的發展。南宋以後陸續出現了"評"、"點"兼具的評本,詩、詞、散文、小説等不同文類均出現了評點本。如散文方面有吕祖謙(1137—1181)的《古文關鍵》、樓昉(生卒年不詳)的《崇古文訣》及真德秀(1178—1235)的《文章正宗》等;詩歌方面有時少章(生卒年不詳)評點王安石(1021—1086)的《唐百家詩選》及謝枋得(1226—1289)的《注解二泉選唐詩》;詞方面有黄昇(生卒年不詳)的《花庵詞選》;至於小説則有劉辰翁(1234—1297)評點的《世説新語》。值得一提的是,除了唯一的小説評點,劉氏尚有詩文評點等凡二十多種,堪稱宋代傑出的評點家②。

評點發展至明代,其涵蓋領域已非常廣闊,舉凡詩、詞、散文、戲曲、小説等文類均無所不包,各體俱備。評本數量更超越前朝之總和。而評點最完善之體例,亦在此時確立。以明代四大奇書爲例,明末清初(大概由明天啓年間至清雍正年間,即 1621—1735)時期均出現了重要的評本,如金聖嘆(1608—1661)批評《水滸傳》、毛宗崗(1632—?)批評《三國演義》、無名氏及張竹坡(1670—1698)分别批評過《金瓶梅》、汪象旭(汪憺漪,生卒年不詳)及黄周星(1611—1680)批評《西游記》等等。就體例而言,最重要的莫過於系統化的評點體例在這時期確立,陸續體

① 郭紹虞《中國歷代文論選》第 2 册,上海:上海古籍出版社,2001 年,頁 70。

② 有關劉辰翁的文學評點介紹,可參考孫琴安《中國評點文學史》第 3 章第 4 節,頁 55—70。

現在金聖嘆、毛宗崗及張竹坡等評點家的評本之上。葉朗在《中國小説美學》一書曾這樣描述小説評點體例:

> 開頭有個《序》,序之後有《讀法》,带點總綱性質,有那麽幾條,十幾條,甚至一百多條。然後在每一回的回前或回後有總評,就整個這一回抓出幾個問題來加以議論。在每一回當中,又有眉批、夾批或旁批,對小説的具體描寫進行分析和評論。此外,評點者還在一些他認爲最重要或最精彩的句子旁邊加上圈點,以便引起讀者的注意。①

雖然這完整的評點體例并没有被運用到所有的小説評本上,但却一一體現在著名的小説上,最明顯的例子便是上述所列舉的四大小説。由此可知小説評點有力地將以往鬆散的評點體例系統化,突破了其他文類運用評點的樊籬。因此,就評點形式而言,通俗小説評點的成就之一乃完善了評點形式的批評體例,使之成爲後世的定例。入清以後,評點體例承襲明制,雖没有太大改變,但評本數量仍與明代不遑多讓。

上述劉辰翁之評點《世説新語》可被視爲小説評點之濫觴。不過,小説評點的真正勃興却要晚至明代中期以後才出現。當時長篇章回小説崛起,既標志着文言小説之没落、通俗小説之興起的交替,亦給予了評點形式一次發展的契機,成爲了弘揚評點形式的重要文類。因此評點形式之所以能夠在明清兩代閃耀得特别燦爛,很大程度上得力於通俗小説這一生力軍的正式加盟。

明確來説,明清通俗小説評點之濫觴,應始於明嘉靖(1522—1566)年間刊行的《三國志通俗演義》(嘉靖元年〔1522〕刊行,因此通稱爲嘉靖本)以及熊大木(生卒年不詳)編撰的《大宋演義中興英烈傳》、《唐書志傳》、《全漢志傳》及《南北宋志傳》等五部通俗小説。嘉靖本《三國志通俗演義》之評論主要是雙行夾注,多是涉及注音釋義及歷史典故,間及對小説自身的評論。熊大木所編撰的四部小説甫一出版便以評點本形

① 葉朗《中國小説美學》,北京:北京大學出版社,1982年,頁13。

式推出,是一種自著自注的全新格局,具有一定的開創意義。其評點體例亦以雙行夾注爲主,根據陳大康之詳細歸納,這些雙行夾注大致可分爲五類,即(一)注音釋意;(二)解説人名地名;(三)注釋名稱或典故;(四)爲作品叙及的事件作注;(五)介紹對某事件叙述的依據或出處[①]。無論是《三國演義》後來加注或熊大木書系即時加注,根據以上體例概述評點本出書策略基本上是因應低水平的讀者而定。熊大木作爲書坊主(兼創作者)的出版觸覺以及參與編撰、評點的活動,直接影響了萬曆(1573—1620)以後的書坊主推行(或促銷)通俗小説的策略。

從上述有關評點的功能及發展而言,評點一般都被理解爲只具備評論及斷逗的功能,然而在小説評點的範疇裏,却衍生出具有增删修改文本的功能。現今學者也相當重視這方面的特殊性,如譚帆便指出這是一個不應忽視的現象:

> 評點在總體上屬於文學批評範疇,是一種對文學作品的評價、判斷和分析。但在古代文學批評史上,評點在俗文學領域如戲曲和通俗小説則越出了文學批評的疆界,介入了對作品本身的修訂和潤色,這是一個特例,但也是一個不應忽視的現象。[②]

筆者認爲,小説評點的文本修改在總體上來説確是越出了文學批評的疆界,但通俗小説(及戲曲)其實也爲評點提供了一個場地、契機,擴大了後者的批評功能,使評、改同時集於一身,形成了小説評點自身的最大特色。此外,譚氏認爲小説評點具有修改功能是一個特例,應更清晰地説明這是相對於其他文類的評點而言,因爲在小説評點本身的範圍内,修改早前的文本早已在明末清初時期成爲了一個普遍現象,并不存在個别或特殊的事例[③]。

筆者十分同意譚氏所説,這是一個不應忽視的現象。原因有二:

---

① 詳見陳大康《明代小説史》,上海:上海文藝出版社,2000年,頁268。

② 譚帆《中國小説評點研究》,頁6。

③ 除了四大奇書不斷被增删修改之外,《封神演義》及《隨唐演義》也是兩個顯例。

(一)就模式而言，評、改合一的批評模式被運用於小説身上，幾乎是同步開始的，换言之，小説評點家是有意運用此種模式的；(二)就成就而言，明代四大奇書的文本定型爲後世的通行本，最終是來自評點家的增删修改，可見小説評點的文本修改成就非凡。譚氏也有此方面的論述，就模式而言，他認爲：

> 小説評點融"評"、"改"爲一體幾乎貫串於中國小説評點史，在小説評點起步伊始的萬曆年間，批評家們就以"評"、"改"作爲其最爲重要而又最爲基本的功能。①

譚氏還舉列了一些重要例子，如從明萬曆時期的萬卷樓本《三國志通俗演義》(萬曆十九年〔1591〕刊本)及余象斗(生卒年不詳)刊刻評改的《水滸志傳評林》(萬曆二十二年〔1594〕雙峰堂刊本)到清乾隆以後署名脂硯齋評改的《脂硯齋重評石頭記》(乾隆十九年〔1754〕年首刊)，證明評點家對小説進行文本修改確是一個普遍現象。其次，就成就而言，譚氏認爲：

> 在中國小説傳播史影響最大、流傳最廣的明代"四大奇書"也正是在這一時期(明末清初)最終定型并在有清一代成爲流行的常規小説讀本的。②
>
> "四大奇書"的評點都程度不同地體現了對小説文本的修訂，并在各自的評點系列中逐步形成了一種定型的小説文本。③

如《水滸傳》的金聖嘆批本、《三國演義》的毛宗崗批本、《金瓶梅》的張竹坡批本以及《西游記》的汪象旭及黄周星批本都是有清一代的通行本，可見評點家就各本的文本修改，得到了讀者廣泛的認同。一向認爲四大奇書乃文人創作的浦安迪(Andrew Plaks)也認爲16世紀(即明弘治

---

① 譚帆《中國小説評點研究·導言》，頁10。
② 譚帆《中國小説評點研究》，頁21。
③ 譚帆《中國小説評點研究》，頁25。

〔1488—1505〕至萬曆〔1573—1619〕期間)的小説版本也陸續被經過修改的評注本所替代[①]。由此可見評點的影響力及成就。

最後,筆者認爲集評論、圈點以及修改於一身的小説文本,如果沿用一般所稱的"評本"或"評點本"似乎不足以突出"文本修改"的特點,因此改稱爲"改評本"或許更爲恰當貼切[②]。

二 文本修改與小説版本之關係

通俗小説向來存在着不同程度的版本問題,而且愈是流行的小説,則版本問題愈是複雜。以六大古典小説[③]爲例,總計其非評點本(即白頭本)、評點本及改評本,《水滸傳》及《紅樓夢》的傳世版本最爲複雜,前者又可分繁簡兩個系統,後者則有脂本及程本兩個系統,兩部小説分别具有十數種版本,堪稱諸小説之冠。《三國演義》及《儒林外史》有七八種。《金瓶梅》及《西游記》分别也有三至四種[④]。因此版本問題向來都是小説研究的重要課題,而弄清各種版本之間的嬗變、流傳情況及内容異同等則是版本學家努力不懈的研究目標。

筆者認爲,導致各小説版本紛至沓來的原因有很多種,如朱德魁在校注袁無涯刻本《水滸》的例言中指出:

> 任何一部古籍,在其流傳過程中,由於刻板、傳抄或排印中的錯簡、漏脱、增衍或有意無意的改動,都往往會在不同的版本之間造成程度不同的差異和訛誤,因此,凡古書都需要通過校勘來比較

---

① 詳見 Andrew H. Plaks, *The Four Masterworks of the Ming Novel* (Princeton,New Jersey: Princeton UP,1987),3.

② "改評本"的命名只是就該文本的批評形態而言,即既有評論及圈點,又對文本作出修改,并非説兩者皆有一定的質素保證或互動關係,因此稱爲"改評本"。

③ "六大古典小説"指的是《三國演義》、《水滸傳》、《金瓶梅》、《西游記》、《儒林外史》及《紅樓夢》。浦安迪對這一名詞的來源有簡略的介紹。見 Andrew H. Plaks, *The Four Masterworks of the Ming Novel*, 3—4.

④ 此乃不完全之統計數字,資料來自江蘇省社會科學院明清小説研究中心編《中國通俗小説總目提要》(北京:中國文聯出版社,1990年),頁32—33(《水滸傳》)、頁36—37(《三國演義》)、頁72—73(《西游記》)、頁80(《金瓶梅》)、頁505—506(《儒林外史》)、頁510—512(《紅樓夢》)。

出各版本之間的優劣或異同。①

上述引文所提及的確是造成古籍版本差異的各種原因。就通俗小説而言,我們可視刻板、傳抄或排印中的錯簡、漏脱、增衍等“無意的改動”,而所謂“有意的改動”,所指的實際上應是評點家們對作品進行有意圖的增删修改。後者往往是導致小説版本出現極大差異的最主要原因,因此這種修改活動應該與一般的錯簡、漏脱及增衍等因素劃分清楚。换句話説,我們有理由相信一部小説出現了較大的版本差異,乃與有關評點家對該作品進行了不同程度的增删修改有關。因此小説評點與版本的關係應該是:評點不但有助通俗小説的傳播及提高了小説的地位,亦直接刺激了更多不同的版本誕生。

以六大小説中版本問題最不複雜的《金瓶梅》爲例,即使此書最重要的版本只有三種②,但版本與版本之間的變易,却皆與評點有關,而崇禎本及張竹坡本更是屬於改評本。《金瓶梅》三種版本的嬗遞關係一般無甚歧見,皆認爲張竹坡本以崇禎本爲底本加批,而崇禎本則以詞話本爲底本加批而成,可見三者關係十分密切。就修改文本而言,詞話本與崇禎本的内容文字便差距甚大,尤其是第五十三及五十四回,雖情節相似,但文字間的差異一看便知并非一般的翻刻重印或錯簡漏脱等情況所致,從中亦可知崇禎本的評點者有意改造詞話本③。張竹坡本雖没再大幅度改造崇禎本,但亦曾對一些不太通順的詞句予以修改,因此從崇禎本到張竹坡本的遞變,評點家依然參與其中④。此外,從張竹坡本甚少改動崇禎本的舉動看,崇禎本對詞話本的文本改造已贏得後人的認同,因此即使張竹坡如此才華横溢的文人(從其評點可知),在崇禎

① 施耐庵原著,朱德魁校注《水滸》例言,貴州人民出版社,2001年,頁2。

② 三種分别爲:《新刻金瓶梅詞話》(簡稱詞話本,正式刊期不詳,大概爲明代中期)、《新刻繡像批評金瓶梅》(簡稱崇禎本,正式刊期不詳,大概爲明末崇禎年間)及《皋鶴堂批評第一奇書金瓶梅》(簡稱張竹坡本,正式刊期爲清康熙三十四年〔1695〕)。

③ 有關崇禎本對詞話本的修改及評點簡介,可參考譚帆《中國小説評點研究·小説評點編年叙録》,頁215—216。

④ 有關這三種《金瓶梅》之間的詳細校勘,可參考秦修容整理《金瓶梅校勘記》,《金瓶梅會評會校本》下册,北京:中華書局,1998年。

本面前所能做的修改也相當有限[①],可見崇禎本在《金瓶梅》諸版本中的地位及影響力。

其他小説如《水滸傳》、《三國演義》、《西游記》、《紅樓夢》及《儒林外史》等作品的改評本數量雖然遠低於白頭本及評點本,但重要性却不可忽視。譬如説,金聖嘆改評的《水滸傳》(刊刻於崇禎十四年〔1641〕)成爲了《水滸傳》繁本諸版本在嬗變上的最後一個文本,是有清一代的通行本;此後即使再有其他的評點本出現(如王評本及新評本),但所依據的文本仍是金批本,絶少增易一字,可見金批本在《水滸傳》版本史上的價值及重要性[②]。汪象旭及黄周星改評的《西游證道書》(刊刻於清康熙二年〔1663〕)文本是後來各評點本所依據的主要底本,影響力非凡[③]。毛宗崗評改的《四大奇書第一種》(刊刻於清康熙十八年〔1679〕)是《三國演義》版本流傳史上最終定型的版本[④]。脂硯齋改評的《脂硯齋重評石頭記》(刊刻於清乾隆十九年〔1754〕)[⑤],由於改評者與作者曹雪芹(1715—1763/1764)的關係密切,形成了創作、改評同步進行的特殊例子,其重要性并不下於作者本人[⑥]。最後,署名惺園退士(真實姓

① 如加强描寫潘金蓮的"淫婦"形象。參見 Ding Naifei, *Obscene Thing: Sexual Politics in Jin Ping Mei*, Durham: Duke UP, 2002.

② 詳細介紹可參考譚帆《中國小説評點研究》,頁 204—208。

③ 譚帆便認爲《西游證道書》以後的多數評點本基本上襲用該書文本,再各自加上評注,如陳士斌(生卒年不詳)的《西游真詮》(清乾隆四十五年〔1780〕刊刻)、劉一明(生卒年不詳)的《西游原旨》(清嘉慶十三年〔1808〕刊刻)、張含章(生卒年不詳)的《通易西游正旨》(道光年間刊刻)、含晶子的《西游記評注》等。參見譚帆《中國小説評點研究》,頁 25、234—236。

④ 譚帆給予了毛批本極高評價,他説:"從嘉靖本開始,《三國演義》受到了衆多評點者的關注,署名評本即有余象斗本、李卓吾評本、鍾惺評本、李漁評本和毛氏父子評本等,但在毛批本問世以後的《三國演義》版本史上,毛批本獨領風騷,壓倒了其他評本,成爲《三國演義》的定本,在《三國演義》的傳播史上風靡了數百年。"見譚帆《中國小説評點研究》,頁 245;此外尚有扼要的毛批本簡介,見該書頁 240—245。

⑤ 脂硯齋評改本現今發現的有十一種,分别爲甲戌本、己卯本、庚辰本、有正本、南圖本、蒙府本、夢稿本、夢覺本、舒序本、鄭藏本以及列寧格勒本,其中以庚辰本最爲完整,現存七十八回。參見譚帆《中國小説評點研究》,頁 271。

⑥ 譚帆説:"突出者如'紅學'史上的'脂批',評點者對《紅樓夢》稿本的批改是《紅樓夢》流傳史上不容忽視的一個重要現象。"見譚帆《中國小説評點研究·導言》,頁 11。此外尚有扼要的脂批本簡介,見該書頁 270—272。

名不詳)改評的《齊省堂增訂儒林外史》(刊刻於同治十三年〔1872〕),重要性雖不及卧閑草堂的評點本(刊刻於清嘉慶八年〔1803〕),但却是惟一最完整的版本,同時對後來的天目山樵張文虎(1808—1885)評點本(刊刻於清光緒七年〔1881〕)有部分的影響力①。

三 經典之建立:評論與修改

筆者剛才提及小説評點有助小説文本的傳播及提高了小説的地方,在譚帆看來,這是小説經典化過程中一個十分重要的時期及方法。譚帆認爲小説經典之生成源於評價體系之轉化及文人之修訂。所謂經典,也就是明清小説評點家們對"奇書"或"才子書"的建構。

筆者十分同意譚帆所論,評論與修改乃建立"奇書"體系的重要方法及手段,不過對於"奇書"的具體内涵,却需要作些補充。雖然譚帆説:

> 以"奇書"和"才子書"爲代表的思想觀念促成了對於通俗小説評價體系的轉化,揭示了"四大奇書"之成爲小説經典的主要内涵,而總其要者,一在於思想的"突異",一關乎作家的"才情",而思想超拔,才情迸發,正是通俗小説能夠成爲經典的重要前提。②

"思想"與"才情"具體所指爲何?筆者認爲可以深入探究一下。

"奇書"之稱,照字面解即"奇特之書",到底明清評點家們認爲"奇書"奇在哪裏?以毛批本《三國演義》爲例,另一書名稱爲《四大奇書第一種》,如此看來全書應無所不奇;但這樣説實在過於空泛。筆者認爲,評點家所稱奇的焦點普遍來説就在於三方面:題材内容、思想寓意及敘事鋪排。評點家們的側重點當然有所不同,如(托名)金人瑞《三國志演義序》(實爲毛宗崗作)説:

---

① 有關三種評本的簡介可參見譚帆《中國小説評點研究》,頁283 284、301—302及305—307。此外,尚可詳參譚帆《〈儒林外史〉評點的源流與價值》一文,收於《中國小説評點研究》,頁152—167。

② 譚帆《"四大奇書":明代小説經典之生成》,收於王瓊玲、胡曉真主編《經典轉化與明清敘事文學》,台北:聯經出版社,2009年,頁48。

近又取《三國志》讀之,見其據實指陳,非屬臆造,堪與經史相表裏,由是觀之,奇又莫奇於《三國》矣。……三國者乃古今争天下之一大奇局,而演三國者,又古今爲小説之一大奇手也。……作演義者,以文章之奇而傳其事之奇,而且無所事於穿鑿,第貫穿其事實,錯綜其始末,而已無之不奇。此又人事之未經見者也。獨是事奇矣,書奇矣,而無有人焉起而評之,即或有人,而使心非錦心,口非繡口,不能一一代古人傳其胸臆,則是書亦終與周秦而上、漢唐而下諸演義等,人亦烏乎知其奇而信其奇哉。①

"三國者乃古今争天下之一大奇局"説的是題材内容之奇,"演三國者,又古今爲小説之一大奇手"説的則是叙事鋪排之奇。與《三國志》相比,毛氏更欣賞《三國演義》。首先,三國争霸已是天下一大奇局,當中的奇人奇事更是多不勝數。其次,《三國演義》的作者善於"以文章之奇而傳其事之奇……第貫穿其事實,錯綜其始末",形成叙事鋪排之奇,對讀者來説極具吸引力。因此毛氏稱作者爲"古今小説之一大奇手也",給予高度的評價。

張批本《金瓶梅》則特别着重思想寓意之奇。張竹坡認爲《金瓶梅》絶非一部淫書,相反,却有很深刻的思想寓意及教化意味。他在《第一奇書非淫書論》一文中曾説:

予小子憫作者之苦心,新同志之耳目,批此一書,其"寓意説"内,將其一部奸夫淫婦,翻批作草木幻影;一部淫詞艷語,悉批作起伏奇文。②

此奇書將透過曲折起伏的情節故事教化世人酒色財氣乃虚幻泡影的道理。既説奇文起伏曲折,因此張氏又特作《批評第一奇書金瓶梅讀法》一文,詳述書中的叙事鋪排之奇。

題材内容、思想寓意及叙事鋪排三者,以叙事鋪排較爲複雜,除了

① 黄霖、韓同文選注《中國歷代小説論著選》[上],南昌:江西人民出版社,2000年,頁336—337。

② 蘭陵笑笑生著,張道深(竹坡)評《金瓶梅》,濟南:齊魯書社,1991年,頁20。

包含情節安排,也牽涉到人物形象的塑造。我們就以毛批本《三國演義》爲例,看看毛批怎樣對此方面屢屢稱奇。

有關人物形象塑造,毛批稱《三國演義》有三奇,亦稱三絕。毛批在《讀三國志法》中説:

吾以爲三國有三奇,可稱三絶:諸葛孔明一絶也,關雲長一絶也,曹操亦一絶也。曆稽載籍,賢相林立,而名高萬古者莫如孔明。其處而彈琴報膝,居然隱士風流;出而羽扇綸巾,不改雅人深致。在草廬之中,而識三分天下,則達乎天時;承顧命之衆,而至六出岐山,則盡乎人事。七擒八陣,木牛流馬,既已疑鬼疑神之不測;鞠躬盡瘁,志决身殲,仍是爲臣爲子之用心。比管、樂則過之,比伊、吕則兼之,是古今來賢相中第一奇人。

曆稽載籍,名將如雲,而絶倫超群者,莫如雲長。青史對青燈,則極其儒雅。赤心如赤面,則極其英靈。秉燭達旦,人傳其大節。單刀赴會,世服其神威。獨行千里,報主之志堅。義釋華容,酬恩之誼重。作事如青天白日,待人如霽月光風。心則趙抃焚香告帝之心,而磊落過人。意則阮籍白眼傲物之意,而嚴正過之。是古今來名將中第一奇人。

曆稽載籍,奸雄接踵,而智足以攬人才而欺天下者,莫如曹操。聽荀彧勤王之説而自比周文,則有似乎忠。黜袁術僭號之非而願爲曹侯,則有似乎順。不殺陳琳而愛其才,則有似乎寬。不追關公以全其志,則有似乎義。王敦不能用郭璞,而操之得士過之。桓温不能識王猛,而操之知人過之。李林甫雖能制禄山,不如操之擊烏桓於塞外。韓侂胄雖能貶秦檜,不若操之討董卓於生前。竊國家之柄而姑存其號,異于王莽之顯然弑君。留改革之事以俟乎其兒,勝於劉裕之急欲篡晉。是古今來奸雄中第一奇人。有此三奇,乃前後史之所絶無者,故讀過諸史而愈不得不喜讀《三國志》也。①

① 黄霖、韓同文選注:《中國歷代小説論著選》[上],頁342—343。

這是説,《三國演義》塑造了三個形象超絶鮮明的人物,分别是諸葛亮、關羽及曹操。諸葛亮是智慧的典範,關羽是忠義的典範,而曹操則是奸雄的典範,因此又稱爲三絶:智絶、義絶及奸絶。毛批對此表示擊節贊賞,説"有此三奇,乃前後史之所絶無者,故讀過諸史而愈不得不喜讀《三國志》也"。給予《三國演義》高度的評價。

有關故事情節的舖排,有更多值得稱奇的地方,毛氏歸納了一些技法,如《讀三國志法》中的先聲餘勢法:

> 《三國》一書,有浪後波紋,雨後霢霂之妙。凡文之奇者,文前必有先聲,文後亦必有餘勢。如董卓之後,又有從賊以繼之;黄巾之後,又有餘黨以衍之;昭烈三顧茅廬之後,又有劉琦三請諸葛一段文字以映带之;武侯出師一段大文之後,又有姜維伐魏一段文字以蕩漾之是也。諸如此類,皆他書中所未有。[1]

於第三十九回回評中再次重申:

> 文有餘波在後者:前有玄德三顧草廬一段奇文,後便有劉琦三求諸葛一段小文是也。文有作波在前者:將有孔明爲玄德用兵一段奇文,却先有孔明爲劉琦劃策一段小文是也。謀人國不可輕,故三顧始出;謀人家亦不可輕,故三請後言。謀國事不可不密,故屏人促坐;謀家事尤不可不密,故登樓去梯。劉琦方懼禍,孔明又懼其漏言之禍;孔明未授計,玄德先授以求計之計。玄德、孔明其真天下有心人乎![2]

好的文章應該知道先聲餘勢,製造一種回復往返、餘音裊裊的效果。先有劉備三顧草廬,後有劉琦三問孔明,文勢跌宕迂迴,亦曲盡孔明謹慎行事之作風。

再有一技法如伏筆法,《讀三國志法》有云:

---

① 黄霖、韓同文選注:《中國歷代小説論著選》[上],頁349。

② 羅貫中著,毛綸、毛宗崗點評《三國演義》[毛批本],北京:中華書局,2009年,頁231。

《三國》一書,有隔年下種,先時伏着之妙。善圃者投種於地,待時而發;善弈者下一閑着於數十着之前,而其應在數十着之後。文章敘事之法,亦猶是已。……每見近世稗官家一道扭捏不來之時,便憑空生出一人,無端造出一事,覺後文與前文隔斷,更不相涉。試令讀《三國》之文,能不汗顔?①

第四十一回回評重申:

文有伏綫之妙。玄德之取長沙,魏延之救黄忠,尚隔數回,而此處襄陽城外,早有一魏延,忽然而來,忽然而去。在此時初無補於玄德,初無益於襄陽,而孰知預爲後日之用,真奇事奇文。②

伏筆會漸漸地加强讀者對人物或情節的印象,結構關係將更緊密;反之則容易産生突兀感,破壞全書的結構。

毛氏對敘事迂迴曲折,令人意想不到的文字舖排,也屢屢稱奇,如第二十八回寫劉關張三人於古城相會前的一段驚嚇事([ ]括號内引文乃毛氏父子批語,下同):

關公喜曰:"吾弟自徐州失散,一向不知下落,誰想却在此。"[本爲尋兄,却先遇弟,奇文幻事。]乃令孫乾先入城通報,教來迎接二嫂。[本爲尋常家數耳,不料下文幻出絶奇之事。]……張飛聽罷,更不回言,隨即披掛持矛上馬,引一千餘人徑出北門。[奇絶怪絶,不解其故。]孫乾驚訝,又不敢問,只得隨出城來。關公望見張飛到來,喜不自勝,付刀與周倉接了,拍馬來迎。只見張飛圓睜環眼,倒豎虎鬚,吼聲如雷,揮矛向關公便搠。[奇絶怪絶。一路胡華、郭常、廖化、周倉等輩,無不出莊拜迎、下馬拜伏;至此愛弟相見,忽然挺矛便搠,真驚殺人。]③

① 黄霖、韓同文選注《中國歷代小説論著選》[上],頁350—351。
② 羅貫中著,毛綸、毛宗崗點評《三國演義》[毛批本],頁243。
③ 羅貫中著,毛綸、毛宗崗點評《三國演義》[毛批本],頁163—164。

關羽原本正尋劉備,却先遇張飛,情節出奇。張飛二話不説,引兵便打,更是出奇。原來張飛誤以爲關公投曹,出賣兄長,是以如此憤怒。如果將此誤會移前叙述,相信便收不了驚奇的效果。另一則例子可見於第三十四回,寫劉備馬躍檀溪而逃,原文及毛評寫道:

> 玄德着慌,急縱馬下溪。行不數步,馬前蹄忽陷,浸濕衣袍。[不便寫躍馬,偏有此一折。愈出愈奇,愈險愈妙。]玄德乃加鞭大呼曰:"的盧,的盧,今日妨吾!"[急到没去處,險到没去處,讀者以爲必無生路矣。下文忽然死裏逃生,真乃出人意表。]言畢,那馬忽從水中湧身而起,一躍三丈,飛上西岸,玄德如從雲霧中起。[文不險不奇,事不急不快。急絶險絶之際,忽翻出奇絶快絶之事,可驚可喜。](第三十四回)①

叙事定要走到窮途末路,險象環生,才絶處逢生,忽露生機,使讀者大感痛快,因此毛氏説:"文不險不奇,事不急不快。急絶險絶之際,忽翻出奇絶快絶之事,可驚可喜。"

有些則有效地控制情節信息,刻意製造懸念,使讀者起初不明所以,到後來才知悉真相,收恍然大悟之效。如第三十九回寫孔明初用兵,衆將不意服從、半信半疑的態度:

> 玄德曰:"豈不聞'運籌帷幄之中,決勝千里之外?'二弟不可違令。"張飛冷笑而去。雲長曰:"我們且看他的計應也不應,那時却來問他未遲。"[既聽令之後,又寫雲長要看他如何。]二人去了。衆將皆未知孔明韜略,今雖聽令,却都疑惑不定。[又寫衆將多未信。前夏侯惇輕孔明,是敵人不肯信;今衆將疑孔明,是自家人亦不肯信。先有此兩處不信,愈顯得下文奇妙。]孔明謂玄德曰:"主公今日可便引兵就博望山下屯住。來日黄昏,敵軍必到,主公便棄營而走,但見火起,即回軍掩殺。亮與糜竺、糜芳引五百軍守縣。命孫

① 羅貫中著,毛綸、毛宗崗點評《三國演義》[毛批本],頁206。

乾、簡雍準備慶喜筵席,安排功勞簿伺候。"[妙極妙極。前後調度用兩番寫,叙事入妙。]派撥已畢,玄德亦疑惑不定。[不惟衆人不信,連玄德亦未信,愈顯得下文奇妙。]①

毛評説得透徹:孔明用兵之成效首先是敵人不信,到自家將領不信,再到劉備未信,産生了一個很强烈的懸念:到底孔明能否成功。讀者也是帶着這個懸念,十分期待地讀下去。又如第四十九回寫孔明借東風:

孔明於十一月二十日甲子吉辰,沐浴齋戒,身披道衣,跣足散發,來到壇前。吩咐魯肅曰:"子敬自往軍中,相助公瑾調兵。倘亮所祈無應,不可有怪。"[反説一句,愈襯下文之奇。]魯肅别去。……是日,看看近夜,天色清明,微風不動。[再反寫一句,以見下文之奇。近日道士祈雨,反祈出晴來,此不能學七星壇上下半夜之孔明,只學得上半日之孔明也。]瑜謂魯肅曰:"孔明之言謬矣。隆冬之時,怎得東南風乎?"[再借周瑜口中極力反寫一句,以見下文之奇。萬一此時無風奈何? 或笑曰:從來南風極盛,必不慮也。]肅曰:"吾料孔明必不謬談。"將近三更時分,忽聽風聲響,旗幡轉動。瑜出帳看時,旗脚竟飄西北,霎時間東南風大起。[將寫風起,先寫聲響,次寫旗脚,以漸而來,妙甚。]瑜駭然曰:"此人有奪天地造化之法、鬼神不測之術。若留此人,乃東吴禍根也。及早殺却,免生他日之憂。"[才借得風來,便欲殺借風之人,周郎可謂狠矣。不知風尚能借,殺豈不能遠乎?]②

過程中不斷透過周瑜的負面否定("倘亮所祈無應,不可有怪。""孔明之言謬矣。隆冬之時,怎得東南風乎?")以及對景物的描寫("是日看看近夜,天色清明,微風不動。")來製造懸念,弔足讀者胃口。

凡以上種種,皆可證明當時評點家所謂的"奇",其具體内涵包含了題材内容、思想寓意以叙事鋪排之奇。雖然如此,評點家對於小説文本

① 羅貫中著,毛綸、毛宗崗點評《三國演義》[毛批本],頁235。
② 羅貫中著,毛綸、毛宗崗點評《三國演義》[毛批本],頁294—295。

仍有許多不滿意的地方,因此需要進行大小程度不同的修改。我們又以《三國演義》中吕布弑董卓的故事(見附録)爲例,透過嘉靖本及毛批本的比較,看看其修改效果如何。總的來説,大概可以分爲以下幾類分析之。(小説原文可參見附録,共15個段落。)

(一) 删減細節及詩文

第(1)段寫李儒所引楚莊王絶纓之會典故,嘉靖本所述過於詳細累贅,毛批本予以删減,做法恰當。

同樣,第(14)段寫吕布抄董卓家時所得金銀財帛之數,嘉靖本過於詳細坐實,毛批本予以删減,亦十分得當。

第(11)段乃整個故事的重要,寫董卓被誅殺的過程,及後有些詩文詠嘆之。嘉靖本一連引用四首詩及兩篇論贊,毛評本大刀闊斧地删剩一首。筆者認爲毛批本將嘉靖本重重疊疊的詩詞韻文去蕪存菁,既保存了引詩的目的,同時也處理了過份重複的弊病;既有一定的代表性,亦不致對行文造成不必要的干擾。

(二) 添補細節

毛批本并非只删不增,對於有些過於簡略的情節,亦有所增添。如第(3)段説到李儒入見董卓,嘉靖本寫董卓立即"變色曰:'汝之妻肯與吕布麽?'"毛批本寫董卓變色前:"卓曰:'布與我有父子之分,不便賜與。我只不究其罪。汝傳我意,以好言慰之可也。'"李儒隨後再三勸諫時,董卓才變色厲言以對。嘉請本所叙并無不可,但毛批本善於捕捉人物的情態,就人物的情緒變化而作出補充調整,使行文頓生層次感,應記一功。

第(4)段寫吕布與王允對話,與第(3)段有異曲同工之妙。嘉靖本寫王允表情時只有"佯驚曰"、"掩其面曰",毛批本先言"相見畢,允曰"交代久未露面之原因、繼而"佯驚曰"、"佯大驚曰",到最後"仰面跌足,半晌不語,良久,乃言曰"、"因挽布手曰",層層遞進,步步深入,可見毛批本的刻劃的確較嘉靖本來得細膩。

毛批本在第(9)段添補了一個十分重要的細節:"只有李儒抱病在家,不能出迎。"李儒乃董卓麾下第一謀士,曾於第(3)段中勸董卓將貂嬋賜予吕布,豈料换來一頓痛斥。自此之後李儒便没有再出場。嘉靖本於第(12)段交代李儒下落時,李儒已被捕待斬。毛批本在第(9)段補上一句除了交代李儒下落,亦對董卓之死的發展至關重要。第(9)段寫到董卓僭位登基之日,王允、吕布等則布置埋伏,侍機殺卓。登基大典如此重要日子,李儒如非有事,又豈會缺席?毛批本補上一筆,又評説:"董卓此來無人諫阻,正爲此耳。"冥冥中注定董卓必死無疑。嘉靖本一路寫來忘了交代李儒去向,的確是粗心大意了。

(三) 重置某些情節

第(12)及(14)段寫吕布派人追殺李儒及董卓家眷之事,當中提到董卓死後由於身體肥胖,於是"看尸軍士以火置其臍中爲燈,膏流滿地"。嘉靖本將此事與其他雜事一并置於第(14)段,毛批本將之抽出并置於第(12)段。毛批本的做法的確較爲井然有序,主次分明。

(四) 修改不合理處

第(4)段 嘉靖本:"布視之,乃太原祁郡人,姓王,名允,字子師。"王允并非首次登場,這樣隆而重之地再三介紹他,行文上便顯得十分突兀。毛批本:"布視之,乃司徒王允也。"便顯得十分自然流暢。

第(5)段 王允用言語激吕布,嘉靖本寫道:"布就氣倒於地上。允慌急救之,曰:'老夫語失,將軍息怒。'"吕布并非文弱書生或老弱婦孺,何以如此容易便昏倒於地?毛批本改作:"布怒氣衝天,拍案大叫。允急曰:'老夫失語,將軍息怒。'"怒氣衝天已足夠表現吕布之盛怒,反觀昏倒於地則不太合理了。

總　結

就評點形式而言,明代中期以前的評點主要集中在詩、詞及散文等文類上,而功能則是以評論及斷句爲主。明代中期以後,通俗小説興起,評點也隨之被運用,而功能除了原用的評論及圈點斷句,還兼備了文本修改的特點。可以説,評論及斷句是評點的基本功能,而文本修訂則是因應個别文類而出現的延伸,評點家小説類作品普遍受到了評點家的修訂。

就文本修改而言,這個特點促使了更多的小説版本誕生,版本嬗遞情況益加複雜;但與此同時,一些重要的小説文本修訂也成爲了廣受社會認同的通行本,可是"文本修改"功能的最大成就。

兩者結合而言,有效地提高了小説的地位,一些重要的作品并成爲了明清時代的經典作品。小説評點家所努力建立的經典作品,在當時被稱之爲“奇書”。“奇書”的具體内涵包括題材内容、思想寓意及叙事舖排三大項。“奇書”呈現給讀者的是人物形象鮮明、情節舖排吸引以及思想具深度的特徵。

附　録

嘉靖本《三國演義》①	毛批本《三國演義》②
王允授計誅董卓 (1) 原來李儒到相府門,見從者言曰:“太師大怒,去尋吕布!”儒慌趕入時,見吕布奔走,曰:“太師殺我!”儒急奔入,正撞董卓倒於地上。儒急扶卓至書院中,再拜曰:“儒實爲社稷之計,冲倒恩相。死罪! 死罪!”卓曰:“叵耐逆賊玩弄吾之愛姬,誓必殺之!”儒曰:“恩相差矣。昔日楚莊王夜宴諸侯,令愛姬勸酒,忽狂風驟起,盡滅其燭。座上一人抱愛姬,姬手揪冠上纓,告知莊王。莊王曰:‘酒後也。’命取金盤一面,盡撴其纓,然後秉明燭。其會曰:‘撴纓會’。正不知戲愛姬者何人也。後莊王被秦兵圍住,見一大將,殺入陣中,救出莊王。王見其人身帶重傷,問之,答曰:‘臣乃蔣雄也。昔“撴纓會”上,蒙大王不殺之恩,故來答報。’太師何不鑒‘撴纓’之德,就此機會,以貂蟬賜吕布? 布感大恩,必以死報太師也。”董卓方回嗔作喜曰:“汝可説與吕布,吾以貂蟬賜之。”儒曰:“漢祖以黄金二萬賜陳平,遂興大業。今日太師之所爲,正類此。”儒謝而出。	除暴凶吕布助司徒 (1) 却説那撞倒董卓的人,正是李儒。當下李儒扶起董卓,至書院中坐定,卓曰:“汝爲何來此?”儒曰:“儒適至府門,知太師怒入後園,尋問吕布,因急走來,正遇吕布奔走云:‘太師殺我!’儒慌趕入園中勸解,不意誤撞恩相,死罪! 死罪!”卓曰:“叵耐逆賊! 戲吾愛姬,誓必殺之!”儒曰:“恩相差矣。昔楚莊王絶纓之會,不究戲愛姬之蔣雄,後爲秦兵所困,得其死力相救。今貂蟬不過一女子,而吕布乃太師心腹猛將也。太師若就此機會,以蟬賜布,布感大恩,必以死報太師。太師請自三思。”卓沈吟良久曰:“汝言亦是,我當思之。”儒謝而出。

① 本文以羅貫中著《三國演義》[嘉靖本]爲依據,長沙:岳麓書社,2008 年,頁 71—76。

② 本文以羅貫中著,毛綸、毛宗崗點評《三國演義》[毛批本]爲依據,北京:中華書局,2009 年,頁 44—47。

續表

嘉靖本《三國演義》	毛批本《三國演義》
(2) 卓入後堂,喚貂蟬而問之曰:“汝何與吕布私通耶?”蟬泣曰:“妾將謂温侯是太師之子,回避之。這廝提戟趕來,到鳳儀亭邊,妾欲投荷花池,這廝抱住。正在生死之間,得太師來,救了性命。”董卓曰:“我欲將汝賜與吕布,何如?”蟬曰:“妾身已事大貴,今欲與家奴,妾寧死不辱!”遂掣壁間寶劍欲自刎。卓慌奪劍而擁抱曰:“吾戲汝!”貂蟬哭倒於卓懷,曰:“此必是李儒之計也! 儒與布厚交,故設此計!”卓曰:“我安能舍汝耶?”貂蟬曰:“只恐太師不與妾爲主。”卓曰:“吾寧捨性命,必當保汝!”貂蟬泣謝曰:“但恐此處不宜久居,必被吕布之害。”卓曰:“吾明日和你歸郿塢去受快樂。”貂蟬曰:“塢中可居否?”卓曰:“城中有三十年糧食,門外列數百萬軍兵。成事,則你爲貴妃;不成事,則你亦爲富貴人之妻也。慎勿憂慮。”貂蟬拜謝。	(2) 卓入後堂,喚貂蟬問曰:“汝何與吕布私通耶?”蟬泣曰:“妾在後園看花,吕布突至。妾方驚避,布曰:‘我乃太師之子,何必相避?’提戟趕妾至鳳儀亭。妾見其心不良,恐爲所逼,欲投荷池自盡,却被這廝抱住。正在生死之間,得太師來,救了性命。”董卓曰:“我今將汝賜與吕布,何如?”貂蟬大驚,哭曰:“妾身已事貴人,今忽欲下賜家奴,妾寧死不辱!”遂掣壁間寶劍欲自刎。卓慌奪劍,擁抱曰:“吾戲汝!”貂蟬倒於卓懷,掩面大哭曰:“此必李儒之計也! 儒與布交厚,故設此計,却不顧惜太師體面與賤妾性命。妾當生噬其肉。”卓曰:“吾安忍捨汝耶?”蟬曰:“雖蒙太師憐愛,但恐此處不宜久居,必被吕布所害。”卓曰:“吾明日和你歸郿塢去,同受快樂,慎勿憂疑。”蟬方收淚拜謝。
(3)次日,李儒入見曰:“今日良辰,可將貂蟬送與吕布。”卓變色曰:“汝之妻肯與吕布麽?”儒曰:“主公不可被婦人所惑。”卓曰:“甚婦人能惑我心? 貂蟬之事,再勿多言,言則必斬。”李儒仰天歎曰:“吾等皆死於婦人之手矣!”卓命左右:“逐出李儒,收拾車馬,今日便還郿塢。”百官俱各拜送。	(3) 次日,李儒入見曰:“今日良辰,可將貂蟬送與吕布。”卓曰:“布與我有父子之分,不便賜與。我只不究其罪。汝傳我意,以好言慰之可也。”儒曰:“太師不可爲婦人所惑。”卓變色曰:“汝之妻肯與吕布否? 貂蟬之事,再勿多言;言則必斬!”李儒出,仰天歎曰:“吾等皆死於婦人之手矣!”後人讀書至此。有詩歎之曰:“司徒妙算托紅裙。不用干戈不用兵。三戰虎牢徒費力,凱歌却奏鳳儀亭。”董卓即日下令還郿塢,百官俱拜送。
(4)貂蟬在車上,遥見吕布於稠人之内,眼望車中。貂蟬虚掩其面,如痛哭之狀。卓車已去,布緩轡於土岡之上,望氈車而泣。背後一人在馬上云:“温侯何故遥望而發悲耶?”布視之,乃太	(4) 貂蟬在車上,遥見吕布於稠人之内,眼望車中。貂蟬虚掩其面,如痛哭之狀。車已去遠,布緩轡於土岡之上,眼望車塵,嘆惜痛恨。忽聞背後一人問曰:“温侯何不從太師去,乃在此遥

續表

嘉靖本《三國演義》	毛批本《三國演義》
原祁郡人，姓王，名允，字子師。布曰：“吾爲公女耳。”允佯驚曰：“許多時尚未與將軍？”布曰：“老賊自寵幸已久矣！”允掩其面曰：“禽獸之所爲也！”布將上件事一一告允，允曰：“同到敝處商議。”	望而發歎？”布視之，乃司徒王允也。相見畢，允曰：“老夫日來因染微恙，閉門不出，故久未得與將軍一見。今日太師駕歸郿塢，只得扶病出送，却喜得晤將軍。請問將軍，爲何在此長歎？”布曰：“正爲公女耳。”允佯驚曰：“許多時尚未與將軍耶？”布曰：“老賊自寵幸久矣！”允佯大驚曰：“不信有此事！”布將前事一一告允。允仰面跌足，半晌不語；良久，乃言曰：“不意太師作此禽獸之行。”因挽布手曰：“且到寒舍商議。”
(5) 布隨人城，到允宅前下馬，入密室。允置酒款待布。布怒氣轉添，王允曰：“太師淫吾之女，奪將軍之妻，誠可爲天下之笑端。非笑太師，笑允與將軍耳！允老羸無能之輩，不足爲道；可憐將軍半世之英雄耳！”布就氣倒於地上。允慌急救之，曰：“老夫語失，將軍息怒。”布曰：“誓當殺此老賊，以雪吾恥！”允急掩其口：“將軍勿言，恐累及老夫，允族皆死！”布曰：“大丈夫生居天地之間，豈能鬱鬱久居人之手下乎！”允曰：“以將軍之才，過於韓信百倍；信尚爲王，將軍豈可久做温侯乎？”布曰：“吾殺老賊，奈是父子之道，恐惹後人議論。”允大笑曰：“將軍自姓吕，卓自姓董。擲戟之時，彼豈有父子情耶？”布奮然大怒曰：“非司徒之良言，則布亦爲老賊之害矣！”允曰：“將軍若扶漢室，乃忠臣也。青史留名，萬古不朽；將軍若扶董卓，乃反臣也，史官下筆，駡名萬代。”布隨下拜曰：“布意已决，司徒勿疑。”允曰：“但恐事又不成，反招大禍。”布拔带刀，刺臂出血爲誓。允跪謝曰：“漢天下四百餘年，皆出將軍之賜也！天子已有密詔，將軍宜懷之，切勿洩漏。臨期有計，自當相報。”布慨然領諾而起。	(5)布隨允歸。允延入密室，置酒款待。布又將鳳儀亭相遇之事，細述一遍。允曰：“太師淫吾之女，奪將軍之妻，誠爲天下恥笑。非笑太師，笑允與將軍耳！然允老邁無能之輩，不足爲道，可惜將軍蓋世英雄，亦受此污辱也！”布怒氣衝天，拍案大叫。允急曰：“老夫失語，將軍息怒。”布曰：“誓當殺此老賊，以雪吾恥。”允急掩其口曰：“將軍勿言，恐累及老夫。”布曰：“大丈夫生居天地間，豈能鬱鬱久居人下？”允曰：“以將軍之才，誠非董太師所可限制。”布曰：“吾欲殺此老賊，奈是父子之情，恐惹後人議論。”允微笑曰：“將軍自姓吕，太師自姓董。擲戟之時，豈有父子情耶？”布奮然曰：“非司徒言，布幾自誤！”允見其意已决，便説之曰：“將軍若扶漢室，乃忠臣也，青史傳名，流芳百世；將軍若助董卓，乃反臣也，載之史筆，遺臭萬年。”布避席下拜曰：“布意已决，司徒勿疑。”允曰：“但恐事或不成，反招大禍。”布拔带刀，刺臂出血爲誓。允跪謝曰：“漢祀不斬，皆出將軍之賜也。切勿洩漏！臨期有計，自當相報。”布慨諾而去。

續表

嘉靖本《三國演義》	毛批本《三國演義》
(6) 允即請僕射士孫瑞、司隸校尉黄琬商議。瑞曰:"方今主有疾新愈,可遣一能言語者,着往郿塢,請卓議事,伏甲兵於朝門之内,引入誅之。此上策也。"琬曰:"何人敢去?"瑞曰:"吕布同郡騎都尉李肅,近日好生怨卓不與升用。令布説此人去,卓必不疑。"允曰:"善。"請布共議。布曰:"昔日吾殺丁建陽,亦此人也。今若不去,吾先斬之。"使人密請肅至,布曰:"昔日兄曾説布殺建陽而投卓;今卓不仁不義,亂理亂倫,上欺天子,下虐生靈,罪惡貫盈,神人共戮。汝可傳天子詔,往郿塢宣卓入朝。如見司徒有言,一齊下手,力扶漢室,共作忠臣。汝意若何?"肅曰:"吾亦要除老賊久矣,恨無爪牙。今天賜也!"遂折箭爲誓。允曰:"汝若幹事,豈愁顯官。"	(6) 允即請僕射士孫瑞、司隸校尉黄琬商議。瑞曰:"方今主上有疾新愈,可遣一能言之人,往郿塢請卓議事,一面以天子密詔付吕布,使伏甲兵於朝門之内,引卓入誅之,此上策也。"琬曰:"何人敢去?"瑞曰:"吕布同郡騎都尉李肅,以董卓不遷其官,甚是懷怨。若令此人去,卓必不疑。"允曰:"善。"請吕布共議。布曰:"昔日勸吾殺丁建陽,亦此人也。今若不去,吾先斬之。"使人密請肅至。布曰:"昔日公説布使殺丁建陽而投董卓;今卓上欺天子,下虐生靈,罪惡貫盈,人神共憤。公可傳天子詔往郿塢,宣卓入朝,伏兵誅之,力扶漢室,共作忠臣。尊意若何?"肅曰:"我亦欲除此賊久矣,恨無同心者耳。今將軍若此,是天賜也,肅豈敢有二心!"遂折箭爲誓。允曰:"公若能幹此事,何患不得顯官。"
(7) 次日,李肅引十數騎前到郿塢。人報天子有詔。卓曰:"教唤入來。"李肅入,再拜訖。卓曰:"天子有甚詔制?"肅曰:"天子病體新痊,欲會文武於未央殿,待將天位讓與太師,故有此詔。肅知此詔爲急,飛馬而來,拜賀主上。"卓曰:"王允如何?"肅曰:"王司徒已差修築受禪台,士孫瑞已草詔,只等主上到來。"卓大笑曰:"吾夜得夢,一龍罩身,今日得此佳兆,時節不可錯失。"便命大排車馬入京。肅曰:"願主上垂拱萬年,肅之子孫有賴矣!"卓曰:"吾登九五,汝爲執金吾。"肅拜謝稱臣訖。卓臨行,謂貂蟬曰:"吾昔日許汝爲貴妃,今番定矣。"貂蟬謝。卓入辭母。母年九十餘。母曰:"吾兒何往?"卓曰:"兒今去長安順受禪,母親早晚爲太后也。"母曰:"吾近日肉顫心驚,恐非吉兆。"李肅曰:"爲萬代國之祖母,豈不預有警報!"卓曰:"吾心腹人所見甚明。"	(7) 次日,李肅引十數騎,前到郿塢。人報天子有詔,卓教唤入。李肅入拜。卓曰:"天子有何詔?"肅曰:"天子病體新痊,欲會文武於未央殿,議將禪位於太師,故有此詔。"卓曰:"王允之意若何?"肅曰:"王司徒已命人築受禪台,只等主公到來。"卓大喜曰:"吾夜夢一龍罩身,今日果得此喜信。時哉不可失。"便命心腹將李傕、郭汜、張濟、樊稠四人領飛熊軍三千守郿塢,自己即日排駕回京。顧謂李肅曰:"吾爲帝,汝當爲執金吾。"肅拜謝稱臣。卓入辭其母。母時年九十餘矣,問曰:"吾兒何往?"卓曰:"兒將往受漢禪,母親早晚爲太后也!"母曰:"吾近日肉顫心驚,恐非吉兆。"卓曰:"將爲國母,豈不預有驚報!"遂辭母而行。臨行,謂貂蟬曰:"吾爲天子,當立汝爲貴妃。"貂蟬已明知就裏,假作歡喜拜謝。

續表

嘉靖本《三國演義》	毛批本《三國演義》
(8) 出塢上車，前遮後擁，數千軍兵，引不到三十里，車下忽折一輪。左右扶住，卓教牽過玉面逍遥馬來，卓整衣上馬。又行不到十餘里，玉面咆哮嘶喊，掣斷轡頭。卓問肅曰：“車折輪，馬斷轡，若何？”肅曰：“乃太師應紹漢禪，棄舊而换新也。”卓曰：“心腹人所見甚明。”次日，忽然狂風驟起，昏霧蔽天。卓問肅曰：“此何祥也？”肅曰：“主公登龍，必有紅光紫霧，以壯天威耳。”卓曰：“吾心腹人所見甚明。”	(8) 卓出塢上車，前遮後擁，望長安來。行不到三十里，所乘之車，忽折一輪，卓下車乘馬。又行不到十里，那馬咆哮嘶喊，掣斷轡頭。卓問肅曰：“車折輪，馬斷轡，其兆若何？”肅曰：“乃太師應詔漢禪，棄舊换新，將乘玉輦金鞍之兆也。”卓喜而信其言。次日，正行間，忽然狂風驟起，昏霧蔽天。卓問肅曰：“此何祥也？”肅曰：“主公登龍位，必有紅光紫霧，以壯天威耳。”卓又喜而不疑。
(9) 卓至城外，百官出迎。王允、黄琬、楊瓚、淳於瓊、皇甫嵩皆伏道旁稱臣，言：“天子來日大會未央殿，有推代之議。”卓令百官回：“來日平明下迎接。”吕布入賀曰：“大人來日當齋戒沐浴入城，以承萬代不磨之基業。”卓曰：“吾登九五，汝當總督天下兵馬。”布謝，就宿帳前。是夜間，數十小兒於郊外作歌，風吹歌聲入帳。歌曰：“千里草，何青青！十日下，猶不生！”歌罷，聲相悲切。卓問肅曰：“童謡何吉凶？”肅曰：“亦只是言劉氏滅、董氏興之意。”卓曰：“肅之言是也。”	(9) 既至城外，百官俱出迎接。只有李儒抱病在家，不能出迎。卓進至相府，吕布入賀。卓曰：“吾登九五，汝當總督天下兵馬。”布拜謝，就帳前歇宿。是夜有十數小兒於郊外作歌，風吹歌聲入帳。歌曰：“千里草，何青青！十日上，不得生！”歌聲悲切。卓問李肅曰：“童謡主何吉凶？”肅曰：“亦只是言劉氏滅、董氏興之意。”
(10) 次日清晨，擺列入城。卓在車上，見一道人，青袍白巾，執一長竿，上縛布一丈，大書一“吕”字。卓問肅曰：“此道人何意？”肅曰：“心恙之人也。”呼將士推之，道人倒於地上，肅命拖在一壁。	(10) 次日侵晨，董卓擺列儀從入朝，忽見一道人，青袍白巾，手執長竿，上縛布一丈，兩頭各書一“口”字。卓問肅曰：“此道人何意？”肅曰：“乃心恙之人也。”呼將士驅去。
(11) 卓進内前，群臣各具朝服，迎謁於道。李肅手執寶劍，扶車而行。到北掖門，軍兵盡擋在門外，獨有御車二十餘人同入。董卓見王允等各各持寶劍立於殿門，卓大驚，問肅曰：“持劍者是何意？”肅推車輪。王允大呼曰：“反賊至此！武士何在？”兩旁轉出百餘人，持戈挺槊刺之。卓裹甲不入，傷臂墮車。	(11)卓進朝，群臣各具朝服，迎謁於道。李肅手執寶劍扶車而行。到北掖門，軍兵盡擋在門外，獨有禦車二十餘人同入。董卓遥見王允等各執寶劍立於殿門，驚問肅曰：“持劍是何意？”肅不應，推車直入。王允大呼曰：“反賊至此，武士何在？”兩旁轉出百餘人，持戟挺槊刺之。卓衷甲不入，傷臂墜車，大呼

續表

嘉靖本《三國演義》	毛批本《三國演義》
卓大呼曰:“吕布何在?”吕布從車後厲聲出曰:“有詔討賊!”一戟直透咽喉。李肅早割頭在手。布右手持戟,左手懷中取詔,大呼曰:“奉詔討賊臣董卓,其餘不問。”於是,内外將吏皆呼萬萬歲,拜伏在地。卓此時年五十四歲。漢獻帝初平三年,歲在壬申,四月二十二日也。史官有詩歎曰:“董卓遷都漢帝憂,生靈滚滚喪荒丘。狗銜骸骨筋猶動,烏啄骷髏血尚流。眉塢追魂憑李肅,宫門取命有温侯。奸雄已死戈矛下,直到如今罵未休。”又詩曰:“董卓欺君自古無,豈知天地有榮枯。宫門搠透方天戟,萬姓歌歡滿路途。”又詩曰:“霸業成時履帝王,不成且作富家郎。誰知天意無私曲,郿塢方成已滅亡。”邵康節有詩曰:“董卓無端擅大權,焚燒宫闕廢墳原。兩朝帝主遭魔障,四海生靈盡倒懸。力斬亂臣憑吕布,舌誅逆賊是貂蟬。世間造惡終須報,上有無窮不老天。”論曰:“董卓初以虓闞爲情,因遭崩剥之勢,故得蹈藉彝倫,毁裂畿服。夫以刳肝斫趾之性,則群生不足以猒其快,然猶折意縉紳,遲疑凌奪,尚有盜竊之道哉。及殘寇乘之,倒山傾海,昆岡之火,自兹而焚;《版》、《蕩》之篇,於焉已極。嗚呼,人之生也難矣!天地之不仁甚矣!”贊曰:“百六有會,《過》、《剥》成災。董卓滔天,逆三才。方夏崩沸,皇京煙埃。無禮雖及,餘祲遂廣。矢延王路,兵纏魏象。區服傾回,人神波蕩。”	曰:“吾兒奉先何在?”吕布從車後厲聲出曰:“有詔討賊!”一戟直刺咽喉。李肅早割頭在手,吕布左手持戟,右手懷中取詔,大呼曰:“奉詔討賊臣董卓,其餘不問。”將吏皆呼萬歲。後人有詩歎董卓曰:“伯業成時爲帝王,不成且作富家郎。誰知天意無私曲,郿塢方成已滅亡。”
(12) 吕布曰:“今董卓欺君者,皆李儒也,誰可擒了?”李肅應聲而出。朝門外發喊,報到李儒家奴已自綁縛獻來。王允曰:“卓賊家屬,盡在郿塢,誰去誅殺?”曰布曰:“某願往。”允教皇甫嵩、李肅一同吕布前去分揀。布領兵五萬人,飛奔郿塢來。	(12)却説當下吕布大呼曰:“助卓爲虐者,皆李儒也!誰可擒之?”李肅應聲願往。忽聽朝門外發喊,人報李儒家奴已將李儒綁縛來獻。王允命縛赴市曹斬之,又將董卓尸首,號令通衢。卓尸肥胖,看尸軍士以火置其臍中爲燈,膏流滿地。百姓過者,莫不手擲其頭,足

續表

嘉靖本《三國演義》	毛批本《三國演義》
	踐其尸。王允又命吕布同皇甫嵩、李肅領兵五萬,至郿塢抄籍董卓家産人口。
(13) 當初董卓有四員心腹猛將:李傕、郭汜、張濟、樊稠,三千飛熊軍守郿塢,按月内大請大受。當時聽知董卓已死,吕布領大軍來,四個慌奔郿塢,領軍殺上凉州去了。	(13) 却説李傕、郭汜、張濟、樊稠聞董卓已死,吕布將至,便引了飛熊軍連夜奔凉州去了。
(14) 吕布到郿塢,先取了貂蟬,送回長安。皇甫嵩云:“内有八百良家子女,盡作一處。其餘但是董卓親屬,不分老幼,盡皆誅斬。”卓母九十有餘,慌出告曰:“乞饒我一命!”言猶未絶,頭已落地。宗族被誅者,男女一千五百餘人。收得塢内所藏黄金二三萬斤,銀八九萬斤,錦繡綺羅、珠翠玩好堆積如山,倉中米糧八百萬石。允令一半納官,一半犒賞軍士。殺董卓之時,日月清净,微風不起,號令卓尸於通道。卓極肥胖,看尸軍士以火置卓臍中以爲燈光,明照達旦,膏流滿地。百姓過者,手擲董卓之頭,至於碎爛。將李儒綁在街市時,百姓過者争啖其肉。城内城外,若老若幼,踴躍歡忻,歌舞於道。男女貧者盡賣衣裝,酒肉相慶曰:“我等今番夜卧,皆可方占床席也!”卓弟旻、兄子璜等皆懸四足於城市。但是卓門下附勢者,皆下獄死。	(14) 吕布至郿塢,先取了貂蟬。皇甫嵩命將塢中所藏良家子女,盡行釋放;但系董卓親屬,不分老幼,悉皆誅戮。卓母亦被殺。卓弟董旻、侄董璜皆斬首號令。收籍塢中所蓄,黄金數十萬,白金數百萬,綺羅、珠寶、器皿、糧食不計其數,回報王允。允乃大犒軍士,設宴於都堂,召集衆官,酌酒稱慶。
(15) 比王允會大臣作太平宴於都堂,忽人報曰:“有一人伏卓尸而哭。”允大怒曰:“長安士庶皆相慶賀,是何人敢如此也?速唤武士與吾擒來!”須臾,推至筵前,滿座公卿無不驚駭。畢竟是誰?	(15) 正飲宴間,忽人報曰:“董卓暴尸於市,忽有一人伏其尸而大哭。”允怒曰:“董卓伏誅,士民莫不稱賀;此何人,獨敢哭耶!”遂唤武士:“與吾擒來!”須臾擒至。

(作者單位:香港珠海學院中國文學系)

古典文獻研究(第十六輯)
2013年7月

《石精金光藏景録形神經》與六朝道教的製劍術

孫　齊

劍作爲法器,從六朝時代開始就在道教史中扮演了重要的角色。對此早有福永光司等前彦的研究,不待筆者煩言①。不過,關於當時道教製劍的具體形制及其工藝,由於文獻的缺乏,在以往的研究中少有申説。事實上,因爲幾乎没有實物或者畫像存世,我們對整個魏晉南北朝時期劍的具體形制依然所知不詳,這與刀的情況有着顯著的差異②。正如研究兵器史的學者所指出的:從東漢以後,劍在實戰中的地位就已經爲刀所取代③。在這種大的趨勢之下,六朝道教對劍的推崇就顯得别有意味了。

關於這一問題,《太平御覽》卷六六五所録《太極真人石精金光藏景録形神經》是非常重要的材料,但迄未得到應有的重視和利用④。本文

① (日)福永光司《道教的鏡與劍》,許洋主譯《日本學者研究中國史論著選譯》第七卷,中華書局,1993年,頁386—445。李豐楙《六朝劍鏡傳説與道教法術思想》,《神化與變異》,中華書局,2010年,頁231—250。

② 相關的研究,主要有周緯《中國兵器史稿》,百花文藝出版社,2006年,頁131;楊泓《劍與刀》,《中國古兵器論叢》(增訂本),文物出版社,1985年,頁115—130;孫機《百煉鋼刀與相關之問題》,《中國聖火:中國古文物與東西文化交流史中的若干問題》,遼寧教育出版社,1996年,頁44—63;鍾少異《龍泉霜雪:古劍的歷史和傳説》,生活・讀書・新知三聯書店,1998年,頁273—281。

③ 楊泓《劍與刀》,頁115—130;孫機《漢代物質文化資料圖説》(增訂本),上海古籍出版社,2008年,頁154—157。

④ 楊寬先生在《中國冶鐵技術發展史》一書中,曾略引此卷部分内容,以論述魏晉南北朝時期的製劍技術,見氏著《中國冶鐵技術發展史》,上海人民出版社,2004年,頁255。

想通過對這一文獻性質的判斷和解讀,來復原六朝道教製劍的工藝與形制,以作爲兵器史研究的參考;并想進一步指出在六朝道教中曾出現過由推崇刀到推崇劍的"反向"變革,而正是這次變革纔奠定了劍在道教中的特殊地位。

一　《太平御覽》卷六六五的性質

《太平御覽》卷六六五全卷計三千餘字,統於"劍解"條之下,全文分爲"太極真人石精金光藏景録形神經曰"、"東鄉(卿)序云"①、"陶隱居曰"、"又曰"、"又曰"五個段落②。初讀之下,便會察覺其文意前後拖沓重複,令人費解。其實《御覽》此卷由上清經《太極真人石精金光藏景録形神經》的經文和陶弘景的夾注兩種不同性質的文本構成,但二者在今本《御覽》中同被刻作大字,導致經、注不分,因而十分難讀。

《太極真人石精金光藏景録形神經》(以下簡稱《藏景録形經》)是最早的三十一卷上清經之一。《真誥》卷五"道授"篇稱:"道有《石精金光藏景録形》,在世。"可知此經在東晉興寧三年(365)楊、許降經之時就已經成書③。唐《三洞奉道科戒營始》卷五《上清大洞真經目》著録爲一卷④。此經今已佚失,但《雲笈七籤》卷八四"尸解"部下"太極真人石精金光藏景録形經説"、"釋石精金光藏景録形法"、"尸解叙"、"又叙"、"造

① 按"東鄉"當作"東卿",即東嶽上真卿太元真人茅盈之簡稱。所謂"東卿序",即《劍經序》。《劍經》全名爲《太極真人曲晨飛精八景神丹録形靈丸經飛仙寶劍上經》,見於《道藏闕經目録》,與《太極真人石精金光藏景録形神經》是兩部不同的經典。參見李静《古上清經史若干問題的考辨》,復旦大學博士論文,2009年,頁117注1。這裏的《東卿序》,其實祇"漱龍胎而死决,服瓊英[而叩棺者],先師王西城[及趙伯玄、劉子先是也]"一句(據《真誥》卷一四補字,見趙益點校本,中華書局,2011年,頁259),是陶弘景注釋中的引文。詳下。

② 《太平御覽》卷六六五,中華書局,1966年,頁2968—2971。

③ 《真誥》卷五,頁79。參劉琳《楊羲與許謐父子造作上清經考》,《中古泥鴻》,巴蜀書社,1999年,頁58—73;石井昌子《道教上清派の経典目録考 :"上清経三十一卷"について》,《創価大學人文論集》6,1994年,頁5—30;李静《古上清經史若干問題的考辨》,頁105—146。

④ 關於《三洞奉道科戒營始》,請參趙益《〈三洞奉道科誡經〉研究》,《六朝隋唐道教文獻研究》,鳳凰出版社,2012年,頁178—224。

劍尸解法”、“太極真人誡”六條内容應即《藏景録形經》經文的節録[①]。

將《雲笈七籤》所録《藏景録形經》經文與《太平御覽》卷六六五對勘,就可以區分出後者的經文與注文。其經文部分,依次對應《雲笈七籤》“太極真人石精金光藏景録形經説”、“釋石精金光藏景録形法”、“造劍尸解法”三節内容。其注文部分的篇幅則遠遠超過經文。此注作者應當是陶弘景,因爲注文中有“佩用製劍之法,具在‘符圖訣’中”一句,而“符圖訣”爲陶弘景《登真隱訣》的第六部分[②]。《登真隱訣》一書爲陶氏摘抄以上清經爲主體的早期道經并加以注釋而成,今僅存殘本,散佚甚多。由此可以判斷《太平御覽》卷六六五全篇即是《登真隱訣》的佚文,是陶弘景摘録《藏景録形經》經文并加注釋而成。

上清經中稱,“石精金光藏景化形”之法是司馬季主在委羽山從太玄仙女西靈子都所受,此後又傳給紫陽真人周義山[③]。《藏景録形經》則稱周義山繼而將之授與上宰總真西城王君(即王方平),王君“施行道成,後以付門弟子茅君(盈),茅君傳南岳魏夫人(華存)”。此經的主旨據《雲笈七籤》卷八《三洞經教部經釋》的解釋爲:“石精者,妙鐵也。石者鐵之質,精者石之津,治之爲劍而發金光。金者,劍之幹。光者,刃之神。藏景者,隱身也。録形者,代身也。”[④]也即是説此經宣揚的是以劍代身的所謂“劍解”之法。

劍解是尸解的一種。《論衡》云:“夫蟬之去蝮育,龜之解甲,蛇之脱皮,鹿之墮角,殼皮之物解殼皮,特骨肉去,可謂尸解。”[⑤]古代方士認爲道人之死僅是解蜕軀殼骨肉,其本身則已遁去,稱爲尸解[⑥]。尸解需要

① 《雲笈七籤》卷八四,中華書局,2003年,頁1890—1898。其中“尸解叙”、“又叙”部分又見於《無上秘要》卷八七引《洞真藏景録形神經》,《道藏》第25册,文物出版社、上海書店、天津古籍出版社,1988年,頁245—246。

② 參王家葵《登真隱訣輯校·前言》,中華書局,2011年,頁14—15。

③ 見《真誥》卷一四,中華書局,2011年,頁255;《紫陽真人内傳》,《道藏》第5册,頁545。

④ 《雲笈七籤》,頁154。

⑤ 黄暉《論衡校釋》卷七《道虚篇》,中華書局,1990年,頁331。

⑥ 關於尸解,參見宫川尚志《道教の神仙観念の一考察——尸解仙について》,《中國宗教史研究》第一,京都,同朋舍,1983年,頁439—457;李豐楙《不死的探求——從變化神話到神仙變化傳説》,《神化與變異》,中華書局,2010年,頁144—151。

借助他物,所謂“凡尸解者,皆寄一物而後去。或刀或劍,或竹或杖,及水火兵刃之解”[1]。《藏景録形經》稱“真人用寶劍以尸解,蟬化之上品也”,對劍解法最爲推崇,因此也記載了製劍之法。

《藏景録形經》應於元興三年(404)與其他上清經一起被許黄民攜往會稽地區。在當時有機會接觸到此經的好道者中,已經有人依之製劍。陶弘景在注文中提到:“東山顧居士亦造此劍,諸人有同時共製者,今猶存焉。”這裏所説的“東山顧居士”即住在剡縣的顧歡,而“諸人”當是指杜京產、戚景玄、朱僧摽等人,他們曾一同研讀當時所能見到的上清經[2]。陶弘景在永明八年(490)往浙東尋訪上清經時,得見這些“宿舊道士”,故能見到他們依經所造之劍[3]。

《藏景録形經》關於製劍的文字比較簡略,而陶弘景又對前人所製諸劍深致不滿,稱其“大抵違謬不可具説”。故陶氏參照當時的劍制,依照自己的理解,對此經詳加注釋,他自謂:“今此儀式,惟是陶隱居所匠深構心解,亦謂理極,未知必同太極模範不耳。”其原本還附有示意圖,如注文稱“今此經中所圖,亦是顯其左右法耳,非正定形也。謹準制古今,取其合度,立圖如右”,又稱“尺寸、度數、厚薄、形制并備如别圖”。但是這些圖像現在均已佚失。

從《太平御覽》卷六六五所載來看,這位被蕭綸譽爲兼“張華之博物、馬鈞之巧思、劉向之知微、葛洪之養性”於一身的陶弘景[4],無疑是六朝道教製劍術的最佳代表。陶氏在梁代以製作刀劍而聞名。據唐代李綽《尚書故實》記載,陶弘景還曾著有《劍經》一書,宣稱“凡學道術者,皆需有好劍、鏡隨身”。在另一部據説也是他撰的《古今刀劍録》中,稱梁武帝命其造神劍十三口[5]。《梁書·陶弘景傳》載大通初陶弘景“獻

① 《雲笈七籤》卷八五引《太極真人遺帯散》,頁 1905。此是尸解之方,《真誥·協昌期》已提及。

② 《真誥》卷二〇,頁 346。參孫齊《顧歡〈夷夏論〉産生的歷史背景》,《中國歷史學會史學集刊》第 42 期,2011 年,頁 7。

③ 參見王家葵《陶弘景叢考》,齊魯書社,2003 年,頁 334。

④ 蕭綸《解真碑銘》,《華陽陶隱居内傳》卷下,《道藏》第 5 册,頁 511。

⑤ 《漢魏叢書》,吉林大學出版社,1992 年,頁 748。參王家葵《陶弘景叢考》,頁 93—95。

二刀於高祖,其一名善勝,一名威勝,并爲佳寶”[1]。蕭綱有《謝敕賚方諸劍等啓》、《謝敕賚善勝威勝刀啓》,當即陶氏所造[2]。蕭繹在《金樓子·終志篇》中也要求在死後以“陶華陽劍一口自隨”[3]。這些記載中的陶弘景所造之劍,應當就是依據其在《藏景録形經》注文中所述的形制作成。在這裏,劍并不是一件普通的兵器,而是可藉以“逐辟邪魔”、尸解成仙的法器[4],因而得到了梁代諸帝的青睞。

二 製劍的復原

我們將《太平御覽》卷六六五所載《藏景録形經》的經文與陶注分别之後,可以得到相當詳細的關於六朝道教鑄劍術的記載(括號内爲陶注)[5]:

營造劍之時,先齋戒百日。乃於幽隱處,近清泉,立西向屋,作竈口亦西向。善鍛人煉好鐵生鋌,合煉成,令得八斤爲足也。若欲窮其精理,當用竹炭。又以銅錫柔澳,如此用歲月功夫殊多,所以古人作劍,三年然後成也。薛燭云:歐冶鑄劍,赤鍾之山破而出錫,若耶之溪涸而出銅。今以此合燒,則煉多而不燥,剛利而銷。其鍛人亦須温良,新衣沐浴,造劍之日,尤不得飲酒食肉及游履淹穢。**用七月庚申日、八月辛酉日。使長三尺九寸,廣一寸四分,厚三分半。**謂背脊上近柄間,令厚三分半也。至兩刃際,可減一二氂耳。又向刃邊,先殺背二分,乃立刃至杪,亦以漸令薄也。**杪九寸,爲左右刃處。**當從鐶項定度,整三尺,刻背爲刃,亦廣三分八氂,必使中脊餘六分也。杪九分,合殺兩邊令尖殺杪,鋒令有兩棱如戟,杪殺鋒也。**其柄用長短適。**令鐶高二寸四分,身長二尺四寸,則餘一尺二寸六分以爲柄。鐵

① 《梁書》卷五一,中華書局,1973年,頁743。

② 嚴可均輯《全上古三代秦漢三國六朝文》,中華書局,1958年,頁3005。

③ 許逸民《金樓子校箋》卷二,中華書局,2011年,頁443。

④ 見《雲笈七籤》卷八四,頁1895。

⑤ 這部分内容也爲《洞玄靈寶道學科儀》卷下《作神劍法品》(《道藏》第24册,頁776—777)引録,并有溢出《太平御覽》所載以外的内容,可取以參考。《洞玄靈寶道學科儀》應成書於唐代,見 Kristofer Schipper and Franciscus Verellen, eds., *The Taoist Canon: A Historical Companion to the Daozang*, University of Chicago Press, 2005, p. 464.

因當中央，令廣九分，厚二分，與鐶相連。柄操梓材，近環圍四寸九分，刃圍三寸九分，皆以釦竟爲正。若作劍裝，則促扁於此也。**劍頭可安籙鐶。**謂發始煉剛，仍使鐶身相連，勿别作模合作釘連之。都使外形大小厚薄相似，乃鑿除應空之内，亦可先鑽作數孔，鑿爲易，其伏基處鑿鏝之。都畢，令大鐶高二寸四分，横分廣處，對中徑二寸八分，内方員徑四分。鐶形古今多法，或正圓，或狹長，或如鼎耳，乃有十許種。今此經中所圖，亦是顯其左右法耳，非正定形也。謹準制古今，取其合度，立圖如右。又鐶之内不得正圓如竹，亦不得正方如界尺，當令内面小方而外落棱角，必令得刻"巳"[1]、"刃"字不甚邪轉。**惟使長三尺九寸耳。**尺寸、度數、厚薄、形制并備如别圖。尋古今尺長短不同，九章算法皆積毫厘之度。晉中書監荀勖善音律伎藝，常恨八音不調。後有人掘地得一玉律，銘題周世，短晉尺四分半，以改定音律，聲韵合度。今宜用此尺爲準，所以爾者，捴真、桐柏并以周時作劍，用周尺也。**籙鐶者，鏤刻劍鐶，鐶左右面刻之，作刃字，面有九刃字也。鐶背上刻作九巳字也。深刻字皆從刃背而下，順刃**謂兩邊"刃"及"巳"字皆對。從刃背邊起俱下就刃，故曰順刃也。**順鐶而刻之。**隨鐶曲轉，故曰順鐶也。**諸[2]刻處得以金銀間之，益分明佳也。劍身刻象。鐶中央復有竪起如小半[3]鐶者，名之曰伏基。**伏基之義，謂爲日月之基隱秋光景也。**内鐶左面爲日字。**内鐶者，即小鐶之中伏基也。**刻右面爲月字。先又圓刻日月之外爲郭也。**

兹將此經所反映的六朝道教製劍術分述如下：

(一) 在造劍之前，需先齋戒百日。負責鍛造的工匠要選擇温良之人，"新衣沐浴"，"造劍之日，尤不得飲酒食肉及游履淹穢"。製劍場地要設在"幽隱處，近清泉"。五行金配西方，因而要"立西向屋，作竈口亦西向"。製劍要選擇"七月庚申日，八月辛酉日"。這也是因爲七月、八月五行屬金，庚申、辛酉爲干支屬金的"八專日"的緣故。如陶氏後文稱爲"中國絶手"的黄文慶，便是以"齊建武元年甲戌歲八月十九日辛酉"

① 巳，原作已，據《雲笈七籤》卷八四及《洞玄靈寶道學科儀》卷下《作神劍法品》改。下同。

② 諸，原作謂，據《雲笈七籤》卷八四改。

③ 半，原作手，據《洞玄靈寶道學科儀》卷下《作神劍法品》改。

在茅山造劍。這種擇日法與漢代以五月丙午日作劍的傳統頗爲不同①。

（二）製劍用材是以鐵、銅、錫合金，煉成八斤重的金屬條塊（生鋌）。陶弘景注稱："善鍛人煉好鐵生鋌，合煉成，令得八斤爲足也。若欲窮其精理，當用竹炭。又以銅錫柔澳，如此用歲月功夫殊多，所以古人作劍，三年然後成也。"所謂"以銅錫柔澳（鍒濡）"即是指用銅、錫通過長時間的反復鍛打使其與鐵混合成爲合金，這種合金具有"煉多而不燥，剛利而銷"的特點。當時普遍的燃料應當是木炭，若"欲窮其精理"則用燃燒性能更好的竹炭。煉成八斤重的金屬條塊之後，即可用之鍛打成劍②。

（三）鑄成之劍全長三尺九寸，約合 90 cm，寬一寸四分（3.2 cm），最厚處厚三分半（0.8 cm）③。全劍由劍身、劍柄及劍鐶三部分一次鍛造而成。劍身長三尺（69.3 cm），其末端須"合殺兩邊"以成劍鋒，稱之爲"杪"，杪長九寸（20.8 cm）。兩側劍刃各寬三分八厘（0.9 cm），餘中部爲劍脊，寬六分（1.4 cm）。劍柄長一尺二寸六分（29.1 cm），寬九分（2 cm），厚二分（0.5 cm），劍柄與劍身、劍鐶相連處略寬。劍鐶在劍柄首部，爲一橢圓形環，高二寸四分（5.5 cm），最寬處二寸八分（6.5 cm）④。劍鐶中要鑿出直徑四分（0.9 cm）空隙，并留有"竪起如小

① 參鍾少異《龍泉霜雪：古劍的歷史和傳説》，頁 237—239。

② 以梁代衡制一斤合 220 克計，八斤重約 1760 克。參丘光明《中國歷代度量衡考》，科學出版社，1992 年，頁 429、440。按後文陶弘景稱："《周禮》制劍長三尺，柄居五寸，是六分之一也。内刃廣二寸半。重古秤一斤四兩，今秤三斤十兩也。"這裏説的長三尺的劍應是《考工記》中"身長五其莖長"的上制劍，其重爲九鋝，當三斤十二兩。（參孫詒讓《周禮正義》卷七八《冬官·桃氏》，中華書局，1987 年，頁 3257—3258）而陶氏稱"重古秤一斤四兩"，僅當三鋝，差距太大。《隋書·律曆志》亦稱梁、陳衡制"依古稱"。因此此處文字當有舛誤，今難以究詰。

③ 陶弘景在注文中提到四種尺度：（一）古尺，即晉荀勖所製尺，《隋書·律曆志》稱爲晉前尺。（二）官尺，《隋志》稱爲漢官尺。（三）尚方御府都水材官用尺，爲宋劉義康所製，劉宋以來民間所用，可能是《隋志》所載的宋氏尺。（四）法尺，即《隋志》梁法尺。其所述尺度與《隋志》所載頗有出入。陶弘景在注中以古尺（晉前尺）爲准，其一尺合今 23.1 厘米，見丘光明前引書，頁 68。

④ 《洞玄靈寶道學科儀·作神劍法品》所載以劍身長二尺四寸七分（57.1 cm），柄長一尺一寸七分（27 cm），環高二寸六分（6 cm）。與此略有不同。

半鐶”的突起部分①,稱爲“伏基”,又稱“内鐶”。陶弘景提到“鐶形古今多法,或正圓,或狹長,或如鼎耳,乃有十許種”,可見當時劍環的形制非常多樣。

(四)劍環還需鏤刻作字,因此又稱爲“籙鐶”。籙鐶左右面需各刻九“刃”字,鐶背上刻九“巳”字,伏基兩面則分别刻“日”、“月”二字。諸刻處又可用金銀鑲嵌。除刻字以外,經文又稱“劍身刻象”,即刻北斗七星的星象圖,這在《洞玄靈寶道學科儀·作神劍法品》的記載中更爲明確,稱劍身兩面皆當刻“斗星、巳字”,星象“皆當周圓,刻如小鐶狀”,“并當使星、字分明,均調布滿劍身之中”②。《雲笈七籤》所録經文中還提到劍杪中脊兩面要各刻三個“丁”字,以代表六丁之神③。在進行完以上的工序之後,神劍便告製成。

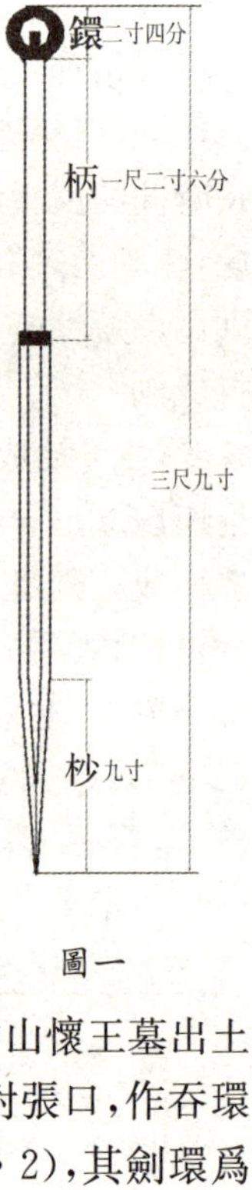

圖一

我們依陶弘景所述,可將此劍的具體形制復原如圖一。從復原圖來看,此劍當屬於環首鐵劍。這種形式的環首劍出現於漢代,受環首刀的影響而出現④。在漢代出土的環首劍和環首刀中,有一些劍環中就已經帯有類似此經中所描述的“伏基”狀的樣式。我們目前可以找出四例。最早的爲河北定縣西漢中山懷王墓出土的銅柄劍(圖二·1),爲龍形環首,劍柄爲雙龍盤柱,相對張口,作吞環狀⑤。河南南陽楊官寺東漢畫像石墓出土銅劍柄(圖二·2),其劍環爲

① 《洞玄靈寶道學科儀·作神劍法品》作“鐶中央復有望,如起小半鐶者”,可以參考。

② 在《吴越春秋》中即提到劍與北斗七星的關係,稱伍子胥“解白金之劍,以與漁者,曰:此吾前君之劍,中有七星北斗,價直百金,以此相答”。見周生春《吴越春秋輯校彙考》,上海古籍出版社,1997年,頁29。

③ 《雲笈七籤》,頁1894—1895。關於六丁神,參見井上豊《六丁·六甲神の変容——初期道教と経典を中心にして》,《東方宗教》第80號,1992年,頁15—32。

④ 參鍾少異《漢式鐵劍綜論》,《考古學報》1998年第1期。

⑤ 《定縣40號漢墓出土的金縷玉衣》,《文物》1976年第7期。

卷龍狀，劍柄“一面刻一鳳，鳳頂的太陽内刻的似爲一金烏；另一面刻的似爲一獸和一龍身人首畫象，其上面的月亮内，刻的似爲蟾蜍和玉兔”①。浙江紹興漓渚東漢墓出土青銅刀（圖二 • 3），其劍環外側雕有花紋并鎏金②。此外，在平壤樂浪古墓中也出土有一例（圖二 • 4）③。這些劍環或刀環接近柄的部分都作成凸起狀，此前我們并不知道該如何稱呼，現在看來應當就是《藏景録形經》中所説的“伏基”。

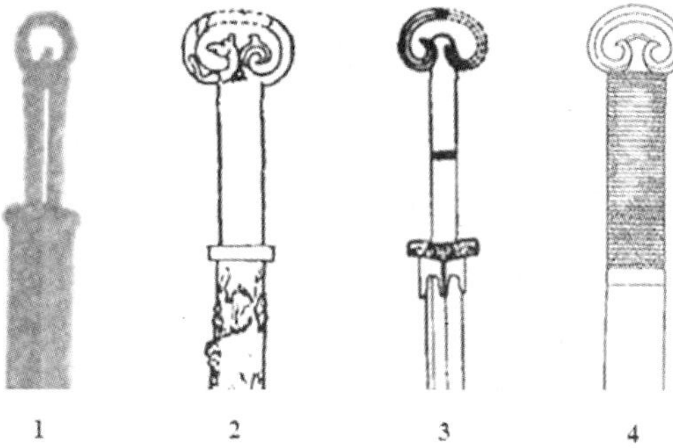

圖二

與常見的漢劍相比，依陶弘景注所製之劍柄部特長（連劍環接近35 cm），幾占全劍三分之一。這樣的劍在漢代也有例子，如巨野紅土山西漢墓出土的裝有精美玉劍首的鐵劍以及南越王墓主棺室出土的玉具劍等，其莖長都在 34 cm 以上，占全劍十分之三左右④。這種劍顯然不是用於實戰，而更多的是作爲一種配飾。陶弘景所述的這種長柄之劍，是取裁自當時流行的劍制，他稱“今公家劍長四尺七寸（108. 6 cm），柄居一尺五寸（34. 7 cm），是三分之一小減也”，可見梁代的官用劍劍柄即居劍身三分

① 《河南南陽楊官寺漢畫象石墓發掘報告》，《考古學報》1963 年第 1 期，頁136—137。

② 《浙江紹興漓渚東漢墓發掘簡報》，《考古通訊》，1957 年第 2 期，頁 7—9。

③ 林巳奈夫《漢代の文物》圖版 10—13，京都大學人文研究所，1972 年，第197。

④ 《巨野紅土山西漢墓》，《考古學報》1983 年第 4 期，頁 486—487。《西漢南越王墓》，文物出版社，1991 年，頁 167—171。

之一左右,也當是配飾所用。這也從側面證明了六朝時期在實戰領域中,劍已爲刀所取代——陶弘景就提到,當時的禁衛所用兵器是環首刀,爲晉永嘉時劉憒創製,稱爲"劉憒鈹千牛刀","宋以來恒供禦衛" ①。

在隋唐時期,道教製劍的代表是司馬承禎。雖然其被認爲繼承了陶弘景一系的上清派傳統,但從《上清含象鑒鏡圖》所附圖形來看,已與陶氏所述相距甚遠,一點也没有了六朝道教用劍的面貌,很可能如其中的鏡圖一樣,出自司馬承禎的創造②。

三　從刀解到劍解

劍作爲道教法器,實際上是在上清派中纔最早得到特別的推崇。除了受到上清經影響的顧歡諸人及陶弘景以外,在當時的道教界,刀更爲普遍。例如陶弘景提到的"異人"劉憒、茅山山館道士黄文慶,以及《北齊書》記載的道士綦毋懷文等人,製作的都是刀③。這固然是有當時刀的使用較劍爲廣的原因在,但更不能忽略鮑靚—葛洪一系所謂"葛氏道"教法的影響。

用刀來尸解,是葛氏道提出的新説。《太清金液神丹經》卷中記載了葛洪稱述的東晉太興元年(318)鮑靚遇仙人陰長生之事,稱:

> (陰長生)告鮑氏曰:"君慕道雖久,而精之甚近,而年已耄矣。佳匠勗之,吾相看亦當得度世耳。夫仙法:老(考)得道者,尸解爲上。上尸解用刀,下尸解用竹木。"靚請問曰:"尸解用刀,刀自傷

① 梁代謝綽《宋拾遺録》載"有千牛刀,即人主防身刀也"(《唐六典》卷二五注引,三秦出版社,1991年,頁454),當即此刀。劉憒事迹見《雲笈七籤》卷一一〇引《洞仙傳》、《太平御覽》卷九〇七引《異苑》及《太平廣記》卷四四三引《述異記》(後二者"憒"字皆訛作"憣",《御覽》卷九九四所引《異苑》不誤)。可知其以能識草藥而聞名,不見有善於鑄劍的記載,且諸書皆記其爲劉宋元嘉時人,與陶氏所言不同。又《重修政和經史證類備用本草》卷一四"釣樟"條引陶弘景云"又有一草似狼牙……人呼爲劉憒草"(人民衛生出版社,1982年,頁349),當亦是此人。

② 參福永光司《道教的鏡與劍》,頁391—396。關於其中鏡圖的研究,參范淑英《〈古鏡記〉與中晚唐道教的"古鏡"再造》,《唐研究》第十八卷,中華書局,2012年,頁173—200。

③ 參見李豐楙《六朝劍鏡傳説與道教法術思想》,頁248—249。

耶?"陰君曰:"不如君言。言刀尸解者,以刀代身爲人,緣以著棺中,以絶子孫之情,斷世俗之路也。以《太上玄陰生符》書刀刃左右傳之,以神丹爲筆,須臾便自成人像,如所書者面目,死於床矣。其真身可於是遯去,勿復還家。家人謂之刀爲身,其人也哀哭而葬埋之。其下尸解用竹木,皆神丹筆書符,如書刀法也。"以此符文授鮑氏,所言者訖,徘徊遂失陰君所在。①

陶弘景無疑見到了這段記載,并將此法稱爲"太清尸解法"——"太清"在陶弘景口中是相對其所奉的"上清"而言的"小術"②。如《真誥》陶注稱鮑靚"後用陰君《太玄陰生符》,爲太清尸解之法"③。《藏景録形經》注文也提到"昔葛洪云陰君授鮑靚尸解之法……此是用《靈寶太玄陰生符》朱書刀矣"。按,《太玄陰生符》在葛洪之前就已經出世,《太平御覽》引《抱朴子》佚文稱:"《道林》中有五種尸解符,今《太玄陰生符》及是一病解者。"④陶弘景又云:"太清尸解法,《五符》中有《太玄陰生符》,又用牛脂煎錫藥丸兩事耳,無復餘方也。"《五符》乃葛氏道經典,陶氏所言見於今本《太上洞玄靈寶五符序》卷中所載的"靈寶太玄陰生之符"和"尸解藥"兩條内容⑤,不過彼處并未言及此符要書於刀木之上。在《五符

① 《道藏》第18册,頁755。略見《雲笈七籤》卷八五"陰君傳鮑靚尸解法"一節,及卷一〇六"鮑靚真人傳"。

② 學界一般認爲陶弘景所謂"太清"指漢晉舊天師道。見劉琳《論東晉南北朝道教的變革與發展》,《中古泥鴻》,巴蜀書社,1999年,頁10;丁培仁《三清、玉皇原起考》,《求實集》,巴蜀書社,2006年,頁258—264;王承文《南朝道教從"三洞經書"向"七部經書"轉變原因考察》,載鄭開編《水窮雲起集》,社會科學文獻出版社,2009年,頁30注3。但從此處以及《登真隱訣》將杜廣平從介琰所受玄白之術亦稱爲"太清家舊法"(頁54)等處來看,陶弘景所謂的"太清家"應當也包括了葛氏道等早期南方道教流派。

③ 《真誥》卷一二,頁212。

④ 《太平御覽》卷六六四,頁2964。《道林》見引於《養性延命録》、《元氣論》(《雲笈七籤》卷五六),當即《太清導引養生經》所引的《道林導引要旨》。陶弘景《養性延名録序》亦提及"前彦張湛、道林之徒"。《真誥》卷一四提到仙人刁道林,爲後漢人龍伯高之師(參王家葵《真靈位業圖校理》,中華書局,2013年,頁272、288)。未知諸處所載與葛洪所言是否一人。

⑤ 《道藏》第6册,頁331—332。

序》卷下則載有與“三天太玄陽生符”相配的“三天太玄陰生符”,始稱“道士欲尸解者,神筆書草木刀金,即代爲人形而死去矣”[①]。這説明卷下所載“三天太玄陰生符”時代當晚於卷中“靈寶太玄陰生之符”,至少在太興元年之後,因爲此年鮑靚始得知將此符書於刀木之上以尸解的方法[②]。

在《太清金液神丹經》所述“太清尸解法”裏,提出“上尸解用刀,下尸解用竹木”。用竹木尸解之法的出現,要早於鮑靚新得知的刀解之法,正如陶弘景所言:“古來諸仙多有托以餘物,或用竹杖或巾屨,惟鮑靚用太清刀法。”[③]例如《抱朴子·論仙篇》提到三國蜀人李意期及兩弟子托死而尸解,“其家各發棺視之,三棺遂有竹杖一枚,以丹書於杖”[④]。這種杖解法即屬於竹木尸解之法[⑤]。

更有可論者,無論是將《陰生符》書於刀抑或竹木之上,有一情節是“須臾便自成人像,如所書者面目”。這使我們想起漢晉時期頗爲盛行的在墓葬中所放置的松人、柏人、鉛人以及“人形木牌”等物,其目的是代替死者或生者受罰,以免“拘校復重父母兄弟妻子”[⑥]。特别是在建兴廿八年松人木牘和西北地區的“人形木牌”的例子中,木牌或木牘上都繪有人的形象,這與書符於刀木而變爲人像何其類似!可以説,鮑靚所受的這種尸解法,其實是以道教的方式,模擬了民間的葬俗:家人以

① 《道藏》第6册,頁339—340。《無上祕要》卷二六所引“三天太玄陰生符”内容較此處更爲完整:“《三天太玄陰生符》:墨書黄繒,方五寸。清齋百日,入室思月精,含而吞之,與月同壽。道士欲尸解者,墨書木刀劍,把之而卧,即爲代人形而死也。行此宜精他念,穢濁於口,符即出身,即死。此符一名‘化形券’,一名‘九陰靈書’。”(《道藏》第25册,頁78)

② 關於《五符序》成書過程的討論,可參(日)小林正美《六朝道教史研究》,李慶譯,四川人民出版社,2001年,頁42—97。

③ 《太平御覽》卷六六五,頁2970。

④ 王明《抱朴子内篇校釋》,中華書局,1985年,頁20。

⑤ 關於杖解,參見《雲笈七籤》卷八四“尸解神杖法”一節。

⑥ 參王育成《考古所見道教簡牘考述》,《考古學報》2003年第4期;劉昭瑞《漢、晉時期西域地區道教遺物與道教的傳播》,載周大明等主編《文化多樣性與當代世界》,民族出版社,2008年,頁551—554;姜守誠《香港所藏“松人”解除木牘與漢晉墓葬之禁忌風俗》,《成大歷史學報》第三十一號,2006年,頁1—64。

带有尸解者形象的刀或竹木(功能等同人偶)下葬,以代替真身;尸解者雖然真身遁去,但對於俗世而言仍是亡人。所以,與民間葬俗中最大的關切即禁止死者騷擾生人一致,"太清尸解法"亦極爲强調尸解者"勿復還家"、"勿還故鄉"。而以刀尸解之所以被推崇,正是因爲刀較之竹木對家人來説更能象徵"絶子孫之情,斷世俗之路"。

《藏景録形經》所載上清派的劍解法,顯然脱胎於葛氏道的刀解法:

> 修劍尸解之道,以曲晨飛精,書劍左右面,先逆自托疾,然後當抱劍而卧。又以津和飛精作丸如大豆,於是吞之。又津和作一丸如小豆,以口含,緣拭之於劍環,密呼劍名字,祝曰:"良非子干,今以曲晨飛精相哺,以汝代身,使形無泄露,我當潛遯,汝暫入墓,五百年後,來尋我路。今請别矣,慎勿相誤,上登太極,言功八素。"祝畢,因閉目咽氣九十息,畢,開目忽見太一以天馬來迎於寢卧之前,於是上馬,顧見所抱劍已變成我之死尸在彼中也。①

除了程序更爲精緻繁複外,此法與"太清尸解法"并無二致,只不過劍代替了刀,神丹"曲晨飛精"②代替了《太玄陰生符》。這裏,劍和"曲晨飛精"作爲道具,更大的意義是"標新立異",以展示與"太清尸解法"的不同。因而,《藏景録形經》云:"真人用宝剑以尸解,蝉蜕化之上品也。"又云:"此曲晨飛精,一名七陽日精之華,蓋琅玕之并例矣。此丹復能流遁散形,分景藏毫,四海不能容其體,粟米固能纏其外者也。隱迴七度,昬蔽三光,實其妙矣!"都標榜着此法所用道具的殊勝之處。

更重要的是,《藏景録形經》較之"太清尸解法"還提供了更爲吸引人和更具合理性的效果。這其中至爲關鍵的是,《藏景録形經》宣稱以此法尸解之後,"乃乘馬躡虚,任意所適,或可改名易姓,還反故鄉,無所

---

① 《雲笈七籤》卷八四,頁1896。

② "曲晨飛精"又作"曲晨飛蓋"。關於此丹,參見 Michel Strickmann,"On the Alchemy of T'ao Hung—ching." in Holmes Welch and Anna Seidel, eds., *Facets of Taoism*, Yale University Press, 1979, pp. 130—138.

忌難矣”[①]。這無疑是特别針對太清尸解法“勿復還家”、“勿還故鄉”的規定而提出的新説。同時,太清尸解法是“以刀著棺中”,家人將刀視爲尸解者的象徵,“哀哭而葬埋之”。《藏景録形經》則提出劍解之後,“劍成死尸,與真不異,又有臭氣,又乃生蟲”,而此時“雖衆醫侍疾,子孫滿側,而我易服束劍,流景變迹,徒相衛比肩對目,而不覺我之云爲也”[②]。這顯然在情理上要比太清尸解法的説法更圓滑、更具説服力。

正是在這些層面上,上清派實現了對葛氏道刀解法在内的其他尸解法的超越,并宣稱這些“太清尸解法”遠不如自己的“太極”之法[③]。《藏景録形經》於此有一段集中的揭示:

> 其用他藥得尸解,非是用靈丸之化者,皆不得返故鄉。返故鄉則爲三官執之也。有死而更生者,有頭斷已死乃從一旁出者,有死畢未殮而失尸骸者,有人形猶存而無復骨者,有衣在而形去者,有髮脱而失形者。白日去謂之上尸解,夜半去謂之下尸解,向曉暮之際而去者謂之地下主者。此皆迹兆不滅,爲人所疑,雖獲隱遁,令世志未厭,又不得返旋故鄉,游棲靡定,深所恨恨,意在於此。此自是太清尸解之法,那得比太極之化遯乎?高卑絶軌,良有由也。[④]

所謂“有死而更生者,有頭斷已死乃從一旁出者,有死畢未殮而失尸骸者,有人形猶存而無復骨者,有衣在而形去者,有髮脱而失形者”云云,都是指此前道教中流傳的種種尸解事例。《藏景録形經》將之統稱爲“太清尸解法”,并指出其缺陷:一是“迹兆不滅,爲人所疑”;再者“不得返旋故鄉,游棲靡定”,返回故鄉則會遭到三官的拘録[⑤]。而上清派新

---

①② 《雲笈七籤》卷八四,頁 1896。

③ 關於上清經中的太極天,參見張超然《系譜、教法及其整合——東晉南朝道教上清經派的基礎研究》,政治大學中國文學系博士論文,2008 年,頁 145—150。王家葵先生提出早期上清經原有玉清、上清、太極、太清四宫,後來三清説成爲共識,太極天則被隱没。這一意見值得重視,參見《真靈位業圖校理》,頁 5—6。

④ 《雲笈七籤》卷八四,頁 1897。

⑤ 三官是上清派所謂酆都六天中執掌考謫死者的鬼官,見《真誥》卷一五,頁 268。

提出的劍解之法已經完美地解決了這些問題,因而宣稱二者"高卑絶軌,良有由也"。

綜上所述,《藏景録形經》中的劍解法是東晉時期上清派提出的一種新的尸解方法。這種劍解法顯然受到了此前不久出現的葛氏道刀解法的啓發,并意圖在技術與效果上全面超越後者。正是在這種目的之下,當時普及性不及刀的劍,反而作爲上清派體現與葛氏道區别的重要標志,被賦予了更高的宗教價值。上清派的劍解之法"後出轉精",在教理上無疑更具競争力。隨着上清經的流布,特别是齊梁時期陶弘景在經典與實踐兩方面的大力宣揚,劍纔確定了其在道教中的特殊地位。這種歷時性的變遷,是在討論道教尸解術時不可不察的。

附記:本文在撰寫過程中,得到過王家葵先生的指正,謹致謝忱!

(作者單位:山東大學歷史文化學院)

古典文獻研究(第十六輯)
2013年7月

君子原無死　傳經實可傷

——從《四書集注》批點看王伯沆之經學

程章燦

《四書集注》是南宋理學大師朱熹最重要的學術著作,也是程朱理學最基礎、最經典的思想文獻。朱熹通過對《四書》這一經典文本的解讀,樹立其詮釋權威,確立并傳播其學術思想體系。元明清三代,由於此書被規定爲科舉考試用書,八股文考題多出自《四書》,考生依經立論,"代聖賢立言",也要以此書爲依據,因此,《四書集注》成爲所有士人案頭必備與必讀之書,其影響之深廣久遠,其他儒家經典無能望其項背。從這個意義上説,它堪稱是經典中的經典。職此之故,《四書》以及《四書集注》的各種批閲本、評點本、解析本層出不窮,汗牛充棟,構成以《四書》爲中心的"衍生文獻"系列,也堪稱是古代經學文獻史上的一道奇觀。不可否認的是,這些文獻中有不少是八股文章的實用指南,本質上屬於科舉考試的敲門磚。有的編撰者出於牟利目的,拼湊速成甚至粗製濫造,没有認真準備或長期積累,自然缺少嚴肅性與學術性。隨着科舉時代成爲歷史,這些文獻在時間滄海中載浮載沉,絶大多數已湮滅無聞。但另一方面,也有許多批閲評點解析本,凝聚了學者對經典文本的真知卓見,從中既可以看出個人學術與時代思潮及家國滄桑之間的互動,又能展現經典詮釋生生不息的魅力。王伯沆先生手批《四書集注》就是這樣一部著作,它對於晚清民國學術史尤其是經學史的意義,還未受到足夠的重視。

一　"王四書"及其《四書》批點

王瀣(1871—1944),字伯沆,一字伯謙,别號無想居士、酸齋,晚年自號冬飲，學者稱爲冬飲先生。早年曾就讀鍾山書院，後任教於南京陸師學堂、兩江師範學堂，民國成立，供職江南圖書館。1914 年，“南京高等師範成立，聘爲國學主任”[①]，後歷任東南大學、中央大學教授。他一生治學勤勉，博涉旁通，於《四書集注》用力尤勤，從學者望風景慕，如沐春風，恒呼爲“王四書”[②]。1944 年，王伯沆因病去世，次年 7 月，其弟子錢堃新撰《冬飲先生行述》，稱其著有《讀〈四書〉私記》等書，“皆秘而不刻”[③]。其身後遺稿，經其女王綿收集整理，編成《冬飲廬文稿》、《冬飲廬詩稿》、《冬飲廬詞稿》、《冬飲廬藏書題記》等四種，收入《南京文獻》第二十一號[④]。其中，《文稿》收録其所撰序跋、傳記、書柬等文章，而《藏書題記》則輯録其家藏群書題記，包括《禮記説義纂訂》、《孟子要略》、《四書宗印》、《七經紀聞》、《四書經聞》、《四書反身録》、《讀書日記》、《古文四聲韻》、《毛詩古音考》、《説文逸字》等經部諸書，未見《讀〈四書〉私記》。他平生治學不輕言撰述，讀書心得皆見於群書批點，其讀《四書》亦然。“凡有心得，輒批注其上，可謂終其生而不輟。”[⑤]因此，所謂《讀〈四書〉私記》，其實就是他批閲評點《四書集注》的筆記，生前并未纂集成書。

王伯沆在舊式書院接受教育，曾在舊式家塾中教過書，也在新式大學中當過教授，但從讀書及其撰作方式來看，他更多是一位舊式讀書人，是一位傳統儒者。他的圈點批注涉及經史子集四部典籍，其中，儒家經典《四書集注》和白話長篇小説《紅樓夢》是他用功最深的。41 歲那年，他第一次接觸《紅樓夢》，就喜歡上這本書，其後屢次批讀，前後達二十次之多[⑥]，并用五色筆（朱筆、黄筆、緑筆、紫筆、墨筆）批點，記録讀

---

① 張通之《秦淮感逝》，載《南京文獻》第二十三號，南京市文獻委員會、通志館印行，民國三十七年(1948)十一月。

② 《冬飲先生行述》，載《南京文獻》第二十一號，南京市文獻委員會、通志館印行，民國三十七年(1948)九月。

③ 《冬飲廬藏書題記》附録，《南京文獻》二十一號，南京市文獻委員會、南京市通志館印行，民國三十七年(1948)九月。

④ 南京市文獻委員會、南京市通志館印行，民國三十七年(1948)九月。

⑤ 《王伯沆批校〈四書集注〉• 出版説明》。

⑥ 王伯沆《題〈紅樓夢〉》、《題〈紅樓夢索隱〉》，載《冬飲廬藏書題記》，《南京文獻》第二十一號。

書心得。如果説批讀《紅樓夢》是他後半生的功課,那麽,批讀《四書集注》就是王伯沆一生的功課。自少至老,他不知多少次閲讀此書,講解此書,他的四色(藍筆、紅筆、朱筆、墨筆)批點,存録了豐富的心得體會。2004 年,廣陵書社影印出版了《王伯沆先生圈點手批本〈四書集注〉》,綫裝,一函六册,列入《冬飲叢書》第 2 輯①。據我粗略統計,其手批文字總計約 3.5 萬字(圈點不計在内),其中《大學》約 2000 字,《中庸》約 6700 字,《論語》約 13000 字,《孟子》約 14000 字,數量相當可觀。

王伯沆批點的《四書集注》底本,是"儲同人先生批本","臨桂毓蘭書屋,謝氏家塾藏板"。此書單魚尾,白口,正文每半頁 8 行,每行 17 字,注文則以雙行小字排列。版心依次爲書名、卷次,頁碼,版框分上下兩欄,下欄正文,上欄爲天頭。儲氏眉批多見於此,眉批之外,另有行間夾批。版框之上,更有空白天頭,高度約與框内上欄相當。王伯沆的批點大多書寫於此處,幾乎全都是藍筆,并有朱筆點讀標記。少量批點與儲氏眉批夾雜,書於框内上欄,絶大多數是朱筆,一般没有點讀標記。上欄也偶見藍筆批點,細審可知,此是天頭批滿文字之後而作的權宜變通。王伯沆批點《四書集注》,一般只有眉批,没有夾批,只有一處例外。《中庸》第一章"天命之謂性,率性之謂道,修道之謂教"句下,朱熹注云:"蓋人知己之有性,而不知其出於天,知事之有道,而不知其由於性,知聖人之有教,而不知其因吾之所固有者裁之。"王氏有夾批云:"[人]之所以爲人,道之所以爲道,聖人之所以爲教,原其所自,無一不本於天而備於我,學者知之,則其於學,知所用力而自不能已矣。讀者所宜深體而默識也。"②顯然,這是進一步闡釋發揮朱子之意。但嚴格説來,這一條不算夾批,因爲此處上欄與天頭早已批滿文字,不得已才插於此處。

在傳統評點學中,不同顔色的筆墨往往有不同的意義,其中最常見的便是代表不同時間的閲讀批點,也表示其讀書由淺入深的不同體悟層次。王伯沆手批《紅樓夢》即屬於此類,1914 年的批點用朱筆,1917 年的批點用黄筆,1921 年至 1922 年間的批點用緑筆③。其手批《四書

① 本文引證此書,皆據此本。
② 王伯沆手批《中庸章句》,頁 1b—2a。
③ 王伯沆《題〈紅樓夢〉》,載《冬飲廬藏書題記》,《南京文獻》第二十一號。

集注》亦有藍筆、紅筆、朱筆和墨筆四色，有人認爲，這幾種顔色也是爲了區分批次，“最早爲藍色，其次紅色，最後一次批閱用朱色”。果真如此，那麽，“讀者當可從中揣摩先生學術思想之演變，領悟先生治學之精髓”①。不過，我對此頗有懷疑。首先，王伯沆批閲《四書集注》恐怕不止三四次，一種顔色的筆墨，未必代表一次批讀。其次，有不少藍筆批文雖然是長篇大論，但字字行楷，文不加點，頗像過録之筆。第三，相比而言，藍筆最多，紅筆很少，朱筆也不多，墨筆只有一處，不成比例。特别值得注意的是，其中的朱筆批點别有用意，不可忽視。

王伯沆家藏《説文逸字》一書，上有其題記：“是書有朱筆駁者，其説頗可參考。”换句話説，此書批點者使用朱筆，是專門表達批駁意見的。這種做法有其歷史淵源。在中國書寫傳統中，朱筆多用於文稿的校定或者删改。宋趙彦衛《雲麓漫鈔》卷四：“宋景文公修《唐書》，稿用表紙朱界，貼界以墨筆書舊文，傍以朱筆改之。”②與宋祁同時的歐陽修在知貢舉時，對其所厭惡的澀體文章，亦以朱筆横抹其卷，謂之“紅勒帛”③。其所以用朱筆，既表示對原文的不滿，也因爲朱筆比較醒目，適合作爲標記。王伯沆顯然諳知朱筆的這項傳統功能，其手批《四書集注》中的朱筆正有此意，具體説來，又可以分爲兩種：一種是對藍筆批語中的訛漏進行文字訂補，如《論語章句》“子曰賢哉回也”章王氏批語中，有“樂個甚麽”一句，“麽”字原作“樂”，朱筆改爲“麽”；又有“是學顔子之所學”一句，“學”字原作“樂”，朱筆改爲“學”；另一種則是專門辯駁舊説，提出與前人不同的商榷意見。

今舉四例朱批以説明之。

例一，《大學章句》：“所謂誠其意者，毋自欺也，如惡惡臭，如好好色，此之謂自謙。故君子必慎其獨也。”朱注：“言欲自修者，知爲善以去其惡，則當實用其力，而禁止其自欺，使其惡惡則如惡惡臭，好善則如好

---

① 《王伯沆手批〈四書集注〉·出版説明》。今按：此書實際上還有墨筆批點一條，見《大學章句》，6b—7a。

② （宋）趙彦衛撰，傅根清點校《雲麓漫鈔》卷四，中華書局，1996年，頁57。

③ （宋）沈括撰，胡道静校證《新校證夢溪筆談》卷九，中華書局，1957年，頁98。

好色,皆務決其而求必得之,以自快足於己,不可徒苟且,不徇外而爲人也。"王伯沆針對朱注所謂"自快足於己"的觀點,提出不同看法:"近人嗜利己,不爲人,若再依誠意章,則奈何? 此注似有語病。"[①]

例二,朱熹在《中庸章句序》中指出,自孟子以後,吾道失傳,"異端之説,日新月盛,以至於老佛之徒出,則彌近理,而大亂真矣"。程朱二子都將老佛作爲異端加以排斥,王伯沆批語則不以爲然:"儒言世間,釋言出世間,各有所謂真,本不相亂,亂之者,不辨儒釋之真者耳。"[②]儒佛二家殊途同歸,各得其真,這裏可以看出王氏思想與程朱理學的分歧,也可見太谷學派思想對他的影響。

例三,《論語·爲政》:"子曰:'攻乎異端,斯害也已。'"朱注引程子曰:"佛氏之言,比之楊墨尤爲近理,所以其害爲尤甚,學者當如淫聲美色以遠之,不爾則駸駸然入於其中矣。"王氏朱批云:"程子從當時立言,故有過甚之論,然亦須善會。"[③]王伯沆認定程子立論過於偏激,故提出商榷,但態度十分委婉,不欲作"過甚之論"。他還特别説明,"程子從當時立言",彼一時也,此一時也,不可一概而論,言下頗有爲前賢開脱之意。

例四,《論語·雍也》:"子曰:'雍也可使南面。'仲弓問子桑伯子,子曰:'可也簡。'仲弓曰:'居敬而行簡,以臨其民,不亦可乎? 居簡而行簡,無乃大簡乎?'子曰:'雍之言然。'"此處"南面"一詞該如何解釋,古今注家莫不爲難。朱子的解釋是:"南面者,人君聽治之位,言仲弓寬洪簡重,有人君之度也。"王伯沆不同意朱説,并提出了四條理由:"愚按:此章朱注多可疑。孔子于顔淵尚無此語,一也。孔子以好學教弟子,不應以有人君之度許及門,二也。下文不見仲弓之謙遜,注云'以夫子許己南面',是仲弓已自認可爲人君,三也。孔子許子桑伯子之簡,仲弓猶疑其太簡,知其太簡,而問于許己南面之後,語意不倫,四也。反復思之,疑雍也六字,語氣未完,或有脱文,故朱注南面未免呆滯耳。仲弓之

---

① 王伯沆手批《大學章句》,7b。

② 王伯沆手批《中庸章句》,頁 3b。

③ 王伯沆手批《論語集注》卷一,14a。

問，疑另是一章，姑志以待就正。"[①]這是經過深思熟慮後提出的質疑，既涉及"南面"一詞的解釋，也涉及分章問題。實際上，後來的很多《論語》注本都不從朱熹之分章，也不採用其解釋，如楊伯峻《論語譯注》就將仲弓之問另析爲一章，并將"南面"一詞解釋爲"一部門或一地方的長官"[②]。這就與王伯沆不謀而合了。

從整體來看，王氏朱批中提出的質疑商榷，每每針對程子（程頤）、朱子、尹氏（尹焞）等前賢注家而發，涉及分章、句意及理路等多方面。值得注意的是，許多王氏朱批都以"愚案"二字開頭，這表明王伯沆與前人商榷辯證的態度是謹慎謙和的。

二　太谷學派的影響

王伯沆中年以後拜黃葆年爲師，其經學思想受到太谷學派的影響。

太谷學派是創始於清代嘉慶、道光年間，活躍於清代末年直到民國抗戰期間，以儒家思想爲主，融攝佛、道兩家的某些思想，并主要流行於民間的一個思想流派。其創始人爲周穀（1764—1832），安徽池州石埭人，字星垣，號太谷，後人遂以"太谷"名其學派。周穀死後，其學派分爲南北兩宗，南宗以張積中爲首，在山東長清、肥城的黃崖山一帶，聚集門弟子耕讀避兵，後遭清廷勦滅，史稱"黃崖教案"。南宗以李光炘爲首，主要活動於江蘇儀徵、揚州、泰州、蘇州一帶。1902年，李光炘的弟子黃葆年組織學派於蘇州十全街開歸群草堂講學，同時請北宗傳人蔣文田升堂主講。至此以後，太谷學派南北合宗，門庭益廣[③]。

黃葆年（1854—1924），字錫朋，一作隰朋，號希平，泰州（今屬江蘇）人。王伯沆拜黃葆年爲師具體在哪一年，尚未見有確鑿的說法，故有必要略加考辨。現存王伯沆文字中明確言及其赴蘇謁師（黃葆年）的，是

① 王伯沆手批《論語集注》卷三，11b。

② 楊伯峻撰《論語譯注》，中華書局，1980年，頁54。當代臺灣地區學者傅佩榮亦作如是解釋，見其《傅佩榮解讀論語》，大將出版社（馬來西亞），2004年，頁85。

③ 參看盧冀野《太谷學派沿革及其思想》一文，載《東方雜志》第24卷14號，1927年；王明發《王伯沆先生與太谷學派傳人》，《南京理工大學學報（社會科學版）》第17卷第1期，2004年2月。

其家藏《老子》一書題記,稱"戊午秋七月,謁泰州師于蘇,留居門下二十日"。此行停留較久,應與拜師有關,退一步説,他稱黄葆年爲"泰州師",説明至遲此時已拜入黄門。戊午當民國七年即1918年,其時王伯沆已經48歲,其身份已是學界的"當世名宿"①,但他對黄葆年執禮甚恭,其後"得間輒詣蘇,帖帖從他門生謹侍起卧"。而黄葆年對他也另眼相待,他知道王伯沆個性剛烈,"欲使稍就柔退,字之曰'伯謙'"②。1924年,黄葆年還介紹女弟子周育卿嫁給喪偶數年的王伯沆,可見他也十分關心王伯沆的個人生活。此外,王伯沆與劉鶚、李泰階、鍾泰、王雷夏等諸多太谷學派傳人之間都有密切的交往,與鍾、王二人尤爲親近,王明發已經對此作了詳細考察③,兹不贅述。

作爲卓然有成的知名學者,王伯沆爲什麽中歲改宗太谷學派?王明發認爲,王伯沆是通過鍾泰的介紹而拜入黄門的,言下之意,王伯沆在一定程度上是受到鍾泰的影響。此説固有道理,但是,我以爲,還要考慮另外幾方面的因素。從家世淵源來説,道咸之間,王伯沆祖父王瑜(易堂公)曾與安徽池州石埭人陳静庵合資開辦天昌茶葉澆坊。④ 陳氏既是太谷學派創始人周穀的同鄉,其時又當太谷學派初興之時,故王家應該早就對太谷學派有所瞭解。此其一。從個人經歷來看,王伯沆早與楊仁山熟悉,并經常參加楊氏在金陵刻經處舉辦的佛學會講,而楊仁山亦是池州石埭人,言談應接之際,不容不對太谷學派時有涉及。此其二。最重要的,從學術取向來看,王伯沆與太谷學派特别是黄葆年相近,都是以儒爲主,而融攝佛道二家,可謂暗合。王伯沆曾經稱贊黄葆年"其學無範圍,無門户,剛健中正,博大精深,講學大師,無出其右"⑤,

① 錢堃新《冬飲先生行述》引陳伯嚴(三立)語。按:王伯沆另有《辛酉正月日謁泰州師于蘇……》一詩,辛酉當1921年,王伯沆時年51歲。盧前《冶城話舊》卷二"仁厚里"條謂王入黄門"已近六十",似不可據。盧説見《盧前筆記雜鈔》,中華書局,2006年,頁421。

② 錢堃新《冬飲先生行述》。

③ 參考王明發《王伯沆先生與太谷學派傳人》,《南京理工大學學報(社會科學版)》第17卷第1期,2004年2月。

④ 王傑《餘生偶筆》,《南京文獻》第二十一號。按:王傑是王伯沆叔父,亦是嗣父。

⑤ 盧冀野《太谷學派沿革及其思想》。

今天看來，這幾句贊辭，特别是前三句，在很大程度上也可以移評王伯沆的學術。“君子服善則益恭。”①王伯沆拜黄葆年爲師，就是這一古典道德的具體表現。

王伯沆在歸群草堂聽講，不僅接受了黄葆年的思想，其對經典文本的具體解讀，也深受黄葆年的影響。這在王批《四書》中可以找到證據。例如，《大學》云：“所謂修身在正其心者，身有所忿懥，則不得其正；有所恐懼，則不得其正；有所好樂，則不得其正；有所憂患，則不得其正。”此處第二句之主語應作“身”還是“心”，歷來有不同的理解。朱熹《四書集注》引程子曰：“身有之身，當作心。”王批云：“作身，不改亦可，此聞于泰州黄氏。”所謂泰州黄氏，就是黄葆年。王批進一步闡釋此節經文：“忿懥、好樂、憂患、恐懼，即好惡也。身之所著，即是心之所遷。”這麽理解，自然“作身，不改亦可”。與此段文字密切相聯的，還有相鄰一章的另一段文字。《大學》又言：“所謂齊其家在修其身者，人之其所親，愛而辟焉；之其所賤，惡而辟焉；之其所畏，敬而辟焉；之其所哀，矜而辟焉；之其所敖，惰而辟焉。故好而知其惡，惡而知其美者，天下鮮矣。”王伯沆有兩段批語，藍批是闡發經典之意：“親愛、賤惡、哀矜、傲惰，亦好惡也。好惡説到身上來，便與家國天下相接，辟則知不致，物不格，而不能明明德於天下矣。夫好知美，惡知惡，不爲情使，不爲物蔽者，亦自誠意來也。”朱筆批語云：“此句法亦聞于吾師泰州黄氏，文義自明，無關于朱子，細説自知。”言下含有與朱子商榷之意。

太谷學派既重修身，又重治國。據説道光元年周太谷游廬山時，見周敦頤鐫石之“志伊尹之志，學顔淵之學”，方悟“伊尹之志”是治國，“顔淵之學”是修身，此即“聖功”之兩端。後來，他以此爲中心，傳授“聖功”之道。王伯沆評論顔回處陋巷而不改其樂時寫道：“‘須知陋巷憂中樂’，是學顔子之所學；‘又識耕莘樂處憂’，是志伊尹之所志。”②以“伊

---

① 漢劉向撰，向宗魯校證《説苑校證》卷二十《反質》，中華書局，1987 年，頁 525。

② 王伯沆手批《論語集注》，卷三，16a。按：王批所引兩句七言詩，出自宋儒魏了翁《送從子令憲西歸》之六：“弘毅規模本末周，既難分付又難酬。須知陋巷憂中樂，又識耕莘樂處憂。”見《鶴山集》卷一一，文淵閣《四庫全書》本。

尹之志”與“顔淵之學”相對,遠承周敦頤,而近師周太谷。王伯沆《與王雷夏論學書》云:“吾輩從師,師提出二字宗旨,曰聖功,亦是體用兼備。聖而無功,何名爲聖;功而非聖,何名聖功。故知此一法門,决非空言小謹所能了之也。”修身是體,治國是用,二者相輔而相成。

王批《四書》援佛入儒,以禪解經,也可以看到太谷學派思想的影響。王伯沆于佛學頗有造詣。當時,楊仁山在南京提倡佛學,每於刻經處會講,王伯沆經常參加,“危坐寂聽,究極奥眇。楊公契焉。楊公殁,歐陽竟無獨宗唯識,漸詆天台諸學,先生以爲楊氏并建諸宗,合儒者兼包大小之義,今獨主一宗,不已隘乎,遂不復與會”①。其與楊仁山契合,而與歐陽竟無疏離,就因爲其學主綜合,而不主獨宗。在王伯沆眼中,黄葆年格外值得欽仰,就是因爲其學問“無範圍,無門户,剛健中正,博大精深”②。他還認爲,“儒釋老特道之異名,後之有所異同,亦不得已而救其偏弊爾。學取益吾心身而已,無事局束于一聖人之書也”。所以,應該博采兼取,不可自加拘限。他曾將儒禪對照,并有這樣的説法:“知之爲知之,不知爲不知,息息不昧,千古長存。禪家謂之孤明,吾儒指爲獨體。”③《中庸》第二十一章云:“自誠明謂之性,自明誠謂之教。誠則明矣,明則誠矣。”王批:“天命之謂性,修道之謂教,異名只是同源。自誠明謂之性,自明誠謂之教,兩路總歸一路。《楞嚴經》云:‘性覺妙明,本覺明妙。’孤山注:‘即寂而照曰妙明,即照而寂曰明妙’是也。”④他在解釋《論語·雍也》“宰我問曰:仁者雖告之曰”條時,甚至援引《五燈會元》中香嚴上樹的禪宗公案:“從井救人,從來無此癡人,只是見得仁者有個窮處,要尋絶處逢生法。昔有參禪者問曰:‘譬如有人,口咬樹藤,兩手撒開,懸崖百丈,下面有人問曰:如何是祖師西來意。若應他,喪身亡命,若不答他,孤負了他來問意。却是如何?’禪師答曰:‘請你在未咬樹時節問。’”⑤

---

① 錢堃新《冬飲先生行述》。

② 盧冀野《太谷學派之沿革及其思想》。

③ 《論語集注》卷一,頁 14b。

④ 《中庸章句》,頁 23a。

⑤ 《論語集注》卷三,頁 20b。

但是，本質上，王伯沆的思想又是以儒爲本的，所以，他又“不喜和會各家。嘗呰《周易禪解》、《四書宗印》諸書，以爲學有淺深，凌躐即成病，若曰三教一爐，吾不欲聞之”[①]。因此，他不喜歡《周易禪解》、《四書宗印》這類完全以禪解儒、會通儒佛的著作，特別不喜歡所謂“三教一爐”的説法。這似乎有些矛盾，但其實不難理解。因爲在他眼裏，佛、老、周（太谷學派）、孔各有所長，不必也不可能融爲一爐，而正應該各司其職，取長補短，所以，他將自己的思想信仰概括爲四句話：“以佛治心，以老保身，以周經世，以孔教人。”[②]

如果説太谷學派對儒家學説作了一些新的解釋，是傳統儒學在清末民初東南地區的新發展，那麽王伯沆的經學，就是太谷學派這棵大樹開出的新枝，其直指世道人心的實踐品格，使其在群星璀璨的東南學壇和清末民初經學史上，獨樹一幟，與陳漢章、柳詒徵、黄侃、鍾泰等人之經學比肩而無愧。

三　實踐的理學

王伯沆早年就讀於鍾山書院，著名學者黄侃之父、“理學名家”黄雲鵠（字翔雲）時任書院山長，對讀書勤奮、成績突出的王伯沆青睞有加，曾“召之温勉，爲述學問之要”[③]。王伯沆自稱“服膺程朱二家書數十年”，或許不無早年這段經歷的影響。

朱子曾自述其讀書經歷與方法，特别是熟讀宋儒謝良佐《論語説》一書的經過：“某少時爲學，十六歲便好理學，十七歲便有如今學者見識。後得謝顯道《論語》，甚喜，乃熟讀。先將朱筆抹出語意好處；又熟讀得趣，覺見朱抹處太煩，再用墨抹出；又熟讀得趣，别用青筆抹出；又熟讀得其要領，乃用黄筆抹出，至此自見所得處甚約，只是一兩句上，却日夜就此一兩句上用意玩味，胸中自是灑落。”[④]謝良佐字顯道，上蔡（今屬河南）人，與游酢、吕大臨、楊時合稱程門四先生。宋人胡安國、曾

---

①② 《冬飲先生行述》。

③ 錢堃新《冬飲先生行述》。

④ 宋黎靖德編，王星賢點校《朱子語類》卷一一五，中華書局，1988年，頁2783。

恬曾彙集謝氏講學談話,編爲《上蔡語録》,朱子又删取精要,編爲三卷。《四庫全書總目》卷九十二《上蔡語録》提要謂:"觀《語録》稱:'某二十年前得《上蔡語録》觀之,初用朱筆劃出合處;及再觀則不同,乃用粉筆;三觀則又用墨筆。數過之後,全與原看時不同。'則精思熟讀,研究至深,非漫然而定也。"[①]讀書消化也好,編選節録也好,都有一個由博返約、取精用宏的問題,朱子用諸色筆抹畫,其方法自具特色。王伯沆曾經編選文廷式《雲起軒詞鈔》,并自道其過程:"芸老詞共百五十餘首,初選得八十首,加朱圍其上。數月後重讀一過,又就鄙意,遴其尤精者二十餘首,複增朱圍一,斷爲可删者八,餘俟異日再定。"[②]此法與朱子如出一轍。其批點朱子《四書集注》而用諸色筆,或許亦受朱子啓發。

如前所述,王伯沆批點是在"儲同人先生批本"之上進行的。儲同人即儲欣(1631—1706),字同人,號在陸,江蘇宜興人。性篤學,嗜經史,以制藝名於時。康熙二十九年(1690)中舉,年60歲,會試不第,遂閉門著書以終。著有《春秋指掌》三十卷,《在陸草堂文集》六卷,又評選經典古文選本多種。[③] 從儲批《四書集注》,可以看出"以制藝名時"的儲欣的評點路數。以《孟子·萬章下》爲例,其第一章儲氏眉批即有:"添换文法集成。此章文字儼似史遷,用《國策》文。""參錯亦有致。""前作起筆,後作應筆,又與三節文法變動。""妙將三字作陪,小珠大珠滿玉盤。"等等。第三章爲萬章問友,章中有"是天子而友匹夫也"一句,儲氏有夾批云:"語更奇特。"又有眉批云:"友字極至,點逗最精,攔鎖通章,筆有餘力。"[④]諸如此類,大抵關注的是章法、筆法、布局、層次之類,皆是八股文章批點之套語,其例不勝枚舉。

引人注目且耐人尋味的是,王伯沆對儲氏此類批語仿佛"視而不見",完全不作回應,絲毫没有"接着往下説"的意思,正所謂"道不同不相爲謀"。他曾自言"舊藏明人及國初時文稿甚多,自科舉廢,半爲好之

① 清永瑢等撰《四庫全書總目》,中華書局,1965年,頁780。

② 王伯沆《題〈芸起軒詞鈔〉》,《冬飲廬藏書題記》,載《南京文獻》第二十一號。

③ 南京師範大學古文獻整理研究所編著《江蘇藝文志·無錫卷》,下册,江蘇人民出版社,1995年,頁1382—1386。

④ 王伯沆手批《孟子集注》,卷五,以上所引批語分别見18a、18b、19a、19b、24b。

者取去，半爲坊友取以襯書。余所存惟殿本《欽定四書文》一部而已，今并此一部亦失去”[1]。以《欽定四書文》爲代表的時文書籍及文稿，本來與科舉息息相連，科舉既廢，這些“文獻共同體”自然逃脱不了廢棄的命運。清人陳本禮有一部箋釋李賀詩歌的著作《協律鈎元》，“按篇强解，又好以制藝手眼説其章法”[2]，王伯沆對此不屑一顧。要適應新的時代形勢，就必須對傳統的《四書》讀法、講法以及領悟門徑進行革新。

另一方面，正如《行述》所概括的，王氏之學“凡三變，弱冠肆力古文辭，壯歲兼治經世之學，四十以後出入於佛老”。他的學問，逐漸由辭章走向義理，由華飾走向經世致用。對於他來説，《四書集注》早已不是制藝的教科書，不是功名利禄的敲門磚，而是有補世道人心的儒家經典，他據此展開沉静而深刻的思考，人心始終是他關懷的焦點。他的批點不是文章家的批點，也不是考據家的批點，而是理學家的批點。

王伯沆學問淵博，旁通佛老，對《四書》鑽研深透，其講解經典能夠隨意取譬，生動活潑，分析深入淺出，通俗易懂，娓娓動聽，講學有很好的傳播效果。這一點，讀其《四書集注》批點也可以看得出來。《論語·學而》：“曾子曰：吾日三省吾身：爲人謀而不忠乎？與朋友交而不信乎？傳不習乎？”自省原是儒家提倡的修養功夫，如何自省，王伯沆的解説很生動：“爲人謀不忠，如何省？昔有人問一先輩曰：公自想亦有私否？答曰：那得無私？吾兄子病，一夕十起，退而安寢如故。吾子病，吾不往視，然竟夕不寐。何謂無私？此亦爲人謀之微密證據。”[3]《論語·述而》：“子曰：仁遠乎哉？我欲仁，仁斯至矣。”王伯沆用比喻來解釋，直觀而且生動：“仁如衣中寶，一探便著；又如主人翁，一唤便知。故曰：我欲仁，仁斯至矣。”[4]在他的理解中，聖賢大道與日用道理密不可分，既不玄虚，也不疏遠，所以他的批點才顯得親切。孟子曰：“道在邇而求諸遠，事在易而求諸難。人人親其親、長其長而天下平。”王伯沆對此是有體悟的。

---

① 《冬飲廬藏書題記·制藝叢話》，《南京文獻》第二十一號。
② 《冬飲廬藏書題記·協律鈎元四卷》，《南京文獻》第二十一號。
③ 《論語集注》，卷一，2b。
④ 《論語集注》，卷四，9b。

王氏批點好用魚鳥之喻,强調人心之活潑生機,突出"真光景,真血脈"[①]。姑舉如下數例,以見一斑:

人心本活潑,與鳥俱飛,與魚俱躍,鳥不飛不悦,魚不躍不悦,人心不時習不悦也。(《論語集注》卷一,1b)

魚活,故游于水;心活,故游於藝。魚不活則浮,心不活則玩物喪志,故游藝正是依仁妙處。(《論語集注》卷四,2b)

子在川上曰:"逝者如斯。"須知在川言川,聖人眼前都是,亦伏羲先天畫卦意也,如見鳶歎鳶,見魚歎魚,鳶魚之妙,便有不可名言者存,故曰斯。(《論語集注》卷五,6b)

涸魚不忘濡沫,籠鳥不忘理翰。失必思返,物性之常,求放心即心矣,豈若涸魚籠鳥哉。曰不知求,其不知處,真是可哀。(《孟子集注》卷六,14b)

聖人樂善不倦易,衆人樂善不倦難。齊王不忍一牛,今人惻隱孺子入井,此際生意,真同鳶飛魚躍,所謂樂善不倦。(《孟子集注》卷六,17b)

魚不知水,鳥不知空,凡民由道而不知道,可惜。他行的、習的,都是個天性。(《孟子集注》卷七,3a)

鳶飛魚躍,本是伊川先生的常用話頭;源頭活水,則是朱子著名的説法。王伯沆在程朱二子的基礎上,有了新的體會和發揮。

王伯沆讀經,重視反身以求,重視實踐應用。"躬行君子,實在本心上發揮,當身處用力,不在舌端筆端上占人品。"[②]他家藏清儒李顒《四書反身録》一書,此書是與其相交多年的老友王德楷所贈。王德楷對王伯沆的學問深有瞭解,書上有其贈言,詳述贈書之意:"吾友沆一子篤信好學,守死善道,日講求爲己之學。嘗謂此書字字有關痛癢,是真能讀孔孟書者。冀此後於人倫日用極平庸卑邇處,脚踏實地,刻刻提撕,由集義知言養氣以馴至不惑不憂不懼之真境,則反身而誠,樂莫大焉。"李

① 《論語》卷五,6b—7a。

② 《論語集注》卷四,頁10b。

顒(1627—1705),字中孚,號二曲,陜西周至人,是清初著名理學家,提倡“明體適用”,主張“明道存心以爲體,經世宰物以爲用”。他認爲:“孔、曾、思、孟,立言垂訓,以成《四書》,蓋欲學者體諸身,見諸行。充之爲天德,達之爲王道,有體有用,有補於世。否則假途干進,於世無補,夫豈聖賢立言之初心,國家期望之本意耶?”所以,其“居恒教人,一以反身實踐爲事”[①],這部集中體現其思想的《四書反身録》,給了王伯沆很大的影響。在王伯沆看來,《四書》就是指導人立身行事的根本。他曾對好友王雷夏説:“近世學風與世風俱不堪,瀊常私憂之,然推其原因,全由不讀六經四書,則廉恥不明,立身無本。”[②]要想改變世風學風,就要從教育培養下一代做起。他不止一次對王雷夏談到教育子孫的重要性。有一次,王雷夏的孫子來看王伯沆,王伯沆認爲他“器識頗温厚,大有可造”,但是讀書太少,“大本未立”,所以,建議王雷夏“第一須教之讀《論》、《孟》,將來方能自立”,并説這是自己“心所不能已之言”[③]。他深信,讀經是培養後生、提高其立身處世修養的根本,是方便法門。

南京陷落後,王伯沆因爲中風而不能隨中央大學内遷,而獨留窮城。他“每爲書戒内地門弟子,凡數十通”,自言數十年讀程書二家書,正好“借此兵亂,以試寸心”,以忠憤激勵及門弟子。他“常誦馮瀛王之詩曰‘但教心地無諸惡,豺虎叢中也立身’”[④],抗戰八年,“堅貞守道,皭然不污”[⑤],樹立了“明體適用”的理學風範,并因此受到了國民政府的表彰。《冬飲先生行述》稱其“説理宏闊似明道,造次剛介似伊川,表微慮患似晦庵,批郤道窾似陽明。其設教以儒爲體,以禪爲用,開以古大家詩文,達之以論孟宋五子之書”,雖然旨在揄揚,但指出其學術以宋明理學爲核心,允得其實。

《論語・憲問》:“子曰:古之學者爲己,今之學者爲人。”朱子指出,此語是“聖賢論學者用心得失之際”最爲切要的一句話。王伯沆在此句

---

① 《清史列傳》卷二百六十七《儒林一・李顒傳》。

②③ 王伯沆《與王雷夏論學書》,載《冬飲文稿》,《南京文獻》第二十一號。

④ 《冬飲先生行述》。

⑤ 《國民政府令(卅四年八月十八日處字一〇六號)》,《冬飲廬文稿》卷前,《南京文獻》第二十一號。

旁用藍筆字字加圈,可見其三複此意,中心藏之。“古之學者爲己,其終至於成物。今之學者爲人,其終至於喪己。”[①]面對王伯沆所生活的時代,面對他所堅守的“古之學者”的“爲己之學”,我們不能不産生鍾泰那樣的感歎:

“君子原無死,傳經實可傷。”[②]

附　録

王伯沆手批《四書集注》存録王氏遺文兩篇,未見於《冬飲廬文稿》。因輯存於此。

一　《規矩論》(《孟子集注》卷四,頁 4a—6b)

形上爲道,不可名者也。形下爲器,可名者也。可名者方而方,圓而圓,依規矩而生焉,是以謂之器。不可名者不方而方,不圓而圓,而亦能爲之方,爲之圓,我不能依規矩而規矩,自我有此道妙也。今夫敬以止放也,義以閉邪也,禮以節淫也,信以禁欺也,敏以警怠也,數者皆規矩之可名者也,然以衆人執之,則皆謂之器,不謂之道,何也?以一物治一病,物與病相對,而不知用物者,即無病之本體焉。故我能用物,則無借於物矣。我能治病,則無病矣。故夫敬者,不放之禮也;義者,無邪之初也;禮者,不淫之原也;信者,不欺之主也;敏者,無怠之始也。以聖人化之,則皆謂之道,不謂之器,此所謂自我出之,雖有名色,而實無名色。凡規矩有形可準者,可名;而無形可準者,不可名也。故曰規矩方圓之至,夫婦之知能,而聖人不知能至也。聖人規而妙於規,矩而妙於矩也,是以不知不能。若夫婦知之能之,而實不知不能矣。此夫婦之所爲規矩也。聖人之體同乎天,天有規矩而不可名,聖人亦有規矩而不可名。四時行,百物生,春不雜乎夏,動不凌乎植,而天無一刻之不徒也,然卒莫能知之,此天之規矩也。行止久速,語默動静,物物而付之,事事而順之,有主宰而無知見,其精神元氣在不睹不聞之間,此聖人之規矩也。衆人

① 《論語集注》卷七朱注引程子語,頁 19a。

② 鍾泰《挽冬飲翁》,《冬飲廬藏書題記》附録,《南京文獻》第二十一號。

不知天道，故依而守之，皆謂之器，衆人亦器也。聖人即天道，其所教人持守者，皆謂之道，道之自聖人出也。此聖人衆人規矩之别也。

愚夫婦，用於規矩而不知者也。古來高明賢智之人，又欲用我知見以當規矩，而反失之，故道之以規矩名也，正爲高明賢智之人設也。規矩從性而出，猶饑食渴飲，寒裘而夏葛也。離之則無以爲人，特愚夫婦不靈，未能神而用之，若夫知見者，不依圓而規，不依方而矩，以自托於無方無圓之性，故方圓其所方圓，而非大道之方圓。從古豪傑，誤人而自誤，所争只幾希也。管仲之一匡也，楊墨之仁義也，陳仲子之廉也，白圭之什一也，告子之不動心也，許行之爲神農也，皆春秋戰國時卓然有見，而能自立規矩者也，然而于愚夫婦之心則不安。凡愚夫愚婦之所安者，皆規矩也，其不安則非也。數子者自以爲無方無圓，惟我用之之性，而不知其皆知見也，皆規矩之所不出也，故孔子小管仲之器，而孟子禽獸楊墨，丘蚓陳仲子，貊白圭，外告子，而鑾許行也。聖賢指示規矩之意也，以爲平平常常，而行其所安，則人之規矩，處處規矩，刻刻規矩，而愚夫婦皆是也。此聖人神人之規矩也。若以知見求之，而認爲性，則愚夫婦之所不安，而聖人神人之所不出也，管仲、楊墨之類是也。

大聖大賢，變化於規矩，而不可測者也。後人指其變化，而遂認以爲規矩，然而後人不能也。聖人賢人之徒，睹其變化而必求其所自主，以爲聖賢信其在我而行之，而後世信其在聖賢者而效其尤，則其所爲主者已先喪也，故不教以其變化神妙之在聖賢者，誤天下後世，此聖賢之徒得規矩之正也。學王良者，範馳驅者也。學孫臏、吴起者，稟鐘鼓者也。夫規矩之正，千古聖賢所不廢也。女樂不可受，而南子可見，弑君之賊不共天下，而佛肸公山之召可往也，七十鎰受，五十鎰受，一介之不取乎？後車傳食，而不爲臣，不見何居也？此皆聖賢之至妙而不可測者也。然皆規矩在我而變化之，子路、萬章、彭更之屬，以爲聖賢所獨信而不可以告人，欲無言而不可，誤天下萬世，汲汲然反覆明白其義，而聖賢之規矩始信於天下，故子路爲善學孔子，萬章、彭更善學孟子也。夫學問之真似不可辨，而規矩辨之，規矩是非不可辨，而於戒謹恐懼無忌憚辨之。夫真則成規成矩，而亦用規用矩，聖賢之精神作用，發源於戒謹恐懼也。若其似者，自以爲用規而離於規，自以爲用矩而離于矩，任無不至之情，以托於不拘之性，而究也爲小人之無忌憚，此其間微乎微乎，學術之所宜早辨。然後知魯人柳下惠同一精神，而聖賢之徒開天下萬世規矩至深遠也。

二　《桐宫説》(《孟子集注》卷七，頁 13b—14b)

亮陰，古制也，夏商之世，皆有老臣、世臣，可信毗而久任之，故天子居憂，三年不言，百官聽於冢宰，古人皆然，何必伊尹也。太甲之宅憂桐宫三祀，禮也，特其不惠，而近習狎之，故伊尹不令居宫中，而居之桐，遠其宦官宫妾，以動其俎豆几筵之思也。喪紀畢，而君過複矣。迎之即位，亦禮也。伊尹以禮事其君，太甲循禮而自正其身，當時君臣宴然，安於即位，著代之常而已矣，非有放置駭世之事也。戰國捭闔之士遂謂太甲不賢而尹放之，太甲賢，又反之，爲後世强臣重臣跋扈口實，是安知古禮哉？禮曰：武丁，殷之賢王也，繼世即位，而慈良於喪，此時殷衰而復興，禮廢而複起，故謂之高宗，然則衰絰苴屨以息侈也，饘粥蔬食以防欲也，幽憂寂寞以養善也，静觀元默以習事也，教之盡人子之事，而正以厲人君之德，故曰亮陰，古制之善也。後之君不能盡行其哀慕之實事，而朝亦無可信之臣，故謂虚文足以廢事，而以日易月之議起，於是天子不行三年喪，而君德之光明者鮮矣。霍子孟始不以此事孝昭，故近於色，而孝昭夭；既不以此事昌邑，故近於佞，而昌邑廢。古人所以歎其不學無術也。雖然，光常誅昌邑不諫之臣矣。而伊尹於弗順之人，獨置弗誅，何也？曰：此古大臣事君之禮也。昔者負扆而流言作，周公默然居東而不問也。周公問流言之人，而成王疑懼，則小人得乘其間，而周公危矣。諸葛亮鞠躬盡瘁，不與後主争黄皓，彼固誤，用君側不可争，而安其身以滅漢賊，則所爲報先帝者大也。故曰周公武侯皆得伊尹之意也。嗟乎！位益高，權益重，而爲之益難，爲之益難，則身可死而君不可以不濟，後之爲大臣者，可以鑒矣！

(作者單位：南京大學古典文獻研究所)

古典文獻研究(第十六輯)
2013年7月

《漢書·藝文志》總序獻疑*

武秀成

《漢書·藝文志》總序,是我國目録學史上的一篇經典論著。該序雖然僅有數百字,却對先秦的學術流派與漢代的文獻積聚與流傳進行了高度的概括論述,尤其是對西漢後期以劉向、劉歆父子爲首的中國歷史上首次大規模的文獻整理工程以及中國目録學的奠基作《七略》,進行了條分縷析的扼要説明,千百年來,人們諷誦不已。但此序也留下了幾個疑點:一是《七略》所定"六略"之名,其一是"數術略"還是"術數略";二是"今删其要,以備篇籍"之"删"字到底如何解釋。這兩個問題,都集中在《漢志》總序的末尾,原文如下:

> 歆於是總群書而奏其《七略》,故有《輯略》,有《六藝略》,有《諸子略》,有《詩賦略》,有《兵書略》,有《術數略》,有《方技略》。今删其要,以備篇籍。①

我們先討論第一個疑點。《漢志》"六略"之書,各有畛域,前三者爲一般文史類文獻,後三者爲專門技術類文獻,前者由文史學者整理,後者由各專門家整理,這樣才能揚長避短,文獻才能校讎得當。故"詔光禄大夫劉向校經傳、諸子、詩賦,步兵校尉任宏校兵書,太史令尹咸校數

* This work was supported by Hankuk University of Foreign Studies Research Fund of 201.

① 班固《漢書》卷三〇《藝文志》,中華書局,1962年,頁1701。

術,侍醫李柱國校方技"[1],有條不紊,各司其職。

由此可見"數術"類文獻由太史令尹咸校定。"數術"謂何? 顔師古注曰:"占卜之書。"顔師古的解釋可謂得其要,但却并不完整。作爲分類之"術數略",下分爲六種,即"天文"、"曆譜"、"五行"、"蓍龜"、"雜占"、"形法",占卜之書主要指後四者而言。從太史令的身份看,天文、曆法正是其重要職責之一,則尹咸負責校讎的"數術"類文獻應包括有天文 、曆法、占卜等三大類。

尹咸所校,序稱"數術",而其分類定名,又稱"術數略",這是同實異名的混用,還是當時有所區辨的兩個名稱? 班固《總序》原文到底用的是哪個? 此處是否有傳寫的誤倒?

從版本上看,現存各種舊本文字都一樣,前稱"數術",後稱"術數略"。我們依據北宋以前的文獻徵引,還可以窺見一點《漢志》早期的版本面貌。通檢宋以前典籍,一般多引作或稱作"術數略"。如《前漢紀》卷二五《成帝紀二》采《漢志》此文稱"有術數略"[2]。又《隋書》卷三二《經籍志序》曰:"歆遂總括群篇,撮其指要,著爲《七略》:一曰《集略》(按:"集"當作"輯"),二曰《六藝略》,三曰《諸子略》,四曰《詩賦略》,五曰《兵書略》,六曰《術數略》,七曰《方技略》。"[3](《册府元龜》卷六〇八采録《隋志》此文同)《北堂書鈔》卷五七引[4]、《太平御覽》卷六一二、六一八兩引《漢志》皆作"有術數略"[5],《資治通鑑》卷三三《漢紀二十五》采《漢志》亦作"有術數略"[6]。而作"數術略"者僅有二家:1.《廣弘明集》卷三阮孝緒《七録序》稱:"子歆撮其指要,著爲《七略》。其一篇即六篇之總最,故以《輯略》爲名,次《六藝略》,次《諸子略》,次《詩賦略》,次《兵書略》,次《數術略》,次《方伎略》。"[7]2.《文選》卷三六任彦升《天監

---

① 班固《漢書》卷三〇《藝文志》,中華書局,1962 年,頁 1701。

② 荀悦《前漢紀》卷二五《成帝紀二》,《四部叢刊初編》景明嘉靖刻本。

③ 魏徵等《隋書》卷三二《經籍志一》,中華書局,1965 年,頁 905。

④ 虞世南《北堂書鈔》,清光緒萬卷堂刊本。

⑤ 李昉等《太平御覽》卷六一二,《景印文淵閣四庫全書》本。《太平御覽》卷六一八,中華書局,1960 年,頁 2776。

⑥ 司馬光《資治通鑑》卷三三,中華書局,1956 年,頁 1058。

⑦ 阮孝緒《七録序》,釋道宣編《廣弘明集》卷三,《四部叢刊初編》景明本。

三年策秀才文》李善注引《漢志》此文作“有數術略”(《六臣注文選》同)[①]。《文選》李善所引,因其在卷四六任彦升《王文憲集序》注中又引作“有術數略”(《六臣注文選》同)[②],同一人、同一書兩引之,一作“數術略”,一作“術數略”,故不宜引以爲證。我們要討論的其實僅有《七録序》一例。《七録序》此敘劉略之名作“數術略”,因有下文“王儉《七志》改《六藝》爲《經典》……,次《數術》爲《陰陽》”作印證,此處文字當無傳寫問題。阮氏此據《漢志序》改寫,而稱作“數術略”,或阮氏所見本如此,或爲阮氏所改,但從《漢紀》、《隋志》等諸家徵引看,更可能屬於後一種情况。從徵引的總體情况看,可能漢魏以來《漢志序》的文本面貌已經如此,至少在隋唐時期已如同今本,故此後諸家徵引幾乎再也没有區别。

從詞義來説,古代文獻中“術數”與“數術”往往同義混用,泛指各種方術,而主要指天文、占卜、命相、神仙術之類。《四庫全書總目》子部更設“術數類”以收録占卜、命相之書。既然二詞可以混用,則《漢志》稱此稱彼似乎亦無有不可。但是,作爲《漢志》的一篇短序,作爲一個一級分類名目,作者用詞是否應該統一呢?哪個才是《漢志》的原文呢?我們在檢視班固自己使用該詞的情况以後,這個問題也就可以解决了。其答案就在《漢志》“術數略”的序文中,原文如下:

> 數術者,皆明堂羲和史卜之職也。史官之廢久矣,其書既不能具,雖有其書而無其人。《易》曰:“苟非其人,道不虚行。”春秋時魯有梓慎,鄭有裨竈,晉有卜偃,宋有子韋。六國時楚有甘公,魏有石申夫。漢有唐都,庶得麤觕。蓋有因而成易,無因而成難,故因舊書以序數術爲六種。[③]

此序之上,還有一個統計數字,稱“凡數術百九十家,二千五百二十八

① 蕭統編《文選》卷三六任彦升《天監三年策秀才文》李善注,中華書局,1977年,頁513。

② 《文選》卷四六任彦升《王文憲集序》李善注,頁654。

③ 《漢書》卷三〇《藝文志》,頁1175。

卷”。此皆針對“術數略”,而前後三稱“數術”,不用“術數”。《漢書》卷三六《劉歆傳》亦載:“(歆)河平中,受詔與父向領校祕書,講六蓺、傳記、諸子、詩賦、數術、方技,無所不究。”此“詩賦、數術、方技”并列,指向甚明,可見除總序偶作“術數略”外,班固自己稱此類文獻凡5次,均作“數術”,我們有理由相信總序中的“術數略”應當是傳寫誤倒。前人於此并非没有絲毫察覺,如馬端臨《文獻通考·經籍考一·總叙》引《漢志》總序即改作“數術略”①。在宋以後版本定型的情況下,《文獻通考》徵引之異,可以理解爲是著者馬氏獨具慧眼,據《漢志》大序所改。

班固稱“數術略”而不稱“術數略”,是僅爲用詞統一,還是别有用意呢?我們先來考察一下《漢書》對二詞的用例。《漢書》凡用“數術”6次,5例已見上文,另一例在《漢書》卷六三《燕剌王旦傳》:“(旦)博學經書雜説,好星曆、數術、倡優、射獵之事。”此“數術”與“星曆”并稱,其義專指占卜之類甚明。《漢書》使用“術數”一詞凡5次(總序“術數略”除外),有4例見於《漢書》卷四九《晁錯傳》,其文曰:

> (錯)遷博士,又上書言:“人主所以尊顯功名,揚於萬世之後者,以知術數也。故人主知所以臨制臣下而治其衆,則群臣畏服矣;知所以聽言受事,則不欺蔽矣;知所以安利萬民,則海内必從矣;知所以忠孝事上,則臣子之行備矣:此四者,臣竊爲皇太子急之。人臣之議或曰:皇太子亡以知事爲也。臣之愚,誠以爲不然。竊觀上世之君,不能奉其宗廟而刼殺於其臣者,皆不知術數者也。皇太子所讀書多矣,而未深知術數者,不問書説也。夫多誦而不知其説,所謂勞苦而不爲功。臣竊觀皇太子材智高奇,馭射伎藝過人絶遠,然於術數未有所守者,以陛下爲心也。竊願陛下幸擇聖人之術可用今世者,以賜皇太子,因時使太子陳明於前。唯陛下裁察。”上善之,於是拜錯爲太子家令。②

此“術數”之稱,據晁錯之言,包括“知所以臨制臣下而治其衆”,“知所以

① 馬端臨《文獻通考·經籍考》卷一,華東師範大學出版社,1985年,頁11。
② 《漢書》卷四九《晁錯傳》,頁2277。

聽言受事”,“知所以安利萬民”,“知所以忠孝事上”,即晁錯所謂“聖人之術”,指的是君王治國之謀,統治駕馭之術,爲人主之要務。顔師古對此早有專門解釋:“張晏曰:‘術數,刑名之書也。’臣瓚曰:‘術數,謂法制,治國之術也。’師古曰:‘瓚説是也。公孫弘云:“擅生殺之力,通壅塞之途,權輕重之數,論得失之道,使遠近情僞必見於上,謂之術。”此與錯所言同耳。’”[①]此與專指星曆、占卜之類的“數術”毫無關係。

另一例見《漢書》卷九九下《王莽傳下》:

> 是時,嚴尤、陳茂破下江兵,成丹、王常等數千人别走,入南陽界。十一月,有星孛于張,東南行,五日不見。莽數召問太史令宗宣,諸術數家皆繆對,言天文安善,群賊且滅。莽差以自安。[②]

此“術數家”指的却是擅長星曆、占卜之人,其“術數”又與“數術”混用了。但值得注意的是,《漢書》中僅此一例混用二詞,而且是在特别的詞例中,即與“家”構成專有名詞“術數家”。帝王之學難以成家,又何敢稱家,意即實無“術數”之專家,故在東漢時期二詞開始混用的情况下,班固以之稱精於星曆、占卜的“數家”[③],也不會造成詞義的混淆。此與單用“術數”爲“數術”有所不同。再者,漢魏至唐的文獻中稱“術數家”者僅見此一例[④],也不能排除有傳寫誤倒的可能。因此可以這樣看,《漢書》中,在獨立使用“數術”與“術數”的語境中,二者的區别是很清楚的,前者指的是星曆、占卜之學,即《漢志》“數術略”之書,而“術數”指的是治國安邦之學,統治駕馭之術,若爲典籍,則屬於“諸子略”,主要是法、名二家,也即張晏所稱“刑名之書也”。

不僅班固《漢書》於此界限分明,檢核西漢其他文獻,“術數”之義亦無淆亂。西漢凡見2例,一見於《淮南子》卷一一《齊俗訓》:

---

① 《漢書》卷四九《晁錯傳》顔師古注,頁2278。

② 《漢書》卷九九下《王莽傳下》,頁4179。

③ 《史記》卷一四《十二諸侯年表》,中華書局,1963年,頁511。

④ 《宋本册府元龜》卷六〇八叙荀勖《中經新簿》有“術數字”(中華書局,1989年,頁1868)。按:《册府元龜》此文出自《隋書》卷三二《經籍志序》,原文作“術數”,無“家”字。此存疑。

故堯之舉舜也,决之於目;桓公之取甯戚也,斷之於耳而已矣。爲是釋術數而任耳目,其亂必甚矣。①

再見於桓寬《鹽鐵論》卷一《通有》:

大夫曰:"燕之涿、薊,趙之邯鄲,魏之温軹,韓之滎陽,齊之臨淄,楚之宛、陳,鄭之陽翟,三川之二周,富冠海内,皆爲天下名都,非有助之耕其野而田其地者也,居五諸之衝,跨街衢之路也。故物豐者民衍,宅近市者家富。富在術數,不在勞身;利在勢居,不在力耕也。"②

此二例"術數",謂帝王治國之術或齊家安身之謀,而與星曆、占卜之"數術"義别。

先秦文獻使用"術數",也無有别義。其例見於《管子》、《墨子》、《韓非子》、《鶡冠子》等。其中《管子》一書用例最多,其卷二〇《形勢解》曰:

奚仲之爲車器也,方圜曲直,皆中規矩鉤繩。故機旋相得,用之牢利,成器堅固。明主猶奚仲也,言辭動作皆中術數,故衆理相當,上下相親。巧者,奚仲之所以爲器也,主之所以爲治也。斲削者,斤刀也。故曰:奚仲之巧,非斲削也。……

人主務學術數,務行正理,則化變日進,至於大功,而愚人不知也。亂主淫佚邪枉,日爲無道,至於滅亡而不自知也。③

其卷二一《明法解》曰:

明主者,有術數而不可欺也,審於法禁而不可犯也,察於分職而不可亂也。故群臣不敢行其私,貴臣不得蔽賤,近者不得塞遠,

① 何寧《淮南子集釋》卷一一《齊俗訓》,中華書局,1998年,頁777。
② 王利器《鹽鐵論校注》卷一《通有》,中華書局,1992年,頁41。
③ 黎翔鳳《管子校注》卷二〇《形勢解》,中華書局,2004年,頁1174、1183。

孤寡老弱不失其所職,竟内明辨而不相逾越。此之謂治國。……

明主者,兼聽獨斷,多其門户。群臣之道,下得明上,賤得言貴,故奸人不敢欺。亂主則不然,聽無術數,斷事不以參伍,故無能之士上通,邪枉之臣專國,主明蔽而聰塞,忠臣之欲謀諫者不得進。……

主無術數則群臣易欺之,國無明法則百姓輕爲非,是故奸邪之人用國事,則群臣仰利害也。如此,則奸人爲之視聽者多矣,雖有大義,主無從知之。①

凡5例,所指明白,皆謂帝王人主治國之謀略。

《韓非子》卷四《奸劫弑臣》有2例:

夫奸臣得乘信幸之勢以毁譽進退群臣者,人主非有術數以御之也,非參驗以審之也,必將以曩之合己信今之言,此幸臣之所以得欺主成私者也。故主必蔽於上,而臣必重於下矣,此之謂擅主之臣。……

凡人臣者,有罪固不欲誅,無功者皆欲尊顯。而聖人之治國也,賞不加於無功,而誅必行於有罪者也。然則有術數者之爲人也,固左右奸臣之所害,非明主弗能聽也。②

此2例亦無異義,皆指帝王治國馭臣之術。又《墨子》卷九《非儒下》1例:

(孔丘)乃遣子貢之齊,因南郭惠子以見田常,勸之伐吴,以教高、國、鮑、晏,使毋得害田常之亂;勸越伐吴。三年之内,齊、吴破

---

① 《管子校注》卷二一《明法解》,頁1207、1210、1215。

② 陳奇猷《韓非子新校注》卷四《奸劫弑臣》,上海古籍出版社,2000年,頁279、290。

國之難,伏尸以言術數。①

此"術數",依孫詒讓《閒詁》:"'術'當讀爲'遂'……此當爲'隧'之假字,謂伏尸之多以隧數計,猶言'以澤量也'。"②"術數"是否爲"隧數"之假借可以再商討,要之,與指星曆、占卜之"數術"義迥然不同。

最後討論《鶡冠子》中的2例。其卷上《天則》云:

聖王者,有聽微决疑之道。能屏讒權實,逆淫辭,絶流語,去無用,杜絶朋黨之門,嫉妬之人不得著明。非君子術數之士,莫得當前。故邪弗能奸,禍不能中。③

又曰:

臨利而後可以見信,臨財而後可以見仁,臨難而後可以見勇,臨事而後可以見術數之士。④

《鶡冠子》一書,前人指爲僞書⑤,四庫館臣認爲并非全僞,或者只是漢以後有增益⑥,今人以爲"今本《鶡冠子》當是《漢志》道家《鶡冠子》與兵權謀家《龐煖》之合編"⑦。雖不能遽爲定論,但從"術數"一詞的使用上看,其指治國安邦處事之權術無疑,則仍保留有先秦文獻的特點。

此外,《黄帝内經素問》卷一《上古天真論篇》中的1例也要討論一下:

① 吴毓江撰、孫啓治點校《墨子校注》卷九《非儒下》,中華書局,1993年,頁440。

② 孫詒讓《墨子閒詁》,《諸子集成》本,中華書局,1954年,頁186。

③ 黄懷信《鶡冠子彙校集注》卷上《天則》,中華書局,2004年,頁31—32。

④ 《鶡冠子彙校集注》卷上《天則》,頁42。

⑤ 見《柳宗元集》卷四《辯鶡冠子》,中華書局,1979年,頁115—116。

⑥ 《四庫全書總目》卷一一七《鶡冠子提要》認爲"未可以單文孤證遽斷其僞。惟《漢志》作一篇,而《隋志》以下皆作三卷,或後來有所附益,則未可知耳"(中華書局,1965年,頁1007—1008)。

⑦ 《鶡冠子彙校集注》卷首《前言》,頁5。

岐伯對曰:"上古之人,其知道者,法於陰陽,和於術數。"王冰注:"知道,謂知修養之道也。夫陰陽者,天地之常道;術數者,保生之大倫:故修養者必謹先之。"①

此"術數"與"陰陽"并稱,其義與"數術"所指無别,可謂反證,但現今流傳的《黄帝内經素問》,其成書年代尚不能定,或以爲在戰國至東漢一段時期,一般認爲其文字經過了後人的增删。我們現在所看到的《素問》,是經過唐人王冰整理以後的面貌,因此該例只能視爲特例。

"術數"之"數術"義,當是從東漢開始的。此從《論衡》卷二六《實知篇》可以看出來:

彼不以術數,則先時聞見於外矣。方今占射事之工,據正術數,術數不中,集以人事。人事於術數而用之者,與神無異。詹何之徒,方今占射事者之類也。如以詹何之徒,性能知之,不用術數,是則巢居者先知風,穴處者先知雨。②

此段"術數"一詞凡5見,指能預知事物未來與人事吉凶的方法,尤其與"占射事"之類相連,可知其與"數術"之義相同,而與帝王治國御下之術無關。

東漢出現"術數"與"數術"的混淆,並非是偶然的。這是因爲作爲星歷、占卜之義的"數術"一詞,在當時並未完全固定下來。"數術"一詞的產生,年代並不久遠。前人所舉《墨子》卷六《節用上》"數術而起"之例,其實出於誤解③。最早的用例,當即出自劉歆《七略》。《七略》雖然已經亡佚,但基本上被班固《漢志》所采用,現今《漢志》六略之名與數術略小序,必爲《七略》文字,故《漢志》用例(總序除外),即爲《七略》用例。

---

① 《重廣補注黄帝内經素問》卷一《上古天真論篇》,《四部叢刊初編》景明翻北宋刻本。

② 黄暉《論衡校釋》卷二六《實知篇》,中華書局,1990年,頁1080。

③ 《漢語大詞典》(第五卷),漢語大詞典出版社,1990年,頁506。按:《墨子》卷六《節用上》之"數術",凡2例,其義皆指"數種方法"。

由此可知,“數術”一詞,很可能爲劉歆命名占卜、星象之書所新創。東漢王充對此新詞,似乎未予采用,而是以舊瓶裝新酒的方法,用原有的“術數”一詞來指稱此義。二詞用字相同,而使用之初又是有此分歧,這或許就是後世二詞混用的主要原因。

據上可知,“術數”一詞,在先秦西漢時期,指帝王馭下用臣,治國安邦,立身處事之謀略,其義重在權術,與占卜、命相之“數術”一詞迥然義别。班固《漢書》使用“術數”一詞正是其本義的延續,尤其在《藝文志》中,它是採用劉歆《七略》删削而成的,反映的是西漢後期的詞彙狀況,而六略的命名更是劉向父子所定,故在總序中,班固叙述“七略”名目,自然不會採用過去别有意義的“術數”來命名星曆、占卜一類文獻的,今本總序“術數略”之“術數”二字爲“數術”之誤倒無疑。後世稱引或校訂《漢志》總序,對此顯見之異文而不置一詞,蓋因“術數”與“數術”已經義同混用,未嘗以爲有誤有異也。

總序的第二個疑點在“今删其要”句。對此句大義的理解,古今没有什麽不同。顔師古注曰:“删去浮冗,取其指要也。”[①]謂删去班固所據之《七略》中的繁雜多餘的内容,節取其中的精華要點(來充當《漢書》之《藝文志》)。其後各書志研究者皆遵循顔注以釋其義。

此句釋義,古今如此一致,是基於這樣一個基本事實,即《漢書·藝文志》是採用劉歆《七略》而成的,其不同主要在增補了劉歆、揚雄、杜林等三家五十篇(《漢志》稱“入某某”),調整了少數一些著作的歸類(即《漢志》所謂“出某某”、“入某某”),省略了少量一些重複或類似“别裁”的著録(《漢志》稱“省某某”),散《輯略》之大小序入各自本類(故《論衡》稱“六略之録”[②]),而其最大的變化則是删削了《七略》中大量的簡要解題文字[③]。有此事實爲基點,則此句大義萬變不離其宗:删去了繁複的文字,節取了它的精華。至於删去的是否爲“浮冗”,這是價值評判,班

① 《漢書》卷三〇《藝文志》顔師古注,頁1702。

② 《論衡校釋》卷二九《案書篇》,頁1175。

③ 班固删削《七略》之解題文字,清人姚振宗輯有《七略》佚文,兩相比較,即可窺見《漢志》因襲與删削之情形。如《漢志》春秋類“馮商所續《太史公》七篇”顔師古注:“《七略》云:商,陽陵人,治《易》,事五鹿充宗,後事劉向。能屬文,後與孟柳俱待詔,頗序列傳。未卒,病死。”(頁1715)

固自己并未説明,顔師古用詞未必妥貼,張舜徽《漢書藝文志通釋》從書籍體例的角度做了較好的闡釋:"《七略》原本,於每書名之下,各有簡要之解題,故爲書至七卷之多。由其爲簿録專籍,自可任情抒發。至於史册包羅甚廣,《藝文》特其一篇,勢不得不剪汰繁辭,但存書目。史志之所以不同於朝廷官簿與私家目録者,亦即在此。"①

文義没有異議,疑點又在哪裏?這就是那個"删"字到底作何解釋。顔師古之注,實際上是解作了"删而取"。"删"爲删汰,有删汰則必有所取,如《説文・刀部》曰:"删,剟也。"徐鍇《繫傳》:"古以簡牘,故曰孔子删《詩》、《書》,言有所取捨也。"②故"删"又可引申爲"取"義,此即古人所謂"反訓",即一字兩義而相反相悖。"删"有"删削"與"採取"相反之兩義不足爲奇,引以爲奇的是顔師古所解的"删而取",是一個"删"字在同一語境中具備相反的兩種含義,而這是有違訓詁規律的,故有學者指出此有"增字爲訓"之嫌。

"删"是"删","取"是"取","删取"是"删取","删"可以包含有"取"義,但不宜一個"删"字在同一語境下而取義却如同"删而取"或"删取"。

最早對顔注提出質疑的是清人段玉裁。他在《説文解字注》卷四篇下對"删"字的"取"義進行了較詳細的論證:

> 删,剟也。凡言删、剟者,有所去即有所取。如《史記・司馬相如傳》曰:"故删取其要,歸正道而論之。"删取,猶節取也。謂去其侈靡過實,非義理所尚,取其"天子芒然而思"已下也。既録其全賦矣,謂之"删取",何也?言録賦之意,在此不在彼也。《藝文志》曰:"今删其要,以備篇籍。"删其要,謂取其要也。不然,豈劉歆《七略》之要,孟堅盡删去之乎?詳言之,則如《律曆志》曰"删其僞辭,取其義者著於篇";約言之,則如《相如傳》、《藝文志》。③

段氏認爲"删其要,謂取其要也",直接訓"删"爲"取"。段氏的這個見

① 張舜徽《漢書藝文志通釋》,華中師範大學出版社,2004年,頁176。
② 徐鍇《説文解字繫傳》卷八《通釋》,《四部叢刊初編》景述古堂景宋鈔本。
③ 段玉裁《説文解字注》卷四篇下,上海古籍出版社,1981年,頁180。

解,多被現代詞書所接受,并舉《漢書·藝文志》總序此例爲書證。其中《漢語大詞典》釋"删"爲"節取,採取",凡2例,除《漢志》外,另一例見《隋書》卷三二《經籍志一·尚書類》小序:

> 孔子觀《書》周室,得虞、夏、商、周四代之典,删其善者,上自虞,下至周,爲百篇編而序之。①

此"删其善者"數語,劉知幾《史通》卷一《六家》也有採用,可證唐本如此,而此"删"字訓如"取"字,當無疑問。補此書證,《漢志》"删"字訓"取"當更爲可信。而今人又從"删"字的詞義發展、構詞情況與語源角度,以及《漢志》與《七略》之關係,進一步辨析了顔注的失誤和段説的精當②,可謂已成定説。

但問題在於,從詞義的演變歷史以及詞語的使用範圍看,各家所舉書證還缺乏關聯性和時代性。簡言之,除了《漢志》"今删其要"外,没有一條合乎邏輯的鐵證可以證明漢代"删"作"取"解。

我們首先看各家都舉證的《隋志》"删其善者"一例。"删其善者",賓語爲"善者",爲不可删削之事物,只能訓之爲"取",與"删其要"完全相類,確實可以證明"删"作"取"解的新義。但是,《隋志》爲唐初人所撰③,其行文用語,是無法證明五百年前班固時代"删"字已經有了"取"義。事實上,這完全可能是因爲模仿《漢志》"删其要"而造的新語。因此,在没有别的旁證的情況下,此例實在缺乏證據力。

能夠證明"删"有"取"義的例證,還在《漢書》本身。《漢書》卷一〇〇下《叙傳下》載:

> 虙羲畫卦,書契後作。虞、夏、商、周,孔纂其業,篹《書》删

① 《隋書》卷三二《經籍志》,頁914。

② 紀健生《再釋〈漢書·藝文志〉總序"今删其要"》,《史學史研究》2003年第2期,頁68—70。

③ 《隋書》紀傳部分撰成於貞觀十年(636),而《隋志》原名《五代史志》,撰成於唐高宗永徽元年(650)。

《詩》,綴禮正樂。①

孔子“删《詩》”,謂删汰一部分而節取一部分,其説本於《史記・孔子世家》:“古者詩三千餘篇,及至孔子,去其重,取可施於禮義……三百五篇,孔子皆弦歌之,以求合《韶》、《武》、《雅》、《頌》之音。”“删《詩》”之語,在漢代較爲流行,如《孔子家語》卷九《本姓解》云:

> 孔子生於衰周,先王典籍錯亂無紀,而乃論百家之遺記,考正其義,祖述堯、舜,憲章文、武,删《詩》述《書》,定《禮》理《樂》,制作《春秋》。②

應劭《風俗通義・窮通第七》云:

> 陳蔡之厄,於丘其幸乎! 自衛反魯,删《詩》、《書》,定《禮》、《樂》,制《春秋》之義,著素王之法。③

又如《文選》卷四三劉子駿《移書讓太常博士并序》李善注引《論語讖》曰:

> 自衛反魯,删《詩》、《書》,修《春秋》。④

從“删《詩》”,到“删《詩》、《書》”,再到“删《世本》、《戰國策》”,如《後漢書》卷四〇上《班彪傳》載:

> 孝武之世,太史令司馬遷採《左氏》、《國語》,删《世本》、《戰國策》,據楚、漢列國時事,上自黄帝,下訖獲麟,作本紀、世家、列傳、

① 《漢書》卷一〇〇下《敘傳下》,頁4244。
② 《孔子家語》卷九《本姓解》,《四部叢刊初編》景明翻宋本。
③ 應劭《風俗通義》卷七《窮通第七》,《四部叢刊初編》景元本。
④ 《文選》卷四三劉子駿《移書讓太常博士并序》李善注,頁611。

書、表凡百三十篇,而十篇缺焉。[1]

此諸"删"字,皆内含"取"義,即徐鍇所謂"言有所取捨也",段玉裁所稱"有所去即有所取"也。此"删"字,《漢語大詞典》訓釋爲"删定",《漢語大字典》訓釋爲"裁定"、"節取",皆可,但若單訓爲"取",則仍有不妥。"删"的本義是有捨有取,"取"的含義是有取無捨,此處之"删",皆爲有捨有取,故其被删之對象,皆爲有可删汰之事物,是不能改易爲"取"字的。或者説,若改易爲"取",則其文義頗有不同。此類用例,與《漢志》"删其要"顯然有别。"删其要"之"删",所删之事物——"要",即《七略》之綱要和精粹,實爲不能删之事物,而是删節後之事物,是當"取"而不當"删"、不能"删"之事物。换言之,"删其要"與"删《詩》"之"删",其賓語性質不同,一則可删,一則可取而不可删。因爲"要"爲不可删之賓語,故段玉裁訓釋爲"取"。其於句義,甚妥甚當,這個新義的訓釋,解決了"删"字基本義的矛盾。但是要確立"删"字的這個新義,靠上述"删《詩》"、"删《書》"之例是無法證明的,而捨此之外,各家都没有提供相類的書證。更爲重要的是,我們從《漢書》本身和先秦漢魏南北朝文獻中再也找不到"删"字作爲動詞用如"取"字的書證。《漢書》中"删"字用作動詞凡 8 例,2 例作"删定",2 例作"删取",1 例作"删去",1 例作"删其僞詞",1 例作"删《詩》",1 例即"删其要",無一例可證用如"取"。其他中古以前的文獻也不見有用作動詞而可直接訓作"取"義的例證。我們很難設想,在漢代"删"字引申發展了一個"取"的新義,而且是在像《漢書》這樣的經典著作中,結果在其後五百餘年間,這個使用頻率并不很低的"删"字的新義却又如同不曾存在過一樣,再也没有人使用過。果如此,我們寧可相信這個"删"字的新義其實并不曾出現過。所謂的新義,不過是後世不得其真解的一個不無道理的誤説。

既然"删"字用作"取"字没有可靠的書證,則不能强作"取"解,而顔師古解作"删去浮冗,取其指要",則又因增字爲訓而難以服人,那麼從傳寫訛脱的角度來考察此"删"與"要"之間的矛盾,或許更合情理,即《漢志》在中古時期的傳寫中,"删其要"之"删"下脱漏了一個"取"字,原

---

① 范曄《後漢書》卷四〇上《班彪傳》,中華書局,1965 年,頁 1325。

文本當作“删取其要”。這個理校,可以從班固本人以及班固前後人的詞語用例中得到印證[①]。

“删取其要”這個短語,最早見於《史記》卷一一七《司馬相如傳》:

> 賦奏,天子以爲郎。無是公言天子上林廣大,山谷水泉萬物,及子虚言楚雲夢所有甚衆,侈靡過其實,且非義理所尚,故删取其要,歸正道而論之。[②]

《漢書》卷五七上《司馬相如傳》沿用了《史記・司馬相如傳》的這段文字,亦稱“故删取其要,歸正道而論之”,顔師古注曰:“言不尚其侈靡之論,但取終篇歸於正道耳,非謂削除其辭也。而説者便謂此賦已經史家刊剟,失其意矣。”[③]宋代劉奉世對顔注所指馬遷所删所取之内容仍有不同理解:“觀傳所云,則是嘗删其辭矣。若是顔説,則‘删’字爲長辭,恐非傳意。”[④]姑不論其所删所取具體爲何,作爲“删取”一詞與“要”字組合而成的短語“删取其要”,其語義則是明白的:删其不需,取其精要。

“删取”爲詞,《漢書・藝文志》中尚有别例,其《兵書略》序曰:

> 漢興,張良、韓信序次兵法,凡百八十二家,删取要用,定著三十五家。[⑤]

前舉“今删其要”是班固襲用史遷之文,而此“删取要用”,則是班固所造新語,不僅“删取”連用爲詞,而且也是與“要”字搭配,於此可見史遷“删取其要”對班固的影響。另外,從删汰與採用的關係看,《漢書》也喜歡

---

① 古人有以注校經之例,顔師古注謂“删去浮冗,取其指要”,似針對“删取其要”而發,但因爲唐初魏徵等撰《隋志》(較顔注《漢書》同在貞觀時期而晚數年)所見本已同今顔注本而無“取”字,故不宜援此例以證之。

② 司馬遷《史記》卷一一七《司馬相如傳》,1982年第2版,頁3043。

③ 《漢書》卷五七上《司馬相如傳上》顔師古注,頁2576。

④ 王先謙《漢書補注》卷五七上《司馬相如傳上》,書目文獻出版社,1995年,頁1174。

⑤ 《漢書》卷三〇《藝文志》,頁1762。

用“删”字與“取”字相配,如《漢書》卷二一上《律曆志上》載:

> 至元始終王莽秉政,欲燿名譽,徵天下通知鐘律者百餘人,使羲和劉歆等典領條奏,言之最詳。故删其僞辭,取正義,著于篇。[①]

一“删”一“取”,雖然是分而言之,但其與“删取”一詞所表達的語義是一致的。正如顏師古所注:“班氏自云作志取劉歆之義也。自此以下訖於‘用竹爲引者,事之宜也’,則其辭焉。”[②]清齊召南對班氏所采劉歆文字略有辨正:“‘一曰備數’以下皆劉歆之詞,而班氏稍加删節,所謂‘删僞辭,取正義’也。是以《晉志》引此志直云‘劉歆序論’,而《風俗通義》引劉歆《鐘律書》當亦指此。若《隋書·牛弘傳》引劉歆《鐘律書》‘春宫秋律,百卉必凋;秋宫春律,萬物必榮’云云,今志所無,是則班氏所删去者也。”[③]

“删取其要”的短語,在其後不久也有沿用。如袁宏《後漢紀》卷二九《獻帝紀》建安十年載:

> 悦字仲豫,潁川人也。少有才理,兼綜儒史。是時曹公專政,天子端拱而已。上既好文章,頗有才,意以《漢書》爲繁,使悦删取其要,爲《漢紀》三十篇。[④]

這表明,“删取”確實成了一個合成詞,而“删取其要”也成了具有一定穩定性的短語。

從删汰、採用與精要這三者之間的關係看,用詞以“删”、“取”、“要”三字相配也頗爲合理,班固也樂於使用。三者相配,文義完足,若必略其一而言之,則當稱“取其要”(唐以前舊籍中屢見之),而斷無作“删其要”之理。故《漢志》之後,五百餘年無人仿其例而用“删”字,而至唐五

① 《漢書》卷二一上《律曆志上》,頁955。
② 《漢書》卷二一上《律曆志上》,頁956。
③ 《漢書補注》卷二一上《律曆志上》,頁369。
④ 袁宏《後漢紀》卷二九《獻帝紀》,《四部叢刊初編》景明翻宋本。

代八百年中,竟無一人沿用"删其要"之語。此皆因"要"之類并非"删"之對象,而是"删"之目的,是"删"後需要"取"來的對象,"删"與"要"之矛盾,只能補"取"字合成"删取"一詞(或作"删采"、"删著"、"删存"、"删撮"、"删録"等)以作調和。但自北宋宋祁撰《新唐書》採用"今删其要"之後[①],起而仿效者漸夥,此語始得到認可。此可視列傳爲於習非成是之類,與《漢志》的文本原貌無關。

綜上所言,《漢志》"今删其要,以備篇籍"之"删其要",在句義可以確定,即如顔注所言"删去浮冗,取其指要",而前人關於"删"作"取"解的新義(在褒義詞作賓語的結構中)又難以成立的情況下,我們根據《漢書》沿襲史遷舊語"删取其要"以及班固仿造新語"删取要用"之例,并結合"删"、"取"、"要"之間的語義關係,推測"删"下當脱"取"字,原文當作"今删取其要",并非没有理據。此較鑿空而釋作"删而取"或徑訓作"取",應當更爲可取。

(工作單位:韓國外國語大學中國學部)

① 歐陽修、宋祁《新唐書》卷一九九《儒學中·柳冲傳》,中華書局,1975年,頁5676。

古典文獻研究(第十六輯)
2013年7月

丁祖蔭録李文藻批校清初抄本《虞山錢氏絳雲堂藏書全目》述略

侯印國

葉德輝云錢謙益《絳雲樓書目》"當時好事者人鈔一册,爲按圖索驥之資,故傳本之多,半出名人手校"①。目前存世的錢氏書目傳本確實較多,在歷代私家書目中可謂首屈一指。新出版的《中國古籍總目》中著録有十種,包括源出清初抄本的《絳雲樓書目》一卷補遺一卷,源出清康熙間抄本的《絳雲樓書目》二卷,清抄本《虞山錢牧齋絳雲樓書目》不分卷,源出沈錢青抄本和觀我生齋抄本的《絳雲樓書目》不分卷,清抄本《牧齋書目》不分卷,劉氏嘉蔭簃抄本《絳雲樓書目》五卷,《粤雅堂叢書》本《絳雲樓書目》四卷,鐵如意館抄本《絳雲樓書目》二卷補遺一卷,《師石山房叢書》本《牧齋書目》五卷。此外黄永年藏清初抄本、哈佛大學燕京學社藏《牧齋書目》不分卷本,與著録各本亦有不同。

在名人手校方面,陳景雲批注最受關注,流傳的抄本大都過録了吴翌鳳跋和陳景雲批注。此外國圖藏清初抄本《絳雲樓書目》一卷,有李滂跋;"臺圖"藏康熙抄本《絳雲樓書目》二卷,周鴻曆、王宗炎校并跋;國圖藏清抄本《絳雲樓書目》二卷,有翁同龢跋,周星詒校并跋;湖南圖書館藏清抄本《絳雲樓書目》二卷,袁芳瑛校并跋、葉德輝校并跋;國圖藏清抄本《絳雲樓書目》不分卷,有劉喜海校注并跋;上海圖書館藏不分卷本有徐康跋,南京圖書館藏不分卷本有丁丙跋、鄧邦述跋,甘肅圖書館藏不分卷本有程氏莊跋;國圖藏張訥抄本有李璋煜跋;鐵如意館抄本有

---

① 葉德輝《郎園讀書志》卷四,《海王村古籍書目題跋叢刊》第五册(影印一九二八年長沙葉啓發等上海澹園鉛印本),中國書店2008年版,頁265。

張宗祥跋;上海圖書館藏《虞山錢牧齋絳雲樓書目》不分卷有吴騫校,山東博物館藏此本有王芑孫跋。這些版本之間確有極多共同之處,但也有不小的差别,主要在於類目的順序和著録圖書的數量。著録圖書較多的本子,如黄永年舊藏的清初抄本著録圖書近4000種,而通行的《粤雅堂叢書》本僅著録圖書3499種,相差500種之多。各本之間,還有少量類目此有彼無。前人對此多有論述,近王紅蕾在《〈絳雲樓書目〉各抄本互異原因略考》一文中,提出造成各本差異的主要原因是《絳雲樓書目》并非錢氏一時完成的定本,"自藏書之日始,隨藏隨録,隨録隨編"[①],未定之本陸續流傳,成爲各個抄本不同的祖本。

近日,筆者在南京圖書館見到丁祖蔭過録李文藻批語和校注的舊山樓舊藏清初抄本《虞山錢氏絳雲堂藏書全目》四卷。丁祖蔭,字芝孫,一作之孫,號初我、初園居士,又號一行,清光緒十五年(1889)庠生,是近代知名學者、藏書家、文學家[②]。從抄本的藏印以及丁氏過録的題跋和摹刻的藏印來看,此本系丁祖蔭在舊山樓所藏清初舊抄本錢氏書目的基礎上,過録了曹寅、富察昌齡、李鐸、李文藻、劉履芬、盛昱、吴昌綬所遞藏且經過李文藻詳細批校的《牧齋書目》不分卷本的包括批校、跋語、藏印在内的全部内容。而從其著録圖書的内容來看,分類、類目順序、數量與學界熟悉的諸種版本頗有不同,李氏的校注和跋語也提供了很多有益的信息。此本書名、卷數與目前所知的藏本均不同,各家書目也都未曾著録,是錢氏藏書目的一種稀見版本。筆者對此目略作考察,發現該版本確有重要的學術價值。

此目四册,首册封面無字,卷首題《虞山錢氏絳雲堂藏書全目》,第二至四册封面分别題《絳雲堂書目》,并有亨、利、貞字編號。每册一卷。無格,半葉七行,行字不等,小字雙行,一般每行著録兩種圖書,僅録書名册數,部分僅著録書名。卷首有"舊山樓"印。

第一册卷首有全書總目,分别爲:卷一總目、總經類、易類、尚書類、

① 王紅蕾《〈絳雲樓書目〉各抄本互異原因略考》,載《文獻》2010年第3期,頁65。

② 其藏書事迹,略見蘇精《丁祖蔭湘素樓》,《近代藏書三十家》,中華書局2009年版,頁86—90。

詩類、禮類、樂類、春秋類、孝經類、論語類、孟子類、大學類、中庸類、小學類、爾雅類、經解類、緯類、正史類、雜史類、史傳類、故事職官類、刑法類、譜牒類、史學類、目書類、地志前類;卷二,地志後類、子類、子總類、子儒家類、道學類、子名家類、子法家類、子墨家類、子雜家類、縱横家類、子農家類、子兵家類、子釋家類、釋經類、子道家類、小説類、子雜藝術類、子雜家類、譜録類、天文類、曆算類、地理類;卷三,星命類、卜筮類、相法類、壬遁類、道藏類、神仙家類、天主教類、雜道家類、醫書類、類書類、僞書類、六朝文集類、唐人文集類、杜李類、韓柳類、唐詩類、詩總類、宋詩類;卷四,南宋類、金類、元類、僧集類、國初類、文總類、騷賦類、金石類、書畫類、論策類、奏議類、文説類、詩話類、本朝制書類、實録類、國經類、傳紀類、典故類、小説類。這個總目和正文略有差異,在正史類前遺漏了宋版正史;正史類和雜史類之間,遺漏了史編年類。而子雜藝術類,在正文中則實無此類。此分類與通行各本均有不同。如與黄永年藏清初抄本相比,分類數大約相同,黄本爲 86 類(黄永年先生統計爲 90 類,因爲某些類分普通本與宋刻本,或分抄本與刻本,黄先生均計算爲二類),此目爲 85 類。黄本正史類之後多出史編年類,刑法類之後多出儀注類(收書僅一種),“目書類”作“書目録類”,地志類不分前後,最重要的區別在於子雜家類之後,分類順序與此目截然不同,依次爲僞書類、六朝文集、唐人文集、杜李、韓柳、唐詩、詩總集、宋(詩)、南宋、金、元、僧、國初,之後則接天文類,卜筮類作卜經類,天主教類在神仙家之前,類書類之後則接文總類至書畫類,之後爲“譜録類考”,之後的論策類之後,順序與此目相同。在著録圖書數量上,黄本多出近 800 本。而與《粤雅堂叢書》本等陳批本系統的本子相比較,粤本與此本著録圖書順序大致相同,而僅分爲 73 類,顯得比此目整齊,著録圖書則多出約 350 種,亦可推知知此目較粤本早出。

第四册卷尾有三跋,筆迹一致,均爲丁祖蔭手迹:

是書從琪園檢討借録,中多誤字,又往往不著卷數,閲者殊不快。其首題云“二房分藏”,不知其大房所藏者又如何也。乾隆己丑八月十五日益都李文藻記於京師寓次。是日天氣甚熱。

此册乃李南澗藏本,批校皆其手迹,不知何時入吴中。伯羲。

予家藏本與李南澗抄本同出一源，南澗本入盛氏，於辛亥亂後散出，現歸仁和吴氏雙照樓。羅子經録以示我，對勘一遍，互有詳略，種數固教此本爲多，爰爲分别録存。近復見友人家吴枚庵手録陳少章閲本，陳荄庵坿説甚多，黄蕘圃手録本坿入己見亦不少。他日匯而刊之，必較粤疋本爲精密，而虞山著述，亦永其傳矣。丁巳仲夏，初我校畢。

此目的流傳情况較爲清晰，在此略作説明。此目實際上可以看做兩部分，一部分是丁祖蔭（初我）舊藏的底本，這就是我們現在看到的本子，一部分是丁氏全面過録的李文藻批校本。

先説前者，此目前有"舊山樓"篆文朱印，系常熟趙氏舊山樓舊藏。趙氏藏書曾秘不示人，本被葉昌熾列爲"小藏家"①。後因其藏孤本《古今雜劇》二百三十餘種被鄭振鐸輾轉購得，歎爲國寶，聲名始振。趙氏藏書始於趙宗建曾祖同匯，至趙宗建時，逢太平軍起義，常熟、蘇州藏書家圖書多有流出，宗建大肆搜求，瞿氏鐵琴銅劍樓和汪士鐘藝芸書舍散出之書，多爲其所得②。《舊山樓書目》丙部著録有"絳雲樓書目　四本"，從册數來看，或即此《虞山錢氏絳雲堂藏書全目》。值得注意的是，《舊山樓書目》中著録了較多的錢謙益舊藏書籍，如庚部中的明抄本《天潢玉牒》一本、《北平録》一本，"光緒廿六年十月中補録"中的《宋遼金名將傳》六本、《廣川書跋 宣和畫譜》八本、《米元章畫史》二本、抄本《岳珂愧郯録》四本、抄本《安樂山事迹》一本等。除此之外，舊山樓還收藏有錢謙益《甲申年日記》、《乙酉年日記》、《記豫王下江南事迹》、《被累下獄時與柳如是信》等底稿，以及《紅豆山莊雜記》四本的手稿。可見趙氏雖距牧齋年代久遠，但收藏的錢氏舊籍頗爲可觀。正因爲如此，這部出自舊山樓的錢氏書目，也就值得格外注意。宗建去世後藏書歸次子仲舉，仲舉旋亦卒，清末民國初，其書經仲舉之子士策之手散出，盛宣懷所得最多，而同爲常熟的丁祖蔭，"既雄於資，又精鑒别，且其著眼點不盡在

① 葉昌熾著，王欣夫補正，徐鵬輯《藏書紀事詩》卷七，上海古籍出版社 1989 年版，頁 699。

② 曹菊生《舊山樓書目跋》，趙宗建等《舊山樓書目》，古典文學出版社 1957 年版，頁 73。

於宋元舊刊,故所得盡有奇書……書目兩本,亦歸丁氏。前一本上,有很多硃圈、硃點,在這些記號上,可做丁氏所得趙書的推測”[①]。《虞山錢氏絳雲堂藏書全目》當亦在其列。從丁祖蔭跋語落款的“丁巳仲夏”來看,這批書歸入丁氏的時間,在1917年之前。這個本子“玄”字均缺筆,而“弘”字不避諱,當是康雍時期抄本,從抄録時間來看,在現存錢氏書目抄本中,僅次於抄於順治年間的國圖藏李滂跋本和藏臺灣圖書館的胡静夫抄本《牧齋書目》,本身就有極重要價值。

而丁氏過録的李文藻批校本,藏書源流亦清晰可見。據丁氏在第一册抄録的李批本的書名,此書原題《牧齋書目》,原書不分卷。丁氏依次摹了李批本的藏印:卷首有“宗室文殼公家世藏”、“盛昱之印”、“長白敷槎氏昌齡讀書印”、“楝亭曹氏藏書”、“焦氏子厚”、“琪園藏書”。目録前有“南澗居士”印,後有“江山劉履芬彦清父收得”印。

可見此目最早藏曹寅處,曹寅歿後轉由其外甥富察昌齡收藏。昌齡字敷槎,號堇齋,得其舅氏書甚多。李文藻《琉璃廠書肆記》云:“乾隆己丑五月二十三日……從内城買書數十部,每部有‘楝亭曹印’,其上又有‘長白敷槎氏堇齋昌齡圖書印’,蓋本曹氏而歸於昌齡者。”[②]後入藏李鐸處。鐸字振文,號琪園,壽光人,乾隆癸未進士,改庶吉士,授檢討,曆官寧武同知[③]。民國《壽光縣志》卷十二《人物志》“文苑”欄載其“生平購書不惜重金,縹緗之富甲於青郡,所蓄書印有‘琪園家藏’圖章,後人皆珍之……之官必載書,兼兩案牘之暇,手未嘗釋卷,發而爲詩,性靈才氣不在湖海樓下,惜年未四十而殞。著有《泠玉巖集》,益都李文藻爲之序”。可見其酷好藏書,而李文藻與其關係密切,從李鐸處借得,因書中多有誤字,且多不注明卷數,李文藻又加以批注校訂,并且加上自己“南澗居士”的藏印。文藻字素伯,一字茝畹、香草,號南澗,山東益都人。生於雍正八年(1730),乾隆二十六年(1761)進士,三十四年(1769)授廣東恩平、潮陽知縣,官廣西桂林府同知。錢大昕《李南澗墓誌銘》

① 曹菊生《舊山樓書目跋》,趙宗建等《舊山樓書目》,古典文學出版社1957年版,頁74—75。

② 李文藻《南澗文集》卷上,《叢書集成》本,中華書局1985年版,頁16—18。

③ 徐世昌輯《晚晴簃詩匯》卷九十一,中國書店1988年版,頁625。

云:"性好聚書,每入肆見異書,輒典衣取債致之,又從友朋借鈔,藏弆數萬卷,皆手自讎校。"①李氏身後藏書散出,多落入北京商賈之手。此目經過輾轉,先歸劉履芬,故有"江山劉履芬彦清父收得"藏印,再入盛昱。劉氏爲蘇州人,故盛昱有"不知何時入吴中"的跋語。盛昱字伯熙,一作伯羲、伯兮、伯熈,號意園,又號韻蒔。性喜典籍,是著名藏書家。他鑒定"此册乃李南澗藏本,批校皆其手迹"。盛昱身後藏書散出,劉承幹、袁克文等人均傾力收購,而此目則歸吴昌綬雙照樓。羅振常抄録一部贈與丁祖蔭,丁祖蔭便據羅氏所録,在其舊藏的清初抄本上一一對勘,用朱筆將異同之處全部標出,并不時加上自己的案語,使得該本成爲獨一無二的珍本。李文藻抄本今天還能見到,《中國科學院圖書館藏中文古籍善本書目》著録:"《牧齋書目》不分卷,清乾隆抄本,清李文藻題記并校。一册一函。"②當即此書,但定爲乾隆抄本,當非盛昱、吴昌綬所遞藏之本。盛、吴遞藏本系曹寅舊藏,至少爲康熙抄本。

丁氏藏舊山樓藏抄本,類目的名稱和順序與各本均有不同,如地志分地志前類、地志後類,分别屬卷二和卷三,是與其他所有錢氏書目所不同的。又如天主教類著録圖書達 31 種,而其他各本則在 4 到 10 種之間,差異明顯。此目總共著録圖書 3151 種。根據王紅蕾統計,在常見的錢氏目録中,黄永年藏《絳雲樓書目》著録錢氏藏書最多,有 3951 種,臺灣"國立故宫博物院"圖書館藏《牧齋書目》次之,著録藏書 3939 種。上海圖書館藏《虞山錢牧齋絳雲樓書目》,即曹溶題詞本,著録 3650 種,《粤雅堂叢書》本,即陳景雲注本,著録 3499 種,《亞穀叢書》本著録 3427 種。王紅蕾提出"錢謙益登記所藏,依時間之序,隨藏書之增長而著録,各抄本間所録書目多少,皆因祖本傳抄時間之早晚所致"③。如這一觀點成立,則舊山樓所藏的這 清初抄本收書比已知其他所有錢氏書目均少,很可能源出錢氏最早期的藏書記録。

---

① 葉昌熾著,王欣夫補正,徐鵬輯《藏書紀事詩》卷七,上海古籍出版社 1989 年版,頁 516。

② 中國科學院圖書館《中國科學院圖書館藏中文古籍善本書目》,科學出版社 1994 年版,頁 197。

③ 王紅蕾《〈絳雲樓書目〉各抄本互異原因略考》,載《文獻》,2010 年第 3 期,頁 68。

丁祖蔭在對勘中,極明顯的誤字,或補充册數和少數書名等情況,直接在原文旁標注。如總經類"宋刻周易王弼注",原無册數,丁氏據李批本,用紅筆補"五册"。再如史類,"南史"下加了"不全,七十八册","舊唐書"下注"不全"。總經類有"吕氏家熟讀詩經二十册","熟"字系誤字,旁用紅筆注"塾";又如"十六國春秋三十六册","六"字旁用紅筆注"二"。而過録批注、增添大量圖書或施以自己按語,則多用貼浮簽的形式,以保持自己所藏舊本的原貌。浮簽數量非常多,幾乎每頁都有,有的甚至一頁有兩個乃至三個浮簽。丁氏根據李氏跋語,將李氏批校本稱爲"二房藏本",在第一册卷首"虞山錢氏絳雲堂藏書全目卷一"之上,貼有浮簽"二房藏本不分卷,下三卷均不另頁",説明了李氏批校本的版本情況。而李氏批校本中著録而此本未著録之書,丁氏也用浮簽一一過録,如在第二册"地志類",丁氏用大幅的浮簽,詳細列出了五十五種圖書的書名卷數以及李氏校語,末云"以上五十五種,是本缺,據二房藏目補足"。這樣的大型浮簽還見於子類,補入《五子書》、《十二子書》等五種匯刻子書和全部細目;子雜藝術類,補入《清夜録》等五十二種,子雜家類,補入四十餘種;道藏類,補入《玉音内書》等十種;南宋類,補入《王梅溪集》等二十八種;國初類,補入《師山文集》等四十三種,國紀類補入五十種,典故類補入三十五種(丁氏誤數爲三十三種)。

雖然丁氏藏本著録圖書較李批本爲少,丁氏據以補入的情況較多。但正如丁氏跋語中所説,此目與李氏批校本互有詳略。如地志類,丁氏藏本就有二十餘種爲李批本所無。丁氏在浮簽中一一列出書名,并指出"以上廿三種,二房書目缺"。而在各部類中,這樣的情況也一直零星出現,丁氏一一列出,如詩話類,浮簽云"滄浪吟卷、北山詩話、張載歲寒詩話,俱缺",這些書見於丁氏藏本,而爲李批本所無。

李南澗的批語也被全部録入,如總經類"宋版禮記十册"上有浮簽:"宋版禮記重出,原有此批。"又如詩類,有浮簽:"中公詩説及魯詩世學,皆宜入僞書類。李。"一望而知是李氏原批,保存了李氏批語的原貌。這樣的浮簽比比皆是,大都是李氏對圖書分類等方面的意見。其中也提出一些重要的觀點,透露出一些重要信息。如道藏類有一浮簽:"道藏與神仙家,恐有錯簡,而予不能辨,俟質之林伋山人。南澗。"今天的各本錢氏書目,道藏類、神仙家類著録都有一些混亂,李南澗認爲可能是裝訂過程中出現了舛誤。林仮山人當是熟悉錢氏藏書之人,疑即清初福建藏書家林仮,其與錢氏藏書的關係有待進一步查考。這個本子的珍貴之處還在於,丁祖蔭不僅全部過録了李氏批校,還經常加上自己的按語。如小學類有一浮簽:"六書故十二,同問備考下。案,此書重見,册數不同。初我。"又如經解類,有浮簽:"宋版陸德明經典釋文二十六,六經正誤下。按,是書重見,初我。"這些加有丁氏案語的浮簽數量亦不少,提供了一些有益的信息。

總體來説,南京圖書館所藏的清初抄本《虞山錢氏絳雲堂藏書全目》四卷,本身就是未爲學界所知的錢氏書目版本。該本約抄録在康熙年間,是現存錢氏書目中較早的一種,且是收藏了衆多絳雲樓舊籍乃至錢謙益稿本數種的趙氏舊山樓的舊藏,有重要的價值。從其内容來看,著録的圖書數量在衆多錢氏書目中最少,因此極有可能源出於錢謙益藏書目録的最早版本,對了解錢謙益藏書有重要意義。更爲可貴的是,這部書歸丁祖蔭後,丁氏在此本上過録了原藏曹寅,經李南澗批校的清初抄本的包括書名、藏印、批注等在内的全部内容,做了詳細對勘,并加上了自己的批注,保留了大量有價值的資料。筆者建議出版部門早日將此書影印或整理出版,以享學界。

(作者單位:南京大學文學院)

古典文獻研究(第十六輯)
2013年7月

《舊山樓書目》與趙氏藏書略論

劉　妍

舊山樓爲清末同治、光緒間常熟藏書家趙宗建(1828—1900)之藏書樓。有清一代私人藏書蔚爲大觀,趙氏只能稱得上其中的“小藏家”①。其引起世人關注始於1938年。是年著録於《也是園書目》的《古今雜劇》二百三十種從丁祖蔭家流出,追溯丁氏所藏,實源自舊山樓。五十年代,孫楷第率先對作爲藏書主體的趙氏之譜系、家族成員生平與舊山樓之變遷進行了詳細的考訂②。《舊山樓書目》(下簡稱《書目》)共兩本,屬綜合目録中之私人藏書目録,前一本爲趙宗建生前手訂,後一本爲其次子趙仲舉所補録③。對《書目》的專題研究始於80年代,曹朋昌、衛毓成分別對其著録體例、形式特點作了大致把握并略有批評④。近曹培根在此基礎上有所擴充,其中對趙宗建後人及其藏書印的考述頗具參考價值⑤。此外,韓文寧《“小藏家”中的佼佼者——常

---

① 葉昌熾《藏書紀事詩》語。(清)馬瀛撰,潘景鄭校訂,(清)趙宗建撰《唫香僊館書目　舊山樓書目》,上海:上海古籍出版社,2005年版,頁83。本文引趙氏著録均據此本,下僅注部屬、頁碼。

② 孫楷第《也是園古今雜劇考》,上海:上雜出版社,1953年版,頁37—49、347—370。

③ 參曹菊生《〈舊山樓書目〉跋》,《舊山樓書目》,頁72—73。

④ 衛毓成《趙宗建在目録學上的成就》,《河南圖書館學刊》1986年第4期,頁36—37;曹朋昌《趙宗建小傳——兼評〈舊山樓書目〉》,《圖書館雜志》1986年第4期,頁63—64。

⑤ 曹培根《常熟趙氏文獻世家第宅及藏書流變考》,《常熟理工學院學報》2005年第1期,頁114—119。

熟趙氏舊山樓》、韋力《舊山樓》[①]等雖非嚴格意義上之學術論文，亦部分涉及對趙氏書目、藏書流傳等問題的探討，均可參閲。本文擬仍從《書目》及趙宗建别撰之《舊山樓藏書記》入手，對與趙氏藏書相關的若干問題做進一步思考。

一 《舊山樓書目》著録體例與特點

（一）編排分類之原則

《舊山樓書目》并未採用當時已較普及的四庫分類法進行著録：前册除乙目全爲史籍、己目基本全屬集部[②]外，甲目收書涉（經、史、子）三部，丙、丁、戊、庚目均四部皆録。除"忠"字厨無經部書外，楠木諸小厨也都遍收四部[③]。趙氏亦未明言已書編排分類之原則，給後人的研究带來了一定困難。前舉曹朋昌論文最早對此提出質疑：

> 《舊山樓書目》是未經分類的，也不是按字順編排，它或者是按購書前後爲次，或者是以藏書排架爲序，而没有採用一般的編排方法，這在清代藏書家中是少見的。在"四庫法"創立后，作爲中國古代分類法的集大成者受到了普遍的重視，并且得到了普及，而趙宗建仍然不加採用，而只標明序列，這更説明其書目之簡陋。[④]

尚停留在猜測層面，并未提出明確的判斷。衛毓成謂"好象是按藏書厨登録圖書"，曹培根亦云"大致以藏書排架爲序登録"[⑤]，但均未説明理由。筆者認爲，這一推測是合理的。

---

① 韓文載《中國典籍與文化》2000 年第 2 期，頁 32—35。韋文收入氏著《書樓尋蹤》（石家莊：河北教育出版社，2004 年版），頁 58—59。

② 該目七十餘種書中，除《郝懿行四種》外均屬集部。

③ 衛毓成認爲，"通觀全書目，似乎未收子部書，就是在《補録》中，收録子部書也幾乎寥若辰星"（《趙宗建在目録學上的成就》，頁 36），殊謬。詳參本文第二部分《〈舊山樓書目〉各部書籍分類統計表》。

④ 《趙宗建小傳——兼評〈舊山樓書目〉》，頁 64。

⑤ 前者見《趙宗建在目録學上的成就》，頁 36；後者見《常熟趙氏文獻世家第宅及藏書流變考》，頁 118。

如前所述,《書目》前册爲趙宗建生前手訂,具有較高的可靠性,故此處將其作爲主要考察對象。該册依甲、乙、丙、丁、戊、己、庚、楠木小厨(文)、楠木小厨(行)、楠木小厨(忠)、楠木小厨(信)目次編排。據楠木小厨(文)下附注"四厨藏梅顛閣内外間"①,可知此下四厨爲書架無疑,文、行、忠、信爲趙氏自取之名。此前存疑者乃由甲至庚七部。細檢《書目》,此惑并非毫無解决之綫索。先看幾條書名下附注:

(乙)《汪板後漢書》,不在内
(丙)《蘇長公外紀》,不在内
(丙)《隸韻》,不在内,似在楠木厨内
(丁)《陳龍川集》,嘉泰刊本,不在内,似在楠木厨内②

均似是在整理藏書過程中發現圖書移位後所作的記録,然則此七部當亦爲藏書處。又丁部《新唐書糾謬》、《南豐文粹》兩書册數下同注"從外間尋得歸原厨"③,更是圖書復位之記載,據此可知此藏書處非指藏書間,而是類似楠木四厨的書櫃,甲、乙、丙、丁等與文、行、忠、信接近,亦皆藏書家自取之厨號。另據筆者統計,甲至己六部著録圖書總册數大體接近(甲 640 册,乙 548 册,丙 650 册,丁 667 册,戊 747 册,己 720 册),慮及書籍物質形態之異同,此或亦可證其爲規格基本相同的藏書櫃。惟庚部(385 册)與其它六部相差甚遠,但因其居於最後,故其中所擺放的書籍數少便完全可能。同時,較之楠木諸小厨的著録册數(文 385 册,行 123 册,忠 248 册,信 129 册),筆者進一步推測,由甲至庚七書櫃應比楠木四小厨大。二者所藏之書非但數量不同,質量也有差異:大厨多普通版本,小厨多善本。下文另有專論。

(二) 著録的簡與繁

《舊山樓書目》著録簡單,曹菊生即稱其"都是記帳式的,編寫無次,亦

① 《舊山樓書目》,頁 49。
② 《舊山樓書目》,依次見頁 7、10、11、18。
③ 《舊山樓書目》,分别見頁 16、18。

無較詳叙録"[①]。有關"編寫無次"與否,上文已略陳拙見[②]。至於"帳簿式"、"無叙録"之説,則相當客觀。趙氏著録的隨意性較强,體現在諸多方面:

1. 著録書名時,有時未録全稱,觀己部之《校宋本元集》、《白集》即知。就具體書目而言,楠木"忠"字厨"《宋刊北齊書》,四本"兩見[③],若非版本信息遺漏,則顯爲重複著録。再如,戊部《玉譜類編》至《雲谷雜記》間趙宗建親筆所添十種書中,有七種見於庚部且彼此仍非常接近,但除《徐芝仙出塞詩》外,書名著録皆小有出入[④],疑該批書曾挪動位置。

2. 著録版本時,相同子部内對同一版本特徵的著録形式并不統一。舉甲部爲例,同爲岳板,著録《周禮》時於書名下附注,著録《左傳》時則直接題曰《岳板左傳》[⑤]。另,僅丁部内,對汲古閣刻本史籍的著録就有四種方式:(1)"汲古閣"+書名,如汲古閣《晉書》、汲古閣《梁書》等;(2)書名下注"汲古本",如《隋書》、《周書》;(3)書名下注"汲古閣本",如《五代史補》;(4)書名下注"汲古閣刊本",如《吴郡志》[⑥]。

3. 著録册數時,情况更爲混亂。整體表述上,絶大多數使用"×本",然亦不止一部間雜"共×本"格式[⑦]。數字使用上,"一"與"壹"、"二"與

---

① 曹菊生《〈舊山樓書目〉跋》,《舊山樓書目》,頁73。

② 前册戊編《唐宋詩醇》後著録《瓶水齋詩集》等十種,注云"《玉譜類編》至《雲谷雜記》之間,趙次侯在書眉上親筆增添十種如下"(《舊山樓書目》,頁32),然則各部目内圖書著録順序或依書櫃内擺放之次。一旦藏書位置有變,《書目》著録位置也就隨之更改。

③ 《舊山樓書目》,頁52。

④ 參注②。其中,戊部之《仰蕭樓文集》,庚部作《仰蕭樓文》,書名下注"戊",似是該書原藏位置之説明。另外,戊部《林屋紀游》至庚作《林屋紀游》,《籌草行人詩》作《嬬草行人詩》,《湯貞愍詩集》作《湯貞愍詩》,《高密三李詩》作《高密三李詩集》,《胡子瑩詩文》作《胡子瑩詩文集》(《舊山樓書目》,頁32—33、46—47)。

⑤ 《舊山樓書目》,依次見頁1、4。

⑥ 《舊山樓書目》,頁15—17。

⑦ 如丁部《頤道堂詩選》"共十六本"(同注《舊山樓書目》,頁19);戊部《柳南詩鈔文鈔》"共三本"(頁21);己部《獨漉堂詩文集》"共九本"(頁38),《曝書亭集》"共廿一本"(頁39)。

"兩"、"八"與"捌"兩種説法并見,甚至"二十"、"廿"、"念"三種表達共存[1]。單位選擇上,丁部《周書》"四册"[2]異於全書以"本"爲量詞的通例。後册《補録》較前册稍詳,但全目除殘本外均著録册數,惟《補録》記《真誥》時缺[3]。該册《元刊小兒集驗方》書名下注"此書失去,忘其名,未知是此否,須查,記得似十本"[4],更直言書名、册數均憑記憶著録。

上舉諸例表明,《書目》總體上確實是較爲簡陋、粗糙的。但在某些方面,趙氏仍做得比較細緻:

1. 凡著録對象爲叢書(或叢刊)者,多將其所收書一一列出,且各注卷數(或册數):甲部《字音四種》、《古經解彙函》、《小學彙函》,丙部《宜稼堂叢書》,戊部《洪北江詩文雜著》、《武英殿聚珍板十五種》,己部《郝懿行四種》等皆是。部分還於具體書目下附注其版本信息,如《小學彙函》中收《廣韻》兩種,一標"張氏澤存堂本",一注"明内府本";《武英殿聚珍板十五種》内《古今黈》、《歸潛志》下均注明"兩册"[5]。

2. 凡校本、鈔本均不厭其煩地注出,時更詳至作者、編者、校者、刊者、批點者姓名,若己部《白集》下注"雍正錢廷錦校宋本"[6]則同時提供了校者與校本之信息。

3. 對書籍完整度(尤其是殘缺部分)的著録相當仔細。聊舉幾例:

(乙)《殿板前漢書》,缺三卷,缺四十四、四十五、四十六,三十二本

① "二"與"兩"在本書目中基本可互用,此處從略。"一"、"八"均常用,兹就"壹"、"捌"各舉一例:甲部《殿板十三經注疏》,"壹百念本"(《舊山樓書目》,頁1);庚部《復初齋文集》,"捌本"(頁45)。甲部著録的前十種書中即"二十"、"廿"、"念"三者皆有,除前引之例外,《毛詩後箋》、《朱子語類》均"二十本",《禮記集説》"廿二本",《京板朱子全書》則"念四本"(頁1)。

② 《舊山樓書目》,頁15。

③ 《舊山樓書目》,頁60。

④ 《舊山樓書目》,頁70。

⑤ 《舊山樓書目》,依次見頁5、31。

⑥ 《舊山樓書目》,頁37。兹依行文順序各舉一例,以見其注之細緻:甲部《左通補釋》注"梁履繩著"(頁2),丙部《金石文鈔》注"趙紹祖輯"(頁9),戊部《汪氏史外》注"鈔本,黄琴六先生校本"(頁22),庚部《朱子文鈔》注"吴文恪刊本"(頁45),楠木"忠"字厨《宋刊杜詩》注"劉辰翁批點"(頁53)。

(乙)《唐書》,汲古本,校本,缺五十一卷至五十七卷,三十一本

(丙)《毛刻説文解字》,缺第三本,五本

此爲書名下注。册數下亦然:

(丁)《新唐書糾謬》,鈔本,兩本,從外間尋得歸原厨,缺首卷六頁

(戊)《潛研堂叢書》,六十四本,缺一本

(己)《范文正公集》,十九本,缺四十七至五十三[①]

非僅泛泛注以一"殘"(或"缺")字,而是精確到所缺卷數、册數甚至具體脱漏的位置。至若戊部《白孔六帖》者,更細至抄全其書的時間[②]。

4. 對書籍裝幀形式的著録甚詳。凡有夾板者均注出,他如《苗氏説文四種》册數下標"有青布套一函"(丙)、《百衲本宋史》書名下注"二種合裝一大箱"(楠木"信"字厨)[③]等則更細之。

此外,對藏書所在處亦多有著録。該點前文已述,不贅。

以上考察均針對《書目》前册,后册即《補録》較之更趨細化。《石齋遺稿未刻稿》題名下注云:

此稿先公擬刻未果。七絶二百〇二首,五古三十七首,七律八十首,對句十八聯。[④]

此爲對書籍内容之著録。另如《宋刊吕氏春秋》注"屺懷太史取去"、《大義覺迷録》注"乾隆時已收回"、《宋刊陸賈新語》注"在价人公處,光緒五年取去"、《宋刊酒經》注"叔平相國郵贈先公"、《李秀成事迹》注"惠甫

① 《舊山樓書目》,依次見頁6、10、16、21、37。
② 《舊山樓書目》,頁20。
③ 《舊山樓書目》,依次見頁10、56。
④ 《舊山樓書目》,頁58。

贈”[①]等,皆爲對書籍流傳之著録。個别條目更是出現了带主觀色彩的評論。例如,《張江陵全集》題下補云“真寶貴也”[②]。又如:

> 《吕氏正綱》,禁書,名號及圖章門人題志均挖去,可恨,四本[③]

趙氏另撰有《舊山樓藏書記》,録已珍視之十六善本并各作簡要解題。然細檢其内容,不出以下三方面:(1)對書籍物理形態(版式、裝幀、卷數、册數等)的著録;(2)對校、編、藏書者(地)及序、跋的著録;(3)對部分書籍之珍貴做出定性,一般僅通過查考歷代書目而得之。不難看出,這些大體都是據實著録的書籍基本信息而罕見深入書籍内容的批評與判斷,總體學術價值不甚高,其所能發揮的傳統目録學“辨章學術,考鏡源流”之功亦較有限。

二　從《舊山樓書目》看趙氏藏書之特點

如果本文第一部分的論述基本成立,那麽對《書目》的研究也應該有助於增進讀者對趙氏藏書狀况的瞭解。筆者認爲,這恰是我們研究私家書目更深層次的意義所在。有關舊山樓藏書之概况(包括版本評價與珍本介紹),上海古籍出版社排印本《出版説明》雖可參閲但稍嫌簡單,下僅就管見所得略陳一二。

(一)集部藏書的整體優勢

關於《書目》著録的書籍數,各家統計略有出入[④],對研究影響不大。儘管兩册《書目》均未採用四庫分類法,但據此對趙氏藏書進行分析仍不失爲一種有效的方法。現就筆者粗淺統計列《舊山樓書目》各部

① 《舊山樓書目》,依次見頁58、59、62、70。

② 《舊山樓書目》,頁68。

③ 《舊山樓書目》,頁59。

④ 曹菊生《跋》稱前一本“書近七百種,但普通本較多,宋、元抄校約百種”,後一本“目中書凡一百四十餘種,大都是抄、稿善本”(《舊山樓書目》,頁73)。衛毓成亦採約數,謂“計七百來種,四千多本”(《趙宗建在目録學上的成就》,頁36)。韓文寧統計得“前一本647種,3990册,其中宋、元抄校本約百種;補録172種,(轉下頁)

書籍分類統計表[②]於下：

	經	史	子	集
大厨(由甲至庚)	11%	25%	15%	47%
小厨	14%	29%	14%	43%
前册(大厨+小厨)	11%	29%	15%	46%
后册(補録)	11%	30%	34%	28%
總計	10%	26%	19%	43%

由上表可知，無論大、小厨，其所藏各類書籍比重極爲接近(集部最多，次史部，次子部，經部最少)。后册有所不同(子部爲最，史次之，集再次，經處末)，但除經部外，其餘三部書籍所占比重相差無幾。加之《補録》總數有限，故合二者而觀之，集、史兩部藏書約占《書目》載籍總數的七成，其中又以集部爲最。事實上，分檢各目藏書，乙、丙、丁三部均以史籍數多，其后之戊、己、庚三部則集部居首，楠木各小厨藏書種數最多者也都是集部。這是就藏書的數量而言。從善本的角度考察，結果大同小異。筆者據兩册《書目》逐條統計，經、史、子、集四部善本所占比例依次爲 9%、29%、25%、36%，其中集、史二部共計約 65%。限於著者缺漏以及筆者學力，這一統計或難以達到準確無誤的程度，但從中仍不難看出集、史部書籍的整體優勢。另據趙宗建親撰之《藏書記》，該文所收十六種鎮樓善本中，集部書占 63%，遠大於子部 25%，以及其後之經、史二部各 6%。以上數據充分表明，在趙氏舊山樓中，集部藏書無論數量或質量均具有較明顯的整體優勢。

(接上頁)657 册，其中宋、元抄校本 27 種"(《"小藏家"中的佼佼者——常熟趙氏舊山樓》，頁 34)，曹培根全從韓説。韋力則認爲"前册系其次子趙仲舉手寫，著録七百餘種"，"據《舊山樓書目》所載，宋刊本有三十四種，元刊有三十種，後又出補録增加宋刊十八種，元刊七種"(《書樓尋蹤·舊山樓》，頁 58—59)。按：上述差異蓋由各家統計標準不一所致。舉前引《郝懿行四種》爲例，韓氏計爲 1 種，曹、韋則計爲 4 種。

② 各欄内數字表示該部藏書占本厨藏書總數的百分比，結果四捨五入保留整數。叢書所占比重較小，暫不計入本表。

(二) 趙氏之藝術修養及其金石圖史類藏書

《舊山樓書目》各目雖錯綜混雜,但細讀之仍能從中窺得趙氏藏書特點之一端。如按藏書位置論之,楠木四小厨多善本,前(由甲至庚)諸大厨則普通版本居多,善本間或混雜其中,加之標注紕漏,殊難分辨[①]。再如按四庫法論之,經部藏書以十三經與小學類居多;史部以正史爲主,兼及方志、書目等;子部中,佛、道典籍頗引人注目,另有醫書若干。其中特别引起筆者興趣的,是史部金石類與子部藝術類藏書。

翁同龢爲趙宗建撰墓誌銘中言其"蓄金石圖史甚富"[②]。檢《書目》,僅題名涉"金石"者即達 18 種,其中丙部 12 種、庚部 6 種。此外,尚有《博古圖録》(丙),《筠清館金文》(庚),《鐘鼎篆韻》[③]、《宣和博古圖薛尚功鐘鼎彝器款識》(補録)。藝術類藏書亦頗可觀,舉書畫言之即有《佩文齋圖畫譜》(丙。按:此處書名疑誤。),《絳帖釋文》(戊),《畫禪室隨筆》、《玉臺畫史》、《法帖考正》、《天瓶齋書畫題跋》、《墨池編》(庚),《廣川書跋宣和畫譜》、《米元章畫史》(補録)等。考趙氏對金石圖史典藏之嗜好,當與其個人在相關領域的學識、修養密切相關。前引翁氏同龢既與宗建同籍常熟且和趙氏一家過從甚密[④],其作品對讀者認識趙宗建之藝術修養多有裨益。

略檢翁集,從《題趙次公藏禮器碑》、《題趙次公藏文衡山列仙事實卷》、《題趙次公藏宋隔小字麻姑山仙壇記》、《題趙次侯藏石谷畫幀後》等題不難推知趙宗建收藏書法、繪畫作品頗豐。不僅典藏,趙氏還精於

---

① 如丙部何氏刻本《王叔和脈經》四本(頁 13)、丁部嘉泰刊本《陳龍川集》(頁 18)、己部《茶陵本文選》(頁 34)等都是宋刻本,但《書目》著録時均未予標注。

② 翁同龢《清故太常寺博士趙君墓誌銘》,謝俊美編《翁同龢集》,北京:中華書局,2005 年版,頁 1019。

③ 《鐘鼎篆韻》於《補録》凡兩見。前云"文淵閣印抄本,孤本,楊詠春增廣,孫子瀟題",六本(《舊山樓書目》,頁 60);后云"楊詠春增廣手鈎,龔孝拱增廣",八本(頁 70)。既一爲孤本,且二者册數不同,應是不同版本。

④ 除前引墓誌銘外,《翁同龢集》詩文涉趙氏者不下 15 處且多與書畫藝術有關。此外,亦可見記一般交游唱和者,如《將游西江,次公招飲未能赴,次韻奉謝》(頁 823)、《吴儒卿、釋玉峰、姚湘漁、趙次公同過山齋,次公有詩,依韻奉答》(頁 831)、《題趙次公灌園漫筆》(頁 839)、《鄒忠介公書趙文毅公傳題記》(頁 1007—1008)等。

賞鑒。翁氏即云：

> 次侯以鑒畫甚精皆能世其學者，匪特畫也。[①]

據翁詩描繪，賞畫評書乃當時諸文士雅集活動的重要内容，趙宗建更可謂主導人物。不僅居所成爲雅集地點[②]，其本人亦"耳聾而談碑甚健"[③]，時或執筆作畫[④]，十分活躍。舊山樓不容小覷的金石藝術類藏書，當也是趙氏在相關領域的熱情及造詣的一種反映吧。

（三）藏書的家族性

所謂藏書的"家族性"，其内涵有二：一是對家族成員著作的保存，一指藏書流傳對於家族之意義。

趙宗建手訂的前册《書目》中，著録有《古今雜劇》六十四本，題名下注"清常道人校鈔補"[⑤]。常道人即趙氏先人。其後人《補録》更增家族成員著作若干種：《先退庵公詩》、《先孟淵公詩》、《先曼華公詩文》、《先曼華公詩稿》、《林屋紀游詩》、《舊山樓詩》等。《舊山樓唱和詩》雖未必爲趙氏作品，但對留存舊山樓這一家族文化符號仍具積極意義。有趣的是，《補録》甚至著録了《舊山樓書目》二本，注云"大兒抄"[⑥]，可見這一書目存在一個家族内部世代改訂的過程。其著録《先曾祖妣錢氏日記》時更附批"子孫永保"[⑦]，趙氏對待家族成員著述近乎神聖的嚴謹責任感由此可見一斑。

關於書籍流傳之意義，孫楷第對《古今雜劇》的思考極具啓發性：

---

① 《趙曼華畫扇卷》，翁同龢《清故太常寺博士趙君墓誌銘》，謝俊美編《翁同龢集》，北京：中華書局，2005年版，頁977。

② 《庚子三月二十六日，偕陸雲孫、龐絅堂集趙次公古春野屋看畫，次公致翰卿徐君意，以序伯畫册屬題》，《翁同龢集》，頁839。

③ 《次公耳聾而談碑甚健，勸余游廬山，意飛動也，作詩調之》。他如《趙次公與汪郎亭往復唱和，依韻奉酬》首句"次公和我問江程，名畫奇書慰别情"亦是諸士賞書鑒畫活動之例。《翁同龢集》，頁822。

④ 《題趙次公〈學佛圖〉》，《翁同龢集》，頁764。

⑤ 《舊山樓書目》，頁39。

⑥ 《舊山樓書目》，頁65。

⑦ 《舊山樓書目》，頁67。

宗建爲文毅族十一世孫，爲文毅子琦美族十世孫。其得也是園藏琦美抄校本《古今雜劇》於長洲汪氏，乃先人遺書一旦璧歸于趙，其事甚有意義。①

推而廣之，舊山樓藏書散失之後，得其書較多者如武進盛宣懷、常熟丁祖蔭、江陰繆荃孫、海鹽張元濟等皆不出常熟及其周邊地區②，諸藏書者均以自身的努力實踐著對地方書籍之保存與文化傳統之繼承的促進。

三　餘論：兼評舊山樓及其《書目》之意義

本文開篇曾引葉昌熾詩語，將趙氏劃歸"小藏家"一類。然并非所有研究者都認同葉氏這一觀點，前舉韓文寧、韋力文章即其例。竊以爲所謂"小藏家"之内涵，應從藏書數量、質量乃至所編書目的學術價值等各方面進行綜合考量。趙氏舊山樓確實時見"驚人秘籍"甚至"國寶"級藏書③，且有不少宋、元版書，但該部分藏書在其全部插架中所占比例并不算大，不能僅據此便過分抬高其地位。據《書目》所載，趙氏所藏多數仍爲普通版本。且如前文考論，儘管其中不乏彰顯趙氏作爲一個藏書家的獨到眼光之處(如對《毛詩後箋》、《經義考補正》等《四庫總目》未收之書的著録)者，《書目》整體仍嫌粗糙，學術價值比較有限。綜上，筆者認爲，將趙氏舊山樓定位爲"小藏家中的佼佼者"是比較公允的。

此外，作爲處於特定歷史時期的私家藏書目録，《舊山樓書目》有其特殊的文化意義：

首先，趙氏具有强烈的保存家族成員著作之意識，因此，《書目》是研究這一家族的重要文獻憑據。同時，其著録雖然簡陋，諸附注却仍爲研究者提供了相關圖書版本、流傳等方面的重要信息。

---

① 孫楷第《也是園古今雜劇考·收藏·趙宗建 丁祖蔭》，頁46。

② 參《舊山樓書目·出版説明》，頁1。曹培根指出常熟私家藏書"此散彼聚，常常不出常熟及周邊地區"之文化現象(《常熟趙氏文獻世家第宅及藏書流變考》，頁119)，對本文的思考深有啓示。

③ 此處借用韋力《書樓尋蹤·舊山樓》(頁59)語。

其次，從目録學研究的角度視之，《書目》著録的隨意與粗糙體現出其專業性不高的一面，但另一方面，這正是其價值所在。凡熱衷讀書、購書、藏書者，并非皆如瞿（鏞）、楊（紹和）、丁（丙）、陸（心源）般巨擘，還有許多趙氏之類的“小藏家”，更多的人恐怕連“家”都稱不上。因此，惟其簡陋，惟其“小”，趙氏舊山樓及其《書目》才更具代表性：它更接近有清一代普通文人家學的藏書風貌，真實性更高，普遍性更强。

最後，任何文化産物都無法完全脱離其所處的特定歷史階段，反過來也會對某些時代特徵有所反映，趙氏與其《舊山樓書目》亦然。例如，其著録圖書時不記卷數而取册數，恐怕與當時的普遍做法不無關係。再如，《書目》對《大觀證類本草》、《杜工部草堂詩箋》、《牧齋雜詩文》、《趙子昂詩》[①]等域外（或域外回流）漢籍的著録，亦當引起今日研究東亞文化圈者之關注。凡此種種，或皆可視爲晚清向近代過渡之歷史表徵。

（作者單位：南京大學文學院）

① 其中，丙部《大觀證類本草》（《舊山樓書目》，頁13）、庚部《杜工部草堂詩箋》（頁40）均爲東洋翻刻本。另，補録《牧齋雜詩文》下注“若波自日本得歸以贈先君”（頁62），《趙子昂詩》亦爲“日本抄”（頁65）。

古典文獻研究(第十六輯)
2013年7月

《史記》局本吸收王念孫《史記雜志》研究*

王華寶

清同治年間(同治五年至九年,1866—1870)唐仁壽、張文虎等校勘的金陵書局本《史記集解索隱正義合刻本》130卷(以下簡稱"局本")①,參考清錢泰吉等人的校本及衆多古刻本、時本②,吸收《史記》研究的最新成果,考證異同,"擇善而從,是清代後期比較好的刊本"③。中華書局點校本以局本爲底本,强化了局本在《史記》版本史上的地位。點校本《史記》的修訂工作,仍以局本爲底本,故對局本的研究考察,應當更

* 本文爲教育部人文社會科學研究一般項目"《史記》金陵書局本與點校本校勘研究"(13YJA770032)的階段性成果。

① 版本形態爲書名頁前半頁題有書名"史記集解索隱正義合刻本"十一字,後半頁爲"同治五年首夏金陵書局校刊九年仲春畢工"十八字題記。黑口,四周雙欄,雙魚尾,版心上魚尾下題"史記某"標示卷數,下魚尾上記各卷頁數。半頁十一行,行二十二字,小字雙行,字數同。小題(即篇名)在上,大題(即書名)在下。每卷末行各有小題、大題。全書首録司馬貞《史記索隱序》,次《史記索隱後序》,次裴駰《史記集解序》,次張守節《史記正義序》,次《史記正義論例謚法解》,次《史記目録》。正文始《五帝本紀》,終《太史公自序》,三家注分列相關史文下。凡一百三十卷,二十册,分裝四函,每函五册。

② 金陵書局所刻《史記》參考的版本,據張文虎《校刊史記集解索隱正義札記》(以下簡稱《史記札記》或《札記》)卷一交代,主要用常熟毛晉刻集解本(《集解》多據此)、毛刻單行本索隱(《索隱》多據此)、明震澤王延喆翻宋合刻集解索隱正義本(《正義》多據此)、舊刻本、明豐城游明刻本、明金臺汪諒刻本(即柯本)、明吴興凌稚隆刻本等七種自校,據錢泰吉校録本的版本有北宋本、宋本、南宋本、南宋建安蔡夢弼刻本、元中統本、明南雍本、明秦藩刻本、錢唐汪小米舍人遠孫校宋本、海寧吴子撰春照校柯本、乾隆四年經史館校刊本(即官本),共計十七種。按:張文虎究竟以哪些版本仔細通校,校勘品質如何,筆者以爲宜繼續探討。

③ 見點校本《史記》"出版説明",中華書局1982年11月第2版,1985年10月北京第9次印刷本。

加細化和深入。清代樸學大師王念孫的《史記雜志》六卷[①],是“史記學”研究的重要成果,張文虎撰《史記札記》幾乎全部採用[②],點校本《史記》亦多有所取[③]。仔細探討《史記》局本對《史記雜志》460多條札記的吸收情況,或可從一個方面部分體現局本對前人學術成果的利用概況。

一 《史記》局本吸收《史記雜志》之總體分析

關於《史記》金陵書局本對王氏成果的利用情況,筆者在《王念孫〈史記雜志〉平議》一文中有所涉及,“據筆者統計,局本據王説直接改動的有82處。這些改動,多數是可信的,但也有一些還可以討論,或是僅出校而不改動更爲妥當”,并舉五例加以討論[④]。因重點在“可商”,而未全面論述。

據《史記札記》與《史記》局本相校可知,《史記札記》共吸收了王念孫《史記雜志》460多條中的400餘條,有近50條未吸收[⑤];局本據王説直接改動的82條中,42條改字,12條補字,22條删字,6條乙正(含2條移動文字位置)。這82條中僅有60條明確標明《雜志》或王念孫,又各有小異。下面分類舉例説明。

(一) 關於改字,一般交代版本情況後,有“《雜志》云”,就此結束;少部分出現“依《雜志》改”、“今依《雜志》正”等字樣,或説明依王説改,或明説“《雜志》云某字誤”,較爲明確;或“説具《雜志》”,或“《雜志》説同”。如:《高祖功臣侯者年表》“高祖格蠱逢索隱曲城圉侯蟲達”條,前

---

① 收入《讀書雜志》,江蘇古籍出版社1985年影印版。

② 張文虎《史記札記》,中華書局,1977年版。點校本《史記》1959年第 版“出版説明”末節稱:“這五卷《札記》不但説明了各本異同以及所以去取的原因,還採録了諸家的校釋,對於讀者大有幫助。”此説本於《史記札記》跋語所云:“及明年春,相侯湘鄉曾文正公自淮北回金陵,命文虎同校。文虎與侍御及唐君議以新刊史文及注皆不主一本,恐滋讀者疑,請於刊竣之後,附記各本同異及所以去取意,文正領之。”正可用以檢查局本的去取概況。

③ 本文所引《史記》,均出自中華書局本。

④ 中國訓詁學研究會2011年海峽兩岸“文獻與方言研究”學術研討會提交論文,收入《中國訓詁學報》第二輯,商務印書館2013年版。

⑤ 詳參拙文《試論張文虎〈史記札記〉的文獻價值》,收入《史記論叢》(第六集),華文出版社2011年版。

列"《雜志》云",後按"王説甚確,今注中'蟲'字并依改正"(頁 197)。《天官書》"水水"條,有"今依《雜志》正"(頁 324)。《屈原賈生列傳》"養空而浮"條,"《索隱》本與《漢書》、《文選》合。各本'浮'作'游'。《雜志》云'游'字誤"(頁 566)。

有的表明訓詁可通。如:《封禪書》"澤旅"條,"'澤'各本作'釋',依補《武紀》改,與《集解》合,説具《雜志》"(頁 357)。《孟嘗君列傳》"木禺人"條,"《索隱》本'禺',各本作'偶'。《雜志》云:'《封禪書》木禺龍,《後漢書・劉表傳》其猶木禺之於人也,是偶古通作禺。'"(頁 535)

(二) 關於補字,一般用"今依《雜志》補",爲明確的是非判斷校語。如:《十二諸侯年表》"齊簡公四立其弟驁"條,"各本脱'驁'字,《索隱》本出'弟驁'二字,今依《雜志》補"(頁 140)。《漢興以來將相名臣年表》"御史大夫格御史大夫式索隱卜式也"條,"此正文及《索隱》各本皆脱,僅存於單本,今依《雜志》補"(頁 274)。

(三) 關於删字。《札記》有多種表述方式,有"今依《雜志》删";"今依王説删";或據某本删,《雜志》云某"亦無";《雜志》云某字衍;《雜志》云後人妄加。如:《十二諸侯年表》"齊靈公二十七晉圍臨淄晏嬰"條,前有"《雜志》云",後有"今依王説删"(頁 134)。形成較爲完整的是非判斷。《封禪書》"羨門高"條,"各本'羨門'下衍'子'字,依《索隱》本删。《雜志》云《郊祀志》亦無"(頁 349)。以《雜志》爲旁證。《陳涉世家》"吴廣之次所旁"條,"各本'次'下有'近'字。《索隱》本無,與《漢》傳合。《雜志》云'近'字衍"(頁 455)。《韓信盧綰列傳》"復破之"條,"各本'復'上衍'後'字,《漢書》無。依《雜志》删"(頁 594)。《札記》交代版本依據,又列參校文獻,最後證以王念孫之説。

(四) 關於乙正。一般有"誤倒"字樣,或以"錯在……上"來校改。標明"《雜志》説同"或"説詳《雜志》"。如:《蘇秦列傳》"而君不任事"條,"'而君'誤倒,《考證》據《趙策》改。《雜志》説同"(頁 514)。按:王念孫案"君而,當爲'而君',言奉陽君既妬賢,而君又不任事也。《趙策》作'奉陽君妬,大王不得任事',是其證"(《雜志》頁 119)。局本改爲"而君不任事"。裴學海《評高郵王氏四種》認爲:"當作'君不而任事',而與能同,君不能任事,即君不得任事也……淺人不知'君不而任事'之'而'是'能'之借字,故妄改'不而'爲'而不'。"(頁 99)"不而任事"與《趙策》

"不得任事"句式更近,裴説或可備一説。《孫子吴起列傳》"此三者子皆出吾下"條,"各本'子'字并錯在'此三者'上,依《後漢書注》引改,説詳《雜志》"(頁499)。相隔三個字,故稱移動。

二 《史記》局本暗用《史記雜志》之具體情况

局本的改動與王氏之説相同而未見於《史記札記》説明的,有20餘條之多,可以認爲是張文虎暗用王念孫的成果。以現代學術觀念來看,似有不規範之處。并對今人研究《史記》版本異文、探詢文字差異的學術理據等造成不良影響。這裏全部列出,并引王念孫説以參證。少量觀點今人有商討,亦酌出之。

(一)《札記》"吕氏所立三王"條(頁100)補"所"字,《雜志》出"吕氏立三王"條(頁81),而論證當有"所"。可知局本據以補字。

(二)《札記》"傳置"條:"《索隱》本與《漢書》合,各本誤倒。"(頁104)《雜志》有"置傳"條(頁82),論證"當爲傳置"。可知暗用王念孫説。

(三)《札記》"爲哀姜"條:"《索隱》本有'爲'。"(頁383)《雜志》出"哀姜"條(頁100),而論證有"爲"字"於義爲長"。可知局本據以補字。

(四)《札記》"晉唐叔虞者"條:"《索隱》本'唐'上有'晉'字。"(頁398)《雜志》出"唐叔虞"條(頁101),而論證説"唐"上"有'晉'字明矣"。可知局本據以補字。

(五)《札記》"騶費"條:"《索隱》本'騶',各本作'鄒',下同"。(頁411)《雜志》出"鄒"條云:"鄒本作騶,古多以騶爲鄒字。"(頁103)可明用字之源。

(六)《札記》"必萬於虎矣"條:"各本'萬'下衍'之',《索隱》本無。"(頁412)《雜志》出"哀必萬之於虎"條(頁103),認爲《索隱》本"於義爲長",當爲《札記》所本。

(七)《札記》"填撫"條:"《索隱》本'填',各本作'鎮'。"(頁414)《雜志》出"鎮"條,論證説:"鎮本作填,古多以填爲鎮撫字。《索隱》本出填撫二字,注曰'鎮音'。今改填爲鎮而删去其音,妄矣。"(頁103)實爲《札記》張目。

(八)《札記》"甫假"條,"各本作'瑕',蓋後人依《左》改"(頁420)。

《雜志》出"甫瑕"條(頁 104),論證當作"假"字,可知局本據以改"假"。

(九)《札記》"罷癃"條,"毛本與《索隱》本同,各本作'瘙'"(頁 538)。《雜志》出"罷瘙之病"條(頁 128),認爲"指躄而言","字異而義同"。爲《札記》之依據。

(十)《札記》"嘱説"條:"《索隱》本有'説'字。"(頁 551)未提王念孫,局本實據王説增"説"字,見《雜志》"嘱秦"條可知(頁 132)。李人鑒據《史記》多用"啖"字,構成"啖以……""啖……以……""以……啖……"等結構,認爲"足爲《索隱》本誤衍'説'字而王氏説爲不足信之證"①。主張不宜增字。李説近是。局本此處可商,似出異文校不補字更妥。

(十一)《札記》"秦破殺趙將"條:"各本'殺趙'二字倒,《索隱》本不誤。"(頁 555)《雜志》出"秦破趙殺將扈輒"條(頁 133),論證"破殺"連文,實爲《札記》張目。

(十二)《札記》"以意"條:"《索隱》本'意',各本作'臆'。"(頁 565)《雜志》出"請對以臆"條(頁 137),從字形、合韻、書證等方面考證,認爲作"意"字更妥,"今據以訂正"。

(十三)《札記》"醳去"條:"《索隱》本'醳',各本作'釋'。"(頁 570)《雜志》出"釋"條(頁 138),從古今字角度分析,"今本皆改醳爲釋而删去其注,後人之妄也",爲《札記》所本。

(十四)《札記》"齊趙亦反漢"條:"'亦'字宋本、中統、游、毛同。它本誤'欲'。"(頁 589)《雜志》出"欲反漢"條(頁 142),認爲"亦者承上之詞",從版本與文義等方面,傾向於作"亦"。

(十五)《札記》"不無善畫者"條:"《索隱》本'不無',各本誤倒。"(頁 596)《雜志》出"無不"條,念孫案:"無不,當爲不無。"并有論證。(頁 144)爲《札記》之根據。

(十六)《札記》"南支韓魏"條,"王本'支'訛'友'"(頁 618)。《雜志》出"南友"條(頁 147),王念孫案:"友,當從宋本、游本作支,字之誤也。"張氏徑斷爲訛,實據王氏論證爲説。

---

① 李人鑒《太史公書校讀記》,甘肅人民出版社 1998 年版,頁 1166。

（十七）《札記》"蹷入中"條："毛本'入'訛'人'。"（頁628）《雜志》出"蹷人中"條："人當爲入，字之誤也。"（頁149）爲《札記》張目。

（十八）《札記》"能異之"條："凌本'能'誤'皆'。"（頁632）《雜志》"皆異之"條："皆，當從宋本作能，字之誤也。""《索隱》本作能異之。"（頁150）爲《札記》張目。

（十九）《札記》"毌弓"條："《索隱》本'毌'，各本作'彎'。"（頁648）《雜志》出"彎"條："彎，本作毌，此後人據《漢書》改之也。"（頁152）

（二十）《札記》"逮考"條："毛本'逮'，它本并訛'遂'。"（頁695）《雜志》出"遂考"條，王念孫案："遂，當從宋本作逮。逮，捕也；考，問也。言捕問之也。《漢書》正作'逮'。"（頁158）

（二十一）《札記》"薛兄"條，"《索隱》本'兄'，各本作'況'"（頁715）。《雜志》出"況"條（頁164），云"古多以兄爲況字"，更詳細，可參證。

以上21條，《札記》未交代參考《雜志》，而兩相對照，可知屬張氏參考《雜志》而立説或參證。這一類情況，今人多據張説立論，而未探其源。本文略作梳理，以示王氏之功不可没。

三　對《史記》局本的幾點認識

陳尚君先生《二十四史啓動修訂的一些建議》[①]提出，修訂本《史記》的底本宜改用現存最早的三家注本南宋黄善夫家塾本。儘管多數學者傾向於不換底本，即用原底本金陵書局本，中華書局和《史記》修訂組經過反復商討，决定沿用局本爲底本，然"改用"説還是對學術界産生了一定的影響。個人覺得還是應當就兩種版本的文字優劣情况作全面系統的比較研究，對局本先後印本之間的差異也作充分的調研，以推動學術界形成共識。

爲了《史記》校勘研究得到進一步提高，我們在肯定局本長處的同時，似更應重視局本存在的問題。因爲局本與許多晚出的文本一樣，優點是明顯的，缺點是隱而不顯的。如張文虎等參校版本不夠，"殊不知張

① 刊於《文匯報》（學林）2006年9月3日。

文虎校勘《史記》時所見版本有限,其所謂北宋本是收入劉燕庭百衲本中僅存十九卷的景祐本,其所謂宋本即收入劉燕庭百衲本中存七十一卷的杏雨藏本的覆刻本,所謂舊刻是上海郁氏藏僅存三十卷本的淮南路本,而朱中奉本、耿本、黄善夫本皆爲張氏所未見"[①]。安平秋先生在《〈史記版本研究〉序》中還談到:"由唐仁壽、張文虎等校定的金陵書局本《史記》是明、清所刻三家注《史記》中最好的一種。但是金陵書局本的《史記》在校勘上的問題仍然很多,原因之一是他們没能理清《史記》版本的不同系統與承傳關係,在一定程度上影響了他們對異文的判斷。"[②]因對《史記》版本系統及承傳關係等研究不夠,"影響了他們對異文的判斷"外,還影響到參校版本不夠、前人的成果吸收不夠等[③]。加之"擇善而從"有時主觀性較大[④],妄改、誤改也就在所難免,難免出現漏校、誤校等問題,較爲明顯的誤字、數個字甚至數十個字的脱漏等[⑤]。局本存在的種種局限,表現在與點校本的關係方面,可以歸結爲如下幾個方面:

一是局本存在一定數量的訛誤,仍有待新的《史記》整理本來校正。事實上,點校本《史記》就做了大量的校勘工作。據筆者統計,點校本有校改標記的校改共780餘處,分别爲十二本紀117處,十表176處,八書140處,三十世家128處,七十列傳221處。儘管有極少數的校改仍有可商之處[⑥],但是這一類明改的近800處,多爲局本的遺漏,屬於局本的不足之處。

---

① 參張玉春《〈史記〉版本研究》,商務印書館2001年版,頁229。

② 刊於張玉春《〈史記〉版本研究》卷首,頁5。

③ 王永吉博士認爲,從《張文虎日記》中可以考見其所參校的版本主要有:明游明本、歸子慕藏本、《史記評林》本。其他校勘材料有:錢大昕《廿二史考異》、王念孫《讀書雜志》、梁玉繩《史記志疑》及類書《群書治要》、《藝文類聚》、《太平御覽》、《册府元龜》等。

④ 以局本與黄善夫本、殿本等相校,可知有大量的異文;與單《索隱》本相校,則合刻本中的《索隱》缺失更多。由《日記》可知,是局本刻成後方細閲單《索隱》本,僅做彌補,"去其太甚者",而非全面校勘補正。局本形成過程中可能存在底本有缺失或大量有意識的删除或無意識的脱漏,此點過去未引起學界重視,擬另文探討。

⑤ 可參拙著《〈史記〉校勘研究》,臺灣花木蘭文化出版有限公司2013年版。

⑥ 筆者草撰《〈史記〉點校本校改理據彙考》(待刊),據統計,自點校本問世以來,各類論著涉及對近800明改之處討論且意見不同的有百數十處。

二是局本存在一定數量的刊刻問題[①],有的是較明顯的差錯,有的可能是局本不同印次間的差異[②]。這一類問題,點校本未出任何説明,暗改了。據筆者統計,這種情況有百處以上。由於没有校改符號,讀者難以分辨是局本原不誤,還是點校本的整理者的有意改動。一般研究者也往往會忽略了局本這一不足。

三是局本文字與張文虎《札記》不一致,需進一步研究。張文虎《札記》本來專爲局本《史記》而作,"説明用以互校的各本異文及去取理由"[③],然《札記》所出條目文字與局本文字,却有不少條不同之處。這裏既有局本刊刻的問題,也有後來寫《札記》時觀點改變的問題,容另文探討。這裏試舉一例,以説明此類情況之複雜:《韓長孺列傳》:"安國爲人多大略,智足以當世取合,而出於忠厚焉。"(頁 2863)按:《札記》出"取舍"條,云:"宋本、舊刻作'合'。各本作'舍',《漢書》同。"主張作"取舍",而局本刻作"取合"。點校本《札記》案:"金陵本亦作'合'。如張氏所云,則校刊時本擬作'舍'而未及剜改也。中華本亦作'合'。"今點校本選擇"取合",而當代學者李人鑒教授又校爲"取容"[④]。可見,仍有進一步探討之必要。

四是局本自身校改不夠統一,與他本異文較多。如《曆書》《集解》:"或云木、火、土三星若合,是謂驚立絶行。"(頁 1321)本卷下文 1350 頁引此,"立"作"位"。參《札記》:"官本'立',各本作'位'。"知局本從官本即殿本而改也。檢相關版本可知,兩處《集解》所引"徐廣曰",宋本均作"位",殿本均作"立",原各本前後一致。而局本一處從宋本作"位",一處從殿本作"立",反不一致。這一類前後不一致的問題,仍有待修訂時

---

① 張文虎曾感歎:"古書本難校,而莫難於《史記》。搜羅舊本,博取群書,采諸家辨論,而平心折衷之,勿持意見,集數賢之精力,積十年之功,博訪通人,就正有道,然後勒爲一編,或於史公可告無罪。然而欲徹底通曉,毫無疑滯,亦不能也。今也旋校旋寫,旋寫旋刊,區區以兩人之心力,而出之以急就。予老而衰,端甫又多病,如此雖二三前輩恐亦不能任也。"見陳大康整理《張文虎日記》,上海書店出版社 2001 年版,頁 106。張氏所論絶非推脱之辭,誠爲知味之言,而金陵書局本存在一定的訛誤,也不必諱言。

② 《張文虎日記》同治八年十二月有"經兩次修補"語,見該書頁 202。

③ 見張文虎《札記·出版説明》,頁 1。

④ 李人鑒《太史公書校讀記》,甘肅人民出版社 1998 年版,頁 1429。

改正。至於與他本的異文,特别是有意删改之處更是複雜,仍有待系統全面的梳理。由《張文虎日記》同治八年三月五日記:"連日復閱《史記》諸卷,《索隱》頗與單本不合,蓋多後人改竄。今亦不能盡從單本,且書已刻刊成,勢難一一剜改,去其太甚者而已。"可知單本《索隱》與局本差異頗大,校勘研究價值仍頗高①。

五是局本漏採前人成果較多。學術研究是在繼承前人成果的基礎上不斷前進的,局本吸收了衆多的研究成果,但仍有一定數量的遺漏和不當②。局本對王念孫《史記雜志》的吸收情況,對此有所體現。儘管這是正常的學術現象,并非局本所特有。但這也表明,對局本的版本價值與學術貢獻的研究還有待深入。

通過《札記》與王念孫《雜志》的全面對比,可以知道,《札記》未採且局本未利用的王氏50餘條中,有部分涉及校勘問題,如《雜志》"後曹輩"條認爲"本無輩字"(頁147);王念孫説可參,而局本不改動之處甚多,據筆者統計,點校本據王念孫做改動的就有近90處,儘管部分條目仍需進一步商討;有校改不同的,如《札記》"主父開之"條,"中統、游、王、柯本'開'訛'閒'"(頁430),《雜志》則認爲係"閉"之誤;個案有《札記》未採用王説,而局本據王説已作改動的,如《季布欒布列傳》補"斤"字、《龜策列傳》補"物"字等;局本據王説改動,并非盡善盡美,筆者另文有討論,此不贅述;與《札記》相參可見,局本還有大量"未及剜改者"。如《札記》"若常":"後本'常',各本訛'嘗'。"點校本案:"金陵本亦作'嘗',似未及剜改者。"全書有許多處,這也影響到對《史記》局本的評價。

關於《史記》校勘的原則,筆者曾撰文探討③,此不贅述。誠然,不可苛責古人,我們應當充分肯定張文虎等人的歷史貢獻,同時,更應當看到學術的發展,很好地吸收張文虎以來《史記》版本和校勘研究的成果,使點校本《史記》真正代表當代最高的學術水準。

(作者單位:東南大學人文學院)

① 見陳大康整理《張文虎日記》,頁173。

② 詳參拙著《古文獻問學叢稿》所收系列《史記》校勘文章,中華書局2009年版。

③ 拙文《試論〈史記〉校勘的原則》,載《古籍研究》2005年卷上,安徽大學出版社2005年版。

古典文獻研究(第十六輯)
2013年7月

《全唐詩》叢考

趙庶洋

《全唐詩》是清朝康熙年間編纂的一部唐代詩歌總集,共收録唐代詩人兩千五百多人,詩作四萬多首。從其編成之日起,就成爲研治唐詩的必讀文獻,在唐代文學研究中有重要的價值和意義。但是,這部書在編纂中也存在各種各樣的問題,這些問題歷來受到研究者的關注,特别是近現代以來,以岑仲勉、周勛初、傅璇琮、陶敏、陳尚君等先生爲代表的學者,就《全唐詩》的結集、作者小傳、作品真僞、失收、重出誤收等問題進行了系統的研究和考證,取得了一系列重要的成果。這些成果不僅對閲讀《全唐詩》有巨大的幫助,也爲進一步的研究指明了方向。本文不揣譾陋,就閲讀《全唐詩》過程中所遇到的一些問題,提出自己的意見,以期對《全唐詩》研究有所助益。

一　唐高祖《嘲蘇世長》一首非詩

《全唐詩》收唐高祖李淵《嘲蘇世長》一詩,詩云:

> 名長意短,口正心邪。
> 棄忠貞於鄭國,忘信義於吾家。①

此實出《舊唐書》卷七五《蘇世長傳》。《舊唐書》載:

> 後於玄武門引見,語及平生,恩意甚厚。高祖曰:"卿自謂諂佞

① 《全唐詩》卷八六九,中華書局,1960年,頁9841。

耶,正直耶?"對曰:"臣實愚直。"高祖曰:"卿若直,何爲背世充而歸我?"對曰:"洛陽既平,天下爲一,臣智窮力屈,始歸陛下。向使世充尚在,臣據漢南,天意雖有所歸,人事足爲勍敵。"高祖大笑。嘗嘲之曰:"名長意短,口正心邪,棄忠貞於鄭國,忘信義於吾家。"世長對曰:"名長意短,實如聖旨;口正心邪,未敢奉詔。昔竇融以河西降漢,十世封侯;臣以山南歸國,惟蒙屯監。"即日擢拜諫議大夫。[①]

今按,此"名長意短,口正心邪。棄忠貞於鄭國,忘信義於吾家"四句文字恐怕并非詩,不當輯入《全唐詩》中。

首先,從體裁上來看,這四句中兩兩對偶,更像是駢儷文,而非詩。雖然詩中也有雜言詩之體,然如此四句之形式則非常少見,而在駢文中,這四句兩兩對偶的格式就非常普遍。因此,如果僅從形式上看,這四句文字應該更接近駢文。

其次,除《全唐詩》之外,没有其他任何文獻將此四句文字當作詩歌看待。《新唐書》卷一〇三《蘇世長傳》將這四句文字改寫爲:"帝大笑,嘲曰:'何名長而意之短,口正而心之邪?'"[②]可見在宋祁看來,這四句并不是詩,所以根據其文意將之改爲兩個對句。沈括《夢溪筆談》卷三云:"蘇世長,太宗召對真武門,問云:'卿何名長意短?'"[③]雖然將高祖誤記爲太宗,但是他説"問云",應該也是沿襲了宋祁的認識,只是將這些文字當作高祖的發問,而并非詩。明郭子章輯《六語》,將此四句中前二句收入《諧語》卷三,可見也不認爲是詩。

第三,從蘇世長應對的語氣中也可以看出,蘇世長也不認爲這是詩。蘇世長所言有"聖旨"、"奉詔"等語,既云"詔"、"旨",則顯然與詩歌没有多大關係。而且,蘇世長的對語實際上在形式上也是與唐高祖的嘲語相對應的,"名長意短,實如聖旨;口正心邪,未敢奉詔。昔竇融以河西降漢,十世封侯;臣以山南歸國,惟蒙屯監",這一段對語就是非常

① 《舊唐書》,中華書局,1975年,頁2628。
② 《新唐書》,中華書局,1975年,頁3990。
③ 胡道静《夢溪筆談校證》,上海古籍出版社,1987年,頁140。

明顯的駢體形式,與詩歌體裁無關。因此,唐高祖的嘲弄之語應該也不屬於詩歌。

考《全唐詩》八六九此卷除收此唐高祖《嘲蘇世長》詩外,還收有歐陽詢《嘲蕭瑀射》、長孫無忌《與歐陽詢互嘲》、裴略《爲温僕射嘲竹》等詩,蓋此卷所收均爲唐人嘲謔之詩,故連類而及,以爲《舊唐書》所載唐高祖此嘲謔之語也是詩,而一并收入。但是,《嘲蘇世長》一首實際只是當時君臣對話,充其量不過是後來史臣在書寫過程中使用了駢儷語的形式,將其作爲詩歌輯入《全唐詩》中,失於詩體的限斷。

二 歐陽詢《道失》詩疑僞補證

《全唐詩》卷三九收歐陽詢《道失》詩一首,詩云:

> 已惑孔貴嬪,又被辭人侮。
> 花箋一何榮,七字誰曾許。
> 不下結綺閣,空迷江令語。
> 琱戈動地來,誤殺陳後主。①

其下注云:"《統籤》云此首見《戲鴻堂帖》。"今按,此詩確實見於《戲鴻堂帖》卷五中②。

《戲鴻堂帖》是中國書法史上一部著名的叢帖,由明代書畫家董其昌於萬曆年間所刻,全書共十六卷,收集了晉、唐、宋、元等朝多位書法家的作品。但是,這部書所收法帖中,有不少僞帖,被人拿來冒充真迹,董其昌未能認真鑒别,就將其當作真迹一并刻入其中。沈德符《萬曆野獲編》卷二六"小楷墨刻"條載:

> 董玄宰(即董其昌)刻《戲鴻堂帖》,今日盛行,但急於告成,不甚精工。若以真迹對校,不啻河漢。其中小楷,有韓宗伯家《黄庭内景》數行,近來宇内法書,當推此爲第一。而《戲鴻》所刻,幾并形

① 《全唐詩》,頁502。
② 《戲鴻堂法帖》,中國書店,1989年。

> 似失之。予後晤韓胄君,詰其故,韓曰:"董來借摹,予懼其不歸也,信手對臨百餘字以應之,并未曾雙鈎及過朱,不意其遽入石也。"因相與撫掌不已。①

可見《戲鴻堂帖》中所收諸帖并非均爲真迹,當時人已經有所認識。現代研究者中,啓功先生曾經撰有《從〈戲鴻堂帖〉看董其昌對法書的鑒定》一文,專門論述《戲鴻堂帖》中所存在的各種問題②,如《戲鴻堂帖》卷八所收孫過庭書《景福殿賦》中"玄"、"構"、"讓"字等均闕末筆,明顯爲宋代避諱字,爲南宋人作品冒充孫過庭,而董其昌却未能鑒别出,即是其中一例。此外,啓功先生舉出的《戲鴻堂帖》中有問題的法帖還有許多。所以,既然《戲鴻堂帖》中所收法帖多有僞迹的問題已經爲學者指出,在使用時就要特别注意。

《戲鴻堂帖》中還收了唐代著名書法家歐陽詢、褚遂良等人的多種書迹,這些書迹中包含一些詩作,如歐陽詢《道失》、褚遂良《帝京篇》等,其中歐陽詢《道失》帖爲《全唐詩》所據,輯入歐陽詢名下,成爲歐陽詢至今所存不多的詩作之一。

但是,其實《戲鴻堂帖》所收歐陽詢的這首《道失》詩,早在明代就已經被懷疑爲僞詩了。明胡震亨《唐音統籤·癸籤》卷三三論詩文刻於碑版者多有僞作云:

> 逮墨刻興,僞托尤盛,有本無此真迹,猥云從某氏臨摹得者矣。好事者不察,往往據之編入其人集中,大都淺識者所爲,多有逗漏可摘。……其最逗漏可笑者,如近代董玄宰《戲鴻堂帖》褚遂良書太宗《帝京篇》,截去太宗原序一半,冒作遂良語氣,云其迹在唐荆川家;又有歐陽詢《詠古》一詩云:"已惑孔貴嬪,又被辭人侮。花箋一何榮,七字誰曾許。不下結綺閣,空迷江令語。琱戈動地來,誤殺陳後主。"江令,總,詢父紇友也。紇之死,詢當從坐,總以故人子私養之,教以書記,得成名,恩義不薄,載《詢傳》甚明。乃忍出此等

① (明)沈德符《萬曆野獲編》,中華書局,1959年,頁658。
② 《啓功叢稿》(論文卷),中華書局,1999年,頁126—135。

語耶？作僞者既漫不考，而董復信而收之，可怪也。[1]

這裏就對《戲鴻堂帖》中所收的歐陽詢詩作真僞提出質疑，斷定《戲鴻堂帖》所收并非歐陽詢之詩，而當爲後人僞作，態度非常明確。《全唐詩》中既然在歐陽詢《道失》下注云"《統籤》云此首見《戲鴻堂帖》"，可見清代學者在輯此詩時見過胡震亨此番議論，但是却不顧胡氏指此詩爲僞詩而仍將其當作歐陽詢詩，看來他們對胡震亨的結論并不信從。

究竟是胡震亨還是清人的意見正確，這是關係到《道失》一詩的真僞及其在《全唐詩》中的去留問題，還需要進一步研究才能夠判定。

首先，這首《道失》詩所涉及的史實似乎有問題。詩首句云"已惑孔貴嬪"。陳後主寵妃中最著名者爲張麗華，見《陳書》卷七《張貴妃傳》。孔貴嬪《陳書》無傳，其見於記載者，如《陳書・吴王胤傳》云："是時張貴妃、孔貴嬪并愛幸，沈皇后無寵。"[2]《隋書・五行志》云："陳後主時，有張貴妃、孔貴嬪，并有國色，稱爲妖艷。後主惑之，寵冠宫掖。"[3]由這些記載可知，孔貴嬪之寵與張麗華相亞，此句本身并無問題。有問題的是下一句"不下結綺閣"。《陳書・張貴妃傳》載："後主自居臨春閣，張貴妃居結綺閣，龔、孔二貴嬪居望仙閣。"[4]本詩首句已斥後主之惑孔貴嬪，此"不下結綺閣"一句應當即承此而言，但是却用一個與孔貴嬪無關的結綺閣，不免失於前後照應。歐陽詢生長於陳朝，自當熟知這些史實，恐怕不會犯如此簡單的錯誤，這應當是後人不熟悉陳朝典故所致。

另外，《陳書・張貴妃傳》中有一段按語頗值得注意：

> 史臣侍中鄭國公魏徵考覽記書，參詳故老，云……張貴妃……才辯彊記，善候人主顔色。是時，後主怠於政事，百司啓奏，并因宦者蔡脱脱、李善度進請，後主置貴妃於膝上共决之。李、蔡所不能記者，貴妃并爲條疏，無所遺脱。由是益加寵異，冠絶後庭。[5]

---

① (明)胡震亨《唐音統籤》，海南出版社，2000年，第14册，頁451。

② 《陳書》卷二八，中華書局，1970年，頁377。

③ 《隋書》卷二三，中華書局，1973年，頁657。

④⑤ 《陳書》卷七，頁132。

由於這段記載是魏徵"考覽記書,參詳故老"所得,所以其可信度比較高。從這段記載中也可以看出,隋唐人所熟知的魅惑陳後主的後妃爲張貴妃,孔貴嬪之恩寵顯然無法與之相比。作爲一個親身經歷過這段歷史的人,歐陽詢却在詩中捨張貴妃不言而專斥後主之惑孔貴嬪,也是不合常理的。

其次,《戲鴻堂帖》卷五所收此《道失》帖下有"貞觀十二年六月二日"九字署尾,這裹所標示的時間應當是董其昌判斷其爲歐陽詢帖的一個重要根據。但是,在這個署尾中却有一個很大的疑問,即"貞"字是闕末筆的。此帖中其他文字均非常清晰,因此"貞"字無末筆可以排除摹勒不清所致這一原因,而應當是原帖如此。"貞"字爲宋代常見的避諱字,爲宋仁宗趙禎之嫌名,宋代典籍避此字,或將"貞"改作"正",或闕末筆。但是唐代人并不諱"貞"字。《道失》帖中此處"貞"字闕末筆,就與啓功先生所舉《景福殿賦》中"玄"、"構"、"讓"等字闕末筆的情況類似,因此,《道失》帖應該也不是歐陽詢的真迹,而應當是宋代人的書法作品。至於是宋代人臨寫歐陽詢的原迹還是宋人自爲此詩,就胡震亨所舉詩中對江總的不恭以及上文所論其言孔貴嬪事乖謬這兩點來看,恐怕應當是宋代人僞造此詩,并署時間爲"貞觀十二年六月二日"以嫁名歐陽詢。從其所犯錯誤可以看出,作僞之人對陳朝史事瞭解不多,所以連基本的史實都弄錯了。

因此,《全唐詩》所收歐陽詢《道失》詩應該是宋人僞作,胡震亨的判斷是正確的,清代學者明明看到却未採納胡震亨的意見,未免有些可惜。

三　庾抱事迹辨證

《全唐詩》卷一三九載庾抱詩,小傳云:

庾抱,潤州江寧人。有學術。隋元德太子學士。高祖初起,隱太子引爲隴西公府記室,文檄皆出其手。轉太子舍人。集十卷,今存詩五首。[1]

這篇小傳的根據應當是《舊唐書·文苑·庾抱傳》,其文云:

> 義寧中,隱太子弘引爲隴西公府記室。時軍國多務,公府文檄皆出於抱。尋轉太子舍人,未幾卒。有集十卷。[2]

根據《舊唐書》本傳的記載,庾抱當卒於義寧中或武德初年。陶敏《全唐詩作者小傳補正》卷三九對此處小傳有所補充,其中關於庾抱之字以及卒年與舊説不同:

> 《全唐文》卷一五四劉孝孫《沙門慧净詩英華序》:"潁川庾初孫,學該墳素,行齊顔、閔……與法師周旋,情逾膠漆。睹斯盛事,咸共贊成。生也有崖,庾侯長逝。"初孫,當是庾抱之字。據《大唐新語》卷九,慧净《續英華詩》編于貞觀中,庾抱當卒于貞觀中。[3]

在這裏,陶敏先生通過推測初孫爲庾抱字,判斷庾初孫當即庾抱,從而根據《續英華詩》的成書年代推斷庾抱卒於貞觀年中,就這就將庾抱的卒年較之《舊唐書》本傳的記載推後了十幾年。究竟《舊唐書》本傳與陶敏先生的推斷之間哪一個更可信,還需要進一步的考察才能確定。

問題的關鍵在於初孫是否爲庾抱的字,如果是,陶敏先生的結論自然成立;如果不是,則關於其卒年的推測也就一并不可靠了。由於"庾初孫"之名僅見於此處序文中,其他典籍并未發現有記載者,所以其與庾抱是否爲同一人,尚難以直接判斷。

但是,劉孝孫序文中有另一處記載可以爲解决這個問題提供比較重要的證據。在陶敏先生所引《沙門慧净詩英華序》"潁川庾初孫,學該墳素,行齊顔、閔"句下,尚有"京兆韋山甫,耿介有奇節,弋獵綜群言"一

---

① 《全唐詩》,頁 499。

② 《舊唐書》卷一九〇上,頁 4988。

③ 陶敏《全唐詩作者小傳補正》,遼海出版社,2010 年,頁 55。

句,陶敏先生引用時,可能因爲這一句文字與所討論的問題關係不大,所以將其省略。實際上,這句話對判斷這個問題有比較重要的作用,不可以匆匆看過。因爲這兩句文字在序文中處於同一語境中,而且頗有互相對應的含義,所以,如果"庾初孫"爲庾氏之字,那麽"韋山甫"也應當與之同例,爲一韋姓士人之字。而實際情況恰好相反,山甫并非字,而是本名如此。在唐代尚書省郎官石柱題名的"户部郎中"諸人中,即有"韋山甫"之名在列,清人勞格、趙鉞在《唐尚書省郎官石柱題名考》中對其生平資料有較爲完備的搜羅,兹徵引於下:

> 韋山甫　《新表》韋氏逍遥公房:德運子山甫,屯田郎中。任知古《寧義寺經藏碑》:貞觀初,太夫人遽隨風燭過,則故屯田郎中京兆韋山甫製其碑。壽光。　劉孝孫《沙門慧净詩英華序》:京兆韋山甫耿介有奇節,弋獵綜群言,與法師周旋,情逾膠漆,睹斯盛事,咸共贊成。①

其人既然見於唐尚書省郎官石柱題名中,所謂"題名",顯然不可能是字,而且《新唐書·宰相世系表》所載也應該是名而非字,因此,"韋山甫"當是其名如此,而非字山甫。

因此,與韋山甫同時出現在《沙門慧净詩英華序》中的"庾初孫"也應當是一個姓庾名初孫的人,而并非庾抱字初孫。如果"初孫"爲字,則《沙門慧净詩英華序》中前一句用字,後一句用名,古人行文恐不至於如此離奇。

所以,劉孝孫序文中的"潁川庾初孫"應當不是庾抱,而是另外一人。陶敏先生偶然失照,以"庾抱"與"庾初孫"爲同一人,其結論恐不可信。既然如此,關於庾抱卒年的記載,在没有其他新的證據提出之前,應當仍以《舊唐書·文苑傳》的記載爲是。

至於庾抱之字究竟爲何,或許可據其他文獻記載做一推測。《詩式》卷三録其《詠史得韓非》、卷四録其《駿馬》(《文苑英華》作"驄馬")

---

① (清)勞格、趙鉞《唐尚書省郎官石柱題名考》卷一一,中華書局,1992年,頁525。

詩,作者之名均作"庾抱一",而非"庾抱",但是這兩首詩與《文苑英華》等所載庾抱詩均相同,因此"庾抱一"應當與"庾抱"應當是同一人。這裏的"抱一",很有可能就是庾抱的字,《老子》云:"載營魄抱一,能無離乎?"庾抱字抱一,或即取《老子》此意。

四　孫思邈《四言詩》辨僞

《全唐詩》卷八六〇收孫思邈《四言詩》一首,詩云:

> 取金之精,合石之液。列爲夫婦,結爲魂魄。一體混沌,兩精感激。河車覆載,鼎候無忒。烘鑪烈火,烘燄翕赫。煙未及黔,燄不假碧。如畜扶桑,若藏霹靂。姹女氣索,嬰兒聲寂。透出兩儀,麗於四極。壁立幾多,馬馳一驛。宛其死矣,適然從革。惡黜善遷,情回性易。紫色内達,赤芒外射。熠若火生,乍疑血滴。號曰中環,退藏於密。霧散五内,川流百脈。骨變金植,顔駐玉澤。陽德乃敷,陰功□積。南宫度名,北斗落籍。[1]

這首詩是《全唐詩》中孫思邈名下所收的唯一一首詩。孫思邈作爲唐代著名的醫學家,其所存詩無疑是考察其學術思想和文學成就的重要資料。但是,實際上,這首詩的真僞是存在疑問的,應該并非孫思邈所作,而應當爲《全唐詩》誤輯前人詩作。

考前代文獻對於孫思邈此詩的記載,以明代楊慎的《丹鉛總録》卷一八爲最早,楊慎記録了孫思邈的這首詩,并且説:"此詩詞高古,類魏伯陽,而世傳者少,録於此。"楊慎是明代以博洽著稱的學者,連他也承認此詩"世傳者少",可見這首詩在楊慎之前還從未被人注意。楊慎雖然記録了這首詩,却并没有交代原始出處,就給進一步考察這首詩的來源增加了難度。

實際上,在宋人曾慥所編《道樞》一書中已經記載了這首詩,只是作者并非孫思邈。《道樞》卷三二載:

① 《全唐詩》,頁9717。

葛稚川問於鄭思遠……曰:道之旨何如? 思遠曰:取金之精,合石之液。結爲夫婦,列爲魂魄。一體混沌,兩精感激。河車覆載,鼎候無忒。洪爐烈火,烘陷熻赫。煙未及黑,焰不假碧。如蓄扶摇,若藏霹靂。姹女氣索,嬰兒聲寂。透出兩儀,麗于四壁。時歷幾多,馬馳一驛。宛其死矣,適然從革。恶黜善遷,情回性易。紫色内達,赤芒外射。熠若火生,乍凝血滴。號曰中還,退藏於密。霧散五内,川流百脈。骨變金植,顔回玉澤。陽德乃敷,陰功乃積。南宫度名,北帝落籍。①

曾慥,字端伯,號至游子,是南宋初年一位在文學和道教等領域均有一定成就的學者,著有《類説》、《宋百家詩選》、《樂府雅辭》、《道樞》、《集仙傳》等書。《道樞》一書,陳振孫《直齋書録解題》著録,解題云:"采諸家金丹、大藥、修鍊、般運之術,爲百二十二篇。"②現代學者經過研究,認爲此書"雖有自撰部分,但主要采輯舊著而成",并統計出其所引用的南宋以前的道教典籍達一百多種③。其性質應當是道教類書。這裏所記載的葛洪與鄭思遠問答之語顯然也是曾慥引自前代典籍的,只是原始文獻已經亡佚,無法確定其源出何種典籍,但是其記載的可信程度是無須懷疑的。

《道樞》中的鄭思遠答葛洪語實際就是《全唐詩》所收的孫思邈《四言詩》④,但是作者爲鄭思遠,并非孫思邈。鄭思遠,西晉人,《無上秘要》卷三載:"鄭思遠,即葛玄之弟子,晉永康元年入括蒼山去。"⑤《太平御覽》卷六六三引《列仙傳》云:"葛洪……從祖玄,吴時學道得成,以其鍊丹術授弟子鄭隱字思遠,洪就隱學,悉得其法。"⑥從時代上看,鄭思遠年代遠遠早於孫思邈。《四言詩》一首鄭思遠時已經存在,再將其當

① (宋)曾慥《道樞》,《道藏》本。

② (宋)陳振孫《直齋書録解題》,上海古籍出版社,1987年,頁349。

③ 黄永鋒《〈道樞〉成書及其流傳三題》,《宗教學研究》2009年第1期。

④ 二者文字雖有小異,但比較可知,以《道樞》所載較勝,《全唐詩》之異文當爲傳寫訛誤所致。

⑤ 北周武帝敕輯《無上秘要》,《道藏》本。

⑥ (宋)李昉等《太平御覽》,中華書局,1960年,頁2961。

做孫思邈詩就有很大問題。

從鄭思遠的學説來,《雲笈七籤》卷一一〇載:"鄭思遠少爲書生,善律曆候緯。晚師葛孝先(按:即葛玄),受《正一法文》、《三皇内文》、《五嶽真形圖》、《太清金液經》、《洞玄五符》。"[①]可知鄭思遠是當時道教中鍊丹術的著名人物。《道樞》中此處所載鄭思遠語闡述的金石和合之類的觀點與他本人精通鍊丹學説相符。孫思邈雖然爲唐代名醫,生平有很强的道家神仙色彩,但是却較少有關於他修煉丹藥的記載。所以,從這首《四言詩》所反映的學説上來看,也更有可能是屬於鄭思遠,而非孫思邈。

此外,《道樞》卷二〇載:

> 青霞子曰:吾有丹砂焉。取金之精,活石之液。合爲夫婦,列爲魂魄。一體混沌,兩情感激。此丹砂也。[②]

青霞子,晁公武《郡齋讀書志》卷一六著録"《龍虎通元要訣》一卷",解題云:"右蘇元朗撰。以古訣《龍虎經》、《參同契秘》、《金碧潛通訣》,其文繁而隱,故纂其要爲是書。李邯鄲家本題云'青霞子,隋開皇時人',不出名氏,豈元朗之號耶?"[③]清宋廣業編《羅浮山志會編》卷四載:"蘇元朗者,不知何許人。嘗學道於句曲,得司命真秘,遂成地仙。生於晉太康時,隋開皇中,來居羅浮,年已三百餘歲矣。居青霞谷,修煉大丹,自號青霞子。……以《古文龍虎經》、《周易參同契》、《金碧潛通秘訣》三書文繁義隱,乃纂爲《龍虎金液還丹通元論》。"[④]據此可知,晁公武所疑甚是,青霞子當即蘇元朗之道號。其云"生於晉太康時"恐怕只是虚構之言,當以其生活於隋開皇時爲可信,所以李淑藏本題云"隋開皇時人",應該也是此意。蘇元朗之時代晚於鄭思遠,而早於孫思邈,這裏的"取金之精"等句,應當是蘇元朗引用前人成句以解釋何爲"丹砂",説明這

① (宋)張君房《雲笈七籤》,中華書局,2003年,頁2401。
② (宋)曾慥《道樞》,《道藏》本。
③ (宋)晁公武《郡齋讀書志》,上海古籍出版社,1990年,頁763。
④ (清)宋廣業《羅浮山志會編》,清康熙刻本。

首《四言詩》的内容應當在他生活的時代之前已經産生,也就意味著前引《道樞》所載鄭思遠語應當是可信的。

既然如此,楊慎又何以會將鄭思遠語誤作孫思邈詩呢?這恐怕與楊慎本人的學風有關。《四庫全書總目》"《升庵集》提要"指出:"至於論説考證,往往恃其强識,不及檢核原書,致多疏舛。又恃氣求勝,每説有窒礙,輒造古書以實之。遂爲陳耀文等所詬病,致糾紛而不可解。"①可見楊慎雖然號稱博學,但是其著作中因爲他個人治學態度不嚴謹而導致的錯誤不在少數,所以在當時就受到了陳耀文等學者的批評。因此,這首所謂的孫思邈的"《四言詩》",很有可能也是因爲楊慎的不嚴謹所産生的錯誤。推其致誤之由,蓋以"思遠"與"思邈"字體相近,或者楊慎所據之書"思遠"之名字有所訛誤,導致他誤認爲孫思邈所作。

綜上所述,《全唐詩》所收孫思邈《四言詩》一首,應當爲西晉道教學者鄭思遠所作,楊慎將"鄭思遠"誤作"孫思邈",遂將其當作孫思邈佚詩,清代學者又誤信楊慎之説,將之輯入《全唐詩》中,不及詳加考證。

實際上,這首所謂的"《四言詩》"只是鄭思遠與葛洪談論鍊丹之語,最多只能算是鍊丹口訣,并非詩體,只因楊慎誤爲牽合,才將其當成詩作。

五　《天樞謡》校理

《全唐詩》卷八七八收《天樞謡》一首云:

> 一條麻索挽,天樞絶去也。

其下注云:"長壽三年,天后於定鼎門内立述德天樞,民因作謡。明皇即位,敕令推倒,收銅入尚方。此其驗也。"②這首《天樞謡》應當輯自唐張鷟《朝野僉載》一書。《朝野僉載》卷一載:

> 景雲中謡曰:"一條麻綫挽天樞,絶去也。"神武即位,敕令推倒

① (清)永瑢等《四庫全書總目》,中華書局,1965年,頁1502。

② 《全唐詩》,中華書局1960年版,頁9943。

天樞，收銅并入尚方，此其應兆。①

《太平廣記》卷一六三引《朝野僉載》此事文字亦同。

與《全唐詩》對比可知，點校本《全唐詩》的標點與《太平廣記》、《朝野僉載》對於這首《天樞謡》的標點是截然不同的，《全唐詩》標作五言二句，《太平廣記》、《朝野僉載》則是標作雜言句式。從標點之後的語氣來看，似乎以《全唐詩》的標點讀來較爲暢達，而《太平廣記》、《朝野僉載》的標點則顯得較爲拗口，而且古人似乎并無此種句法。因爲從歌謡的性質來看，應該首先具備朗朗上口的特點，才能夠使其在群衆中廣泛傳唱，如果字句拗口，文化程度較低的民衆就很難輕易接受它，更不用説傳唱了。所以，從這個角度看，似乎以《全唐詩》的標點爲較優。

然而，實際情況并非如此，有其他文獻可以證明，《太平廣記》、《朝野僉載》的此種標點是有根據的。《大唐新語》卷八載：

長壽三年，則天徵天下銅五十萬餘斤，鐵三百三十餘萬，錢兩萬七千貫，於定鼎門内鑄八稜銅柱，高九十尺，徑一丈二尺，題曰“大周萬國述德天樞”，紀革命之功，貶皇家之德。……開元初，詔毁天樞，發卒銷爍，彌月不盡。洛陽尉李休烈賦詩以詠之曰：“天門街裏倒天樞，火急先須卸火珠。計合一條絲綫挽，何勞兩縣索人夫。”先有訛言云：“一條綫挽天樞。”言其不經久也。故休烈詩及之。士庶莫不諷詠。②

這裏提到的“訛言”，應該就是《朝野僉載》所謂的“景雲中謡”。其文字“一條綫挽天樞”，與《朝野僉載》所載略異。然考《太平廣記》卷二四〇“李嶠”條引《大唐新語》此處文字作“一條絲綫挽天樞”，較今本《大唐新語》多一“絲”字，再證以李休烈據此謡所做詩中有“計合一條絲綫挽”之句，即可知今本《大唐新語》“綫”上當脱“絲”字，其原本所載“訛言”當作“一條絲綫挽天樞”。這樣，就與《朝野僉載》所載的景雲中謡非常近似，

① （唐）張鷟《朝野僉載》，中華書局 1979 年版，頁 10。
② （唐）劉肅《大唐新語》，中華書局 1984 年版，頁 126。

只是一作"絲綫",一作"麻綫",這種差異應當只是傳聞異詞而已。既然《大唐新語》所載此謠作"一條絲綫挽天樞",就可以證明《太平廣記》、《朝野僉載》點校本在"一條麻綫挽天樞"下讀斷是不誤的,而《全唐詩》在"挽"下讀斷則與典籍的記載不符。

但是,如果按照《太平廣記》、《朝野僉載》斷句作"一條麻綫挽天樞,絶去也",則此謠讀來頗爲拗口,似乎也有問題。究其原因,應當是出自"絶去也"這三字,這三個字應該不是《朝野僉載》的正文,而應該是注文,後世傳抄誤將其闌入正文中,才導致今本文字如此。

首先,《大唐新語》所載"訛言"只有"一條(絲)綫挽天樞"七字,并無"絶去也"三字,李休烈詩"計合一條絲綫挽"用此謠之事,也不提"絶去也"三字,可見當時流傳本無"絶去也"三字。

其次,"絶去"二字,蓋指綫之斷絶。《説文解字》云:"絶,斷絲也。"段玉裁注云:"引申爲凡斷之稱。"以天樞之重,僅用一條麻綫挽繫,勢必將會斷絶,所以此處"絶去也"三字作爲注文出現在"一條麻綫挽天樞"一句之後,就很好地將這句謠諺背後隱含的意思揭示了出來。《大唐新語》在此下云"言其不經久也",也是闡明其含義,其實與《朝野僉載》所謂的"絶去也"是一致的。

第三,《太平廣記》所引《朝野僉載》文字有將注文誤入正文之例。如《太平廣記》卷二五九"袁守一"條引《朝野僉載》云當時人號袁守一爲"料鬬鳧翁雞","雞"字當爲"鳧翁"之注而誤衍入注文;又如《太平廣記》卷二六五"盈川令"條引《朝野僉載》楊炯目朝士爲"麒麟楦許怨","許怨"二字當爲原本注音"許怨切",脱"切"字而"許怨"二字闌入正文①。由此可見,《朝野僉載》一書原本應當是有注文的,在收入《太平廣記》或者是《廣記》傳抄中,誤將這些注文闌入正文,所以導致了今本《朝野僉載》的文字出現諸多費解之處②。《天樞謠》中的"絶去也"三字,應該也是這種情況,即"絶去也"原爲注文,用以揭示這一謠諺的涵義,而《太平廣記》收入時或流傳中將其誤入正文,與"一條麻綫挽天樞"連讀。

---

① 參筆者撰《點校本〈朝野僉載〉匡補》,《書品》2011年第3期。

② 《朝野僉載》原本已佚,今本爲明人據《太平廣記》所輯,故其文字與《太平廣記》高度一致。參點校本《朝野僉載》卷首趙守儼先生所撰《點校説明》。

綜上所述,唐景雲中《天樞謡》據《朝野僉載》所載應當只有一句,即“一條麻綫挽天樞”,“絶去也”三字當爲其注文,而非此謡之正文。《全唐詩》將“絶去也”三字輯入正文中,點校本又從而將其標點爲五言二句,均誤。

作爲一部大型官修斷代文學總集,限於當時的研究條件和研究水平,《全唐詩》中不可避免地存在各種問題。這些問題雖然已經有不少學者投入研究,但是限於個人的研究角度和其他因素,不可能在短時間内全部解決。筆者在自己的學力範圍内試圖解決幾個小問題,希望能對《全唐詩》的閱讀和研究有所幫助。

(作者單位:南京大學古典文獻研究所)

古典文獻研究(第十六輯)
2013年7月

《新唐書·方鎮表》獻疑

李軼倫

《新唐書·方鎮表》爲梅堯臣所著[①],以表格的形式記載了從景雲元年至唐末各方鎮的建置沿革,爲《新唐書》之獨創。雖然王鳴盛在論及《新唐書·方鎮表》時,言其“但表其地,未表其人,亦一恨事”[②],指出其體例上的缺點,但其依然是目前可見關於唐代方鎮的最專門、最全面的記録。然而由於梅氏入局時間較遲,《方鎮表》的編纂難免有些倉促,致使其中不乏與史實違背之處[③]。因此,釐清《方鎮表》中失實的條目,對於我們使用該《表》有着非常重要的意義。筆者在修訂點校本《新唐書·方鎮表》的過程中,發現在前人的研究成果之外,尚多有可以商榷之處。今擇其要者整理成文,以求教於方家。

一、《方鎮表一》“朔方”欄:(會昌三年)改單于大都護爲安北都護。(卷六四,頁1783)

按:當在“會昌五年”行。《唐會要》卷七三“安北都護府”云:“會昌五年七月,中書門下奏:‘塞北諸蕃,皆云振武是單于故地,不可存其名號,以啓戎心。臣謹詳《國史》,武德四年,平突厥後,於振武置雲中都

---

① 《春明退朝録》卷下云:“慶曆四年,賈魏公建議修《唐書》……將卒業,而梅聖俞入局,修《方鎮》、《百官表》。”(宋)宋敏求撰,誠剛點校《春明退朝録》,中華書局1980年,頁44—45。

② (清)王鳴盛著,黄曙輝點校《十七史商榷》,上海書店出版社2005年,頁731。

③ 《方鎮表》失實,最明顯的一點就是其本身記載之矛盾,如《方鎮表五》“鄂岳沔”欄上元元年下載“岳州隸荆南節度”,而《方鎮表四》“荆南”欄上元二年下却載“荆南節度增領涪、衡、潭、岳、郴、邵、永、道、連九州”,經考證當以《表四》所載爲是,詳見下文。

督。麟德元年,改爲單于都護。聖曆元年,改爲安北都護。開元八年,復爲單于都護。其安北都護舊在天德,自貞觀二十一年在甘州,遷徙不定。今請改單于都護爲安北都護。'敕旨從之。"[①]《玉海》卷一三三引《會要》亦載"會昌五年七月,改單于都護爲安北都護。"[②]又《册府元龜》卷九九四《外臣部·備禦第七》云:"(會昌)五年七月,勅改單于都護爲安北置都護。初,宰臣奏曰:'塞北諸蕃,皆爲振武,是單于故地,不可存其名號以啓戎心。臣等謹詳國史,武德四年平突厥後,於振武置雲州都督;武德五年改爲單于大都督;聖歷元年改爲安北都護;開元八年復爲單于都護。其安北都護本在天德,自貞觀二十年已後,移在甘州,遷徙不定。今單于都護改爲安北置都護,如此制置,并循故事。'乃有勅,從之。"[③]所謂宰臣者爲李德裕,《李文饒集》卷一一《請改單于大都護狀》[④],文字略同。諸書均可證。

二、《方鎮表二》"河南"欄:(大曆十一年)宋、潁、泗三州隸永平軍節度。(卷六五,頁1807—1808)

按:《方鎮表二》"滑衛"欄同年載:"永平節度增領宋、泗二州。""青密"欄同年亦載:"淄青平盧節度增領鄆、曹、濮、徐、兖五州,以泗州隸永平軍節度。"是宋、泗二州隸永平軍節度在大曆十一年無疑。然潁州隸永平節度當在大曆十四年,《方鎮表一》"涇原"欄載:"(十四年)潁州隸永平節度使。"《方鎮表二》"滑衛"欄載:"(十四年)永平節度增領汴、潁二州,徙治汴州。""淮南西道"欄載:"(十四年)淮西節度使復治蔡州,是年賜號淮寧軍節度,尋更號申光蔡節度使,汝州隸東都畿,汴州隸永平軍節度。"《通鑑》卷二二五《唐紀四十一》亦載:"(大曆十四年)三月丁未,(希烈)與大將丁暠等,殺惠光父子而逐忠臣。忠臣單騎奔京師,上

① (宋)王溥撰,牛繼清校證《唐會要校證》,三秦出版社2012年,頁1129。

② (宋)王應麟輯《玉海》,廣陵書社2007年影印光緒九年浙江書局刊本,頁2455。

③ (宋)王欽若等編,周勛初等校訂《册府元龜(校訂本)》,鳳凰出版社2006年,頁11509—11510。其中"貞觀二十年",李德裕《請改單于大都護狀》作"貞觀二十一年",《册府元龜》當脱"一"字。

④ (唐)李德裕撰,傅璇琮、周建國校箋《李德裕文集校箋》,河北教育出版社2000年,頁203。》

以其有功,使以檢校司空、同平章事留京師;以希烈爲蔡州刺史、淮西留後。以永平節度使李勉兼汴州刺史,增領汴、潁二州,徙鎮汴州。”①均可證。《表》“大曆十四年”“滑衛”欄空白,而載潁州隸永平軍節度於“大曆十一年”行,當係史官誤書。

三、《方鎮表二》“鄭陳”欄:(貞元十年)陳許節度賜號忠武軍節使。(卷六五,頁1812)

按:當在貞元二十年行。《舊唐書》卷一三《德宗本紀下》云:“(貞元二十年夏四月)丙寅,吐蕃使臧河南觀察使論乞冉等五十四人來朝貢。陳許節度賜號忠武軍。”②又《資治通鑑》卷二三六《唐紀五十二》云:“(貞元二十年)夏四月丙寅,名陳許軍曰忠武。”③《唐會要》卷七八“節度使”云:“陳許節度使。貞元二十年四月,名其軍曰忠武。”④均繫於貞元二十年四月。《方鎮表》“貞元二十年”欄空白,今在“貞元十年”欄當係史官誤書。

四、《方鎮表二》“鄭陳”欄:(長慶二年)(忠武軍節度)省溵州。(卷六五,頁1817)

按:當在“長慶元年”行。溵州之廢在長慶元年。《舊唐書》卷一六《穆宗本紀》載:“(長慶元年五月)癸亥,敕先置溵州於郾城,宜廢;其郾城上蔡、西平、遂平兩縣復隸蔡州。”⑤卷三八《地理志一》“蔡州”載:“郾城……元和十二年,於縣置溵州。長慶元年,廢溵州,以郾城隸許州。”⑥《太平寰宇記》卷七《河南道七·許州》載:“郾城縣……元和十二

---

① 中華書局校點本,頁7255—7256。《舊唐書》卷一一《代宗本紀》云:“(大曆十四年)三月丁未,汴宋節度使李忠臣爲麾下將族侄李希烈所逐,忠臣狼狽歸朝。上以忠臣立功於國,乃授檢校司空、同平章事。”(中華書局點校本,頁315)雖未載潁州隸於永平,然可證《通鑑》所載不誤。

② 中華書局點校本,頁399。

③ 中華書局點校本,頁7605。

④ 牛繼清校證本,頁1227。

⑤ 中華書局點校本,頁489。溵州置於元和十二年,見本條下引諸書可知,又《方鎮表》同卷“鄭陳”“元和十二年”欄載“忠武節度增領溵州”,《舊唐書》卷一五《憲宗本紀下》載“(元和十二年十一月)甲午……以蔡州郾城爲溵州,析上蔡、西平、遂平三縣隸焉”(中華書局點校本,頁462),亦可證。

⑥ 中華書局點校本,頁1435。

年,敕淮西賊中百姓窮困,相率歸順,其數甚多,宜於許汝行營側近置行郾城縣。韓弘計議揀擇穩便處置。其年十一月,以今郾城縣爲溵州,仍以上蔡、西平、遂平三縣隸焉。是年十二月,敕溵州宜隸許州。至長慶元年五月廢溵州,復爲郾城縣,依前隸許州,其先割屬溵州所管上蔡、西平、遂平等三縣仍還蔡州,尋又以郾城復來屬。"[①]《新唐書》卷三八《地理志二》載:"郾城……元和十二年復以郾城、上蔡、西平、遂平置溵州。長慶元年州廢,縣還隸蔡州,是年,以郾城來屬。"[②]《唐會要》卷七〇"州縣改置上"載:"許州。郾城縣。元和十二年二月,'淮西賊中百姓窮困,相率歸順,其數甚多。宜于許汝行營側近置行郾城縣,委韓弘詳議,揀擇穩便處置。'其年十一月,以郾城縣置溵州,以上蔡、西平、遂平三縣隸焉。是年十二月,敕溵州宜屬許州。長慶元年,廢溵州,復爲郾城縣,依前隸屬許州。其先割屬溵州上蔡、西平、遂平等三縣,依隸屬蔡州。"[③]并可證。是此行"省溵州"三字當移於"長慶元年"行。《舊唐書》卷三八《地理志一》載"許州……長慶三年,廢溵州爲郾城縣,屬許州"[④],作"長慶三年","三年"當爲"元年"之誤[⑤]。

五、《方鎮表三》"横海"欄:(開元十三年)滄州置横海軍使。(卷六六,頁1834)

按:當在開元十四年行。《元和郡縣圖志》卷一八云:"滄州……横海軍,在州城西南。開元十四年置。"[⑥]《新唐書》卷三九《地理志三》云:"滄州……西南有横海軍,開元十四年置,天寶後廢,大曆元年復置。"[⑦]

---

① (宋)樂史撰,王文楚等點校:《太平寰宇記》,中華書局2007年,頁134。

② 中華書局點校本,頁988。

③ 牛繼清校證本,頁1074。

④ 中華書局點校本,頁1431—1432。

⑤ 點校本《太平寰宇記》卷七《河南道七》即作"元年",然據其《校勘記》,"'元',宋版、萬本、中大本并作'三'。按《舊唐書·地理志》一作'三',《新唐書·地理志》二作'元',本書下文郾城縣記載同"(頁137),可知原本《寰宇記》即作"三"。今觀《寰宇記》此處記載許州沿革,自武德四年平王世充改爲許州至長慶年間廢,文字與《舊唐書·地理志一》文字幾乎完全相同,二者必同源,同誤作"三年"。

⑥ (唐)李吉甫撰,賀次君點校《元和郡縣圖志》,中華書局1983年,頁520。

⑦ 中華書局點校本,頁1017。

《唐會要》卷七八“節度使”云:“横海軍。在滄州,并開元十四年四月十二日置,各以刺史爲使。”[①]均可證。《方鎮表》蓋傳寫錯行,當移正。又《唐會要》卷七一“州縣改置下”云:“河北道……德州。歸化縣。開元十三年,横海軍節度使鄭權奏:‘當道管德州安德縣,渡黄河,南與齊州臨邑縣鄰接……’”[②]誤,鄭權主要活動於德宗之後,《太平寰宇記》卷六四《河北道十三》即載此事於元和中[③],可證。《舊唐書》卷一一《代宗本紀》載大曆六年“冬十月壬午,滄州置横海軍”[④],則當是天寶年間廢後重置,上引《新唐書·地理志三》即載“天寶後廢,大曆元年復置”,可證。

六、《方鎮表三》“魏博”欄:(大曆十一年)魏博節度增領衛、相、洺、貝四州。(卷六六,頁1843)

按:當在“大曆十年”行。《舊唐書》卷一一《代宗本紀》云:“(大曆十年二月)時田承嗣盡盜入相、衛所管四州之地,自署長吏。”[⑤]卷一四二《王武俊傳》云:“大曆十年,田承嗣因薛嵩死,兼有相、衛、磁、邢、洺五州。”[⑥]《新唐書》卷六《代宗本紀》云:“(大曆十年)二月乙丑,田承嗣陷衛州,刺史薛雄死之。”[⑦]《資治通鑑》卷二二五《唐紀四十一》云:“(大曆十年)二月乙丑,田承嗣誘衛州刺史薛雄,雄不從,使盜殺之,屠其家,盡據相、衛四州之地,自置長吏。”[⑧]并可證。《方鎮表》“十年”欄别無文字,是此爲史官一時誤書。

七、《方鎮表四》“劍南”欄:(開元二十二年)劍南節度兼山南西道採訪處置使,號山劍西道,增領文、扶、姚三州。(卷

---

① 牛繼清校證本,頁1225。

② 牛繼清校證本,頁1082。

③ 點校本《寰宇記》作:“元和二年”,《校勘記》云:“‘二’,萬本作‘三’。按《舊唐書》卷一六二《鄭權傳》:元和十三年,‘遷德州刺史、德棣滄景節度使。時朝廷用兵討李師道,權以德、棣之兵臨境,奏于平原、安德二縣之間置歸化縣,以集降民。’則此‘二’爲‘十三’之脱誤。”(頁1319)權討師道事在元和十三年,《校勘記》所言不誤,則《唐會要》作“開元十三年”蓋誤“元和”爲“開元”。

④ 中華書局點校本,頁298。

⑤ 中華書局點校本,頁307。

⑥ 中華書局點校本,頁3872。

⑦ 中華書局點校本,頁177。

⑧ 中華書局點校本,頁7229。

六七,頁 1866)

按:當在開元二十七年行。《唐會要》卷七八“節度使”云:“劍南節度使……(開元)二十七年,章仇兼瓊又兼山南西道採訪使。其後或兼或不兼,無定制。”[①]既云“其後或兼或不兼,無定制”,是此前無以劍南節度兼山南西道採訪使者。《舊唐書》卷九《玄宗本紀》云:“(開元二十七年十二月)以益州司馬章仇兼瓊權劍南節度等使。”[②]《資治通鑑》卷二一四《唐紀三十》云:“(開元二十七年)十二月,以兼瓊爲劍南節度使。”[③]《玉海》卷一七四引《唐曆》云:“開元二十七年十二月,章仇兼瓊節度劍南。”[④]均可證《唐會要》所載不誤。又《顔魯公文集》卷九《中散大夫京兆尹漢陽郡太守贈太子少保鮮于公神道碑銘》云:“二十七年,長史張宥奏充劍南採訪支使。宥方謀拔安戎,獨與公計畫幕中,事一以咨公。司馬章仇兼瓊惡之,及代宥節度,乃移郡,收公月餘,仍釋之。俄令攝判使事,監越嶲兵馬,復奏充採訪支使,盡護劍南軍事。首尾二載,冒暑渡瀘者凡一十八度。公秉操堅忮,吏人望而畏之。改授新繁尉,充山南西道採訪支使。頃之,雲南蠻動,瓊請公往,以便宜從事。公戮其尤害者數人,蠻夏懾服。”[⑤]依《碑》文亦可證章仇兼瓊以劍南節度兼山南西道採訪使在開元二十七年。《表》“劍南”“開元二十七年”欄空白,史官誤書於“開元二十二年”行。

八、《方鎮表五》“鄂岳沔”欄:(上元元年)岳州隸荆南節度。(卷六八,頁 1904)

按:當在“上元二年”行。《方鎮表四》“荆南”“上元元年”欄載“荆南節度復領澧、朗、忠、峽四州”,“上元二年”欄載“荆南節度增領涪、衡、潭、岳、郴、邵、永、道、連九州”,據此增領岳州當在上元二年,《表五》此處“鄂岳沔”欄載此事亦當繫於上元二年。《通鑑》卷二二二《唐紀三十八》即載:“(上元二年春正月)荆南節度使吕諲奏:請以江南之潭、岳、

---

① 牛繼清校證本,頁 1226。
② 中華書局點校本,頁 212。
③ 中華書局點校本,頁 6840。
④ 廣陵書社影印光緒九年浙江書局刊本,頁 3192。
⑤ 《四部叢刊初編》本。

郴、邵、永、道、連，黔中之涪州，皆隸荆南；從之。”[①]可證。惟《舊唐書》卷三九《地理志二》云：“……乃置荆南節度使。上元元年九月，置南都，以荆州爲江陵府，長史爲尹，觀察、制置，一準兩京。以舊相吕諲爲尹，充荆南節度使，領澧、朗、硤、夔、忠、歸、萬等八州，又割黔中之涪，湖南之岳、潭、衡、郴、邵、永、道、連八州，增置萬人軍，以永平爲名。二年，置長寧縣於郭内……”[②]與《新表》“鄂岳沔”欄一致，然《舊志》此處當爲連書之法，載增領涪、岳等九州事於元年九月置南都事之後，非必在元年。又《方鎮表六》“衡州”“乾元二年”欄載“涪州隸荆南節度使”，其誤更不待言。

九、《方鎮表五》“江東”欄：(文德元年)置忠國軍節度使，治湖州。(卷六八，頁1924)

按：係忠國軍節度之置於文德元年誤。《(嘉泰)吴興志》卷一《建置沿革》載：“(乾寧)三年，賜軍號忠國，升節度鎮使以授刺史李師悦。”并考證曰：“《唐・方鎮表》：‘文德元年，置忠國軍節度使，治湖州。’《續圖經》云：‘據《師悦神道碑》，以爲丙辰年，當乾寧三年。’按《統記》，李師悦光啓元年授，大德(按：當係“文德”之誤。)元年加檢校右僕射，景福二年加防禦使，乾寧三年加忠國軍節度使。《表》誤。”[③]是，《資治通鑑》卷二六〇《唐紀七十六》即繫於昭宗乾寧三年，云：“(十一月)湖州刺史李師悦求旌節，詔置忠國軍於湖州，以師悦爲節度使。賜告身旌節者未入境，戊子，師悦卒。楊行密表師悦子前綿州刺史彦徽知州事。”《考異》云：“《實録》：‘乾寧二年，四月，忠國節度使李師悦卒，以其孫彦徽知留後。’今從《新紀》、《十國紀年》。”[④]可證。此明言所據，即便據司馬光未

---

① 中華書局點校本，頁7104。《通鑑》載江南七州，無衡州，未知何據，或爲脱誤。《新唐書》卷一四〇《吕諲傳》則云：“數月，拜荆州長史，澧朗峡忠等五州節度使。諲始建請荆州置南都，詔可。於是更號江陵府，以諲爲尹，置永平軍萬人，遏吴、蜀之衝。以湖南之岳、潭、郴、道、邵、連，黔中之涪凡七州，隸其道。”(中華書局點校本，頁4649。)又無永州。要之當以《舊志》、《新表》所載九州爲是。

② 中華書局點校本，頁1552。《太平寰宇記》卷一四六《山南東道五》(中華書局點校本，頁2832)亦載，文字與《舊志》幾乎全同，當與之同源。

③ (宋)談鑰纂修《(嘉泰)吴興志》，《宋元方志叢刊》本，中華書局1990年影印，頁4681。

④ 中華書局點校本，頁8495。

從之《實録》,亦可證《新表》有誤。又《新唐書》卷一八六《周寶傳》云:"初,黄巢平,時溥遣小史李師悦上符璽,拜湖州刺史。昭宗時,遷忠國軍節度使[①]。"亦可證非在僖宗文德時。《新表》當係誤書。

(作者單位:南京大學文學院)

① 中華書局點校本,頁5418。

古典文獻研究(第十六輯)
2013年7月

《唐會要》校誤

黃麗婧

《唐會要》流傳千年,久無善本傳世,在相當長的時間内僅以鈔本形式存在,故傳本舛誤乖謬頗多,今雖有點校本問世,但遠未臻於盡善。現以上海古籍出版社點校本(其底本爲《武英殿聚珍版叢書》本之翻刻本。爲明源流,故行文中稱“殿本”,而文字和頁碼皆以點校本爲準。)爲底本,采用明鈔本、汪啓淑家藏本(簡稱“汪藏本”)、文淵閣《四庫全書》影印本(簡稱“《四庫》本”)等爲校本,并旁搜博采唐宋文獻,對《唐會要》的文字訛脱做進一步的訂正,以期爲《唐會要》善本的形成貢獻一份力量,同時也借此向專家請教。訛誤文字采用條校的方式,按卷次排列。凡所訂正,皆屬於底本沿襲殿本之誤者,别本訛誤及點校本排印之誤不在其列。

卷二《帝號下》

1. 乾符二年乙未正月,上尊號曰聖神聰睿仁哲明孝皇帝。光啓元年五月,上尊號曰至德光烈皇帝。文德元年三月,崩於武德殿。(頁16)

案:明鈔本、汪藏本“文德元年”后有“戊申二月,上尊號曰聖文睿德光武弘孝皇帝。”《舊唐書》卷一九《僖宗本紀》載:“(文德元年)二月……韋昭度率文武百僚上徽號曰聖文睿德光武弘孝皇帝。(三月)庚子,上暴疾。”疑殿本有脱文。

卷三《皇后》

2. 皇后蕭氏(寶曆三年三月,册爲皇太后)。(頁33)

案:“三月”當作“正月”。明鈔本及《舊唐書》卷五二《蕭氏傳》并作

"寶曆三年正月",可證。

卷五《諸王》

3. 神龍初,相王、太平公主同至五千户,衛王三千户,温王二千户,成王七百户……宣城、宜城、宣安各一千户,相王女爲縣主者各三百户。衛王升儲位,相王加至七千户,安樂三千户,長寧二千五百户,宣城以下二千户。長寧、安樂皆以七千户爲限,雖水旱亦不破損免,以正租庸充數。(頁59)

案:"宣城、宜城、宣安各一千户",明鈔本、汪藏本、《四庫》本作"宣城、宜城以下(各一千户),安定公主(一千户)";"安樂三千户",前有"太平公主(加至五百户,前已封五千户,未知孰是)"("未知孰是",《四庫》本作"此特更加耳");"長寧、安樂皆以七千户爲限",前有"相王、太平"。殿本疑有訛脱。

卷六《公主》

4. 高祖十九女:長沙(降馮少師)……淮南(降封道言)……臨海(降裴師律)。(頁73)

案:"裴師律"當作"裴律師"。《册府元龜》卷三〇〇《外戚部》載:"裴律師,寂之子。尚高祖女臨海公主。"《新唐書》卷八三《高祖十九女》:"臨海公主下嫁裴律師。"是其證。

又案:"封道言"當作"封言道"。兩《唐書》封倫本傳、《册府元龜》卷三〇〇俱載封倫子"言道"尚高祖女淮南長公主。當據乙。

5. 元宗三十女:永穆(降王繇)、常芬(降張去奢)……萬安(入道)、上仙(早薨)。(頁74)

案:"去奢"當作"去盈"。《舊唐書》卷五二《肅宗張皇后》載:"其子去惑、去疑、去奢、去逸,皇姨弟也,皆至大官。去盈尚玄宗女常芬公主。"《新唐書》卷七七《張皇后傳》亦曰:"五息子,曰:去惑、去疑、去奢、去逸、去盈,皆顯官。去盈尚常芬公主。"又《唐大詔令集》卷四二《常芬公主食實封制》載:"常芬公主……今年九月丁巳出降張去盈,所司詳備,禮物式遵故事(開元十九年)。"是其證。

又案:汪藏本、《四庫》本"萬安入道"后載"寧親降張垍"。《舊唐書》卷五二《玄宗元獻皇后楊氏》、卷九七《張說傳》并載張說次子張垍尚寧親公主,拜駙馬都尉。《新唐書》卷七六《玄宗楊皇后傳》亦載:"後又生寧親公主,乃薨。説以舊恩,故子垍得尚寧親。"然《唐大詔令集》卷四一《封唐昌公主等制》又云:"第四女可封唐昌公主,第六女可封常山公主,第八女可封寧親公主,各食實封五百户,唐昌公主出降張垍,俱用八月十九日所司詳備禮物,式遵故事(開元十六年)。"據《文苑英華》卷五九〇載張説作《謝觀唐昌公主花燭表》,其有"賜臣觀唐昌公主花燭。伏以天人下嫁,王宰送行,苟非榮寵,何階瞻望"句,張説爲張垍之父,此言觀唐昌公主花燭,是獲"賜"而观,感到"苟非榮寵,何階瞻望",其身份顯然不是成親的主人(若爲成親之主家,自然不用"賜观"),則唐昌公主所嫁非張垍亦明。而《新唐書》卷八三《公主傳》亦載:"唐昌公主下嫁薛鏽……常山公主下嫁薛譚,又嫁竇澤。"《册府元龜》卷三〇〇所載同《新傳》,可證《唐大詔令集》所載實誤。但《唐大詔令集》言之鑿鑿,"寧親公主"與"唐昌公主"又緣何而誤呢?從《唐大詔令集》所稱"俱用"一詞看,該詔令還當有同時獲封的另外兩個公主出降某人的文字,當是傳寫中"唐昌公主出降"下脱"薛鏽,常山公主出降薛譚,甯親公主出降"等十六字。

《雜録》

6. 伏準貞元二年五月,册嘉誠公主……二年三月,册長林公主。(頁 81)

案:"二年"當作"元年"。《舊唐書》卷一四一《田承嗣傳》:"貞元元年,以嘉誠公主出降緒,加駙馬都尉。"《唐陸宣公集》卷六《册嘉誠公主文》載:"惟貞元元年歲次乙丑,六月甲子朔十二日乙亥,皇帝若曰:'王者以義睦宗親……嘉誠公主孝友柔謙,外和内敏,公宫稟訓,四德備修,疏邑啓封,命爲公主。'"是其證。

卷一一《明堂制度》

7. 太常少卿王忠仁、太常博士馮宗、陳貞節等咸以則天所造明堂有乖典制,奏曰:"明堂之建……至孝平元始四年,創造南郊,以申嚴配。但取丙巳而已,斯蓋百王不易之道也。"(頁 322)

案:《玉海》九五引《唐會要》:"陳正節議曰:'魏晉汔梁,雖規制或殊,而所居之地,常取景巳,百王不易之道也。'"《舊唐書》卷二二《禮儀志》亦載此文:"博士馮宗、陳貞節等議,以武氏所造明堂有乖典制,奏議曰:'明堂之建……至孝平元始四年,始創造於南郊,以申嚴配。光武中元元年,立於國城之南。自魏晉迄於梁朝,雖規制或殊,而所居之地常取丙巳者。斯蓋百王不易之道也。"《文苑英華》卷七六二載此文同,疑今本《唐會要》"以申嚴配"下疑有脱文。

卷一三《禘祫上》

8. 其月二十八日,左司郎中陸淳奏曰:"臣竊尋七年百僚所議,雖有一十六狀,總其歸趣,三端而已。"(頁 362)

案:"二十八日",《玉海》卷九七引《會要》、《舊唐書》卷二六《禮儀志》并作"二十六日",今本當誤。

卷一四《獻俘》

9. (會昌四年)其年八月,平澤潞,梟逆賊劉禎,傳首京師。十八日,御安福門受獻。(頁 374)

案:"劉禎",《玉海》卷一七〇引《會要》作"劉稹"。《太平御覽》卷一一五引《唐書》曰:"(會昌四年)八月,王宰傳稹首,與大將郭誼等一百五十人露布獻於京師,上御安福門受俘。"《新唐書》卷二一四《劉悟傳》亦載:"稹首送王宰,獻京師,告廟社。帝御興安門受之。"其名均作"劉稹"。劉稹,兩《唐書》屢見,此當據改。

卷二二《社稷》

10. 韋叔夏等又議曰:"《韓詩外傳》云:'天子太社,廣五尺。各分置四方色訖,上冒以黄土。'"(頁 490)

案:"廣五尺",《玉海》卷九九引《會要》作"廣五丈"。《通典》卷四六《禮》載:"韋叔夏等又議曰:《韓詩外傳》云:'天子太社,廣五丈。各分置四方色訖,上冒以黄土。'"是當作"廣五丈",今本《會要》誤。

《前代帝王》

11. 元和十二年四月,上以自春以來,時雨未降,正陽之月可行雩祀,遂幸興慶宫堂祈雨。(頁 504)

案:"元和十二年",《玉海》卷一七一及卷一九九引《會要》、《太平御覽》卷九二五引《唐書》、《册府元龜》卷二六及卷一一四皆作"貞元十三年",殿本誤,當據改。

卷二三《武成王廟》

12. 夏陽侯馮異。(頁508)

案:"夏陽"當作"陽夏"。《後漢書》卷一七《馮異傳》載:"馮異字公孫,潁川父城人也……建武二年春,定封異陽夏侯。"卷五〇《陳敬王羨傳》載:"及獻帝初,義兵起,寵率衆屯陽夏。(注曰:縣名,屬淮陽國)。"檢《元和郡縣志》卷九:"(陳州)太康縣(緊南至州七十里):本漢陽夏縣,地屬淮陽國,後漢屬陳國。"卷二:"(同州)夏陽縣(緊西南至州一百三十里):古有莘國,漢郃陽縣之地。"是陽夏屬於淮陽國,夏陽別有其地。此當據乙。《新唐書》卷一五《禮樂志》誤同《唐會要》。

卷二五《雜録》

13. (元和)三年六月,百官初入待漏院,候禁門啓入朝。(頁553)

案:"三年",《舊唐書》卷一四《憲宗本紀》、《册府元龜》卷一〇七及《玉海》卷一六七引《舊史》并作"二年"。《舊紀》爲編年紀事,其年份無傳寫之誤,其稱"二年六月丁巳朔",與曆表相合,此當據改。

卷二六《册讓》

14. 四年八月,賜三品已上射於武德殿。(頁581)

案:"三品"疑作"五品"。《玉海》卷七五引《會要》、《册府元龜》卷七九及一〇五并作"五品"。

《講武》

15. 先天二年十月十三日,講武於驪山之下。徵兵二十萬,戈鋋金甲,耀照天地,列大陣於長川,坐作進退,以金鼓之聲節之,三軍出入,號令如一。上體擐戎服,持大鎗,立於陣前。(頁586)

案:《玉海》卷一四四引《會要》:"先天二年十月十三日,講武於驪山之下。發兵二十萬,旌旗亘五十餘里,戈鋋金甲,耀照天地,列大障於長川,坐作進退,以金鼓之聲節之,三軍出入,號令如一。親擐戎服,持沉香大鎗,立於陣前。"《通典》卷七六《軍禮》、《册府元龜》卷一二四《帝王部》同,"發兵二十萬"下均有"旌旗亘五十餘里"一句,疑今本有脱文。又"體擐",《玉海》卷一四四引《會要》、《册府元龜》卷一二四作"親擐",當據改。

卷二八《蒐狩》

16. 筋力驍悍,爪牙輕健。勁弩一發,未必挫其凶威;長戟纔揮,不能當其憤氣。猝然驚軼,事生慮外,如或奔近林藂,未填坑谷,駭屬車之後乘,犯官騎之清塵。(頁612)

案:"凶威",明鈔本、汪藏本并作"畏心";"不能當其憤氣"后,有"雖復孟賁抗左,夏説車前"二句;"猝",二本并作"卒";"近",作"赴"。《册府元龜》卷五四二載:"筋力驍悍,爪牙輕捷。連弩一發,未必挫其凶心;長戟纔揮,不能當其憤氣。雖復孟賁抗左,夏説居前,卒然驚軼,事生慮表。如或奔赴林藂,未填坑谷。"《舊唐書》卷七二《褚亮傳》略同《册府》。殿本《唐會要》當脱"雖復孟賁抗左,夏説車前"二句,"近"當作"赴"。

卷三〇《大内》

17. 顯慶五年八月,有抱屈人齎鼓於朝堂訴,上令東都置登聞鼓,西京亦然。(頁639)

案:"登聞鼓",明鈔本作"登聞鼓嘉石"。《玉海》卷一一〇引《唐會要》:"顯慶五年八月,有人賫鼓於朝堂訴,上令東都置登聞鼓嘉石,西京亦然。"當據補。

《通義宫》

18. 武德六年四月二十四日,幸龍潛舊宅,改爲通義宫。(頁640)

案:"二十四日",《玉海》卷一五七引《會要》作"十四日"。《舊唐書》卷一《高祖本紀》載:"(六年)夏四月己未,幸舊宅,改爲通義宫。"四月,丙午朔,己未爲十四日,殿本衍"二"字,當删。

《諸宫》

19. 貞觀二年八月,上每日視於西宫。公卿奏以宫中卑濕,請立一閣。(頁652)

案:"視",明鈔本及《玉海》卷一五七引《會要》作"視膳"。《舊唐書》卷二《太宗本紀》載:"(貞觀二年)八月甲戌朔,幸朝堂,親覽冤屈。自是上以軍國無事,每日視膳於西宫。癸巳,公卿奏曰:'依《禮》季夏之月可以居臺榭……宫中卑濕,請營一閣以居之。'"亦作"視膳",當據補。

《雜記》

20.(貞元)十四年三月三日,造會慶亭於麟德殿前。(頁655)

案:"十四年",明鈔本、汪藏本、《四庫》本作"三年",《舊唐書》卷一三《德宗本紀》、《册府元龜》卷一四并作"十三年"。明鈔本、汪藏本、《四庫》本當脱"十",殿本"十四年"當作"十三年"。

卷三二《輿服下》

21.武德四年八月十六日,詔五品已上執象笏,已下執竹木笏。(頁679)

案:"已下"前脱"六品"二字。《玉海》卷八六引《會要》曰:"武德四年七月十六日,詔:'五品以上,執象笏。六品已下,執竹木笏。'"《舊唐書》卷四五《輿服志》亦載:"(武德)四年八月,敕:'三品已上,大科紬綾及羅,其色紫飾用玉……五品已上,執象笏……六品已下,執竹木爲笏。'"。是其證。

《雅樂》

22.武德四年八月十六日,敕:"三品已上,服大料、細綾及羅。"(頁680)

案:"八月",明鈔本、汪藏本、《四庫》本并作"七月";"大料",作"大科"。又《册府元龜》卷六一載:"武德四年七月十六日,制:'三品已上,服大料、細綾及羅。'"是當作"七月"。又《通典》卷六一、《舊唐書》卷四五《輿服志》、《新唐書》卷二四《車服志》亦均作"大科",當從之。

23.麟德二年七月二十四日,詔:"國家平定天下,革命創制,紀功旌德,久被樂章……仍依舊别設。"(頁692)

案:"七月"當作"十月"。明鈔本、汪藏本、《四庫》本及《玉海》引《會要》、《通典》卷一四七、《舊唐書》卷二八《樂志》并作"十月",是其證。

24.二十九年六月,太常奏:"東封太山日,所定雅樂……其封泰山也,登歌、奠玉幣用《肅和》之樂,迎俎用《雍和》之樂,酌福、飲福用《壽和》之樂。"(頁698)

案:"壽和之樂",明鈔本、汪藏本、《四庫》本及《玉海》引《會要》、《通典》卷一四七、《舊唐書》卷二八《禮樂志》并作"福和之樂"。今當據改。

卷三三《雅樂下》

25. 帝臨二殿，親觀考擊，皆合五音，送太常。（頁701）

案："二殿"當作"三殿"。明鈔本、汪藏本、《四庫》本《唐會要》及《玉海》卷一〇五引《會要》、《通典》卷一四四、《舊唐書》卷二八《音樂志》、《太平御覽》卷五六四引《唐書》均作"三殿"，是爲確證，當據改。《册府元龜》卷五六九《掌禮部》誤同。

《破陣樂》

26. 顯慶元年正月十五日，詔改《破陣》樂舞爲《神功破陣》樂。（頁715）

案："十五日"，《玉海》卷一〇七引《會要》作"二十五日"。《册府元龜》卷五六八《掌禮部》作"顯慶元年正月庚寅"，正月丙寅朔，庚寅正二十五日，此蓋脱"二"字。

27. 至永淳元年二月，太常博士裴守貞議曰："竊惟二舞肇興，謳吟攸屬，義均《韶》、《夏》，用兼賓祭，皆祖宗盛德，而子孫享之。"（頁716）

案："謳吟攸屬"下，《太平御覽》卷五六六引《唐會要》有"贊九成之茂烈，叶萬國之歡心"兩句，《通典》卷一四六《樂》、《舊唐書》卷一八八《裴守貞傳》、《文苑英華》卷七六一《論立對〈破陣〉、〈慶善〉二舞議》載此文亦有此兩句。"九成"，《舊傳》、《文苑英華》、《册府元龜》卷三六作"九功"。

《慶善樂》

28. 貞觀六年九月二十九日，幸慶善宫……上乃賦詩十韻："壽丘唯舊迹，酆邑乃前基……梯山咸入款，駕海亦來思……芸黄遍原隰，禾穎即京坻。共樂還鄉宴，歌此《大風詩》。"（頁716）

案："梯山咸入款"，《玉海》卷二九引《會要》、《太平御覽》卷五六六引《唐會要》并作"梯山盛入款"。"禾穎即京坻"，《太平御覽》卷五六六引作"禾穎積成坻"，《樂府詩集》卷五六作"禾穎積京坻"。"京坻"，語出《詩經·小雅·甫田》："曾孫之庾，如坻如京。"謂穀米堆積如山。《河東先生集》卷三七亦有"畝有餘糧，足食之慶，充溢於京坻"句。是《御覽》誤"京"爲"成"，而此"即"則當作"積"。"共樂還鄉宴，歌此《大風詩》"，《太平御覽》卷五六六引《唐會要》作"兵（當作"共"）樂還譙宴，歡此《大風詩》",《玉海》二九引、《樂府詩集》卷五六作"共樂還譙宴,歡此《大風詩》"。

《諸樂》

29.《雲韶樂》一章,十二章。(頁 717)

案:"十二章",《玉海》卷一〇六引《會要》作"二十章",《樂府詩集》卷七九載:"凡燕樂諸曲,始於武德、貞觀,盛於開元、天寶。其著録者十四調,二百二十二曲。又有梨園、别教院法歌樂十一曲,《雲韶樂》二十曲。"是當作"二十章"。

卷三五《釋奠》

30. 二十年二月,詔皇太子於國學釋奠於先聖、先師。皇太子爲初獻,國子祭酒張復裔爲亞獻。(頁 747)

案:"張復裔",《册府元龜》卷一七二《帝王部》、二六〇《儲宫部》作"張後裔"。張後胤見兩《唐書》本傳,此誤,當據改。

《經籍》

31. 十九年冬,車駕發京師。集賢院四庫書,總八萬九千卷……雜有梁、陳、齊、周及隋代古書,貞觀、永徽、麟德、乾封、總章、咸亨年,奉詔繕寫。(頁 752)

案:"咸亨"後脱"舊本",又衍"年"字。《玉海》卷五二引《會要》曰:"雜有梁、陳、齊、周、隋代古書,貞觀、永徽、乾封、總章、咸亨舊本。"《職官分紀》卷一五載:"開元十九年冬,駕發京。時集賢院四庫書總八萬九十卷……其中雜有梁、陳、周及隋代古書,貞觀、永徽、麟德、乾封、總章、咸亨舊本,置院之後新寫書,又多於前。"

32. 初,貞觀中,搜訪王羲之等真迹……又令遂良真書小字貼紙,影其古本。亦有是梁、隋官本者,梁則滿騫、徐增、朱異等,隋則江總、姚察等署記……又一本,長安、神龍之際,太平、安樂公主奏借,出入搨寫,因此遂失所在。(頁 756)

案:《玉海》卷四五引《會要》曰:"梁則滿騫、徐僧權、沈熾文、朱異等,隋則江總、姚察等書記……出外搨寫,因此遂失所在。"《新唐書》卷五七《藝文志》:"(太宗)命遂良楷書小字以影之。其古本多梁、隋官書。梁則滿騫、徐僧權、沈熾文、朱異,隋則江總、姚察署記。"《譚賓録》卷七、

《太平廣記》二〇九同。今本蓋誤“僧”爲“增”，又脱其下“權沈熾文”四字。

33. 開元五年，敕：“陸元悌、魏哲、劉懷信等檢校見换，標爲兩卷，總八十卷。餘并墜失。”(頁756)

案：“檢校見换，標爲兩卷”，語義不明，當有訛誤。《玉海》卷四五引《會要》作：“開元五年，敕：‘陸元悌、魏哲、劉懷信等檢校標，分一卷爲兩卷。’”張彦遠《法書要録》卷四載之：“開元五年敕：‘陸元悌、魏哲、劉懷信等撿校换褾，分一卷爲兩卷，總見在有八十卷，餘并墜失。’”又《太平廣記》卷二〇九引《譚賓録》云：“五年敕：‘陸元悌、魏哲、劉懷信等檢校换褾，每卷分爲兩卷，總見在有八十卷，餘并失墜。’”據此，“標”當作“褾”，“换褾”爲詞，不得逗開；“爲兩卷”前則當脱“分一卷”三字。

卷三六《修撰》

34. 二年六月，上製元首前星維城股肱論。(頁765)

案：“論”，《玉海》卷一二九引《會要》、《太平御覽》卷五九一引《唐書》、《册府元龜》卷四〇并作“誡”，當從之。

35. 初，聖曆中，上以《御覽》及《文思博要》等書，聚事多未周備，遂令張昌宗召李嶠……常元旦、楊齊哲、富嘉謩、蔣鳳等二十六人同撰。(頁766)

案：“常元旦”當作“韋元旦”，《玉海》卷五四引《會要》即作“韋元旦”，韋元旦見《新唐書》本傳，此當據改。

36. 貞元十一年八月，國子司業裴澄撰《乘輿月令》十二卷，上之。(頁769)

案：《玉海》卷五一引《會要》曰：“貞元十一年八月，司業裴澄撰《乘輿月令》十二卷，《理典》十二卷，上之。”又《舊唐書》卷一三《德宗本紀》：“(八月)閏月己丑，國子司業裴澄表上《乘輿月令》十二卷，《禮典》十二卷。”今本當脱“《理典》十二卷”五字。又《舊唐書·德宗本紀》繫於閏八月，本紀編年紀事，復有干支紀日，閏八月乙丑朔，己丑爲二十五日，與曆表相合，若在“八月”，則不得有己丑日。是“八月”上當據補“閏”字。

37. 給事中陸質著《集注》二十卷、《君臣圖翼》三十五卷，上之。(頁770)

案：《玉海》卷四〇引《會要》曰：“給事中陸質著《集注》二十卷、《類禮》二十卷、《君臣圖翼》三十五卷,上之。"《舊唐書》卷一八九《陸贄傳》、《新唐書》卷五七《藝文志》并載陸質著《集注春秋》二十卷、《類禮》二十卷、《君臣圖翼》三十五卷。疑此脱"《類禮》二十卷"五字。

38. 又讀貞觀、開元《實録》,見太宗撰《金鏡書》及《帝範》上、下篇,元宗撰《開元訓誡》,思維前躅,遂採《尚書》、《春秋後傳》、《史記》、班范《漢書》、《三國志》、《晏子春秋》、《吴越春秋》、《新序》、《説苑》等書,君臣行事可爲龜鑑者,集成十四篇。(頁 770)

案:《太平御覽》卷五九二、《玉海》卷四八引《唐會要》"三國志"后并有"晉書"二字,當據補。

卷三七《五禮篇目》

39. 至貞觀初,詔中書令房元齡、祕書監魏徵禮官學士,備考舊禮,著《吉禮》六十一篇,《賓禮》四篇,《軍禮》二十篇,《嘉禮》四十二篇,《凶禮》六篇,《國恤禮》五篇,總一百三十八篇,分爲一百卷。(頁 781)

案:"備考舊禮",明鈔本、汪藏本及《玉海》卷六九《禮儀》引《會要》作"修改舊禮",存異。"《軍禮》二十篇",明鈔本、汪藏本及《玉海》作"《軍禮》十二篇",且《玉海》小字注云"《志》:《軍禮》作二十篇",則《會要》原作"十二篇"無疑。又《通典》卷四一《禮》、《舊唐書》卷二一《禮儀》、《册府元龜》卷五六四《掌禮部》并作"十二篇",此當據改。

卷三九《定格式》

40. 永徽二年閏九月十四日,上新删定律、令、格、式。太尉長孫無忌、開府儀同三司李勣……尚書右丞段寶元、吏部侍郎高敬言……大理丞元詔、太府丞王文端等同修。(頁 820)

案:"段寶元",明鈔本、汪藏本及《玉海》卷六六《詔令》引《會要》并作"段志玄"。"段志玄"於唐宋史籍中屢見之,而"段寶元"亦不乏見,本書同卷上文及卷六八均作"段寶元",要之,原本疑作"段志玄",而"段寶元"則可能爲後人所改。又"元詔",明鈔本、汪藏本、《四庫》本及《舊唐書》卷五〇《刑法志》、《新唐書》卷五八《藝文志》、《文苑英華》卷四六四《詳定刑名制》、《册府元龜》卷六一二皆作"元紹",當據改。

41. 二十五年九月一日,復删輯舊格、式、律、令……總七千二十六條,其一千三百四條於事非要,并删除之。二千一百五十條隨文損益,

三千五百九十四條仍舊不改，總成《律》十二卷，《疏》三十卷，《令》三十卷，《式》二十卷，《開元新格》十卷。（頁 822）

案："七千二十六條"，明鈔本、汪藏本、《四庫》本及《玉海》引《會要》并作"七千九十八條"；"一千三百四條"作"一千三百二十四條"；"二千一百五十條"作"二千一百八十條"。《通典》卷一六五《刑》載："總七千四百八十條，其千三百四條於事非要，并删除之。二千一百五十條隨文損益，三千五百九十四條仍舊不改。"《通典》總數與其所載"删除"、"隨文損益"及"仍舊不改"三項數字不合，各項合計應是"七千四十八條"，而不是"七千四百八十"，蓋計算時"四十八"誤進一位。鈔本則總數與各項數目完全一致。又檢《舊唐書》卷五〇《刑法志》、《册府元龜》卷六百一二載："删緝舊格式律令及敕，總七千二十六條，其千三百二十四條於事非要，并删之。二千一百八十條隨文損益，三千五百九十四條仍舊不改，總成《律》十二卷，《疏》三十卷，《令》三十卷，《式》二十卷，《開元新格》十卷。"《舊志》、《册府》總數"七千二十六條"，與三項合計之數不合，當是計算有誤。雖然其總數與鈔本不合，但三項條數則與鈔本完全一致，合計正如鈔本文字"七千九十八條"。

卷四〇《臣下守法》

42. 十八年八月，冀州武强縣令裴景仙犯乞取贓積五千匹。（頁 847）

案："十八年"當作"十年"。《通典》卷一六九《刑》、《舊唐書》卷一〇〇《裴景仙傳》、《資治通鑑》卷二一二《唐紀》并作"十年"，是其證。

卷四二《測景》

43. 調露元年十一月十一日，於周立測影臺所得圭長二尺七寸。（頁 884）

案："周立"，《玉海》卷五、一七三引《會要》并作"陽城周公"；"二尺七寸"，作"一丈二尺七寸"。《通典》卷二六《職官》載："陽城測影臺，依古法立八尺表。夏至日中測影，有尺五寸，正與古法同。調露元年十一月，於陽城立表，冬至日中測影，得丈二尺七寸。"此測影臺，或稱"陽城測影臺"，或稱"周公測影臺"，或合成"陽城周公測影臺"，今本《唐會要》"周立"爲"周公"之誤無疑，又"二尺"上脱"一丈"二字。

卷四八《議釋教下》

44. 太和二年十月,河中觀察使薛苹奏:“中條山蘭若營建之初,有兩泉湧出,請賜額爲太和寺。”從之。(頁 999)

案:“太和”當作“元和”。《資治通鑑考異》卷二二、《河東先生集》魏仲舉注皆引《會要》作“元和二年”,可證。

卷五五《諫議大夫》

45. 貞元四年五月十五日,分爲左、右,加置八員,左、右各二員,其左、右諫議隸中書省。(頁 1113)

案:“二員”當作“四員”。若作“二員”,左、右合爲四員,不足“八員”之數。《玉海》卷一二一引《會要》、《通典》卷二一《職官》均載:“貞元四年五月,分爲左、右,各四員,其右諫議隸中書省。”可證。

卷五七《左右僕射》

46. 會昌二年正月,宰臣陳夷行、崔珙等請改僕射上日受京四品官拜儀注:“自左右丞、部侍郎、御史中丞,皆羅拜階下,以爲隔品致敬。”(頁 1166)

案:“部侍郎”,《玉海》卷一二〇引《會要》、《新唐書》卷八一《陳夷行傳》并作“吏部侍郎”。“部侍郎”可包括各部侍郎,此言受拜儀注,似乎不能僅有吏部侍郎。但《唐會要》卷五八載“會昌二年十月左丞孫簡奏”,論班位云:“伏以班位等……據元和元年臺司所奏,敕户部侍郎兼大夫,班位合在兵部侍郎之上,左右丞、吏部侍郎之下。若今因循往例,不議改正,遣户部侍郎兼大夫在左右丞之上,有紊典章。”此“左右丞、吏部侍郎”,二者地位相當,在其他侍郎之上。據此,今本《唐會要》“部侍郎”上疑脱一“吏”字。

卷五九《水部員外郎》

47. 貞元元年十二月九日,敕:“立春日前,内外兩井納冰,總二千五百段,每段長一尺,厚一尺五寸。宜令府縣句當,澄濾净潔供進。”(頁 1223)

案:“一尺”當作“三尺”。《玉海》卷二四引《會要》作“三尺”。《唐六典》卷一九載:“凡季冬藏冰(每歲藏一千段,方三尺,厚一尺五寸。所管州於山谷鑿而取之。)先立春三日,納之冰井。”可證。

卷六六《軍器監》

48. 西京軍器庫　開元十一年五月五日置，二十五年五月十八日廢，依舊爲甲坊。（頁 1376）

案："西京軍器庫"，明鈔本、汪藏本、《四庫》本并作"北京軍器庫"。《玉海》卷一八三引《會要》："開元十一年五月五日，置北京軍器庫。"《册府元龜》卷六二〇《卿監部》載："又置北京軍器庫……二十五年，廢北京軍器庫，依舊爲甲坊。"此誤"北京"作"西京"，當據改。

卷六七《左春坊》

49. 咸亨元年，皇太子久在内不出，稀與宫臣接見。（頁 1384）

案："咸亨"當作"乾封"。明鈔本、汪藏本、《四庫》本及《玉海》卷一二八引《會要》、《通典》卷三〇《職官》并作"乾封"，是其確證。

卷六八《諸府尹》

50. 天寶元年正月二十八日，改爲北京。（頁 1409）

案："正月二十八"，明鈔本、汪藏本作"正月二十"。《舊唐書》卷九《玄宗本紀》載："（天寶元年二月）丙申……東都爲東京，北都爲北京。"正月無丙申。二月丁丑朔，丙申爲二十日。是"正月"當作"二月"，今本并誤，而殿本又衍"八"字。

卷七〇《州縣分望道》

51. 九曰劍南道（古梁州之境），十曰嶺南道（古荆州之境）。（頁 1458）

案："荆州"，明鈔本、汪藏本、《四庫》本并作"揚州"。《唐六典》卷三載："十曰嶺南道，古揚州之南境。"《新唐書》卷四三《地理志》載："嶺南道，蓋古揚州之南境。"此當據改。

52. 凡天下三百六十州，自後并省，迄於天寶，凡三百三十一州存焉，而羈縻之州八百。（頁 1458）

案：《玉海》卷一八引《會要》"羈縻之州八百"后有"置十節度經略使以備邊"。《資治通鑑》卷二一五《唐紀》三一載："是時天下聲教所被之州三百二十一，羈縻之州八百，置十節度經略使以備邊。"此或爲脱文。

53. 都護府有六（單於、安西、安北、安南、安東、北庭爲大都護）。（頁 1459）

案:“單於、安西、安北、安南、安東、北庭爲大都護”,明鈔本、汪藏本作“單於、安西、安北爲大都護,安南、安東、北庭爲上都護”,《四庫》本誤“上都護”作“大都護”。《玉海》卷一八引《唐會要》、《唐六典》卷三并載:“單於、安西、安北爲大都護,安南、安東、北庭爲上都護。”今當據正。

卷七一《州縣改置下》

54. 薊州 開元十一年閏六月一日,割漁陽、玉田、三河置。(頁1494)

案:“十一年”當作“十八年”。《通典》卷一八七載:“開元十八年,析幽州置薊州,或爲漁陽郡,領縣三:漁陽、玉田、三河。”又《舊唐書》卷三九《地理志》載:“十八年,割漁陽、玉田、三河,置薊州。”皆作“十八年”。據諸家曆表,開元十八年正閏六月,而十一年無閏月,此當據改。

55. 宗州,置在徑城縣。天祐三年八月,割隸魏州。(頁1495)

案:“徑城”當作“經城”。《唐會要》卷六九載魏博節度使所管州縣,於“貝州”下即列有“經城縣”。《元和郡縣誌》卷二〇載:“(經城縣)隋開皇六年,移武强縣於此,置經城縣,屬貝州。皇朝因之。”經城縣,史籍中屢見,而未見有名“徑城縣”者,此當據改。

卷七五《藻鑑》

56. 永徽元年,始制兩都舉,禮部侍郎官號皆以兩都爲名,每歲兩地別放及第。自大曆十二年,停東都舉,是後不置。(頁1620)

案:“永徽”,明鈔本作“永奏”。《玉海》卷一一五引《會要》曰:“永泰元年七月,始置兩都貢舉,侍郎以知兩都爲名,兩地別放及第。大曆十一年,停東都貢舉,是後不置。”《唐摭言》卷一《兩都貢舉》、《册府元龜》卷六三九、卷六四〇貢舉部載此事,“永徽”并作“永泰”,“十二年”并作“十一年”。《册府》於“永泰元年”前復有“代宗”二字,此作“永徽”,其誤顯然。蓋明鈔本誤作“永奏”,其後淺人不考,遂妄改作“永徽”。“十二年”亦誤,今皆當據正。

卷八三《嫁娶》

57. (顯慶)四年十月十五日詔:“後魏隴西李寶,太原王瓊,滎陽鄭温,范陽盧子選、盧渾、盧輔,清河崔宗伯、元孫,凡七姓十一家不得自爲婚姻。”(頁1809)

案:“十五日”,《玉海》卷五〇引《會要》、《新唐書》卷九五《高儉傳》作“十九日”,“十一家”作“十家”。《資治通鑑》卷二〇〇《唐紀》一六系此詔於“十月壬戌”。十月甲辰朔,壬戌爲十九日,與《玉海》引《會要》合,此“十五日”當據改,“十家”存異。

卷八四《租税下》

58. 元和二年十二月,史官李吉甫等撰《元和國計簿》十卷,總計天下方鎮,凡四十八道,管州府二百九十三。(頁 1839)

案:“二百九十三”,《唐會要》卷三六、《舊唐書》卷一四《憲宗本紀》、《資治通鑑》卷二三七、《太平御覽》卷一一四引《唐書》、《册府元龜》卷四八六并作“二百九十五”,當據改。

卷八九《疏鑿利人》

59. 大曆二年二月,以詔應令劉仁師充修渠堰副使……其年三月,内出水車樣,令京兆府造水車,散給沿鄭、白渠百姓,以溉水田。(頁 1924)

案:“大曆”當作“大和”。上文叙元和、長慶事,此不當反叙“大曆”年事。《玉海》卷二二兩引《會要》“其年”下文字皆作“大和二年”,又《舊唐書》卷一七《文宗本紀》載:“(大和二年)閏三月丙戌朔,内出水車樣,令京兆府造水車,散給緣鄭、白渠百姓,以溉水田。”是其確證。又“三月”,《舊唐書》作“閏三月”,據曆表是年正閏三月,然《玉海》引《會要》一作“三月”,一作“二月”,是王溥《唐會要》原無“閏”字亦可推知。

(作者單位:南京大學文學院)

古典文獻研究(第十六輯)
2013年7月

論"一人"與"一德"

辛明應

一

自商迄周,國王多以"一人"自稱①。在商朝,"一人"已經成爲國王專用的稱號②,從甲骨卜辭和金文中可以考見,自稱"一人"的商王,就有祖庚、祖甲、帝乙、帝辛、武丁等等。周代"在一些青銅銘文中,也還因襲了殷人的制度,周王仍然自稱爲'余一人'或'我一人'"③。考之先秦古書,其用法與出土文獻一致。如《尚書·金縢》載周公云:"玆攸俟,能念予一人。"《吕刑》載穆王云:"一人有慶,兆民賴之,其寧惟永。"《左傳·昭公三十二年》載周敬王云:"余一人無日忘之,閔閔焉如農夫之望歲。"春秋以降,也有諸侯使用"余一人"的稱號的現象,在儒家往往視之爲僭越。《左傳·哀公十六年》云:

> 夏,四月己丑,孔丘卒。公誄之曰:"旻天不弔,不慭遺一老,俾屏余一人以在位,煢煢余在疚。嗚呼哀哉!尼父,無自律。"子贛曰:"君其不没於魯乎!夫子之言曰:'禮失則昏,名失則愆。'失志爲昏,失所爲愆。生不能用,死而誄之,非禮也;稱一人,非名也。

---

① 類似稱謂有"余一人"、"予一人"、"我一人"等。

② 可參看胡厚宣《釋"余一人"》,《歷史研究》1957年第1期。

③ 胡厚宣《重論"余一人"問題》,載《古文字研究》第6輯,北京:中華書局,1981年,頁15。

君兩失之。"①

在子貢看來,"余一人"是天子才能使用的稱號,魯哀公僭稱"一人",是不合禮制的。子貢對哀公的批評,體現了儒家"正名"的主張。從另一個角度看,在春秋末年禮教逐漸解體之際,諸侯多已稱王,與周天子分庭抗禮,而自稱"余一人",在諸侯中已是比較普遍的現象②。

衆所周知,名號作爲權力和榮譽的象徵,在先秦貴族文化中有其重要地位。作爲名號的"一人",是先秦社會文化和思想的産物,所以,很有必要考釋"一人"這一稱號蘊涵着的社會文化意義。

首先,從"一人"的稱謂中,可以直觀地看出一種獨一無二、唯我獨尊的王者的自我認同感。《荀子·君子》篇云:

> 天子無妻,告人無匹也。四海之内無客禮,告無適也。足能行,待相者然後進;口能言,待官人然後詔。不視而見,不聽而聰,不言而信,不慮而知,不動而功,告至備也。天子也者,埶至重,形至佚,心至愈,志無所詘,形無所勞,尊無上矣。詩曰:"普天之下,莫非王土;率土之濱,莫非王臣。"此之謂也。③

荀子詳細地描述了天子獨一無二的地位。在荀子理想的等級社會中,天子的地位處於金字塔的頂端,是無與之齊、無與倫比的④,德"至備"而"尊無上"。因此,胡厚宣認爲"余一人"的稱號體現了上古君主的獨裁專制的口吻⑤,是有一定的道理的。

然而,似乎與絶對權力的"傲兀無檢"相矛盾,"一人"也蘊含了王者

① (晉)杜預注,(唐)孔穎達疏《春秋左傳正義》,(清)阮元校刻《十三經注疏》,北京:中華書局,1980年,頁2177。

② 楊伯峻説:"齊侯鎛鐘銘有云'女敷余於艱恤,虔恤不易,左右余一人'云云,是齊侯亦自稱余一人。"可以參證。見楊伯峻《春秋左傳注》,北京:中華書局,1990年,頁1699。

③ (清)王先謙《荀子集解》,北京:中華書局,1988年,頁450。

④ 楊倞注:"妻,齊也。天子尊無與二,故無匹也。"(《荀子集解》,頁499)又,《説文解字》云:"妻,婦與夫齊者也。"

⑤ 胡厚宣《釋"余一人"》,《歷史研究》1957年第1期。

謙遜的意味,如同漢儒所指出的:

> 王者自謂一人者,謙也,欲言己材能當一人耳。故《論語》曰:"百姓有過,在予一人。"臣謂之一人何? 亦所以尊王者也,以天下之大,四海之內,所共尊者一人耳。故《尚書》曰:"不施予一人。"①

漢儒認爲,"一人"的稱謂,根據使用者的不同,可以分作兩種訓釋。一方面,是王者自謂,有謙遜之意,殆與諸侯自稱"寡人"用意相同②;另一方面,是臣子對王者的稱頌,有頂禮尊崇之意。後一種意涵在《詩經》中可以找到證明。如《文王·下武》:"媚兹一人,應侯順德。永言孝思,昭哉嗣服。"又如《大雅·烝民》:"肅肅王命,仲山甫將之。邦國若否,仲山甫明之。既明且哲,以保其身。夙夜匪解,以事一人。"其中,應侯和仲山甫稱美周王爲"一人"③,都是《白虎通》所説"臣謂之一人"的例證。

要之,"一人"之稱的意義,根據使用者的不同而有異。"一人"不僅可以作爲國君的自稱,也可以用於臣子對國君的贊頌。而在先秦的思想文化背景中,"一人"的概念是與"一德"密切相關的。

二

"一德"一語,首見於《尚書》的《咸有一德》篇,而《古文尚書》有《咸有一德》篇,是東晉的梅賾根據《禮記》所引的《尚書》遺文"惟尹躬暨湯咸有一德"而僞作的。今考《禮記·緇衣》云:"子曰:'爲上可望而知也,爲下可述而志也,則君不疑於其臣,而臣不惑於其君矣。《尹吉》曰:"惟

---

① (清)陳立《白虎通疏證》,北京:中華書局,1994年,頁47—48。

② 孔穎達《禮記注疏》云:"寡人者,言己是寡德之人。"(清)阮元校刻《十三經注疏》,頁1266。

③ 關於"應侯",毛傳和鄭箋都解應爲當,侯爲維。近代有解"應侯"爲人名者,可參高亨《詩經新解》(北京:中華書局,1998年)以及趙伯雄《〈詩·下武〉"應侯順德"解》(《古籍整理學刊》1998年第6期)。

尹躬及湯,咸有壹德。”《詩》云:“淑人君子,其儀不忒。”’”[①]鄭玄云:“吉當爲告,告,古文誥字之誤也。尹告,伊尹之誥也。”[②]《尹吉》爲逸《書》,近年清華簡有《尹誥》篇,即其古本,足证鄭玄之説。

歷來對“一德”的解釋,可分爲三種。鄭玄注《禮記·緇衣》“一德”云:“君臣皆有壹德不貳,則無疑惑也。”是第一種解釋。《古文尚書》的《咸有一德》篇可以視爲梅賾對“惟尹躬暨湯咸有一德”的注解,爲第二種。而孔穎達《尚書正義》解“一德”爲“純一之德”,疏不破注,可以視爲第二種解釋的延伸。第三種是郝懿行的解釋,他認爲“咸有一德”是指伊尹和湯“各擅一長”[③]。以下對這三種解釋作分别討論:

鄭玄注《禮記·緇衣》云:“君臣皆有壹德不貳,則無疑惑也。”意謂“一德”是指君臣不相疑貳。今本《緇衣》“爲下可述而志也”句,郭店簡本作“爲下可類而志也”,今按簡本於義爲長。又《緇衣》“君不疑於其臣,而臣不惑於其君矣”句,郭店簡本作“則君不疑其臣,臣不惑於君”,涂宗流、劉祖信以爲今本上句衍“於”字,下句衍“其”字[④],可從。可見,鄭玄解釋“一德”爲“不貳”,是以《緇衣》的篇旨爲基礎的。然而,需要注意的是,《緇衣》記孔子引用《尹告》,是爲了證明孔子所言,古人引用《詩》、《書》有斷章取義之例,故鄭玄解《尹告》依《緇衣》篇旨爲説,不必是《尹告》原義。

第二種説法,即古文《尚書》的《咸有一德》篇及其注疏。篇中“一德”共出現四次,“一”字共出現九次。此外,“常厥德”、“庸德”、“惟和”、

① (清)孫希旦《禮記集解》,上海:上海古籍出版社,1989年,頁1325。郭店簡《緇衣》篇作(本文所用釋文皆采用寬式隸定):“子曰:爲上可望而知也,爲下可類而志也,則君不疑其臣,臣不惑於君。《詩》云:‘淑人君子,其儀不忒。’《尹誥》云:‘惟尹允及湯,咸有一德。’”(李零《郭店楚簡校讀記(增訂本)》,北京:中國人民大學出版社,2007年,頁77)。上博簡本作:“子曰:爲上可望而知也,爲下可述而志也。則君不疑其臣,臣不惑於君。”《詩》云:“淑人君子,其儀不成。”《尹誥》云:“惟尹允及康,咸有一德。”(李零《上博楚簡三篇校讀記》,北京:中國人民大學出版社,2007年,頁39),二本有小異,皆可參看。

② (清)阮元校刻《十三經注疏》,頁1648。

③ (清)閻若璩《古文尚書疏證》,上海:上海古籍出版社,1987年,頁1154。

④ 涂宗流、劉祖信《郭店楚簡〈緇衣〉通釋》,http://www.bamboosilk.org/Zzwk/2003/wuhanhui/tuliu.htm

"克一"、"一哉王心"等語也都是"一德"的近似表述。從這篇文字中可以看出,梅賾對於"一德"意蘊反復申述,不遺餘力。孔穎達在《尚書正義》中詳盡地闡釋了"一德"的意蘊:

> 太甲既歸於亳,伊尹致仕而退,恐太甲德不純一,故作此篇以戒之。經稱尹躬及湯咸有一德,言己君臣皆有純一之德,戒太甲使君臣亦然。此主戒太甲而言臣有一德者,欲令太甲亦任一德之臣。經云"任官惟賢材,左右惟其人",是戒太甲使善用臣也。伊尹既放太甲,又迎而復之,是伊尹有純一之德,己爲太甲所信,是己君臣純一,欲令太甲法之。①

此段疏文是就古文《尚書》原文本義立論的,釋"一德"爲"純一之德",即純樸、單純、終始如一的德行②。作《咸有一德》的人,旨在説明伊尹和湯都有純一之德,而希望太甲能夠繼承這一德行。《正義》還對"一德"詳加解釋云:

> 德者,得也,内得於心,行得其理,既得其理,執之必固,不爲邪見更致差貳,是之謂"一德"也。而凡庸之主,監不周物,志既少决,性復多疑,與智者謀之,與愚者敗之,則是二三其德,不爲一也。經云:"德惟一,動罔不吉。德二三,動罔不凶。"是不二三則爲一德也。又曰:"終始惟一,時乃日新。"言守一必須固也。太甲新始即政,伊尹恐其二三,故專以一德爲戒。③

疏文依經作訓,先釋"德"字爲"得",以德爲心所得到的理。一旦得到了理,德就牢固而不容易動摇了④。接着把"二三"和"一"對舉,大約出於

---

① (清)阮元校刻《十三經注疏》,頁165。

② 《周易正義·繫辭下》云:"恒以一德。"韓康伯注:"以一爲德也。"孔穎達疏:"恒能始終不移,是純一其德也。"可參。見(清)阮元校刻《十三經注疏》,頁89。

③ (清)阮元校刻《十三經注疏》,頁165。

④ 从"既得其理"到"執之必固"的邏輯,很可能是從《詩經·鳲鳩》來的。《詩》云:"淑人君子,其儀一兮。其儀一兮,心如結兮。"《説文》:"結,締也,締則固。"

《詩經》“士也罔極，二三其德”，顯示出很强烈的警戒意味：若守住純一的德行，就會“動罔不吉”；如果“二三其德”，則前途凶險。這是孔穎達對《古文尚書》中的“一德”涵義的闡釋。

孔穎達與鄭玄解釋的差異在於，鄭説依《緇衣》，就君臣之間不相猜疑而言；孔説承古文《尚書》，就商湯和伊尹的純一德行爲説。自孔傳頒行於世，孔説遂爲大多數人所接受，南宋蔡沈《書集傳》即遵循此説。

郝懿行站在反對僞古文《尚書》的立場上，提出了對“一德”的第三種解釋。他説：

> 篇名《咸有一德》，似是校數，故曰咸有，猶各擅一長云爾。今所言皆純一意，則伊尹不合自矜與湯武咸有此一。殆後人依題擬撰，遴揀湊砌而乏天真。①

郝懿行認爲，伊尹作爲臣子，不應該把自己與湯武并稱都有“一德”，“咸有一德”應當解釋爲“各有一項長處”，而《尚書》中的文辭，好像魏晉人的“補亡”和“擬作”一樣，大約都是後人誤解了“咸有一德”的本義而“擬撰”的，是摘取古書的字句拼貼加工而成的產物。這説法雖指出了《咸有一德》的作僞，却顯得過猶不及。

近年清華簡的出土，似乎可以使此論定讞。清華簡《尹誥》釋文云：

> 惟尹既及湯咸有一德，尹念天之敗西邑夏，曰：“夏自絶其有民，亦惟厥衆，非民亡與守邑，厥辟作怨於民，民復之用離心，我捷滅夏，今后胡不監？”摯告湯曰：“我克協我友，今惟民遠邦歸志。”湯曰：“嗚呼，吾何祚於民？俾我衆勿違朕言？”摯曰：“后其賚之，其有夏之金玉實邑，舍之吉言。”乃致衆於亳中邑。②

這篇文字是伊尹和商湯的對話，記録了商湯滅夏之後，把夏朝之遺民安

---

① 此爲閻若璩引郝懿行説，見(清)閻若璩，《古文尚書疏證》，上海：上海古籍出版社，1987年，頁1154。

② 李學勤主編《清華大學藏戰國竹簡(壹)》，上海：中西書局，2010，頁133。

置於亳中邑的歷史。嘗試比較《咸有一德》和《尹誥》二文,可以發見幾處不同。一是所述之事不同。《咸有一德》的篇旨爲伊尹以湯之德告誡太甲,而《尹誥》篇記録了伊尹與湯的對話。二是篇旨不同。僞古文的文字全是圍繞"一德"二字展開,反復申述,不憚其煩,可以看出僞造者拈得片羽而僞製贋鼎的苦心焦思,正如閻若璩所批評的:"通篇將題字面糾纏繳繞,此殆學語者所爲耳。"[①]而《尹誥》篇只在篇首提到"一德",下文湯與伊尹的對話,并没有説到"一德",然而伊尹對商湯提出妥善安置夏朝的遺民的建議,確實可以體現出一種齊一天下的器宇。

另一個重要的問題是:"一德"一語究竟是不是伊尹所述?《尚書·咸有一德》篇爲伊尹訓太甲之辭,而《禮記·緇衣》引《尹告》亦云"尹躬及湯",似仍以伊尹爲陳述主體。然而出土文獻已經證明,"躬"字實爲訛字。郭店簡與上博簡皆作"允",或釋爲"夋",實僅繁簡不同。清華簡本作"既",訓"已"[②],又《説文》云:"允,信也。"可見允、既二字俱有已然完成的意味,二字於古音爲文、物對轉,益知今本作"躬"之誤。又根據清華簡,在伊尹與湯的對話中,並未出現"一德"之語,當係載筆之史官所記。那麽,"一德"究竟應當如何索解呢?

廖名春認爲:"簡文所謂"一德",當是與民同利之德,就是與民共用共有而不專利獨佔之德。"

此説甚符合簡文原意。"一德"實兼有三個層面的意義。第一個層面,是説湯和伊尹君臣相得,"君不疑其臣,臣不惑於君",君臣不相疑貳,故曰"咸有一德"[③]。二人德既爲一,有包容天下的德行,能結好友邦、與民同利,天意便會偏向商朝一邊;二是從人民的角度來看,人民的生活得到了妥善的安置,和調若一,形成天下安定的局面;三是從"我友"的角度來看,友邦能夠歸附於商湯之德,没有二心,故能天下爲一,

---

① 閻若璩《古文尚書疏證》,上海:上海古籍出版社,1987年,頁376。

② 見《清華大學藏戰國竹簡(壹)》,頁133。關於"既"訓"已"的古文字例證,詳見黄德寬著,《古文字譜系疏證》,北京:商務印書館,2007,頁3214。

③ 咸有和、同之義。《左傳·僖公二十四年》:"昔周公弔二叔之不咸,故封建親戚,以蕃屏周。"杜預注:"咸,同也。"《詩·小雅·常棣序》"閔管蔡之失道,故作《常棣》焉"毛傳:"周公弔二叔之不咸,而使兄弟之恩疏。"孔穎達疏:"咸,和也。言周公閔傷此管蔡二叔之不和睦而流言作亂,用兵誅之,致令兄弟之恩疏。"

四海安定。這三個層面,互相聯繫,由近及遠,而由"一德"統貫維繫。

因此可見,"咸有一德"的意義,主要地體現在君主的明德,君德明則群臣和,萬民附,友邦一。此説寓意深遠,記録了古代邦國統一的史實,後世論統一者,往往祖述殷周,此説遂爲諸子百家論述"一德"的遠源。

三

古書中"一德"和"一人"的關係,反映了先秦思想中天道與人道的統一。"一"即是"道",而人與天地并立爲三,故人之道與天地之道相通。由此觀之,作爲天道代稱的"一"之被附加于作爲人的最高代表的天子(王)的身上,成爲"一德",是勢所必至的。

《老子》云:"天得一以清,地得一以寧,侯王得一以爲天下貞。"① "得者德也"②,在這裏,同一個"一"被天地人所得,一貫天地人,即爲王,可以作爲孔子"一貫三爲王"和董仲舒"古之造文者,三畫而連其中謂之王。三者,天、地、人也,而參通之者王也"之説的一個古證③,同時勾勒出了"一德"由天到人的邏輯綫索。老子以後,道家多傾向於談論天的"一人",而儒家多對於天子和臣子的"一德"津津樂道。然而,兩家只是在論説中各有側重,并非判然兩途。《莊子·天道》云:"天地雖大,其化均也。萬物雖多,其始一也。人卒雖衆,其主君也。君原天德而成於天。故曰:玄古之君天下,無爲也,天德而已矣。"④可見,天道、地道、人道一貫,都是"一德"的體現。

儒家理想的天子是堯舜,在政治意義上爲天子,於文化意義上爲聖人,故具有超人之德,也就是"一德"。試比較《荀子·君道》與《淮南子·原道訓》:

> 故天子不視而見,不聽而聰,不慮而知,不動而功,塊然獨坐而

---

① 朱謙之《老子校釋》,北京:中華書局,1984年,頁154。

② 《禮記·樂記》:"礼樂皆得,谓之有德,德者得也。"(清)阮元校刻《十三經注疏》,頁1528。

③ 二説爲許慎所引。[漢]許慎《説文解字》,北京:中華書局,1963年,頁9。

④ (清)郭慶藩《莊子集釋》,北京:中華書局,1961年,頁457。

天下從之如一體,如四胑之從心:夫是之謂大形。詩曰:"温温恭人,維德之基。"此之謂也。①

所謂無形者,一之謂也。所謂一者,無匹合於天下者也。卓然獨立,塊然獨處,上通九天,下貫九野。員不中規,方不中矩。大渾而爲一,葉累而無根。懷囊天地,爲道開門。穆忞隱閔,純德獨存,布施而不既,用之而不勤。②

荀子論述中"塊然獨坐而天下從之"的形象,是具備"大形"的天子形象,也是天下德行的根基。天子的地位和權勢是至高無上的,故稱爲"一人",而其德行是天下順從的基礎,故號曰"一德",這體現了荀子徹上貫下的、從天道到人倫的思想體系。

而《淮南子》所論"無形"的"一",亦即天道,是"無匹合於天下"的,與荀子所説"告無匹也"的天子之德相通。而"卓然獨立、塊然獨處、上貫九天、下貫九野"的天德和"塊然獨坐而天下從之如一體"的天子之德也如桴鼓相應。道家獨存的"純德",與儒家標榜的天子"一德"也一脈相承。於是,道家形而上的"一德"與儒家人格化的"一德"便在某種意義上同一了。所以説,從"一德"的角度去理解"一人"的稱號,才庶幾可以求得名號背後的文化意義。

四

通過對"一人"和"一德"兩個概念的歷史考察,不難看出,從商朝到戰國時期,"一人"作爲天子專用的稱謂,具有非常豐富的文化意藴。一方面,作爲天子自稱,"一人"既標榜了君主的至高無上的地位,也體現出統治者自謙的德行。另一方面,"一人"作爲臣子對君主的敬稱,傳達出讚頌、稱美的意味。而"一人"的多重意藴,與先秦的"一德"思想密切相關。"一德"至少交織了四重意義:一是君主内外純一的道德修養,一是天子至高無上的共主勢位,一是王者齊一四海的不朽勛業,一是帝王普惠天下的均一德行。四者合而爲一,同以先秦形而上的"一"或云"太一"

---

① (清)王先謙《荀子集解》,頁239。

② 劉文典《淮南鴻烈集解》,北京:中華書局,1989年,頁29。

的思想互相發明。

"一人"一詞,還表現爲正反兩重意義的同一①。正面的"一人",是得到天下人心擁戴的人,一旦失去人心,便走向反面的"一人"②,或曰"一夫"、"獨夫"③。其轉變的關鍵,在於"一德"之存否。孟子曰:"得道者多助,失道者寡助。寡助之至,亲戚畔之;多助之至,天下顺之。"④道即"一德"。前引《尹誥》也已表明,夏桀失彼"一德",人民離散;商湯得此"一德",天下歸心。所以《淮南子・泰族訓》云:"紂有南面之名,而無一人之德。""一人之德",亦即"一德"。"一人"與"一德"的關係,因而表現爲政權的更替與執政之"德"的關係。而這一關係,經由歷代儒家不斷地闡釋與建構,遂成爲中國儒家"革命"觀的邏輯基礎,在中國數千年的歷史中循環上演,對中國文化的形成産生了深遠的影響。

(作者單位:南京大學文學院)

① 這裏并不是説對"一人"的訓釋可以套用所謂"反訓"。筆者贊成趙益師的説法:"中國思想消融矛盾以達圓境之'辯證詭辭',本甚深透徹,西學罕能及之,固不能亦不必以'反訓'爲證也。"見趙益師《〈管錐編〉"論易之三名"條"背出分訓且同時合訓"商榷》,《古典文獻研究》,2009年,頁605。

② 《孟子・梁惠王下》云:"一人衡行天下,武王恥之。"孫奭疏:"一人,指紂而言之也。"同一個"一人",正面表示萬人歸附爲一,反面爲孤家寡人之意。

③ "一夫"的這個意義,見《孟子・梁惠王下》:"殘賊之人,謂之一夫。聞誅一夫紂矣,未聞弑君也。""獨夫"見古文《尚書・泰誓下》:"獨夫受",孔傳云:"言獨夫,失君道也。"蔡沈《書集傳》也説:"獨夫,言天命已絶,人心已去,但一獨夫耳。"古文《泰誓》雖爲僞書,但荀子所見《泰誓》中已有"獨夫"一詞。見《荀子・議兵》篇:"湯武之誅桀紂也,拱挹指麾而强暴之國莫不趨使,誅桀紂若誅獨夫。故泰誓曰:'獨夫紂。'此之謂也。"(〔清〕王先謙《荀子集解》,北京:中華書局,1988年,頁275。)受、紂古音同。可見,在荀子所見《泰誓》中,已經有"獨夫紂"的説法,而古文《尚書》的"獨夫受"很可能是以此爲本的。

④ 《孟子・公孫丑章句下》,(清)阮元校刻《十三經注疏》,頁2693。

古典文獻研究(第十六輯)
2013 年 7 月

新發現的幾首汪辟疆詩詞

石慧中　張亞權

汪辟疆既長於詩學,又深於詩功。據程千帆回憶,"先生原存詩一千四百餘首,編爲二十餘卷"①,但"文革"中都隨同日記及其他手稿成爲劫灰。程千帆輯得《方湖詩鈔》一卷,張亞權《方湖集外詩詞輯考》增録詩詞百餘首,都極大地豐富了汪辟疆詩學研究基本文獻②。筆者檢索民國期刊等文獻資料,又得先生集外詩 4 首、詞 7 闋,迻録於此,略作考述,并對詩詞輯佚工作相關共性問題作一點粗淺的探討。

一　汪辟疆集外詩

趙曾儔爲其姑六十生日徵詩

曾儔有文壽其姑,姑行堅苦代所無。在家撫侄所生逾,作嬪李氏無歡娱。晚歲奉翁來澥隅,送死事生淚眼枯。提攜吾友備艱虞,學成每念姑勤劬。曾儔依其姑海上,姑資遣赴歐,在法京三年。姑今六十萬念除,爲文壽姑志勿渝。吾詩揚榷非過諛,以此勵世世教扶。(《制言》1936 年第 29 期)

案:《制言》是 1935 年 9 月在蘇州創刊的學術刊物,初爲半月刊,潘承弼、沈延國、孫世楊任編輯兼發行人,由蘇州章氏國學講習會編輯,自

---

① 程千帆《汪辟疆文集·後記》,《汪辟疆文集》,上海:上海古籍出版社 1988 年,頁 1086。

② 張亞權《方湖集外詩詞輯考(上)》,《江蘇文史研究》2009 年第 4 期;《方湖集外詩詞輯考(下)》,《江蘇文史研究》2010 年第 1 期。

1939年第48期改爲月刊,改由上海制言月刊社編,期數續前,第37至38期又名“章氏國學講習會學報”。1940年3月25日出至62期停刊。汪辟疆是主要撰稿人①。

此詩前列《又一絶句》、後附《挽汪衮甫先生》、《爲默君題鎖院寫經圖》、《冬日登豁蒙樓》,與張亞權《汪辟疆詩學論集》所言“《制言》半月刊,1936年第29期。收汪辟疆……《又一絶句》、《趙曾儔爲其姑六十生日徵詩》、《挽汪衮甫先生》、《爲默君題鎖院寫經圖》、《冬日登豁蒙樓》計13首”②相侔。而《方湖詩詞補遺》漏收此詩,特補録之。

題吴天聲祖母朱太夫人圍爐課讀圖卷

一箸關三世,蒼茫萬劫存。書聲方徹夜,爐火未全温。重以天心感,因之孝思敦。披圖添悵觸,我亦有慈恩。(《江西文物》1942年第2卷第2期“贛風録”)

案:吴天聲(1901—1949),江西修水人。詩承陳散原,悲雄峭厲,格調莊沉,著有《春聲閣詩存》③。此詩前有胡先驌同題七律一首。(臺灣中正大學校友會編印的《胡先驌先生詩集》未收,江西高校出版社《胡先驌文存(上卷)》已補録)

寄吴達銓貴州(代)

銅鼓巖前匹馬過,曾聞美政遍牂牁。儒生爲吏本如此,盾鼻成詩應更多。繡嶺行春看弭節,花溪載筆想鳴珂。一篇遥助邦人祝,灩灑金尊已半酡。(《中國文學(重慶)》1944年第1卷第1期)

案:吴鼎昌(1884—1950),字達銓,原籍吴興,出生四川綏定(今達

---

① 丁守和、馬勇、左玉河等《抗戰時期期刊介紹》,北京:社會科學文獻出版社,2009年,頁935—936。

② 張亞權《汪辟疆詩學論集》,南京:南京大學出版社,2011年,頁680—681。

③ 香港瀛海詩詞學會主編《近四百年五百家詩選》,香港:香港日月星製作公司,2007年,頁413。

縣)。清末秀才。清宣統二年(1910),畢業於東京高等商業學校,在日本加入中國同盟會。著有《花溪閑筆》。詩中所謂"儒生爲吏"、"盾鼻成詩"、"花溪載筆"等語,皆徵實事。

王輔宜六十壽(代)

憶曾官燭醉流霞,攬揆同驚歲月賒。此夕梅花開大庾,幾年江水共三巴。烏皮幾隱朝聞牧,白髮郎潛晚放衙。待向元豐歌擊壤,不須南斗望京華。(《中國文學(重慶)》1944 年第 1 卷第 1 期)

案:王輔宜(1883—?),名侃,字輔宜,江西東鄉人,1883 年(清光緒九年)生。畢業於日本東京帝國大學。1913 年當選爲衆議院議員,後赴日本,任東京法政專門學校教員。1916 年歸國任衆議院議員。1927 年南京國民政府成立後,任國民政府最高法院推事,交通部參事兼法規委員會委員長等職[①]。由題可知,此詩最晚應成於 1942 年。

以上二詩均刊發於《中國文學(重慶)》1944 年第 1 卷第 1 期"詩録"之"方湖詩"欄目。

二　汪辟疆集外詞

先生詞不多見。在近人詞選中却多有稱述:"汪國垣……有《方湖詞賸》",最早見於《廣篋中詞》[②],後《詞綜補遺》[③]、《民國五百家詞鈔》[④]、《汪辟疆詩學論集》[⑤]均沿此説,惜今不見,僅能於相關資料中鈎沉輯佚。

《詞學季刊》1936 年第 3 卷第 3 期"近人詞録"收先生《紅林檎近》等 7 闋詞,其中 6 闋爲《方湖詩鈔》及《方湖詩詞補遺》所未見,遂録於下:

---

① 徐友春《民國人物大辭典》,石家莊:河北人民出版社,1991 年,頁 93。
② 葉恭綽《廣篋中詞》,北京:人民出版社,2011 年,頁 446。
③ 林葆恒輯,張璋整理《詞綜補遺》,上海:上海古籍出版社,2005 年,頁 1926。
④ 楊子才《民國五百家詞鈔》,北京:綫裝書局,2008 年,頁 266。
⑤ 張亞權《汪辟疆詩學論集》,南京:南京大學出版社,2011 年,頁 609。

紅林檎近　暮春虎丘作和清真

鶯老聲初軟,雨餘花更香。散策出閶闔,搴衣度山塘。遥見峰繒岫綺,幾處蕙閣蘭窗。曉塔如泫啼妝。鈴語勝笙簧。　商略招楚客,蕭索老吴鄉。雙棲燕子,任它歌發雕梁。但生公石上,真娘墓畔,戲情莫惜千舉觴。

倚風嬌近　讀呋庵衆異觀舞詩,如社諸君有譜此調繼聲者,因亦戲和,依草窗四聲。

珠箔春酣,夜闌歌緩金縷。斂燈時起回鸞舞。鳴屧響傾城。倚玉轉雲屏。都惜婷婷。點素凝脂添嫵。　歸夢重尋,長結眉峰低處。人隔蓬山無據。倦眼纖腰翳香霧。翻鴛譜。問誰更浥金莖露。

洞仙歌　黄梅

繁華歇盡,忽香飄庭院。水榭風來送清遠。畫簾開、十里乍吐寒苞,人一笑、緗閣輕黄鬟綰。　夜來雙袂冷。庭院無塵,暗影疏香最清軟。蜂蝶未曾知,自抱檀心,芳園裏、不妨墻短。且醉把涪翁好詩吟,更莫道初春額黄猶淺。

瑞龍吟　白下餞春和清真

臺城路。還見小徑吹香,麗花飄樹。凄凄倦客停車,暮山翠紫,銷魂是處。

悄延佇。容易故宫芳草,翠迷庭户。留連往日芳菲,定巢燕子,呢喃自語。

堪恨長條難繫,幾番眠起,隨人低舞。追想舊時歡娱,情抱非故。狂春艷迹,休寫纏綿句。傷心見、梅岡淪茗,江干微步。忍舍前盟去。爲伊消損,茫茫萬緒。空有絲千縷。清淚滿,宵深哀弦風雨。夢歌怨疊,鬟驚飛絮。

曲游春　燕

一桁珠簾外,正柳昏煙暝,朱户凝碧。翠尾紅襟,認差池還是,那時相識。泥爪經年隔。猛記起社分時節。傍故園掠地分飛,添得一庭春色。　倦客。新愁如織。看嬌小全身,輕俊雙翩。芳信天涯,似呢喃待話,别情無極。花妥鶯梢蝶。算未抵雕梁棲息。好任它穩住紅樓,舊家巷陌。

鷓鴣天

由高樓門至神策門,空曠幽窅,迥絶塵境。時春雨初過,嫩緑如洗,偶出小步,不覺至郭外矣。歸途倚聲,曷勝悵惘然。

春隱江南作暝陰。空明一逕地初臨。林巒過雨寒塘迥,山路穿雲翠塢深。　煙澹宕,意飛沉。賞幽真入短長吟。篔簹幾處留鴛迹,留與他年舊夢尋。

案:《詞學季刊》,龍榆生主編。1933 年 4 月創刊於上海。初由民智書局出版,民智歇業後,改由開明書店發行。至 1936 年 9 月,共出 3 卷 11 期。其時第 3 卷第 4 期 (總第 12 期)已排出部分清樣,因抗戰爆發,未及印行,自此停刊。

《詞學季刊》所刊詞 7 闋,劉夢芙《二十世紀中華詞選》(上)收録《洞仙歌》、《瑞龍吟》、《曲游春》、《鷓鴣天》與《法曲獻仙音》5 闋①,其中《法曲獻仙音》一闋與張亞權《方湖詩詞補遺》據《詞綜補遺》卷五十一所録文字稍異。劉夢芙在"集評"中談到"龍榆生編《詞學季刊》載有七闋",大概他依據的就是《詞學季刊》;《方湖詩詞補遺》據《詞綜補遺》引②。又見《廣篋中詞》亦録,雖差異處不出二者之外,却不同於其中一種,附記之③。

另於上海《南風》雜誌 1940 年第 2 卷第 3 期又見汪辟疆詞一闋:

① 劉夢芙《二十世紀中華詞選》,合肥:黄山書社,2008 年,頁 406。

② 林葆恒輯,張璋整理《詞綜補遺》,上海:上海古籍出版社,2005 年,頁 1927。

③ 葉恭綽《廣篋中詞》,北京:人民出版社,2011 年,頁 447。

鵲踏枝　春閨

杜宇聲聲春欲暮，小立花前，占斷春歸路。却憶去年花下語：願花長與人同住。　莫向墻東看柳絮，滿地飄零，認取分攜處。枕上佳期方細數，夢中身已隨歡去。

案：《南風》爲文學月刊，1939年5月創刊於上海，1940年2月出至2卷4期終刊，共出10期。林徽音、吴尚志編輯，商務印書館出版[①]。

又，據1935年葉氏家刻本點校整理的《廣篋中詞》收録汪辟疆《霜天曉角·殘菊》爲集中未見："黄花未歇，誰向東籬折。滿眼離披愁斷，寒圃外，夢空結。　韻絶。香逾絶。孤芳人共説。願得殘英三兩，留共我，伴明月。"[②]《民國五百家詞鈔》據此已有輯録[③]。

三　詩詞輯佚瑣談

詩詞輯佚工作的重要性自不待言，筆者僅聯繫汪辟疆集外詩詞輯佚的具體情況，對詩詞輯佚相關共性問題略及一二。

第一，關注與作者有地緣關係的刊物，即重視與作者的籍貫、履職地相關的地方刊物。汪辟疆爲江西彭澤人，像《江西文物》、《江西地方教育》(《江西地方教育》1940年第172期收録汪辟疆作詞、劉天浪作曲的《意志集中歌》)這樣的地方刊物對鄉賢的創作自會予以特別的關注。比如《題吴天聲祖母朱太夫人圍爐課讀圖卷》一詩，因吴天聲、胡先驌與汪辟疆同爲江西名士，故《江西文物》刊録胡、汪二詩。

第二，關注作者所關注的報刊。例如，《制言》雜志自創刊以來，汪辟疆作爲主要撰稿人，發表作品頗多。《制言》1936年第11期刊發《上巳詩社第一集》，同年第29期刊發汪辟疆《效孟東野》等13首。比對校勘相關文獻資料，乃輯得《趙曾儔爲其姑六十生日徵詩》一首集外詩。

第三，關注冷門報刊。晚清民國有些報刊曇花一現，很容易被人忽

① 陸耀東、孫黨伯、唐達暉《中國現代文學大辭典》，北京：高等教育出版社，1998年，頁456。

② 葉恭綽《廣篋中詞》，北京：人民出版社，2011年，頁446。

③ 楊子才《民國五百家詞鈔》，北京：綫裝書局，2008年，頁266。

略,但亦不能排除其中藏藴遺珍之可能,像《詞學季刊》、《南風》等均屬此類。《詞學季刊》第 12 期清樣未及印行,恰是在正式出版的最後一期(第 11 期)内,就集中刊發了汪辟疆 7 闋詞。這 7 闋詞的輯佚無疑彌足珍貴。《南風》雜志僅出 10 期,汪辟疆《鵲踏枝》即輯自該刊 1940 年第 2 卷第 3 期。

第四,關注作者未刊書信、詩札等手迹及同時代人的詩話、詞話等文獻資料。

第五,關注作者同時代及之後的詩選、詞選等選本資料。

(作者單位:南京大學文學院　南京大學教務處)

《古典文獻研究》稿約

一、《古典文獻研究》是南京大學古典文獻研究所主辦的學術集刊,每年出版一輯,由鳳凰出版社出版。

二、本集刊主要登載以古典文獻爲中心而展開的各種專門性研究。關於其他傳統學術問題的研究論文,并所歡迎。内容、主題,均所不限。尤其期望提出新理論、實踐新方法、開闢新領域的各種專深研究。書評、研究綜述等,亦適量登載。史料整理、文獻考證等,視其重要程度,選擇刊發。

三、本集刊設有編輯委員會,採用專家匿名審稿制度。每年年中截稿,當年出版。第十七輯徵稿自二〇一四年元月起,六月三十日止。

四、來稿一經刊出,即付稿酬及樣刊。來稿一般不退,若稿件寄達後三個月内未接到本刊採用通知,作者可自行處理。

五、來稿内容之著作權(如圖、表、照片、統計數字及長篇引文等)問題,由作者負責。如發生侵害第三者權利之事,概由投稿者承擔法律責任,與本集刊無關。

六、來稿請遵從本集刊格式規範(另見),并請注明真實姓名、服務機構、職稱、詳細通訊地址、電子郵箱、電話或傳真,以便聯繫。來稿若不符合格式要求,恕不受理。

七、來稿請寄:210023 中國南京栖霞區仙林大道 163 號 南京大學仙林校區文學院 古典文獻研究所《古典文獻研究》編輯委員會;編輯部將視審稿情况通知再寄電子文本。垂詢請電:8625—89683390 或傳真至:8625—89687098

《古典文獻研究》編輯委員會　謹啓

二〇一三年九月

《古典文獻研究》

稿件書寫格式

一、來稿請使用繁體字。除特殊論文外,異體字、俗字等請改用繁體正字。歡迎電子稿。

二、注釋請採用頁下注。注釋碼用阿拉伯數字①②③④……表示,其位置在標點符號前(引號除外)文字的右上角。當頁再次徵引,用"同注×,第××頁"的形式。

三、引用文獻,務請詳列出處。引用古籍,應標明著者時代、著者名、版本(新印古籍,標明出版社、出版年代及整理信息)、卷數、頁碼;引用專書,應標明著者(譯著,著者名前加注國别,用圓括號括起)、章(卷)數、譯者、出版者、出版年月、頁碼;引用期刊論文,應標明期刊名、年代及卷期數、頁碼;引用西文論著,依西文慣例,標明作者、論著名、出版地及出版者、出版年代、頁碼,著作名用斜體,論文名加引號;如:Kristofer. M. Schipper, The Taoist Body, Berkeley: University of California Press, 1993. pp. 21 Anna SEIDEL, "*Chronicle of Taoist Studies in the West 1950—1990*". Cahiers d'Extrême-Asie 5:223—347. 1989.

四、首次提及帝王年號,須加公元紀年;首次提及外國人名,須附原名。中國年號、古籍卷數用中文數字。其他如公曆年數、期刊卷期號、頁碼等,均使用阿拉伯數字。引用敦煌文獻,用縮略標號加阿拉伯數字形式。其他特殊文獻,依學界慣例。

五、文中若有插圖,請提供清晰照片或電腦文件,并在文中注明位置。